马克思主义原理与应用研究

程恩富 著

中国社会科学出版社

图书在版编目(CIP)数据

马克思主义原理与应用研究/程恩富著.—北京:中国社会科学出版社,2019.11

ISBN 978 – 7 – 5203 – 5385 – 4

Ⅰ.①马… Ⅱ.①程… Ⅲ.①马克思主义理论—理论研究—文集 Ⅳ.①A81 – 53

中国版本图书馆 CIP 数据核字(2019)第 229411 号

出 版 人	赵剑英
责任编辑	田　文
责任校对	张爱华
责任印制	王　超

出　　版	中国社会科学出版社
社　　址	北京鼓楼西大街甲 158 号
邮　　编	100720
网　　址	http://www.csspw.cn
发 行 部	010 – 84083685
门 市 部	010 – 84029450
经　　销	新华书店及其他书店

印刷装订	北京君升印刷有限公司
版　　次	2019 年 11 月第 1 版
印　　次	2019 年 11 月第 1 次印刷

开　　本	710×1000　1/16
印　　张	33
字　　数	558 千字
定　　价	168.00 元

凡购买中国社会科学出版社图书,如有质量问题请与本社营销中心联系调换

电话:010 – 84083683

目　　录

第一章 马克思主义理论研究

第一节 多层面丰富和发展 21 世纪马克思主义

2016 年 5 月 17 日，习近平在哲学社会科学工作座谈会上的讲话以及致中国社会科学院建院 40 周年的贺信中都强调，要丰富和发展 21 世纪马克思主义和当代中国马克思主义。这是以习近平同志为核心的党中央再次发出的重要号召，也是我们广大哲学社会科学工作者的心声和哲学社会科学发展的宏伟目标，必须继续多层面地丰富和发展马克思主义。

一 在创新和发展主体层面不断丰富和发展由马克思和恩格斯开创并由后继者日益完善的理论体系

马克思主义是由马克思、恩格斯创立，并由后继者不断丰富和发展的理论体系。目前，科学发展马克思主义理论体系，应对某些问题持有开放的包容性认识。

其一，发展马克思主义有政界和学界两大主渠道、主平台。共产党领袖和马克思主义学者是两大主体，应塑造两者之间的良性互动关系。这并非说政界和学界以外的人不能发展马克思主义，而是说他们没有成为主要发展主体。自马克思和恩格斯创立马克思主义以来，各国马克思主义政党领袖和学者不断丰富和发展马克思主义，同时结合各国具体国情和世情进行本国化、时代化创新，尽管存在某些失误，但马克思主义及其各国化理论总体上推进了这一理论体系的拓展、创新和发展。

马克思主义中国化过程中形成了毛泽东思想和中国特色社会主义理论这两大马克思主义中国化理论。党的十八大以来，习近平总书记系列重要讲话形成中国治国理政的新理念、新思想和新战略，即习近平新时代中国特色社会主义思想，继续丰富和发展了马克思主义哲学、政治经济学、科学社会主义、社会学、政治学、文化学、法学、生态文明学、国际关系学等理论，是正在发展中的当代中国化马克思主义。习近平新时代中国特色社会主义思想在进一步探索和回答"什么是社会主义、怎样建设社会主义"，"建设什么样的党、怎样建设党"，"实现什么样的发展、怎样发展"等重大理论和现实问题的同时，又创造性地科学回答了"建设什么样的国家、怎样建设（治理）国家"这一重大理论和现实问题，为21世纪马克思主义发展作出了重要贡献。我们广大马克思主义学者作为马克思主义后继主体之一，更应在习近平新时代中国特色社会主义思想的指引下，坚定"为人民做学问"的信念，在哲学社会科学的主干性和基础性学科领域继续积极丰富和发展中国马克思主义，为更好地促进当代中国马克思主义作为指导思想与作为学术思想两者之间良性互动的新景象而努力。

有舆论以马克思主义是不可分割的一个整体为理由，不赞成提丰富和发展马克思主义有领袖和学者两大主体、有政界和学界两大主平台、有作为共产党指导思想的马克思主义和作为学术思想的马克思主义，从而不赞成提政界与学界马克思主义应建立良性互动关系。这种观点显然是陈旧和片面的。其缘由在于：马克思主义理论体系是一个有机整体，但客观上是由共产党领袖群体和广大马克思主义学者群体分别进行研究和发展的，两大群体研究的方法、特点和内容既有共性又存在差异。所谓二者良性互动关系，是指共产党领袖的马克思主义理论可以指导而非替代学者研究马克思主义及其他社会科学相关学科，而学者创新和发展的马克思主义理论既有独立的学术价值，也可以为官方马克思主义提供学理支撑，两者互相探讨、互相吸收、互相促进，共同为繁荣作为一个整体的马克思主义理论而贡献各自的智慧。

我们应吸取改革开放前的历史教训，认为只有领袖可以发展马克思主义，而学者的任务就是诠释和辩护。改革开放以来，党的领袖使用的许多马克思主义新名词和新理论不断地被马克思主义学者所吸收，而学者的许多马克思主义新名词和新理论也不断地被领袖和党的文件所吸收。例如，1979年4月，中国社会科学院于祖尧研究员最早提出"社会主义市场经济"的观点；1979年7月，中国社会科学院刘国光研究员最早提出"缩小指令性计划的社会主义市场取向改革"的观点；1983年3月，中国社会科学院许涤新研究员最早提出"要重视环境和构建生态经济学"的观点；1983年7月，中共中央党校苏星教授最早提出"需要利用股份公司和托拉斯一类的社会化大生产组织形式"的观点；1984 年 1 月，中国社会科学院杨圣明研究员最早提出"把效率和平等有机地结合起来"的观点；1984 年上半年，复旦大学张薰华教授最早提出"社会主义经济中地租的必然性和土地有偿使用"的观点；1986 年 7 月，中国人民大学卫兴华教授最早提出"公有制和按劳分配的运行和实现形式"的观点；1987 年 8 月，中南财经政法大学刘思华教授最早提出"社会主义满足人民生态、物质、精神三类需要和物质文明、精神文明、生态文明三大文明建设"的观点。①

其二，各国马克思主义者应加强交流、合作和互鉴，而不应"唯我独马"，轻易互相指责或公开论战，进而影响学际和党际关系。即使涉及某些马克思主义还是非马克思主义的大是大非理论，也应加强内部讨论或争论，而不宜公开进行党际论战。这是因为，各国共产党的主要任务是搞好本国的革命和建设。一般来说，哪国共产党日渐壮大，革命和建设成就越显著，哪国共产党的理论也就总体上相对越正确。

历史教训值得总结。关于中苏论战，曾经主持中共论战文章写作的邓小平评价说："回过头来看，双方都讲了许多空话。"②"一个党评论外国兄弟党的是非，往往根据的是已有的公式或者某些定型的方案，事实证明这是行不通的。"③"各国党的国内方针、路线是对还是错，应该由本国党和本国人民去判断。最了解那个国家情况的，毕竟还是本国的同志。"④中苏论战导致两党和两国关系恶化及国际共产主义运动分裂，并被美国等西方国家用来攻击整个马克思主义、社会主义和共产党，其教训是沉痛的。

现实状况也值得反思。2011 年 2 月 3 日，美国共产党主席萨姆·韦伯在《政治事务》发表《21 世纪的社会主义政党应该是什么样的？》一文，提出关于用马克思主义代替马克思列宁主义、关于社会主义的实现路径、关于意识形态斗争和阶级斗争等方面的一系列观点。希腊共产党国际关系部和德国共产党领导汉斯·彼得·布伦纳分别于同年 4 月和 7 月刊文

---

① 参见程恩富《改革开放与马克思主义经济学创新》，《华南师范大学学报》（社会科学版）2009 年第 1 期。

② 《邓小平文选》第 3 卷，人民出版社 1993 年版，第 291 页。

③ 《邓小平文选》第 2 卷，人民出版社 1994 年版，第 318 页。

④ 同上。

反驳韦伯的观点。① 其实，这一公开争论也未必有用和有益，因为各国共产党往往都是从本国的国情和党情出发，在指导思想和最终目标大方向一致的前提下，提出不尽一致的某些理论和工作重点，这一做法完全正常，而且可由实践来证明这些理论和工作重点属于最佳还是次佳，属于创新马克思主义还是"修正主义"或教条主义。

二　在学术内涵层面不断丰富和发展马克思主义关于自然、社会和思维发展规律的学术思想体系

列宁说："马克思学说具有无限力量，就是因为它正确。"② 关于马克思主义，习近平指出："实践也证明，无论时代如何变迁、科学如何进步，马克思主义依然显示出科学思想的伟力，依然占据着真理和道义的制高点。"③ 要深刻理解这些科学论断，需要廓清几个问题。

第一，有舆论错误地认为，马克思主义只是革命理论和意识形态。实际上，马克思主义理论与其他讨论同样主题的非马克思主义理论一样，都是意识形态，同时又是学术思想，只不过立场、观点和方法有本质区别。比如，在哲学领域，唯物史观与唯心史观、辩证唯物主义与机械唯物主义、唯物辩证法与唯心辩证法、社会存在决定论与社会意识决定论等；在政治经济学领域，中国特色社会主义理论认为公有制占主体的社会主义与市场经济相结合，就会比私有制占主体的资本主义市场经济产生更高的效率和公平，而西方经济学则完全否认这一学术观点；在社会主义研究领域，认为中国特色社会主义是科学社会主义的继承和发展的观点，与认为社会民主主义或民主社会主义是科学理论的观点截然相反。况且，马克思主义不仅是一般的学术思想，而更为重要的是，它是相对最科学的学术体系。因此，那种把当代西方资本主义或资产阶级的学术奉为科学理论，要求我国文科学者和干部必须到这些国家的非马克思主义或反马克思主义学者那里接受教育，或者必须在这些学者主编的学术期刊发表文章，则明显属于"学术被殖民"和"思想被俘获"的表现，极易模糊和冲击广大学者和干部的马克思主义理论信仰、共产主义理想和中国特色社会主义信

---

① 参见陈硕颖《当前世界社会主义运动内部的分歧——以希共与美共主席萨姆·韦伯之间的辩论为例》，《科学社会主义》2011年第5期。

② 《列宁选集》第2卷，人民出版社2012年版，第309页。

③ 习近平：《在哲学社会科学工作座谈会上的讲话》，人民出版社2016年版，第10页。

念，因而亟须从体制、机制和舆论上加以纠正。

如不从严纠正，势必致使哲学上的唯心主义、经济学上的新自由主义、政治学上的西方宪政观、历史学上的虚无主义、社会学上的反阶级分析方法、法学上的唯西方主义、文艺学上的后现代主义等反对或修正马克思主义理论的错误思潮继续泛滥，严重妨碍中国特色社会主义的"四个自信"和马克思主义大众化。列宁说得对："现在，由于资产阶级的影响遍及马克思主义运动中的各种各样的'同路人'，使马克思主义的理论基础和基本原理受到了来自截然相反的各方面的曲解，因此团结一切意识到危机的深重和克服危机的必要性的马克思主义者来共同捍卫马克思主义的理论基础和基本原理，是再重要不过的了。"① 这也是以习近平同志为核心的党中央一再强调在马克思主义和社会主义的大是大非问题上必须发声和"亮剑"的缘由。

第二，有舆论错误地认为，只需要发展马克思主义哲学、政治经济学和科学社会主义三个组成部分。这显然是片面的。一是，马克思主义绝不只是三个重要组成部分。当初，恩格斯之所以将《反杜林论》分为三篇来阐述马克思主义的哲学、政治经济学和科学社会主义，只是因为杜林从这三个研究领域批评马克思的理论，后来列宁据此说马克思主义有三个组成部分。其实，科学社会主义的规范学科名称应为"社会主义学"，以对应于马克思主义"资本主义学"、"封建主义学"等，否则，另外两个组成部分就要相应地加上"科学"二字，才能表述对称和逻辑自洽了。这里必须指出，马克思主义还有其他几个重要组成部分。例如，恩格斯依据马克思写的《路易斯·享·摩尔根〈古代社会〉一书摘要》，执行马克思的写作遗嘱而撰写的《家庭、私有制和国家的起源》，便是标准的人类学和民族学著作。这本书和斯大林的《民族问题和列宁主义》以及其他马克思主义相关经典论著，客观上构成了马克思主义的人类学和民族学，也是马克思主义的重要组成部分。此外，马克思、恩格斯、列宁、斯大林、毛泽东等马克思主义经典作家或集中或分散的论述，已经构建了马克思主义社会学、政治学、文化学、伦理学、法学、文艺学、军事学、国际关系学等基础理论，均为马克思主义的重要组成部分。因此，我们必须从学科横向领域积极发掘、整理和继承经典思想的基础上，进一步大力创新和拓

---

① 《列宁选集》第 2 卷，人民出版社 2012 年版，第 282 页。

展马克思主义的相关社会科学的理论体系、范畴体系、话语体系和方法体系。正如习近平指出的，"马克思主义经典作家眼界广阔、知识丰富，马克思主义理论体系和知识体系博大精深……不下大气力、不下苦功夫是难以掌握真谛、融会贯通的"①。

第三，必须从学科纵向领域大力推进马克思主义理论一级学科建设，包括马克思主义基本原理、马克思主义发展史、马克思主义中国化、国外马克思主义以及中国近现代史基本问题、思想政治教育和党的建设理论。当前，应尽快设置马克思主义理论的本科招生和教育，使马克思主义理论学科形成本科生、硕士生、博士生和博士后的完整教育培养体系，这也有利于解决马克思主义理论师资队伍"跨界"而学科基础不扎实的现象；应在职称评审和科研成果评价等方面设立严格的马克思主义理论学科标准，尽快解决马克思主义理论学科教师"在马不研马"而研究其他学科领域问题的现象；应严格界定马克思主义理论学科的成果及其评奖的范围，克服以学科开放为名而只要是以马克思主义为指导的成果便归属马克思主义理论学科的现象，以及马克思主义理论专业研究生毕业论文的主题不属于本学科范围的现象；应把马克思主义理论学科建设与本校，比如医科大学、财经大学、海事大学等的主要学科建设有机结合，但应克服过度强调本校特色而忽视马克思主义理论学科建设和科研方向的现象；应高度重视高校"两课"师资不足的短板，尽快克服马克思主义理论教师与学生比例不达标而导致教研质量受影响的现象。

三　在社会功能层面不断丰富和发展马克思主义关于社会主义革命和建设以及向共产主义社会过渡的指导思想体系

有舆论错误地认为，马克思主义已过时或中看不中用或没有理论建设。事实上，仅从《资本论》来说，马克思对社会主义和共产主义经济形态的论述就有几十处之多，阐述了该经济形态的所有制、按比例发展、经济计划、再生产、必要劳动与剩余劳动、分配制度、各类基金、农业与土地、人的全面发展与教育以及家庭等一系列问题。中国特色社会主义理论均继承和全面系统地拓展了这些思想，尤其是以"五位一体"总体布局和"四个全面"战略布局为核心的新理念新思想，对于不忘初心，坚

---

① 习近平：《在哲学社会科学工作座谈会上的讲话》，人民出版社2016年版，第11页。

信理想信念，"弘扬将革命进行到底精神"，推进中国特色社会主义伟大事业，继续推进具有许多新的历史特点的伟大斗争以及党的建设新的伟大工程，发挥了极其重要的指导作用和社会功效。我们必须在"真学真懂真信"的基础上真正运用好马克思主义，为当今中国和未来的持续健康发展而献智献策。

不少人只承认马克思、恩格斯创立的马克思主义对革命有重要的理论和现实意义，而不承认或说不清对发展社会主义市场经济和中国特色社会主义政治经济学有重要的理论和现实意义。2017 年是马克思《资本论》第一卷发表 150 周年。《资本论》对于社会主义市场经济和中国特色社会主义政治经济学的发展有指导意义吗？习近平指出："如果说马克思在《资本论》中揭示的关于资本主义生产的基本原理和规律难以适用于社会主义条件下的计划经济的话，那么，对于我们当前正在大力发展的社会主义市场经济，却仍然具有重要的指导意义。"这是十分精辟的科学论断。

《资本论》的基本研究方法是历史唯物论和唯物辩证法。构建中国特色社会主义政治经济学的概念体系、规律体系、话语体系和理论体系，均需要继续运用这一基本方法。例如，在生产与消费、供给与需求的关系上，仍然要辩证地加以认识和操作，既不能像凯恩斯主义那样片面地过分强调需求，也不能像西方供给学派那样片面地过分强调供给，而是要依据国民经济状况的变化来灵活把握矛盾的主要方面。当前和今后一段时期，我国要在适度扩大总需求的同时，着重加强供给侧结构性改革，推进重大经济比例和各种经济结构的调整和改革，特别是抓紧解决结构性产能过剩，实现向以提质增效为中心的发展方式转型。

《资本论》的研究对象是资本主义生产关系或经济制度，并联系生产力和上层建筑来系统深入地阐明其产生、演变和趋势。改革开放前的社会主义政治经济学主要是研究社会主义计划经济的生产关系和经济制度的，而中国特色社会主义政治经济学应主要研究社会主义市场经济条件下生产关系和经济制度的基本层面和运行机制，包括以公有制为主体、各种所有制共同发展的基本经济制度，与基本经济制度相适应的以按劳分配为主体、多种分配方式并存的基本分配制度，以及市场在经济资源配置中的决定作用和政府多种调控作用并存的基本调节制度，等等。全面深化经济体制改革，便是适应生产力和上层建筑发展的客观需要而积极展开的，涉及生产、流通、分配、消费的社会生产和再生产的各个环节，涉及宏观经济、中观经济、微观经济和对外开放的各个领域，涉及生产关系、经济制度和运行机制的各个方面，已经有许多新的实践和成功经验，需要科学提炼并上升为政治经济学的中国特色新理论。

《资本论》具有科学揭示市场经济发展规律和运行的概念体系。主要是劳动概念体系，包括具体劳动与抽象劳动、必要劳动与剩余劳动、简单劳动与复杂劳动、劳动生产力等；资本概念体系，包括不变资本与可变资本、固定资本与流动资本、产业资本与商业资本、土地资本与生息资本等；剩余价值概念体系，包括产业利润、商业利润、银行利息、地租等。在这三大概念体系中，马克思明确指出，分析资本主义市场经济的政治经济学只能是"资本的政治经济学"，而未来社会应产生"劳动的政治经济学"。中国特色社会主义政治经济学不应以资本为中心或核心，而应"以人民为中心"、以劳动为核心概念，来全面构建创新的理论体系。同时，要依据我国的鲜活实践，科学地丰富和拓展原有概念、不断创新概念。比如，《资本论》论述的是私人资本、私人剩余价值和私人利润，而直面现实，我们应扩展地分析私人资本、公有资本、国有资本、集体资本、合作资本、股份资本以及股份合作资本等，相应地扩展分析私人剩余价值与私人利润、国有剩余价值与国有利润、集体剩余价值与集体利润等。又如，《资本论》论述的是私有企业的工资，并被界定为劳动力价值的转化形式，其实质是经济剥削的实现形式，而直面现实，我们应把工资定义为"劳动力价值的转化形式"，其实质既可能是剥削的实现形式，也可能是按劳分配的实现形式（如在公有企业）。如此一来，中国特色社会主义政治经济学便可充实和发展马克思的资本、剩余价值、利润和工资等主要概念。

《资本论》的主要任务是揭示资本主义生产关系和市场经济发展的经济规律和运行机制。其中，既有只适合资本主义市场经济的独特理论，如资本主义私有制和按资分配占主体导致社会两极分化的理论、关于资本主义经济危机和周期性的理论等；也有适合任何社会的一般理论，如生产力的多要素及其关系理论、生产关系的多层面及其统一理论、生产力与生产关系的矛盾运动理论等；另有直接适合社会主义市场经济的有用理论，如价值规律的基本内涵和实现形式理论、资本循环和周转理论、简单再生产和扩大再生产的公式和理论等；还有适合社会主义市场经济而需要拓展的理论，如把私人企业单纯追求私人剩余价值的生产目的扩展到公有制企业的双重生产目的理论、把单纯市场调节扩展为市场与政府的双重调节理论等。同时，更需要弘扬《资本论》方法论，独创适合社会主义市场经济的全新理论，如生产资料国家所有制和集体所有制如何与市场经济有效结合理论、按劳分配如何与市场经济结合理论、我国如何在内外双向开放中引领经济全球化理论等。

四　在人民福祉层面不断丰富和发展马克思主义关于改善民生和实现人的自由全面发展的原则思想体系

有舆论错误地认为，马克思主义是"高大上"理论，与创业就业、收入分配、住房居家、社保福利、婚姻家庭等民生和福祉问题没有关系。实际上，与此相反，所有的马克思主义经典作家、共产党领袖以及马克思主义学者都高度重视并具体阐述了关于民生和福祉的问题，均有前后继承、与时俱进的大量理论性和方针政策性的论述。党的十八大以来，马克思主义中国化理论及时提出以"国家富强、民族振兴、人民幸福"为宗旨的中国梦目标，强调"以人民为中心的发展思想"、"改善民生就是发展"和共同富裕原则以及共享的新理念，在扶贫、就业、社保、医疗、教育、住房、休闲、安全、分配等民生提升方面成效显著。这是因为，马克思主义及其中国化理论关于革命、建设、改革和发展的最终目的，就在于通过物质生产、文化生产、服务生产和生态环境生产来最大限度地满足全体人民对物质生活、精神生活和生态环境等的需要，来不断提高人的福祉程度和全面自由发展的程度。我们必须贴近民生、贴近幸福、贴近人的发展，脚踏实地地发展马克思主义共富、共享、共福的原则和政策思路。

关于社会生产目的的理论就是马克思主义政治经济学的原理之一。它科学地揭示资本主义私有制最终的生产目的是最大限度地攫取私人剩余价值或私人利润，获得资本增值。其生产使用价值只是为获得私人剩余价值或私人利润服务的。在全球由少数人凭借利润驱动的资本主义在全世界积累财富的同时也使全世界大多人陷入相对贫困或绝对贫困。社会主义的生产目的与资本主义是不同的，因为社会主义公有制的直接的和最终的生产目的，都是为了最大程度地满足所有人民的物质、精神和生态环境等的需要，生产新价值和公有剩余价值都是服务于生产使用价值的，因此体现了民生导向性和"人民主体性"的生产目的。

中国特色社会主义政治经济学就是要坚持民生导向型生产目的的原

则。政治经济学的一般原理认为，初级社会主义的主要矛盾之一就是人民群众日益增长的物质文化需求与落后的社会生产之间的矛盾。比资本主义又好又快地发展生产和国民经济，就是为了解决这一主要矛盾。因此，我们强调坚持以人民为中心的发展思想，体现出了马克思主义政治经济学的基本原则和根本立场。我们推动经济发展、制定经济政策、部署经济工作都要始终坚持这一根本立场。要始终强调人民的主体性，发展必须要依靠人民、发展的目的恰是为了人民、发展的成果一定要惠及人民。我们说发展是硬道理、发展是第一要务、要用进一步发展的办法来解决某些发展中的问题，但是改善民生就是发展。必须要把增进人民福祉、朝着共同富裕方向稳步前进、促进人的全面发展作为经济发展的出发点和落脚点。我们的发展目标是构建充分满足人们在物质、文化和社会等多方面的需要，从而实现人的全面自由发展和生态的可持续发展的和谐社会。

有舆论错误地认为，社会主义缺少经济自由，因为公有制和按劳分配占主体，且国家调控较强。这是受西方舆论和学术宣传影响而极其糊涂的流行观点。资本主义私有制是私人资本雇佣劳动，劳动者并无企业产权、劳动、分配和管理的自主和自由，呈现为自由的"现代奴隶"或"社畜"（日本流行的最新用语，意即株式会社或企业的员工均为被公司奴役的"牲畜"。——引者注），从而造成99%与1%的民众之间的严重对立；又由于西方国家是垄断资产阶级掌权并为本阶级利益服务的，国家无意且无法实行有利于广大人民的宏观调控和微观规制，从而造成显性和隐性的高失业率、周期性的经济危机、政府债台高筑、经济增长缓慢、金融秩序混乱、产业结构失衡、贫富两极分化、对外经济霸权，甚至通过发动战争来掠夺世界资源、控制世界市场和刺激国内经济发展。可见，对于劳动者个人和中小企业来说，资本主义的经济自由和经济平等主要限于抽象的法律条文和市场交换的表象。这种状况不仅被当代马克思主义经济学家大卫·科茨的资本累积的社会结构理论、大卫·哈维的新帝国主义理论、简－克罗蒂·迪罗内的金融资本主义理论等所系统揭示和论证，而且被美国小资产阶级经济学家加尔布雷斯关于少数垄断大公司与众多中小企业的"二元体系"对抗理论、美国新凯恩斯主义经济学家斯蒂格利茨批判新自由主义的理论、法国学者皮凯蒂《21世纪资本论》的资本与分配理论等所部分揭示和论证。

在马克思、恩格斯看来，人类社会只有彻底消灭私有制和商品经济，实行全社会公有制、按需分配和计划经济的共产主义制度，才能彻底脱离非人性的生存竞争的动物界，实现每个人和整个人类的全面发展、自由发展和联合发展。在社会主义初级阶段，只要真正实行公有制和按劳分配占主体以及国家调节为主导的市场经济制度，便能实现大多数人和企业比资本主义高得多的经济自由、经济平等和经济绩效。中外经济的现状和发展态势已充分印证了这一理论。

五　在价值观念层面不断丰富和发展马克思主义关于信仰和价值观的文化思想体系

有舆论错误地认为，只有信教才有人生信仰和价值观。一般而言，信仰是对某种主义、宗教或某人、某物的信奉和尊重，并奉为自己的行为准则。与基本价值观相吻合的信仰有三类：一是原始信仰，人们相信图腾、禁忌、神话和巫师；二是宗教信仰，人们相信由人自己塑造的宗教教义和教主；三是主义、信仰，近现代以来，人们相信各种较系统的理论体系或主义，如西方的普世价值观、宪政观、新自由主义等，也包括相信马克思主义和共产主义。不过，只有马克思主义关于人生信仰和基本价值观，才是科学和先进的，应当和最终必然在全世界普及和实现。

青年马克思关于为人类而工作的人生职业观和幸福价值观，开创了马克思主义价值观的先河。早在 1835 年 8 月 12 日，马克思在特里尔中学就读时完成的中学毕业作文《青年在选择职业时的考虑》中，就这样写道："在选择职业时，我们应该遵循的主要指针是人类的幸福和我们自身的完美。不应认为，这两种利益会彼此敌对、互相冲突，一种利益必定消灭另一种利益；相反，人的本性是这样的：人只有为同时代人的完美、为他们的幸福而工作，自己才能达到完美。如果一个人只为自己劳动，他也许能够成为著名的学者、伟大的哲人、卓越的诗人，然而他永远不能成为完美的、真正伟大的人物。历史把那些为共同目标工作因而自己变得高尚的人称为最伟大的人物；经验赞美那些为大多数人带来幸福的人是最幸福的人；宗教本身也教诲我们，人人敬仰的典范，就曾为人类而牺牲自己——有谁敢否定这类教诲呢？如果我们选择了最能为人类而工作的职业，那么，重担就不能把我们压倒，因为这是为大家作出的牺牲；那时我们所享受的就不是可怜的、有限的、自私的乐趣，我们的幸福将属于千百万人，我们的事业将悄然无声地存在下去，但是它会永远发挥作用"①，并坚定地存在下去。

马克思主义中国化理论关于为人民服务和以人民根本利益为本等宗旨和人生价值观，一直发挥着巨大的社会正效应。党的十八大以来，从国家、社会、个人三个维度倡导的"富强、民主、文明、和谐、自由、平等、公正、法治、爱国、敬业、诚信、友善"，充分展示了社会主义多层面的内涵深刻、丰富的核心价值观，其宗旨就是社会主义的新人类理应把为人民服务作为自己崇高的人生价值观和幸福观。我们必须从理论与现实、历史与未来的有机结合上，进一步阐明和发展科学的人生信仰观和人类先进的价值观，促进人类整个价值观体系和行为的不断崇高化和文明化。

有舆论片面地认为，科学、法治、民主、自由、人权，并不是资本主义所独有，而是人类在发展的漫长的历史进程中所共同创造的文明成果和共同追求的价值观；只是在不同的历史阶段、不同的国家，它的实现形式和途径各不相同。这种观点单纯是从所有人的口头表态和某些共性角度来推论的，完全遮蔽了社会科学、民主、法治、自由、人权在不同的社会形态、不同的阶级和不同的主义中，其实质和内涵的巨大差异或对立。就连资产阶级学者也不会承认当代西方资本主义的民主、法治、自由、人权与奴隶制和封建制的性质和特征是共同的，这些社会和时代的价值观都是共同的。其实，并不仅是在不同的历史发展阶段、不同的国家，它们的实现途径和形式各不相同，而且这些国家和历史阶段的政治家和理论家的价值观可以有天壤之别，甚至"不共戴天"。否则，英国资产阶级革命与宪章运动、法国大革命与巴黎公社、美国独立战争与杀灭印第安人、西方国家长期贩卖黑奴活动、德意日法西斯与二战、俄罗斯十月革命与殖民体系瓦解、中国国共两党新旧民主主义、美国策动颜色革命、新老帝国主义、西方右翼保守党与社民党共产党等，都不会在历史上接连发生、在价值观上持续争论、在制度上不断变革了。

必须认识到现代资本主义的信仰危机、文化危机和价值观危机是经济、政治、社会生态环境等各种危机的思想根源。我们看到，弗洛姆、马尔库塞、哈贝马斯等法兰克福学派的代表人物，批判资本主义社会所造成

---

① 《马克思恩格斯全集》第 1 卷，人民出版社 1995 年版，第 459 页。

的"单面人"、"异化"等现象。弗洛姆认为，资本主义"异化"导致了不断增强的疯狂，人们生活没有意义、没有欢乐、没有信仰、没有现实。他提出，19世纪的问题是上帝死了，但20世纪的问题是人类死了。而过去的危险是人成了奴隶，但将来的危险是人会成为机器人。

因此，当前传承和发展马克思主义科学的世界观、人生观和价值观，逐步取代宗教信仰和西方"普世价值观"，是一项十分迫切而又艰巨的理论和实际工作。

六　在国际交往层面不断丰富和发展马克思主义关于世界和平发展和促进人类命运共同体的国际思想体系

有舆论错误地认为，马克思主义只是主张暴力革命。实际上，依马克思所见，和平方式和暴力革命方式都是处理国内和国际间关系的手段和途径，应视不同的情况而灵活运用，并以和平方式为首选，而永久和平则是进步人类追求的理想目标。

马克思的交往学说批判了剥削社会的"虚假的共同体"和不平等的国际贸易和世界市场，主张"自由人联合体"的"人道主义共产主义共同体"。当代中国高举"和平、发展、合作、共赢"旗帜，倡导国际社会共同打造更加公正、合理的国际新秩序，倡导国际社会共同维护国际安全，构筑和促进人类命运共同体和利益共同体，是马克思主义关于国际交往和全球化思想的新思想、新理念、新战略。我们必须在大发展、大变革、大调整的时代浪潮中，全面系统地阐明世界多极化、经济全球化、社会信息化、文化多样化，发展马克思主义关于金融垄断资本主义大时代中的和平发展大势和人类命运共同体的国际思想体系，以造福人民，造福世界。

我们坚持和平的发展、开放的发展、合作的发展、共赢的发展，主张要通过争取和平的国际环境发展自己，同时又要以自身的发展和壮大，来促进和维护世界的和平。我们与世界各国一道共同推动建立以合作共赢为核心的国际关系，寻求和扩大各方共同利益的交汇点和结合点，共同维护世界和平、促进共同发展。我们要把合作共赢理念贯彻到对外的政治、经济、安全、文化合作的方方面面。其中，在政治上，要构建多种层次的战略伙伴关系。构建战略伙伴关系并不是搞结盟和对抗，而是"对话而不对抗、结伴而不结盟"；在经济上，要倡导经济共同体意识，共同推动世界经济的持久发展和不断繁荣。世界能否和平发展很大程度上取决于我们能否把中国的机遇转变为世界的机遇，同时把世界的机遇转变为中国的机遇，从而让中国与世界各国在互利共赢和良性互动中共同发展；在安全上，要营造各国共享安全的新格局。我们倡导通过对话协商来和平解决国家之间的争端，同时坚决反对动辄使用武力或者以武力相威胁，从而塑造各国共建、共享、共赢的安全观；在文化上，要推动开创不同文明包容互鉴、共同繁荣的新局面。在人类历史发展的进程中，各个民族、各个国家所创造的科学、技术、政治和文化文明璀璨夺目、互映生辉、相得益彰，共同构成了一个绚丽多彩的世界。总之，中国走和平发展道路，推动树立人类利益共同体意识，争取在共同发展中寻求各方利益的最大公约数，从而构建更富有包容性、建设性的民主型国际关系。我们要向世界阐明：中国坚定不移地走和平发展道路，但也是有前提、有原则和有底线的，那就是要坚决维护中国主权、安全和发展利益。中国不闹事，但也不怕事。实践证明，和平需要通过斗争才能实现。如果以"有理有利有节"的斗争来求和平，则和平存；而以一味退让妥协来求和平，则和平亡。① 因此，中国要在坚定捍卫国家主权、安全、领土完整的基础上，继续妥善处理同有关国家的分歧和摩擦，努力实现同周边国家的关系与地区和平稳定，同时坚定维护亚洲和世界的和平与稳定。

构建人类命运共同体，是以习近平同志为核心的党中央为全球治理、为人类社会发展贡献的中国智慧。它顺应时代潮流，充分体现了和衷共济的责任担当和兼济天下的世界情怀，为增进人类福祉、维护世界和平指明了前进方向。20世纪上半叶，遭受两次世界大战劫难的人类最迫切的愿望是缔造和平。20世纪五六十年代，殖民地人民最强劲的呼声是实现民族独立。冷战结束后，世界人民最殷切的诉求是扩大合作、共同发展。因此，"和平与发展"是全人类的共同诉求。人类的命运理应由全世界人民共同掌握，世界事务也应由各国人民共同治理，世界安全也需由世界各国共同维护，国际规则更应由世界各国共同民主制定，世界发展成果应当由各国人民共同分享，这正是历史发展的必然趋势和全世界人民的强烈呼声。人类命运共同体是民族共同体、区域共同体、利益共同体的发展和升

---

① 知识界一般描述的"鸽派"与"鹰派"并不准确。准确地说，为了有效地维护中国和世界人民的根本利益，我们是"鸽"、"鹰"统一体，也就是说，应"鸽"即"鸽"、应"鹰"即"鹰"，不是一成不变的"鸽派"与"鹰派"，也不能充当视而不见或一味忍让的"鸵派"，更不能充当美国霸权主义的"狈派"（即狼狈为奸）。

华。它着眼于人类文明的永续发展，着眼于推动建立新的文明秩序，超越了狭隘的民族国家视野，集中反映了我们党对马克思主义人类发展观和世界发展观的新贡献。

总而言之，当前我们要认真贯彻 2017 年中共中央《关于加快构建中国特色哲学社会科学的意见》，推进马克思主义中国化、时代化、大众化，多层面、多领域地丰富和发展 21 世纪马克思主义、当代中国马克思主义，加快构建和完善中国特色哲学社会科学学科体系，不断扩大中国马克思主义学术和思想在世界上的影响力和吸引力。

（原载《毛泽东邓小平理论研究》2017 年第 9 期，第一作者为王中保，略有删改）

第二节　马列主义是认识和改造世界的科学方法与指南

《马克思恩格斯文集》和《列宁专题文集》的出版，是我国思想界、文化界一件可喜可贺的事情。20 世纪八九十年代，国际共产主义运动经历了严重挫折，马克思列宁主义在世界的传播遭受了空前的压力。在这样的国际形势下，中国共产党启动并完成了这样一件很有规模的马列著作编辑和出版工程，为马克思列宁主义的传播和发展，为推动陷入低潮的国际共产主义运动复兴，作出了实实在在的努力。

在 1954 年中华人民共和国第一届全国人民代表大会上，毛泽东在开幕词的讲话里向中国人民，也是向全世界庄严地指出："指导我们思想的理论基础是马克思列宁主义。"[1] 这不仅指明了马克思列宁主义与作为中国共产党指导思想的毛泽东思想的关系，也同样阐明了马克思列宁主义与作为当代中国社会主义建设的指导思想的中国特色社会主义理论体系的关系。明确这种关系，无论在我国的新民主主义革命战争年代，还是在当代社会主义革命和建设时期，对我们科学地认识马克思列宁主义，无疑是至关重要的。显然，如果我们不知道、不懂得党和国家的指导思想的理论基础是什么，那就既不能科学地理解党和国家的指导思想，也不能科学地运

---

① 《毛泽东文集》第 6 卷，人民出版社 1999 年版，第 350 页。

用和发展它们。

马列著作是非常丰富的。为了学习马列主义的立场、观点和方法，先读他们的哪些文章和著作呢？《马克思恩格斯文集》和《列宁专题文集》的编辑、出版，为我国人民及其理论工作者深入学习和研究马列主义，又增添了一种文本，是中国人学习和研究马列主义的又一个成果。结合我们的前辈学习马列主义的历史和经验，不断地研读和领会马列主义，回答和解决实践中不断产生的新问题，是中国马克思主义者继往开来的一个不断探索的课题。

一　做马克思、列宁那样的革命者和建设者

"马克思首先是一个革命家。他毕生的真正使命，就是以这种或那种方式参加推翻资本主义社会及其所建立的国家设施的事业，参加现代无产阶级的解放事业，正是他第一次使现代无产阶级意识到自身的地位和需要，意识到自身解放的条件。斗争是他的生命要素。很少有人像他那样满腔热情、坚韧不拔和卓有成效地进行斗争……正因为这样，所以马克思是当代最遭嫉恨和最受诬蔑的人。各国政府——无论专制政府或共和政府，都驱逐他；资产者——无论保守派或极端民主派，都竞相诽谤他，诅咒他。他对这一切毫不在意，把它们当做蛛丝一样轻轻拂去，只是在万不得已时才给以回敬。现在他逝世了，在整个欧洲和美洲，从西伯利亚矿井到加利福尼亚，千百万革命战友无不对他表示尊敬、爱戴和悼念，而我可以大胆地说：他可能有过许多敌人，但未必有一个私敌。"[①] 恩格斯在马克思墓前的这番讲话，可以说，不仅是对马克思，也是对列宁等无产阶级革命战士一生所追求的事业及其全部活动和思想的评述。要学习和掌握马列主义，就要做他们那样的人；而只有做马克思、列宁那样的人，才能学会马列主义。

在马克思列宁主义诞生的一百多年里，马列主义一再被许多国家、被来自不同社会阵营的人们反复地思考与争论，被来自马克思主义阵营内外的一大批时髦的思想家一而再、再而三地宣布过时或死亡了。但是，马列主义每一次被宣布过时了、死亡了，就如同昭告它们依然还茁壮地生存和顽强地奋斗着。这种来自反马克思主义、非马克思主义阵营对马列主义的

---

① 《马克思恩格斯文集》第3卷，人民出版社2009年版，第602—603页。

一再打击和否定，难道不正是强烈表现了它那不可遏止的蓬勃的生命力吗？难道不是再鲜明不过地体现了它那穿越时空的巨大影响和极其深刻的现实意义吗？马列主义一再地被引起争论，再清楚不过地表明有人需要它，有人害怕它。这个世界共处和对立的两大阶级、两大阵营——无产阶级和资产阶级、社会主义和资本主义，是可以用对待马列主义的态度来标识和区别的。

苏东剧变后，西方思想界一度流行马列主义"过时论"、"破产论"。但是仅仅过去了十几年，美国就于2008年爆发了金融危机，进而引起全球经济危机，西方思想界不得不重视马克思主义经典作家的著作，尤其是马克思的《资本论》，不得不承认马克思的理论和科学预见对分析当前危机的实际启迪和指导意义。人们现在又戏剧性地听到那个一再发出马克思主义过时论的西方世界，开始流行马克思主义"复兴论"了。马克思主义在西方为什么会得以复兴呢？原因就在于马克思主义是科学的世界观和方法论，具有巨大的认识功能和实践（改造）功能，是革命和建设的学说。马列主义关于"人类的解放"这一经常被谈论的永恒主题，也使它的复兴成为历史的必然。我们学习这两部文集，不能无视马列主义诞生以来发生过的一系列具有深远影响的历史事件，不能无视世界历史进程中发生的新变化新进展。当前，我们尤其需要通过研读体现了马列主义精髓的这两部文集，来提高我们运用马列主义的水平和能力，深刻观察和科学分析目前正在发生的这场西方金融危机和经济危机以及世界的新走向。

研读马列主义，从哪里开始认识它们呢？马克思说过这样的话："共产党人的理论原理，决不是以这个或那个世界改革家所发明或发现的思想、原则为根据的。"[①] 恩格斯公开申明，马克思主义没有为共产党人准备过"任何一劳永逸的现成方案。我们对未来非资本主义社会区别于现代社会的特征的看法，是从历史事实和发展过程中得出的确切结论；不结合这些事实和过程去加以阐明，就没有任何理论价值和实际价值"[②]。无产阶级革命和建设的理论精髓——马克思主义，绝不是马克思、恩格斯坐在屋子里冥思苦想的结果，而是他们积极进行革命活动的记录和总结，是他们所从事的"无产阶级运动的理论表现"；这个理论的任务，是深入考

---

① 《马克思恩格斯文集》第2卷，人民出版社2009年版，第44页。
② 《马克思恩格斯文集》第10卷，人民出版社2009年版，第548页。

察现代无产阶级的历史使命——解放人类和世界的事业——的历史条件以及这一事业的性质本身,"从而使负有使命完成这一事业的今天受压迫的阶级认识到自己的行动的条件和性质"①。列宁主义也是这样。

"马克思的学说直接为教育和组织现代社会的先进阶级服务,指出这一阶级的任务,并且证明现代制度由于经济的发展必然要被新的制度所代替,因此这一学说在其生命的途程中每走一步都得经过战斗,也就不足为奇了。"② 经过战斗得来的东西,也只有在战斗中才能读懂和应用。我们应当从马克思、列宁所从事的社会活动,来了解和把握他们是怎样思考问题和解决问题的,脱离了他们的社会活动而作单纯的或学术的思想文字来解读,只会离马列主义越来越远。

中国人在学习马列主义的历史上,直到今天也时常听到一种责备某某理论准备不足而做错事情的观点。这种观点是不科学的。因为它经不起这样的追问,即所谓的"理论准备"要准备什么,怎么准备,准备到什么程度就算准备足了? 革命斗争史上有理论"准备足"了的案例吗? 既然提出了理论准备不足的问题,那么请提出这个观点的人把今后所需要的理论准备出来,能做得到吗? 显然是行不通的,是违反生活常识和历史常识的。毛泽东批评过这种情况:"共产党的正确而不动摇的斗争策略,决不是少数人坐在房子里能够产生的,它是要在群众的斗争过程中才能产生的,这就是说要在实际经验中才能产生。"③ 这样的认识,科学地回答了马克思主义的革命理论是从何而来的问题,说明了马克思主义的理论是怎么"准备"出来的。理论产生于实践,理论的意义在于回答实践所提出的问题,理论与实践紧密结合,是马克思主义生命的源头活水和发展动力。所以,马克思主义创始人一再申明,共产党人的理论原理"是现存的阶级斗争、我们眼前的历史运动的真实关系的一般表述"④;"这些原理的实际运用,正如《宣言》中所说的,随时随地都要以当时的历史条件为转移"⑤。不要用"学理主义和教条主义的态度去对待它,认为只要把它背得烂熟,就足以满足一切需要",马克思主义不是教条,而是行动的

---

① 《马克思恩格斯文集》第 3 卷,人民出版社 2009 年版,第 566—567 页。
② 《列宁专题文集·论马克思主义》,人民出版社 2009 年版,第 148 页。
③ 《毛泽东选集》第 1 卷,人民出版社 1991 年版,第 115 页。
④ 《马克思恩格斯文集》第 2 卷,人民出版社 2009 年版,第 45 页。
⑤ 同上书,第 5 页。

指南。①

中国和世界关于社会主义和共产主义的革命和建设任务，并没有都完成，相反任重而道远。毫无疑问，如果我们不能像马克思、列宁那样毕生"参加推翻资本主义社会及其所建立的国家设施的事业，参加现代无产阶级的解放事业"，而是脱离替代资本主义的无产阶级革命斗争，脱离广大人民群众为主体的社会主义革命和建设的具体实践，关起门来学习和研究马列主义，那么马列主义就成了毫无生命的古董。不仅如此，这还可能走向它们的反面。

二 科学的认识工具

人类为摆脱数不尽的剥削和压迫，为摆脱各种苦难，历经千年艰辛，从未停止对"理想国"、"大同世界"的追求。即使是近代资产阶级经济学家和伟大的空想社会主义批评家所做的一切研究，也只是在黑暗中摸索，一直没有发现、没有找到通向理想社会的有效途径。在马克思主义产生之前，无产阶级最好的待遇也不过是被资产阶级学者和空想社会主义批判家看作一个值得同情的受苦最深的阶层，是一些社会慈善家施舍或需要扶助的贫苦人群。即使像英国欧文主义者那样坚韧的合作主义改革家，为改变在他们看来是不合理的生产制度所导致的工人的贫苦状况，建设了诸如理性社、和谐厅、罗契台儿先驱者合作社等新社会试验区，可在告终之日也没有为无产阶级找到迅速摆脱困境的出路。原因在于，他们既没有完全阐明资本主义制度下雇佣奴隶制的本质，又没有完全发现资本主义发展的规律，没有完全找到能够成为新社会的创造者的社会力量。

马克思主义实现了人类思想领域里的彻底革命。他们继承和发展了唯物主义，把它对自然界的认识推广到对人类社会的认识，把唯物主义贯彻到底。他们发现并创立的历史唯物主义，是科学思想的最大成果，使过去在历史观和政治观方面占支配地位的那种混乱的和随意性的理论，被一种极其完整严密的科学理论所代替。② 历史唯物主义揭示和阐明了历来为繁芜丛杂的意识形态所掩盖着的这样一个简单事实，即人们首先必须吃、喝、住、穿，然后才能从事政治、科学、艺术、宗教等；因而每一历史阶

---

① 《马克思恩格斯文集》第 10 卷，人民出版社 2009 年版，第 557 页。
② 参见《列宁专题文集·论马克思主义》，人民出版社 2009 年版，第 68 页。

段的直接的物质的生活资料的生产便构成该阶段的社会的基础，人们的国家设施、法的观点、艺术以至宗教观念，就是从这个基础上发展起来的，必须由这个基础来解释。① 马克思、恩格斯运用历史唯物主义的思想方法，研究了人类的全部历史及其社会生活，发现了隐藏在商品生产中的剩余价值，揭示了资本剥削劳动的秘密，从而发现了现代资本主义生产方式和它所产生的资本主义社会的运动规律，阐明从原始土地公有制解体以来的"全部历史都是阶级斗争的历史，即社会发展各个阶段上被剥削阶级和剥削阶级之间、被统治阶级和统治阶级之间斗争的历史；而这个斗争现在已经达到这样一个阶段，即被剥削被压迫的阶级（无产阶级），如果不同时使整个社会永远摆脱剥削、压迫和阶级斗争，就不再能使自己从剥削它压迫它的那个阶级（资产阶级）下解放出来"②。

1872 年，即巴黎公社失败后的第一年，在资本战胜劳动的强大资本主义世界面前，马克思再版了《资本论》第一卷，公开声明《资本论》是代表一个阶级对资本展开无情的批判，"它能代表的只是这样一个阶级，这个阶级的历史使命是推翻资本主义生产方式和最后消灭阶级。这个阶级就是无产阶级"③。从无产阶级的立场出发，马克思、恩格斯从资本主义社会生活隐藏的一个事实里面看到这样一种任何力量也不能阻挡的发展趋势，那就是："无产阶级不只是一个受苦的阶级，正是它所处的那种低贱的经济地位，无可遏止地推动它前进，迫使它去争取本身的最终解放。而战斗中的无产阶级是能够自己帮助自己的。工人阶级的政治运动必然会使工人认识到，除了社会主义，他们没有别的出路。另一方面，社会主义只有成为工人阶级的政治斗争的目标时，才会成为一种力量。"④ 所以，当一批社会幻想家，甚至是一些天才人物，站在工人群众运动以外，以为只要说服统治人物和统治阶级相信现代社会制度是不合理的，就很容易在世界上确立真正合乎人性的和平、和谐、自由、民主、公平、正义和福利等制度的时候，当他们幻想不经过斗争就能实现社会主义的时候，是马克思、恩格斯向工人阶级指出，工人阶级本身及其要求是现代经济制度的产物，现代经济制度在造成资产阶级的同时，也必然造成并组织了无产

---

① 参见《马克思恩格斯文集》第 3 卷，人民出版社 2009 年版，第 601 页。
② 《马克思恩格斯文集》第 2 卷，人民出版社 2009 年版，第 9 页。
③ 《马克思恩格斯文集》第 5 卷，人民出版社 2009 年版，第 18 页。
④ 《列宁专题文集·论马克思主义》，人民出版社 2009 年版，第 55 页。

阶级；能使人类摆脱现在所受灾难的，不是个别高尚人物善意的尝试和慈善行为，而是组织起来的无产阶级所进行的阶级斗争；社会主义不是幻想家的臆造，而是现代社会生产力发展的动力、目标和必然结果；到现在为止的全部有记载的历史，都是不断更替地由一些社会阶级统治和战胜另一些社会阶级的历史，这种情形在阶级斗争和阶级统治的基础即私有制及其混乱的社会生产消灭以前，将会继续下去；无产阶级的利益要求消灭私有制，所以有组织的工人自觉进行的阶级斗争，目标就应该对准私有制。①消灭私有制及其私有观念，这是《共产党宣言》强调的共产主义运动同其他社会运动的本质区别。

历史唯物主义和剩余价值学说，是马克思、恩格斯为人类作出的两个划时代的历史贡献。马克思主义的哲学唯物主义世界观使无产阶级摆脱深受资产阶级欺骗的精神奴役，而马克思主义的经济理论为无产阶级阐明了他们在整个资本主义制度中的地位②，从而"教会了工人阶级自我认识和自我意识，用科学代替了幻想"③。

马克思列宁主义是中国人民和中国共产党一切指导思想的理论基础，以辩证唯物主义和历史唯物主义构成的完备的唯物主义哲学世界观则是马列主义的理论基础，学好这个理论基础，对掌握马列主义是至关重要和不可或缺的。

20世纪60年代，毛泽东在中宣部编印的一份学术资料上作了这样的批语："不关心哲学，我们的工作是不能胜利的。"④——把关心哲学，把提高哲学的思维和分析的能力与共产党人事业的成功与否结合起来，这在马克思主义思想史上还是第一次。毛泽东作出这样的论断并昭告全党，决非小题大做，而是从国际共产主义运动和中国革命的历史实践中总结出来的经验和教训。

从19世纪80年代发展起来的第二国际社会主义运动，历经90年代的高潮，走到20世纪初期，遭到了破产。这一历史结果，是从德国社会民主党为首的第二国际理论家篡改和背叛马克思主义的哲学唯物主义世界观开始的。恩格斯逝世后，资产阶级思想家对马克思主义哲学进行了广泛

---

① 《列宁专题文集·论马克思主义》，人民出版社2009年版，第52页。
② 同上书，第71页。
③ 同上书，第53页。
④ 《建国以来毛泽东文稿》第11册，中央文献出版社1996年版，第148页。

的攻击。那时以巴特尔和齐美尔为代表的资产阶级教授公开出来反对唯物主义历史观，在关于社会存在决定社会意识的相互关系问题、社会规律性问题、人民群众和个人在历史上的作用、社会意识（艺术、宗教）的各种形态的本质和相互作用、意识形态发展的相对独立性等一系列问题上，轻视和歪曲马克思主义的历史唯物主义观点。这类马克思主义的公开论敌，得到了第二国际修正主义者的支持。他们把这些唯心主义世界观、庸俗进化论和"批判"历史唯物主义的方式全盘接受了。修正主义把自己缚在了唯心主义的战车上，企图把任何一种唯心主义学说与马克思主义"调和"起来。以伯恩施坦为代表的一批第二国际理论家，号召回到康德那里，宣称马克思主义应当与康德主义、与"社会达尔文主义"相调和，要求马克思主义与新康德主义、马赫主义相结合。

列宁与第二国际理论家进行了激烈的论战，毫不留情地揭露和批判他们："在哲学方面，修正主义跟在资产阶级教授的'科学'的屁股后面跑。"[①] 哲学战线，是列宁领导的布尔什维克与第二国际机会主义进行激烈斗争的战场之一。正是在这场批判资产阶级唯心主义哲学和捍卫马克思主义唯物主义哲学的斗争中，列宁写下了《马克思主义和修正主义》《唯物主义和经验批判主义》等哲学著作，清除资产阶级唯心主义哲学的污染，保卫了俄国马克思主义队伍的理论基础。与此相反，"在第二国际内部，修正主义者对马克思主义理论的攻击往往是没有遇到重大的阻力的。革命马克思主义者——拉法格、威廉·李卜克内西、梅林和其他人——对修正主义思潮、尤其是对伯恩施坦反对马克思主义唯物主义斗争的危险性估计不足。拉法格认为伯恩施坦对马克思主义的'批判'是'理智的疲劳过度'的结果。威廉·李卜克内西说伯恩施坦主义是智力的发展过程，可以不去理会它。按梅林的意见，修正主义决不是工人运动发展的社会历史条件产生的。'除了修正主义的情绪外，在德国从来没有存在过修正主义。'"[②] 如此哲学视野和思想水平，第二国际内部的革命马克思主义者焉能不在修正主义思潮的泛滥中打败仗。第二国际的破产，就是毛泽东所说"不关心哲学，我们的工作是不能胜利的"一个典型案例。列宁与第二国际修正主义在哲学战场上进行尖锐斗争的历史实践和历史经验，是我们中

---

① 《列宁专题文集·论马克思主义》，人民出版社 2009 年版，第 150 页。
② 《普列汉诺夫哲学著作选》第 2 卷，生活·读书·新知三联书店 1962 年版，第 5 页。

国马克思主义者在学习马列主义时应该反复思考和汲取的。

以毛泽东为代表的中国共产党人，学习和继承了列宁主义保卫马克思主义理论基础的战斗风格和思想遗产，一直把在中国共产党内灌输和普及马克思主义世界观作为党的建设的不可偏废的重要方面。早在20世纪30年代初革命战争的开创时期，毛泽东就为阻止教条主义侵害革命根据地建设而写下了《反对本本主义》一文，有针对性地提出"必须洗刷唯心精神，防止一切机会主义盲动主义错误出现，才能完成争取群众战胜敌人的任务。必须努力作实际调查，才能洗刷唯心精神"，喊出了"没有调查，没有发言权"的口号。① 在抗日战争即将全面爆发之际，毛泽东精心写下了《实践论》《矛盾论》，为全党思想转变及制定新的战略策略，铺垫了哲学理论的基石。

重视马克思主义方法方面的学习，是列宁和毛泽东的一个共同特点。列宁强调："马克思主义者从马克思的理论中，无疑地只是借用了宝贵的方法，没有这种方法，就不能阐明社会关系。"② 在毛泽东领导中国共产党革命和建设的艰苦奋斗的年代，尤其重视中国共产党思想方法和工作方法的创新和建设，亲手制定和讨论通过了中国共产党历史上第一个也是唯一一个《中共中央关于工作方法的决定》；撰写了一系列关于政治、经济、军事、社会等方面的方法论著作，《关于纠正党内的错误思想》《怎样分析农村阶级》《关心群众生活，注意工作方法》《中国革命战争的战略问题》《关于领导方法的若干问题》《党委会的工作方法》《工作方法六十条》，等等，不胜枚举。毛泽东深知，方法不是个小问题，尤其在哲学中就更不是小问题了，因为方法是任何一个哲学体系的灵魂，在每一个严肃的体系中具有决定性的意义。③

新中国成立后，毛泽东把推动全党和全国人民学习马克思主义哲学提到了社会主义建设和发展的更加重要的地位上。1955年，在社会主义革命和建设全面到来的时候，毛泽东在中国共产党全国人民代表大会上明确提出了要在全党和全国人民中建立共同语言的问题，鲜明地指出："我劝同志们要学哲学。有相当多的人，对哲学没有兴趣，他们没有学哲学的习

---

① 《毛泽东选集》第1卷，人民出版社1991年版，第112、109页。
② 《列宁专题文集·论马克思主义》，人民出版社2009年版，第300页。
③ 《普列汉诺夫哲学著作选》第2卷，生活·读书·新知三联书店1962年版，第420页。

惯。可以先看小册子、短篇文章，从那里引起兴趣，然后再看七八万字的，然后再看那个几十万字一本的书。马克思主义有几门学问：马克思主义的哲学，马克思主义的经济学，马克思主义的社会主义——阶级斗争学说，但基础的东西是马克思主义哲学。这个东西没有学通，我们就没有共同的语言，没有共同的方法，扯了许多皮，还扯不清楚。有了辩证唯物论的思想，就省得许多事，也少犯许多错误。"毛泽东号召全党："组成这么一支强大的理论队伍，有几百万人读马克思主义的理论基础，即辩证唯物论和历史唯物论，反对各种唯心论和机械唯物论。我们现在有许多做理论工作的干部，但还没有组成理论队伍，尤其是还没有强大的理论队伍。而没有这支队伍，对我们全党的事业，对我国的社会主义工业化、社会主义改造、现代化国防、原子能的研究，是不行的，是不能解决问题的。"①

　　哲学是民族思想形成和发展的基石，是一个民族理论思维能力的直接体现。人类思想史表明，哲学是人由精神被动转入主动的食粮和推手，没有先进哲学的民族是没有前途的民族。列宁在掌握和运用马克思主义的辩证唯物主义和历史唯物主义思想方法的基础上，继续开辟了科学运用它们的领域，创造了列宁主义，造就了伟大的十月革命的胜利，开启了人类历史发展的新时代。中国曾经沦落为半殖民地的历史，也是中华民族哲学思想和能力衰败的历史。中国本来是个不缺哲学的民族，有过骄人的灿烂和辉煌。但是到20世纪初，已经是"只手难扶唐社稷"，"鼓角灯前老泪多"。② 国家的贫弱，民族的危亡，迫使中国思想界不得不喊出"打倒孔家店"，愤而刨自己的"祖坟"！那个时候，以尊孔读经、提倡旧礼教为代表的中国哲学，早已不是西方资本主义的对手，不但不能引领民族前进，反而与帝国主义"结成文化上的反动同盟"③，反对新思想、新文化。世界史一再表明，在帝国主义扩张称霸的时代，哲学的兴衰与民族的兴衰可谓休戚与共。列宁主义在苏俄的经历，也是苏联的兴亡史。南斯拉夫等国家的悲惨现实，无一不是哲学荣辱史的注脚。

　　马克思主义发展史、理论史揭示出这样一种思想现象，在理论思想的建设和创新方面，"没有辩证法。没有哲学家头脑的作家，要写出好的经

---

① 《毛泽东文集》第6卷，人民出版社1999年版，第395—396页。
② 转引自《建国以来毛泽东文稿》第10册，中央文献出版社1996年版，第225页。
③ 《毛泽东选集》第2卷，人民出版社1991年版，第695页。

济学来是不可能的。马克思能够写出《资本论》，列宁能够写出《帝国主义论》，因为他们同时是哲学家，有哲学家的头脑，有辩证法这个武器"①。只有方法的创新，才是一种哲学思想或哲学体系产生和发展的标志。马克思主义的完备的哲学唯物主义世界观是伟大的认识工具。马克思把这一伟大的认识工具给了人类，特别是给了工人阶级，给他们指明了如何摆脱一切被压迫阶级至今深受其害的精神奴役的出路。马克思列宁主义是人类伟大的认识工具，是无产阶级用来观察世界和改造世界的思想上的望远镜和显微镜。

三　关于全世界无产者和被压迫民族联合起来

认真读过《共产党宣言》的人，都不会忘记其最后一句话——"全世界无产者，联合起来！"这是 1848 年马克思、恩格斯和共产主义者同盟的战友们"在巴黎革命即无产阶级带着自己的要求参加的第一次革命的前夜向世界上发出这个号召"②。16 年后，马克思领导的国际工人协会即第一国际在英国伦敦成立，他又亲自起草了《国际工人协会成立宣言》。这份宣言的最后一句话，仍然是当年他在《共产党宣言》里第一次发出的号召："全世界无产者，联合起来！"自那以后，从马克思、恩格斯始，列宁、斯大林、毛泽东、邓小平，所有坚信马克思主义的无产阶级革命家在出版自己的著作时，都把"全世界无产者，联合起来！"这句口号，庄严地印在自己著作的第 1 页上。这个相沿已久的举动，已经成为马克思主义革命家的一个传统，一个公开申明自己身份和信念的标记。这个口号是马克思主义的精髓之一，再清楚不过地显示出马克思主义的本质和它那毫不妥协的革命品格。

无产阶级要彻底改变自身被资本剥削、压迫和奴役的社会地位，他们在强大的资本面前，除了联合起来、团结起来共同与资本战斗，没有别的可以选择。无产阶级认识到这一点，完全归功于马克思、恩格斯，归功于马克思主义。

进入 20 世纪，欧洲自由资本主义发展成垄断资本主义，进一步公开诉诸武力，争霸世界。列宁运用马克思主义的望远镜和显微镜，重新考察

---

① 《毛泽东文集》第 8 卷，人民出版社 1999 年版，第 140 页。
② 《马克思恩格斯文集》第 2 卷，人民出版社 2009 年版，第 21—22 页。

和深入分析被垄断资本主义争霸而极大分裂的世界和各个民族，由此发现了导致世界各国经济和政治发展的不平衡已经成为资本主义的普遍现状和发展的绝对规律，确认世界进入到帝国主义和无产阶级革命的时代，冲破第二国际修正主义设置在马克思主义上的重重藩篱，提出了"社会主义可能首先在少数甚至在单独一个资本主义国家内获得胜利"的论断。①

我们不在这里讨论划分整个人类历史发展时代的十月革命的各种意义，就学习马克思列宁主义来说，其中最重要和最成功的经验之一，是列宁在坚持马克思的"全世界无产者联合起来"的口号和纲领的同时，进一步丰富并发展为："全世界无产者和被压迫民族联合起来！"这个伟大的纲领性口号是列宁主义最主要最鲜明的特征之一，也是十月革命所开启的无产阶级社会主义革命时代的最重要、最鲜明的特征之一。

中国人民和中国共产党人历来对"全世界无产者和被压迫民族联合起来"这个口号感到特别的亲切！正是列宁向东方发出的这个号召和动员，把十月革命的光辉照耀到备受帝国主义列强凌辱的中华民族身上，启蒙了有思想的中国人，产生了尊严和勇气，重新规划民族的未来。中国共产党就是列宁发出的这个震撼当代世界伟大口号的直接产物。

从"全世界无产者联合起来"到"全世界无产者和被压迫民族联合起来"，两个口号分别代表着不同的革命年代，显示出革命的范围和革命的力量扩大了，革命的内容和革命的主题深化了。

1848 年马克思、恩格斯发出"全世界无产者联合起来"号召的年代，是欧洲资产阶级革命即将走向后期的年代。马克思、恩格斯通过共产主义者同盟发出这个号召，一方面，着眼于把欧洲各国散乱的无产阶级团结起来，组织起来；另一方面，更主要的用意是把组织起来的无产阶级从长期受资产阶级领导和思想影响的资产阶级革命运动中解放出来，独立出来，作为一支不依附于资产阶级的独立的政治力量与尚能革命的资产阶级联合，共同把反封建的资产阶级革命进行到底。只有这样，无产阶级才能享有他们为之浴血奋斗过的资产阶级革命胜利的果实，并在这一革命成功之日，立刻把资产阶级革命不停顿地发展为无产阶级的社会主义革命，从而完成和实现自身的彻底解放。显然，在那个无产阶级革命刚刚起步，还混淆于资产阶级革命运动的年代，这是一项十分艰巨的任务。"全世界无产

---

① 《列宁专题文集·论社会主义》，人民出版社 2009 年版，第 4 页。

者联合起来"这个口号直接反映了 19 世纪无产阶级革命运动的欧洲范围和马克思、恩格斯为此而制定的战略策略。马克思、恩格斯一方面积极投身欧洲大陆的革命运动；另一方面，又不得不用更多的精力来从事无产阶级革命思想体系和理论纲领的研究、制定和创立，启发、教育和组织年轻的无产阶级。而后一方面，更是那个年代稚嫩的无产阶级及其革命运动所急需的。《资本论》的研究和写作深刻表明，历史决定了他们有限的生命所能完成的任务，就是为后来的无产阶级革命运动打下思想理论和组织机构两方面的基础。

同 19 世纪相比，列宁生活的时代，无论资产阶级还是无产阶级都有了翻天覆地的变化。至 20 世纪初，欧洲自由资本主义发展到垄断资本主义，完全丧失了早期反封建的革命性，成为穷凶极恶的帝国主义。欧洲无产阶级运动经历第一国际和第二国际几十年的锻炼，在各国已经形成有组织的革命政党。其思想纲领的成熟灵活和组织机构的严密有力，首先体现在列宁领导的俄国社会民主工党布尔什维克派别身上。1917 年俄国二月资产阶级革命成功不久，列宁就立刻领导布尔什维克率先从思想上"脱掉那件'穿惯了的'、'可爱的'脏衬衫"①，决意要把党的名称由社会民主党改为共产党，另起炉灶，彻底实现与第二国际社会民主主义的决裂。同时，紧紧抓住第一次世界大战帝国主义相互厮杀和彼此损伤的机会，把国际战争转变为国内革命，成功地把二月资产阶级革命过渡到无产阶级的十月社会主义革命。列宁坚持和运用马克思主义不断革命的思想和方法，建立共产国际，组成最广泛的革命统一战线，马不停蹄地在全世界开辟无产阶级革命的战场，扩大十月革命的战果，有组织地把革命推广到殖民地半殖民地国家，通过发展十月革命来保卫和扩大十月革命的直接成果——苏维埃无产阶级专政。列宁不愧为能够最大限度地发展革命和扩大革命成果的革命大师。

通过十月革命，列宁领导苏维埃俄国和共产国际在坚持"全世界无产者联合起来"口号的基础上，向世界发出了"全世界无产者和被压迫民族联合起来"的号召和动员，极大地激发和调动了世界被压迫民族和人民争取自身解放的勇气和力量。这个深深地打着时代烙印的口号，雄辩而光辉地体现了集列宁主义之大成的无产阶级革命的战略策略。这个纲领

---

① 《列宁选集》第 3 卷，人民出版社 1995 年版，第 68 页。

性口号之英明，就在于它紧紧抓住了垄断资本主义和帝国主义时代最重要最基本的经济事实和经济特征："几个特殊民族的剥削者的幸福建筑在对亚洲和一切殖民地以及小国亿万劳动人民的奴役之上"①；"现在全世界已经划分为两部分，一部分是为数众多的被压迫民族，另一部分是少数几个拥有巨量财富和强大军事实力的压迫民族"②。正是这个基本事实及其所体现出来的阶级力量的对比，决定了今后各国无产阶级革命所应采取的与以往时代完全不同的战略和策略，并从这个具体事实出发制定具体的可行的革命政策。在列宁的领导和启发下，共产国际和各国共产党迅速调整了支持落后国家资产阶级民主运动的方针政策，首先在概念和名称上，把"资产阶级民主"运动改提为民族革命运动。③ 这种对落后国家尤其是殖民地半殖民地资产阶级民族革命运动的重新界定，具有极其重大的实践意义和理论意义。

　　"全世界无产者和被压迫民族联合起来"这个口号是列宁主义的精髓之一，包含着列宁主义对马克思主义的无产阶级革命理论尤其是农民问题理论的极其重大的发展。首先在实践上，表现为直接影响、发动和掀起了波澜壮阔的世界民族解放运动，这本身就是对无产阶级革命运动和人类社会解放的一个特别重大的贡献。列宁清楚地看到"落后国家的主要居民群众是农民"④，民族解放运动的主体和实质应是工人阶级领导的农民运动。所以，列宁极其重视农民被剥削被压迫的一面，挖掘了、提升了农民长期被忽视、被压抑的革命潜能和无穷力量，把农民视为工人阶级革命的牢固的同盟军。这样，就把曾经长期依附于资产阶级的农民运动接纳到无产阶级革命运动里，解决了无产阶级可以领导农民为主体的资产阶级革命运动的问题。从此，这样的资产阶级民族民主革命运动"就不再是属于旧的世界资产阶级民主主义革命的范畴，而属于新的范畴了；它就不再是旧的资产阶级和资本主义的世界革命的一部分，而是新的世界革命的一部分，即无产阶级社会主义世界革命的一部分了。这种革命的殖民地半殖民地，已经不能当作世界资本主义反革命战线的同盟军，而改变为世界社会

---

① 《列宁选集》第 3 卷，人民出版社 1995 年版，第 387 页。
② 《列宁专题文集·论资本主义》，人民出版社 2009 年版，第 278 页。
③ 同上。
④ 同上。

主义革命战线的同盟军了"①。"全世界无产者和被压迫民族联合起来"的伟大口号，直接体现出被剥削被压迫的农民在无产阶级革命运动中成为一个平等的革命主体和一支极其重要、极其巨大的革命力量，从而能够在社会主义革命和建设中形成巩固的工农联盟。正是由于列宁真心地把农民当作无产阶级的极其重要、极其巨大的革命力量而加以依靠，这就不仅在理论上，也在实践上终于解决了在此之前恩格斯自己"只是觉得"，包括马克思、恩格斯和整个第一国际、第二国际"没有找到"的"接近农民的正确方法"②。

历史显示，列宁主义领导和影响下的无产阶级革命运动和民族解放运动的紧密结合又互为支撑，开辟了打击和削弱帝国主义的无限广阔的战场。这样的民族解放运动，一方面是支持社会主义的苏联，在 20 世纪上半叶在帝国主义的围剿中能够坚持下来的巨大力量；另一方面为社会主义的苏联生存和发展，提供了可以纵横捭阖的纵深无比的战略空间。列宁提出了关于农民问题理论的新学说："胜利了的革命无产阶级对落后民族进行系统的宣传，而各苏维埃政府以其所拥有的一切手段去帮助它们，那么，说落后民族无法避免资本主义发展阶段就不对了。在一切殖民地和落后国家，我们不仅应该组成能够独立进行斗争的基干队伍，即党的组织，不仅应该立即宣传组织农民苏维埃并使这种苏维埃适应资本主义前的条件，而且共产国际还应该指出，还应该从理论上说明，在先进国家无产阶级的帮助下，落后国家可以不经过资本主义发展阶段而过渡到苏维埃制度，然后经过一定的发展阶段过渡到共产主义。"③ 这一新学说，把马克思主义的社会主义理论大大地向前推进了。毫无疑问，列宁主义不仅在理论上，也在实践上，解决了无产阶级革命与资产阶级革命的关系问题，实现了资产阶级革命与无产阶级的社会主义革命的连接和过渡，给了殖民地半殖民地人民一件实现自身解放的强大思想武器，特别是在俄国和中国，实现了恩格斯的这样一种设想，即努力使农民"免于真正沦为无产者，在还是农民时就能被我们争取过来的农民人数越多，社会改造的实现也就会越迅速和越容易"④。正是经过列宁主义阶段，马克思主义和列宁主义

---

① 《毛泽东选集》第 2 卷，人民出版社 1991 年版，第 668 页。
② 《马克思恩格斯文集》第 4 卷，人民出版社 2009 年版，第 523 页。
③ 《列宁专题文集·论资本主义》，人民出版社 2009 年版，第 281 页。
④ 《马克思恩格斯文集》第 4 卷，人民出版社 2009 年版，第 526 页。

的农民问题理论在中国这块农民人口广阔的土地上得到了发扬光大，由毛泽东在中国革命和建设的实践中发展成一个成熟的体系，正在广大的第三世界得到传播和运用。

列宁主义关于"全世界无产者和被压迫民族联合起来"的号召和思想，在21世纪的当代世界仍然有着非常重要的现实意义。因为这个伟大口号所反映和依托的世界经济状况和政治格局——"全世界已经划分为两部分，一部分是为数众多的被压迫民族，另一部分是少数几个拥有巨量财富和强大军事实力的压迫民族"①——没有根本改变，那么无疑，坚持和贯彻这一纲领性口号及其战略策略，就是当代一切真正的马克思主义政党和马克思主义者的义不容辞的任务。

四　关于社会主义就是消灭阶级和剥削

"全世界无产者联合起来"、"全世界无产者和被压迫民族联合起来"干什么呢？就是消除资本主义，建立社会主义。在科学社会主义产生的19世纪40年代，共产主义就是马克思的社会主义。那么什么是社会主义呢？这个曾经是很明确的问题，在当代，因苏联亡党亡国使国际共产主义运动陷入低潮而被搅得模糊起来。我们所从事的是马克思列宁主义指导的科学社会主义事业，而不是别的什么思想影响下的别的什么社会主义。牢牢记住马克思主义经典作家说过的几条最简明易懂的关于什么是社会主义的观点，就能识别形形色色的冒牌社会主义。

——1846年，恩格斯致布鲁塞尔共产主义通讯委员会的信中说："共产主义究竟是什么呢？……我把共产主义者的宗旨规定如下：（1）实现同资产者利益相反的无产者的利益；（2）用消灭私有制而代之以财产公有的手段来实现这一点；（3）除了进行暴力的民主的革命以外，不承认有实现这些目的的其他手段。"②

——1848年，马克思、恩格斯在《共产党宣言》中说："共产主义的特征并不是要废除一般的所有制，而是要废除资产阶级的所有制。""共产党人可以把自己的理论概括为一句话：消灭私有制。"③

---

① 《列宁专题文集·论资本主义》，人民出版社2009年版，第278页。
② 《马克思恩格斯文集》第1卷，人民出版社2009年版，第40页。
③ 《马克思恩格斯文集》第2卷，人民出版社2009年版，第45页。

——1850 年，马克思在总结 1848 年至 1850 年法兰西阶级斗争时指出：无产阶级要"团结在革命的社会主义周围，团结在被资产阶级用布朗基来命名的共产主义周围。这种社会主义就是宣布不断革命，就是无产阶级的阶级专政，这种专政是达到消灭一切阶级差别，达到消灭这些差别所由产生的一切生产关系，达到消灭和这些生产关系相适应的一切社会关系，达到改变由这些社会关系产生出来的一切观念的必然的过渡阶段"①。

——1875 年，恩格斯批评俄国民粹派时指出："现代社会主义力图实现的变革，简言之就是无产阶级战胜资产阶级，以及通过消灭一切阶级差别来建立新的社会组织。"②

——1880 年，恩格斯在《社会主义从空想到科学的发展》著作里说："社会主义现在已经不再被看做某个天才头脑的偶然发现，而被看做两个历史地产生的阶级即无产阶级和资产阶级之间斗争的必然产物。它的任务不再是构想出一个尽可能完善的社会制度，而是研究必然产生这两个阶级及其相互斗争的那种历史的经济的过程；并在由此造成的经济状况中找出解决冲突的手段。"③

——1894 年，恩格斯在《法德农民问题》中说："社会主义是专门反对剥削雇佣劳动的。"④

——1894 年，列宁在批判自由主义民粹派时说："要知道，反对剥削劳动者的抗议和斗争，目的在于完全消灭这种剥削的斗争，才叫作社会主义。"⑤

——1905 年，列宁在《小资产阶级社会主义和无产阶级社会主义》文章里说："社会主义斗争则是工人反对整个资产阶级的斗争。"⑥

——1916 年，列宁在《论"废除武装"的口号》文章里强调："谁指望不通过社会革命和无产阶级专政来实现社会主义，谁就不是社会主义者。"⑦

——1919 年，列宁在《无产阶级专政时代的经济和政治》中说："社

---

① 《马克思恩格斯文集》第 2 卷，人民出版社 2009 年版，第 166 页。
② 《马克思恩格斯文集》第 3 卷，人民出版社 2009 年版，第 389 页。
③ 同上书，第 545 页。
④ 《马克思恩格斯文集》第 4 卷，人民出版社 2009 年版，第 518 页。
⑤ 《列宁全集》第 1 卷，人民出版社 1984 年版，第 237 页。
⑥ 《列宁选集》第 1 卷，人民出版社 1995 年版，第 657 页。
⑦ 《列宁专题文集·论社会主义》，人民出版社 2009 年版，第 385 页。

会主义就是消灭阶级。"①

我们对上述言论无须作过多的解释，即使是文化程度不高的工农群众理解起来也不困难。因为他们是从自身的生活来认识和学习社会主义的，如同毛泽东所揭示的那样："中国有许多专门从书本上讨生活的从事社会科学研究的共产党员，不是一批一批地成了反革命吗？……那些不识字的工人常常能够很好地掌握马克思主义。"②

当代中国人熟悉邓小平的一段话："社会主义的本质，是解放生产力，发展生产力，消灭剥削，消除两极分化，最终达到共同富裕。"③ 我们说马克思列宁主义、毛泽东思想、邓小平理论是一脉相承的，那么这个"一脉"是什么呢？在哪里呢？我们认为，就是邓小平说的"消灭剥削"。在市面上流行的解说邓小平理论的读本里，人们一眼就能发现，我国思想界往往只谈"解放生产力，发展生产力"、"共同富裕"三句话，认为这是邓小平社会主义本质观最主要、最本质的东西，而对"消灭剥削，消除两极分化"两句话不作解释，避而不谈。这种认识是极其错误、极其有害的。有这种认识的人，非常有必要学一学关于社会主义的初步知识。

这种错误的认识割裂了邓小平社会主义本质观，泯灭了邓小平社会主义本质观鲜明的党性原则即阶级性和革命性，掩盖了邓小平社会主义本质观的社会指向和革命锋芒，把马克思主义的科学社会主义变成了非马克思主义或反马克思主义可以接受和玩弄的庸俗社会学。为什么呢？道理并不复杂，难道资产阶级就不解放生产力、发展生产力吗？任何关于什么是社会主义的思想观点，如果不把"消灭剥削"看作是最本质的东西，其错误的性质正如美国前驻苏大使马特洛克在《苏联解体亲历记》里一针见血地剖析苏共修正主义纲领时所说的："苏联领导人愿意抛弃这个观念（即阶级斗争的理论——笔者注），那么他们是否继续称他们的指导思想为'马克思主义'也就无关紧要了。这已是一个别样的社会里实行的别样的'马克思主义'。这个别样的社会则是我们大家都能认可的社会。"④显然，任何关于邓小平社会主义本质观的论述，有意或无意地回避"消灭剥削"即消灭由私有制形成剥削这一内核，就是抹杀了马克思主义的

---

① 《列宁专题文集·论社会主义》，人民出版社 2009 年版，第 158 页。
② 《毛泽东选集》第 1 卷，人民出版社 1991 年版，第 111 页。
③ 《邓小平文选》第 3 卷，人民出版社 1993 年版，第 373 页。
④ 《苏联解体亲历记》，世界知识出版社 1996 年版，第 169 页。

无产阶级社会主义与资产阶级社会主义的本质区别，都是对邓小平社会主义本质观的亵渎。

"解放生产力，发展生产力"，是"消灭剥削，消除两极分化，最终达到共同富裕"的物质基础，而"消灭剥削，消除两极分化"是"解放生产力，发展生产力"和"最终达到共同富裕"的所有制基础，"最终达到共同富裕"是生产力发展和公有制发展共同的目标和结果。邓小平社会主义本质观更深刻的内容在于，既然"社会主义的本质"是"消灭剥削"，那么前提自然是在建立和建设的社会主义进程中还在一定程度、一定范围内存在私有制引发的剥削。由此，对社会主义实践的考察必然产生出一系列十分重大的问题及其思想逻辑，如什么是剥削？是谁在剥削谁？怎么才能"消灭剥削"？靠谁、靠什么来"消灭剥削"？等等。马克思主义告诉我们，剥削是个生产方式和生产关系的问题，它发生在阶级之间，因而剥削关系也是个阶级关系问题。

当代世界是资本主义生产方式和生产关系占统治地位的世界，不是别的而是私有资本剥削劳动，是资产阶级剥削工人阶级和其他劳动人民。剥削是怎么实现的？主要是通过商品交换，即通过商品经济实现的。就是说，有私有制基础上的商品经济就存在剥削，因为私有剩余价值就包含在商品之中，并通过商品经济，通过劳动力的买卖和其他商品交换得以实现。而"两极分化"是剥削的必然结果，"两极分化"就是阶级分化，其表现和结果就是无产阶级与资产阶级的矛盾和博弈。消灭剥削和消灭阶级是一回事，是一个问题的两个不可分割的方面。正是基于此，列宁讲"社会主义就是消灭阶级"，但是"要一下子消灭阶级是办不到的"。[①] 因为阶级的存在是同生产发展的一定历史阶段相联系的[②]，因而消灭剥削即消灭阶级是一个历史的过程，社会主义要"消灭剥削"即消灭资本主义就必须实行一套科学的持久的政策和策略。这就是邓小平为什么说"最终达到共同富裕"。"最终"是个时空概念，所表达的内容就是告诉人们，"达到共同富裕"是要经过一个历史的过程，是社会主义社会发展的最终结果。

无疑，在实现"达到共同富裕"的历史进程中，要"消灭剥削"就

① 《列宁专题文集·论社会主义》，人民出版社 2009 年版，第 161 页。
② 《马克思恩格斯文集》第 10 卷，人民出版社 2009 年版，第 106 页。

不可避免地发生阶级之间的矛盾和较量，即无产阶级彻底消灭资产阶级的斗争，而邓小平提出的四项基本原则是无产阶级为"消灭剥削"而彻底消灭资产阶级最有力的武器。因为"社会主义就是由无产阶级专政的社会向无国家的社会的过渡"①。邓小平在 1992 年初即国际共产主义运动刚刚遭受巨大挫折的时候，毅然决然地指明社会主义的本质是"消灭剥削"，就是坚持了马克思主义的阶级斗争和无产阶级专政的学说，就是举起了马克思主义阶级斗争和人民民主专政（无产阶级专政）的社会主义革命旗帜。同时也是告诫我们，苏联共产党的领导集团就是因为放弃了科学社会主义的这个基本原则而导致了亡党亡国。

毋庸置疑，马克思主义的科学社会主义的本质和宗旨，"就是阐明了无产阶级作为社会主义社会创造者的世界历史作用"②，就是无产阶级反对资产阶级的斗争，就是"无产阶级必须采取政治行动，必须把实行无产阶级专政作为达到废除阶级并和阶级一起废除国家的过渡"③，因而无产阶级只有解放全人类才能最后解放自己。所以"离开阶级斗争，社会主义就是空话或者幼稚的幻想"④，"只要阶级斗争还在一定范围内存在，我们就不能丢弃马克思主义的阶级和阶级分析的观点与方法。这种观点与方法始终是我们观察社会主义与各种敌对势力斗争的复杂政治现象的一把钥匙"。所以马克思主义的科学社会主义是全面建设的社会主义，其中包括经济、政治、文化、社会、生态、国防等领域的建设，包括正确处理人民内部矛盾、敌我矛盾和阶级矛盾等，包括科学发展、改革和开放，包括社会主义的革命、建设和改革等。

五　关于党是阶级的领导者和组织者

在马克思、列宁的著作中，关于他们从事党的建设的历史实践和理论思想有丰富的记述，其中既有成功经验的总结，也有对失败教训的分析。当我们学习他们呕心沥血建立工人阶级政党的光辉历史和理论思想的时候，同时必须面对国际共产主义运动中一个又一个曲折的历史结果。一部马克思列宁主义发展史，就是一部既有成功发展又有惨痛失败的无产阶级

①　《斯大林选集》上卷，人民出版社 1979 年版，第 356 页。
②　《列宁专题文集·论马克思主义》，人民出版社 2009 年版，第 61 页。
③　《马克思恩格斯文集》第 3 卷，人民出版社 2009 年版，第 310 页。
④　《列宁选集》第 1 卷，人民出版社 1995 年版，第 658 页。

政党的历史，就是一部无产阶级政党建设的经验和教训的历史教科书。显然，要学好马克思列宁主义关于党的建设的理论思想和基本经验，就必须结合各国无产阶级政党曲折斗争的经历。

从 19 世纪 40 年代，也就是国际共产主义运动白手起家的年代始，马克思、恩格斯经过艰苦的宣传和动员，在欧洲一些国家首先开始建立工人阶级的政党组织，组织和发动了无产阶级革命运动。那时，马克思、恩格斯把分散的与个别资本家斗争的工人组织起来，"把许多性质相同的地方性的斗争汇合成全国性的斗争，汇合成阶级斗争"，把"无产者组织成为阶级，从而组织成为政党"。① 通过组建工人政党，他们给欧洲工人阶级灌输了这样两点最基本的思想理念：其一，"共产党一分钟也不忽略教育工人尽可能明确地意识到资产阶级和无产阶级的敌对的对立，以便德国工人能够立刻利用资产阶级统治所必然带来的社会的和政治的条件作为反对资产阶级的武器，以便在推翻德国的反动阶级之后立即开始反对资产阶级本身的斗争"②。其二，"认清自己的阶级利益，尽快采取自己独立政党的立场，一时一刻也不能因为听信民主派小资产者的花言巧语而动摇对无产阶级政党的独立组织的信念。他们的战斗口号应该是：不断革命"，直到"无产阶级夺取政权"。③ 正是由于建立了这样的革命或彻底改革的意识，欧洲工人阶级不断革命，发展出了夺取资产阶级政权的巴黎公社斗争。其后，他们大力支持德国社会民主党的建立，指导德国社会民主党在俾斯麦的"反社会主义者法"高压下，不屈不挠地进行"非法"的半公开的秘密斗争，获得了巨大发展。马克思去世后，恩格斯担起了指导世界无产阶级革命运动的重担，不失时机地以德国社会民主党为核心发起和组建了第二国际，在德国打破了"反社会主义者法"，使德国社会民主党获得了公开活动的权利和条件。

比较后来列宁、毛泽东这样的能够完全掌控本国无产阶级政党的革命家、组织家和理论家，马克思、恩格斯在党的建设的实践方面就显露出很深的历史和时代的局限性。由于马克思深受欧洲各国反动政府的通缉和迫害，不仅在自己的祖国——德国，在其他一些国家也难以安身，被迫流亡

---

① 《马克思恩格斯文集》第 2 卷，人民出版社 2009 年版，第 40 页。

② 同上书，第 66 页。

③ 《马克思恩格斯选集》第 1 卷，人民出版社 1995 年版，第 375、285 页。

在英国。这种已经公开的革命家身份，使他难以非常具体地指导各国的无产阶级政党的实际斗争和发展，主要是从远方和外部，给某一国家的工人政党活动以影响和导引。社会存在决定社会意识。国际共产主义运动的政党史表明，对党的建设具有重大指导作用的理论思想、政策策略和基本经验，是经过列宁、毛泽东的发展而系统化并成熟起来的。

列宁领导俄国布尔什维克夺取十月革命的胜利，毛泽东领导中国共产党夺取中国革命的胜利，也是马克思列宁主义关于无产阶级政党建设思想上方法上的成功体现，是无产阶级政党建设取之不尽的思想宝库。

政党是干什么的？政党是近代以来，即资本主义社会建立以来阶级发展的产物和工具。为夺取政权和领导政权而进行的政治活动，是一切政党最基本的任务。谁不了解这一点，不牢牢地把握这一点，谁就不懂得政党是干什么的，也就不懂得党的建设的宗旨、任务和方法到底该怎么确定和实施，也就谈不上共产党的先进性建设、夺权能力建设和执政能力建设。

列宁对马克思主义政党建设的重要发展和贡献，首先体现在组织建设方面，确立了民主集中制的原则。这是列宁与深受第二国际"合法"斗争影响的俄国社会民主工党孟什维克派激烈斗争的产物。其实马克思很早就看出，"革命活动只有在集中的条件下才能发挥全部力量……实行最严格的中央集权制是真正革命党的任务"①。列宁继承了马克思的这一基本思想，创造性地提出和贯彻了民主集中制的组织原则，从而在资产阶级镇压革命的复杂形势下，把"非法"斗争与"合法"斗争灵活地结合起来，取得了无产阶级革命政党的发展和胜利。而第二国际和俄国社会民主工党的孟什维克派，实行的仍然是来自资产阶级政党的自由主义的党的建设的理念和制度，在资本主义国家所谓三权分立政体的"合法"的议会政党斗争中，反而被所谓的"合法"和议会民主制改造得面目全非，丧失了工人阶级政党的品格，堕落成欺骗工人的机会主义政党。列宁不仅以民主集中制组建和发展了俄国社会民主工党布尔什维克，还把这个原则推广到十月革命后俄国共产党对无产阶级专政的国家的领导和建设上，旗帜鲜明地强调，必须坚持俄共在国家政权中的领导地位，"国家政权的一切政治经济工作都由工人阶级觉悟的先锋队共产党领导"②，其他政党必须接受

---

① 《马克思恩格斯文集》第 2 卷，人民出版社 2009 年版，第 197 页。
② 《列宁全集》第 42 卷，人民出版社 1987 年版，第 370 页。

和拥护俄共的领导地位，绝不允许搞什么资产阶级的议会多党制。针对国内外资产阶级和第二国际攻击俄共"独裁"、"一党专政"，列宁针锋相对地回答，如果你们认为坚持共产党的领导就是"一党专政"，那么"我们就说：是的，是一党专政！我们就是坚持一党专政，而且我们决不能离开这个基地"①。民主集中制的组织原则是马克思列宁主义指导的无产阶级政党建设的基本原则和基本经验之一。

列宁对马克思主义政党建设的第二个重要贡献是，把俄国社会民主工党更名为俄国共产党。列宁的这个举动是 20 世纪前期那个年代国际共产主义运动和马克思主义政党史上的一件大事，对后来各国共产党的建立和发展产生了巨大影响。这件事的影响和意义，正如当年列宁阐明的：其一，"'社会民主党'这个名称在科学上是不正确的……工人建立了自己的国家之后，就了解到民主制（资产阶级民主制）的旧概念在我国革命的发展过程中已经过时了。我们建立了西欧任何地方都不曾有过的民主类型"，"实际情况准确说明苏维埃政权是新型的国家，是无产阶级专政的形式，说明我们为民主制提出了不同的任务"。② 其二，真正的无产阶级政党"所要达到的目的，即建立共产主义社会……因此，共产党这个名称在科学上是唯一正确的"③。其三，第一次世界大战时期，"欧洲各先进国家旧的正式的社会党，都没有摆脱使欧洲正式社会主义在这次战争中彻底破产的社会沙文主义和社会爱国主义的乌烟瘴气，因此直到现在，几乎所有正式的社会党都是工人社会主义革命运动真正的障碍，真正的绊脚石"。④ 俄国共产党的新命名，为酝酿已久的共产国际的成立扫清了道路，推动了后来一个时期国际共产主义运动的大发展。

列宁对马克思主义政党建设的第三个重要贡献是，把农民当作无产阶级的极其重要、极其巨大的革命力量来依靠，解决了马克思、恩格斯和整个第一国际、第二国际"没有找到"的"接近农民的正确方法"，从而扩大了党的组织及其所领导的革命队伍，极大地拓展了无产阶级政党建设的深度和广度。

列宁对马克思主义政党建设的第四个重要贡献是，在思想建设方面反

---

① 《列宁全集》第 37 卷，人民出版社 1986 年版，第 126 页。
② 《列宁选集》第 3 卷，人民出版社 1995 年版，第 456、467 页。
③ 同上书，第 457 页。
④ 同上。

对和摈弃"自发论",提倡和推行科学的"灌输论"。列宁深入挖掘和论述了这样一个观点,马克思主义即科学社会主义是不能在工人阶级中自发产生的。实践证明,"工人阶级单靠自己本身的力量,只能形成工联主义的意识"及其经济主义;工人阶级的科学社会主义的意识"只能从外面灌输进入"。① 所以"问题只能是这样:或者是资产阶级的思想体系,或者是社会主义的思想体系。这里中间的东西是没有的",因为"在为阶级矛盾所分裂的社会中,任何时候也不可能有非阶级的或超阶级的思想体系。因此,对社会主义思想体系的任何轻视和任何脱离,都意味着资产阶级思想体系的加强";而"工人运动的自发的发展,恰恰导致运动受资产阶级思想体系的支配"。② 马克思列宁主义的立场、观点、方法和人类优秀的思想、道德和作风,都需要自觉地、有意识地、长期地去提倡和培养,才能被人们普遍接受并形成起来。这是因为自阶级社会产生以来,占统治地位的剥削阶级对劳动人民几千年的压迫和奴化,使剥削阶级的思想道德深入到社会生活的各个领域,形成了强大的习惯势力。要改变这种情况,只有经过长期不懈的教育。因此,必须有组织地、经常地对全体党员和各界群众进行系统的马克思主义思想道德的教育。

列宁对马克思主义及其政党建设的一些发展和贡献,是在与第二国际机会主义的斗争中取得的,是在反对一切修正主义和机会主义的斗争中产生和发展起来的。

中国共产党是在十月革命和列宁主义建立起来的历史平台上,接受和吸取了世界上最先进的、最成功的俄国共产党的革命经验和建党理论成立起来的。为了在中国这样一个曾经是极度衰败的半殖民地半封建国家里,在一个有几亿贫穷愚昧的农民、众多小资产阶级而现代工业无产阶级很少的国家里,建立起以马克思列宁主义为指导、有战斗力的、强大的无产阶级政党,以毛泽东为代表的中国共产党人自觉地提出并解决了这样一个问题:"我们今天要怎样建设我们的党?要怎样才能建设一个'全国范围的、广大群众性的、思想上政治上组织上完全巩固的布尔什维克化的中国共产党'?"③ "我们现在要建设这样一个党,究竟应该怎样进行呢?"④ 由

---

① 《列宁专题文集·论无产阶级政党》,人民出版社2009年版,第76页。
② 同上书,第85页。
③ 《毛泽东选集》第2卷,人民出版社1991年版,第613页。
④ 同上书,第603页。

此，毛泽东把马克思列宁主义的政党建设及其理论学说发展成一个系统的、完备的科学体系。为什么这样说，根据在哪里呢？根据就是毛泽东发现并阐明了无产阶级政党建设的一条根本性的原理。

科学产生和发展的历史表明，一种科学体系只有在它的理论形态里含有若干自然的或社会的基本原理的时候才能树立起来，才有了在科学史上独立存在的人类价值。原理不是被人为地制造出来的，而是在长期的生产实践和科学研究中，被人们发现出来的自然的或社会的不可违背的规律。

毛泽东发现的无产阶级政党建设的基本原理是什么呢？1945 年他在中国共产党第七次代表大会的政治报告里总结整风运动，总结中国共产党24 年党的建设的一条基本经验："掌握思想教育，是团结全党进行伟大政治斗争的中心环节。如果这个任务不解决，党的一切政治任务是不能完成的。"① 这个原理揭示出，无产阶级政党——共产党，首先是一个专门做政治思想工作的机关。政治思想工作是共产党各级组织和领导首要的工作和任务。党的历史表明，共产党的领导和威信，从而共产党的权力，首先和根本的是通过对广大群众进行持久而深入的政治思想教育，影响他们，把他们团结和争取到马克思主义的、共产党的旗帜下。共产党的领导首先和根本的是体现在"无产阶级思想领导"上。② "思想领导"必须通过党的政治思想的教育才能实现。毛泽东把思想教育和政治工作，当作"中心环节"，当作"生命线"，足见其多么的重要！如果共产党把"中心环节"和"生命线"这样的工作、这样的事情淡化或忘记了，那将意味着什么呢？就意味着共产党或党的一级组织放弃了，失去了对它所依靠的群众的影响，也就是放弃了从根本上领导群众，这无异于一种自杀的行为。党的政治思想教育一旦被忽视或破坏，其结局就是群众和干部如同离群的野马，四散而去，相应的制度就会随之坍塌。制度固然重要，但思想会指导制度的制定和落实。

邓小平在中国共产党第八次代表大会作修改党章报告时指出："党是阶级组织的最高形式，指出这一点，在今天党已经在国家工作中居于领导

---

① 《毛泽东选集》第 3 卷，人民出版社 1991 年版，第 1094 页。
② 《毛泽东选集》第 1 卷，人民出版社 1991 年版，第 77 页。

地位的时候，特别重要。"① 无疑，党"是阶级的领导者和组织者"②，如果不是从无产阶级反对各种非无产阶级，特别是从反对封建主义和资产阶级的方面，自觉思考和从事党的建设及其政治思想工作，那么连党的建设的"门"也进不去。只有明确了、解决了党的建设及其政治思想工作的对象及其问题，党的其他建设才能有的放矢，党的组织才能成为教育人、改造人的学校，党的政治思想工作才能成为实现党的各项任务的强有力的工具。

思想理论教育是党的建设的基础，是中国共产党学习马克思列宁主义而总结出的一条根本经验，为我们党和整个国际共产主义运动正反两方面历史经验和教训的实践所证明。针对1989年的政治风波，邓小平一针见血地指出："这次事件确实把我们的失误也暴露得足够了。我们确实有失误呀！而且失误很不小啊！"③ 问题主要在哪里呢？就是我们的"教育和思想政治工作太差"，"缺乏一贯性，没有行动，甚至讲得都很少"，"十年最大的失误是教育，这里我主要是讲思想政治教育，不单纯是对学校、青年学生，是泛指对人民的教育"。④ 正是因为"教育和思想政治工作太差"，导致了腐败蔓延，激起了严重的政治动乱，为此邓小平向全党大声疾呼："这个党该抓了，不抓不行了。"⑤ 东欧、苏联共产党的垮台，都可以从他们放弃这一无产阶级政党建设的基本原理得到科学的解释。

总之，我们应当看到，《马克思恩格斯文集》和《列宁专题文集》的编辑和出版，是中华民族和中国共产党人勤勉学习、准确传承和科学发展马克思列宁主义的写照。为了推进马列主义及其中国化理论的发展，我们首先就要研读马列主义本身，并弄懂马列主义与中国化马列主义之间的关系。在怎样学习马克思列宁主义这一国际共产主义运动的重要问题上，邓小平从中国共产党人的长期实践中作出的这样一个总结性论断，应当成为一切坚持马克思主义的同志们学习的指针。他说："马克思主义的思想理论工作是不能离开现实政治的。我这里说的政治，是国内外阶级斗争的大

① 《邓小平文选》第1卷，人民出版社1994年版，第236页。
② 《列宁专题文集·论无产阶级政党》，人民出版社2009年版，第337页。
③ 《邓小平文选》第3卷，人民出版社1993年版，第312页。
④ 同上书，第305、306页。
⑤ 同上书，第314页。

局，是中国人民和世界人民在现实斗争中的根本利害。不能设想，离开政治的大局，不研究政治的大局，不估计革命斗争的实际发展，能成为一个马克思主义的思想家、理论家。"① 我们要以马列主义及其中国化理论为指导，继续促进中国和世界的不断进步与和谐。

（原载《马克思主义研究》2011 年第 1 期，第二作者为李伟）

第三节　论马克思主义立场、观点和方法的辩证统一

习近平指出："马克思主义立场观点方法，贯穿于马克思列宁主义、毛泽东思想和中国特色社会主义理论体系之中，是马克思主义科学思想体系的精髓所在。"② 马克思主义整体性研究之一，就是从马克思主义立场、观点和方法的辩证统一的角度来阐述。

一　马克思主义立场

习近平强调："立场，是人们观察、认识和处理问题的立足点。这个立足点，从根本上讲是由人们的经济政治社会利益和地位决定的。"③ 有学者认为："马克思主义立场就是工人阶级和劳动人民的立场。"④ 也有学者认为："所谓立场，在阶级和阶级斗争还没有彻底消灭以前，就是指立足于哪个阶级，代表哪个阶级的利益说话办事，也就是毛泽东同志常说的为什么人的问题。"⑤ 还有学者认为："利益不同，立场便不同；立场不同，思想观点也随之不同。在这里，立场代表着利益，而思想观点又支持着立场，并归根到底支持着利益。问题就在于是代表'谁'的利益，是为'谁'的利益提出思想观点。"⑥

① 《邓小平文选》第 2 卷，人民出版社 1994 年版，第 179 页。

② 习近平：《深入学习中国特色社会主义理论体系　努力掌握马克思主义立场观点方法》，《求是》2010 年第 7 期。

③ 同上。

④ 叶庆丰：《马列主义"老祖宗"哪些不能丢，哪些需要发展？》，《理论学刊》2007 年第 7 期。

⑤ 司徒锡钧：《谈谈马克思主义立场、观点、方法》，《江西师范大学学报》（哲学社会科学版）1989 年第 4 期。

⑥ 赵兴良：《马克思主义立场观点方法的辩证统一》，《求实》2012 年第 10 期。

的确，在阶级社会和阶级世界里，最根本的立场是阶级立场。不过，虽然立场与利益有着极为密切的关系，但决定阶级立场的绝不是"细小的"利益。① 因此，"为人民谋利益，就要善于妥善处理好人民的根本利益和眼前利益、长远利益和近期利益、整体利益和个别利益的关系，并且引导人民正确对待这些方面利益的关系"②。

有的学者因为马克思曾经提到过为人类而工作，就试图用所谓最高命题来淡化马克思主义的阶级立场，片面强调所谓全人类的立场："使每一个个人自由而全面的发展，这是马克思主义的核心理念，也是马克思主义整个理论体系中最根本的一个原理，俞可平称'一切人自由而全面的发展'为马克思主义的最高命题。这一原理鲜明地体现了马克思主义无产阶级和全人类的基本立场。"③ 对此，著名哲学家陈先达正确地指出："《共产党宣言》曾经提出著名论断：'代替那存在着阶级和阶级对立的资产阶级旧社会的，将是这样一个联合体，在那里，每个人的自由发展是一切人自由发展的条件。'这个论断被简化为'每个人的自由发展是一切人的自由发展的条件'，完全撇开了具有决定意义的社会条件，即消灭存在着阶级和阶级对立的资产阶级旧社会，建立共产主义社会即自由人的联合体。"④ 在马克思看来，只有在共产主义自由人联合体这样的社会中，每个人的自由和全面发展，才是一切人自由发展的条件。而在阶级社会中，包括资产阶级在内的每个人的自由发展，往往不一定是一切人发展的条件。资产阶级个人尤其是垄断资产阶级个人的自由发展，往往是劳动阶级个人的自由和全面发展的障碍。

毛泽东指出："我们这个队伍完全是为着解放人民的，是彻底地为人民的利益工作的。"⑤ 事实上，毛泽东所说的我们这个队伍其实是人民为了解放自己而建立起来的。这就是为什么我们这个队伍必须采取人民立场的原因，这就是为什么我们这个队伍只是人民的子弟兵、服务员，以及邓小平说他是中国人民的儿子的原因。

除了根本性的阶级立场外，还存在其他的立场，比如针对某个具体问

① 《马克思恩格斯全集》第 1 卷，人民出版社 1995 年版，第 187 页。
② 王伟光：《全心全意为人民谋利益》，《北京社会科学》2002 年第 1 期。
③ 高凤敏：《论马克思主义基本原理的内容体系》，《天水行政学院学报》2011 年第 5 期。
④ 陈先达：《论马克思主义基本原理及其当代价值》，《马克思主义研究》2009 年第 3 期。
⑤ 《毛泽东选集》第 3 卷，人民出版社 1991 年版，第 1004 页。

题的立场。这个具体的立场与阶级立场并不是一一对应的，而是随着时代的发展和利益的变化而有所变化。1852 年 3 月 5 日，马克思在致约瑟夫·魏德迈的信中写道："为了使海因岑这样一个不学无术的'有性格的人'不致认为，贵族拥护谷物法，资产者反对谷物法，因为前者想'垄断'，后者要'自由'（一个笨伯只是在这种思想形式中才看到对立），那只应当指出，在十八世纪，英国的贵族拥护'自由'（贸易自由），而资产者则拥护'垄断'，也就是目前'普鲁士'这两个阶级对'谷物法'所采取的立场。"① 在这里，虽然不同的阶级仍然表现出不同的立场，但对同一个问题即谷物法的立场，每个阶级都没有采取固定的立场，而是根据自己利益的变化而改变立场。在《资本论》第 1 卷中，马克思提到，19 世纪英国的谷物法废除后，利益受损的地主阶级政党托利党报复资产阶级，使有利于工人阶级利益的十小时工作日法案在议会里通过了。② 这表明，在具体的问题上，某个阶级也可以采取有利于其他阶级的立场。在具体的问题和历史条件下，立场不仅意味着站在哪一边，还包括怎么做。例如，马克思和恩格斯在1850 年 3 月中央委员会告共产主义者同盟书中，就"阐明了工人阶级政党，特别是同盟，无论在目前或革命时期所持的立场"③。

当前，在我国的改革发展中，有些外商和私营企业主及其理论家在言论和行动上都反对最低工资法、劳动合同法和五天工作制等，其阶级立场也是显而易见的。共产党执政的人民政府必须站在工人阶级的立场上，主要是事先通过制定和严格执行各种维护劳动者合法权益的制度体系来主动协调劳资关系，这与资产阶级执政的非人民政府有着本质区别。

二 马克思主义观点

习近平指出："观点，是人们对事物的看法。马克思主义观点是马克思主义关于自然、社会和人类思维发展的一般规律的科学认识，是对自然界规律和人类社会实践经验的科学总结，体现在马克思主义哲学、政治经

---

① 《马克思恩格斯全集》第 28 卷，人民出版社 1973 年版，第 507 页。
② 《马克思恩格斯文集》第 5 卷，人民出版社 2009 年版，第 327 页。
③ 《马克思恩格斯全集》第 7 卷，人民出版社 1959 年版，第 359 页。

济学和科学社会主义这三个组成部分之中,涵盖面非常广泛。"① 有学者认为:"我们所要坚持的马克思主义的基本观点,主要包括两方面的内容。一是关于辩证唯物主义历史唯物主义的基本观点,二是关于社会主义历史必然性的观点。"② 也有学者认为:"马克思主义观点,通常是指人们对整个世界的总的看法或根本观点,即世界观。过去常讲的四大观点,即:阶级观点、群众观点、劳动观点、辩证唯物主义和历史唯物主义观点。这些观点,从根本上说,就是辩证唯物主义和历史唯物主义观点,它内在地包含了上述其他观点。"③ 事实上,马克思主义十分重要的观点不止这四个,况且阶级观点与阶级立场也有重叠,尽管两者具有一致性和详略不同的特点。

应当说,马克思主义观点是分层次的。处于最高层次的马克思主义观点,是关于自然、社会和人类思维发展的一般规律的科学认识,是辩证唯物主义和历史唯物主义的基本观点,是一种世界观。处于第二层次的马克思主义观点,广泛地体现在马克思主义政治经济学、政治学、文化学、社会学、人类学、法律学、社会主义学以及哲学的具体观点之中。例如,马克思主义政治经济学关于产权、分工、商品、货币、资本、土地、地租、利润和利息的本质和表象的基本观点,关于劳动创造价值和财富的基本观点,关于剩余价值生产、流通和分配的基本观点,关于社会生产和再生产的基本观点,关于生产、交换、分配和消费之间关系的基本观点,就属于马克思主义第二层次的观点。又如,马克思主义政治学关于国家、民主、专政、人民、人权、平等、正义、自由等基本观点,大体上也属于马克思主义第二层次的观点。当然,马克思主义各门学科还有许多具体观点,可能属于马克思主义第三或第四等层次。每一个不同的层次的观点,要说明的问题及其时点等均有范围和区别。

马克思主义观点与非马克思主义观点在分析和解决同一问题上往往存在重要差别。以生产力、经济基础和上层建筑的关系来说,恩格斯在马克

---

① 习近平:《深入学习中国特色社会主义理论体系　努力掌握马克思主义立场观点方法》,《求是》2010 年第 7 期。

② 叶庆丰:《马列主义"老祖宗"哪些不能丢,哪些需要发展?》,《理论学刊》2007 年第 7 期。

③ 司徒锡钧:《谈谈马克思主义立场、观点、方法》,《江西师范大学学报》(哲学社会科学版)1989 年第 4 期。

思墓前的讲话中所提到的唯物史观与唯心史观就大不相同，他分析道："正像达尔文发现有机界的发展规律一样，马克思发现了人类历史的发展规律，即历来为繁芜丛杂的意识形态所掩盖着的一个简单事实：人们首先必须吃、喝、住、穿，然后才能从事政治、科学、艺术、宗教等等；所以，直接的物质的生活资料的生产，从而一个民族或一个时代的一定的经济发展阶段，便构成基础，人们的国家设施、法的观点、艺术以至宗教观念，就是从这个基础上发展起来的，因而，也必须由这个基础来解释，而不是像过去那样做得相反。"①

再如，如何分析近几年西方发生的金融危机和经济危机的根源，各种新自由主义者认为主要是根源于华尔街金融家操作失误，各种凯恩斯主义者认为主要是根源于自由资本主义的某些体制机制，而各种马克思主义者认为主要是根源于资本主义基本矛盾和私有制为主体的资本主义基本经济制度。可见，世界经济学三大体系的经济理论和政策主张是有天壤之别的。

坚持和发展马克思主义的观点，首先要搞清楚马克思主义经典作家们是如何坚持和发展马克思主义的科学观点的，这就需要原原本本地、全面地阅读马克思主义原著，这样才能掌握领会和应用马克思主义观点的真本领。教条主义和本本主义者的错误缘由不仅在于他们死抠书本，还在于他们书本读得很不全面，不会辩证地理解，不会灵活或创造性地运用。要根据时代的发展不断丰富和发展马克思主义观点，也需要深钻马克思主义经典作家们是如何丰富和发展马克思主义的观点的，这同样要求原原本本地、全面地阅读和辩证地领悟马克思主义原著。有人写《资本异论》②反对马克思的《资本论》，说什么马克思否定供求规律。而当他听到别人提起马克思实际上是揭示了"价值决定供求，供求决定价格"的供求规律时，忙问马克思在《资本论》中的何处讲过这个观点，这说明他根本就没有看过《资本论》。实际上，中外反对马克思的人，大多没有仔细看过马克思的主要著作，这种肤浅的学风在一些声称要"发展"（实质往往是歪曲和错误地修正）马克思的人那里也能见到。这样的"发展"和"创新"难免不出问题。实际上，理论和政治上的"左"倾和右倾的言行都

---

① 《马克思恩格斯文集》第 3 卷，人民出版社 2009 年版，第 601 页。
② 黄佶：《资本异论》，台北洪叶文化事业有限公司 2003 年版。

有不少是打着"发展"马克思主义的旗号的。而要准确地识别这些假发展、错创新和真违背，也只有全面辩证地掌握马克思主义的各种基本观点才有可能。

坚持马克思主义观点，还要善于表达马克思主义观点。马克思曾经提到："要把我们的观点用目前水平的工人运动所能接受的形式表达出来，那是很困难的事情。"① 当前推进马克思主义中国化、时代化、大众化，与中外各种非马克思主义观点进行博弈，首先要解决的正是这种准确和深入浅出的表达问题。

三　马克思主义方法

习近平指出："这里所说的方法，是与马克思主义世界观相统一的方法论，它是指导我们正确认识和改造世界的根本思想方法和工作方法。"②

有学者认为："马克思主义观察问题和分析问题的基本方法主要是：反映对立统一规律的矛盾分析的方法，反映世界普遍联系的系统分析的方法，反映事物永恒发展的运动分析的方法，反映阶级和阶级状况的阶级分析的方法，以及具体问题具体分析的历史唯物主义的分析方法，等等。"③ 也有学者认为："在某种意义上说，马克思主义本身就是一种方法。人的自由而全面的发展何以可能以及如何实现，从方法论角度来看即辩证唯物主义和历史唯物主义的哲学基础，也可称之为马克思主义的世界观和方法论。"④ 这些阐述表明在关于马克思主义方法的认识上，还是有歧见的。

这表明，正如马克思主义观点要分层次一样，马克思主义方法也要分层次。应当说，唯物辩证法属于马克思主义的根本思想方法，它处于方法论体系的最高层次。就经济学、政治学、文化学、社会学、人类学、法律学、国际关系学等人文社会科学来说，除了要运用唯物辩证法这一最高层次的方法论之外，还有本学科的第二或第三层次的方法论。譬如：政治经

---

① 《马克思恩格斯文集》第 10 卷，人民出版社 2009 年版，第 216 页。

② 习近平：《深入学习中国特色社会主义理论体系　努力掌握马克思主义立场观点方法》，《求是》2010 年第 7 期。

③ 叶庆丰：《马列主义"老祖宗"哪些不能丢，哪些需要发展？》，《理论学刊》2007 年第 7 期。

④ 高凤敏：《论马克思主义基本原理的内容体系》，《天水行政学院学报》2011 年第 5 期。

济学存在叙述方法和研究方法的差别，① 以及如何科学运用数学方法；社会学要大量运用社会调查的方法；各种人文社会科学还要积极运用心理学这一基础性学科的多种分析方法。不过，各学科的具体方法都受制于唯物辩证法，有些方法还是唯物辩证法的直接扩展和延伸。

与各种反马克思主义的方法相比，马克思主义的方法是科学的。马克思曾经斥责："胡扯什么价值概念必须加以证明，只不过是由于既对所谈的东西一无所知，又对科学方法一窍不通。"② 恩格斯指出：马克思所引证的一切实际材料，都有最可靠的来源；③ 他没有在任何地方以事实去迁就自己的理论，相反地，他力图把自己的理论作为事实的结果加以阐述。④ 恩格斯指出："我们对未来非资本主义社会区别于现代社会的特征的看法，是从历史事实和发展过程中得出的确切结论；不结合这些事实和过程去加以阐明，就没有任何理论价值和实际价值。"⑤ 马克思主义的创立和不断发展的过程，就是其方法论与各种非马克思主义方法论进行斗争的过程。方法论的不同是各种学派形成的重要缘由和基础。

近些年来，我国一些学者过分看重从西方经济学那里借鉴数学模型方法，用以分析和研究中外经济问题。的确，马克思本人就采用过数学公式，而且《资本论》是马克思同时代运用数学方法最多和最好的典范。但是，正如列宁所指出的："公式本身什么也不能证明；它只能在过程的各个要素从理论上得到说明以后把过程加以表述。"⑥ 马克思主义者"在评判自己对社会关系的估计时，完全不是以抽象公式之类的胡说为标准，而是以这种估计是否正确和是否同现实相符合为标准的"⑦。

与公式和教条相比，马克思更看重事实。"当经济学家先生们围绕地租是因土地的自然差别而作的支出或仅仅是对土地所投资本的利息这个问题进行纯教条式的争论的时候，我们这里的农场主和大地主之间却在进行一场实际的生死斗争，这就是：除因土地的差别而作的支出以外，地租还

① 程恩富：《怎样认识〈资本论〉研究方法和叙述方法的关系》，《复旦学报》（社会科学版）1984 年第 1 期。

② 《马克思恩格斯文集》第 10 卷，人民出版社 2009 年版，第 289 页。

③ 《马克思恩格斯全集》第 21 卷，人民出版社 2003 年版，第 311 页。

④ 同上书，第 339 页。

⑤ 《马克思恩格斯文集》第 10 卷，人民出版社 2009 年版，第 548 页。

⑥ 《列宁全集》第 4 卷，人民出版社 1984 年版，第 48 页。

⑦ 《列宁全集》第 1 卷，人民出版社 1984 年版，第 164 页。

应当包括多少不是由大地主而是由租佃者把资本投入土地而得的利息。只有抛开互相矛盾的教条，而去观察构成这些教条的隐蔽背景的各种互相矛盾的事实和实际的对立，才能把政治经济学变成一种实证科学。"① 可见，理论经济学不仅是规范经济学，而且是实证经济学，但实证经济学的方法不是搞什么不切实际的"理论假设"和"数学模型"。

需要指出的是，在运用马克思主义的方法时，决不能简单地加以套用。马克思指出："应当时刻记住，一旦在我们面前出现某种具体的经济现象，决不能简单地和直接地用一般的经济规律来说明这种现象。"② 总之，运用以唯物辩证法为基本方法的马克思主义方法论体系，就是要一切从实际出发，对具体情况和具体问题要进行具体分析研究。这是马克思主义活的灵魂和要义。

四　马克思主义立场、观点和方法的统一性

恩格斯指出："在共产主义作为理论的时候，那么它就是无产阶级立场在这个斗争中的理论表现，是无产阶级解放的条件的理论概括。"③ 马克思指出："辩证法，在其合理形态上，引起资产阶级及其空论主义的代言人的恼怒和恐怖，因为辩证法在对现存事物的肯定的理解中同时包含对现存事物的否定的理解，即对现存事物的必然灭亡的理解；辩证法对每一种既成的形式都是从不断的运动中，因而也是从它的暂时性方面去理解；辩证法不崇拜任何东西，按其本质来说，它是批判的和革命的。"④ 马克思主义的辩证法（即合理形态上的辩证法）受到资产阶级的敌视，恰恰表明了马克思主义方法与马克思主义的无产阶级立场是一致的。这也是为什么"哲学把无产阶级当做自己的物质武器，同样，无产阶级也把哲学当做自己的精神武器"⑤。

前面提到，最高层次的方法就是唯物辩证法，而它又是与马克思主义的观点统一的。列宁在批评"人民之友"的观点时曾指出，不能只是把他们的观点与马克思主义观点进行对比，而是要采用马克思主义的方法，

①　《马克思恩格斯文集》第 10 卷，人民出版社 2009 年版，第 292 页。
②　《马克思恩格斯文集》第 8 卷，人民出版社 2009 年版，第 318 页。
③　《马克思恩格斯全集》第 4 卷，人民出版社 1958 年版，第 312 页。
④　《马克思恩格斯文集》第 5 卷，人民出版社 2009 年版，第 22 页。
⑤　《马克思恩格斯文集》第 1 卷，人民出版社 2009 年版，第 17 页。

指明"人民之友"的观点在当时的社会经济关系中的物质基础。① 这表明，坚持马克思主义观点，批判错误的观点，离不开马克思主义方法的运用。

立场与观点的一致性同样在其他阶级那里也有体现。资产阶级（租地农场主、租佃者）是反对地主的，这个立场也体现在资产阶级的学说中。马克思在谈到爱尔兰的租佃权时，直接引用资产阶级学者的观点指出，甚至从现代英国政治经济学的代表人物的观点来看，对本国的土地享有权利的也只有爱尔兰的租佃者和农业工人，绝不是英国的地主即篡夺者。因此，《泰晤士报》反对爱尔兰人民的要求，也就同英国资产阶级的科学直接抵触起来了。② 毛泽东在《湖南农民运动考察报告》中提到，对于一件事或一种人，有相反的两种看法，便出来相反的两种议论。"糟得很"和"好得很"，"痞子"和"革命先锋"，都是适例。③ 前一种议论就是站在拥护特权阶级利益的地主立场上的。

马克思在《路易·波拿巴的雾月十八日》中还指出过一种立场、观点和方法在名义上不一致，但实际上相一致的现象，他说："不应该狭隘地认为，似乎小资产阶级原则上只是力求实现其自私的阶级利益。相反，它相信，保证它自身获得解放的那些特殊条件，同时也就是唯一能拯救现代社会并避免阶级斗争的一般条件。同样，也不应该认为，所有的民主派代表人物都是小店主或崇拜小店主的人。按照他们所受的教育和个人的地位来说，他们可能和小店主相隔天壤。使他们成为小资产者代表人物的是下面这样一种情况：他们的思想不能越出小资产者的生活所越不出的界限，因此他们在理论上得出的任务和解决办法，也就是小资产者的物质利益和社会地位在实际生活上引导他们得出的任务和解决办法。一般说来，一个阶级的政治代表和著作界代表同他们所代表的阶级之间的关系，都是这样。"④

这表明，一个人甚至一个阶级自以为所站的立场，有时会与其实际所站的立场并不一致。这个人或这个阶级实际所站的立场是与其观点的实际界限相一致的。一个人在表象上可以不属于某个阶级，甚至也不认为自己

---

① 《列宁全集》第 1 卷，人民出版社 1984 年版，第 200 页。
② 《马克思恩格斯全集》第 9 卷，人民出版社 1961 年版，第 183 页。
③ 《毛泽东选集》第 1 卷，人民出版社 1991 年版，第 15—18 页。
④ 《马克思恩格斯文集》第 2 卷，人民出版社 2009 年版，第 501 页。

代表这个阶级，但其观点和方法受制于这个阶级，从而实际上代表这个阶级。

当今，在我国的高等院校和研究机构盛行西方经济学和西方法学等资产阶级学说。在这些学说的影响下，不少学者的思想不能越出资产者的生活所越不出的界限，以至于这些学者自觉或不自觉地成为西方资产阶级在我国知识界的代表人物。实际上，正是这些代表人物一直在扩大当前中国的社会矛盾，力图推动中国新的资产阶级的形成和壮大，从而存在将我国的社会主义改革开放引上邪路的巨大风险。邓小平指出："如果我们的政策导致两极分化，我们就失败了；如果产生了什么新的资产阶级，那我们就真是走了邪路了。"① 显然，如果我们要继续沿着中国特色社会主义道路前进，就不能不肃清这些代表人物在学术研究、理论宣传和政策制定中的影响。

简言之，马克思主义的立场是基石、观点是核心、方法是灵魂，三者有着深刻的内在关联和一致性。越是具有科学性的观点和方法，就越是能准确地体现工人阶级、劳动人民和全人类的正确立场，反之则非；方法越是正确，观点就越是正确和深刻，也就越是能体现正确的立场；在阶级社会和阶级世界，人文社会科学中的科学性、阶级性和人民性是一致的。

五　立场、观点和方法的非一致性

有学者认为，立场有正确立场和错误立场之分，还有公正立场、客观立场，等等。其中，抱一个公正的态度，就是公正立场；抱一个客观的态度，就是客观立场。② 但是，判断立场的正确、客观和公正与否，绝不是由当事人的自我感觉和态度来决定的。资产阶级认为是正确、客观、公正的立场，对无产阶级来说，可能恰恰是不正确、不客观、不公正的立场。比如，就经济领域的公平来说，恩格斯早就指出："在道德上是公平的甚至在法律上是公平的，从社会上来看可能远不是公平的。社会的公平或不公平，只能用一门科学来断定，那就是研究生产和交换这种与物质有关的事实的科学——政治经济学。"③ 诚然，马克思主义政治经济学与资产阶

① 《邓小平文选》第 3 卷，人民出版社 1993 年版，第 111 页。

② 郑国玺：《再论马克思主义的立场、观点、方法》，《中共成都市委党校学报》2006 年第 4 期。

③ 《马克思恩格斯全集》第 25 卷，人民出版社 2001 年版，第 488 页。

级政治经济学在经济公平问题上还是有分歧的。

从科学的角度来看，一些掌握马克思主义理论不够深入的人所自认为的马克思主义立场，实际上可能会与马克思主义观点和方法存在不一致性。这些人甚至会以正确的立场为借口而犯严重的错误。也就是说，仅有主观上认为是正确的立场，而在实际上缺乏马克思主义观点和方法的科学把握和有效运用，则客观上立场会有误。朴素的阶级感情代替不了博大精深和不断发展的马克思主义理论。"我们也不能把一切认识上的问题都不加分析地说成是立场问题，也不能把认识上反映出来的一些立场问题都看成是具有阶级斗争性质的问题，从而把不属于阶级斗争性质的问题看成是阶级斗争的反映。"① 同样，当出现中外资本家和私营企业主集团对雇佣劳动集团采取违法的加班加点、克扣或迟发工资、不改善劳动条件、不执行劳动合同法等大量现象的时候，如果我们否认这是经济上的阶级矛盾和阶级斗争，那么，我们的立场又错了。因此，立场、观点和方法的一致性不是僵化的，而是会变化的。

应当指出，无论是历史上还是在当代，非马克思主义甚至是剥削阶级及其理论，也会或多或少地具有某些真理性。其实，当剥削阶级还能代表群众的时候，他们的思想绝不是仅仅反映剥削阶级利益的思想，也在一定程度上反映了被剥削群众的利益，否则剥削阶级就不能代表群众，也不会成为一个革命的阶级。例如，历史上资产阶级之所以能够代表群众利益，成为革命的阶级，是因为存在另一个更为落后的剥削阶级与此剥削阶级和人民群众为敌，如历史上的封建贵族阶级同资产阶级和工人阶级为敌一样。这时候，资产阶级敌视工人阶级的立场受制于资产阶级敌视封建贵族阶级的立场。一旦资产阶级借助工人和农民的力量战胜了封建贵族或与封建贵族达成了妥协，资产阶级敌视工人阶级的立场就十分鲜明起来。只有马克思主义，才会从它诞生之日起就始终具有科学性、实践性和与时俱进性。恩格斯指出："如果说马克思发现了唯物史观，那么梯叶里、米涅、基佐以及1850年以前英国所有的历史编纂学家则表明，人们已经在这方面作过努力，而摩尔根对于同一观点的发现表明，发现这一观点的时机已

---

① 司徒锡钧：《谈谈马克思主义立场、观点、方法》，《江西师范大学学报》（哲学社会科学版）1989年第4期。

经成熟了，这一观点必定被发现。"① 只是在马克思主义出现后，人类思想才完成其科学性，从而才能真正坚持实践性和与时俱进性。

最后应当指出，尽管始终站在工人阶级的立场上，马克思主义经典作家仍然强调立场的进步性，强调"站在进步的立场上来反对工人的反动欲望及其偏见"②。面对一些工人提出的工资平等和公平报酬的要求，马克思平静地指出："你们认为公道和公平的东西，与问题毫无关系。问题就在于：在一定的生产制度下所必需的和不可避免的东西是什么？"③ 恩格斯也指出，不管（从立场出发）我们是否喜欢某些事实，"这些事实照样要继续存在下去。而我们越是能够摆脱个人的好恶，就越能更好地判断这些事实本身及其后果"④。这也表明，马克思主义的阶级立场需要与科学性以及劳动人民的长期根本利益相结合，才能有效地体现。

（原载《马克思主义研究》2013 年第 12 期，第一作者为余斌）

第四节　马克思主义的当代意义

130 年前的 3 月 14 日，一代伟人马克思离开了这个世界，但他留下了光辉的遗产——以他名字命名的思想体系。百多年来，马克思主义成为全球最有影响的社会思潮。20 世纪末英国广播公司（BBC）在全球范围举行的"千年思想家"网上评选，马克思高居榜首。进入 21 世纪以后，肇始于西方资本主义国家的世界金融和经济危机，在全球再一次点亮马克思思想的光芒。现在许多中外进步人士都承认，马克思至少为 21 世纪的当代世界留下了三大遗产。

一　深刻察析当代资本主义世界的科学方法

马克思主义的生命力在于其批判性。在当今这个快速变化的时代，马克思为我们正确认识当代世界的现实和发展变化，提供了一个科学的、具有全球意义的分析工具。马克思主义诞生以来，尽管资本主义世界产生各

---

① 《马克思恩格斯文集》第 10 卷，人民出版社 2009 年版，第 669 页。
② 同上书，第 108 页。
③ 《马克思恩格斯文集》第 3 卷，人民出版社 2009 年版，第 56 页。
④ 《马克思恩格斯文集》第 10 卷，人民出版社 2009 年版，第 625 页。

种理论流派，使用了各种政治的、经济的、文化的手段，穷尽解数，最终却难以逃脱经济社会危机的冲击。从石油危机、拉美危机、亚洲金融危机，到近年来的美国金融危机、债务危机和经济危机，以及由此引发的"占领华尔街"国际运动、各国罢工示威等一系列政治社会危机，使资本主义不得不一次次站在危机的悬崖边。

历史已经一再证明，马克思主义仍然是当代深刻察析资本主义的科学方法。德国著名哲学家哈贝马斯宣告，"马克思主义没有过时"；法国著名政治哲学家雅克·德里达呼吁"现在该维护马克思的幽灵们了"；英国著名社会学家吉登斯认为马克思依旧是当今不可超越的思想家。巴西著名经济学家多斯桑托斯则指出，马克思的思想仍然是分析当今世界发展和变化的真正的、卓有成效的工具。

无论资本主义发生了何种变化，当代世界仍是一个由资本特别是国际垄断资本主导的世界，这一总体格局没有改变。20 世纪 80 年代以来，代表大垄断资本利益的新保守主义思潮及其政策在经济发达国家兴起。在经济全球化背景下，生产和消费失衡、资本和劳动对立、财富和收入分配分化。这是资本主义基本矛盾演化和冲突的必然结果，也是在马克思主义的逻辑框架和分析方法下能够被科学地解释和说明。

二　正确引领当代社会主义发展的科学指南

马克思主义的生命力在于其建设性。130 年来，世界社会主义运动在马克思主义的指导下，改变了历史进程和亿万民众的命运。马克思主义对中国社会产生了无比深刻的影响，使中国摆脱了半封建半殖民地的束缚，确立了社会主义基本制度，并推动着中国特色社会主义制度的探索和发展，中国经济、政治和文化得以大大发展，中国面貌得以彻底更新。

马克思的思想还为资本主义心脏地区的社会主义思想和运动提供了指针。国际金融危机凸显了一些国家的社会不公、贫困、债务奴役等问题，又激发了国际秩序中的新干涉主义等问题，暴露了资本主义的制度缺陷。以私有化为核心的新自由主义经济政策、以金钱政治和资本力量主宰社会文化等，受到各国民众的普遍质疑和反思。市场社会主义、生态社会主义、女权社会主义等各种源于马克思的社会主义思想和运动不断涌动。马克思提出的科学论断，即在生产资料公有制基础上建立人人平等，以每个人全面而自由的发展为基本原则的社会的大思路，仍然是当代世界进步发展的先锋潮流和方向。21 世纪以来新一轮全球经济、政治和文化运动再次表明，在 21 世纪的世界，马克思仍然"在场"！

三　有效推进社会科学创新的科学基础

马克思主义的生命力还在于其创新性。马克思主义是一个开放的理论体系，它逻辑严整、博大精深，却又反对死守教条、思想僵化。马克思的思想一百多年来始终与时代同行，随着实践的发展不断丰富和完善。

在社会科学研究中，马克思留下的宝贵精神财富不仅在于其科学体系和理论观点，而且在于其科学的方法论。如恩格斯指出的："马克思的整个世界观不是教义，而是方法。它提供的不是现成的教条，而是进一步研究的出发点和供这种研究使用的方法。"马克思的思想还渗透在当代学术研究的前沿成果中。各国学界积极推动"在场的马克思"对话，以当代现实情境下的研究回答对马克思的质问。从生态学、可持续发展、阶级意识和阶级结构、消费社会批判、环境伦理学等角度展开的经济学研究，从异化思想、历史语言学、文化哲学等角度展开的文化研究，从意识形态与霸权理论、空间理论、国际秩序论等角度展开的政治学研究，等等，有力地推动了学科的交叉融合和研究视角的拓展。这些从不同角度和侧面进行的理论探讨，无一不证明马克思的思想火花所具有的惊人穿透力和强大说服力。

无疑，马克思的思想遗产仍将是社会科学研究中长久的基石，释放无尽的正能量。

（原载《人民日报》2013 年 3 月 19 日第 023 版）

第五节　巩固马克思主义立党立国的指导地位

习近平总书记在纪念中国共产党成立 95 周年大会上的讲话中指出："马克思主义是我们立党立国的根本指导思想。背离或放弃马克思主义，我们党就会失去灵魂、迷失方向。在坚持马克思主义指导地位这一根本问题上，我们必须坚定不移，任何时候任何情况下都不能有丝毫动摇。"尽管马克思主义是立党立国的根本指导思想，已载入《党章》，写入《宪法》，但近年来，在"去马""非马""贬马"等思潮影响下，"马克思主义过时论""马克思主义无用论""指导思想多元论"甚嚣尘上，马克思主义指导思想地位受到无端的怀疑和否定。面对动摇党本国本的挑战，有必要进行说理性的回应。

一　坚持马克思主义指导地位是中国共产党的正确选择

中国共产党之所以选择马克思主义作为根本指导思想，并用来指导革命、建设与改革开放，绝非是对马克思主义的盲目崇拜，而是因为马克思主义是科学真理，是来自中国革命、建设与改革经验的深刻总结和发展。

自人类社会进入政党制度时代之后，每一个政党都面临选择什么样的指导思想问题。面对不同的思想、理论和主义，一个政党选择什么样的思想理论或主义作为指导思想，取决于政党的先进性和阶级性与它选择的指导思想的先进性、科学性和阶级性是否一致。中国共产党成立至今 95 年来，在指导思想上之所以毫不动摇地坚持马克思主义，根本原因在于马克思主义的先进性、科学性和阶级性与中国共产党的先进性和阶级性的高度一致。

对于马克思主义的先进性、科学性、真理性，习近平总书记给予了高度评价和全面阐述。他在哲学社会科学工作座谈会上的讲话中指出："马克思主义尽管诞生在一个半多世纪之前，但历史和现实都证明它是科学的理论，迄今依然有着强大生命力。马克思主义深刻揭示了自然界、人类社会、人类思维发展的普遍规律，为人类社会发展进步指明了方向；马克思主义坚持实现人民解放、维护人民利益的立场，以实现人的自由而全面的发展和全人类解放为己任，反映了人类对理想社会的美好憧憬；马克思主义揭示了事物的本质、内在联系及发展规律，是'伟大的认识工具'，是人们观察世界、分析问题的有力思想武器；马克思主义具有鲜明的实践品格，不仅致力于科学'解释世界'，而且致力于积极'改变世界'。在人类思想史上，还没有一种理论像马克思主义那样对人类文明进步产生了如此广泛而巨大的影响。"

在"七一"重要讲话中，习近平总书记再次强调："95 年来，中国共产党之所以能够完成近代以来各种政治力量不可能完成的艰巨任务，就在于始终把马克思主义这一科学理论作为自己的行动指南，并坚持在实践中不断丰富和发展马克思主义。这使我们党得以摆脱以往一切政治力量追求自身特殊利益的局限，以唯物辩证的科学精神、无私无畏的博大胸怀领导和推动中国革命、建设、改革，不断坚持真理、修正错误。"

回顾中国共产党的奋斗历程，28 年的新民主主义革命，虽历经艰难，但最终取得胜利，实现了民族独立、人民解放，建立了中华人民共和国，完成了中国从几千年封建专制政治向人民民主的伟大飞跃。新民主主义革命成功和胜利的关键，在于把马克思主义基本原理同中国具体实践相结合，正确制定了新民主主义革命总路线和基本纲领，创立了实事求是的思想路线、三大法宝和三大优良作风等中国化马克思主义。新民主主义革命的失误和教训则在于领导人尤其是王明偏离或用教条主义对待马克思主义，犯了"左"和右的错误。新民主主义革命的经验教训表明，坚持以马克思主义为指导，革命就顺利胜利，把马克思主义教条化、甚至偏离马克思主义指导地位，革命就失误失败。

新中国成立以后，中国共产党把马克思主义基本原理同中国实践相结合，成功领导了社会主义革命和社会主义建设。一是进行了消灭和改造私有制的社会主义革命。在中国历史上第一次消灭了生产资料私有制、消灭了剥削阶级、消灭了剥削制度，建立了社会主义制度。二是用先进的社会主义制度最大限度调动了亿万人民的积极性，前所未有地解放和发展了生产力，在较短时间里建立了独立完整的国民经济体系。不可否认，这一时期，我们也出现了生产资料私有制改造急于求纯、经济建设急于求成，反右派斗争扩大化和"文化大革命"等严重失误和重大错误，未能很好抓住现代化建设的机遇。社会主义革命和建设的经验教训表明，社会主义革命和建设只有正确坚持以马克思主义为指导，才能进展顺利、取得成功和胜利；一旦在理解和运用马克思主义指导思想上出现偏差，社会主义革命和建设就会发生失误和犯错误。

党的十一届三中全会以来，可以说是中国共产党运用马克思主义实事求是思想路线，探索中国特色社会主义现代化建设最重要的时期。我们党团结带领中国人民进行改革开放新的伟大革命，极大激发了广大人民群众的创造性，极大解放和发展了社会生产力，极大增强了社会发展活力，人民生活显著改善，综合国力显著增强，国际地位显著提高。但是，也出现了不少问题。如新自由主义、民主社会主义、历史虚无主义、西方普世价值观流行，公有制主体地位被质疑，政府公信力和社会诚信度不高，生态环境恶化，贫富差距过大，腐败丛生，信仰动摇等。这些问题的产生和出现，根子要么在抵制反马克思主义思潮中"发声"和"亮剑"不力，要么在坚持马克思主义指导思想上发生了偏移，要么没有在实践中科学运用马克思主义。

中国共产党 95 年的不平凡历程，从正反两方面雄辩证明，中国共产党离不开马克思主义这个指导思想，中国革命与建设、改革与开放的成功和胜利都是在马克思主义指导下取得的。离开了马克思主义的指导，中国共产党就会失去先进性，离开了马克思主义的指导，中国特色社会主义就会迷失方向。所以，习近平总书记强调："坚持不忘初心、继续前进，就要坚持马克思主义的指导地位，坚持把马克思主义基本原理同当代中国实际和时代特点紧密结合起来，推进理论创新、实践创新，不断把马克思主义中国化推向前进。"

二　旗帜鲜明地回击反马克思主义思潮

反马克思主义错误思潮形式五花八门，手段多种多样。有的公然指责马克思主义为异端邪说；有的说马克思主义是 19 世纪工业革命的产物，早已过时；有的说马克思主义是革命学说、批判理论，搞社会主义建设用不上；有的说当今时代思想多元，指导思想不能只有一家；有的说市场经济讲竞争，指导思想也要竞争等。这些说法，无不具有很大的欺骗性和迷惑性，容易蒙骗群众，误导舆论。坚持党的指导思想，必须旗帜鲜明地驳斥各种反马克思主义的错误言论。

1. "马克思主义过时论"是废旗陷阱

"马克思主义过时论"的荒谬性在于用单一时间标准评判马克思主义的时效性。"过时论"把时间作为衡量理论时效性和科学性的标准。按照这一逻辑，过时的就不只是马克思主义了，先于马克思主义的资产阶级思想理论同样过时了。匪夷所思的是，资产阶级学者一方面说马克思主义过时了，另一方面又把法国大革命时期和美国独立宣言等资产阶级的思想价值观说成"普世价值"。这种双重标准无法使人信服。

衡量一种思想理论和主义是否"过时"，最根本的是看其是否顺应时代发展要求与时俱进，是否具有当代价值。马克思主义虽然诞生于一百多年以前，但它所揭示的是人类社会发展规律的基本理论和认识世界改造世界的世界观与方法论，是认识世界、改造世界、建设世界的思想武器和行动指南。马克思主义作为科学真理，没有过时，过时的反倒是资产阶级学者轮番登台的那些短命学派、理论和主义。

2. "马克思主义无用论" 是易帜骗局

给马克思主义贴上"革命理论"和"阶级斗争学说"标签，把马克思主义分割为"革命理论"与"建设理论"，以"革命理论"不能指导社会主义建设为借口而否定马克思主义，是国内外某种舆论误导中国共产党改旗易帜的骗局。

马克思主义作为科学真理，揭示了人类社会发展规律，提出了建设社会主义、实现共产主义的科学预测和设想。但是，马克思主义创始人是思想家不是占卜先生，马克思主义是科学不是神话。他们没有也不可能对未来怎样建设社会主义、实现共产主义提供现成的答案。后人不能苛求他们把一切问题都预想到，并给出现成答案。因此，说马克思主义无用，显然有失公允。

习近平总书记指出："马克思主义并没有结束真理，而是开辟了通向真理的道路。""今天，时代变化和我国发展的广度和深度远远超出了马克思主义经典作家当时的想象。同时，我国社会主义只有几十年实践、还处在初级阶段，事业越发展新情况新问题就越多，也就越需要我们在实践上大胆探索、在理论上不断突破。"马克思主义创始人虽然没有提供社会主义建设的现成方案，却提供了认识问题解决问题的科学方法，因此，马克思主义仍然是指导中国特色社会主义建设的行动指南。

马克思主义揭示了人类社会发展规律，指明了社会主义必然胜利、共产主义一定实现的社会发展趋势，对我们未来建设社会主义、实现共产主义提供了科学理论的自信。其中所包含的基本理论、基本方法，以及批判资本主义发展中各种问题的思路，均是具有普遍真理性的建设理论，不仅不会过时和失效，而且是社会主义国家进行现代化建设的指导思想和行动指南。中国特色社会主义建设的成功实践就是在马克思主义指导下进行的。这也证明，马克思主义既是革命理论，也是建设理论，是革命理论和建设理论的有机结合和统一。

3. "指导思想多元论" 是夺旗阴招

"指导思想多元论"认为：思想是多元的，为什么指导思想只能一家？市场经济都讲竞争，为什么指导思想要官方规定？这些质疑貌似有道理，实质反映出对人类思想发展史的无知。历史和现实告诉我们，古今中外，任何一个国家的指导思想都是一元的、排他的，都由统治阶级思想独占。从来没有哪个国家的统治阶级放弃过指导思想这一阵地，也从来没有与被统治阶级分享过指导思想的先例。

资本主义社会看似思想自由、价值多元。但这只是表象，资产阶级对国家的指导思想阵地把得更严、守得更牢。他们视本阶级思想为"普世价值"，其他阶级的思想为异端邪说，处处排斥代表无产阶级思想的马克思主义。由于资本主义的国际化和全球化，垄断资产阶级独占独霸指导思想阵地的野心远比封建地主阶级大得多。垄断资产阶级所追求的是对全人类的思想统治。在他们的视野里，唯有资产阶级思想是先进的文明的，是"普世价值"，应成为治理世界的指导思想。其他阶级、国家、民族的思想和价值观都是落后的、野蛮的、不文明的，统统不符合西方"普世价值"的要求，都应该用西方的"普世价值"来收编和改造。因此，多年来他们或通过武力入侵、军事打击占领别国，进行思想殖民和文化统治；或通过"颜色革命"，扶植傀儡，输出思想，摧垮别国的思想价值观；或通过和平演变对社会主义国家进行思想文化渗透，搞乱理论是非、颠覆价值观，达到不战而胜的目的。

比如对于美国来说，在指导思想上，它自己要求一国独大、全球独霸，却又要指责中国指导思想一元化不符合自由民主的要求。这显然是一种"只许州官放火，不许百姓点灯"的霸道心态。美国在中国资助和栽培亲美"公知"、网络"大V"，采取里应外合、煽风点火、混淆是非等卑劣手段，企图达到动摇马克思主义指导思想的目的。对此，我们一定要保持高度警惕。

三　建立巩固马克思主义指导地位的保障体系

坚持以马克思主义为指导，巩固马克思主义指导地位，不能满足于将其写入《宪法》《党章》，也不能停留在一般性号召和宣传上，而应采取切实可行的措施，建立巩固马克思主义指导地位的保障体系。

1. 健全完善马克思主义教育保障体系

坚持马克思主义根本在人，在于有坚持马克思主义的专门人才，有信仰马克思主义的广大干部和人民群众。如果一个国家的干部和人民不信仰马克思主义，坚持马克思主义就失去了社会基础，成了空中楼阁；如果没有马克思主义理论队伍，坚持马克思主义就如同过河没有船或桥，只能束之高阁。

马克思主义作为一种先进思想文化，不会自动进入人们头脑。因为科学信仰不可能自发确立，必须靠后天的学习与培养。巩固马克思主义的指导地位，最重要的是要对全体党员和人民进行马克思主义教育，培养对马克思主义的信仰。

一要改善马克思主义理论人才的国民教育培养体系。这些年来，我国高校马克思主义理论专业有的被砍掉、有的被"改造"或转向（如政治经济学专业改为经济学专业，主要照搬西方课程，进行西方经济学教育），招生人数剧减，报考带"马"字专业的人少之又少。2015 年中央实行"马工程"后，才在马克思主义理论硕士博士研究生培养上有所改观，但至今仍然没有设立本科专业，进而导致研究生和教师队伍中马克思主义理论科班出身的人很少，严重制约了队伍的水平和质量。尤其需要注意的是，在前一段时间西方理论盛行的学术生态环境中，这些年培养的马克思主义研究生和教师，相当一部分理论功底不扎实，马克思主义信仰不坚定；有的"姓马""不信马"；个别的"学马""贬马"，甚至"反马"；毕业后真正从事马克思主义理论宣传、教育、研究的人不多。

为了培养数量多、质量高的马克思主义理论人才，国家和省属重点高校应开设马克思主义理论本科专业，招收本科学生；有条件的本科院校、省级党校和社会科学院要按照国民教育系列要求招收马克思主义理论硕士和博士研究生。一方面，要尽快恢复那些被砍掉了的马克思主义理论专业，如科学社会主义、政治经济学、思想政治教育等；另一方面，必须要求哲学社会科学各个专业建立用马克思主义指导的理论体系、教材体系和话语体系，并以此批判性地研究西方理论，而不能以教育和学术的所谓国际化和与国际接轨为名，只讲"国际一流"，不讲"中国特色"，客观上使我国的教育体系逐渐西方化。要通过健全马克思主义国民教育人才培养体系，为党和国家培养和输送马克思主义理论高级专门人才。

二要改善党校马克思主义理论干部教育体系。党校是在党员领导干部中开展马克思主义理论教育的主渠道和主阵地。党校姓党，首先要"姓马""信马"。只有"姓马""信马"才算姓党、才能姓党。各级党校要按照习近平总书记在全国党校工作会议上的讲话精神，对现有的课程设置和教学内容进行认真清理，真正回到对党员领导干部进行马克思主义理论教育的正确轨道上来。党校的马克思主义理论教育，要把《马克思主义经典著作选读》《马克思主义基本原理》《毛泽东思想基本原理》《中国特色社会主义基本理论》《国外马克思主义》和《世界社会主义运动》作为必修课，并联系党中央批评的各种错误思潮，重点对党员领导干部进行马克思主义教育。

三要改善高校思想政治理论教育。这些年来，各级党政部门和高校是重视思想政治理论教育的，但在效果上还不尽如人意。高校思想政治教育的教学方法应当不断改进，但最主要的还是教学内容，要从理论和现实的结合上透彻地阐明马克思主义理论难点，科学解释和逐步解决中外一切社会重大问题，提升教学对象的综合分析和解决问题的素质。改善思想政治理论教育的关键在领导。教育主管部门要从坚持党的指导思想的战略高度，对高校党委书记和校长在思想政治理论教育履责上实行"硬约束"、强问责，从而使高校思想政治理论教育产生显著成效。

2. 健全完善马克思主义宣传传播保障体系

坚持马克思主义，要有广泛的群众思想基础，使人民群众走近马克思主义，认同和信仰马克思主义。改革开放以来，信仰宗教的群众大大增加，崇拜西方思想的知识群体和青年越来越多。各级党政部门要从巩固党的指导思想地位的战略高度，高度重视人民群众的马克思主义信仰教育，用马克思主义占领人民群众思想阵地。否则，群众思想被宗教思想和西方价值观占领了，即使是物质生活改善做得再好，人民群众与党和政府的心理距离、思想距离也会越来越远。各级党委和政府一定要把人民群众政治思想教育提上议事日程，摆在重要地位，在健全完善思想政治教育组织保障、制度保障、物质保障、队伍保障等保障体系上真抓实干，抓出成效。把流失的马克思主义社会思想基础找回来，巩固起来，为巩固马克思主义的指导地位提供坚实的社会思想基础。

要加强健全马克思主义理论宣传体系。党报、党刊、官网要成为坚持党的指导思想、宣传马克思主义理论的主渠道、主阵地。要办好马克思主义理论名栏、名刊，打造红色理论阵地。意识形态部门和所有传播媒体，要自觉承担起传播国家意识形态的责任，通过理论宣传、文艺作品、网络信息等在全社会营造学习马克思主义风尚、信仰马克思主义氛围、坚持马克思主义的舆论导向。让人民群众在看书读报上网、看电影电视、看戏听歌等各种文化生活中潜移默化地受到马克思主义的影响和熏陶，使人民群众亲近马克思主义、信仰马克思主义。

3. 健全完善马克思主义科学研究保障体系

巩固马克思主义指导地位，不仅要继承和坚持马克思主义，而且要发展和创新马克思主义。要在不断研究新情况、解决新问题、适应新形势中，开辟 21 世纪马克思主义研究的新境界，使马克思主义更加适合世情和国情的需要。中国共产党应责无旁贷地站在世界研究马克思主义的最高峰、发展马克思主义的最前沿，引领 21 世纪马克思主义的发展。尤其要重视马克思主义中国化理论成果的科学研究和传播，在全世界传播好中国化马克思主义、讲好中国化马克思主义理论、方案和故事。

健全完善马克思主义科学研究保障体系要两手抓。一手抓专门研究马克思主义的机构和队伍，建设更多专门研究基地，组织对马克思主义思想理论进行研究攻关；另一手抓用马克思主义指导对自然科学特别是社会科学的教学和科学研究，如马克思主义的文学、社会学、法学等。我国有一支庞大的哲学社会科学队伍，他们分散在各行各业各个单位，也是马克思主义研究的重要力量。要更加重视和发挥他们的作用，为他们从事马克思主义研究提供更多平台、予以更大支持、创造更好研究环境和工作条件。

4. 健全完善马克思主义制度保障体系

为了确保马克思主义的指导地位，要进一步完善坚持马克思主义的制度体系，为坚持马克思主义提供强有力的制度保障。

首先，要从《党章》《宪法》最高制度层面保障马克思主义的指导地位。一方面，要通过《党章》《宪法》明确规定，党员和公民要拥护马克思主义，学习马克思主义，自觉同反对马克思主义的言行作斗争。另一方面，要通过《党章》《宪法》明确，反马克思主义是违宪行为，为党纪国法所不允许。从《党章》《宪法》最高制度层面树立马克思主义在党员和公民中的权威。

其次，要把《党章》《宪法》规定的坚持以马克思主义为指导制度化具体化。一是要按照《党章》要求，健全完善党员和党组织学习马克思主义的制度体系、党员反马克思主义的惩处纪律体系等。通过制度和纪律约束，促进党员履行学习宣传马克思主义的义务，建立马克思主义信仰。二是要按照《宪法》要求，健全完善在全体公民中开展学习、宣传马克思主义的制度体系。引导人民群众学习和宣传马克思主义，认同和拥护马克思主义；帮助人民群众正确认识公民享有《宪法》规定的信仰自由，但公民不能反马克思主义，明确反马克思主义是违宪行为。三是要健全完善马克思主义领导权制度保障体系。巩固马克思主义在党和国家政治生活中的指导地位，首先要保证各级党委和政府的领导权，包括意识形态工作部门和高校的领导权掌握在真正信仰马克思主义的人手里。要克服马克思主义者在重用、晋升和提拔时常受偏见所阻挡的不利现象，把真正坚定的马克思主义者安排在经济、法律等社会各个领域的关键岗位。

(原载《红旗文稿》2016 年第 18 期)

第六节　加强马克思主义理论研究与建设

2005 年 5 月 19 日，中央政治局常委会议听取中国社会科学院工作汇报，对马克思主义理论研究和建设提出了殷切的希望和更高的要求。这对于中国社会科学院马克思主义学科的建设和发展具有里程碑的意义。一年来在中国社会科学院党组的部署和领导下，全院上下掀起了学习和贯彻"5·19"中央政治局常委会议精神，加强马克思主义理论研究和建设的热潮，并取得了可喜的成绩。

一　加强马克思主义理论研究和建设的主要举措

根据"5·19"中央政治局常委会议批准的院党组报告，中国社会科学院建设哲学社会科学创新体系的目标之一，就是要通过实施"马克思主义理论研究和建设工程"，形成"马列主义、毛泽东思想、邓小平理论和'三个代表'重要思想研究中心"，发挥"马克思主义坚强阵地的作用"，把中国社会科学院建设成为以马克思主义为指导的国家级哲学社会科学研究机构。按照这一总体要求，中国社会科学院采取了一系列重大举措，切实加强马克思主义理论研究和建设。

1. 组建马克思主义研究院

院党组在向中央政治局常委会的报告中，提出组建"中国社会科学院马克思主义研究院"，并阐明了它的意义和具体设想。经过半年多的筹备，马克思主义研究院已于 2005 年 12 月 26 日正式成立了。经过半年的努力，马研院的队伍建设、学科建设、课题研究、中外学术交流和国情调研等各项工作都已走上正轨，并取得了较大进展。目前，从队伍建设看，马研院已扩大到 106 人，形成了以中青年为主体的研究梯队。从学科建设看，已初步建立了马克思主义一级学科中的四个二级学科，正在重点建设"马克思主义基本原理"、"马克思主义发展史"、"中国化马克思主义"

和"国外马克思主义",涵盖了马克思主义的历史与现实、理论与实践以及中国与世界马克思主义研究的各个方面,学科地位也大大提高。从课题研究看,已承担或确定申报了十几个国家和中国社会科学院的重大或重点研究项目。从中外学术交流看,已与世界政治经济学学会等合作主办了"经济全球化与现代马克思主义经济学国际论坛",主办了"全国首届马克思主义青年论坛";举办了6次"中外马克思主义学术报告会"和数次学术研讨会或座谈会;在扩版《马克思主义研究》月刊的同时,新办《马克思主义文摘》月刊;在国内外一些重要场合做学术演讲或报告等,均产生了良好的学术影响和声誉。马研院的高起点组建和又快又好的发展,加强了全院马克思主义理论的研究,为把中国社会科学院建设成为马克思主义的坚强阵地迈出了坚实的一步(受中国社会科学院影响,福建师范大学、河南大学等已跟进建立或筹备建立马克思主义研究院)。

2. 马克思主义理论研究和建设工程取得新进展

在学习贯彻"5·19"中央政治局常委会议精神的过程中,中国社会科学院的专家学者以更强的责任感和使命感,投身于马克思主义理论研究和建设工程。一年来,全院共有近一百名不同学科、不同年龄段的专家学者参加了工程的十多个课题组的研究工作,其中有十多位学者担任了工程咨询委员会委员或相关课题组的首席专家。中国社会科学院还主持了"中国特色社会主义民主政治建设研究"和《政治经济学》教材编写两个课题。前一个课题由院邓小平理论和"三个代表"重要思想研究基地承担,由院领导牵头,主要以政治学所、马研院为依托,同时吸收了法学、社会学等学科的学者参加。课题组按照中央的指示,与国务院新闻办合作起草《中国的民主政治建设》白皮书,经广泛征求意见和反复修订,已于2005年10月19日正式刊布,这是我国政府首次发表的关于民主政治建设的政府文告。课题组还按照中央指示,牵头组织撰写阐述中国特色社会主义民主政治的系列理论文章。除上述两个课题外,参加其他课题组的专家学者也按照上级部门的要求和部署,承担了各自的研究任务,在其中发挥了积极作用。

此外,中国社会科学院研究基地根据工程协调小组的指示,还相继布置了两批次20多个研究项目,并上报了其中8个项目的阶段性研究成果。围绕与工程相关的重大理论和现实问题,中国社会科学院研究基地在中央报刊发表一系列理论文章。全院除出版多部专著外,共计在各类报刊发表

100 多篇论文、研究报告和理论文章，其中有 19 篇被工程协调小组办公室摘编为《参考资料》。随着研究的深入，工程所引起的社会反响越来越大。

3. 加强马克思主义的课题研究和学科建设

2005 年，中国社会科学院围绕国家经济社会发展中的重大问题，围绕树立和落实科学发展观、全面建设小康社会、构建社会主义和谐社会、加强党的执政能力建设和先进性建设、社会主义民主政治理论研究、遵守和维护政治纪律、反腐倡廉等问题，新设立了 100 多项重大或重点课题，组织精干力量，对马克思主义的重大理论和现实问题进行多学科、跨学科的理论研究和应用对策研究，推出了一批具有较高水平的科研成果。在实施"重点学科建设工程"中，马克思主义哲学、政治经济学、中国特色社会主义等马克思主义学科得到进一步的加强。马克思主义研究院成立后，又确定将马克思主义基本原理、马克思主义发展史、国外马克思主义三个学科作为"重点学科建设工程"项目。中国社会科学院还抓住马克思主义提升为一级学科的机遇，增设马克思主义基本理论、思想政治教育、马克思主义发展史、马克思主义中国化等二级学科硕士和博士点，使全院的马克思主义学科建设的整体水平有很大的提高。在马克思主义学科建设不断加强的基础上，人才队伍结构继续优化，学术资料积累更加丰富，科研手段现代化建设步伐加快，马克思主义理论研究的成果质量和总体水平有了显著提高。

4. 积极开展国情调研

中国社会科学院围绕理论联系实际、推进理论创新、为中国特色社会主义建设服务，积极开展国情调研。在院党组的领导和组织下，中国社会科学院不少学者深入基层，调查研究。2005 年 6 月、12 月，院党组副书记、常务副院长冷溶同志，院党组成员、秘书长朱锦昌同志分别带领专家学者前往浙江，围绕"落实科学发展观，构建社会主义和谐社会"和"浙江经验与中国发展——科学发展观在浙江"进行深入调研。这些调研活动，收集到了一批重要资料，取得了有价值的理论成果，推动了马克思主义的应用对策研究。

二　加强马克思主义理论研究和建设的主要体会

中国社会科学院马克思主义理论研究和建设取得重大进展和成绩，首先得益于中央的高度重视和院党组的精心部署。这对广大专家学者来说是一种莫大的激励和鼓舞，使我们倍感光荣和自豪。一年来，大家感到收获不少，体会很多，概括起来主要有以下两点：

体会之一：加强马克思主义理论研究和建设十分必要，具有非常重要的理论价值和现实意义。通过日益广泛深入的理论研究和调查研讨，全院马克思主义理论工作者普遍拓宽了研究视野，加深了对国情的认识，加深了对目前形势和任务的认识，从而深化了对加强马克思主义理论研究和建设的战略意义的认识，进一步增强了做好马克思主义理论工作的责任感、使命感和紧迫感。大家认为，马克思主义是我们立党立国的根本指导思想，是我国意识形态的旗帜，是全党全国人民团结奋斗的共同思想基础。在新世纪新阶段，意识形态领域的斗争日趋尖锐复杂，国内外形势出现了一系列新变化，我国改革发展面临着一系列新课题。在新的历史条件下，加强马克思主义理论研究和建设对于加强党的思想理论建设，推进中国特色社会主义伟大事业，具有非常重要的理论意义和现实意义。

体会之二：大力传承、创新和弘扬马克思主义，不断推动马克思主义中国化的进程，开辟马克思主义发展的新境界。胡锦涛同志在"5·19"常委会议上指出，要做好哲学社会科学工作，最根本的是必须把握好两条：一是要毫不动摇地坚持马克思主义基本原理，坚持正确的政治方向。二是要坚持解放思想、实事求是、与时俱进，积极推进理论创新。一年来，全院上下按照胡锦涛同志提出的这两条根本要求，更加自觉地把马克思主义基本原理同我国的具体实际和时代特征相结合，深入研究马克思主义中国化的三大理论成果——毛泽东思想、邓小平理论和"三个代表"重要思想，深入研究十六大以来党中央提出的科学发展观等理论创新成果，紧紧围绕中国特色社会主义事业新的实践，发扬理论联系实际的优良学风，大胆进行理论研究，积极推进理论创新。大家深深感到，只有坚持理论与实践相结合、继承与创新相统一，才能不断推动马克思主义中国化的进程，不断开辟马克思主义发展的新境界。

三　进一步加强马克思主义理论研究和建设的几点设想

在新世纪新阶段，国际国内形势的深刻变化和中国特色社会主义伟大实践的不断推进，既为马克思主义理论研究和建设提供了难得的机遇，又提出了新的更高的要求和更艰巨的任务。我们要认清形势，抓住机遇，在思想建设、学风建设、学科建设和队伍建设等方面不断采取切实有效的措施，进一步办好马克思主义研究院，为实施好马克思主义理论研究和建设工程作出更大的贡献。

设想之一：树立坚定的理想信念，坚持正确的政治方向，努力增强做好马克思主义理论工作的责任感和使命感。马克思主义研究院不仅以马克思主义为指导进行学术研究和理论宣传，而且直接以马克思主义为研究对象，以坚持和发展马克思主义为己任。牢固树立共产主义的理想信念，坚持正确的政治方向，坚持马克思主义在意识形态和学术研究中的指导地位，是党中央对我们第一位的要求。贯彻"5·19"中央政治局常委会议精神，必须继续自觉地在思想上政治上与党中央保持一致，既要反对否定马克思主义的资产阶级自由化的错误倾向，也要克服以教条主义态度对待马克思主义、对我们党创造性地发展马克思主义的最新成果持否定态度的错误倾向。我们要树立高度的社会责任感和历史使命感，增强政治鉴别力和政治敏锐性，自觉献身于捍卫和发展马克思主义的崇高事业。

设想之二：发扬求真务实的精神，坚持理论联系实际的学风，大力提高马克思主义研究的水平。胡锦涛同志强调："无论是坚持马克思主义基本原理，还是推进理论创新，推进马克思主义中国化，都离不开实践，都要从实际出发。"加强马克思主义理论研究和建设，必须大力发扬求真务实的精神和理论联系实际的马克思主义学风，以深入研究重大现实问题为主攻方向，深入研究马克思主义基本原理，深入研究邓小平理论、"三个代表"重要思想和科学发展观，深入研究全面建设小康社会、加强党的执政能力建设和先进性建设、构建社会主义和谐社会所提出的全局性、战略性、前瞻性问题，自觉地为党和国家的决策服务，为中国特色社会主义建设事业和中华民族的伟大复兴服务。

设想之三：搞好学科建设和队伍建设，出一流的人才和一流的成果，在马克思主义理论研究和建设中发挥骨干作用。要围绕"出人才、出成果、出影响"的目标，切实抓紧抓好马克思主义学科建设、队伍建设和其他方面的建设。要进一步整合现有的马克思主义理论队伍，引进科研骨干和博士，建立马克思主义青年研读小组，办好马克思主义学科的硕士点和博士点，建立马克思主义学科的博士后流动站和国内外高级访问学者制度。要认真完成已立项的"科学发展观与经济改革和开放"等国家重大课题，积极争取和承担上级有关部门委托的、国家社科规划办和中国社会科学院批准立项的一批马克思主义研究重大课题，筹划出版《国外马克思主义研究译库》等。要建立若干个经济、文化、党建等方面的基层调研基地。要办好院刊《马克思主义研究》《中外马克思主义文摘》和《中国特色社会主义年鉴》，筹备出版英文版国际马克思主义杂志，建立和健全中国马克思主义研究中英文网站和较完整的资料信息库。创办世界级的"国际马克思主义论坛"，定期或不定期地举办各种类型的马克思主义、社会主义学术研讨会或思想论坛。设想在五年之内选译 50 本研究国外马克思主义代表性著作的中文版，选译若干本中国马克思主义社会科学创新性著作的英文版。总之，要通过我们的各项工作，尽快把马克思主义研究院建设成为马克思主义学术研究、理论宣传、人才培养和学术交流的重要基地，提升中国社会科学院的马克思主义研究在中外学术界的地位与贡献。

（原载《社会科学管理与评论》2006 年第 2 期）

第七节　历史唯物主义视角下历史人物评价问题新探

近年来，学界和社会上时常出现任意拔高或贬低历史人物的现象。这种随意解构历史、歪曲历史或虚无化历史的问题，与人们漠视历史唯物主义关于历史人物的科学评价不无关系。鉴此，当前迫切需要我们坚持和创新历史唯物主义的方法论，对创造历史的主体和历史人物及其作用进行全面准确地分析和评价，廓清在此问题上某些似是而非的流行观点。

一　从历史概念的内涵和外延的界定来把握历史人物的创造者身份

马克思主义经典作家在三种含义上使用"创造历史"的概念。一种是从人民群众直接或最终创造进步历史的意义上来使用的。如毛泽东所说："人民，只有人民，才是创造世界历史的动力。"① 另一种是从人民群众和正面历史人物（主要是指领袖）共同创造历史的意义上来使用的。还有一种是从人民群众、统治阶级和正反面历史人物共同创造历史意义上

---

① 《毛泽东选集》第 3 卷，人民出版社 1991 年版，第 1031 页。

来使用的，即恩格斯论述的"合力"形成或创造。如恩格斯所说："无论历史的结局如何，人们总是通过每一个人追求他自己的、自觉预期的目的来创造他们的历史，而这许多按不同方向活动的愿望及其对外部世界的各种各样作用的合力，就是历史。"① "大多数人总是注定要从事艰苦的劳动而很少能得到享受……历史的进步整个说来只是极少数特权者的事，广大群众则注定要终生从事劳动，为自己生产微薄的必要生活资料，同时还要为特权者生产日益丰富的资料。"② 也如列宁所说，在剥削阶级统治社会中，"创造历史的是一小撮贵族和资产阶级知识分子，工农群众则尚处于沉睡状态"③。据此，针对以往历史唯物主义论著只承认第一种含义的"创造"，笔者提出"广义历史创造者"的新概念。

有的权威教科书认为，历史的创造者只能是人民群众，并对"历史的创造者"进行概念界定，即"体现社会发展规律，推动社会发展的人"④。这种把历史活动的性质当作历史活动本身的狭义概念界定虽说有一些道理，但全面系统地观察历史，还应构建一种广义的概念和辩证的全方位解释。

从历史概念的内涵看，我国史学家白寿彝先生认为历史有两重含义：一是"客观的历史"，即人类社会发展的客观过程；二是"写的历史"，即对前者的记载和研究。无独有偶，丹麦史学家克拉夫（H. Kraph）也认为"历史"有两种含义：一是历史实在或客观历史（H1）；二是指探讨H1 的各种历史研究及相应的成果（H2）⑤。不过，"历史创造者"中的"历史"含义只能是"客观的历史"或是"H1"，尤其是指人类社会发展的客观过程。正如马克思、恩格斯所指出的："历史不外是各个世代的依次交替。"⑥ "历史不过是追求着自己目的的人的活动而已。"⑦ 那么，这个历史的"客观过程"是怎么创造出来的呢？恩格斯认为，历史这种

---

① 《马克思恩格斯选集》第4卷，人民出版社1995年版，第248页。
② 《马克思恩格斯选集》第3卷，人民出版社1995年版，第336页。
③ 《列宁全集》第34卷，人民出版社1985年版，第76页。
④ 陈先达、杨耕：《马克思主义哲学原理》，中国人民大学出版社2010年版，第226页；另见李秀林等《辩证唯物主义和历史唯物主义原理》，中国人民大学出版社2004年版，第219页。
⑤ 参见克拉夫《科学史学导论》，任定成译，北京大学出版社2005年版，第20—22页。
⑥ 《马克思恩格斯选集》第1卷，人民出版社1995年版，第88页。
⑦ 《马克思恩格斯文集》第1卷，人民出版社2009年版，第295页。

"客观过程"是一种"合力",而这种"合力"的产生则需要无数"单个意志"纵横交错地进行相互冲突。① 正因为如此,这种历史的"客观过程"与历史的"客观规律",或者说与社会发展的趋势在外延上并不完全吻合。在历史的某一时期,当反动的势力大于进步的力量时,历史的"客观过程"就很可能与社会发展的趋势相违背。如日本军国主义者挑起的侵华战争和以希特勒为首的德国法西斯入侵欧洲国家,都具有反文明、反社会和反人类的性质,但我们不能因此否定这些侵略历史过程主要是由那些反动人物或反动集团造成的。可见,完整地表述,应当说许多时段的历史,是正面人物(含推动进步性的各类人物)与反面人物(含右翼、极左和落后等各类人物)"相互冲突""合力"的结果,甚至是反面人物占主导地位的非进步性历史。毋庸置疑,从人民群众在社会生产方式中所起的作用而言,可以当之无愧地"体现社会发展规律"和"推动社会发展",但不能因此而认为"历史创造者"只能是处于进步状态的人民群众,否则恩格斯也不必以"合力的产生"来隐喻复杂多变的"历史的创造"了。

从历史概念的外延看,历史不仅是物质生产和消费的历史,还有政治发展史、精神文化发展史等。有的文献认为,"历史唯物主义从社会存在决定社会意识、物质资料生产方式是人类社会存在和发展的基础等基本原理出发,认为人类历史首先是生产发展的历史,因而也就是物质生产的承担者劳动群众的历史"②,以此引出和只承认"人民群众是历史的创造者"的单一结论。这也是不够全面的。尽管精神文化发展史、政治发展史的创造活动的主体可以直接或间接追溯到人民群众,但很难说作为历史人物的政治家、思想家、科学家和文艺家等不是历史的创造者之一。从这个层面看,把一般人民群众或被压迫被剥削的劳动人民当作创造历史的唯一主体也是不妥的。

因此,要在坚持历史唯物主义的前提下,从历史概念的内涵和外延来对这个问题进行更为缜密的思考。在这个问题上,自从 20 世纪 80 年代思想解放运动以来,诸多学者早已提出过不少有价值的见解。从历史概念的内涵和外延深究,我们认为人民群众是"历史创造者"的主体(同时作

---

① 参见《马克思恩格斯选集》第 4 卷,人民出版社 1995 年版,第 697 页。

② 《史学概论》,高等教育出版社 2009 年版,第 67 页。

为人的主体和主要力量的主体），而不是"历史创造"唯一的"主体"。除了人民群众，历史创造主体还应包括在人类社会历史进程中留下明显意志印迹的正反面历史人物，只是他们的创造活动并不总是与社会历史发展的规律相吻合。在对待"历史创造者"构成问题上，那种把历史活动的性质与历史活动本身混为一谈，或者以进步性历史人物来源于又代表人民群众为理由，从而把各类历史人物与人民群众混为一谈的观点，是难以成立的。在英语"make"和俄语"Создать"中，"创造"原义是中性词而非褒义词。我们确立的"广义历史创造者"这一概念，是要阐明"历史创造者"应包括"历史促进者"与"历史促退者"及其合力形成或创造历史的观点，并不否定只有人民群众才是历史创造者的狭义概念。广义与狭义的历史创造者概念，是从不同角度和意义上阐述的，各自均有独特的解释力。在革命年代，为了颠覆视人民大众为群盲的封建文化而高扬人民创造历史的观念，对唤醒民众的作用是不可低估的。

显而易见，只有承认历史人物的创造者身份，我们才能对历史人物的作用予以更为客观公正的审视，同时更客观地接近历史的真相。

二　从历史必然性与偶然性的辩证关系理解历史人物的活动

历史人物的出现及其创造活动是历史必然性与偶然性共同作用的结果。同时，历史人物的出现及其创造活动的偶然性，在一定的条件下可以向必然性转化。这就要求善于抓住历史的机遇，推动历史的进步。

论断之一：历史人物的出现具有必然性。首先，历史人物的出现由社会历史的需要造就。"凡是有便于杰出人物发挥其才能的社会条件的时候和地方，总会有杰出人物出现"[1]，即所谓的"时势造英雄"。如果不是"被战争弄得精疲力竭的法兰西共和国"需要"军事独裁者"的话，也不会出现拿破仑一世式的伟大人物。反之亦然，一些反面历史人物的出现，也是一定社会历史条件下社会形势发展的结果。正如马克思评价拿破仑三世一样："法国阶级斗争怎样造成了一种局势和条件，使得一个平庸而可笑的人物有可能扮演了英雄的角色。"[2]　其次，历史人物的创造活动受制

---

[1]　《普列汉诺夫哲学著作选集》第 2 卷，生活・读书・新知三联书店 1961 年版，第 368 页。

[2]　《马克思恩格斯选集》第 1 卷，人民出版社 1995 年版，第 580 页。

于社会历史条件。任何历史人物所处时代的社会性质和历史条件，都有一种既定的必然性，他们不可能超越这种必然性来发挥自身的作用，而且这种必然性一定会在他们身上以各种方式反射出来。

论断之二：历史人物的出现具有偶然性。首先，历史人物的出现是一种偶然现象。恩格斯曾指出："恰巧某个伟大人物在一定时间出现于某一国家，这当然纯粹是一种偶然现象。"① 这说明某个具体历史人物以何种方式在何时何地出现都具有偶然性。其次，历史人物个人的特质对历史的影响具有偶然性。历史人物因其才能、意志、性格甚至外貌等种种特点而影响历史的命运，也是非常偶然的现象。

论断之三：历史人物的出现是历史的必然性与偶然性共同作用的结果。历史人物出现的必然性与偶然性是相辅相成、辩证统一的。首先，历史人物出现的偶然性受制于必然性。"在表面上是偶然性在起作用的地方，这种偶然性始终是受内部的隐蔽着的规律支配的。"② 历史人物出现的偶然性作用影响的程度及其范围，都要依当时社会发展状况、各种社会力量对比以及他们个人所处境况来决定。个人因素只有在特定的历史条件下，即在一定社会性质和社会关系所容许的时空维度下才可能成为历史发展的因素。如果历史人物无视当时当地的社会历史条件，逆历史潮流而动，无论是拿破仑式的伟大人物，还是希特勒式的反面人物，都无法逃脱被历史淘汰的命运。其次，历史人物出现的偶然性为必然性开辟道路。历史人物出现的偶然性为社会历史发展的必然性开辟了道路，这与通常所说的"英雄造时势"密切相关。但此"时势"与彼"时势"区别甚大，它主要指历史的具体内容事实，而不是既定的社会历史条件。历史人物的偶然性作用所开辟的道路并非总是规则的、同向的，有的甚至是迂回曲折的。再次，历史人物出现及其活动的偶然性在一定条件下可以向必然性转化。只有符合客观规律的偶然性，才有可能转化为必然性，并不是所有的历史人物的偶然性作用，都会转化为历史必然性。即使是符合社会历史发展规律的偶然性要转化成必然性，也是需要一定条件的。

---

① 《马克思恩格斯选集》第 4 卷，人民出版社 1995 年版，第 733 页。
② 同上书，第 247 页。

三 从历史客观规律与主观意志的辩证关系中来认识历史人物的作用

恩格斯认为："历史进程是受内在的一般规律支配的。"① 不过，对此进行庸俗化、机械化的理解则是不可取的。支配人类历史进程的客观规律并不能等同于"去人化"的自然规律，它并不排斥人的主观意志及其能动性的发挥，反而这种客观规律存在和实现于人的意愿、人的活动和人的主观能动性之中，并由此造成历史因果关系的不确定性。② 因此，不承认历史客观规律固然不对，但忽略历史人物的偶然性的重要作用甚至是一定意义上的决定性作用，也是片面的。实际上，有些历史人物是可以决定某一历史事件、某一历史时期面貌和性质的。

恩格斯在批评有人将经济因素曲解为人类历史发展进程的"唯一决定性的因素"时曾特别强调，经济状况虽是基础，但是蕴含着人的主观意志的上层建筑的各种因素，如政治、法律、哲学、宗教也对历史斗争的进程发生影响，甚至起到某种形式的决定作用。③ 这既肯定了人类历史发展受内在的客观规律支配，也肯定了包括人的主观意志在内的偶然性在历史发展进程中的作用。一般说来，客观规律是不以人的主观意志为转移的，但在历史领域，客观规律恰恰展开在人的主观意志之上。只不过这种"主观意志"，不是单个人的"主观意志"，而是"作为合力的意志"。"作为合力的意志"扬弃了所有"单个意志"的主观随意性，因而具有客观性。然而，肯定历史发展具有客观规律，并不意味着可以否定历史上出现的种种偶然性。事实上，必然性即客观规律正是通过无数的偶然性为自己开辟道路的。

因此，我们在如何看待历史人物的历史作用时，承认和强调历史发展的客观规律性与必然性无疑是正确的，但片面强调历史的客观规律性与必然性，看不到偶然性产生的历史人物在一定条件下具有的重要作用，甚至是一定意义上的决定性作用，势必导致对历史进程的机械性理解。因为社会历史规律既有合规律性的一面，又有合目的性的一面。作为历史主体的人，不是消极被动地接受客观规律的制约，而是积极能动地在客观规律作

---

① 《马克思恩格斯选集》第 4 卷，人民出版社 1995 年版，第 247 页。
② 参见张耕华《历史哲学引论》（增订本），复旦大学出版社 2009 年版，第 172—173 页。
③ 参见《马克思恩格斯选集》第 4 卷，人民出版社 1995 年版，第 247 页。

用的多种可能性中进行选择。比如，随着经济社会的发展，信息时代终究要来临，这是具有历史必然性的。但信息时代以什么形式、在什么时候到来以及对人们的生产与生活究竟有何影响，却不是历史客观规律能够事先决定的，它是从事历史活动的人们创造与选择的产物。事实上，在人类历史发展的具体问题上，人们都将面临多种选择，并往往由此使历史的面貌有所不同。

四　从英雄与人民的辩证关系中来评价历史人物的功过

从构成关系来看，人民群众是一个具体的、历史的概念，是由一个个活生生的普通个人组成。历史人物来源于普通个人，历史人物与普通个人二者可以相互转化。从社会作用或角色来看，历史人物是实现一定历史任务的发起者、组织者或领导者，是历史发展中的关键力量，甚至是直接的决定性力量，而人民群众也可能是实现一定历史任务的发起者，而且总是历史发展中的主体力量和最终决定性力量。

历史的经验表明，历史人物及其决策集团可以通过一些合法或不合法的程序，来决定某个时期某个国家的某段历史以及某个阶段的社会性质，但并不是所有的历史创造主体都能成为推动社会历史发展的力量，归根到底，人民群众才是推动历史发展的最终决定力量。诚如恩格斯所言，构成历史的真正的最后动力的动力，与其说是个别人物，甚至是非常杰出人物的动机，不如说是广大群众的动机。①

在上述问题上必须纠正一种流行的误论，即认为只要是某一时期多数人民群众支持某一历史人物，那么这一历史人物就是人民群众的正确代表，反映了人民群众的本质要求和利益。必须指出的是，不能用民粹主义的眼光把人民视为先知先觉者，人民群众总是在一定的社会权力结构下参加历史活动的，其活动并不就是或完全就是自觉自愿的选择，即并非具有选择的真正自由。人民群众也会接受主流媒体和国民教育的错误引导而作出错误选择，而这些错误选择并不体现人民群众的本质要求、真实意愿和根本利益。当我们说人民群众最终会觉悟而作出正确选择，从而最终成为历史进步的主体创造者和推动者，并不等于说历史上的人民大众从来就是自觉的历史创造者。在历史发展进程中，人民群众被愚弄、被蛊惑、被利

---

① 参见《马克思恩格斯文集》第 4 卷，人民出版社 2009 年版，第 304 页。

用的事实史不绝书，因此我们必须指出，人民群众的表象意愿与本质意愿有时一致有时不一致，但最终是一致的，不过最终一致的时间可长可短，这取决于制度安排和各种社会力量的博弈。

（原载《哲学研究》2016 年第 10 期，第二作者为詹志华）

第八节　要高度重视马克思主义阶级分析方法

一　要高度重视中国特色社会主义的阶级理论

1979 年 3 月，邓小平在《坚持四项基本原则》一文中指出："我们反对把阶级斗争扩大化……但是我们必须看到，在社会主义社会，仍然有反革命分子，有敌特分子，有各种破坏社会主义秩序的刑事犯罪分子和其他坏分子，有贪污盗窃、投机倒把的新剥削分子，并且这种现象在长时期内不可能完全消灭。同他们的斗争不同于过去历史上的阶级对阶级的斗争（他们不可能形成一个公开的完整的阶级），但仍然是一种特殊形式的阶级斗争。"[1] 同年 6 月，邓小平在五届全国人大二次会议四川代表团的讲话中也指出："既反对阶级斗争熄灭论，又反对阶级斗争扩大化。"1980年，邓小平在《目前的形势和任务》中指出："有人说，剥削阶级作为阶级消灭了，怎么还会有阶级斗争？现在我们看到，这两方面都是客观事实。目前我们同各种反革命分子、严重破坏分子、严重犯罪分子、严重犯罪集团的斗争，虽然不都是阶级斗争，但是包含阶级斗争。"[2] 由邓小平主持制定、1981 年党的十一届六中全会通过的《关于建国以来党的若干历史问题的决议》明确概括："在剥削阶级作为阶级消灭以后，阶级斗争已经不是主要矛盾。由于国内的因素和国际的影响，阶级斗争还将在一定范围内长期存在，在某种条件下还有可能激化。"党的十三大也强调："阶级斗争在一定范围内还会长期存在，但已经不是主要矛盾。"当前，我们仍然要贯彻邓小平的谆谆教导："社会主义社会中的阶级斗争，是一个客观存在，不应该缩小，也不应该夸大。实践证明，无论缩小或者夸

---

[1] 《邓小平文选》第 2 卷，人民出版社 1994 年版，第 168—169 页。
[2] 同上书，第 253 页。

大，两者都要犯严重的错误。"① 可见，邓小平关于反对在阶级斗争问题上两种错误倾向的方针，具有重要的奠基意义。

江泽民在庆祝中国共产党成立七十周年大会上的讲话中指出："阶级斗争已经不是我国社会的主要矛盾，但是它在一定范围内还将长期存在，并且在一定条件下还可能激化。"从斗争的表现形式和核心问题上看，江泽民指出："这种斗争集中表现为资产阶级自由化同四项基本原则的对立，斗争的核心依然是政权问题。"2001 年 4 月 2 日，江泽民在全国社会治安工作会议上的讲话中又强调："在国际国内各种因素的作用下，一定范围的特殊形式的阶级斗争不仅现在仍存在，而且还将长期存在，有时还会很尖锐。"同时，他还告诫说："我们不会再重犯过去那种'以阶级斗争为纲'的错误，但对现实中存在的一定范围的特殊形式的阶级斗争，也就是新形势下的对敌斗争，全党同志绝不能掉以轻心。"可见，江泽民强调阶级斗争的核心和绝不能掉以轻心的观点，具有十分重要的针对性和现实性。

党的十八大以来，中国共产党人也多次强调坚持阶级立场和阶级分析的思想。如 2013 年 3 月 1 日，习近平在中央党校春季学期开学典礼的讲话中就强调了党员领导干部要掌握马克思主义立场观点方法，指出马克思主义观主要包括："关于辩证唯物主义和历史唯物主义的基本观点；关于社会形态和社会基本矛盾运动规律的基本观点；关于社会主义必然代替资本主义的基本观点；关于社会主义革命和无产阶级专政的基本观点；关于无产阶级政党的基本观点；关于社会主义本质和社会主义建设的基本观点，等等。"② 这其中自然包含坚持马克思主义阶级观。2014 年 2 月，习近平在《二月讲话》③ 中明确指出："必须坚持马克思主义政治立场。马克思主义政治立场，首先就是阶级立场，进行阶级分析。"④ 关于阶级斗争问题，《中国共产党章程》（中国共产党第十八次全国代表大会部分修改）中明确指出："由于国内的因素和国际的影响，阶级斗争还在一定范

---

① 参见《邓小平文选》第 2 卷，人民出版社 1994 年版，第 182 页。

② 习近平：《深入学习中国特色社会主义理论体系　努力掌握马克思主义立场观点方法》，《求是》2010 年第 7 期。

③ 2014 年 2 月 17 日，习近平同志在省部级主要领导干部专题研讨班上发表的关于国家治理体系和治理能力现代化的讲话，简称《二月讲话》。

④ 转引自刘世军《中国政治学研究新时代的到来》，《文汇报》2014 年 7 月 1 日。

围内长期存在，在某种条件下还有可能激化，但已经不是主要矛盾。"可见，阶级斗争有可能激化的观点、阶级立场和阶级分析的原则，仍然具有非常重要的理论性和客观性。

简言之，马克思主义认为，阶级主要由产权关系和政治关系决定，并可进一步划分为多个阶层，而这与西方社会学关于由职业和收入决定的阶级或阶层的含义有本质区别。阶级、阶级立场、阶级分析、阶级斗争理论是马列主义及其中国化理论的重要组成部分，是观察和处理国内外重要矛盾的主线索之一，是关系到全面实现"五位一体"和"四个全面"的战略目标，积极推进国家治理体系和治理能力现代化，不断完善和发展中国特色社会主义而不容回避的理论和现实问题。

二　要善于准确运用马克思主义阶级分析方法

在《1848 年至 1850 年的法兰西阶级斗争》中，马克思首次明确提出"无产阶级的阶级专政"这一概念，指出："这种专政是达到消灭一切阶级差别，达到消灭这些差别所由产生的一切生产关系，达到消灭和这些生产关系相适应的一切社会关系，达到改变由这些社会关系产生出来的一切观念的必然的过渡阶段。"① 在《伟大的创举》中，列宁论述过什么是"完全消灭阶级"，指出："为了完全消灭阶级，不仅要推翻剥削者即地主和资本家，不仅要废除他们的所有制，而且要废除任何生产资料私有制，要消灭城乡之间、体力劳动者和脑力劳动者之间的差别。这是很长时期才能实现的事业。"② 邓小平 1992 年春在南方谈话中说："巩固和发展社会主义制度，还需要一个很长的历史阶段，需要我们几代人、十几代人，甚至几十代人坚持不懈地努力奋斗，决不能掉以轻心。"③ 可见，我国目前处于初级阶段的社会主义社会，距离马克思说的"四个达到"、列宁说的"完全消灭阶级"和邓小平说的"巩固和发展社会主义"的目标还相去甚远，阶级分析方法依然是当前洞察国内外重要现象和矛盾的主要方法之一。

第一，苏联东欧社会主义国家剧变是阶级斗争的反映。美国最后一任

---

① 《马克思恩格斯文集》第 2 卷，人民出版社 2009 年版，第 166 页。
② 《列宁专题文集·论社会主义》，人民出版社 2009 年版，第 145—146 页。
③ 《邓小平文选》第 3 卷，人民出版社 1993 年版，第 379—380 页。

驻苏联大使马特洛克在回忆录《苏联解体亲历记》中写道:"阶级斗争理论是列宁主义者的国家结构演进观及同西方发生冷战所依据的中心概念。没有它,冷战的理由就不复存在,一党专政的理论基础也就随之消失"①;"如果苏联领导人真的愿意抛弃阶级斗争观念,那么他们是否继续称他们的指导思想为'马克思主义'也就无关紧要了,这已是一个在别样的社会里实行的别样的'马克思主义'。这个别样的社会则是我们大家都能认可的社会"②。所以,他认为主张"人道主义的社会主义"的戈尔巴乔夫已"明确无误地抛弃了阶级斗争观念"③。苏东社会主义国家蜕变(邓小平曾用"复辟"一词)为垄断资产阶级统治的资本主义国家,是这些国家和国际阶级斗争的典型案例。

第二,世界上绝大多数国家还是阶级对立的社会。除了我国等社会主义国家之外,那些阶级对立的国家在经济、政治、文化和对外关系领域均存在多种形式的阶级斗争,还必须坚持马克思主义的阶级分析方法去分析。各国的共产党人和马克思主义学者也是重点运用阶级分析方法,深刻剖析西方国家制度和种种痼疾,包括对近年波及约 80 个国家的"占领华尔街"国际运动、法国的"黑夜站立运动"、全球生态环境、美国入侵活动和总统选举等严重问题的分析。我国马克思主义者分析当代资本主义问题也不宜放弃阶级分析方法。

第三,在政治和军事领域,西方敌对势力变本加厉地开展西化和分化我国的阶级斗争。西方资产阶级在夺取苏联东欧国家统治权之后,便把阶级斗争的主要矛头对准中国,他们采取"接触"与"遏制"、硬实力与软实力(综合采用又称"巧实力")并举的多种策略,包括美国及其盟国打着所谓"亚太力量再平衡"旗号,从军事上对我国搞 C 型围堵,并在南海、东海、中国台湾、香港、西藏、新疆以及朝鲜半岛等问题挑起事端、妄图遏制、威胁和分裂我国。国内某些政治势力与西方敌对势力互相配合,试图把工人阶级政党执政的社会主义中国改变为或分裂出去搞资本主义,这难道还仅仅是所谓的民族矛盾、宗教矛盾和刑事犯罪问题,而不包括阶级斗争的内容?

---

① [美]马特洛克:《苏联解体亲历记》,世界知识出版社 1996 年版,第 162 页。
② 同上书,第 169 页。
③ 同上书,第 176 页。

第四，在意识形态领域，我国资产阶级自由化人士和思潮不断开展对马列主义及其中国化理论的阶级斗争。学术探讨无禁区。一般的思想理论认识问题与资产阶级自由化思想体系有本质区别。那些坚定地主张和宣传"主体私有化或民营化"以及"资产阶级多党制和西方宪政观"等反对马列主义、毛泽东思想和中国特色社会主义理论的言行，难道不包含着思想理论上阶级斗争的内容？那些试图颠覆社会主义制度的"零八宪章"发起人和主要签名者，以及串联上街搞资产阶级的"颜色革命"，难道不是意识形态领域阶级斗争转化为政治行动的阶级斗争？

第五，在经济领域，少数中外私有企业的投资人或代理人违法延长劳动时间、克扣工人收入、恶化劳动条件、提高劳动强度等，也包含着阶级斗争的内容。马克思在《资本论》等论著中透彻地揭示了这些经济上阶级斗争的客观表现，其不会因为执政党性质的变化而有根本变化，但解决的途径和方法却不同。共产党领导的人民政府应坚持以人民为中心的发展思路，圆满解决这些问题。

第六，民族资产阶级不属于阶级斗争的对象。作为整体的民族资产阶级在社会主义制度下具有两面性，一方面，具有拥护和建设中国特色社会主义的正能量，这是主要的正作用；但另一方面，在一定条件下也会动摇甚至有影响中国特色社会主义的副作用。因此，目前民族资产阶级整体不是阶级敌人和阶级斗争的对象，而是统一战线和团结联合的主要对象。

第七，任何阶级的个别人员均有可能从原有阶级转化为另一阶级。至于对包括贪污腐败分子在内的严重犯罪分子，如果他们不否定四项基本原则，则不属于阶级斗争范围；而如果他们同时否定四项基本原则，则带有阶级斗争的性质。正如邓小平谈到我们同严重犯罪分子、犯罪集团的斗争时所强调的，"虽然不都是阶级斗争，但是包含阶级斗争"①。

（原载《天府新论》2017 年第 1 期）

---

① 《邓小平文选》第 2 卷，人民出版社 1994 年版，第 253 页。

第九节　拜物教批判理论与马克思共产主义学说

"哲学家们只是用不同的方式解释世界，而问题在于改变世界。"① 马克思的理论可以被认为是一种"改变世界"的理论。这可以作如下的发挥："世界"需要"改变"，是因为"世界"有"问题"。因而，马克思"改变世界"的理论可以更明确地理解为"改变"有"问题"的"世界"之理论。针对有问题的世界，马克思构想了"问题"在其中得以解决的"未来"。此外，马克思还对自己"未来构想"的合理性进行了理论的论证，并设计了"问题"解决方案的框架，即在原则上指明了"现实通达理想之路"。

有关自己的"未来构想"，马克思有两段著名的话："新思潮的优点又恰恰在于我们不想教条地预期未来，而只是想通过批判旧世界发现新世界"②；"共产主义对我们来说不是应当确立的状况，不是现实应当与之相适应的理想。我们所称为共产主义的是那种消灭现存状况的现实的运动。这个运动的条件是由现有的前提产生的"③。前一段话出自 1843 年 9 月马克思给卢格的一封信，后一段话写在《德意志意识形态》中。这两段话有着明显内在的一致性："不想教条式地预期未来"的自觉，促使马克思不是简单地在自己的头脑中构建一个理想的状况，并宣称现实应当与这一理想状况相适应；"在批判旧世界中发现新世界"的"希望"，推动着马克思去找寻在现存世界的既有条件下消灭现存状况的可能道路。马克思在"批判旧世界"中"发现新世界"的研究理路，造成了这样一种"理论后果"：他对于"新世界"的"发现"乃是基于自己对于"旧世界"的"问题"的"批判"，或者说，他对现存世界"问题"分析的进展与他的"未来构想"的具体内容演变具有"同步性"。

一　"问题"分析与"未来构想"的"同步性"：从《1844 年经济学哲学手稿》到《哥达纲领批判》

在《1844 年经济学哲学手稿》中，马克思提出了自己的异化劳动学

---

① 《马克思恩格斯选集》第 1 卷，人民出版社 1995 年版，第 61 页。
② 《马克思恩格斯全集》第 47 卷，人民出版社 2004 年版，第 64 页。
③ 《马克思恩格斯选集》第 1 卷，人民出版社 1995 年版，第 87 页。

说，揭示了相互联系的四种异化状态：劳动产品的异化，劳动过程的异化，人的类本质的异化，人与人的关系的异化。① 在此，我们可以推知，此时的马克思认为，异化劳动和私有财产的存在，是资本主义社会的主要"问题"。在此认识的基础上，马克思当时的"未来构想"是：作为"私有财产即人的自我异化的积极的扬弃"的共产主义。这一"未来构想"的着眼点在于人的解放和人的发展：第一，它是通过人并且为人对人的全面的本质的真正占有——人以一种全面的方式，也就是说，作为一个完整的人，占有自己的全面的本质；私有财产的扬弃，是人的一切感觉和特性的彻底解放；人不仅通过思维，而且以全部感觉在对象中肯定自己。② 第二，它是人向自身、向社会的人的复归——在共产主义的前提下活动和享受，无论就其内容或其存在方式来说，都是社会的，是社会的活动和社会的享受；社会是人同自然界的完成了的本质的统一，是自然界的真正复活，是人的实现了的自然主义和自然界的实现了的人道主义；它还是人和人之间的矛盾的真正解决，是存在和本质、对象化和自我确证、自由和必然、个体和类之间的斗争的真正解决。③ 第三，它本身不是人的发展"目标"，而只是一个"必然的环节"——"共产主义是作为否定的否定的肯定，因此，它是人的解放和复原的一个现实的、对下一段历史发展来说是必然的环节。共产主义是最近将来的必然的形式和有效的原则。但是，共产主义本身并不是人的发展的目标，并不是人的社会的形式。"④

在《德意志意识形态》中，马克思、恩格斯是联系生产力与分工来分析所有制的。马克思、恩格斯认为，三者的关系是这样的：第一，生产力决定分工，分工的发展程度是生产力水平的表现："一个民族的生产力发展的水平，最明显地表现于该民族分工的发展程度。"第二，分工决定所有制："分工发展的各个不同阶段，同时也就是所有制的各种不同形式。"⑤ 也就是说，一定发展程度的分工，是一定发展水平的生产力与一定形式的所有制相互联系的中介，并且分工直接地决定所有制形

① 马克思：《1844 年经济学哲学手稿》，人民出版社 2000 年版，第 52—59 页。
② 同上书，第 81—87 页。
③ 同上书，第 81—83 页。
④ 同上书，第 93 页。
⑤ 《马克思恩格斯选集》第 1 卷，人民出版社 1995 年版，第 68 页。

式。正因为如此，马克思提出了"消灭分工"①的"未来构想"。在此，有必要指出的是，这里的"消灭分工"并非泛指消灭人们社会活动的一切差异，而只是消灭财产占有差异和阶级分化（此时，马克思、恩格斯甚至把它们也看作一种"分工"）等等旧式的分工；不是否定人们的社会职能的相对专业化，而是消灭人们的社会活动的固定化。"消灭分工"的设想，实际上着眼于个人全面而自由的发展："在共产主义社会里，任何人都没有特殊的活动范围，而是都可以在任何部门内发展，社会调节着整个生产，因而使我有可能随自己的兴趣今天干这事，明天干那事，上午打猎，下午捕鱼，傍晚从事畜牧，晚饭后从事批判，这样就不会使我老是一个猎人、渔夫、牧人或批判者。"②有论著嘲笑这段话，认为这是空想。其实，读懂这段话的关键在于思维方法，其精神实质不是要否定未来社会的必要劳动分工，而只是表达未来社会的分工不会被凝固化，是必要的分工加上自由选择和个人安排。在《共产党宣言》中，"剥削"作为一个"问题"被马克思明确提出："不管阶级对立具有什么样的形式，社会上一部分人对另一部分人的剥削却是过去各个世纪所共有的事实。"③"剥削"、私有制、阶级斗争是密切相关的三大"问题"。现代的资产阶级私有制是建立在阶级对立上面、建立在一些人对另一些人的剥削上面的产品生产和占有的最后而又完备的表现，在此意义上，"共产党人"可以把自己的主张概括为一句话：消灭私有制。④对于"消灭私有制"的内涵，马克思、恩格斯在下文中说得明白："共产主义并不剥夺任何人占有社会产品的权力，它只剥夺利用这种占有去奴役他人劳动的权力。"⑤剥削的消灭，私有制的消灭，同时也是"阶级和阶级斗争"的消灭："代替那存在着阶级和阶级对立的资产阶级旧社会的，将是这样一个联合体，在那里，每个人的自由发展是一切人的自由发展的条件。"⑥

　　在《资本论》及其手稿中，马克思认为，资本主义社会不仅是一个

---

① 《马克思恩格斯选集》第 1 卷，人民出版社 1995 年版，第 83 页。
② 同上书，第 85 页。
③ 同上书，第 292 页。
④ 同上书，第 286 页。
⑤ 同上书，第 288 页。
⑥ 同上书，第 294 页。

剥削社会，而且是一个拜物教①现象（"社会关系物化"）普遍化的社会。资本家与雇佣工人之间存在剥削与被剥削关系。但是，这一"关系"被掩盖起来了。在社会的现象层面，资本家与雇佣工人之间是"平等的商品交换关系"，工资是雇佣工人全部劳动的报酬，剩余价值是从流通过程中产生的，利润是作为"物"的资本的"本性"的产物，地租是土地的自然生产力的结果，如此等等。只有运用马克思的拜物教批判理论，还原被掩盖的"关系"，才能发现：剩余价值的秘密在于资本家无偿地占有雇佣工人的剩余劳动，工资的实质是劳动力价值，而工资的表象是劳动的价值或价格，因而工资是劳动力价值或价格的隐蔽形式；剩余价值是在生产过程中产生而在流通过程中实现的，利润是剩余价值的转化形式，地租是超额利润的"转化形式"。② 在马克思看来，拜物教性质是商品生产具有的客观属性，而拜物教观念是这一属性的反映。以对资本的拜物教性质的分析为基础，马克思设想了一个"自由人联合体"。在这一"联合体"中，人们用公共的生产资料进行劳动，自觉地把他们许多个人的劳动力当成一个社会劳动力来使用；联合体的总产品，一部分重新用作生产资料，依旧归社会所有，另一部分则作为生活资料，直接按照劳动者向社会提供的劳动份额分配给个人；在这里，人们同他们的劳动和劳动产品的关系，无论是在生产上还是在分配上，都是简单明了的。③ 而且，劳动条件和实际日常生活条件，在人们面前表现为人与人之间和人与自然之间极明白而合理的关系；以物质生产和它所包含的关系为基础的社会生活，表现为自由结合、自觉活动并且控制自己的社会运动的人们的产物。④

《资本论》中"自由人联合体"的设想，并不是对马克思、恩格斯在《德意志意识形态》和《共产党宣言》中对未来社会构想的简单延续，两者有着侧重点的明显差异：前者侧重于人与人、人与物之间关系的直接化，后者的侧重点在于剥削和旧式分工的消灭。我们可以从这两个时段马克思对现存世界中"问题"的深层逻辑的不同分析，来寻找这种差异出

① 刘召峰：《马克思的拜物教概念考辨》，《南京大学学报》（哲学·人文科学·社会科学）2012 年第 1 期。

② 刘召峰：《拜物教批判理论与马克思的资本批判》，《马克思主义研究》2012 年第 4 期。

③ 马克思：《资本论》第 1 卷，人民出版社 2004 年版，第 96—97 页。

④ 马克思：《资本论》第 1 卷（法文版中译本），中国社会科学出版社 1983 年版，第 59—60 页。

现的缘由：在《德意志意识形态》和《共产党宣言》中，从分工、私有制、剥削、阶级等视角分析现存世界的"问题"，从而其未来构想着眼于这些"问题"的消灭；在《资本论》中，从劳动力成为商品、社会关系物化的普遍化的角度，分析资本主义的特殊生产方式和剥削的特殊实现形式，因而其未来构想着眼于消灭社会关系的物化，亦即诉诸生产资料共同所有制下的人与人、人与物之间关系的直接化。

《哥达纲领批判》中马克思的"未来构想"，是建立在《资本论》的相关研究成果之上的。基于《资本论》对商品交换、价值的存在条件及其历史性质的透彻分析，马克思提出了自己对"共产主义社会"的下述"构想"："在一个集体的、以生产资料公有为基础的社会中，生产者不交换自己的产品；用在产品上的劳动，在这里也不表现为这些产品的价值，不表现为这些产品所具有的某种物的属性，因为这时，同资本主义社会相反，个人的劳动不再经过迂回曲折的道路，而是直接作为总劳动的组成部分存在着。"① 因为没有了商品交换，所以耗费在产品上的劳动不再表现为"价值"，个人劳动直接"证实"自身为社会总劳动的一部分而不再"迂回"。

二 "问题"存在的必然性和历史性：马克思对"未来构想"的合理性论证

在《1844 年经济学哲学手稿》中，马克思认为，共产主义是对私有财产的积极扬弃，而扬弃私有财产必须理解"私有财产的积极的本质"②。基于这种自觉，马克思并没有一味地谴责资本主义制度，而是首先肯定它的历史进步性、必然性和合理性。在《共产党宣言》中，马克思、恩格斯认为，资产阶级在历史上曾经起过非常革命的作用：它破坏了一切封建的、宗法的和田园诗般的关系；开拓了世界市场，使得一切国家的生产和消费都成为世界性的，还造成了农民的民族从属于资产阶级的民族、东方从属于西方的世界格局；生产力得到了空前的发展。③ 因而，如果说资本主义社会有"问题"，那么这些"问题"的存在也有其必然性。

---

① 《马克思恩格斯选集》第 3 卷，人民出版社 1995 年版，第 303 页。
② 马克思：《1844 年经济学哲学手稿》，人民出版社 2000 年版，第 81 页。
③ 《马克思恩格斯选集》第 1 卷，人民出版社 1995 年版，第 274—277 页。

然而，马克思决不是一个历史终结论者，他肯定资产阶级的历史作用决不是在为资本主义唱赞歌。在《共产党宣言》中，他同样指出了资产阶级灭亡的必然性：社会所拥有的生产力已经强大到资本主义的生产关系不能容纳的地步——越来越危及整个资产阶级社会生存的商业危机就是明证；"资产阶级不仅锻造了置自身于死地的武器；它还产生了将要运用这种武器的人——现代的工人，即无产者"①。在马克思眼中，资本主义生产方式必将走向一种自我否定，这种否定是"内在的否定"，是历史进程"辩证性"的体现。后来，马克思在《〈政治经济学批判〉序言》中总结道："社会的物质生产力发展到一定阶段，便同它们一直在其中运动的现存生产关系或财产关系（这只是生产关系的法律用语）发生矛盾。于是这些关系便由生产力的发展形式变成生产力的桎梏。那时社会革命的时代就到来了。随着经济基础的变更，全部庞大的上层建筑也或慢或快地发生变革。"② 这样，"问题"就是一种"历史性"存在。

在《资本论》中，马克思把商品看作劳动产品"历史地获得"的"社会形式"，把货币看作是金银"历史地获得"的"社会形式"，把资本看作"叠加"了新的"社会形式"的货币。③ 而"社会形式"因其是"历史地获得"的，也可以在一定条件下实现"历史的剥离"。在其"社会形式"被"剥离"之后，商品就不再是商品，而只是劳动产品；货币就不再是货币，而只是作为一种天然矿物的金银；资本就不再是资本，而只是劳动的客观的社会条件。上述"社会形式"具有其物化表现：劳动产品的商品形式在人们面前把人们本身劳动的社会性质反映成劳动产品本身的物的性质，反映成这些物的天然的社会属性；金银在一定的社会关系中获得的"货币形式"，表现为它们作为"物"天然地具有的属性；资本在资本家与雇佣劳动之间的关系中实现的价值增殖，表现它作为"物"就具有的自行增殖的魔力。因为上述物化表现，商品、货币、资本这些具有历史性、暂时性的"社会形式"才被错认为是"物作为物"的本性，因而具有了"永恒"性质。马克思通过对商品、货币和资本的拜物教性质的分析，彰显了商品生产、资本主义生产方式的历史性。④ 这可以视为

---

① 《马克思恩格斯选集》第 1 卷，人民出版社 1995 年版，第 278 页。
② 《马克思恩格斯全集》第 31 卷，人民出版社 1998 年版，第 412—413 页。
③ 刘召峰：《〈资本论〉中的"二重性"学说探论》，《教学与研究》2012 年第 1 期。
④ 刘召峰：《拜物教批判理论与马克思的资本批判》，《马克思主义研究》2012 年第 4 期。

《资本论》对共产主义合理性论证的新阶段、新成果。

马克思对《哥达纲领批判》在所谓分配问题上大做文章、鼓吹"不折不扣的劳动所得"进行了批判。他说："消费资料的任何一种分配，都不过是生产条件本身分配的结果；而生产条件的分配，则表现生产方式本身的性质。例如，资本主义生产方式的基础是：生产的物质条件以资本和地产的形式掌握在非劳动者手中，而人民大众所有的只是生产的人身条件，即劳动力。既然生产的要素是这样分配的，那么自然就产生现在这样的消费资料的分配。如果生产的物质条件是劳动者自己的集体财产，那么同样要产生一种和现在不同的消费资料的分配。庸俗的社会主义仿效资产阶级经济学家（一部分民主派又仿效庸俗社会主义）把分配看成并解释成一种不依赖于生产方式的东西，从而把社会主义描写为主要是围绕着分配兜圈子。"① 看到这里的论述，我们自然会想起《资本论》第三卷的第五十一章《分配关系和生产关系》。在那里，马克思阐述了下述观点：资本主义生产关系以及与之相适应的分配关系都具有历史的和暂时的性质。②

针对《哥达纲领批判》中"废除工资制度连同铁的工资规律"的说法，马克思以嘲讽的口吻说道："如果我废除了雇佣劳动，我当然也就废除了它的规律，不管这些规律是'铁的'还是海绵的。"③ 马克思《资本论》的研究成果表明：工资，是劳动力价值的隐蔽表现形式；当劳动力不是商品，或者说，在劳动不表现为雇佣劳动的地方，当然就没有所谓的"工资制度"和"铁的工资规律"。

对于上述"辩证地"理解社会历史的思维方式，在《资本论》第二版跋中，马克思说得很清楚："辩证法在对现存事物的肯定的理解中同时包含对现存事物的否定的理解，即对现存事物的必然灭亡的理解；辩证法对每一种既成的形式都是从不断的运动中，因而也是从它的暂时性方面去理解；辩证法不崇拜任何东西，按其本质来说，它是批判的和革命的。"④ 也就是说，对马克思而言，必然与合理都不是绝对的，而是一种"历史的"必然与"历史的"合理；"问题"存在的必然性，也只是一种历史的

---

① 《马克思恩格斯选集》第 3 卷，人民出版社 1995 年版，第 306 页。
② 马克思：《资本论》第 3 卷，人民出版社 2004 年版，第 993—1000 页。
③ 《马克思恩格斯选集》第 3 卷，人民出版社 1995 年版，第 310 页。
④ 马克思：《资本论》第 1 卷，人民出版社 2004 年版，第 22 页。

必然性，而非一种永恒。马克思在《资本论》中对商品、货币、资本都只是"社会形式"的定位，对"社会形式"的历史性的揭示，以更加严密和有效的方式论证了共产主义的未来构想的合理性。

三　现实通达理想之路：马克思设计的解决"问题"的方案

在《1844 年经济学哲学手稿》中，马克思就明确指出："社会从私有财产等等解放出来、从奴役制解放出来，是通过工人解放这种政治形式来表现的。"① "工人解放"不能靠对现有状况的"细小改革"而实现。马克思认为，那些"不是希望提高工资并以此来改善工人阶级的状况就是（像蒲鲁东那样）把工资的平等看作社会革命的目标"的"主张细小改革的人"犯了错误。② 因为，强制提高工资，无非是给奴隶以较多工资，而且既不会使工人也不会使劳动获得人的身份和尊严；甚至蒲鲁东所要求的工资平等，也只能使今天的工人对自己的劳动的关系变成一切人对劳动的关系。③

在《德意志意识形态》中，马克思、恩格斯写道："意识的一切形式和产物不是可以通过精神的批判来消灭的，不是可以通过把它们消融在'自我意识'中或化为'幽灵'、'怪影'、'怪想'等等来消灭的，而只有通过实际地推翻这一切唯心主义谬论所由产生的现实的社会关系，才能把它们消灭；历史的动力以及宗教、哲学和任何其他理论的动力是革命，而不是批判。"④ 也就是说，只有用"革命"推翻"现实的社会关系"，才能消灭"唯心主义谬论"。

在《共产党宣言》中，马克思、恩格斯把无产阶级视为资本主义的"掘墓人"⑤，而且还公开宣布：共产党人的目的只有用暴力推翻全部现存的社会制度才能达到。⑥ 当然，后来马克思、恩格斯并非认为革命暴力是变革资本主义社会的唯一方式。

在《1857—1858 年经济学手稿》中，针对蒲鲁东主义者在流通问题

---

① 马克思：《1844 年经济学哲学手稿》，人民出版社 2000 年版，第 62 页。
② 同上书，第 14 页。
③ 同上书，第 62 页。
④ 《马克思恩格斯选集》第 1 卷，人民出版社 1995 年版，第 92 页。
⑤ 同上书，第 284 页。
⑥ 同上书，第 307 页。

上的幼稚想法，马克思诘问道："是否能够通过改变流通工具——改变流通组织——而使现存的生产关系和与这些关系相适应的分配关系发生革命？进一步要问的是：如果不触动现存的生产关系和建立在这些关系上的社会关系，是否能够对流通进行这样的改造？"① 马克思认为这是根本不可能的，因为一定的生产决定一定的消费、分配、交换和这些不同要素相互间的一定关系。② 由此可见，马克思认为，在不触动现存生产关系的前提下，无论是提高工人工资水平、提倡工资平等，还是改变流通组织，都无法实现达至共产主义的理想境地，因为生产方式是整个社会存在和发展的基础——物质生活的生产方式制约着整个社会生活、政治生活和精神生活的过程。③

在《资本论》中马克思对宗教世界与现实世界的关系、宗教消灭的条件进行了如下的总结："宗教世界只是现实世界的反映。对于劳动产品普遍采取商品形式、因而生产者之间的最普遍的关系在于比较他们的产品的价值并在这种物的外壳下把他们的私人劳动作为等同的人类劳动加以比较的社会来说，崇拜抽象的人的基督教，特别是资产阶级发展阶段的基督教，如新教、自然神教等等，是最适当的宗教形式"；"只有当劳动条件和实际日常生活条件，在人们面前表现为人与人之间和人与自然之间极明白而合理的关系的时候，现实世界的宗教反映才会消失。物质生产和它所包含的关系是社会生活的基础，这种社会生活只有当它表现为自由结合、自觉活动并且控制自己的社会运动的人们的产物时，它才会把自己的神秘面纱揭掉"。④ 即便后来科学发现，劳动产品作为价值，只是生产它们时所耗费的人类劳动的物的表现；虽然这一发现在人类发展史上划了一个时代，但它决没有消除劳动的社会性质的物的外观。⑤ 价值是由劳动时间决定这一秘密的发现，消除了劳动产品的价值量纯粹是偶然决定的这种假象，但是决没有消除价值量的决定所采取的物的形式。⑥ 也就是说，消除作为"社会存在"的"拜物教现象"，不是仅凭人们的认识（即便是

---

① 《马克思恩格斯全集》第 30 卷，人民出版社 1995 年版，第 69 页。
② 同上书，第 40 页。
③ 《马克思恩格斯全集》第 31 卷，人民出版社 1998 年版，第 412 页。
④ 马克思：《资本论》第 1 卷（法文版中译本），中国社会科学出版社 1983 年版，第 59—60 页。
⑤ 马克思：《资本论》第 1 卷，人民出版社 2004 年版，第 91 页。
⑥ 同上书，第 93 页。

"科学的"认识)所能完成的事情；做到这一点，必须改变人与人之间、人与物之间的现存的物质关系。

由此可见，马克思所设计的解决"问题"的方案核心内容在于，通过无产阶级的革命行动，根本变革资本主义生产方式，消除作为"社会存在"的"拜物教现象"赖以存留的社会条件。只有拥有这样的理论自觉的社会主义学说，才是"科学的社会主义"。

(原载《理论探索》2012 年第 4 期，第二作者为刘召峰)

第十节　毛泽东对中国社会主义运动的伟大贡献

社会主义是实现共产主义的运动，需要几代人、十几代人的努力，每一代社会主义者都有自身的历史任务。我们以这样的思路，追寻毛泽东探索社会主义而走过的道路，缅怀他为中国的社会主义运动作出的历史贡献。

一

"中国人找到马克思主义，是经过俄国人介绍的。在十月革命以前，中国人不但不知道列宁、斯大林，也不知道马克思、恩格斯。十月革命一声炮响，给我们送来了马克思列宁主义。十月革命帮助了全世界的也帮助了中国的先进分子，用无产阶级的宇宙观作为观察国家命运的工具，重新考虑自己的问题。走俄国人的路——这就是结论。"[1] 毛泽东写于 1949 年新民主主义革命胜利前夕的这段话，真实地再现了毛泽东那一代中国的先进分子是怎样成为社会主义者的，也阐明了中国的社会主义运动是在那个时候诞生、起步的。所谓中国的先进分子"重新考虑自己的问题"而定下"走俄国人的路"，是一条什么路呢？就是马克思列宁主义指明的消灭剥削、消灭阶级、共同富裕的社会主义道路，就是探索在中国实现社会主义和共产主义的道路。以毛泽东为代表的"中国的先进分子"是中国的第一代社会主义者。

历史昭示，在中国的社会主义运动诞生和最初阶段，中国的社会主义

---

[1] 《毛泽东选集》第 4 卷，人民出版社 1991 年版，第 1470—1471 页。

者同时就是信仰马克思列宁主义的共产党人，这是中国社会主义者的优点，也是中国社会主义运动的特点。不同于欧美等资本主义国家的社会主义运动，那里的社会主义者先于共产党人产生，二者之间相隔一段或长或短的时期，造成那里的社会主义流派纷杂，深深地影响着社会主义运动的进程。毛泽东及其领导集体对中国乃至世界社会主义运动的历史贡献之一，是把"中国的先进分子"、把中国的社会主义者团结并吸收到中国共产党的队伍里，使中国的社会主义者和社会主义运动保持了团结和统一。

中国的第一代社会主义者也即中国的第一代共产党人，所以下定了"走俄国人的路"这样的信念，是因为俄国人走过的这条路即十月革命的道路，不仅是被实践证实的一条通向社会主义的成功之路，而且也是在马克思主义科学理论指引下的一条胜利之路，一条既有成功的实践，又有科学的理论汇合成的蕴含丰富历史经验的道路。中国第一代社会主义者即第一代共产党人对马克思主义的认识、理解和把握，是同对列宁主义的认识、理解和把握不可分割地联系在一起的，是在马克思列宁主义的思想理论指导下，通过走十月革命之路开始了中国人对社会主义的追求和探索。这是中国共产党人的一大特点和优点，也是中国社会主义运动的一大特点和优势。中国社会主义运动在它起步时，就摒弃了第二国际社会民主主义"选票里面出政权"的议会道路理念，坚持了"枪杆子里面出政权"的十月革命道路。在中国社会主义运动的发展中，任何将第二国际社会民主主义即资产阶级民主主义的理论思想和实践带进中国社会主义运动、带进中国共产党的企图，都遭到了以毛泽东为代表的社会主义者即共产党人的坚决抵制，保证了中国社会主义运动和中国共产党的马克思列宁主义的纯洁性和统一性。这是毛泽东对中国乃至世界社会主义运动的又一历史贡献。无疑，任何无视、割裂甚至否定列宁主义与马克思主义一脉相承的紧密关系，任何无视、贬低乃至否定创造了十月革命道路的列宁主义对中国社会主义运动和中国共产党的历史贡献及其伟大影响的观点，都是无视或否定中国革命的光辉历史道路和历史经验，是极其错误和有害的。

二

中国的社会主义运动起步时，中国人民正遭受帝国主义、封建主义的剥削和压迫，处于半殖民地半封建社会，这是以毛泽东为代表的中国第一代社会主义者即第一代共产党人身处的国内国际环境。反帝反封建的民族民主革命是中国社会主义运动开启阶段即第一阶段的历史任务，是那个历史阶段的共产党人必须要完成的历史任务，是他们不容回避和推卸的历史责任。他们对中国社会主义运动、对中国社会发展的贡献大小，他们在中国历史上的地位高低，是与他们能否正确地提出这一问题、回答这一问题、把这一问题解决到什么程度紧密联系在一起的。

俄国十月革命的历史经验和理论直接启发和教导了中国第一代社会主义者即第一代共产党人。毛泽东是其中最杰出的代表。他不仅正确地提出了问题，而且回答并谋划了中国社会主义运动在当时社会阶段的历史任务及其发展前途：中国革命是"两篇文章，上篇与下篇，只有上篇做好，下篇才能做好。坚决地领导民主革命，是争取社会主义胜利的条件。我们是为着社会主义而斗争，这是和任何革命的三民主义者不相同的。现在的努力是朝着将来的大目标的，失掉这个大目标，就不是共产党员了。然而放松今日的努力，也就不是共产党员。"① "民主主义革命是社会主义革命的必要准备，社会主义革命是民主主义革命的必然趋势。而一切共产主义者的最后目的，则是在于力争社会主义社会和共产主义社会的最后的完成。只有认清民主主义革命和社会主义革命的区别，同时又认清二者的联系，才能正确地领导中国革命。"② 有了毛泽东这样深厚的革命智慧和战略远见，中国第一代共产党人面对国民党的叛变和屠杀，不论是血腥的"四·一二"反革命政变，还是血腥的"皖南事变"，都没有混淆中国革命的历史阶段和历史任务，没有动摇中国革命前进的社会主义方向。以毛泽东为代表的共产党人，正确地理解和解决了无产阶级与资产阶级的关系、资产阶级革命与社会主义革命的关系。不仅正确地回答，而且完满地完成了资产阶级革命阶段反帝反封建的民族民主革命的任务，实现了中国社会主义运动第一阶段的任务，完成了他们的历史任务和历史责任。这是毛泽东对中国乃至世界社会主义运动作出的伟大历史贡献之一。毛泽东是中国社会主义运动起步阶段即新民主主义革命阶段的伟大开辟者和主要领导者、中国共产党的创始人和主要领导人，是他带领中国共产党和中国人民成功地进行了新民主主义革命，圆满地完成了资产阶级革命阶段的反帝反封建的民族民主革命任务。毛泽东在中国历史上的地位首先是由此确立

---

① 《毛泽东选集》第 1 卷，人民出版社 1991 年版，第 276 页。
② 《毛泽东选集》第 2 卷，人民出版社 1991 年版，第 651—652 页。

的，他在中国社会主义运动史上的崇高历史地位也是由此确立的。

历史表明，民主主义者不一定能够成为社会主义者，而坚定的社会主义者可以同时是一位彻底的革命民主主义者。这便是恩格斯曾指出的，在资产阶级革命时代，"共产主义者根本不想同民主主义者进行无益的争论，相反，目前在党的一切实际问题上，他们自己都是以民主主义者的身分出现的……在民主主义还未实现以前，共产主义者和民主主义者就要并肩战斗，民主主义者的利益也就是共产主义者的利益"①。在中国社会主义运动的第一阶段即反帝反封建的民主革命阶段，是毛泽东带领中国共产党和中国人民，不仅成功地完成了资产阶级革命阶段的历史任务，而且成功地把资产阶级革命转变为社会主义革命，实现了资产阶级民主革命与社会主义革命的衔接，贯通了经资产阶级民主革命通往社会主义革命的道路。在这一连接和贯通两种革命的探索中，毛泽东是中国第一代社会主义者即第一代共产党人的杰出代表，他创立了导向社会主义的新民主主义革命理论。这一革命理论，不仅是中国的，也是世界的，成为世界被压迫民族和被压迫人民争取民族解放和社会解放的旗帜和向导。这是毛泽东对中国和世界社会主义运动的伟大历史贡献。毛泽东创立的新民主主义革命理论，是中国社会主义运动第一阶段即反帝反封建的新民主主义革命阶段及其通向社会主义道路的思想表现，要认识和理解中国社会主义道路的由来，就必须把握新民主主义的革命实践和革命理论，因而这一理论是中国社会主义理论体系中不可分割的组成部分。任何无视中国新民主主义革命道路同中国社会主义道路不可分割的联系、无视中国新民主主义革命理论与中国社会主义理论的紧密联系的观点，都是片面和有害的，都不可能正确认识和领导中国的社会主义运动。在毛泽东领导中国共产党和中国人民经过新民主主义革命而走上社会主义道路之后，任何倡导所谓"新民主主义社会"的主张，都是逆历史前进的潮流，都是错误的。

三

毛泽东领导中国共产党和中国人民圆满地完成了中国社会主义运动第一阶段即资产阶级民主革命阶段反帝反封建的历史任务，创立了新民主主义革命理论，在这一通向社会主义道路的探索中进行了无数的历史实践、

---

① 《马克思恩格斯选集》第 1 卷，人民出版社 1995 年版，第 205 页。

积累了丰富的历史经验，给予我们深刻的历史启迪。

　　毛泽东曾担任中国国民党的代理宣传部长，以毛泽东为代表的中国第一代社会主义者即第一代共产党人，坚定地学习和实践俄国人的资产阶级民主革命的理论和经验，实行革命的统一战线，坚决而广泛地联系和团结以孙中山为代表的国民党人，共同发动了从"五卅"反帝运动到打倒列强、打倒军阀的大革命运动。中国共产党人领导中国无产阶级积极参加并推动这一资产阶级民主革命运动走向高潮，从而也形成了中国社会主义运动的第一个高潮，它以城市无产阶级为主体和夺取城市的武装斗争为主要特点。在这一高潮中，毛泽东以他对马克思列宁主义的深刻理解，躬身实践国共合作的大革命运动，以清醒的思维、明晰的笔触写下了《湖南农民运动考察报告》。毛泽东率先认识到，中国的社会主义运动在中国无产阶级的领导下，应以占中国人口最大多数的贫苦劳动农民为主体、为革命的主要力量，从而为中国社会主义运动的转型做好了思想上、理论上的准备。在世界社会主义运动史上，19世纪有二三十年斗争经历的法国和德国的工人政党，未能对农村和农民作阶级分析，轻视农民，走一条只把农民当作选民来获取国家政权的道路。恩格斯认为，"他们没有找到接近农民的正确方法"[①]。列宁领导俄国布尔什维克历经一二十年的斗争，因自身力量单薄而联合以农民为主要力量的左派社会革命党人，共同夺取政权。毛泽东在中国社会主义运动起步的短短几年里，通过认真学习马克思列宁主义，深入农村考察，认识并把握了中国农民在中国革命中的地位和作用。《湖南农民运动考察报告》就是中国社会主义运动第一阶段即反帝反封建的资产阶级民主革命阶段具有里程碑意义的马克思主义中国化的理论成果和历史文献。历史昭示，在那个年代的中国，谁掌握了农民，谁就把握了中国革命及其未来。这标志着毛泽东在中国第一代共产党人中率先成熟了。中国社会主义运动在它的第一阶段即资产阶级民主革命阶段就走上了武装斗争的道路，这是中国社会主义运动不同于欧美等资本主义国家社会主义运动的一大特点和优点。毛泽东对中国社会主义运动的伟大功绩之一，就是坚持了这一优点，并将其发扬光大，结出了丰硕的历史成果。

　　尽管中国第一代社会主义者即第一代共产党人在1927年的大革命运动中失败了，但是他们得到了锻炼，获得了宝贵的经验。以毛泽东为代表

---

　　① 《马克思恩格斯选集》第4卷，人民出版社1995年版，第497页。

的共产党人，发动了秋收起义。他们认识到"中国革命斗争的胜利要靠中国同志了解中国情况"，响亮地提出"反对本本主义"的口号。① 他们深入农村，扎根农村，广泛地发动和团结农民，以农村为革命的主要战场，创建了中国共产党领导的以农民为主体的新型人民军队，开辟了农村革命根据地，开始独立探索中国通向社会主义的道路。正是在土地革命战争中，中国第一代社会主义者即第一代共产党人获得了占中国人口最大多数的农民的信任，建立起牢固的工农联盟，从而取得了中国资产阶级民主革命的领导权，为中国新型的资产阶级民主革命即新民主主义革命的彻底胜利奠定了坚实的基础。20 世纪 30 年代初，在江西农村革命根据地成立的以毛泽东为主席的中华苏维埃共和国，标志着以农民、农村为主体的中国社会主义运动的第二个高潮，中国的社会主义运动转型成功。中华苏维埃共和国存在的时间只有短短几年，但它却是未来新中国诞生的先声，是新中国破土而出的伟大预演。它如同夜空的闪电和雷鸣，在风雨如磐的黑暗中国，使深受帝国主义、封建主义压迫的中国人民，第一次看到了社会主义社会即将诞生的曙光。

正是在这次伟大的历史性转型中，毛泽东经过艰苦探索，找到了在中国如何建设一个坚强的马克思列宁主义政党的道路。形成于 1929 年的《关于纠正党内的错误思想》即"古田会议决议"第一部分，是毛泽东为解决在中国建设一个坚强的马克思列宁主义政党这一重大问题而锻造的一把金钥匙。毛泽东解决了马克思、列宁不曾解决的，在农村的社会环境和小农的世界里，如何把小农、小资产阶级教育和改造成无产阶级革命战士的难题："红军第四军的共产党内存在着各种非无产阶级的思想，这对于执行党的正确路线，妨碍极大。若不彻底纠正，则中国伟大革命斗争给予红军第四军的任务，是必然担负不起来的。四军党内种种不正确思想的来源，自然是由于党的组织基础的最大部分是由农民和其他小资产阶级出身的成分所构成的；但是党的领导机关对于这些不正确的思想缺乏一致的坚决的斗争，缺乏对党员作正确路线的教育，也是使这些不正确思想存在和发展的重要原因。大会根据中央九月来信的精神，指出四军党内各种非无产阶级思想的表现、来源及其纠正的方法，号召同志们起来彻底地加以肃

---

① 《毛泽东选集》第 1 卷，人民出版社 1991 年版，第 115、111 页。

清。"① 这其中，"党的组织基础的最大部分是由农民和其他小资产阶级出身的成分所构成的"这句话，是古田会议决议的"眼"，这句话的极端重要性在于：一方面，只有弄清楚了红军政治思想工作的主要对象是谁，以及这个对象有哪些问题，党的建设及其政治思想工作才能有的放矢；否则，将无从下手，连"门"也进不去；另一方面，在中国这样一个农民人口众多的国家，红军的政治思想工作、中国共产党建设的一个重大任务，就是把出身农民和小资产阶级的战士，改造和培养成具有共产主义世界观的无产阶级革命者。政治、政党都是阶级斗争的产物，属于阶级和阶级斗争的范畴。如果不是从无产阶级立场反对各种非无产阶级立场，特别是反对封建主义和资产阶级的思想，自觉而明确地思考和从事党的建设及其政治思想工作，那么同样连"门"也进不去。无疑，只有明确并解决了政治思想工作的对象及其问题，政治思想工作才能成为教育人、改造人的手段，才能成为实现党的各项任务的工具。《关于纠正党内的错误思想》讲明了红四军政治思想工作的对象、任务和目的，实际上也就是阐明了党的建设的基本问题，因而它的作用、影响和意义，超出了红四军的范围，而是成就了整个红军的党的建设，成就了中国共产党的建设，成就了作为中国社会主义运动第一历史阶段的新民主主义革命。

20 世纪 30 年代末，在陕北延安成立的陕甘宁边区政府及其领导的遍布长城内外、大江南北的抗日根据地，是土地革命战争时期建立的中华苏维埃共和国的延续与转型。毛泽东领导中国共产党创立"三三制"形式和特点的抗日民主统一战线的根据地政府，是未来新中国的政治雏形，形成了中国社会主义运动的第三个高潮。这次高潮与前两次相比，特点在于它的广泛性和延续性。所谓广泛性，是指与前两次高潮相比，社会主义运动的规模不再是区域性的而是全国和全民族的；所谓延续性，表现为运动兴起之后没有从高潮跌落下来，而是继续上升到一个更高的历史台阶，与后来的社会主义革命相衔接，直接进入中国社会主义运动第二个历史阶段即社会主义革命阶段。

在中国社会主义运动的第三次高潮里，毛泽东全面掌握了制胜中国社会主义运动第一阶段即新民主主义革命阶段的三个法宝："统一战线问题，武装斗争问题，党的建设问题，是我们党在中国革命中的三个基本问

---

① 《毛泽东选集》第 1 卷，人民出版社 1991 年版，第 85—86 页。

题。正确地理解了这三个问题及其相互关系，就等于正确地领导了全部中国革命……是中国共产党在中国革命中战胜敌人的三个法宝，三个主要的法宝"，"统一战线和武装斗争，是战胜敌人的两个基本武器。统一战线，是实行武装斗争的统一战线。而党的组织，则是掌握统一战线和武装斗争这两个武器以实行对敌冲锋陷阵的英勇战士"。① 毛泽东把"三大法宝"视为"中国共产党的伟大成绩，也是中国革命的伟大成绩"。② "三大法宝"是中国社会主义运动第一阶段最宝贵的历史经验和精神财富，是毛泽东在探索通往社会主义道路上作出的伟大历史贡献。

四

中国第一代社会主义者即第一代共产党人，在毛泽东领导下圆满地完成了中国社会主义运动第一阶段反帝反封建的资产阶级民主革命任务后，没有就此止步，而是继续前进，开拓了中国社会主义运动的第二阶段，探索在中国建设社会主义社会的道路。

那么，毛泽东是如何使中国新民主主义革命与社会主义革命衔接，从而打开了经新民主主义革命通往社会主义的道路呢？

抗日战争胜利前夕，毛泽东高瞻远瞩，代表中国共产党提出了建立"联合政府"的主张。但是，国民党政府拒绝中国共产党政治改革的主张。由此，毛泽东调整了新民主主义革命的任务，把早已是帝国主义和封建主义营垒的、一贯与人民为敌的官僚资本主义也确定为中国革命的对象，这样，新民主主义革命就是"无产阶级领导的，人民大众的，反对帝国主义、封建主义和官僚资本主义的革命"③，社会主义的革命因素凸显了出来。在中国共产党七届二中全会上，毛泽东明确提出新民主主义革命胜利的前途，就是"把中国建设成一个伟大的社会主义国家"④，从而彰显了新民主主义革命的历史使命。

以毛泽东为代表的中国第一代社会主义者即第一代共产党人，是在什么情况下开始在中国建设社会主义的，历史要求他们首先解决的问题是什么？

---

① 《毛泽东选集》第 2 卷，人民出版社 1991 年版，第 605—606、613 页。
② 同上书，第 606 页。
③ 《毛泽东选集》第 4 卷，人民出版社 1991 年版，第 1316—1317 页。
④ 同上书，第 1437 页。

1949 年 6 月底，在新中国即将诞生之际，毛泽东发表《论人民民主专政》，向中国和世界阐明了中国革命的历史经验和政治主张："党的二十八年是一个长时期，我们仅仅做了一件事，这就是取得了革命战争的基本胜利。"① 这段话明确地提醒并严肃地告诫中国第一代社会主义者即第一代共产党人，28 年的革命仅仅是在战场上打败了拿枪的敌人，革命战争和战场之外的中国革命的一系列事情还没有做呢！从这时开始，中国的社会主义者即中国共产党人的首要任务就是要把在革命战争中取得的胜利，推广到中国的政治、经济、外交、文化、思想等社会生活的各个领域、各个方面。不理解毛泽东这段话的精神，就不可能理解为什么新中国成立后毛泽东领导全党和全国人民开展了一系列群众性运动，从而深深地触及了中国社会的各个阶层、社会生活的各个领域和各个方面，并引起了中国社会的深刻变化。

抗美援朝运动、土地改革运动、民主改革运动、镇压反革命运动、"三反""五反"运动，以及在文化思想领域里开展批判资产阶级学术思想、全民识字运动，等等，席卷了从经济基础到上层建筑的各个领域，触及了社会生活的各个方面，以摧枯拉朽之势荡涤着旧中国留下的污泥浊水。其总纲和总目标，便是 1949 年 3 月中国共产党七届二中全会所确定的："在革命胜利以后，迅速地恢复和发展生产，对付国外的帝国主义，使中国稳步地由农业国转变为工业国，把中国建设成一个伟大的社会主义国家。"② 新中国成立后，一些轰轰烈烈又紧密衔接的群众性、全民性政治运动，尽管存在一定失误，但总体上构成了一条新民主主义革命与社会主义革命环环相扣的链条，既是新民主主义革命的深入和继续，又是社会主义革命和社会主义建设的开始和展开，两个革命即中国革命的"上篇"和"下篇"就这样衔接了、融合了、贯通了，并为 1955 年至 1956 年的社会主义改造创造了条件，铺平了道路，直接促成了对农业、手工业和资本主义工商业的社会主义改造的到来和成功。这是毛泽东对中国乃至世界社会主义运动的又一伟大贡献。社会主义改造运动的成功，是中国社会主义运动第二阶段即社会主义阶段的第一个高潮，由此又带动了 1958 年中国社会主义经济建设的高潮。社会主义阶段第一个高潮的特点是它的全民性

---

① 《毛泽东选集》第 4 卷，人民出版社 1991 年版，第 1480 页。
② 同上书，第 1437 页。

和社会性，它席卷了全国城乡各地，全国各族人民豪情壮志、意气风发地参加社会主义革命和社会主义建设，努力成为社会主义一代新人。

总的说来，毛泽东在中国社会主义运动第二阶段即社会主义阶段，为中国乃至世界社会主义运动作出的主要贡献有：一是把半殖民地半封建社会与社会主义社会两种对立的社会形态打通了，在中国找到了从半殖民地半封建社会通往社会主义社会的道路和方法；二是用和平的方法成功地进行了社会主义革命；三是用和平的方法成功地进行了生产资料的社会主义改造，在中国历史上第一次建立了以公有制为主体的社会主义经济基础和经济结构；四是创建了具有中国特点的人民代表大会制度、中国共产党领导的多党合作和政治协商制度、民族区域自治制度以及基层群众自治制度等社会主义的国家上层建筑和政治制度；五是在中国大陆实现了中华民族文化的历史性转型，在中国人民中培养出了具有共产主义精神和道德的社会主义一代新人。

就世界社会主义运动来说，毛泽东作出的历史贡献更具有根本性和历史性影响。在毛泽东时代，中国消灭了剥削和压迫，遭受帝国主义长期欺压的中国人民站立起来了，劳动人民第一次当家作主，成为国家和社会的主人，中国人民开始走上低水准的共同富裕的道路，绝大多数中国人逐渐成为社会主义的一代新人。由此，中国成为世界公认的社会主义国家。

邓小平开辟的中国特色社会主义道路，是对毛泽东时代中国社会主义建设艰辛探索的重大发展。当前，中国共产党和中国人民在新一届中央领导集体的带领下，正沿着中国特色社会主义道路大踏步前进，为实现社会主义中国梦而共同奋斗！这是对毛泽东和邓小平等老一辈革命家的最好纪念！

（原载《毛泽东邓小平理论研究》2014 年第 3 期）

第二章　中国特色社会主义理论研究

第一节　要高度重视邓小平关于两个"三个有利于"重要思想

通过对邓小平理论的系统深入研究，发现邓小平有两个"三个有利于"重要思想，过去未被发掘和广泛重视。其一，邓小平提出："判断的标准，应该主要看是否有利于发展社会主义社会的生产力，是否有利于增强社会主义国家的综合国力，是否有利于提高人民的生活水平。"[①] 这是判断社会主义改革开放成效的"三个有利于"（以下简称"改革开放成效的三个有利于"）。其二，邓小平提出："总的目的是要有利于巩固社会主义制度，有利于巩固党的领导，有利于在党的领导和社会主义制度下发展生产力。"[②] 这是我国社会主义改革开放目的的"三个有利于"（以下简称"改革开放目的的三个有利于"）。本文旨在依据马克思主义的世界观和方法论，结合我国改革开放发展的实践历程，分析两个"三个有利于"重要思想的形成过程、提出背景、具体内涵、二者关系。当前，全面理解和贯彻两个"三个有利于"重要思想具有重要的理论和现实意义。

一　两个"三个有利于"重要思想的提出

自 1978 年实行改革开放政策以来，邓小平多次强调发展生产力、提高人民的生活水平、坚持社会主义制度的重要意义。针对改革中的种种疑惑和争论，邓小平多次以讲话的形式表达了自己的看法，分别提出了"改革开放目的的三个有利于"和"改革开放成效的三个有利于"重要

---

① 《邓小平文选》第 3 卷，人民出版社 1993 年版，第 372 页。
② 同上书，第 241 页。

思想。

1978 年 10 月 10 日，邓小平会见德意志联邦共和国新闻代表团，在谈到实行改革开放政策和学习世界先进科学技术时，首次提出改革开放是为了发展生产力，有利于我们的社会主义国家和社会主义制度。他强调："我们引进先进技术，是为了发展生产力，提高人民生活水平，是有利于我们的社会主义国家和社会主义制度。"① 1980 年 4 月 21 日，邓小平谈到如何搞社会主义建设时指出："不管你搞什么，一定要有利于发展生产力。发展生产力要讲究经济效果。只有在发展生产力的基础上才能随之逐步增加人民的收入。"② 1980 年 8 月，邓小平在中共中央政治局扩大会议上发表了《党和国家领导制度的改革》的讲话，指出要充分发挥社会主义制度的优越性，应当努力实现三个方面的要求：经济上，迅速发展社会生产力，逐步改善人民的物质文化生活；政治上，充分发扬人民民主；组织上，大量培养社会主义现代化建设人才。党和国家的各种制度究竟好不好，完善不完善，必须用是否有利于实现这三条来检验。③ 1985 年 6 月 29 日，邓小平会见阿尔及利亚民族解放阵线党代表团，在谈到经济特区与改革开放时指出："搞社会主义，中心任务是发展社会生产力。一切有利于发展社会生产力的方法，包括利用外资和引进先进技术，我们都采用。"④ 1987 年 6 月 12 日，邓小平会见南斯拉夫共产主义者联盟中央主席团委员科罗舍茨时指出："我们的改革要达到一个什么目的呢？总的目的是要有利于巩固社会主义制度，有利于巩固党的领导，有利于在党的领导和社会主义制度下发展生产力。"⑤ 这是邓小平首次明确提出我国"改革开放目的的三个有利于"标准。

1992 年，邓小平在武昌、深圳、珠海、上海等地的谈话中指出："改革开放迈不开步子，不敢闯，说来说去就是怕资本主义的东西多了，走了资本主义道路。要害是姓'资'还是姓'社'的问题。判断的标准，应该主要看是否有利于发展社会主义社会的生产力，是否有利于增强社会主

---

① 《邓小平文选》第 2 卷，人民出版社 1994 年版，第 133 页。
② 同上书，第 312 页。
③ 同上书，第 322 页。
④ 《邓小平文选》第 3 卷，人民出版社 1993 年版，第 130 页。
⑤ 同上书，第 241 页。

义国家的综合国力，是否有利于提高人民的生活水平。"① 这是邓小平首次明确提出判断我国"改革开放成效的三个有利于"。1992 年，七届全国人大第五次会议《政府工作报告》进一步明确提出："判断改革开放得失成败的标准，主要是看是否有利于发展社会主义社会的生产力，是否有利于增强社会主义国家的综合国力，是否有利于提高人民的生活水平。"1997 年，党的十五大报告进一步明确指出，在走向新世纪的新形势下，要增强和提高解放思想、实事求是的坚定性和自觉性，要求我们一切以是否有利于发展社会主义社会的生产力、有利于增强社会主义国家的综合国力、有利于提高人民的生活水平这"三个有利于"为根本判断标准，不断开拓我们事业的新局面。由此可见，社会上一直广泛误传的以为判断姓"资"姓"社"的标准就是判断改革开放得失成败和检验各项工作的标准，是不符合邓小平理论的原意和中央文件权威阐释的，与马克思主义关于生产力和生产关系的科学原理也是相悖的。

二 如何正确认识两个"三个有利于"重要思想

从提出的时间来看，"改革开放目的的三个有利于"早于"改革开放成效的三个有利于"。1987 年，邓小平提出社会主义"改革开放目的的三个有利于"，1992 年，提出社会主义"改革开放成效的三个有利于"。那么，两个"三个有利于"有什么区别和联系？如何理解两个"三个有利于"的基本内涵？

第一，两个"三个有利于"强调的侧重点不同。"改革开放目的的三个有利于"，即"有利于巩固社会主义制度，有利于巩固党的领导，有利于在党的领导和社会主义制度下发展生产力"，谈的是两个方面：一是巩固社会主义制度，巩固党的领导，"我们的改革不能离开社会主义道路，不能没有共产党的领导，这两点是相互联系的，是一个问题"②。二是发展生产力，强调在党的领导和社会主义制度下发展生产力。从文字表述上看，它更强调巩固社会主义制度，巩固党的领导。而"改革开放成效的三个有利于"，即是否有利于发展社会主义社会的生产力，是否有利于增强社会主义国家的综合国力，是否有利于提高人民的生活水平。谈的是两

---

① 《邓小平文选》第 3 卷，人民出版社 1993 年版，第 372 页。
② 同上书，第 242 页。

个方面：一是发展生产力，增强综合国力，提高人民生活水平，强调在发展生产力的基础上增强综合国力，提高人民生活水平。从文字表述上看，它更强调发展社会主义的生产力。二是在生产力和综合国力这两个词前面加了"社会主义"，因而强调的是社会主义性质和方向的"三个有利于"。

第二，两个"三个有利于"提出的具体背景不同。两个"三个有利于"，一个强调的是巩固社会主义制度和党的领导；一个强调的是发展社会主义的生产力和提高人民生活水平。这与两个"三个有利于"提出的具体背景是相关联的。

新中国成立后，在生产力相对落后的国家如何建设社会主义，国际上并没有现成经验，我们也没有十分清醒的认识。特别是在"文化大革命"中，由于受"左"的思想影响，我国经济的发展受到影响，加上人口增长太快，人均生活水平提高不快。在党的十一届三中全会前后，真理标准问题的大讨论使人们的思想观念从过去"左"的束缚中解放出来，但对于什么是社会主义、怎样建设社会主义，人们的认识仍然比较模糊。在社会上和党内一部分人中，仍然存在着思想僵化或半僵化状态，阻碍了党的十一届三中全会路线的贯彻。因此，改革开放之初，邓小平一再强调要解放思想、发展生产力、提高人民的生活水平，这既是巩固社会主义制度的需要，也是体现社会主义制度优越性的关键所在。

1978 年 3 月 18 日，邓小平在全国科学大会开幕式上的讲话中指出："在无产阶级专政的条件下，不搞现代化，科学技术水平不提高，社会生产力不发达，国家的实力得不到加强，人民的物质文化生活得不到改善，那末，我们的社会主义政治制度和经济制度就不能充分巩固，我们国家的安全就没有可靠的保障。"[1] 同时，在粉碎"四人帮"后，社会上少数人利用中国共产党发扬民主的机会和十年动乱给党和国家造成的困难，宣扬无政府主义和资产阶级自由化的主张，反对社会主义制度，反对共产党的领导，反对无产阶级专政的政权，反对毛泽东思想的指导地位，从右的方面歪曲和反对党的十一届三中全会的路线、方针、政策。针对这种情况，1979 年 3 月 30 日，邓小平在北京召开的理论工作务虚会上作了题为《坚持四项基本原则》的重要讲话，明确指出："第一，必须坚持社会主义道路；第二，必须坚持无产阶级专政；第三，必须坚持共产党的领导；第

---

① 《邓小平文选》第 2 卷，人民出版社 1994 年版，第 86 页。

四，必须坚持马列主义、毛泽东思想。"并强调，"这是实现四个现代化的根本前提"。①

在改革开放过程中，我国生产资料所有制形式、资源配置方式、分配方式等改革逐步推进，开始引进外资，允许私有制企业的生存和发展，市场与计划手段并用。经济领域的变革使人们的思想观念发生了变化，但对于改革中出现的新鲜事物，人们的思想观念并不一致，在改革过程中，一直存在"左"和右的干扰。邓小平在 1987 年 4 月指出："几十年的'左'的思想纠正过来不容易，我们主要是反'左'，'左'已经形成了一种习惯势力。现在中国反对改革的人不多，但在制定和实行具体政策的时候，总容易出现有一点留恋过去的情况，习惯的东西就起作用，就冒出来了。同时也有右的干扰，概括起来就是全盘西化，打着拥护开放、改革的旗帜，想把中国引导到搞资本主义。这种右的倾向不是真正拥护改革、开放政策，是要改变我们社会的性质。"②

尽管邓小平一再强调要发展社会主义社会的生产力，坚持社会主义道路，坚持四项基本原则，但面对不同的形势，其强调的重点也不一样。1987 年前后，社会上主张资产阶级自由化的思潮兴盛。1986 年 12 月中下旬，资产阶级自由化思潮一度泛滥，极少数别有用心的人进行反对共产党的领导、反对社会主义道路的煽动活动。正是在这一背景下，邓小平提出了"改革开放目的的三个有利于"，强调巩固社会主义制度和巩固党的领导，坚持在党的领导和社会主义制度下发展生产力。

随着我国改革开放的推进，非公有制经济日益增长，特别是 1989 年政治风波以后，人们的思想观念又趋于保守，把计划等同于社会主义、把市场等同于资本主义的姓"资"姓"社"的争论比较激烈。在这种情况下，邓小平在视察武昌、深圳、珠海、上海等地的谈话中，提出了"改革开放成效的三个有利于"。可见，"改革开放目的的三个有利于"主要是针对右的思想，"改革开放成效的三个有利于"主要是针对"左"的思想，因而它们强调的重点是不同的。两个"三个有利于"的先后提出，既反右，又反"左"，是有右反右和有"左"反"左"的实事求是精神的体现（这是邓小平关于反"左"反右的基本思想，而某一时期重点反

----

① 《邓小平文选》第 2 卷，人民出版社 1994 年版，第 164—165 页。
② 《邓小平文选》第 3 卷，人民出版社 1993 年版，第 228—229 页。

什么则视形势和情况而定），在消除人们对于走资本主义道路的忧虑，坚决回击资产阶级自由化思潮的同时，坚持了社会主义中国坚定不移实行改革开放道路的信心和决心。

第三，两个"三个有利于"内涵的一致性。两个"三个有利于"都强调坚持社会主义，都强调发展生产力这一社会主义的根本任务。

首先，它们都强调坚持社会主义。"改革开放目的的三个有利于"明确提出我国改革开放"总的目的是要有利于巩固社会主义制度，有利于巩固党的领导，有利于在党的领导和社会主义制度下发展生产力"。而"改革开放成效的三个有利于"，在"生产力"前面有定语"社会主义社会的"，在"综合国力"前面有定语"社会主义国家的"，同样强调了坚持社会主义。"我们的改革不能离开社会主义道路，不能没有共产党的领导，这两点是相互联系的，是一个问题。"① 两个"三个有利于"强调我们是在社会主义的前提和条件下谈论发展生产力的问题，而不是离开这个前提条件抽象地谈论发展生产力的问题；说明坚持以生产力为根本标准，决不是不要坚持社会主义制度和方向。

其次，它们都强调发展生产力这一社会主义的根本任务。马克思主义认为，生产力的发展是推动社会进步的决定力量。人类社会的发展，归根到底取决于生产力的发展和进步。社会主义优越性和本质的体现，首先要从能否又好又快地解放和发展生产力上表现出来。"改革目的的三个有利于"指出我国改革开放总的目的是要有利于在党的领导和社会主义制度下发展生产力，"改革开放成效的三个有利于"又指出改革开放应该主要看是否有利于发展社会主义社会的生产力，因而发展社会主义与发展生产力具有一致性。这是马克思主义及其中国化理论的基本原理。正因为如此，1984 年 6 月 30 日，邓小平在会见外宾时强调："马克思主义最注重发展生产力。""社会主义阶段的最根本任务就是发展生产力，社会主义的优越性归根到底要体现在它的生产力比资本主义发展得更快一些、更高一些，并且在发展生产力的基础上不断改善人民的物质文化生活。"1992 年，邓小平在南方谈话中进一步指出："社会主义的本质，是解放生产力，发展生产力，消灭剥削，消除两极分化，最终达到共同

---

① 《邓小平文选》第 3 卷，人民出版社 1993 年版，第 242 页。

富裕。"①

三　全面理解和贯彻两个"三个有利于"重要思想

2008 年，胡锦涛在纪念党的十一届三中全会召开 30 周年大会上的讲话中进一步强调："把人民拥护不拥护、赞成不赞成、高兴不高兴、答应不答应作为制定各项方针政策的出发点和落脚点，一切以是否有利于发展社会主义社会生产力、有利于增强社会主义国家综合国力、有利于提高人民生活水平这'三个有利于'为根本判断标准。"②

当前，全面理解和贯彻两个"三个有利于"重要思想，要求我们正确认识改革开放的目的，全面执行党在社会主义初级阶段的基本路线，把改革开放同四项基本原则统一起来，深入落实科学发展观。

第一，全面理解和贯彻两个"三个有利于"重要思想，要求我们正确认识我国改革开放的目的。

从两个"三个有利于"提出的基本逻辑来看，一以贯之的主要思想是坚持社会主义，通过发展生产力来巩固社会主义制度。与资本主义国家的改革目的不同，我国经济改革的目的既要促进生产力和人民群众生活水平的提高，又要巩固社会主义的各项制度，而不是巩固为资产阶级利益服务的资本主义制度。与资本主义国家发展生产力不同，我国发展生产力完全是为广大人民的利益服务的，要最大限度地提升人民的人均生活水平，并保障城乡各阶层和各地区生活水平的合理差距，而不是主要维护垄断资产阶级的利益。有些人主张，改革开放的目的是要以美国为代表的新自由主义制度或以瑞典为代表的民主社会主义为样板，走苏联和东欧"改向"的道路，逐步实行私有化，造就一个经济政治上控制国家的垄断资产阶级，这是极端错误的。

邓小平说得好："不坚持社会主义，不改革开放，不发展经济，不改善人民生活，只能是死路一条。"③ 邓小平的"四个不"思想与两个"三个有利于"思想是一致的。如果只说改革开放，而撇开坚持社会主义等原则，那就具有片面性和迷惑性，因为"某些人所谓的改革，应该换个

---

① 《邓小平文选》第 3 卷，人民出版社 1993 年版，第 373 页。

② 胡锦涛：《在纪念党的十一届三中全会召开 30 周年大会上的讲话》（http：//news. xinhuanet. com/newscenter/2008 – 12/18/content_ 10524481_ 3. htm）。

③ 《邓小平文选》第 3 卷，人民出版社 1993 年版，第 370 页。

名字，叫作自由化，即资本主义化"①。

第二，全面理解和贯彻两个"三个有利于"重要思想，要求我们始终坚持党的基本路线。

党在社会主义初级阶段的基本路线，概括起来就是"以经济建设为中心，坚持四项基本原则，坚持改革开放"。要真正贯彻好两个"三个有利于"，客观上就要把改革开放同四项基本原则统一起来。邓小平一再强调改革开放中坚持社会主义制度的重要性，从理论上论证了"改革开放"和"社会主义"的关系。他指出："我们现在讲的对内搞活经济、对外开放是在坚持社会主义原则下开展的。社会主义有两个非常重要的方面：一是以公有制为主体，二是不搞两极分化。"②"我们实行改革开放，这是怎样搞社会主义的问题。作为制度来说，没有社会主义这个前提，改革开放就会走向资本主义，比如说两极分化。"③"过去行之有效的东西，我们必须坚持，特别是根本制度，社会主义制度，社会主义公有制，那是不能动摇的。我们不允许产生一个新的资产阶级。"④ 邓小平明确指出，判断姓"资"姓"社"的标准在于公有制是否占主体。正如他所说的："特区姓'社'不姓'资'。从深圳的情况看，公有制是主体，外商投资只占四分之一。"⑤

两个"三个有利于"强调改革开放的目的是巩固社会主义制度，与四项基本原则的基本要求是一致的。以经济建设为中心，就是突出发展生产力这一社会主义根本任务，因为如果我国生产力和人民群众生活水平的发展和提高速度不能超过资本主义国家，那就体现不出社会主义的优越性。坚持四项基本原则是改革开放的政治前提和政治保证。邓小平指出："要搞现代化建设使中国兴旺发达起来，第一，必须实行改革、开放政策；第二，必须坚持四项基本原则，主要是坚持党的领导，坚持社会主义道路，反对资产阶级自由化，反对走资本主义道路。"⑥"四项基本原则的核心，就是社会主义制度和党的领导，这是我们立国和团结全国人民奋斗

①《邓小平文选》第 3 卷，人民出版社 1993 年版，第 297 页。

② 同上书，第 138 页。

③ 中共中央文献研究室：《邓小平年谱（1975—1997）》（下），中央文献出版社 2004 年版，第 1317 页。

④《邓小平文选》第 2 卷，人民出版社 1994 年版，第 133 页。

⑤《邓小平文选》第 3 卷，人民出版社 1993 年版，第 372 页。

⑥ 同上书，第 248 页。

的根本。"① 可见，两个"三个有利于"强调巩固社会主义制度，巩固党的领导，与坚持四项基本原则不仅不矛盾，而且是完全统一的。

第三，全面理解和贯彻两个"三个有利于"重要思想，要求我们深入落实科学发展观。科学发展观第一要义是发展，核心是以人为本，基本要求是全面协调可持续，根本方法是统筹兼顾。两个"三个有利于"明确指出我国改革开放的目的是巩固党的领导和社会主义制度，发展生产力，增强综合国力，提高人民的生活水平。这些都包含着以人为本，全面、协调、可持续的发展观的基本精神。科学发展观，是对党的三代中央领导集体关于发展的重要思想的继承和发展，是同马克思主义、毛泽东思想、邓小平理论和"三个代表"重要思想既一脉相承又与时俱进的科学理论，是我国经济社会发展的重要指导方针，是发展中国特色社会主义必须坚持和贯彻的重大战略思想。全面理解和贯彻两个"三个有利于"，要求我们认真领会、创造性地落实科学发展观。

总之，不能把判断改革开放得失成败标准的"三个有利于"理解为判断姓"社"姓"资"的标准。应当把两个"三个有利于"统一起来，提高社会主义社会的生产力、综合国力、人民群众生活水平，加强制度体系和党的领导，把中国特色社会主义推向新阶段。

（原载《毛泽东邓小平理论研究》2012 年第 5 期，第二作者为刘志昌）

第二节　中国特色社会主义的内涵及其经济制度

一　高举中国特色社会主义伟大旗帜具有重大意义

中国特色社会主义是 2007 年 6 月 25 日胡锦涛总书记在中央党校发表重要讲话的主旨和关键词。关于中国特色社会主义，胡锦涛总书记在整个讲话中多处论述。具体来说：一是强调"中国特色社会主义，是当代中国发展进步的旗帜，是全党全国各族人民团结奋斗的旗帜"；二是强调"我们必须始终不渝地坚持以邓小平理论和'三个代表'重要思想为指导，深入贯彻落实科学发展观，毫不动摇地坚持和发展中国特色社会主

---

① 《邓小平文选》第 3 卷，人民出版社 1993 年版，第 44 页。

义"；三是强调"科学发展，社会和谐，是发展中国特色社会主义的基本要求"；四是强调"改革开放是发展中国特色社会主义的必由之路"；五是强调"要继续深化对中国特色社会主义的研究和探索，努力使中国特色社会主义道路越走越宽"；六是强调"要坚持把一个中心和两个基本点统一于发展中国特色社会主义的伟大实践，任何时候都绝不能动摇"。

胡锦涛总书记在讲话中开宗名义地强调"中国特色社会主义，是当代中国发展进步的旗帜，是全党全国各族人民团结奋斗的旗帜"，具有重大的理论意义和现实意义。走中国特色社会主义道路，鲜明地回答了当代中国走什么路、举什么旗的根本问题，鲜明地指出了坚持和发展中国特色社会主义对于加快推进我国社会主义现代化的极端重要性，鲜明地表达了我们党团结带领全国各族人民坚持中国特色社会主义的坚定信念。中国特色社会主义道路，是我们党在长期社会主义建设实践中，历经艰辛探索而逐步开辟出来的，是一条实现中国繁荣富强和中国人民幸福安康的正确道路。中国特色社会主义共同理想，是全党全国各族人民共同奋斗的理想信念。实践充分证明，只有社会主义才能救中国，只有中国特色社会主义而没有别的什么主义才能发展中国、富强中国。在前进的道路上，无论遇到什么复杂局面，无论遇到什么风险考验，我们都必须毫不动摇地坚持和发展中国特色社会主义。

中国特色社会主义开创了社会主义发展的崭新道路，实现了中国社会主义发展的历史性飞跃，是科学社会主义与中国国情相结合的产物，是马克思主义中国化的科学成果。马克思主义在中国发展的生动实践表明，马克思主义基本原理同中国具体实际和时代特征紧密结合，就必定产生推动历史前进的巨大力量，中国的建设和发展就必定取得巨大成就。改革开放以来我们党带领人民开辟的中国特色社会主义道路之所以正确、之所以能够引领中国发展进步，关键就在于我们既坚持了科学社会主义的基本原则，又根据我国实际赋予其鲜明的中国特色。中国特色社会主义道路，是我国进一步实现民族振兴、国家富强、人民幸福、社会和谐的必由之路、成功之路、胜利之路，是历史的选择、人民的选择、时代的选择。

二　中国特色社会主义的内涵中国特色社会主义的实践在发展

我们要继续深化对中国特色社会主义的研究和探索，努力使中国特色社会主义道路越走越宽广。当前，我们理论工作者须积极响应总书记关于

"要继续深化对中国特色社会主义的研究和探索"的号召，科学阐明中国特色社会主义的内涵，并分清与民主社会主义等其他形形色色社会主义思潮的本质区别。这对于践行胡锦涛总书记在讲话中号召我们"坚定不移走中国特色社会主义伟大道路，为夺取全面建设小康社会新胜利而奋斗"，具有至关重要的理论和现实意义。作为理论工作者，具体来说应从以下几个方面来把握、探索、研究中国特色社会主义的性质和内在要求。

第一，从指导思想层面看，坚持马克思主义的指导地位。中国特色社会主义主张用马克思主义为灵魂的社会主义核心价值体系，引领各种社会思潮和社会主义实践。马克思主义作为科学的世界观和方法论，是社会主义运动的理论基础，应该在中国特色社会主义实践中占指导地位。以马克思主义为指导，就是要把马克思主义普遍原理与中国现阶段的实际结合起来，指导中国特色社会主义实践，研究新情况，总结新经验，解决新问题。马克思主义是一个开放的、随着科学和实践的发展而不断前进的科学体系，具有强大的持久生命力和科学的解释力。因此，在胡锦涛总书记的讲话中，强调"改革开放以来我们党带领人民开辟了中国特色社会主义道路，这条道路之所以正确，之所以能够引领中国发展进步，关键在于我们既坚持了科学社会主义的基本原则，又根据我国实际赋予其鲜明的中国特色"；"要推动全党深入学习马克思列宁主义、毛泽东思想、邓小平理论和'三个代表'重要思想，深入学习科学发展观"。

第二，从经济制度层面看，坚持生产资料公有制的主体地位。中国特色社会主义理论认为，社会主义与资本主义在基本经济制度上具有决定意义的差别就在于生产资料社会所有制结构（邓小平语），以质与量都占优势的生产资料公有制为主体、国有经济为主导，对于强国富民和建设社会主义具有举足轻重的作用，是共产党执政等上层建筑的社会主义经济基础（江泽民语）。尽管由于目前中国社会生产力不发达，还不能实现完全的生产资料公有制，但在发展各种私有制经济的同时必须坚持公有制的主体地位。只有坚持市场经济条件下公有制的主体地位，才能真正完善以按劳分配为主体的财富和收入分配制度，实现共同富裕和公平正义，才能真正落实以人为本的科学发展观，实现国民经济又好又快地良性发展。因此，在胡锦涛总书记的讲话中，强调"要坚持和完善公有制为主体，多种所有制经济共同发展的基本经济制度，毫不动摇地巩固和发展公有制经济，毫不动摇地鼓励、支持、引导非公有制经济发展，形成各种所有制经济平等竞争、相互促进新格局"。

第三，从政治制度层面看，坚持工人阶级政党的领导。中国特色社会主义坚持共产党的工人阶级先锋队性质和民主集中制原则，坚持共产党对社会主义事业的领导。在新的科学技术革命面前，工人阶级仍然是先进生产力发展要求的代表和先进生产关系的体现者，担负着推翻资本主义，建设社会主义、共产主义的历史使命。在多种社会阶层出现和并存的新格局下，共产党仍然必须保持工人阶级先锋队的性质，全心全意依靠工人阶级。现阶段实行共产党领导下的多党合作和政治协商制度，而民主集中制是共产党及其执政国家的根本组织原则和组织制度，是正确处理党内外各种关系的政治准则。因此，在胡锦涛总书记的讲话中，强调"我国政治体制改革必须坚持正确的政治方向，必须随着经济社会发展不断推进，努力与我国人民政治参与的积极性不断提高相适应。要坚持党的领导、人民当家作主、依法治国有机统一，不断推进社会主义政治制度自我完善和发展"。

第四，从对外关系层面看，坚持推动世界和谐发展。中国特色社会主义在对外关系理论和政策上都真正主张平等互利，和平合作，切实推动世界和谐发展。中国在政治、军事、经济和文化等各个对外领域，永远不称霸，强调国家不分大小强弱，一律平等。要超越意识形态和社会制度不同，来处理国家间的多种关系和全球问题。在全球化大趋势中，各国之间政治上要友好协商而不单边强权，军事上要限于自防而不先发制人，经济上要合作互利而不以邻为壑，文化上要交流互学而不损人利己。具有中国特色的社会主义中国以经济建设为中心，自然要通过经济开放积极参与经济全球化，为强国富民和全世界作出应有的贡献。因此，在胡锦涛总书记的讲话中，强调"我们必须科学分析我国全面参与经济全球化的新机遇新挑战"，"要全面提高开放型经济水平，形成经济全球化条件下参与国际经济合作和竞争新优势"。

第五，从终极目标层面看，坚持社会主义本质和共产主义奋斗目标。中国特色社会主义坚持解放生产力、发展生产力，消灭剥削，消除两极分化，实现共同富裕的社会主义本质和原则，并最终要在生产力极大发展的社会主义基础上，实现共产主义。这是一个漫长的历史演变过程和制度创新历程。因此，在胡锦涛总书记的讲话中，强调"提高想问题、办事情绝不可脱离实际的自觉性，清醒而又顽强地为实现党的历史使命而扎实奋斗、坚持不懈"。

三　不断巩固和完善社会主义和谐社会的经济制度

胡锦涛总书记在讲话中指出："贯彻落实科学发展观，要求我们始终坚持'一个中心、两个基本点'的基本路线，积极构建社会主义和谐社会"。当前，就奠定和谐社会的经济基础来说，迫切需要构建社会主义的"四主型经济制度"。

第一，公有主体型的多种类产权制度，即在公有制为主体的前提下（包含资产在质上和量上的优势），发展中外私有制经济。"社会主义"不能当成一句空话，邓小平指出社会主义有两条根本原则：一条是公有制为主体，多种经济共同发展；另一条是共同富裕，不搞两极分化。一些舆论在描绘"市场化改革"道路的时候，有意把这两条去掉。特别是最根本的涉及社会主义基本经济制度即所有制的一条："公有制为主体"，故意根本不提，倒是民营经济和民有经济（即私有经济）已经成为"国民经济的基础"或"主体"的字样，越来越见之于某些媒体。私营经济是要在公有制经济为主体的前提下与公有制共同发展的，但中央没有"民营为主体"一说。

《江泽民文选》第三卷《巩固和加强社会主义的经济基础》一文更是明确强调："没有国有经济为核心的公有制经济，就没有社会主义的经济基础，也就没有我们共产党执政以及整个社会主义上层建筑的经济基础和强大物质手段。这一点，各级领导干部特别是高级干部必须有清醒的深刻的认识……所谓比重减少一些，也应该有个限度、有个前提，就是不能影响公有制的主体地位和国有经济的主导地位……影响当地经济社会发展的大中型企业，省区市也必须掌握一批。"根据最新统计资料，我国非公经济的比重已超过50%，国有经济的控制力减弱。

国内外学界普遍认为，"公有主体型的多种类产权制度"应当表现在资本结构、就业结构、GDP 结构、税收结构、外贸结构等多方面。我国应当在多种所有制共同的动态发展中保持这一"主体—辅体"的宏观所有制结构，而非简单地控制私有制的上升。但如果私有经济占的比例过高，必然引起就业等一连串经济事务和由此派生的社会不和谐。这就是为什么20 世纪90 年代以来苏东是倒退的十年，拉美是失去的十年，日本是爬行的十年，美欧是缓升的十年，被联合国认定的 49 个最不发达的国家

（亦称第四世界），也没有通过私有化等新自由主义途径富强起来，有的反而更加贫穷。斯蒂格利茨也认为，正是"私有产权神话"等新自由主义理论和政策，导致了苏东国家和拉美国家等的经济不和谐与各种危机。因此，包括中国在内的全球经济，迫切需要在反思和超越新自由主义的保守经济理念中振兴或健康发展。这也是坚持我国社会主义市场经济方向改革的需要。

第二，劳动主体型的多要素分配制度，即按劳分配为主体，多要素所有者可凭产权参与分配，经济公平与经济效率呈现交互同向和并重关系。市场经济虽然在资源配置上有重要的作用，特别是在竞争性的资源配置上有很大的优越性，但市场经济在宏观经济综合平衡上，在竞争垄断的关系上，在资源和环境保护上，在社会分配公平上，以及在其他方面，也有很多的缺陷和不足。

目前，我国收入的基尼系数所表示的差距已经较大，甚至比一些资本主义国家还要大，但更令人担忧的应是社会财产占有上的贫富分化。近年为何财富和收入的贫富差距在一片反对和控制中反而扩大了，那是因为很多人不懂得包括许多公有资产采取的廉价送卖等所有制措施必然决定分配走势。现在，中央强调"注重社会公平和正义"，是有针对性的，应采取产权和分配上的双重措施，才能真正做到"提低、扩中、调高、打非"的分配和谐。

第三，国家主导型的多结构市场制度，即多结构地发展市场体系，发挥市场的基础性配置资源的作用，同时，在廉洁、廉价、民主和高效的基础上发挥国家调节的主导型作用。科学倡导"市场取向的改革"与随意滥用"市场化改革"是不同的。中国的社会主义自我完善的改革，以建立社会主义市场经济体制为目标的改革，绝对不是简单的"市场化改革"。中央文件从未说过我国要实行"市场化改革"，相反，文件中讲到改革开放，总是同坚持四项基本原则联系起来；在"市场经济"前面，总是加上"社会主义"的前置词；而且"社会主义"一词的内容，总是强调"公有制为主体"。有的论著有时讲"市场化改革"，那是简称而不是全意，否则会误导改革方向，给新自由主义者所利用。有人想把经济生活的一切交给市场去管，都"市场化"，把社会生活、文化生活、国家政治生活也都推向"市场化"，把计划排除在社会主义市场经济之外，排除在经济社会一切领域之外，把它视为禁区，加以摒弃，这是迷信市场的幼稚。总之，我们要尊重市场，但却不可迷信市场。我们也不要迷信计划，但也不能把计划这个同样是人类发明的调节手段弃而不用。

在对待宏观调控与市场关系这个问题上，我赞成著名经济学家刘国光教授的意见。社会主义市场经济下的计划调节，主要不是指令性计划，而是指导性、战略性计划。"十一五计划"改叫"十一五规划"，但规划也是计划，是指导性、战略性的计划。除了政策导向的规定外，还要有必要的指标、项目和必须完成的指令性任务，如中长期规划中的巨大工程的规划，尖端科技突破的规划，环境治理规划，等等，短期计划里的反周期的投资计划，熨平周期的各种调控措施（很多财政税收金融货币等政策措施属此类）都必须带有指令性或约束性。所以，指令性计划也不能完全排除。现在计划工作中有把计划规划写成一本政策汇编的苗头，很少规定必须完成的和可以严格检查问责的指标和任务，很多东西可以执行可以不执行。这样的计划工作，有改进的必要。

现在，中央讲究改革的科学性和协调性，就是既要用市场调节的优良功能去抑制"国家调节失灵"，又要用国家调节的优良功能来纠正"市场调节失灵"，实现一种"基础—主导"功能性双重调节机制，这样，容易达到社会经济和谐。现实生活中，为何上访、闹事、犯罪和社会失衡的现象较为普遍，就是因为国家调节存在不到位，或不得当的情况。只要看看在近年所谓管理层收购活动中出现的严重问题，并引发各阶层公众的不满和不和谐，就可得知某些政府部门的调控是多么的滞后。没有人否定产权改革，但不可背离市场规律乱来。

第四，自立主导型的多方位开放制度，即处理好引进国外技术和资本同自力更生地发展自主知识产权和高效利用本国资本的关系，实行内需为主并与外需相结合的国内外经济交往关系，促进追求引进数量的粗放型开放模式向追求引进效益的质量型开发模式转变。应在结合比较优势与竞争优势的基础上，大力发展控股、控技（尤其是核心技术）和控牌（尤其是名牌）的"三控型"民族企业集团和民族跨国公司，突出培育和发挥知识产权优势，早日真正打造出中国的世界工厂而非世界加工厂，从而尽快完成从贸易大国向贸易强国和经济大国向经济强国的转型。那种只强调保护国内外知识产权，不强调创造自主知识产权的言行；那种只强调民族企业应被外国跨国公司并购和整合，主要寄希望于依赖式不断引进外资、外技和外牌的战略与策略；那种看不到跨国公司在华研发机构的正负双面效应而片面迎合强国推行"殖民地科技"的开放式爬行主义思维，都是不高明的科技发展"线路图"和开放理念，也不利于整个开放素质的提升和国内外经济的统筹与协调发展。

（原载《中国城市经济》2007 年第 10 期）

第三节　围绕推进中国特色社会主义，继续解放思想

我们纪念真理标准讨论 30 周年，继续解放思想，对于全面贯彻党的十七大精神，全面推进中国特色社会主义理论和实践，深入落实科学发展观，均具有重要的理论和现实意义。

一　真理标准讨论为改革开放提供了思想和舆论条件

30 年前的 1978 年 5 月 10 日，中央党校内部理论刊物《理论动态》发表了《实践是检验真理的唯一标准》一文。文章中的精辟论述，直接涉及"两个凡是"的要害，这就是本本主义、教条主义。5 月 11 日，《光明日报》以特约评论员名义公开发表该文。12 日，《人民日报》《解放军报》全文转载了这篇文章。后来，全国各大报刊陆续转载。文章发表后，立即引起了社会各界关于真理标准问题的讨论。邓小平对讨论给予了坚决支持。在 1978 年 6 月 2 日的全军政治工作会议上，邓小平指出："实事求是是毛泽东思想的出发点、根本点"，"打破精神枷锁，使我们的思想来个大解放"。6 月 6 日，《人民日报》《解放军报》在第一版全文发表了这一讲话，极大地支持了"真理标准"一文。6 月以后，党内和社会各界越来越多的人参与到这场大讨论中。根据统计，到 1978 年年底，省级以上报刊发表的真理标准讨论的文章有 650 篇之多。这一讨论，打破了一度盛行的个人崇拜的精神枷锁，冲破了"两个凡是"的禁锢，极大地解放了人们的思想，使许多人从过去种种"左"的教条束缚中解放出来，转而用实事求是的态度观察和思考问题。真理标准大讨论，不仅具有学术价值（至于从学理上应不应当加"唯一"两字，至今尚有争议），而且直接为党的思想路线的重新确立做了理论和舆论准备。

1978 年 12 月 13 日，在中央工作会议闭幕式上，邓小平做了题为《解放思想，实事求是，团结一致向前看》的重要讲话。他强调："解放

思想是当前的一个重大的政治问题",“不打破思想僵化,不大大解放干部和群众的思想,四个现代化就没有希望"。12 月 18 日,党的十一届三中全会重新确立了党的思想路线。全会坚决摒弃了"两个凡是"的错误方针,高度评价了关于真理标准问题的讨论,强调要解放思想,实事求是,一切从实际出发。这就恢复了党在延安整风时就确立的正确思想路线。邓小平就此有一段精辟发言:“一个党,一个国家,一个民族,如果一切从本本出发,思想僵化,迷信盛行,那它就不能前进,它的生机就停止了,就要亡党亡国。"

可见,批评"两个凡是"和真理标准问题讨论,成为我们党继延安整风之后又一次具有深远意义的思想解放运动。它使广大干部和群众从过去盛行的个人崇拜和教条主义的精神枷锁中摆脱出来,使我国逐步走出"文化大革命"十年动荡留下的困局,为改革开放提供了宝贵的思想基础。

二　30 年解放思想催生了两大创新

30 年后的今天,回顾和纪念真理标准问题的讨论,不难发现,真理标准问题讨论馈赠给我们最宝贵的精神财富就是解放思想。没有解放思想,就没有党的思想路线的重新确立;没有解放思想,就没有改革开放发展的伟大成就;没有解放思想,就没有中国特色社会主义的成功实践。正因为如此,胡锦涛总书记在十七大报告中明确指出:“解放思想是发展中国特色社会主义的一大法宝。"

从理论上说,解放思想主要是一种尊重客观实际而又不断创新的思想范式和精神状态。思想解放是一个同思想僵化和思想禁锢相对立的认识论范畴,它是指人的思维的活动方式处于解除禁锢与放开发展的自由自觉的创造状态,其思维的认识成果能够随着社会实践的推进过程而进行相应的创新发展,从而达到主观与客观相符合、认识与实践相统一的境界。

30 年来,科学解放思想催生了两大创新。首先,解放思想催生了理论创新。我们党坚持实事求是、解放思想、与时俱进和求真务实的思想路线,创造性地构筑了中国特色社会主义理论体系。在改革开放的新时期,使马克思主义与本国国情相结合、与时代发展同进步、与人民群众同命运,形成了邓小平理论、"三个代表"重要思想、科学发展观等重大理论创新成果,创造性地回答了什么是社会主义、怎样建设社会主义,为什么要建设党、怎样建设党，为什么发展和怎样发展的问题。可以说，解放思想的 30 年也就是理论创新的 30 年。其次，解放思想催生了体制创新。真理标准问题的讨论把人们从"两个凡是"的思想禁锢中解放出来，在思想解放的浪潮中，改革开放应运而生。通过解放思想，社会主义市场经济体制由理论变为现实，中国特色的社会主义所有制和分配体制在改革创新中不断完善；中国特色的民主政治体制在改革创新中不断健全；中国特色的先进文化体制在改革创新中不断前进；中国特色的和谐社会体制在改革创新中不断再造；党的建设的伟大工程在改革创新中得以不断推进，执政能力明显提高。简言之，社会主义制度和社会主义事业在改革开放的浪潮中孕育和迸发出蓬勃的生机和创新的活力，已经走出了一条有中国特色的社会主义康庄大道，"中国模式"和"北京共识"为世界瞩目。

三　继续解放思想须摆脱各种教条主义

30 年后的今天，解放思想作为认识实践和指导实践的思维范式和思想路线没有任何变化。但是，面对世情、国情和党情的新变化，解放思想被赋予了新的任务和使命。如果说，30 年前解放思想的主要任务是要冲破"两个凡是"的禁锢，把广大干部和群众从过去种种"左"的教条的束缚中解放出来。那么，今天的解放思想面临的挑战和任务则更加艰巨。今天的解放思想，不但承担着继续把人们从对马克思主义和传统社会主义的教条主义认识中解放出来的任务，更是要勇于担当把人们从对西方主流思想理论和政策的教条主义认识中解放出来的重任。"马教条"违背唯物辩证法的基本原则，消解马克思主义的特殊性和时代性，脱离当代世界形势和中国实际，总是陷入马克思主义经典作家的某些具体论断而不能自拔，从而成为发展的思想障碍。与此同时，"洋教条"的危害同样不可小觑。当代某些所谓"主流公共知识分子"和"主流经济学家"，总是把西方新自由主义和民主社会主义等思潮奉为普适性的放之四海而皆准的价值趋向、制度模式、政策楷模和最佳道路，宣扬"私有产权神话"和"市场原教旨主义"（诺贝尔经济学奖得主斯蒂格利茨语）、美国和瑞典基于私人垄断利益的畸形民主政治模式和文化模式等。这些"洋教条"的危害与"马教条"相比，有过之而无不及。因此，当代中国的解放思想，应当把人们继续从"马教条"、重点从"洋教条"和注意从新儒化（主张用儒学来儒化社会主义中国）的"古教条"等各种教条主义中解放出来。

四 继续解放思想的主题和须突破的方面

围绕建设中国特色社会主义和深入落实科学发展观，是当前继续解放思想的主题和方向。继续推进超越传统社会主义和当代资本主义制度模式的中国特色社会主义，并在邓小平理论和"三个代表"重要思想的基础上，提出和践行科学发展观，本身就是具有中国和世界意义的不断思想解放的产物和表现。科学发展观扬弃了西方工具理性主义的洋式发展观和中国唯国内生产总值的传统发展观，确立了与马克思主义的实践创造论、辩证发展论和自我批判精神相统一的发展观，是马克思主义及其中国化理论关于发展的新思维和新方针。

继续解放思想有广阔的空间，凡是不符合、不利于中国特色社会主义和深入落实科学发展观的一切观念、理论、体制、机制、政策和措施，都应当突破，逐步地消除和克服。就十七大报告强调的"四位一体"建设来说，具体内容可包括：在经济建设上，要重点突破公有制不能与市场经济高效结合的中外传统思维，以及唯 GDP 的传统经济发展方式和机制，继续完善社会主义性质的市场经济体制和根本转变经济发展方式；在政治建设上，要重点突破不能推进超越西方资本主义宪政的社会主义新型宪政的传统思维，继续完善党内民主与社会（人民）民主互动型的社会主义民主政治体制机制；在文化建设上，要重点突破偏离社会主义核心价值体系的各种貌新实旧的思维，继续完善社会主义先进文化发展的体制机制；在社会建设上，要重点突破公平与效率高低反向变动的替代思维，塑造公平与效率高低同向变动的互促思维及其政策，以此为基础继续完善以民生为轴心的社会主义和谐社会。

诚然，现阶段解放思想应该辩证地坚持几点不动摇。一是指导思想上，坚持多样化思潮中马克思主义及其中国化理论的指导地位。我们的解放思想是全面的，要真正贯彻我们党几代领导集体强调的"实事求是、解放思想、与时俱进、求真务实"的思想路线，就要反对和克服中外各种教条主义、古今各种本本主义、土洋各种经验主义。那种主张解放思想就要放弃或弱化马克思主义，或者只反"马教条""马本本"，而盲目崇拜"洋教条""洋本本""洋经验"，都是不全面的。二是经济制度上，坚持市场经济中生产资料公有制的主体地位。只要操作得法，公有制完全可以比私有制更适合市场经济，产生出更高的公平与更高的效率。那种主张私有化（民营化）的"新自由主义""民主社会主义""民本社会主义"，都是片面的。三是政治制度上，坚持民主政治改革中工人阶级政党的领导。以党的领导、人民当家作主、依法治国"三位一体"为标志，以人民代表大会制度、中国共产党领导的多党合作和政治协商制度、民族区域自治制度、基层群众自治制度"四层制度"为框架的中国式民主，属于人类历史上的新型民主政治模式或宪政模式（吴邦国委员长多次使用"宪政"一词）。那种主张"还权于民"的政治改革，是容易挑起党和政府同人民群众矛盾的不准确口号。四是对外关系上，坚持在多极化博弈中推动世界和谐发展。科学促进经济全球化、政治民主化、文化多样化、军事防御化，以顺应全球化过程中迫切需要全球民主治理的大趋势。那种主张霸权主义和跨国垄断有合理性的辩护性思维，是不正确的。五是终极目标上，坚持初级社会主义纲领和政策操作中牢记社会主义本质和共产主义奋斗目标。那种主张不要社会主义经济政治文化制度而虚化邓小平所说"消灭剥削"、"共同富裕"和共产主义等目标，是不合逻辑的。

总之，我们要直面新的中国社会现实，在中国特色社会主义理论体系和制度大框架中，以"世情为鉴、国情为据、党情为要、马学为体、西学为用、国学为根、综合创新"，有针对性地继续科学解放思想。

（原载《社会科学管理与评论》2008 年第 3 期）

第四节　科学发展观关于经济发展的基本思想

科学发展观作为中国特色社会主义理论体系的最新成果，是中国特色社会主义建设的重大战略思想。如果说科学发展观在中国特色社会主义理论体系中具有集大成的重要历史地位，那么这种集大成重要地位，主要表现在科学发展观的基本经济思想上，恰似马克思的经济学说在马克思主义体系中的地位。[①]

科学发展观的基本经济思想，主要有经济改革、经济开放和经济发展

---

① "马克思主义的主要内容即马克思的经济学说"，"使马克思的理论得到最深刻、最全面、最详尽的证明和运用的是他的经济学说"。《列宁专题文集·论马克思主义》，人民出版社 2010 年版，第 7、17 页。

三大方面。① 限于篇幅，本文仅就科学发展观关于经济发展的基本思想作一概括研究。

科学发展观关于经济发展的基本思想，强调经济发展要坚持以人为本，做到全面协调可持续地统筹兼顾发展。经济发展要以人为本，就是在经济发展中尊重人民的主体地位，发挥人民的首创精神，始终把实现好、维护好、发展好最广大人民群众的根本利益，作为出发点和落脚点，做到发展依靠人民，发展为了人民，发展成果由人民共享，走共同富裕道路。经济的全面协调可持续地统筹兼顾发展，主要表现在走新型工业化道路、建设社会主义新农村、促进新城镇化、加快转变经济发展方式和自主创新等几个方面。当然，这些方面的以人为本本质及其规律性发展过程，是一个不断充分地演绎和丰富科学发展观的经济发展思想的历史过程。

一　科学发展观关于新型工业化道路的基本思想

1. 党的十六大之前我们党对新型工业化道路的提出和丰富

我国的新型工业化道路，实质是科学发展观指导下走中国特色社会主义工业发展道路。其基本内涵，即"坚持以信息化带动工业化，以工业化促进信息化，走出一条科技含量高、经济效益好、资源消耗低、环境污染少、人力资源优势得到充分发挥的新型工业化路子"②。这条"新型工业化道路"是党的十六大首先精辟论述的。虽然我们党在十六大还没有提出科学发展观，但是这一论述乃是科学发展观的萌芽。党的十六届三中全会正式提出科学发展观，党的十七大又全面深刻地阐述了科学发展观，在这个过程中，对新型工业化道路的论述也不断完善和具体。

2003 年 7 月，党的十六届三中全会前夕，胡锦涛在全国防治"非典"工作会议上指出："在促进发展的进程中，我们不仅要关注经济指标，而且要关注人文指标、资源指标和环境指标；不仅要增加促进经济增长的投入，而且要增加促进社会发展的投入，增加保护资源和环境的投入。"③这既是对如何走新型工业化道路所作的进一步阐释，也是对科学发展观经

---

① 详见程恩富主编《科学发展观与中国经济改革开放》。该书作为新闻出版总署迎接党的十八大主题出版重点出版物和"十一五"国家重点图书，由上海财经大学出版社 2012 年出版。

② 《十六大报告辅导读本》，人民出版社 2002 年版，第 19 页。

③ 《科学发展观重要论述摘编》，中央文献出版社、党建读物出版社 2008 年版，第 32—33 页。

济发展基本思想的细化。2003 年 10 月，党的十六届三中全会在深化经济体制改革的指导思想和原则中，针对经济体制改革中分配关系尚未理顺、资源环境压力加大、忽视职工利益等不良现象，正式提出了科学发展观。自此，我们党对科学发展观的经济发展思想，尤其针对新型工业化道路问题，强调和贯彻落实得越来越坚决，内容越来越详尽。

2003 年 11 月，胡锦涛在中央经济工作会议上严肃指出："经济增长不能以浪费资源、破坏环境和牺牲子孙后代利益为代价。"① 2004 年 3 月，胡锦涛又在中央人口资源环境工作座谈会上发表讲话指出："要彻底改变以牺牲环境、破坏资源为代价的粗放型增长方式，不能以牺牲环境为代价去换取一时的经济增长，不能以眼前发展损害长远利益，不能用局部发展损害全局利益。"② 强调"树立和落实科学发展观，必须着力提高经济增长的质量和效益，努力实现速度和结构、质量、效益相统一，经济发展和人口、资源、环境相协调，不断保护和增强发展的可持续性。要充分运用我国的体制资源、人力资源、自然资源、资本资源、技术资源以及国外资源等方面的有利条件和有利因素，推动经济发展不断迈上新台阶。同时，发展又必须是可持续的，这样我们才能保证实现我国发展的长期奋斗目标"③。这就从经济发展方式转变的历史高度，对我国如何走好新型工业化道路，在体制、人力、科技等方面提出了新的要求。2004 年 9 月，就"做好当前党和国家的各项工作"④ 问题，胡锦涛进一步指出："如果不从根本上转变经济增长方式，能源资源将难以为继，生态环境将不堪重负。那样，我们不仅无法向人民交代，也无法向历史、向子孙后代交代。"⑤

2005 年 11 月，《中共中央关于制定国民经济和社会发展第十一个五年规划的建议》中明确指出："发展循环经济，是建设资源节约型、环境友好型社会和实现可持续发展的重要途径。坚持开发节约并重、节约优先，按照减量化、再利用、资源化的原则，大力推进节能节水节地节材，加强资源综合利用，完善再生资源回收利用体系，全面推行清洁生产，形成低

---

① 《科学发展观重要论述摘编》，中央文献出版社、党建读物出版社 2008 年版，第 34 页。
② 同上书，第 37 页。
③ 同上书，第 36 页。
④ 同上书，第 39 页。
⑤ 同上。

投入、低消耗、低排放和高效率的节约型增长方式。"① 2006 年 8 月，胡锦涛就"办好人民满意的教育"问题，从教育发展、人才培养角度，重申了十六大提出的新型工业化道路。2007 年 9 月，在亚太经合组织第十五次领导人非正式会议上，胡锦涛向国际社会表明："为了有效应对气候变化，中国将坚持科学发展观，贯彻节约资源和保护环境的基本国策。"②

2. 党的十七大对新型工业化道路内涵的完善和实施的部署

2007 年 10 月，党的十七大报告在全面阐述科学发展观的过程中，重申"要坚持走中国特色新型工业化道路"，对如何走新型工业化道路作出了进一步的部署，突出了科学发展观的以人为本、全面系统可持续发展的基本要求，这就使我国对新型工业化道路的探索成为科学发展观的实践形态。

党的十七大报告中"促进国民经济又好又快发展"这一节，对新型工业化道路关于科技含量高、经济效益好、资源消耗低、环境污染少、人力资源优势得到充分发挥的新型工业化路子的内涵，作出了更为具体的部署：

——对于"科技含量高"，在"提高自主创新能力，建设创新型国家"目标中，提出要"加快建立以企业为主体、市场为导向、产学研相结合的技术创新体系，引导和支持创新要素向企业集聚，促进科技成果向现实生产力转化。深化科技管理体制改革，优化科技资源配置，完善鼓励技术创新和科技成果产业化的法制保障……进一步营造鼓励创新的环境，努力造就世界一流科学家和科技领军人才，注重培养一线的创新人才，使全社会创新智慧竞相迸发、各方面创新人才大量涌现"③。

——对于"经济效益好"，提出要把"加快转变经济发展方式，推动产业结构升级"，作为"关系国民经济全局紧迫而重大的战略任务"确定下来。

——对于"资源消耗低、环境污染少"，强调"坚持节约资源和保护环境"是必须坚持的基本国策，指出这"关系人民群众切身利益和中华民族生存发展"，要求"必须把建设资源节约型、环境友好型社会放在工

---

① 《科学发展观重要论述摘编》，中央文献出版社、党建读物出版社 2008 年版，第 41 页。
② 同上书，第 43 页。
③ 《改革开放三十年重要文献选编》下，人民出版社 2008 年版，第 1723 页。

业化、现代化发展战略的突出位置，落到每个单位、每个家庭"。从而使新型工业化道路立足于"人民群众切身利益和中华民族生存发展"，把科学发展观关于经济发展的以人为本思想具体化、生活化了。

——关于"人力资源优势得到充分发挥"，提出要"加快推进以改善民生为重点的社会建设"，"优先发展教育，建设人力资源强国"，"实施扩大就业的发展战略，促进以创业带动就业"，等等。

这些把科学发展观以人为本的核心思想渗透到走好新型工业化道路各方面和全过程的论述和部署，既有战略高度，又有机制建构；既可具体操作，又"全面系统可持续"。

二　科学发展观关于社会主义新农村建设的基本思想

1. 社会主义新农村建设是科学发展观的应有之义和具体形态

社会主义新农村建设，既是科学发展观的应有之义、具体内容，又是全面贯彻落实科学发展观的载体或具体形态。我国社会主义新农村建设，首次在《中共中央关于制定国民经济和社会发展第十一个五年规划的建议》①（以下简称《建议》）中提出。《建议》第二部分，即"全面贯彻落实科学发展观"部分，在论述"必须促进城乡区域协调发展"时指出："全面建设小康社会的难点在农村和西部地区。要从社会主义现代化建设全局出发，统筹城乡区域发展。坚持把解决好'三农'问题作为全党工作的重中之重，实行工业反哺农业、城市支持农村，推进社会主义新农村建设，促进城镇化健康发展。"这里阐释了社会主义新农村建设的重要地位和指导方针。第一，提出它是关于全面建设小康社会和社会主义现代化的全局；第二、强调是"全党工作的重中之重"；第三、指导方针是"工业反哺农业、城市支持农村"。这一社会主义新农村建设在"必须促进城乡区域协调发展"中的地位和定位，就把科学发展观统筹城乡、区域发展的思想具体化了。

2. 社会主义新农村建设在科学发展观"五个统筹"中居首要地位以及其意义

无论党的十六届三中全会首次提出科学发展观，强调"五个统筹"，

---

① 《中共中央关于制定国民经济和社会发展第十一个五年规划的建议》，《求是》2005年第20期。

还是党的十七大报告对科学发展观内涵的重申和深化，一直都把建设社会主义新农村放在首要地位。由此，社会主义新农村建设思想，作为科学发展观基于国情的固有、本质内容，在一定程度上是我国农村建设实践经验的理论升华。反过来，社会主义新农村建设作为中国特色社会主义建设的重要部分，是实践化的科学发展观。社会主义新农村建设作为科学发展观的实践形态之一，构成五个"统筹兼顾"根本方法的首要内容，反映了我国经济社会发展从二元经济社会结构走向一元化这个必然趋势的客观要求。

3. 深刻把握社会主义新农村建设各种关系的根本方法：统筹兼顾

科学发展观的统筹兼顾根本方法，是深刻把握社会主义新农村建设各种关系的根本方法。其中，最为重要的是"统筹城乡发展"。或者说，统筹好城乡发展关系是建设好社会主义新农村的重要前提。因为倘若没有形成"工业反哺农业、城市支持农村"的格局，离开了城市的支持，仅仅靠农村的自我发展，是很难完成好社会主义新农村建设这个历史性伟大任务的。

但是，社会主义新农村建设涉及的内容绝非仅仅一个城乡关系可以完全概括，农村还有农村内在的一系列复杂经济关系并形成了自身的发展规律。如农村产业内部有农、林、牧、渔行业之间的关系及其相互协调发展规律，各产业内部各有其种或养与加工、营销、储藏、运输之间的关系及其协调发展规律，农村经济结构中工、商、建、运、服之间的关系及其协调发展规律，更有农村人口、劳动力以及农村科技人员与农村经济发展之间的关系及其协调发展规律，等等。这些城乡之间和农村内在复杂的经济关系以及其发展规律，都要在科学发展观的指导下，运用统筹兼顾这个根本方法，才可能全方位地深刻把握，并到位地正确处理好。

4. 科学发展观关于社会主义新农村建设的基本思想的各种具体形态

上述社会主义新农村建设中的复杂关系，决定了科学发展观关于社会主义新农村建设的基本思想有一系列具体表现形态，统筹城乡关系只是其中一种。

第一，社会主义新农村建设必须"统筹中央和地方关系"、"统筹区域发展"。全国新农村建设的政策、法规、发展总目标、总原则等宏观战略上必须一盘棋。例如社会主义新农村建设中，实行工业反哺农业、城市支持农村和"多予少取放活"的方针，"生产发展、生活宽裕、乡风文明、村容整洁、管理民主"的总要求，等等，不能各省、市、县等地各行其是，必须全国统一。其次，全国东、中、西地区、各省乃至各市区的社会主义新农村建设的起点、资源自然禀赋等差异大，各省或各市对本地社会主义新农村建设的支持力度差异大，这一基本的国情、省情、市情，决定了社会主义新农村建设"统筹区域发展"的重要性。

第二，社会主义新农村建设又好又快地持续推进，必须统筹"经济社会发展"。即正确处理好农村经济建设、政治建设、文化建设、社会建设和党的建设之间的关系，保障相互促进，避免相互掣肘；保障全面发展，避免顾此失彼；保障协调推进，避免"单兵突进"。这些关系处理的好坏，直接决定社会主义新农村建设的是否顺利和具有可持续性。

第三，社会主义新农村建设不仅必须统筹"人与自然和谐发展"，而且农村肩负着"人与自然和谐发展"的特别责任。"自然"主要在农村。在农村工业大发展、小城镇迅速崛起、城市化日益加快的今天，农村保护好自然生态环境，对于处理好"人与自然和谐发展"的关系不仅至关重要，而且越来越重要。

第四，社会主义新农村建设必须统筹"国内发展和对外开放"。现代化农业，尤其是建设现代化社会主义新农村，离不开对外经济关系的处理。就拿农产品而言，虽然目前我国农产品出口占我国出口总额的比例很小，但我国农村地域广大、人口众多，其总产值和总产量对于国际农产品的供需有不可小觑的影响，甚至在一定意义上具有举足轻重的作用。一旦中国 13 亿人的粮油不能自给，全球粮油价格必然猛涨。何况，我国农产品出口总额 2010 年已比 2001 年增长了 203.6%，进口总额已从 2001 年的 118 亿美元，增加到 2010 年的 719 亿美元。① 可以预见，随着我国农村的发展，对外经济关系的联系越来越密切是必然的。因而，统筹"国内发展和对外开放"，在社会主义新农村建设中不仅具有不可或缺的意义，而且越来越重要。

第五，社会主义新农村建设中上述各种复杂经济关系处理中的共性，是必须统筹处理好"个人利益和集体利益、局部利益和整体利益、当前利益和长远利益"的关系，这是"充分调动各方面积极性"，保障社会主

---

① 转引自马志刚《开放条件下我国农业发展历程与启示——访国务院发展研究中心研究员程国强》，《经济日报》2012 年 9 月 29 日。

义新农村建设具有不竭动力的根本所在。

第六，建设现代化社会主义新农村必须"既要总揽全局、统筹规划，又要抓住牵动全局的主要工作、事关群众利益的突出问题，着力推进、重点突破"①。

第七，社会主义新农村建设坚持"以人为本"，主要是坚持以农民为本。广大农民群众是社会主义新农村建设的主体。依靠广大农民群众，尊重广大农民的意愿、利益和首创精神，充分调动广大农民社会主义新农村建设的积极性，决定着社会主义新农村建设的成效。

三　科学发展观关于新城镇化的基本思想

1. 科学发展观关于新城镇化现状和目标的思想

城镇化程度体现经济社会发展水平。科学发展观关于我国新城镇化的现状、目标和历史地位的思想，用中央领导同志的话说就是："改革开放以来，我国城镇化稳步发展，2009 年城镇人口占总人口比重达到46.6%。但总的来看，我国城镇化水平与工业化水平相比，仍明显滞后，不仅远低于发达国家，而且也低于世界平均水平。据统计，发达国家城市化率一般已接近或高于 80%，人均收入与我国相近的马来西亚、菲律宾等周边国家，城市化率也在 60% 以上。城镇化发展水平偏低，制约着我国国内需求的扩大，影响着产业结构的升级，也是区域经济发展不协调的重要原因"；并提出："到 2030 年，城镇化率将达到 65% 左右，各类城镇将新增 3 亿多人口"。② 正确把握新城镇化的现状，加快城镇化的历史进程，关键是把科学发展观关于新城镇化的一系列基本思想落实到位。

2. 科学发展观关于新城镇化规律的思想

科学发展观视野下的新城镇化，是符合经济社会发展规律的城镇化。科学发展观意义上的新城镇化，是一个由经济社会尤其工业化水平及其发展速度所决定的自然历史过程，具体表现为大城市或特大城市都以自己为原点和龙头向外扩张，周边乡村人口持续不断地向城镇转移积聚，逐渐形

---

① 胡锦涛：《高举中国特色社会主义伟大旗帜为夺取全面建设小康社会新胜利而奋斗》，《求是》2007 年第 21 期。

② 李克强：《关于调整经济结构促进持续发展的几个问题》，《求是》2010 年第 11 期。

成日趋富裕繁华的城市群落和"经济圈"。对于农民来说，城镇化虽然表现为农民身份向市民身份的转换，但这种身份转换绝不是单纯"转户口"，而是工业化在使传统农业生产方式向现代社会化大生产转化中，由于原有生产、生活方式的转换而不得不进行的身份转换。无论国际还是国内，正常情况下，只有当城市群的发展滞后于经济社会发展时，才有"城镇化"的需求市场。那种不顾甚至脱离工业化水平的先城镇化，再工业化的过度追求"城镇化率"的现象，违背了城镇化的一般规律，无异于揠苗助长。城镇化的这些一般规律，也就是科学发展观要求的具有全面协调可持续性质的城镇化。除此之外，科学发展观关于新城镇化的基本思想，具体演化为我国城镇化的一系列新特征。

3. 科学发展观指导下的我国新城镇化特征

第一，新城镇化的以人为本性质。我国的城镇化新在既有城镇化的一般特征，又有中国特色。一般特征，即遵循城镇化的一般规律，符合经济社会发展的客观需求。中国特色，即坚持以人为本。我国的城镇化立足于推进人的全面发展，以满足人民生产、生活的现代化需求为根本目的和价值指向。

第二，新城镇化的科学发展性质。科学发展观的"第一要义"是发展。而发展的本质特征是科学发展，这要求我国的城镇化必须基于国情，符合中国经济社会特有的发展规律。那种脱离了我国经济社会发展水平的，一味地盲目照搬外国"城镇化率"的"成功经验"，主张向外国高城镇化率硬靠拢的现象，背离了科学发展观。

第三，新城镇化的"全面协调可持续"性质。即我国的城镇化必须做到"全面"——城镇功能不可残缺，城乡建设必须统筹兼顾。我国的城镇化目标不只是发展和建设城镇本身，还同时包括建设好城镇周围的社会主义新农村，繁荣好乡村经济，提高农业劳动者的生活水平，实现与新农村建设的协调并进；"协调"——城镇和乡村社区设施都要配套，统筹城乡的管理机制要健全，城乡共荣的功能"协调"；"可持续"——城镇和乡村规划、设计要"瞻前顾后"，既利于当代发展，又利于代际平等，给后人留有足够的发展空间和生态空间。

第四，新城镇化的"统筹兼顾"性质。我国新城镇化是按照科学发展观的"统筹兼顾"根本方法，"统筹兼顾"协调推进的。在这一过程中，首先要着重处理好城镇发展与新农村建设之间的相互促进关系；其次要处理好大中小城镇建设之间的相互适应关系；还要全面把握和处理好城镇化的规模、速度与经济社会发展水平之间的相应关系、经济社会发展与居民生活之间的关系、城镇化与土地资源高效利用之间的关系、产业结构调整与新城镇布局之间的关系，等等。

科学发展观关于新城镇化的基本思想十分丰富，要充分挖掘、认识，并切实用之于推进新城镇化。毋庸置疑，科学发展观指导下的中国特色社会主义新城镇化道路，将有效地加快我国二元经济社会结构向一元转化的历史进程，在缩小城乡差别、工农差别、脑体差别的历史进程中，发挥深远的历史作用。

四　科学发展观关于经济发展方式转变的基本思想

1. 科学发展观关于经济发展方式转变内涵和要求的权威观点

基于当下经济社会发展的国情、世情和党情，科学发展观关于经济发展方式转变的基本思想，集中表现在加快转变经济发展方式既是贯彻落实科学发展观的重要目标，又是战略举措，具有特定的历史内涵，肩负着重大历史使命，绝不仅仅是"中国的绿色大跃进"[①]。对此，胡锦涛强调指出："我们必须紧紧抓住机遇，承担起历史使命，把加快经济发展方式转变作为深入贯彻落实科学发展观的重要目标和战略举措，毫不动摇地加快经济发展方式转变，不断提高经济发展质量和效益，不断提高我国经济的国际竞争力和抗风险能力，使我国发展质量越来越高、发展空间越来越大、发展道路越走越宽。"并从加快经济发展方式转变是我国经济领域的一场深刻变革，关系改革开放和社会主义现代化建设全局的意义上，要求"全党全国必须增强主动性、紧迫感、责任感，深化认识，统一思想，加强规划引导，突出战略重点，明确主要任务，兼顾当前和长远，处理好速度和效益、局部和整体的关系，调动各方面积极性，推动经济发展方式转变不断取得扎扎实实

---

①　托马斯·弗里德曼认为："置身中国，我现在比任何时候更加确信，当历史学家回顾21世纪头十年的时候，他们会认为最重要的事件不是经济大衰退，而是中国的绿色大跃进。"转引自任仲平《决定现代化命运的重大抉择——论加快经济发展方式转变》，《人民日报》2010年3月1日。程言君、王鑫：《论加快转变经济发展方式的规律基础和历史使命》，《马克思主义研究》2011年第1期；杨圣明、李存煜、程言君：《决定中华民族复兴崛起的第二次战略抉择》，《管理学刊》2011年第4期。

的成效"①。

2. 科学发展观关于把握加快转变经济发展方式的基本思想

科学发展观关于把握加快转变经济发展方式的基本思想，具体主要表现在转变的形势、转变的方向调整和转变的内容及时间要求几个方面。在转变的形势认识上，可以概括为"三个判断"：一是国际金融危机冲击使2009 年成为新世纪以来我国经济社会发展最为困难的一年，我们必须把保持经济平稳较快发展作为经济工作的首要任务，保持经济平稳较快发展的总体态势；二是国际金融危机没有根本改变世界经济中长期发展趋势，我们必须坚持对外开放的基本国策，推动经济全球化朝着均衡、普惠、共赢方向发展，拓展我国发展的外部空间；三是把保持我国经济当前平稳较快发展和为长远发展营造良好条件有机结合起来，努力从国际国内两个方面为我国经济长远发展营造良好条件。在转变的方向调整上，可以概括为"三个转向"，即"经济增长由主要依靠投资、出口拉动向依靠消费、投资、出口协调拉动转变；由主要依靠第二产业带动向依靠第一、二、三产业协同带动转变；由主要依靠增加物质资源消耗向主要依靠科技进步、劳动者素质提高、管理创新转变"。在转变的内容和时间要求上，可以概括为"八个加快"，就是"加快经济结构调整，把调整经济结构作为转变经济发展方式的战略重点；加快推进产业结构调整，适应需求结构变化趋势；加快推进自主创新，紧紧抓住新一轮世界科技革命带来的战略机遇；加快推进农业发展方式转变，坚持走中国特色农业现代化道路，扎实推进社会主义新农村建设；加快推进生态文明建设，推动整个社会走上生产发展、生活富裕、生态良好的文明发展道路；加快推进经济社会协调发展；加快发展文化产业；加快推进对外经济发展方式转变"②。

3. 科学发展观关于加快转变经济发展方式的紧迫性和历史使命的基本思想

从我国经济发展方式的现实状况看，贯彻落实科学发展观上述基本思想具有非常大的紧迫性。目前，许多地方的经济发展方式由于背离了科学发展观而出现相当严重的不可持续性后果。一个突出表现，是 GDP 至上

---

① 《胡锦涛在省部级主要领导干部研讨班上的讲话》，《光明日报》2010 年 2 月 4 日；程言君、王鑫：《论加快转变经济发展方式的规律基础和历史使命》，《马克思主义研究》2011 年第1 期。

② 同上。

的集约式乃至粗放式高碳经济居主导地位，民生导向的生态文明低碳循环经济①在全国经济发展方式中占比甚微。这种状况不改变，不仅资源环境承载力将超极限，经济发展的根本动力（指劳动者的积极性）将降低，还有导致人天矛盾、劳资矛盾激化的可能，甚至导致新中国60多年的举世瞩目成就付之东流的严重后果。

　　从世界各国推进经济可持续发展态势和人类文明历史形态、经济发展方式和经济形态关系规律②看，具有同样的紧迫性。人类经济发展方式共有两次转变，即粗放式向集约式和集约式向循环式转变。第一次转变，即粗放式向集约式的转变，诞生了工业文明以物为本集约式经济发展方式，形成了高碳市场经济。虽然工业文明以物为本高碳市场经济曾一度带来人类发展的突飞猛进，但代价十分巨大。以物为本的金钱至上发展理念，人彻底异化为物的奴隶③，导致了人文社会环境和自然生态环境的严重恶化。全球性金融—经济危机再次表明：人类潜藏着或在蕴蓄着葬送已有文明的可能性。④ 因而，自《京都议定书》签订以来，世界各国对非循环式经济的指责越来越严厉，对实现经济发展方式由集约式向循环式转变越来越有紧迫感和共识性。

　　这里需要深思也值得深思的是，在人类经济发展方式由粗放式向集约

---

　　①　生态文明低碳循环经济是相对于工业文明高碳市场经济而言的经济形态，其历史本质指向人的异化复归和人的全面发展，其经济特征是资源循环利用并使废弃物排放最终趋零，其技术基础是资源循环利用技术的高度发展。程言君、王鑫：《论加快转变经济发展方式的规律基础和历史使命》，《马克思主义研究》2011年第1期。

　　②　人类文明历史形态指农业文明、工业文明、生态文明。文明历史形态沿着农业文明—工业文明—生态文明的轨道循序质变升华是一般规律。所谓人类文明历史形态、经济发展方式和经济形态关系规律，即三者相互适应的规律，即农业文明、工业文明和生态文明各有与之相应的经济发展方式和经济形态。这一规律用关系式表示，即农业文明—粗放式—低碳自然经济，工业文明—集约式—高碳市场经济，生态文明—循环式—低碳循环经济。程言君：《经济发展方式转变规律、动因和历史方位的文明形态视角研究》，《海派经济学》2008年第3期。

　　③　由奴隶社会和封建社会人是人的奴隶，到人是物的奴隶［"人已经不再是人的奴隶，而变成了物的奴隶"（《马克思恩格斯文集》第1卷，人民出版社2009年版，第94—95页）］，是资本主义生产资料私有垄断制度决定的必然。具体表现为雇佣工人异化为资本增值的奴隶，资本家异化为剩余价值规律的奴隶—人格化的资本。程言君：《深化改革加快建设中国特色社会主义的规律基础》，《海派经济学》2012年第3期。

　　④　"按现在的发展模式走下去，要不了多少年，全部地球资源就要为现阶段的人类文明所耗竭，从而导致整个社会生态系统的总崩溃。"根源在哪里？金钱至上。《关于21世纪生存的温哥华宣言》："利己主义是千万人与其同类之间及人类与自然之间缺乏和谐的首要原因。"陶伯华：《大飞跃》，黑龙江人民出版社2003年版，第550、574页。

式转变中，中国落伍的历史教训——沦落为半封建半殖民地国家，被西方列强肆意侵略了一个多世纪（1840—1949）。人类经济发展方式开始第二次转变，即集约式向循环式转变的当下，中国还能落伍吗？不仅不能再落伍，而且是加快发展的一次赶超西方发达国家的世纪性历史机遇。抓住这次历史性机遇最为重要的，就是实现我国经济发展方式实现由粗放式向循环式跨越转变。从其意义的重大深远看，可以定位为我国第二次跨越卡夫丁峡谷。也就是说，如果说第一次在社会制度上跨越资本主义跨越卡夫丁峡谷，确立了中华民族自立于世界民族之林的历史地位，那么这次跨越经济发展方式的卡夫丁峡谷，就应是全面超越西方发达国家战略举措。只有这样，我们才可能真正抓住这次经济发展方式转变的历史机遇，实现中华民族的复兴崛起。

在当下，深刻把握抓住这次经济发展方式转变的历史机遇，充分认识资本主义生产方式的集约式发展与高碳经济之间的内在联系，就是在贯彻落实科学发展观过程中运用科学发展观。以经济眼光洞察这次经济发展方式转变对全球可能带来的前所未有的重大经济变革；以政治眼光洞察这次经济发展方式转变"重构全球的经济政治版图"① 的重大意义；以立足人的发展的历史眼光洞察这次经济发展方式转变的人的异化—复归历史本质、金钱至上的物本发展理念向人本回归的深刻历史内涵；坚持并不断发展完善"公主私辅型"基本经济制度②，借鉴世界各国推进发展方式第二次转变的先进经验，赶超西方发达国家，走出一条中国特色社会主义的经济发展方式转变之路和生态文明建设之路。

五　科学发展观关于自主创新的基本思想

1. 科学发展观关于自主创新意义的基本思想

自主创新作为科学发展观关于我国经济实现又好又快发展的基本思想，基于当今国情、世情，意义重大。胡锦涛在党的十七大报告中说："科学发展观，是立足社会主义初级阶段的基本国情，总结我国发展实

---

① 任仲平：《决定现代化命运的重大抉择——论加快经济发展方式转变》，《人民日报》2010 年 3 月 1 日。

② 新中国基本经济制度的三种历史形态，即"公平初步型"、"公主私辅型"和"公优充分型"。程言君、王鑫：《坚持和完善"公主私辅型"基本经济制度的时代内涵》，《管理学刊》2012 年第 4 期。

践，借鉴国外发展经验，适应新的发展要求提出来的。"基本国情中，最为重要的是"生产力水平总体上还不高，自主创新能力还不强，长期形成的结构性矛盾和粗放型增长方式尚未根本改变"。基本世情中，最为重要的是全球市场竞争激烈的当代，技术立国成为当今世界各国的重大发展战略，核心技术是世界各国在国际竞争中取胜的撒手锏。在这样的国内外情势下，要提升我国的国际经济地位，从整体上振兴民族经济，就必须自力更生、艰苦奋斗，提高我国的自主创新能力，实现科学发展。不下决心加快提高自主创新能力，实现科学发展，就不可能从根本上改变目前在相当多的现代产业中缺乏关键技术和自主知识产权的严峻局面，也就改变不了我国许多领域的国际"打工仔"地位。也就是说，提高自主创新能力既是科学发展观的应有之义，同时也是贯彻落实科学发展观实现经济又好又快发展的必要条件，意义非常大。

2. 科学发展观关于自主创新目的的基本思想

科学发展观以人为本的核心思想，决定了我国自主创新的根本目的是满足人民群众不断增长的物质和文化需要。从社会主义经济发展的目的性上看，自主创新是实现这一目的的手段。当然，就国际竞争中我国某种产业或行业来说，就社会主义市场经济竞争中某个企业来说，可以在一定阶段上，在某些项目上，把提高自主创新能力作为目的，但这仅是局部、阶段性的目的。这些"目的"相对于最终满足人民群众不断增长的物质和文化需要来说，也只是手段。贯彻落实科学发展观的以人为本思想，就必须始终牢记自主创新的根本目的是维护和实现人民的根本利益。

3. 科学发展观关于自主创新路径的基本思想

实现自主创新，把创新人才培养放在首要地位，是科学发展观关于自主创新的基本思想中，抓住自主创新关键——以人为本、推进人的全面自由发展的战略举措。这一战略举措要求我们，必须进一步贯彻好教育立国、人才强国、科教兴国战略。须知技术立国的技术不是一般的技术，而是拥有自主知识产权的核心技术或关键技术。而拥有自主知识产权的核心技术或关键技术必须靠自主创新。花钱买不来关键技术，更买不来拥有自主知识产权的核心技术，是新中国60年尤其是改革开放30年来的历史经验或教训。改革开放初期有人怀揣以市场换技术的良好愿望，积极与外资合作。结果，关键技术或核心技术没换来，市场却没有了！这个沉痛教训必须吸取。我国作为社会主义国家，所需关键技术或核心技术的获得，唯一可靠路径是自主创新。那种寄希望从国际资本或发达资本主义国家获得关键技术或核心技术的想法是不现实的。这由发达资本主义国家及其国际资本垄断集团攫取全球财富的性质所决定，基于国际剩余价值规律，更基于他们视社会主义为攫取全球财富的最大障碍的敌对性质。① 关键技术尤其拥有自主知识产权的核心技术的取得，唯一可靠路径是自主创新。而自主创新的关键是人才。自主创新人才的不断涌现的关键是教育。一个国家的创新型人才和掌握关键技术乃至拥有自主知识产权的核心技术人才，主要靠自己培养。我国拥有的航天技术、核技术等国际一流乃至领先的技术以及相关人才，靠的是自力更生，既不是靠卖，更不是靠引进。为此，我国出台了《国家中长期教育改革和发展规划纲要（2010—2020 年)》，这是进一步落实科学发展观关于自主创新的基本思想，提高我国自主创新能力，建设创新型国家的一大举措，必须认真实施。

4. 科学发展观关于自主创新规律的基本思想

贯彻落实科学发展观关于自主创新的基本思想，要遵循科技发展的客观规律，建立科技创新的可持续长效机制。首先在体制机制上，要按照科学发展观的全面协调可持续的要求，做到自主创新理念的确立与普及、鼓励创新环境的营造和维护、法规政策体系的完善与落实、教育和科技管理体制及其组织形式的完善与创新等方面，形成相互支持、一举数得的可持续长效机制。其次在把握自主创新规律上，要运用科学发展观的统筹兼顾根本方法，把自主创新的基础研究与应用研究、人才的自主培养与对外引进、国民综合素质的提高保障与高精尖人才的培养激励等方面统筹兼顾起来，以形成高效地"提高自主创新能力，建设创新型国家"的合力。对此，胡锦涛在党的十七大报告中作了明确的要求和部署："要坚持走中国特色自主创新道路，把增强自主创新能力贯彻到现代化建设各个方面。认真落实国家中长期科学和技术发展规划纲要，加大对自主创新投入，着力突破制约经济社会发展的关键技术。加快建设国家创新体系，支持基础研究、前沿技术研究、社会公益性技术研究。加快建立以企业为主体、市场为导向、产学研相结合的技术创新体系，引导和支持创新要素向企业集聚，促进科技成果向现实生产力转化。深化科技管理体制改革，优化科技

---

① 程言君、王鑫：《坚持和完善"公主私辅型"基本经济制度的时代内涵》，《管理学刊》2012 年第 4 期。

资源配置，完善鼓励技术创新和科技成果产业化的法制保障、政策体系、激励机制、市场环境。实施知识产权战略。充分利用国际科技资源。进一步营造鼓励创新的环境，努力造就世界一流科学家和科技领军人才，注重培养一线的创新人才，使全社会创新智慧竞相迸发、各方面创新人才大量涌现。"①

（原载《江苏社会科学》2013 年第 1 期，第二作者为程言君）

第五节　谈实现科学发展的几个现实问题

科学发展观是对马克思主义发展学说的创新，也是对西方发展经济学的一种超越。这里我就科学发展观谈三个现实问题。

一　认为"中国企业应该被整合，没有必要搞自主创新"的观点，是一种旧开放观

改革开放以来，我国一开始强调"引进来"，引进外资，引进外国技术。1998 年前后，江泽民同志正确地提出，不仅要"引进来"，而且要"走出去"，因而就提出了"走出去"战略，或者说，"引进来与走出去并重"的战略，但是，当时尚未明确提出自主创新的战略问题，没有提出在对外开放中要强调自主创新。近年来，以胡锦涛为总书记的党中央着力提倡自主创新，并把它作为"十一五"发展规划的主线。我认为，自主创新是科学发展观体系中一个重要的理论亮点和重大的战略转变。

自主创新是贯彻、落实科学发展观的必然要求。比如，在对外开放的实践中，就应该大力提倡自主创新，处理好自力更生和对外开放的关系，不能不惜一切引进外资，不惜一切引进外国技术。要注意引进外资和外国技术的"挤出效应"，即对中国民族资本和技术的抑制效应。我国经济学界有学者早在 1995 年就提出要尽快实行税收的并轨制，不能继续歧视中资，优惠外资，导致民族经济受排挤的现象。最近全国人大已经采纳了这种建议，并通过新的并轨税收法。作为一个总的对外经济发展模式，务必要从强调引进外资和外国技术的数量扩张型这样一个传统粗放的开放模

---

① 《改革开放三十年重要文献选编》下，人民出版社 2008 年版，第 1723 页。

式，转向追求引资和引技术的质量效益型的一种双向开放和自主增长的模式。

值得注意的是，当前在对待自主创新问题上，有人提出这样的主张：中国的企业应该被国际整合，没有必要强调自主创新，只要被人家整合，参与国际化就可以了。这种"中国产业应被整合"的观点及类似思潮，在中美谈判前夕就比较流行，属于旧开放观。其实，大力提倡各行各业自主创新，并不反对引进外资、外国技术，因为创新也有好几种类型。不过，那种认为可以先被国外公司并购和整合，以后再去搞自主创新，再去搞品牌的观点是一种想当然，尚无任何案例印证。

二　主张在新农村建设搞土地私有化，是陈旧的观点

有关新农村建设，邓小平同志的一个重要思想被忽略了。邓小平同志关于中国农村改革和发展有"两次飞跃论"：第一次飞跃，是家庭联产承包制，废除人民公社制度；第二次飞跃，仍然是集体化、集约化。邓小平明确指出，从长期来看，还是搞集约化，还是搞集体经济。他进一步认为，有的地方和群众凡是愿意搞集体经济的，可以允许它搞集体经济，不要去阻拦，但也不要强迫命令去搞集体经济。邓小平类似这样的言论很多。但长期以来我们对于"第二次飞跃"宣传和研究得不多，理论界和经济界不太清楚邓小平有"两次飞跃论"。我本人在《邓小平年谱》发表之前也没有关注。其实，20世纪80年代在实行家庭联产承包制以后，邓小平讲过好多次。我认为，建设社会主义新农村要坚持"两次飞跃论"的思想和方针，尽管现在可能多数还是在搞家庭联产承包制。关于当前的新农村建设，我想强调这样几个观点：

一是提倡恢复和认真落实中央推行家庭联产承包制的完整体制和措施。1983年和1990年的中央文件，一直到十六大报告，都是说要建立统分结合的体制，即家庭承包经营和集体经营的双层经营体制。但过去始终停留在文件上，没有全面的贯彻。针对这种情况，我认为，应该在家庭联产承包制的基础上，大力提倡农村集体经济中的集体层的经营。如果集体层的经营没有了，那么就很难说是集体经济了。

二是要充分肯定和适当提倡像河南的南街村、刘庄等全国尚存的"完全集体经济"。关于严格意义上的"完全集体经济"，有一个统计资料说有7000家，还有一个资料说有4000家，据说河南就有好几十家。这些

一切生产资料完全归集体所有的经济组织，在经济学上是属于标准的集体经济。什么是集体经济？它和合作经济和股份经济是不一样的。标准的集体经济应是生产资料归该集体的劳动者所有，是不能量化到个人的。由个人或某些人承包可以，使用可以，但是不能所有。一旦生产资料或股份量化到个人就不是严格意义上的集体经济了，那就变形变质了。像南街村这样的经济组织，本来就是社会主义市场经济条件下农村集体经济的一种模式，或者说是社会主义新农村的典型之一。但南街村自己说它是"共产主义小社区"，可能不太准确。我认为它还是社会主义市场经济的一种农村集体经济模式，而且是标准的完全集体经济。社会主义新农村建设应该允许它的存在和发展。正如邓小平同志所指出的，群众愿意搞集体经济就应当允许搞，而且作为前进目标，还要适当提倡。

三是提倡集体经济的联合体。现在集体经济的资产和经营规模都很小，各个集体经济如果联合起来，进行市场交往，和政府对话，和大公司谈判，效果就会比较好。同时，集约化的程度也会高一些。因此，集体经济联合体应该大力提倡。

四是提倡"农户＋农业合作经济组织＋公司"的模式。如果现在没有搞集体经济，有的单位也搞不成集体经济或不想搞，那么，至少应该搞合作经济。吴敬琏先生曾主张"农户＋公司"的模式。我觉得不能直接说农户加公司，应该是农户之间实行横向一体化，即成立合作社或合作经济组织，然后再实行纵向一体化。一个是横向一体化，农户之间成立各种形式的农业合作经济组织。然后再加公司，因而最好是"农户＋农业合作经济组织＋公司"。这样谈判的力量是不一样的。各个农民散户去谈，和农业合作经济组织去谈，谈判的成本、效果和收益是不同的，有着高低不同的交易费用。为什么有些人说农民是弱势群体？因为一家农户去谈当然就处于弱势地位。公司压价，甚至撕毁条约，由于市场不好到时不再收购的情况经常出现。即使要打官司，成本也很大。所以，进行农户之间的横向一体化非常必要。当前，在新农村建设中，有人主张土地私有化，我认为这是陈旧的观点。中国都搞了几千年的私有化了，解放前也是土地等生产资料私有化，但并没有实现高效益和共同富裕。邓小平同志讲的社会主义集体化和集约化二者是有关系的。如果实行私有制的生产，也能实行集约化，如资本主义私人农场，但是它实现不了集体化基础上的共同富裕。因而集约化可以通过两条道路来实现，但是共同富裕基础上的集约化只有一条道路，那就是集体经济，次优是合作经济。

三　用推行二胎政策来解决老龄化问题的主张，是不可取的

关于人口问题，我认为应该更加重视。近年来，有人主张扩大推行"二胎政策"，即允许所有农村户口的家庭在第一胎是女孩的情况下可以生二胎。我不赞同这个政策，因为它会使中国人口基数继续不适当地增大，不利于很多问题的解决，如环境问题、资源问题、城镇化问题、就业问题、人均国力和人均生活水平问题等诸多方面。在现有的生产资料和经济条件下，社会总劳动力相对过剩，是中国一系列问题的两个总根源之一（一个是体制机制问题，另一个是人口问题）。

近些年来，人口老龄化的呼声很大，似乎"老龄化社会来了"就是"狼来了"，可怕得很。我认为，老龄化社会并没有什么可怕的，在相当的意义上说，老龄化社会是好事情，最好早点来到。现在出现老龄化，一个重要因素是因为我国20多年来实行计划生育少生了3亿多人口，否则，当然还是年轻化，那中国的问题就更多、更难解决了。人的寿命延长了，老龄和老龄化社会的标准该提高了，联合国有关组织不是使用老年和次老年等新概念了吗？人的平均寿命还要继续延长，还套用传统指标？那当然慢慢都是老龄化城市了。如果哪天中国城乡真的都进入了传统指标设定的老龄化社会，那标志着中国人民的生活和医疗水平高了，寿命长了，这是大好事。传统指标设定的老龄化状态到来，也标志着计划生育工作搞得好，当然年轻人比例就少了。

现在，有些经济学、人口学和社会学的学者主张立即全面恢复二胎政策，以此来解决所谓老龄化问题，这一主张是不可取的。我认为，解决老龄化问题，应实行一种有差别的农村社会保障。比如说，对于不生育的家庭实行高保，生一个女孩的家庭实行中保，生一个男孩的家庭实行低保，违纪生二胎的家庭实行不保，变处罚为奖励。要知道，现在我们都在不同程度上享受20多年来少生3亿多人口的"人口红利"，否则，人均国内生产总值和人均生活水平会有现在这么高，提高会有这么快？在妇幼保健、教育、就业、生活等一系列问题上，国家对新增人口都要花费大量资金。如果把实行严格计划生育所省下的大量的钱，来立即解决老龄人的生活等问题，那么经济上肯定更为合算。如果参照美国等发达国家的经济总量与人口的比例，中国在整个21世纪都不会出现劳动力总量上的供不应

求，因而必须通过严格的一胎政策，即"城乡一胎、特殊二胎、严禁三胎、奖励无胎"，并以此来较快"先控后减"总人口，较快提升人口素质，较快赶上美、欧、日的人均国民生产总值、人均国力和人均生活水平。

（原载《北京日报》2007 年 4 月 30 日第 017 版）

第六节　高举中国特色社会主义伟大旗帜
——学习十七大报告的体会

一　提出一个主题、一面旗帜

在报告的序言中，郑重提出大会即报告的主题是：高举中国特色社会主义伟大旗帜，以邓小平理论和"三个代表"重要思想为指导，深入贯彻落实科学发展观，继续解放思想，坚持改革开放，推动科学发展，促进社会和谐，为夺取全面建设小康社会新胜利而奋斗。

中国特色社会主义伟大旗帜，是当代中国发展进步的旗帜，是全党全国各族人民团结奋斗的旗帜。

二　提出近五年与二十九年的回顾和经验总结

报告总结了过去五年包括经济、改革、社会建设等取得的十大成就，同时指出存在的包括城乡统筹、社会保障、党的建设等方面的八个问题。概括了新时期的三大特征，并总结了经验的十个结合。

新时期三大特征：第一个特征是从行为特征上看的，最鲜明的特点是改革开放。第二个特征是从效果特征上看的，最显著的成就是快速发展。我国以世界上少有的速度持续快速发展起来，总量跃至世界第四、进出口总额位居世界第三，人民生活从温饱不足发展到总体小康，农村贫困人口从两亿五千多万减少到两千多万，政治建设、文化建设、社会建设取得举世瞩目的成就。第三个特征是从思想特征上看的，最突出的标志是与时俱进。我们党坚持马克思主义的思想路线，不断探索社会主义和党建，不断推进马克思主义中国化。

总结经验的十个结合：一是把坚持马克思主义基本原理同推进马克思主义中国化结合起来；二是把坚持四项基本原则同坚持改革开放结合起

来；三是把尊重人民首创精神同加强和改善党的领导结合起来；四是把坚持社会主义基本制度同发展市场经济结合起来；五是把推动经济基础变革同推动上层建筑改革结合起来；六是把发展社会生产力同提高全民族文明素质结合起来；七是把提高效率同促进社会公平结合起来；八是把坚持独立自主同参与经济全球化结合起来；九是把促进改革发展同保持社会稳定结合起来；十是把推进中国特色社会主义伟大事业同推进党的建设新的伟大工程结合起来。

在阐述取得成绩和进步的根本原因时指出，由于我们党开辟了中国特色社会主义道路，形成了中国特色社会主义理论体系，才不断地将中国改革开放伟大事业成功推向二十一世纪。

三　深入贯彻落实科学发展观和实现全面建设小康社会奋斗目标的新要求

该部分指出我国基本国情和主要矛盾没有变，并概括了我国发展新的阶段性特征：我国虽然已初步建立起社会主义市场经济体系，经济实力得到显著增强，但长期形成的结构性矛盾和粗放型增长方式尚未根本改变，区域发展差距和促进经济社会协调发展任务艰巨；社会主义民主政治不断发展、依法治国基本方略扎实贯彻，同时民主法制建设与扩大人民民主和经济社会发展的要求还不完全适应，政治体制改革需要继续深化；对外开放日益扩大，同时面临的国际竞争日趋激烈，发达国家在经济科技上占优势的压力长期存在，可以预见和难以预见的风险增多，统筹国内发展和对外开放要求更高。

由以上特征得出科学发展观的现实必要性和紧迫性。再次强调了科学发展观的四层内涵并提出四项新要求。即第一要义是发展，核心是以人为本，基本要求是全面协调可持续，根本方法是统筹兼顾。深入贯彻落实科学发展观，要求我们始终坚持"一个中心、两个基本点"的基本路线；要求我们积极构建社会主义和谐社会；要求我们继续深化改革开放；要求我们切实加强和改进党的建设。为科学发展提供可靠的政治和组织保障。

此部分最后，在十六大确立的全面建设小康社会目标的基础上对我国发展提出新的更高要求，即增强发展协调性，努力实现经济又好又快发展；扩大社会主义民主，更好保障人民权益和社会公平正义；加强文化建设，明显提高全民族文明素质；加快发展社会事业，全面改善人民生活；

建设生态文明，基本形成节约能源资源和保护生态环境的产业结构、增长方式、消费模式。

四　四位一体的全面建设

提出八条经济措施，促进国民经济又好又快发展。提高自主创新能力，建设创新型国家；加快转变经济发展方式，推动产业结构优化升级；统筹城乡发展，推进社会主义新农村建设；加强能源资源节约和生态环境保护，增强可持续发展能力；推动区域协调发展，优化国土开发格局；完善基本经济制度，健全现代市场体系；深化财税、金融等体制改革，完善宏观调控体系；拓展对外开放广度和深度，提高开放型经济水平。

提出六条政治措施，坚定不移发展社会主义民主政治。扩大人民民主，保证人民当家作主；发展基层民主，保障人民享有更多更切实的民主权利；全面落实依法治国基本方略，加快建设社会主义法治国家；壮大爱国统一战线，团结一切可以团结的力量；加快行政管理体制改革，建设服务型政府；完善制约和监督机制，保证人民赋予的权力始终用来为人民谋利益。

提出四条文化措施，推动社会主义文化大发展大繁荣。建设社会主义核心价值体系，增强社会主义意识形态的吸引力和凝聚力；建设和谐文化，培育文明风尚；弘扬中华文化，建设中华民族共有精神家园；推进文化创新，增强文化发展活力。

提出六条社会措施，加快推进以改善民生为重点的社会建设。优先发展教育，建设人力资源强国；实施扩大就业的发展战略，促进以创业带动就业；深化收入分配制度改革，增加城乡居民收入；加快建立覆盖城乡居民的社会保障体系，保障人民基本生活；建立基本医疗卫生制度，提高全民健康水平；完善社会管理，维护社会安定团结。

五　提出其他四个领域的建设和任务

国防建设：开创国防和军队现代化建设新局面。

祖国统一：推进"一国两制"实践和祖国和平统一大业。

和平外交：始终不渝走和平发展道路。

党的建设：以改革创新精神全面推进党的建设新的伟大工程。第一，要重视"三情"变化：世情、国情、党情的发展变化，决定了以改革创新精神加强党的建设既十分重要又十分紧迫。我认为，应当以世情为鉴（借鉴）、国情为据（依据）、党情为要（领要）。第二，把握两条主线：必须把党的执政能力建设和先进性建设作为主线。第三，着力六层建设：一是思想理论建设；二是执政能力建设；三是党内民主建设；四是干部人事制度建设；五是基层党的建设；六是反腐倡廉建设。

六　提出三点高度总结

在报告结束语中明确提出：

第一点，概括两个继承和发展：我们党正在带领全国各族人民进行的改革开放和社会主义现代化建设，是新中国成立以后我国社会主义建设伟大事业的继承和发展，是近代以来中国人民争取民族独立、实现国家富强伟大事业的继承和发展。

第二点，强调三大历史任务：展望未来，我们对实现推进现代化建设、完成祖国统一、维护世界和平与促进共同发展这三大历史任务充满信心。

第三点，要求"四个一定"：我们一定要居安思危、增强忧患意识，始终保持对马克思主义、对中国特色社会主义、对实现中华民族伟大复兴的坚定信念；一定要戒骄戒躁、艰苦奋斗，牢记社会主义初级阶段基本国情，为党和人民事业不懈努力；一定要刻苦学习、埋头苦干，不断创造经得起实践、人民、历史检验的业绩；一定要加强团结、顾全大局，自觉维护全党的团结统一，保持党同人民群众的血肉联系，巩固全国各族人民的大团结，加强海内外中华儿女的大团结，促进中国人民同世界各国人民的大团结，为战胜一切艰难险阻、推动党和人民事业取得新的更大胜利提供强大力量。

七　报告的基本特点和新亮点

整个报告有五个特点：

一是旗帜鲜明（中国特色社会主义旗帜）；二是路线正确（继续解放思想的思想路线，一个中心、两个基本点的政治路线）；三是要求明确（落实科学发展观有四个要求；实现全面小康社会有五个要求）；四是举措有力（四位一体建设；国防建设、祖国统一、和平外交、党的建设四个领域都有重要措施）；五是文风朴实（老百姓都看得懂的语言）。

八　十五个创新亮点

马克思主义方法论的新应用——唯物辩证法贯穿报告全文。

唯物辩证法是马克思主义最根本的方法论。十七大报告中创造性地使用了唯物辩证法，对过去五年的工作和改革开放的历史进程进行了全面、系统、客观的评价和总结，对发展的辩证逻辑进行了清晰的定位，是贯穿马克思主义唯物辩证法的光辉典范。

十七大报告用马克思主义基本原理同推进马克思主义中国化、坚持四项基本原则，同坚持改革开放、尊重人民首创精神，同加强和改善党的领导、坚持社会主义基本制度，同发展市场经济、推动经济基础变革，同推动上层建筑改革、发展社会生产力，同提高全民族文明素质、提高效率，同促进社会公平、坚持独立自主，同参与经济全球化、促进改革发展，同保持社会稳定、推进中国特色社会主义伟大事业，同推进党的建设新的伟大工程"十个结合"，精辟概括了改革开放的宝贵经验，是中国共产党人辩证思维的大智慧。

十七大报告对马克思主义关于发展的世界观和方法论——科学发展观的内涵和体系作出了最为系统和全面的辩证概括。报告指出："科学发展观，第一要义是发展，核心是以人为本，基本要求是全面协调可持续，根本方法是统筹兼顾。"这是对马克思主义关于发展的世界观和方法论在党的报告中的最新概括，也是对中国特色社会主义事业发展逻辑的最新辩证阐释。

十七大报告创新性地科学论证了科学发展与社会和谐的辩证关系，指出："科学发展和社会和谐是内在统一的。没有科学发展就没有社会和谐，没有社会和谐也难以实现科学发展。"这既明确了科学发展观统领经济社会发展全局的指导地位，又强调了社会和谐的重要意义。

九　中国特色社会主义的新阐述——道路和理论体系

一是明确了中国特色社会主义道路，就是在中国共产党领导下，立足基本国情，以经济建设为中心，坚持四项基本原则，坚持改革开放，解放和发展社会生产力，巩固和完善社会主义制度，建设社会主义市场经济、社会主义民主政治、社会主义先进文化、社会主义和谐社会，建设富强民主文明和谐的社会主义现代化国家。

报告还提到要走五条中国特色具体道路，即"中国特色自主创新道路"、"中国特色新兴工业化道路"、"中国特色农业现代化道路"、"中国特色城镇化道路"、"中国特色政治发展道路"。

中国特色社会主义：从"建设"到"发展"。在"坚持和发展中国特色社会主义"这一新的理念下，中国特色社会主义事业总体布局由经济建设、政治建设、文化建设"三位一体"拓展为包括社会建设在内的"四位一体"，相应地，"建设富强民主文明的社会主义现代化国家"的奋斗目标，拓展为"建设富强民主文明和谐的社会主义现代化国家"。

二是明确了"中国特色社会主义理论体系，就是包括邓小平理论、'三个代表'重要思想以及科学发展观等重大战略思想在内的科学理论体系"。这表明，"中国特色社会主义理论体系是不断发展的开放的理论体系"，这个理论体系经过改革开放的伟大实践，已经形成并且正在逐步走向成熟，发展中国特色社会主义的框架越来越清晰，具体路径越来越明确。

十　统筹内容的新丰富——统筹中央和地方关系、统筹三对利益、统筹国内国际两个大局

党的十六届三中全会以党的文件的形式首次提出要"统筹城乡发展，统筹区域发展，统筹经济社会发展，统筹人与自然和谐发展，统筹国内发展和对外开放"。十七大报告在五个统筹的基础上对统筹兼顾的内容进行了丰富和发展，提出三个方面的新统筹：一是统筹中央和地方关系；二是统筹个人利益和集体利益、局部利益和整体利益、当前利益和长远利益；三是统筹国内国际两个大局。近年来，铁本事件、内蒙古新丰电厂事件等问题凸显了中央和地方之间的各种利益矛盾问题，统筹内容的新丰富反映了科学发展观作为重大的战略思想把握现实问题的敏锐性。

十一　全面建设小康社会的新文明——"生态文明"首次写入报告

十七大报告指出："建设生态文明，基本形成节约能源资源和保护生态环境的产业结构、增长方式、消费模式。"报告还强调，要使"生态文明观念在全社会牢固树立"。人们注意到，从十二大到十五大，我们党一直强调，建设社会主义物质文明、精神文明；十六大在此基础上提出了社会主义政治文明。十七大报告首次提出生态文明，不但充分反映了全面建设小康社会奋斗目标的新要求，而且对形成节约能源资源和保护生态环境的产业结构、增长方式、消费模式，大力发展循环经济，推进资源节约型社会和环境友好型社会建设等战略举措及其目标作出了最精炼的概括。这是我们党科学发展、和谐发展理念的一次升华。

十二　经济建设方式的新进展——由"转变经济增长方式"变为"转变经济发展方式"

经济发展不等于经济增长。加快转变经济发展方式是关系国民经济紧迫而重大的战略任务。实现未来经济发展目标、促进国民经济又好又快发展，关键一条是要在加快转变经济发展方式上取得重大进展。十七大报告以党的报告的形式正式使用"转变经济发展方式"代替过去的"转变经济增长方式"，要求"增强发展协调性，努力实现经济又好又快发展"。按照GDP总量和人均GDP的增长来评价经济建设的逻辑，必然导致轻视或漠视经济结构、分配结构和资源、环境约束，无法解决我国的发展问题。"实现经济又好又快发展"的新表述有利于增强经济发展质量，消除GDP崇拜，改变过去"有增长无发展"的情况，从而实现经济社会协调发展。

十三　治理腐败经验的新口号——让权力在阳光下运行

十七大报告指出："确保权力正确行使，必须让权力在阳光下运行。"阳光是治理腐败最好的武器，"让权力在阳光下运行"是对预防和惩治腐败基本经验的最新概括和形象总结，旨在强调通过完善制约和监督机制反腐倡廉的重要性和必要性。

十四　思想政治工作的新举措——人文关怀和心理疏导

中国共产党全国代表大会的报告里第一次出现"人文关怀"和"心理疏导"的字眼。这表明加强和改进思想政治工作，"注重人文关怀和心理疏导"，多了人情味和心理调节。

十五　民生愿景的新描绘——学有所教、劳有所得、病有所医、老有所养、住有所居

在历次党代会报告中，十七大报告以首次单独的部分对社会建设进行了系统的论述。关注民生问题，增进民生福祉成为十七大的重大亮点。十

七大报告提出社会建设的目标就是"努力使全体人民学有所教、劳有所得、病有所医、老有所养、住有所居，推动建设和谐社会"。这实际上是对解决教育、就业、医疗、保障、住房等民生问题愿景的精炼概括和形象描绘。这种新描绘第一次具体而又生动地阐发社会建设的基本目标，为实现"社会和谐人人有责、和谐社会人人共享的生动局面"提出了具体的要求。

十六　社会主义分配制度的新提法——初次分配和再分配都要处理好效率和公平的关系，再分配更加注重公平

十七大报告第一次提出"初次分配和再分配都要处理好效率和公平的关系，再分配更加注重公平"。关于效率和公平的关系，理论界向来有不同的表述，在党的报告中也有不同的表述。十四大报告提出"兼顾效率公平"；1993 年，中央在确立社会主义市场经济体制的文件中提出"效率优先，兼顾公平"的分配原则；十五大、十六大坚持了这个说法；2004 年党的十六届四中全会提出要"在一部分人、一部分地区先富起来的同时，注重社会公平"。十七大报告关于效率和公平的新论述有利于在经济发展的基础上，消除那些片面追求效率，忽视公平价值的认识和现象，从而进一步消除两极分化，最终实现共同富裕。

十七　中国特色政治制度的新内涵——提出"基层群众自治制度"

十七大报告指出："要坚持中国特色社会主义政治发展道路，坚持党的领导、人民当家作主、依法治国有机统一，坚持和完善人民代表大会制度、中国共产党领导的多党合作和政治协商制度、民族区域自治制度以及基层群众自治制度"。人们注意到，"基层群众自治制度"是首次纳入中国特色政治制度范畴。这是我们党不断推进社会主义政治制度自我完善和发展的生动体现。

十八　实现翻两番的新目标——由"总量"到"人均"

党的十五大、十六大提出，21 世纪第一个十年要实现国内生产总值比 2000 年翻一番，到 2020 年，国内生产总值力争比 2000 年翻两番。十六大以来，中国经济的持续高速增长使"翻一番"的目标已提前在 2006年实现。十七大报告将"翻两番"的目标由"总量"变为"人均"。报

告提出："在优化结构、提高效益、降低消耗、保护环境的基础上，实现人均国内生产总值到 2020 年比 2000 年翻两番。"这一目标对我国经济社会发展和全面建设小康社会提出了新的更高要求。

十九　经济发展的新任务——把"工业化、城镇化、市场化、国际化"扩展为"工业化、信息化、城镇化、市场化、国际化"

十七大报告在阐述立足社会主义初级阶段这个最大实际时指出：要"全面认识工业化、信息化、城镇化、市场化、国际化深入发展的新形势新任务，深刻把握我国发展面临的新课题新矛盾，更加自觉地走科学发展道路"。上述这"五化"中，比以往多了一个"信息化"，并且排在了"工业化"之后。

二十　居民收入结构的新变动——让更多群众拥有财产性收入

"创造条件让更多群众拥有财产性收入"。财产性收入一般是指家庭拥有的动产（如银行存款、有价证券等）、不动产（如房屋、车辆、土地、收藏品等）所获得的收入。它包括出让财产使用权所获得的利息、租金、专利收入等；财产营运所获得的红利收入、财产增值收益等。现在统计中，人均可支配收入中以工资性收入为主，大约占到 70%。财产性收入占比大约 2%。从测算来看，2006 年，全国城镇居民人均财产性收入为 240 多元。"虽然基数小，但是发展潜力很大。"

二十一　党建理论的新提法——"党员主体地位"和"票决制"

"党员主体地位"是本次报告的一个新提法。这个名词包含了三重含义：党员是党的主人，党员是党内权力的源泉，党员是党内行动的主体。尊重党员主体地位，说明要着力理顺党内关系。

报告提出，"推行地方党委讨论决定重大问题和任用重要干部票决制"。此举意味着有意将这种党内民主形式用一种制度予以固定，这是党内民主发展的重要成果。

二十二　文化理论的新观念——"文化软实力"、"文化创造活力"、"文化生产力"、"文化产业群"

这表明，党和国家将更加重视社会主义先进文化建设，更加重视综合国力中的软实力，文化大发展大繁荣的时代已经到来。

（原载《今日中国论坛》2007 年第 11 期）

第七节　科学发展观的经济理论探讨

科学发展观是中国特色社会主义理论体系的最新理论成果，也是党和国家发展的重大战略思想。科学发展观的内涵和实现方式蕴涵深刻的经济理论。国际金融危机正是内生于资本主义制度下的经济非持续、非科学发展的表现，我国积极应对国际金融危机，进一步完善政策措施，需要在各个领域继续深入贯彻和落实科学发展观。坚持和完善公有制为主体、多种所有制经济共同发展的基本经济制度，统筹协调人口发展、资源利用和环境保护，转变经济发展方式、提升产业结构和优化管理制度机制，特别是构建和提高自主创新能力，都是科学发展的必然选择。

一　基本经济制度是科学发展的经济基础

科学发展需要发展和完善依靠人民和人民共享的经济制度，即以公有制为主体、多种所有制经济共同发展的社会主义基本经济制度。在社会主义公有制经济中，劳动人民才会真正处于"主人翁"的经济地位，真正实现经济民主的权益，切实贯彻按劳分配的原则，真正实现直接或间接分享经济产出的成果。因此，人民共享发展成果的实现程度，最终取决于公有制经济的巩固和发展程度。我们看到，西方国家实行"私有制加公共财政再分配"的制度，并未能够真正解决社会的两极分化问题，这种制度也不是依靠人民和人民共享的经济制度。积极发展和完善社会主义基本经济制度，可以实现发展由人民共享的共同富裕和社会和谐。

贯彻落实好"让发展的成果惠及全体人民"，需要注重和完善国民收入中起着决定性作用的初次分配关系。我们知道，生产资料的所有制关系直接决定着初次分配关系，同时也支配着再分配关系。国民经济中生产资料的公有制经济占主体，决定了收入分配中按劳分配占主体。"让发展的成果惠及全体人民"需要在完善社会主义基本经济制度的前提下，在公有制经济中注重完善按劳分配的机制，构建国有资本、集体资本以及其他形式的公有资本的保值增值与管理者、职工劳动收入多少联系的有效机制，在促进公有资本保值增值的前提下实现按劳分配。具体到在公有资本独资、控股和参股的企业中，应合理地确定按资分配与按劳分配两者数额之间的关系，既满足公有资本在市场经济中发展壮大的需要，又能尽可能充分体现按劳分配的原则。推动发展形式多样的城镇和农村自愿组织的新型集体经济组织，增进国民经济中按劳分配的份额；通过健全社会主义劳动关系的法律制度，完善执法监察，推动私有制经济中劳动者收入占企业收入比重的不断提升。

科学发展观要求把"以人为本"的原则贯彻到处理经济发展的效率和公平的关系中来。就企业利润而言，资本所有者如果是私人，利润提高可能是通过压低工人工资来实现的，或者虽然通过改进管理等提高了利润率，这只会导致资本所有者的所得增加，工人的收入并没有增加，这就出现了是否公平的问题；如果资本所有者是国家或集体，提高的利润归国家或集体所有，并可以用于公共设施建设、发展公共品和提高集体福利等，这样，劳动者总体或集体劳动者利益也会增加。当然，如何把这种公有利润分配到每个劳动者身上，也存在一个分配是否公平的问题。就劳动生产率而言，如果生产资料所有者和生产经营管理者通过强制劳动者延长劳动时间、超强度工作，超过了劳动者正常的身心承受程度，这虽然会提高企业劳动生产率和效率，但是却会损害劳动者的身心健康，也违背了劳动者持续发展和全面发展的要求，与科学发展观要求的"以人为本"背道而驰。公平在内涵上总是具体的、历史的，因而也是多样的。例如，生产资料所有制关系的性质不同，衡量收入分配关系是否公平的标准就会不同，因而分配是否公平的内涵也不同。我国既存在着用按劳分配这个标准来衡量劳动者收入分配是否公平的问题，又存在着用按资分配标准衡量的资本所有者之间的收入分配是否公平的问题，还存在按劳分配与按资分配比例是否公平的问题。我国社会主义初级阶段以公有制为主体、多种所有制经济共同发展的社会主义基本经济制度，决定了按劳分配为主体、多种分配方式并存的分配制度具有相对效率和公平的统一。

二　转变经济发展方式是科学发展的必然要求

为实现国民经济的全面发展、协调发展和可持续发展，需要转变经济发展方式。使经济增长的拉动力主要依靠投资和出口转变到主要依靠国内消费上来。大力发展第三产业，提高第三产业在产业结构中的比重，特别是大力推进现代服务业的发展，使第三产业成为经济增长的主要引擎。促进提高自主创新能力和科技成果向现实生产力的转化能力，使经济增长的动力主要依靠科技进步、劳动者素质提高和管理创新。为此，通过提高居民收入在国民收入分配中的比重，提高劳动报酬在初次分配中的比重，提高对消费品生产和服务业的投资力度，实现经济增长由主要依靠投资、出口拉动，向依靠以消费为主的消费、投资、出口协调拉动转变。通过提高自主创新能力和科技成果向现实生产力的转化能力，实现粗放型增长向集约型增长转变。

我国依靠丰富的劳动力资源所构建的具有所谓"比较优势"的劳动密集型产业，正面临附加值空间狭小、资源投入粗放、低水平过度竞争的约束。虽然为解决丰富劳动力的就业问题，劳动密集型产业在相当长的时期内仍然会是我国经济发展的重要产业，但发展劳动密集型产业不应作为我国产业发展的战略，否则会陷入"比较优势陷阱"，并在经济全球化的条件下扮演为发达资本主义国家打工的角色，始终处于产业分工的低端、经济发展圈的外围和经济发展方式的依附。

我国自改革开放以来通过发挥后发优势，从国外大量引进本国没有的一般性的先进技术，实现了技术的长足进步，促进了国内经济的快速发展，已经基本掌握了世界上的一般性的先进技术。从 21 世纪开始，我国进入了主要依靠自主创新，取得和利用高新技术的历史阶段。不管是转变传统粗放型经济增长方式，优化产业结构，克服高新技术的引进困难来满足国内市场对高新技术和高新技术产品的需求，还是提升国际竞争力、实现外贸持续发展，都需要进行自主创新，而且我国现在已经初步具备进行自主创新的必要的资本、技术、人才和制度基础。

总之，转变对外经济发展方式，需要构建和提高自主创新能力，执行知识产权优势战略，大力发展控股、控技（尤其是核心技术和技术标准）和控牌（尤其是名牌）的"三控型"民族企业集团，突出培育和发挥知识产权优势。需要适当降低外贸依存度，提升消费拉动增长的作用；适当控制外资依存度，提升协调利用中外资的效益；积极降低外技依存度，提升自主创新的能力；适当控制外汇储备规模，提升使用外汇的收益。早日把中国打造为"世界工厂"而非"世界加工厂"，从而尽快完成从贸易大国向贸易强国和经济大国向经济强国的转型。

三　科学发展观进一步深化了对经济发展规律的认识

中外的传统发展模式是以牺牲生态谋求经济增长、以牺牲劳工谋求资本增值、以牺牲他人谋求自身福利、以牺牲整体谋求局部发展、以牺牲长远谋求眼前利益、以牺牲精神谋求物质占有、以牺牲后代人谋求当代人享受，这种传统经济发展方式无法实现全面协调可持续发展。以私有制为主体的资本主义社会的私人资本的积累和生产，总是受到社会财富占有和收入分配两极分化以及劳动阶级有效消费不足的限制，其社会经济发展必然不断地被周期性的经济危机所打断。私有资本积累规律必然引发人的不平等、非均衡和片面发展，带来人的异化和人与自然关系的灾难。社会主义实行生产资料公有制不仅仅在于适应社会化大生产的需要，其根本原因在于保障按劳分配的实现，从而保证社会有效需求的充足和生产与消费的良性循环，进而实现社会经济比资本主义私有制经济以更快速度、可持续地向前发展。因此，公有制是全面、协调、可持续的科学发展的经济基础。我国坚持和完善公有制为主体、多种所有制经济共同发展的基本经济制度是科学发展观的必然要求，这种制度既通过在数量和质量上都居于主体的公有制经济克服作为辅体的私有制经济的弊病，又可以适应我国现阶段多层次的生产力发展状况，从而促进全面、协调、可持续的科学发展。

我国落实科学发展观还需要统筹人口、资源和环境的关系。人既是科学发展的实施主体，又是科学发展的目的，即实现人的全面、充分和自由的发展，因此，人在人口、资源和环境的关系中处于能动和关键的位置。为改善人与自然、人与人、人与社会和社会与自然的关系，控制人口数量和提高人口质量，也需要像物质生产一样转变人口生产观念，实施生产计划。人自身的科学生产和发展，一方面，受到物质生产方式和自然资源的限制；另一方面，随着经济发展带来的资本有机构成的提高和技术水平的提升，同样的生产规模对劳动力的数量需求下降，而对劳动力的素质要求却提高了；同时，人口的数量和质量也会反过来影响生产的方式，低素质的大量人口必然采取外延式、粗放型的生产方式，这种生产方式对自然资源的投入大而产出低，对生态环境损害大，而经济效益和社会效益低。

四　落实科学发展观要求深刻认识国际金融危机的本质

金融危机的深层根源和本质是资本主义的私有制的生产方式及其基本

矛盾，即马克思揭示的生产的社会化与生产资料私人占有的矛盾，并表现为资本主义商品生产的供给过剩与劳动群众有效需求不足的矛盾。一方面面对生产过剩，另一方面面对劳动群众没有货币购买能力时，现代资本主义创造了"信用消费"或者"透支消费"，来解决生产过剩和有效消费不足（即有支付能力的消费不足）问题，于是劳动群众出现了超出其即期收入的"过度消费"。实际上，这种"透支消费"只是暂时缓和了生产与消费的矛盾，推迟矛盾爆发的时间，并没有解决资本主义私有制市场经济带来的两极分化，因为"透支消费"只是把未来的收入转化为即期消费，而这种转化同时减少了未来收入用于消费的部分，而且要支付利息，因此，更加削弱了劳动群众未来的消费能力。如果劳动群众不断地"透支消费"，债务不断积累，资本主义的金融危机和经济危机必然以更大规模爆发。可见，此次国际金融危机的真正根源和经济实质，同20世纪的金融危机并没有本质区别。这次危机的根源还是在于资本主义制度，在于资本主义社会的基本矛盾。只要资本主义私有的经济制度存在，资本主义社会的基本矛盾就不会消除，经济危机就会周期性爆发，这是资本主义社会的客观经济规律。

经济全球化使美国金融危机演变为国际金融危机，而新自由主义主导的经济全球化加大了世界经济发展的不平衡性、波动性和不持续性，又加重了国际金融危机的程度。当今世界资本主义经济的基本矛盾是经济不断社会化和全球化，与生产要素的私人所有、集体所有和国家所有的矛盾，以及与国民经济的无政府状态或无秩序状态的矛盾。

应对国际金融危机不能只寄希望于各种形式的国家干预。在资本主义发展的过程中，资本主义国家政府曾交替使用自由主义的自由放任政策和凯恩斯主义的国家干预政策。一般说来，资本主义国家政府往往是在繁荣时期就采用放任市场自发地发挥作用的自由主义政策，在危机时期就采用国家干预的凯恩斯主义的政策。然而，无论是自由主义政策措施还是凯恩斯主义政策工具，都没有能够防止资本主义经济危机的再次发生，都未能根治资本主义的弊病。1929—1933年资本主义经济大危机以后，资本主义国家曾普遍实行凯恩斯主义政策，流行对经济实行国家干预，许多人就此以为找到了防止和克服经济危机的灵丹妙方。但是资本主义的实践表明，这一药方灵验了一时，长期来说并不灵验，进入20世纪70年代，资本主义世界普遍出现滞胀现象，无法解决，因而不得不放弃凯恩斯主义政策，转而实行自由主义政策。时至今日，资本主义大危机再次爆发，自由主义政策再次失灵，资本主义政府又重新拾起凯恩斯主义的政策工具来对付危机。实践必将继续证明，资本主义世界采用的凯恩斯主义的国家干预政策，只能缓和与延缓矛盾，依然不能从根本上解决资本主义的基本矛盾，资本主义的金融危机和经济危机必将继续爆发。

我国作为社会主义国家，应当注意既从基本制度层面，又从具体机制层面防范和预防危机。从基本经济制度层面，就要发展和壮大国有经济，坚持和完善公有制为主体的基本经济制度；从体制机制层面，就要发展和完善国家宏观调控，在夯实实体经济的基础上适度发展虚拟经济，发展和改进金融体制，加强和完善金融监管，以期保持我国社会主义经济更快速、更全面、协调和持续地科学发展。

（原载《前线》2010 年第 4 期，第二作者为王中保）

第八节　不断加深关于社会主义初级阶段的认识

在我们党的历史上，把马克思列宁主义同中国实际和时代精神相结合，有过两次历史性飞跃，产生了两个理论成果——毛泽东思想和邓小平理论。新民主主义是毛泽东思想的精华和重要组成部分，初级阶段理论是邓小平理论体系的基石。而胡锦涛同志在党的十七大报告中关于初级阶段的阐述，又进一步丰富了邓小平和江泽民同志关于社会主义初级阶段的理论。当前，回顾和不断深化认识初级阶段理论和实践，对于深入贯彻落实科学发展观和全面建设小康社会是十分有益的。

一　社会主义初级阶段的思想渊源和概念确立

马克思在 19 世纪 70 年代明确提出，未来的共产主义社会将分为第一阶段（或低级阶段）和高级阶段两个阶段。后来，列宁把共产主义第一阶段叫作社会主义社会。然而，无论是马克思称作的"第一阶段"，还是列宁称作的社会主义，都应该是具备高度发展的生产力水平以及较完善的社会主义生产关系。马克思设想"第一阶段"不仅已经完全消灭了阶级和阶级的差别，消灭了商品货币关系，实现了很高水平的统一的全社会公有制，甚至国家也变成了非阶级性国家，从而达到向共产主义过渡的条件。列宁也是如此，强调在社会主义社会是实现了生产资料公有和按劳分配，实行没有商品货币关系的计划经济，消灭了阶级（包括工农阶级差别），国家正在消亡，等等。

按照斯大林和毛泽东关于社会主义的思想，我国在 1956 年社会主义改造结束后宣布基本上建立了社会主义经济制度，依据在于基本建立了生产资料公有制、按劳分配和计划经济为主导的生产关系，尽管社会生产力还相对落后。事实上，宣布中国 1956 年以后进入的社会主义社会，与马克思、恩格斯、列宁关于社会主义社会确立的标准是很远的。关于这个问题，1957 年 1 月，毛泽东在一次讨论知识分子问题的座谈会时指出：说我们已进入了社会主义，进入是进入了，但尚未完成，不要说已经完成；我国的社会主义制度还刚刚建立，还没有完全建成，还不是完全巩固。

那么，对于已经进入社会主义，但不够格、不完备的社会主义在理论上给予一个什么称谓呢？马克思对共产主义第一阶段内未曾再作过什么阶段的划分。列宁 1919 年 12 月在《关于星期六义务劳动》一文中强调说：我们在剥夺了地主资本家之后，只获得了建设初级形式的社会主义的可能性，但是，这里还丝毫没有共产主义的东西。1958 年 11 月，毛泽东在郑州会议上曾经指出过：我们只是进入了不完全、不发达的社会主义，或者叫作社会主义初期阶段。很明显，列宁的"初级形式"社会主义和毛泽东的"初期阶段"，不是我们现在所提的"初级阶段"，因为还没有包含公有制为主体和市场经济体制的内容，但对初级阶段理论具有一定的思想启示，可以视作理论源头。

遗憾的是，关于社会主义社会从"进入"到"建成期间"必须历经很长一个建设时期的理论构想，没有得到很好地坚持并付诸实践。在苏联，列宁的实践过于短促，列宁逝世后，苏联于 1936 年就宣布基本上实现了社会主义。在我国，毛泽东关于"初期阶段"的认识也没有得到很好贯彻。从 20 世纪 50 年代开始，社会主义国家兴起了一阵向共产主义过渡的浪潮，开展各种形式的运动，提出各种各样的口号，用各种方式鼓励人们的"共产主义"热情。这股思潮也影响到我国，1958 年起开始刮"共产风"，企图跑步进入共产主义社会，使得进入社会主义大门以后的社会主义建设事业误入歧途。

前人的理论启示，特别是历史的教训，越来越清楚地告诉人们：搞好社会主义建设的出发点，在于必须给社会主义作科学的历史定位。传统中国社会主义的弊端与超越历史阶段密切相关。党的十一届三中全会后，邓小平一再强调要注重对社会主义发展阶段进行再认识。1980年，他在谈到新中国成立后30年的经验时强调指出：不要离开现实和超越阶段采取一些"左"的办法，这样是搞不成社会主义的。以后，邓小平逐步作出理论概括，直至1987年8月在党的十三大召开前，他在会见意大利共产党领导人时指出：我们党的十三大要阐述中国社会主义是处在一个什么阶段，就是处在初级阶段，是初级阶段的社会主义。社会主义本身是共产主义的初级阶段，而我们中国又处在社会主义的初级阶段，就是不发达的阶段。至此，"社会主义初级阶段"这一概念正式被确立，并被党的十四大、十五大、十六大和十七大报告所不断强调和阐发。胡锦涛同志在党的十七大报告中深刻地指出："强调认清社会主义初级阶段基本国情，不是要妄自菲薄、自甘落后，也不是要脱离实际、急于求成，而是要坚持把它作为推进改革、谋划发展的根本依据。我们必须始终保持清醒头脑，立足社会主义初级阶段这个最大的实际，科学分析我国全面参与经济全球化的新机遇新挑战，全面认识工业化、信息化、城镇化、市场化、国际化深入发展的新形势新任务，深刻把握我国发展面临的新课题新矛盾，更加自觉地走科学发展道路，奋力开拓中国特色社会主义更为广阔的发展前景。"这就又深化了对社会主义初级阶段的认识。

二　初级阶段社会主义的特定社会性质和发展程度

如何看待初级阶段的社会性质？党的十三大报告界定社会主义初级阶段有两层含义：一是表明我国社会已经是社会主义社会，我们必须坚持而不能离开社会主义。二是表明我国社会主义社会还处在初级阶段，我们必须从这个实际出发，而不能超越这个阶段。一是表明性质，二是表明程度。这里的"一"，实际是从生产关系角度界定初级阶段的社会主义的特定性质；"二"是从生产力角度强调这个社会主义初级阶段还很不发达。但在把握这个问题时，对"一"和"二"的关注不能片面。往往对"二"的注重超过"一"，这出于对以往历史的总结和纠偏无可非议，但不能因此疏忽了"一"，因为直接对社会性质的界定，除了生产力方面的基础状况，还仍然要直接以生产关系的状况作为特征和标准的。

社会主义初级阶段同当代资本主义社会的本质差别，在于占主体的所有制性质不同，前者是公有制占主体，后者是私有制占主体；社会主义初级阶段同社会主义非初级阶段（或称后初级阶段），如中级阶段或高级阶段的部分质的区别，应该主要在于生产力水平不同以及由此所引起的所有制结构和生产关系的不同。

目前，我国的生产关系还很不完善，离马列主义阐述的社会主义所要求的生产关系还有很大距离。然而，这个逐步升华和较高程度的生产关系必须是和现实生产力相适应，是具有丰厚生产力基础的先进的生产关系，而不是人为拔高的社会主义生产关系。回顾历史，因为我们不顾生产力的状况，建立同生产力不相适应的"先进"的生产关系，加快了新民主主义向社会主义过渡，并欲结束过渡到共产主义，其结果，使我国的社会主义建设事业曲折坎坷，社会主义制度的优越性不能得到充分体现。同理，如果我们现在一味不顾生产关系方面的要求，不坚持、发展和完善社会主义生产关系和基本经济制度，疏忽对此作深刻理解和正确把握，也会犯"右"的错误，从而有悖于坚持社会主义的方向，以致最终影响社会主义的建成。当然，就目前看，坚持社会主义方向，坚持公有制为主体的原则，必须深化对社会主义初级阶段"公有制为主体，多种所有制共同发展"这一社会所有制结构的理论研究和实践探索。如同党的十七大报告所说，"必须毫不动摇地巩固和发展公有制经济"，"必须毫不动摇地鼓励、支持和引导非公有制经济发展"，做到认识上有深化，实践上有创新。

这里特别要指出，决定初级阶段社会主义的根本因素，在于无论从生产关系角度看，还是从生产力要求看，离完全建成社会主义，或说是结束社会主义初级阶段，尚有很长远的距离。具体地说，不仅是第二层含义中的生产力方面，程度还很低，就是第一层含义的生产关系方面，也有个程度很低的问题。要把两个方面的程度提高，则需要很长时间。因此，社会主义初级阶段是相当长期的历史阶段。党的十三大、十五大、十六大和十七大的报告再次确认这一点，并多次作了充分阐述。

党的十三大报告对初级阶段社会主义做了五个方面的集中阐述，这就是：（1）逐步摆脱贫穷落后；（2）逐步转变为现代化的工业国；（3）逐步转变为商品经济高度发达；（4）建立和发展充满活力的各种体制；（5）艰苦创业以实现中华民族的伟大复兴。

党的十五大报告则进一步对初级阶段社会主义的基本特征作了九个方面的系统概括：（1）社会主义初级阶段，是逐步摆脱不发达状态，基本实现社会主义现代化的历史阶段；（2）是由农业人口占很大比重，主要依靠手工劳动的农业国，逐步转变为非农业人口占多数、包含现代农业和现代服务的工业化国家的历史阶段；（3）是由自然经济半自然经济占很大比重，逐步转变为经济市场化程度较高的历史阶段；（4）是由文盲半文盲人口占很大比重、科技教育文化落后，逐步转变为科技教育文化比较发达的历史阶段；（5）是由贫困人口占很大比重、人民生活水平比较低，逐步转变为全体人民比较富裕的历史阶段；（6）是由地区经济文化很不平衡，通过有先有后的发展，逐步缩小差距的历史阶段；（7）是通过改革和探索，建立和完善比较成熟的充满活力的社会主义市场经济体制、社会主义民主政治体制和其他方面体制的历史阶段；（8）是广大人民牢固树立建设有中国特色社会主义共同理想，自强不息，锐意进取，艰苦奋斗，勤俭建国，在建设物质文明的同时努力建设精神文明的历史阶段；（9）是逐步缩小同世界先进水平的差距，在社会主义基础上实现中华民族伟大复兴的历史阶段。

党的十六大报告在阐述社会主义初级阶段的状况时又指出七点："我国生产力和科技、教育还比较落后，实现工业化和现代化还有很长的路要走；城乡二元经济结构还没有改变，地区差距扩大的趋势尚未扭转，贫困人口还为数不少；人口总量继续增加，老龄人口比重上升，就业和社会保障压力增大；生态环境、自然资源和经济社会发展的矛盾日益突出；我们仍然面临发达国家在经济科技等方面占优势的压力；经济体制和其他方面的管理体制还不完善；民主法制建设和思想道德建设等方面还存在一些不容忽视的问题。"因此，党的十六大通过的新党章再次确认："我国正处于并将长期处于社会主义初级阶段。这是在经济文化落后的中国建设社会主义现代化不可逾越的历史阶段，需要上百年的时间。"

党的十七大报告对初级阶段社会主义社会进入新世纪新阶段后呈现一系列新的阶段性特征作了实事求是的阐述，主要是："经济实力显著增强，同时生产力水平总体上还不高，自主创新能力还不强，长期形成的结构性矛盾和粗放型增长方式尚未根本改变；社会主义市场经济体制初步建立，同时影响发展的体制机制障碍依然存在，改革攻坚面临深层次矛盾和问题；人民生活总体上达到小康水平，同时收入分配差距拉大趋势还未根本扭转，城乡贫困人口和低收入人口还有相当数量，统筹兼顾各方面利益难度加大；协调发展取得显著成绩，同时农业基础薄弱、农村发展滞后的局面尚未改变，缩小城乡、区域发展差距和促进经济社会协调发展任务艰巨；社会主义民主政治不断发展、依法治国基本方略扎实贯彻，同时民主法制建设与扩大人民民主和经济社会发展的要求还不完全适应，政治体制改革需要继续深化；社会主义文化更加繁荣，同时人民精神文化需求日趋旺盛，人们思想活动的独立性、选择性、多变性、差异性明显增强，对发展社会主义先进文化提出了更高要求；社会活力显著增强，同时社会结构、社会组织形式、社会利益格局发生深刻变化，社会建设和管理面临诸多新课题；对外开放日益扩大，同时面临的国际竞争日趋激烈，发达国家在经济科技上占优势的压力长期存在，可以预见和难以预见的风险增多，统筹国内发展和对外开放要求更高。这些情况表明，经过新中国成立以来特别是改革开放以来的不懈努力，我国取得了举世瞩目的发展成就，从生产力到生产关系、从经济基础到上层建筑都发生了意义深远的重大变化，但我国仍处于并将长期处于社会主义初级阶段的基本国情没有变，人民日益增长的物质文化需要同落后的社会生产之间的矛盾这一社会主要矛盾没有变。当前我国发展的阶段性特征，是社会主义初级阶段基本国情在新世纪新阶段的具体表现。"

应该说，党的十三大、十五大和十六大报告，对社会主义初级阶段特征和任务的阐述，都不仅包括了生产力方面的内容，而且还包括了生产关系和上层建筑方面的内容。此外，无论是党的十三大报告中的三个"逐步"，党的十五大报告中的七个"逐步"，党的十六大报告中的七个要逐步摆脱的状况，还是党的十七大报告中的"八个同时"，加上四个报告中所使用的其他量度性很强的词汇，都深刻表明了完成初级阶段历史使命的长期性，这需要几代人共同为之而努力奋斗。

三　立足初级阶段和基本路线，全面建设中国特色社会主义

建设中国特色的社会主义，这个命题表明要有特色地建设社会主义。"特色"的基本含义，便是把马克思主义基本原理与"世情"特别是"国情"和"党情"相结合，在建设社会主义的过程中要走出自己的独特道路，既不是步苏东国家后尘而倒退到资本主义经济政治文化制度去，也不是固守中国传统社会主义模式。为此，必须坚定不移地立足初级阶段来建设社会主义，以实现十七大所强调的二〇二〇年实现全面建成小康社会的奋斗目标。这就是："我们已经朝着十六大确立的全面建设小康社会的目

标迈出了坚实步伐，今后要继续努力奋斗，确保到二〇二〇年实现全面建成小康社会的奋斗目标。""到二〇二〇年全面建设小康社会目标实现之时，我们这个历史悠久的文明古国和发展中社会主义大国，将成为工业化基本实现、综合国力显著增强、国内市场总体规模位居世界前列的国家，成为人民富裕程度普遍提高、生活质量明显改善、生态环境良好的国家，成为人民享有更加充分民主权利、具有更高文明素质和精神追求的国家，成为各方面制度更加完善、社会更加充满活力而又安定团结的国家，成为对外更加开放、更加具有亲和力、为人类文明作出更大贡献的国家。"

立足初级阶段来全面进行中国特色社会主义经济、政治、文化和社会"四位一体"的建设，就必须坚持党在社会主义初级阶段的基本路线和基本纲领。党的基本路线是党在一定历史时期为解决社会主要矛盾而制定的行动纲领，是总揽全局的根本指导方针，是党制定各项具体方针、政策的依据，是全党统一思想统一行动的基础。

在我们党的历史上，曾经提出过五次基本路线或总路线。一是在民主革命时期，我们党提出了新民主主义革命时期的总路线，取得了新民主主义革命的伟大胜利。二是新中国成立以后，1952年下半年开始提出，1953年作了完整表述的，从新民主主义到社会主义过渡时期的总路线，取得了社会主义改造的成功，建立了社会主义基本制度。三是1956年9月提出过党的八大"路线"，可惜，这条正确路线不久就被放弃了。四是1958年党的八大二次会议通过了"鼓足干劲、力争上游、多快好省地建设社会主义"的总路线。这条路线虽然反映了人民群众迫切要求改变我国经济文化落后面貌的愿望，但带有急于求成的"左"的指导思想色彩，结果导致了"大跃进"以及刮"共产风"的失误。五是1962年党的八届十中全会上，毛泽东强调社会主义社会还存在着阶级、阶级矛盾和阶级斗争，存在着社会主义同资本主义两条道路的斗争，存在着资本主义复辟的危险性，并提出了以阶级斗争为纲的基本路线。这条基本路线导致了"文化大革命"这场全局性、长时间的"左"倾严重错误，给国家和人民带来了灾难。可见，我们党制定的历次基本路线的正确与否，均会给党、祖国和人民的命运和前途形成重大的影响。

党的十一届三中全会以后，我们党不断深化对初级阶段和初级阶段主要矛盾等的认识，于1987年10月党的十三大系统地阐述了社会主义初级阶段理论，并在总结历史经验教训的基础上，明确完整地概括了党在社会主义初级阶段的基本路线，即"领导和团结全国各族人民，以经济建设为中心，坚持四项基本原则，坚持改革开放，自力更生，艰苦创业，为把我国建设成为富强、民主、文明的社会主义现代化国家而奋斗"。

党的十三大以后，我们党一直坚持这条正确的基本路线，在发展社会生产力、提高人民生活水平和综合国力各层面均取得了举世瞩目的伟大成就。在党的十六大上，江泽民同志再次强调全党要毫不动摇地坚持党在社会主义初级阶段的基本路线，把以经济建设为中心同四项基本原则、改革开放这两个基本点统一于建设中国特色社会主义的伟大实践之中，并且提出了"全面建设小康社会的目标"和"本世纪头二十年经济建设和改革的主要任务"，从而科学地描绘出初级阶段社会主义新的发展面貌和宏伟蓝图，也就是说，全面建设小康社会是我国社会主义初级阶段中一个十分重要的新阶段。

面对新世纪新阶段，党的十七大报告正确地指出："科学发展观，是立足社会主义初级阶段基本国情，总结我国发展实践，借鉴国外发展经验，适应新的发展要求提出来的。"又强调"深入贯彻落实科学发展观，要求我们始终坚持'一个中心、两个基本点'的基本路线。党的基本路线是党和国家的生命线，是实现科学发展的政治保证。以经济建设为中心是兴国之要，是我们党、我们国家兴旺发达和长治久安的根本要求；四项基本原则是立国之本，是我们党、我们国家生存发展的政治基石；改革开放是强国之路，是我们党、我们国家发展进步的活力源泉。要坚持把以经济建设为中心同四项基本原则、改革开放这两个基本点统一于发展中国特色社会主义的伟大实践，任何时候都决不能动摇"。

当前，立足初级阶段和基本路线，全面建设中国特色社会主义，需要继续解放思想。继续解放思想有广阔的空间，凡是不符合、不利于中国特色社会主义和深入落实科学发展观的一切观念、理论、体制、机制、政策和措施，都应当突破，逐步地消除和克服。就十七大报告强调的"四位一体"建设来说，具体内容可包括：在经济建设上，要重点突破公有制不能与市场经济高效结合的中外传统思维，以及唯 GDP 的传统经济发展方式和机制，继续完善社会主义性质的市场经济体制和根本转变经济发展方式（含对外经济发展方式）。在政治建设上，要重点突破不能推进超越西方资本主义宪政的社会主义新型宪政的传统思维，继续完善党内民主与社会（人民）民主互动型的社会主义民主政治体制机制。在文化建设上，要重点突破偏离社会主义核心价值体系的各种貌新实旧的思维，继续完善社会主义先进文化发展的体制机制。在社会建设上，要重点突破公平与效率高低反向变动的替代思维，塑造公平与效率高低同向变动的互促思维及其政策，以此为基础继续完善以民生为轴心的社会主义和谐社会。

我们坚信，在中国共产党领导下，立足基本国情，以经济建设为中心，坚持四项基本原则，坚持改革开放，解放和发展社会生产力，巩固和完善社会主义制度，建设社会主义市场经济、社会主义民主政治、社会主义先进文化、社会主义和谐社会，就一定能够早日实现建设富强民主文明和谐的社会主义现代化国家的宏伟目标。

四 中国特色社会主义关于初级阶段经济观的独创性

在近现代政治经济学和科学社会主义发展史上，邓小平创立的中国特色社会主义理论关于初级阶段社会主义的经济观具有独创性和新颖性。其初级阶段社会主义经济观及其制度公式 = 公有制主体 + 按劳分配主体 + 调控型市场经济。具体说来，就是在所有制结构层面，实行市场化的多种公有制并占主体，保持在质上和量上的优势，同时发展各类非公有制经济，成为所有制结构中的辅体。在分配结构层面，实行市场型的多种按劳分配并占主体，同时发展各类按资分配，成为分配结构中的辅体。在资源配置或调节机制层面，实行以市场调节为基础的市场经济制度，同时保持较强的国家调节。

中国特色社会主义关于初级社会主义的经济制度观具有重要的理论和实践意义，打破了西方学界和政界至今仍占主流的近现代经济学和政治学的陈腐教条，把作为主体的公有制度与市场经济制度相结合。若操作得法，社会主义或公有制可以比资本主义或私有制更适合市场经济制度，产生更高的整体绩效和社会公平。

难解的问题在于：中国特色社会主义的这一独创性理论同以前的马克思主义经典理论是什么关系呢？马克思、恩格斯和列宁的社会主义经济制度观及其公式 = 完全社会所有制 + 完全社会按劳分配 + 完全计划经济。那种认为列宁主张社会主义有商品生产和商品交换的看法是不精确的，因为他与马克思和恩格斯一样，强调从资本主义社会向社会主义社会过渡的时期，才存在商品货币关系。而斯大林和毛泽东降低了社会主义的经济制度标准，其社会主义经济制度观及其公式 = 两种公有制 + 货币型按劳分配 +

商品型计划经济。

笔者的独特研究看法是：上述马克思主义经典作家关于进入社会主义起点标志的不同观点，属于三种科学社会主义及其经济制度观；由于划分标准的独特性，因而狭义的三种科学社会主义观都是可以成立的，各个社会主义国家可以自由选择（越南实行"定向社会主义的市场经济"，就选择了马克思、恩格斯、列宁这种社会主义观），并不妨碍广义社会主义的建设和改革；不过，我们没有必要用其中的一种理论去有意贬低或否定另外两种理论，因为他们属于划分标准的分歧，而非社会发展本质和最终方向的区别；中国特色社会主义关于初级阶段社会主义经济观的真正贡献，在于共产党执政后不是急于消灭市场经济和私有制，而是有效利用它们去为社会主义服务。

应当指出，邓小平创立的中国特色社会主义关于初级阶段社会主义经济制度和社会主义本质的理论，同当代社会党国际的民主社会主义或社会民主主义理论有本质上的区别。后者认为，社会主义的制度特征和本质是"自由、公正、互助"。自由是指每个人都可以发展自己的个性，参与政治、经济和文化活动；公正是指每个人都享有各种机会均等，其中包括社会保障、财产和收入以及权利的平等分配；互助是指个人之间相互乐于彼此承担责任，使别人获得与自己同等的平等和自由权利。国内个别学者与此相似的新表述为：社会主义＝社会公正＋市场经济。实际上，此类貌似新颖的表述背离了中国特色社会主义的经济观，抛弃了公有制和按劳分配占主体，其结果，是不可能较充分地实现"自由、公正、互助"，也不可能建设好社会主义类型和性质的市场经济，并影响社会主义民主政治、先进文化与和谐社会的全面建设。

（原载《中共云南省委党校学报》2008 年第 6 期，第一作者为徐惠平）

第九节　坚持和发展中国特色社会主义理论和实践

党的十七大报告指出，改革开放以来我们取得一切成绩和进步的根本原因，归结起来就是：开辟了中国特色社会主义道路，形成了中国特色社会主义理论体系。当前，我们要坚持这条道路和这个理论体系，就要充分认识高举中国特色社会主义伟大旗帜的意义，并深刻把握中国特色社会主义的基本内涵及与民主社会主义的本质区别。

一　高举中国特色社会主义旗帜的重大意义

经过近 30 年的深刻社会变革，我国社会处于新的历史起点上；东方的"睡狮"已经醒来并大踏步走向世界，成为世界经济发展的重要引擎；世界社会主义运动在曲折中探索复兴之路。在这一历史进程的关键时刻，中国共产党的十七大对中国未来绘出怎样的发展蓝图，必然既牵动着全中国人民的心，也牵系着世界五大洲的目光。

在举国关注、举世瞩目的中国共产党第十七次全国代表大会上，胡锦涛总书记代表十六届中央委员会作的报告，全面把握了我国发展所处的历史方位，科学描绘出我国改革开放和社会主义现代化建设的发展前景，是中国共产党面向世界、面向未来的政治宣言，是引领全国各族人民继续为实现全面建设小康社会目标而团结奋斗的行动纲领。这个报告最突出的特点，就是鲜明地高举中国特色社会主义的伟大旗帜，对党内外、国内外关于我们党今后举什么旗、走什么路这一普遍关注的重大问题集中而鲜明的回答。

虽然探索中国自己的社会主义发展道路，是新中国成立以来党领导人民进行的不懈追求，虽然邓小平在我国进入改革开放新时期就把建设中国特色社会主义作为基本结论明确提出，虽然党的十二大以来的历届全国代表大会都贯彻着中国特色社会主义这一基本主题和基本目标，但党的十七大第一次在党的全国代表大会的报告中强调中国特色社会主义是我们的旗帜，意义仍然重大而深远。

恩格斯曾说，一个政党的正式纲领，就是公开树立起来的旗帜。[①] 建设中国特色的社会主义，是我们党在整个社会主义探索过程中特别是改革开放以来的新探索中全部理论成果的集中体现，是我们党在目前这个历史阶段的行动纲领。党的十七大鲜明地高举起中国特色社会主义这面旗帜，表明我们党对中国特色社会主义的认识更深化、更丰富、更全面、更坚定了。纲领就是旗帜，明确的纲领就是鲜明的旗帜，纲领的科学性和坚定性，决定着旗帜的鲜明性和号召力。

---

① 《马克思恩格斯选集》第 3 卷，人民出版社 1995 年版，第 325 页。

旗帜就是指导方针，它表明我们以当代中国发展着的马克思主义指导新的实践；旗帜就是理想和信念，它表明中国特色社会主义已成为全民族的共同理想和信念，成为最大限度地凝聚人心、团结全国各族人民共同奋斗的精神力量；旗帜就是方向和道路，它显示了我们坚定地走自己创造的社会主义现代化道路的决心，它表明我们明确了能够代表中国广大人民的根本利益并带来福祉的中华民族复兴之路，停顿和倒退是没有出路的，走新自由主义或民主社会主义的资本主义道路，更是邪路一条，而只有建设中国特色的社会主义，才能使人民富裕幸福，国家兴旺发达。可见，中国特色社会主义是当代中国发展进步的旗帜，是全党、全国各族人民团结奋斗的旗帜。

中国特色社会主义能够成为当代中国发展进步的旗帜，首先在于它坚持了科学社会主义的基本原则。科学社会主义作为人类文明进步的旗帜，是其创始人运用历史唯物主义的科学方法，揭示了社会发展进步的一般规律和人类追求的共同理想，人类社会发展的基本趋势和共同方向。科学社会主义创始人虽然揭示了社会主义最终必然代替资本主义的历史基本趋势，但并没有先验地描绘未来新社会的具体细节，只是揭示了未来新社会的一般本质和一般特征，他们反对把科学社会主义变为"一般历史哲学理论"的万能钥匙，并且把社会主义看作是一个充满运动、经常变化的历史有机体。因此，中国特色社会主义，在本质上就是科学社会主义的一种现实形态。高举这面旗帜，就与非科学社会主义的思潮和道路划清了界线。

中国特色社会主义能够成为当代中国发展进步的旗帜，还在于它是扎根于中国现实的有生命力、有活力的社会主义。现实中的社会主义是依据人类发展的一般规律，在特定历史条件下的创造性实践过程。科学社会主义要从理论转变为现实，必须与每个国家的社会实际相结合，并依据时代特征赋予其民族和时代特色。正如邓小平指出的，"社会主义必须是切合中国实际的有中国特色的社会主义"。实践表明，脱离初级阶段的现实社会历史条件搞社会主义，是不可能成功的；完全照抄、照搬别国模式，也行不通，必须坚持科学社会主义的基本原则，结合特定的社会历史条件进行探索和创造。

胡锦涛总书记在党的十七大报告中精辟概括中国特色社会主义道路的基本内涵，就是在中国共产党领导下，立足基本国情，以经济建设为中心，坚持四项基本原则，坚持改革开放，解放和发展社会生产力，巩固和完善社会主义制度，建设社会主义市场经济、社会主义民主政治、社会主义先进文化、社会主义和谐社会，建设富强、民主、文明、和谐的社会主义现代化国家。

历史和现实一再表明，中国特色社会主义道路是当代中国发展进步的唯一正确的道路，实现国家富强、民族振兴、人民幸福的唯一正确的道路。只有社会主义才能救中国，是历史的结论；只有中国特色社会主义才能发展中国，是现实和时代的要求。中国特色社会主义，是中国共产党和中国人民在特定的世界历史环境和中国历史条件下的伟大创造，既是历史的逻辑、时代的要求，也是历史的选择、人民的选择，是我们夺取全面建设小康社会新胜利、推进社会主义现代化、实现中华民族伟大复兴的必由之路。

十七大报告提到"世情、国情、党情"，我们认为这"三情"很关键，应当以"世情为鉴、国情为据、党情为要"。世情为鉴，是讲我们要以其他国家和地区的发展经验教训为借鉴；国情为据，是讲我们要以我国社会主义初级阶段的具体国情为依据；党情为要，是讲我们要以中国共产党的实际党情为领要。十六大以来，以胡锦涛同志为核心的党中央把对中国特色社会主义事业总体布局的认识，从三位一体扩展为四位一体，即经济建设、政治建设、文化建设和社会建设，并加强党的建设和国防建设。这是对中国特色社会主义的丰富和发展。以胡锦涛同志为核心的党中央提出科学发展观和构建社会主义和谐社会等一系列重大战略思想，是马克思主义中国化的最新成果，是中国特色社会主义的重要组成部分。事实上，无论是坚持和发展中国特色社会主义，还是提出和深入贯彻落实科学发展观，都是立足社会主义初级阶段基本国情，总结我国发展实践，借鉴国外发展经验，适应世情、国情和党情新的发展要求提出来的，并顺应了党心和民心。

因此，我们要乘党的十七大之东风，更紧密团结在以胡锦涛同志为核心的党中央周围，高举中国特色社会主义的伟大旗帜，坚持党在社会主义初级阶段的基本路线，继续解放思想，不断创新，锐意改革，不懈奋斗，努力把中国特色社会主义继续推向前进，早日实现和谐的全面小康社会。

二　中国特色社会主义的基本特征和内涵

目前，我们理论工作者须积极响应党的十七大报告关于要继续深化对中国特色社会主义理论和实践的研究和探索的号召，科学阐明中国特色社会主义的基本特征和内涵，并分清与民主社会主义的本质区别，以便中国特色社会主义的道路越走越宽、越走越顺。

第一，从指导思想层面看，中国特色社会主义坚持马克思主义的指导地位。中国特色社会主义主张用马克思主义为灵魂的社会主义核心价值体系，引领各种社会思潮和社会主义实践。马克思主义作为科学的世界观和方法论，是社会主义运动的理论基础，应该在中国特色社会主义实践中占指导地位。以马克思主义为指导，就是要把马克思主义普遍原理与中国现阶段的实际结合起来，指导中国特色社会主义实践，研究新情况，总结新经验，解决新问题。马克思主义是一个开放的、随着科学和实践的发展而不断前进的科学体系，具有强大的持久生命力和科学的解释力。因此，在胡锦涛总书记的报告中，强调"中国特色社会主义道路之所以完全正确、之所以能够引领中国发展进步，关键在于我们既坚持了科学社会主义的基本原则，又根据我国实际和时代特征赋予其鲜明的中国特色"；"深入学习马克思列宁主义、毛泽东思想、邓小平理论和'三个代表'重要思想，在全党开展深入学习实践科学发展观活动，坚持用发展着的马克思主义指导客观世界和主观世界的改造，进一步把握共产党执政规律、社会主义建设规律、人类社会发展规律，提高运用科学理论分析和解决实际问题能力"。

民主社会主义反对把马克思主义作为唯一的指导思想，主张世界观和指导思想的多元化，提倡社会主义思想构成和来源的多样性。他们把基督教学说、法国大革命的人权宣言、康德的伦理学与启蒙思想、黑格尔的辩证历史哲学、伯恩施坦的修正主义、凯恩斯主义经济学等都作为自己的思想来源和构成，将多种思想观点熔为一炉，冠之为"多元化"和"思想民主"。

第二，从经济制度层面看，中国特色社会主义坚持市场经济条件下生产资料公有制的主体地位。中国特色社会主义认为，社会主义与资本主义在基本经济制度上具有决定意义的差别就在于生产资料社会所有制结构（邓小平语），以质与量都占优势的生产资料公有制为主体、国有经济为主导，对于强国富民、国民凝聚力和建设社会主义具有举足轻重的作用，是共产党执政等上层建筑的社会主义性质的经济基础（江泽民语）。尽管由于目前中国生产力不发达，还不能实现完全的生产资料公有制，但在发展各种私有制经济的同时必须坚持公有制的主体地位。只有坚持市场经济条件下公有制的主体地位，才能真正完善以按劳分配为主体的财富和收入分配制度，实现共同富裕和公平正义，才能真正落实以人为本的科学发展观，实现国民经济又好又快地良性发展。因此，在胡锦涛总书记的报告中强调"坚持和完善公有制为主体、多种所有制经济共同发展的基本经济制度，毫不动摇地巩固和发展公有制经济，毫不动摇地鼓励、支持、引导非公有制经济发展"。

民主社会主义否定生产资料公有制的主体地位，认为社会主义可以在不改变生产资料资本主义私有制的条件下实现，声称生产资料主体结构不是衡量社会性质的标准。他们主张在维持多种私有制主体的基础上，实行国有企业、私人企业和其他经济成分并存的"混合经济"制度，并维护以按资分配为主体的财富和收入分配制度。

第三，从政治制度层面看，中国特色社会主义坚持工人阶级政党的领导。中国特色社会主义坚持共产党的工人阶级先锋队性质和民主集中制原则，坚持共产党对社会主义事业的领导。在新的科学技术革命面前，工人阶级仍然是先进生产力发展要求的代表和先进生产关系的体现者，仍然是推翻资本主义，建设社会主义、共产主义历史使命的承担者。在多种社会阶层出现和并存的新格局下，共产党仍然必须保持工人阶级先锋队的性质，全心全意依靠工人阶级。现阶段实行共产党领导下的多党合作和政治协商制度，而民主集中制是共产党及其执政国家的根本组织原则和组织制度，是正确处理党内外各种关系的政治准则。因此，在胡锦涛总书记的报告中，强调"深化政治体制改革，必须坚持正确政治方向，以保证人民当家作主为根本，以增强党和国家活力、调动人民积极性为目标，扩大社会主义民主，建设社会主义法治国家，发展社会主义政治文明"。

各种名称的社会党和社会党国际否定工人阶级政党领导的必要性，反对民主集中制原则。公开宣称他们的党是由具有不同信仰和思想的人组成的一个共同体，不是一个阶级的党，而是"全民党"。他们认为，由于生产力的变化，工人阶级已经丧失其为历史动力的主导作用，社会主义将由那些随着生产力发展而出现的社会阶层来领导，而不是由工人阶级来领导。同时，与他们提倡的民主化、多元化相适应，他们反对一切情况下的一党领导制，提倡资产阶级多党轮流执政的国体。在党的组织原则上，他们反对必要的集中制和党员的先进性和模范作用，不主张严格的组织纪律。他们只反对传统社会主义的首脑（官员）独断型民主模式，而不反对私人垄断型民主模式，缺乏官民互动型民主模式的改革目标。

第四，从对外关系层面看，中国特色社会主义坚持推动世界和谐发展。中国特色社会主义在对外关系理论和政策上都真正主张平等互利，和平合作，切实推动世界和谐发展。中国在政治、军事、经济和文化等各个对外领域，永远不称霸，强调国家不分大小强弱，一律平等。要超越意识形态和社会制度不同，来处理国家间的多种关系和全球问题。在全球化大趋势中，各国之间政治上要友好协商而不单边强权，军事上要限于自防而不先发制人，经济上要合作互利而不以邻为壑，文化上要交流互学而不损人利己。具有中国特色的社会主义中国以经济建设为中心，自然要通过经济开放积极参与经济全球化，为强国富民和全世界作出应有的贡献。因此，在胡锦涛总书记的报告中，强调"我们主张，各国人民携手努力，推动建设持久和平、共同繁荣的和谐世界。为此，应该遵循联合国宪章宗旨和原则，恪守国际法和公认的国际关系准则，在国际关系中弘扬民主、和睦、协作、共赢精神"。

民主社会主义表面上赞成对外关系要平等、和平，而实际行动上经常背离。在两次世界大战中、二战以后和后冷战以来，许多国家的社会党实行对外军事扩张和入侵，推行经济、政治和文化的霸权主义和新帝国主义政策，强调一霸数强型的单边独裁或多边垄断，破坏了联合国主导型的全球民主治理。

第五，从终极目标层面看，中国特色社会主义坚持社会主义本质和共产主义奋斗目标。中国特色社会主义坚持解放生产力、发展生产力，消灭剥削，消除两极分化，实现共同富裕的社会主义本质和原则，并最终要在生产力极大发展的社会主义基础上，实现共产主义。这是一个漫长的历史演变过程和制度创新历程。因此，在胡锦涛总书记的报告中，强调"加强党员、干部理想信念教育和思想道德建设，使广大党员、干部成为实践社会主义核心价值体系的模范，做共产主义远大理想和中国特色社会主义共同理想的坚定信仰者、科学发展观的忠实执行者、社会主义荣辱观的自觉实践者、社会和谐的积极促进者"。

　　民主社会主义抛弃共产主义奋斗目标，从资产阶级的理性和伦理原则如自由、平等、公正、互助等出发，提出民主社会主义的目标是为一个社会公正、自由民主、世界和平的制度而奋斗。他们认为资本主义社会各种弊病和矛盾产生的根源不在于资本主义根本经济、政治和文化制度本身，也不在于阶级剥削和压迫的存在，而是违背了所谓人类一般的理性、伦理原则。要解决资本主义的痼疾，不需要替代资本主义根本制度，只要按照上述原则不断地对其改良即可。

　　［原载《南京理工大学学报》（社会科学版）2008 年第 5 期，第二作者为徐惠平］

第三章　新时代中国特色社会主义思想研究

第一节　论新时代的伟大斗争

"四个伟大"思想以"伟大斗争"为方式方法、以"伟大工程"为保障支撑、以"伟大事业"为路径进程和以"伟大梦想"为目标方向，揭示了我们党在中国特色社会主义新时代的政治理念、政治理想和政治目标。

一　"四个伟大"是习近平新时代中国特色社会主义思想的重要组成部分

"实现伟大梦想，必须进行伟大斗争。社会是在矛盾运动中前进的，有矛盾就会有斗争。我们党要团结带领人民有效应对重大挑战、抵御重大风险、克服重大阻力、解决重大矛盾，必须进行具有许多新的历史特点的伟大斗争，任何贪图享受、消极懈怠、回避矛盾的思想和行为都是错误的。……全党要充分认识这场伟大斗争的长期性、复杂性、艰巨性，发扬斗争精神，提高斗争本领，不断夺取伟大斗争新胜利。"[①] 习近平总书记在十九大报告中再次向全党和全国人民发出要进行新时代伟大斗争的号召。"四个伟大"思想随后写进党的十九大决议，成为马克思主义中国化和 21 世纪马克思主义的最新发展和最新成果。

2017 年 7 月，在党的十九大召开前夕的部署动员讲话中，习近平指出，"在新的时代条件下，我们要进行伟大斗争、建设伟大工程、推进伟

---

① 习近平：《决胜全面建成小康社会　夺取新时代中国特色社会主义伟大胜利》，《人民日报》2017 年 10 月 28 日。

大事业、实现伟大梦想，仍然需要保持和发扬马克思主义政党与时俱进的理论品格，勇于推进实践基础上的理论创新"①，第一次提出"四个伟大"思想。"四个伟大"随后写进了党的十九大报告和新修订的党章之中，成为全党的指导思想。② "四个伟大"思想明确了开辟中国特色社会主义新时代的方式方法、保障支撑、路径进程和目标方向，揭示了我们党在新时代的政治理念、政治理想和政治目标，体现了我们党在新时代的使命担当和即将胜利完成第一个百年奋斗目标，顺利迈向实现第二个百年奋斗目标的战略谋划③，是习近平新时代中国特色社会主义思想的重要内容。

二　新时代"伟大斗争"的领域、内容、方式和方法

习近平总书记主持起草的党的十八大报告指出，"发展中国特色社会主义是一项长期的艰巨的历史任务，必须准备进行具有许多新的历史特点的伟大斗争"④，首次提出了要进行伟大斗争的思想。在十九大报告中，"伟大斗争"和"斗争"共出现了 23 次。那么，具有新时代的历史特点的伟大斗争存在哪些领域、具体什么内容、应采取什么方式和方法呢？

1. 关于伟大斗争存在的领域。2016 年 1 月，习近平同志针对长期以来不讲斗争的现象，在省部级主要领导干部学习专题研讨班上强调了伟大斗争表现在经济、政治、文化、社会、外交和军事等六个领域。他指出："我们必须积极主动、未雨绸缪，见微知著、防微杜渐，下好先手棋，打好主动仗，做好应对任何形式的矛盾风险挑战的准备，做好经济上、政治上、文化上、社会上、外交上、军事上各种斗争的准备，层层负责、人人担当。"⑤ 可见，伟大斗争涉及经济、政治、文化、社会、生态、党建、外交、军事等各个领域和各条战线，贯穿在"五位一体"总体布局和

---

① 参见《习近平在省部级主要领导干部"学习习近平总书记重要讲话精神，迎接党的十九大"专题研讨班开班仪式上发表重要讲话，强调高举中国特色社会主义伟大旗帜，为决胜全面小康社会实现中国梦而奋斗》，《人民日报》2017 年 7 月 28 日。

② 参见《中国共产党党章（中国共产党第十九次全国代表大会部分修改，2017 年 10 月 24 日通过）》，《人民日报》2017 年 10 月 29 日。

③ 参见刘云山《领导干部要注重提高政治能力》，《学习时报》2017 年 9 月 11 日。

④ 参见中央文献研究室编《十八大以来重要文献选编》上册，中央文献出版社 2014 年版，第 11 页。

⑤ 习近平：《在省部级主要领导干部学习贯彻党的十八届五中全会精神专题研讨班上的讲话》，《人民日报》2016 年 5 月 10 日。

"四个全面"战略布局等整个中国特色社会主义伟大事业之中。我们要发扬积极主动、迎难而上、敢于担当、善于作为的斗争精神，进行具有新时代历史特点的伟大斗争。

2. 关于改革方面的伟大斗争。2017 年 8 月，习近平总书记指出："改革是我们进行具有新的历史特点的伟大斗争的重要方面。"① 在党的十九大报告中，习近平总书记在阐述伟大斗争内涵时又强调："更加自觉地维护人民利益，坚决反对一切损害人民利益、脱离群众的行为；更加自觉地投身改革创新时代潮流，坚决破除一切顽瘴痼疾。"② 党的十一届三中全会以来，我们党始终高举改革的大旗，取得了举世瞩目的成绩。特别是党的十八大以来，以习近平同志为核心的党中央敢于啃硬骨头、勇于涉深水区，在经济、政治、文化、社会、生态、党建、外交、军事等多方面都取得新进展和实现新突破，开拓了改革的新局面和新气象。以供给侧改革为主线推动我国经济发展由高速度向高质量转变，以党的自我改革为抓手全面推进党的政治、思想、组织、作风和纪律建设并取得了明显成效，改革发展的成果由人民共享的理念深入人心并得到切实贯彻。

3. 关于意识形态斗争和党内思想斗争。2013 年 8 月，习近平总书记指出："意识形态工作是党的一项极端重要的工作。""要巩固马克思主义在意识形态领域的指导地位，巩固全党全国人民团结奋斗的共同思想基础。"而且要求"党员、干部要坚定马克思主义、共产主义信仰，脚踏实地为实现党在现阶段的基本纲领而不懈努力，扎扎实实做好每一项工作"。③ 根据习近平重要讲话精神而作出的《关于新形势下军队政治工作若干问题的决定》指出："带头弘扬和践行社会主义核心价值观，持续培育当代革命军人核心价值观，发挥先进军事文化涵养教化作用，打好意识形态斗争主动仗，确保部队纯洁巩固。……浓厚党内生活原则空气，开展积极健康的党内思想斗争和经常性思想互助，强化基层党组织功能，建设

---

① 《习近平主持召开中央全面深化改革领导小组第三十八次会议强调，加强领导，总结经验，运用规律，站在更高起点谋划和推进改革》，《人民日报》2017 年 8 月 29 日。

② 习近平：《决胜全面建成小康社会　夺取新时代中国特色社会主义伟大胜利》，《人民日报》2017 年 10 月 28 日。

③ 《习近平在全国宣传思想工作会议上强调，胸怀大局，把握大势，着眼大事，努力把宣传思想工作做得更好》，《人民日报》2013 年 8 月 21 日。

坚强的战斗堡垒。"① 在中国特色社会主义新时代，以习近平同志为核心的党中央十分重视意识形态领域的斗争，中央政治局经常集体学习马克思主义理论，每年都发文通报意识形态工作的形势和任务等，充分展示了我们党对意识形态工作的高度重视。党的十九大报告再次强调，"意识形态领域斗争依然复杂，国家安全面临新情况"②。

因此，"我们要巩固马克思主义在意识形态领域的指导地位，批判党内外和国内外各种错误思潮，在事关意识形态领域政治原则和大是大非问题上，有理有利有节开展意识形态斗争，帮助干部群众划清是非界限、澄清模糊认识，凝聚最大共识"③。

4. 关于反腐败斗争。2013 年 1 月，习近平总书记首次提到反腐败斗争，强调要"坚定不移把党风廉政建设和反腐败斗争引向深入"④。在各项伟大斗争中，这是习近平使用次数最多的词汇，他指出我们一定能赢得反腐败斗争，"这场输不起也决不能输的斗争"⑤。与此相关的，还有"自觉同特权思想和特权现象作斗争"的提法。⑥ 频繁使用这类词汇，与 5 年来以反腐败斗争为重点的从严治党的实践是完全吻合的。正是以习近平同志为核心的党中央客观评估反腐败形势、有力领导反腐败决策部署，"腐败蔓延势头得到有效遏制，反腐败斗争压倒性态势已经形成，不敢腐的目标初步实现，不能腐的制度日益完善，不想腐的堤坝正在构筑，党内政治生活呈现新的气象"⑦。

5. 关于净化党内政治生态的斗争。2016 年 6 月，习近平总书记强调：

① 《中共中央转发〈关于新形势下军队政治工作若干问题的决定〉》，《人民日报》2015 年 1 月 31 日。

② 习近平：《决胜全面建成小康社会 夺取新时代中国特色社会主义伟大胜利》，《人民日报》2017 年 10 月 28 日。

③ 程恩富、王中保：《新的时代条件下"伟大斗争"的丰富内涵》，《经济日报》2017 年 9 月 8 日。

④ 《习近平在十八届中央纪委二次全会上发表重要讲话，强调更加科学有效地防治腐败，坚定不移把反腐倡廉建设引向深入》，《人民日报》2013 年 1 月 23 日。

⑤ 习近平：《在第十八届中央纪律检查委员会第六次全体会议上的讲话》，《人民日报》2016 年 5 月 3 日。

⑥ 《习近平在省部级主要领导干部学习贯彻十八届六中全会精神专题研讨班开班式上发表重要讲话，强调以解决突出问题为突破口和主抓手，推动党的十八届六中全会精神落到实处》，《人民日报》2017 年 2 月 14 日。

⑦ 《习近平在十八届中央纪委七次全会上发表重要讲话，强调全面贯彻落实党的十八届六中全会精神，增强全面从严治党系统性创造性实效性》，《人民日报》2017 年 1 月 7 日。

"严肃党内政治生活、净化党内政治生态是伟大斗争、伟大工程的题中应有之义，是我们党坚持的性质和宗旨的重要法宝，是我们党实现自我净化、自我完善、自我革新、自我提高的重要途径。"① "先进性和纯洁性是马克思主义政党的本质属性，我们加强党的建设，就是要同一切弱化先进性、损害纯洁性的问题作斗争，祛病疗伤，激浊扬清。"②

我们要切实响应党中央的号召，坚决纠正"对违反政治纪律的错误言行不在意、不报告、不抵制、不斗争"、"对歪风邪气不抵制不斗争"③的现象，在新的党的建设伟大工程推进进程中，积极开展健康的政治生态净化斗争。以自我革命的政治勇气，自觉地把党纪国法紧一紧、党性修养正一正、党员义务理一理，切实解决理想信念淡薄、组织纪律松散、为民服务意识不强、对错误言行视而不见、对歪风邪气斗争不利等突出问题，不断净化党员队伍和党内政治生态，使我们党始终成为带领广大人民群众投身伟大社会主义建设事业的马克思主义性质的执政党。

6. 关于法治方面的斗争。2015 年 2 月，习近平总书记提出："要牢固树立宪法法律至上、法律面前人人平等、权由法定、权依法使等基本法治观念，对各种危害法治、破坏法治、践踏法治的行为要挺身而出、坚决斗争。"④ 党的十八届四中全会确立了"全面推进依法治国的总目标是建设中国特色社会主义法治体系，建设社会主义法治国家"⑤。新的时代条件下我们必须把依法治国摆在更加突出的位置，坚持在法治轨道上统筹市场力量、平衡经济利益，依靠法治解决各种复杂的经济社会问题，确保我国经济社会平稳健康发展。坚持运用法治精神调节社会关系、规范社会行为、处理社会矛盾，依靠法治化解各种社会风险，确保我国社会在深刻变革中既生机勃勃又井然有序。

---

① 《习近平在中共中央政治局第三十三次集体学习时强调，严肃党内政治生活，净化党内政治生态，为全面从严治党打下重要政治基础》，《人民日报》2016 年 6 月 30 日。

② 习近平：《在庆祝中国共产党成立 95 周年大会上的讲话》，《人民日报》2016 年 7 月 1 日。

③ 习近平：《在第十八届中央纪律检查委员会第六次全体会议上的讲话》，《人民日报》2016 年 5 月 3 日。

④ 《习近平在省部级主要领导干部学习贯彻十八届四中全会精神全面推进依法治国专题研讨班开班式上发表重要讲话，强调领导干部要做尊法学法守法用法的模范，带动全党全国共同全面推进依法治国》，《人民日报》2015 年 2 月 3 日。

⑤ 中央文献研究室编：《十八大以来重要文献选编》中册，中央文献出版社 2014 年版，第 157 页。

7. 关于同自然灾害作斗争。2016 年 7 月，习近平总书记指出："同自然灾害抗争是人类生存发展的永恒课题。要更加自觉地处理好人和自然的关系，正确处理防灾减灾救灾和经济社会发展的关系，不断从抵御各种自然灾害的实践中总结经验，落实责任、完善体系、整合资源、统筹力量，提高全民防灾抗灾意识，全面提高国家综合防灾减灾救灾能力。"① 我国自然灾害种类多、分布地域广、发生频率高，是世界上自然灾害最为严重的国家之一。因此，我们必须在遵循自然规律，严格保护和修缮生态环境的同时，战天斗地，"同重大自然灾害斗争"、"同地震灾害斗争"、进行"抗洪抢险斗争"，保护人民的生命和财产。在多年同自然灾害的斗争中，我们已经建立多层次多级别的防灾抗灾救灾体系，坚持以防为先为主和防、抗、救相结合的方针，铸就了伟大的抗震精神、抗洪精神，涌现出一批批英勇人物，这是中华民族精神和社会主义集体精神的重要体现。

8. 关于禁毒斗争。2015 年 6 月，习近平总书记号召："各地区各有关部门要切实增强做好禁毒工作的政治责任感，保持对毒品的'零容忍'，锲而不舍，常抓不懈，坚定不移打赢禁毒人民战争，不获全胜决不收兵。……各地区各有关部门认真贯彻落实党中央关于禁毒工作的决策部署，深入开展禁毒斗争，综合治理毒品问题，有效遏制了毒品问题快速蔓延势头，为保障人民安居乐业作出了重要贡献。"② 厉行禁毒是党和政府的一贯立场和主张，是社会建设的一项重要工作，事关国家安危、人民健康和民族兴衰，必须统筹协调好并落到实处。

9. 关于反分裂斗争。2015 年 8 月，习近平总书记在中央第六次西藏工作座谈会上强调："把维护祖国统一、加强民族团结作为工作的着眼点和着力点，坚定不移开展反分裂斗争。"③ 民族团结是我国社会主义社会发展进步的必要前提，以习近平同志为核心的党中央一向把维护祖国统一、加强民族团结作为工作的着眼点和着力点，十分关心民族地区的发展状况。习近平同志多次对西藏、新疆等民族工作作出重要指示，对台湾、香港等地的稳定与发展发表重要讲话，以增进同胞福祉为根本政策，坚定

---

① 《习近平在河北唐山市考察时强调，落实责任、完善体系、整合资源、统筹力量，全面提高国家综合防灾减灾救灾能力》，《人民日报》2016 年 7 月 29 日。

② 《习近平在会见全国禁毒工作先进集体代表和先进个人时强调，增强做好禁毒工作政治责任感，坚定不移打赢禁毒人民战争》，《人民日报》2015 年 6 月 26 日。

③ 《中央第六次西藏工作座谈会在北京召开》，《人民日报》2015 年 8 月 26 日。

"九二共识"，否定"一边一国"和"两国论"。当前，我们必须深刻认识分裂和反分裂斗争的长期性、复杂性、尖锐性，面对"台独""港独""藏独""疆独"等离间多元一体的中华民族和分裂祖国的言行，必须展开有理有利有节的有效斗争，在维护国家主权和领土完整的坚定决心和核心利益上，任何人都不能讨价还价。

10. 关于反恐斗争。2014 年 4 月，习近平总书记强调："反恐怖斗争事关国家安全，事关人民群众切身利益，事关改革发展稳定全局，是一场维护祖国统一、社会安定、人民幸福的斗争，必须采取坚决果断措施，保持严打高压态势，坚决把暴力恐怖分子嚣张气焰打下去。"① 安全是发展的基石。没有安全，就谈不上发展。当前，国际恐怖袭击事件已从偶发演变为频发，依法防范和打击国内外恐怖主义是我国与世界和平发展的现实需要，也体现出我国作为负责任大国的责任担当，必须统筹协调好。

11. 关于军事斗争。2017 年 8 月在庆祝中国人民解放军建军 90 周年大会上，习近平同志再次发出号召："全军要贯彻新形势下军事战略方针，认真研究军事、研究战争、研究打仗，把握现代战争规律和战争指导规律，扎扎实实做好军事斗争准备各项工作。"② 军事斗争（与此有关的是"边防斗争"、"防空袭斗争"）是习近平同志使用次数较多的词汇，因为我国面临较严峻的周边军事形势，必须加强军队和国防的现代化建设。为了顺利实现"两个一百年"和中国梦的宏伟目标，十九大报告再次强调，"扎实做好各战略方向军事斗争准备，统筹推进传统安全领域和新型安全领域军事斗争准备"③。

在党中央和中央军委的坚强正确领导下，我们的国防和军队建设正阔步迈向机械化和现代化，正适应新形势的世界军事变革要求和国家安全需求，深化军事变革，锻造出世界一流军队，为守护祖国领海、空域和疆土做好"战而必胜"的军事斗争准备。

12. 关于反殖民反霸权的斗争。2016 年 1 月，习近平同志在埃及媒体

---

① 《习近平在中共中央政治局第十四次集体学习时强调，切实维护国家安全和社会安定，为实现奋斗目标营造良好社会环境》，《人民日报》2014 年 4 月 27 日。

② 习近平：《在庆祝中国人民解放军建军 90 周年大会上的讲话》，《人民日报》2017 年 8 月 2 日。

③ 习近平：《决胜全面建成小康社会　夺取新时代中国特色社会主义伟大胜利》，《人民日报》2017 年 10 月 28 日。

发表署名文章写道："近代以来，中埃两国人民在反殖民、反霸权的斗争中同声相应、同气相求。60多年前，在万隆会议上，周恩来总理同纳赛尔总统的手紧紧握在一起，中埃两国由此携手合作，迈上共同维护广大发展中国家权益的征程。"①

随着经济实力和综合国力的显著增强，我国日益走向世界舞台的中央，国际影响力显著增强，但同时所面临的国际战略压力和发展前进遭遇的阻力也越来越大，最主要的就是霸权主义、强权政治和新干涉主义。无论过去还是现在，我们都要"充分估计国际矛盾和斗争的尖锐性"②，反对新老殖民主义（目前世界上发达资本主义国家仍然保留数十处殖民地）和霸权主义。对以美国为首的全球和地区霸权主义国家，该合作的要合作，该斗争的要斗争，这是我国引领公正的经济全球化、共同塑造国际新秩序和维护国际共同安全的客观需要。

13. 关于同保护主义作斗争。2016年1月，习近平同志指出："20年前甚至15年前，全球化的主要推手是美国等西方国家，今天反而是我们被认为是世界上推动贸易和投资自由化便利化的最大旗手，积极主动同西方国家形形色色的保护主义作斗争。"③ 推动贸易和投资自由化便利化公正化，反对狭隘保护主义和美国用国内法凌驾于国际法之上，符合世界各国的共同利益，也是我国的一贯主张。近年来，我国在国际舞台上一次次主导着国际经济事务，积极推进合作共赢的国际新经济秩序，赢得了全世界的瞩目和尊重。我们应看到，我国经济改革开放发展的国际大环境和周边环境总体上是比过去任何时候都更为有利，比以往任何时候都更加接近世界经济舞台的中心（次中心或准中心），但同时我们面临的风险和挑战也前所未有，必须提出新策略作出新作为。我们既要通过"一带一路"等国际合作，正面引导公正合理的经济全球化，也要与西方国家各种以邻为壑的保护主义进行斗争，逐渐构建人类命运共同体和各国利益共同体。

14. 关于斗争方式方法：敢于斗争、善于斗争。2016年12月，习近平同志指出："面对新形势新挑战，要发扬斗争精神，既要敢于斗争，又

---

① 习近平：《让中埃友谊如尼罗河水奔涌向前》，《人民日报》2016年1月12日。
② 《中央外事工作会议在京举行》，《人民日报》2014年11月。
③ 习近平：《在省部级主要领导干部学习贯彻党的十八届五中全精神专题研讨班的讲话》，《人民日报》2016年5月10日。

要善于斗争，在事关中国特色社会主义前途命运的大是大非问题上坚定不移，在改革发展稳定工作中敢于碰硬，在全面从严治党上敢于动硬，在维护国家核心利益上敢于针锋相对，不在困难面前低头，不在挑战面前退缩，不拿原则做交易，不在任何压力下吞下损害中华民族根本利益的苦果。"① 世界历史的车轮滚滚向前、崭新时代的潮流浩浩荡荡，但人类文明进步的步伐从来都是在同困难的斗争中前进的，社会主义的康庄大道也是在同资本主义、封建主义的斗争中开拓的。

以习近平同志为核心的党中央正是敢于斗争、善于斗争，才带领全党和全国人民取得了中国特色社会主义的新成就，开辟了中国特色社会主义新时代。

三　新时代伟大斗争的历史特点

中国特色社会主义新时代所从事的伟大斗争，具有新的历史特点。就在于其与新民主主义革命、社会主义革命、社会主义建设初期和改革开放初期相比，在斗争的具体方式、具体内容和具体过程上具有鲜明的历史特色。

1. 新时代伟大斗争更多采用民主法治的方式进行。不管是在新民主主义时期，中国共产党人领导人民进行推翻帝国主义、封建主义、官僚资本主义三座大山的伟大斗争，或是在社会主义革命时期，中国共产党人领导人民对农业、手工业和资本主义工商业进行社会主义改造的伟大斗争，还是在社会主义建设初期和改革开放初期，中国共产党人领导人民从事社会主义建设、改变贫穷落后面貌的伟大斗争，都采取了敢于斗争、善于斗争的一般方式方法。但是在不同时期具体斗争方式方法差异却很大。在新民主主义革命时期，伟大斗争主要采用革命战争的武装斗争的方式。在社会主义革命时期和社会主义建设初期，伟大斗争主要采取大规模的群众运动方式。在改革开放初期，伟大斗争主要采取了"摸着石头过河"的试错方式，而在中国特色社会主义新时代，伟大斗争更多采用民主法治的方式进行。

2. 新时代伟大斗争主要围绕中华民族强起来进行。新民主主义革命

---

① 《对照贯彻落实党的十八届六中全会精神，研究加强党内政治生活和党内监督措施》，《人民日报》2016 年 12 月 28 日。

和社会主义革命时期的伟大斗争主要围绕民族独立和人民解放进行，实现中华民族站起来。在社会主义建设初期和改革开放初期的伟大斗争主要围绕让中华民族富起来进行。在中国特色社会主义新时代，伟大斗争主要围绕中华民族强起来进行。从国内情况看，"我国社会主要矛盾已经转化为人民日益增长的美好生活需要与不平衡不充分的发展之间的矛盾"①。有矛盾就要有斗争，主要矛盾发展转变，斗争的内容也随之发生改变。

在中国特色社会主义新时代，迫切需要向人民提供更高质量、更高水平的物质文化生活，为此以习近平同志为核心的党中央提出深化供给侧结构性改革，推动经济发展从重数量到重质量的转变。迫切需要解决城乡差距、地区差距过大的不平衡发展问题，为此以习近平同志为核心的党中央提出打赢脱贫攻坚战、乡村振兴战略、中部崛起战略、东北振兴战略和西部大开发战略，促使落后和贫穷地区加快发展。迫切需要解决生态建设短板、高质量教育医疗资源稀缺、民主法治机制不畅等问题，为此以习近平同志为核心的党中央提出美丽中国、健康中国和法治中国等建设方案，补短板，促发展。从国际环境看，随着我国从富起来到强起来，国际地位不断提高和国际影响显著增强，需要主动参与全球治理和引领经济全球化，需要积极从事反对霸权主义和强权政治，维护世界和平、发展、合作、共赢的世界大局的伟大斗争，推动国际经济、政治、文化关系走向民主化，致力构建人类共同发展的命运共同体。

3. 新时代伟大斗争始终融入其他三个"伟大"的历史进程之中。"党风廉政建设和反腐败斗争是一项长期的、复杂的、艰巨的任务。"② 我们必须根据新时代的"党情"和党的建设的新需要，在反腐败斗争中推进党的建设新的伟大工程。中国特色社会主义是中国共产党人把马克思主义与中国国情相结合开创的，同时也是在不断地同各种错误的"民主社会主义"、"新自由主义"等小资产阶级社会主义思潮和资本主义思潮的斗争中不断开拓前进的。实现中华民族伟大复兴的中国梦正是在不断取得各领域斗争胜利的进程中逐渐实现的。"伟大斗争，伟大工程，伟大事

---

① 习近平：《决胜全面建成小康社会　夺取新时代中国特色社会主义伟大胜利》，《人民日报》2017 年 10 月 28 日。

② 《习近平在十八届中央纪委二次全会上发表重要讲话，强调更加科学有效地防治腐败，坚定不移把反腐倡廉建设引向深入》，《人民日报》2013 年 1 月 23 日。

业，伟大梦想，紧密联系、相互贯通、相互作用。"① 我们要在习近平新时代中国特色社会主义思想的指引下，敢于和善于进行具有新时代历史特点的伟大斗争，把起决定性作用的党的建设新的伟大工程建设好，把中国特色社会主义伟大事业不断推向前进，把中华民族伟大复兴的中国梦变为现实。

（原载《马克思主义与现实》2018 年第 1 期，第一作者为王中保）

第二节　"四个全面"：治国理政的重要遵循

深入考察我们党自十八大以来的治国理政实践可以看出，协调推进"四个全面"战略布局是以习近平同志为核心的党中央聚焦发展中国特色社会主义、推进国家治理体系和治理能力现代化、实现中华民族伟大复兴中国梦、着力破解当前党和国家事业发展中必须解决好的主要矛盾而提出的治国理政重大战略布局。这一重大战略布局，充分体现了我们党对共产党执政规律、社会主义建设规律、人类社会发展规律的深刻认识和科学把握，为我们党长期科学有效地治国理政明确了基本遵循和战略指引。

一　"四个全面"具有巨大理论力量和实践价值

党的十八大以来，我国经济转型升级更加扎实推进，政治生态更加风清气正，社会公平正义更加彰显，党心军心民心更加凝聚团结。这充分表明，协调推进"四个全面"战略布局具有巨大理论力量和实践价值。

协调推进"四个全面"战略布局，使实现中华民族伟大复兴中国梦更具现实基础。实现中华民族伟大复兴的中国梦，是一个需要全党全国各族人民接力奋斗的过程。当前，实现中国梦的目标更加明晰、任务更加具体、要求更加紧迫。在这一关键节点跑好历史的接力赛，最为现实的就是实现党的十八大描绘的全面建成小康社会宏伟蓝图，为实现中国梦打下具有决定性意义的基础。协调推进"四个全面"战略布局，就是针对如何顺应人民期待、稳步实现中国梦而提出的顶层设计。这一顶层设计充满辩

---

① 习近平：《决胜全面建成小康社会　夺取新时代中国特色社会主义伟大胜利》，《人民日报》2017 年 10 月 28 日。

证思维，极具战略眼光，不是单兵突进式的工作部署，而是以中国特色社会主义和中国梦为引领，把一切重要工作都放到我们党治国理政的大框架下通盘考虑、统筹安排，这样就可以使各项战略举措和工作部署避免顾此失彼、相互掣肘，释放出集成与倍增的威力，使实现中国梦的各项目标要求更具现实基础。

协调推进"四个全面"战略布局，使党员干部的政治定力和战略定力更加坚定。毋庸讳言，在全面建成小康社会的历史新起点，对于如何全面深化改革、全面依法治国和全面从严治党，国内国外思想舆论界存在这样那样的议论，其中一些议论要么危言耸听地放大我们前进道路上遇到的困难和问题，要么脱离中国实际提出一些明显背离中国特色社会主义或超越发展阶段的"政见"。我们不能无视这些议论对一些党员干部政治定力和战略定力的消极影响。习近平同志提出协调推进"四个全面"战略布局，一方面包含有对中国特色社会主义道路、理论体系和制度的坚定自信与政治定力，其指向是发展中国特色社会主义；另一方面包含有在新的发展阶段推进社会主义现代化和实现中华民族伟大复兴中国梦的战略定力，表明我们党对我国仍处于并将长期处于社会主义初级阶段的基本国情、对我国总体形势很好但仍面临各种需要加以规避的"陷阱"都有清醒认识。牢牢把握协调推进"四个全面"战略布局所包含的政治定力和战略定力，广大党员干部在发展中国特色社会主义过程中就会不动摇、不懈怠、不折腾，不为各种议论所困，不为各种干扰所惑。

二　"四个全面"紧密相关、相互促进、不可分割

习近平同志指出："全面建成小康社会是我们的战略目标，全面深化改革、全面依法治国、全面从严治党是三大战略举措。"协调推进"四个全面"战略布局，必须科学把握其内在逻辑关系。

正确认识"四个全面"各自在党治国理政中的地位和作用。全面建成小康社会，是党的十八大向全国各族人民作出的郑重承诺和到 2020 年的奋斗目标。它汇集了全国各族人民对我们党治国理政的期待与厚望，体现了我们党继往开来的责任担当，在党治国理政战略布局中具有龙头和引领作用。全面深化改革是治国理政的重要法宝。党的十一届三中全会以来的伟大成就充分证明，改革不仅是一个国家、一个民族的生存发展之道和动力，也是我们党治国理政的重要法宝。面向未来，我们党在治国理政的

新实践中要破解经济社会发展面临的各种难题，化解来自各方面的风险挑战，确保党和国家长治久安，就必须把全面深化改革贯彻到治国理政的各个环节、各个领域。全面依法治国是治国理政的基本方式。推进全面依法治国，就是要使我们党履行好执政兴国的重大职责，依据宪法治国理政；就是要坚持党领导人民制定宪法和法律，党领导人民实施宪法和法律，党自身必须在宪法和法律范围内活动，真正做到党领导立法、保证执法、带头守法，真正实现立法科学、司法公正、执法有序、普法有效。全面从严治党是治国理政的根本保证。党的领导地位既不是自封的，也不是一劳永逸的，它来自党永葆马克思主义政党的先进性和纯洁性。我们党要经受住执政考验、改革开放考验、市场经济考验、外部环境考验，就必须以时代发展的要求不断审视自己，从思想、组织、作风、反腐倡廉和制度等方面加强自身建设，全面从严治党。

正确认识"四个全面"紧密相关、相互促进、不可分割的关系。全面建成小康社会的各项工作和具体指标，都与全面深化改革、全面依法治国、全面从严治党三者紧密相关，呈现"一个目标三个帮"的格局。全面建成小康社会，发展是第一要义和硬道理，但如果缺乏协调配套的改革动力，缺乏依法有序的经济社会治理，没有团结有力的执政党领导，我国发展就不可能取得成功。全面深化改革，需要紧紧围绕全面建成小康社会目标来推进；需要全面依法治国，切实提高运用法治思维和法治方式推进改革的能力和水平；需要全面从严治党，充分发挥党总揽全局、协调各方的领导核心作用，不断提高党的领导水平和执政能力。全面依法治国，需要全面建成小康社会宏伟目标的引领，特别是要围绕建设高质量小康社会的紧迫课题来立法和执法；需要全面深化改革，特别是要针对实现全面依法治国总目标以及我国法治建设中存在的突出问题适时出台配套改革举措；需要全面从严治党，加强和改进党对全面依法治国的领导，把党的领导贯彻到全面依法治国全过程。全面从严治党，需要着眼实现全面建成小康社会奋斗目标；需要全面深化改革，以改革创新精神加强党的建设，提高全面从严治党科学化水平；需要与全面依法治国有机统一起来，使全面从严治党走上法治化、规范化轨道，这也是全面依法治国的题中应有之义。

"四个全面"之间的内在逻辑关系，决定了我们贯彻"四个全面"而出台战略举措、作出工作部署必须坚持系统、整体和辩证思维，注重增强各项战略举措之间、各项工作部署之间的协同性、配套性、耦合性，努力做到"四个全面"相辅相成、相互促进、相得益彰。

三　有效解决党和国家事业发展中必须解决好的主要矛盾

习近平总书记强调，协调推进"四个全面"战略布局，"是当前党和国家事业发展中必须解决好的主要矛盾"。切实有效解决这一主要矛盾，需要遵循以下基本路径。

不断增强治国理政的各项本领。协调推进"四个全面"战略布局，涉及从根本上破解制约我国经济社会发展的深层次矛盾和问题，对我们做好方方面面工作的本领提出了新要求。领导干部尤其要增强辩证思维和战略思维能力、综合决策能力、驾驭全局能力，增强自觉坚持和运用辩证唯物主义、历史唯物主义世界观方法论观察和解决我国改革发展基本问题的本领。为此，各级领导干部应认真学习马克思主义理论，原原本本学习和研读马列主义及其中国化理论的经典著作，深入系统地学习习近平总书记系列重要讲话。"这是我们做好一切工作的看家本领，也是领导干部必须普遍掌握的工作制胜的看家本领。"

积极进行具有许多新的历史特点的伟大斗争。协调推进"四个全面"战略布局，事关我国经济社会发展全局，不仅需要平衡各方利益、突破利益固化藩篱，要动一些行业、部门和群体的"利益奶酪"，而且涉及如何统筹和平衡国内国际两个大局，不可能四平八稳、顺顺当当，而必须进行具有许多新的历史特点的伟大斗争。

一是持久进行打造中国经济升级版的斗争。当前，西方主要国家经济普遍不景气，金融失序、财政危机、失业率高、经济停滞或低增长、贫富对立等问题突出，因而全球资源战、货币战、科技战等博弈复杂而激烈。我国经济在高速增长30多年后进入稳中求进的新常态，但面临较大下行压力。我国经济要保持中高速增长、迈向中高端水平，必须努力打好经济转型升级和培育打造新引擎、改造升级传统引擎的攻坚战，大力实施创新驱动发展战略，确保早日建成创新型国家；必须在稳增长、促改革、调结构、惠民生、防风险等方面采取更有力更有效的举措，取得更大成效。

二是持久进行党风廉政建设和反腐败斗争。反腐败事关党和政府生死存亡，是一场输不起的斗争。虽然党中央坚持无禁区、全覆盖、零容忍，严肃查处腐败分子，但目前在实现不敢腐、不能腐、不想腐上还没有取得压倒性胜利，党风廉政建设和反腐败斗争永远在路上。党必须全面加强自身建设，在着力化解精神懈怠、能力不足、脱离群众和消极腐败等危险的同时，不断提高自洁力、创造力、凝聚力和战斗力。

三是持久进行有理有利有节的意识形态斗争。价值观是各项工作的先导和灵魂。在意识形态领域，我们不搞无谓争论，但如果牵涉到大是大非问题，牵涉到制度模式选择、价值体系建设等重大问题，就决不能左顾右盼，更不能退避三舍，而要敢于站在风口浪尖进行博弈。面对国内意识形态领域的复杂局面，要及时进行研判和区分，针对认识模糊、思想方法、政治立场等不同问题，深入细致、依法依规做好工作。

（原载《人民日报》2015 年 5 月 28 日，第二作者为刘志明）

第三节　在落实"四个全面"中完善中国道路与中国模式

中国道路是党中央和社会各界对改革开放以来中国特色社会主义发展道路的一种高度概括。中国模式已日渐成为当今世界所流行的赞扬性话语，是中国特色社会主义模式的简称。二者是密切相连和精神一致的不同用语，其现实内涵和话语的可用性，都是基于中国特色社会主义道路和模式所取得的巨大成就，还都需要继续发展。当前，只有贯彻落实习近平总书记多次提出的"全面建成小康社会、全面深化改革、全面推进依法治国、全面从严治党"（以下简称"四个全面"）的治国理政总方略，才能不断完善适合我国国情特点和时代要求的发展道路和发展模式。

一　坚定走中国特色社会主义的道路自信

1. 坚定走中国特色社会主义道路具有极端重要性。所谓中国道路，就是在中国共产党领导下，立足基本国情，以经济建设为中心，坚持四项基本原则，坚持改革开放，解放和发展社会生产力，建设社会主义市场经济、社会主义民主政治、社会主义先进文化、社会主义和谐社会、社会主义生态文明，促进人的全面发展，逐步实现全体人民共同富裕，建设富强民主文明和谐的社会主义现代化国家。可见，中国道路的实质是围绕什么是社会主义、怎样建设社会主义这一根本问题，在理论和实践中逐步形成和发展起来的，是马克思主义基本原理同中国具体实践相结合的产物。党的十八大报告强调，"道路关乎党的命脉，关乎国家前途、民族命运、人民幸福"。全面建成小康社会，加快推进社会主义现代化，实现中华民族伟大复兴，就必须坚定不移走中国特色社会主义道路。习近平总书记近年在不同场合多次强调中国道路问题的极端重要性，必须沿着中国特色社会主义道路坚定不移走下去，不管搞革命、搞建设，还是改革，道路问题都是决定性的问题。这就进一步指明了当代中国的发展方向，坚定了实现"中国梦"的道路自信。

2. 坚定走中国特色社会主义道路所取得的伟大成就。党的十八大以来，习近平不止一次地阐明，中国今天取得的成就，最根本是得益于我们经过艰辛探索，找到了一条适合国情的中国特色社会主义道路。改革开放以来，中国特色社会主义建设取得了举世瞩目的成就。在经济建设领域，我国国内生产总值30多年平均增长在9%以上，2010年总量超过日本，位列世界第二，2014年国内生产总值达到636463亿元；2014年我国粮食总产量60709.9万吨（12142亿斤），比2013年增长0.9%，实现10年连续增产；国有企业改革不断深化，非公有制经济健康发展，现代市场体系和宏观调控体系不断健全；开放型经济达到新水平，进出口总额已跃居世界第二位。在政治建设领域，我国人民民主与党内民主、票选民主与协商民主的新举措不断推行，村民、社区、职代会等基层民主不断发展；中国特色社会主义法律体系已经形成，社会主义法治国家建设日臻完善。在文化建设领域，2013年我国城镇居民在文教娱乐方面现金消费支出为2233.3元，约是1990年的20倍；2013年我国农村居民人均文教娱乐支出486元，比2012年增长9.1%；文化事业和文化产业协同发展，文化体制改革全面推进。在社会建设领域，城乡免费义务教育全面实现；城乡基本养老保险制度全面建立，新型社会救助体系和社会保障体系基本形成；社会管理水平显著提高，保持了社会和谐稳定。在生态建设领域，先后实施了"三北"防护林、退耕还林、京津风沙源治理等重点生态工程，节能减排和环境保护全面推进，自然环境和生态改善效果明显。在已有成就的基础上，党的十八大确立了建设中国特色社会主义"五位一体"总布局，丰富了中国特色社会主义道路的内涵。事实表明，近期美国总统奥巴马指责中国30多年的成就只是"搭便车"，这显然是极其荒唐的。

3. 坚定走中国特色社会主义道路应坚持"三个有机统一"。中国道路继承和发展了科学社会主义的基本原则。它是一条既不同于传统社会主义的发展道路，也不同于西方资本主义的发展道路，因而具有独特的科学内涵和基本特征。

一是理论性与实践性的有机统一。习近平指出，中国共产党成立 90 多年来，推进马克思主义中国化产生了两大理论成果，这就是毛泽东思想和包括邓小平理论、"三个代表"重要思想、科学发展观在内的中国特色社会主义理论体系。这两大理论成果，是确保中国道路沿着社会主义方向不断拓展前进的指导思想和行动指南。中国道路的精神还强调一切从实际出发，实事求是，群众路线，调动一切积极因素和力量。这是一条稳中求进、局部突破、不断试验和有错就改的发展轨迹。通过不断发展和总结，自觉地把成功的实践上升为理论，用正确的理论指导新的实践，实现两者的有机统一。

二是特色性和世界性的有机统一。在实践中逐渐形成的适合中国国情的经济、政治、文化、社会和生态文明建设道路，具有"中国印记"的鲜明特性，是中国特色社会主义改革和建设的独特路径的一种理论概括和实践总结，符合人类社会发展基本规律。中国道路的成功探索，也为其他国家的变革发展乃至当代整个人类的文明与进步，提供了重要的思想启迪和实践参考。其中，反映世界文明发展的普适性和规律性的内容，具有丰富的世界性意蕴，但这并非是经济发展与政治民主"普世化"的强制输出。因为中国道路内含永久走和平发展和合作共赢的理念，不认同"国强必霸论"，不把自己的价值观强加在别国身上。作为一个日益繁荣昌盛的新兴国家，中国道路产生了许多中国特色的"好故事"和"好声音"，客观上会引起别国去探究和借鉴，因而也就给世界提供了某些适用的经验。

三是历史性与逻辑性的有机统一。党的十八大报告指出，中国道路是"党和人民九十多年来奋斗、创造、积累的根本成就"，这说明中国道路的形成有其深刻的历史渊源。习近平总书记在国家博物馆参观《复兴之路》展览时的重要讲话中，指出我们党在总结历史经验的不断探索中找到一条中国特色社会主义道路，并讲了"三个牢记"：落后就要挨打，发展才能自强；道路决定命运，找到一条正确的道路多么不容易，我们必须坚定不移走下去；把蓝图变为现实还有很长的路要走，需要我们付出长期艰苦的努力。这"三个牢记"，既体现了中华民族命运变化的历史真谛，那就是中国人民经过一百多年的艰辛探索才最终找到的，唯一能改变中国前途和命运的正确道路，又揭示了中国道路何以出现，为什么要始终坚持和发展的内在历史逻辑。中国道路的形成和发展是一个连续的整体，具有逐步演化的逻辑结构，某个特定阶段形成的道路是前一阶段的总结升华，也为下一阶段奠定坚实的基础。

4. 从辉煌成就的实践与科学内涵的理论相结合上，坚定走中国特色社会主义的道路自信。在改革开放 30 多年来的不断探索中，中国特色社会主义道路已融实践特色、民族特色、理论特色和时代特色于一身。党的十八大报告明确提出"道路自信"。习近平总书记也强调："独特的文化传统、独特的历史命运、独特的基本国情，注定了我们必然要走适合自己特点的发展道路。中国特色社会主义道路是社会主义性质的，决不是其他什么主义。它是科学社会主义理论逻辑与中国社会发展历史逻辑的辩证统一。"在毛泽东诞辰 120 周年的讲话中，习近平总书记再次强调，走中国特色社会主义道路具有无比广阔的舞台、无比深厚的历史底蕴、无比强大的前进动力。这些论述，清晰地阐明我国目前所选择的道路，既符合时代特征，又适合中国国情。尽管这一道路在创新中艰难曲折，但由于矢志不渝地加以坚持，我国已取得了辉煌的成就，积累了宝贵的经验，这又促使我们会继续保持攻坚克难的精神状态。在新的伟大征程中，我们"既不走封闭僵化的老路、也不走改旗易帜的邪路"，坚定走中国特色社会主义的道路自信。

二　中国模式是中国特色社会主义的制度模式和发展模式

21 世纪以来，尤其是在近年全球性金融和经济危机之后，新自由主义的发展模式和"华盛顿共识"遭遇知识界和国际社会的普遍质疑。而作为发展中的社会主义中国，却始终保持社会发展稳定，经济快速增长，因而国际舆论再次开始了对"中国模式"的热议，目前已成为全球高度关注的话题。

1. 中国模式是中国特色社会主义道路的另一种表达方式。邓小平多次讲到中国的发展模式。1988 年 5 月 18 日在会见莫桑比克总统希萨诺时，邓小平指出："世界上的问题不可能都用一个模式解决。中国有中国自己的模式，莫桑比克也应该有莫桑比克自己的模式。"严格说来，中国模式应分为中国制度模式和中国发展模式。以经济为例，中国经济制度模式包括以公有制为主体、多种所有制经济共同发展的基本经济制度，以按劳分配为主体、多种分配方式并存的分配制度，市场在资源配置中的决定性作用和政府调控作用的经济调节制度等经济制度模式；而中国经济发展模式则包括新农村建设、新型工业化、城镇化、信息化、区域化等发展模式。经济制度模式和经济发展模式既有联系，又有区别。

国内外多数学者都高度重视中国模式问题上的话语权。其中，许多论著基于静态的社会制度、动态的转轨转型，以及经济发展等研究视角，对中国模式进行解读，其中不乏真知灼见，评价有理有据。中国模式是一种社会主义根本制度不变、具体制度（体制机制）转型的制度模式，是一种有别于传统社会主义和西方现代化的新型发展模式，其优势和成功是中国特色社会主义的优势和成功。因此，中国模式彰显了社会主义本质实现的中国个性，它是马克思主义中国化的现代建设模式、当代社会主义的优良模式和发展中大国的模式，其实质是社会主义本质在当代中国的实现形式，也是中国特色社会主义道路的另一种表达方式。

2. 中国模式是中国自己选择和创新的模式。习近平总书记在学习贯彻党的十八大精神研讨班上曾指出："所谓的'中国模式'是中国人民在自己的奋斗实践中创造的中国特色社会主义道路。"他同时强调："中国不能全盘照搬别国的政治制度和发展模式，否则的话不仅会水土不服，而且会带来灾难性后果。"然而，现在某些舆论在经济上主张私有化和唯市场化，政治思想上主张西方普世价值和西方宪政，宣扬"深化改革的方向是国有企业私有化、土地私有化、金融自由化的新自由主义"、"只有民主社会主义才能救中国"、"人间正道私有化"、"我国改革是专制资本主义或权贵资本主义"等观点，歪曲和否定中国特色社会主义道路和模式。从国际范围来看，无论是实行代表大垄断资本主义利益的新自由主义，还是实行代表一般资本主义的民主社会主义，其"成绩单"均不佳。据世界银行最新统计，近40年来，216个国家和地区的平均经济增长率为3.5%左右（不含中国），其中发达资本主义国家年均增长低于世界平均数。伴随着资本主义道路和模式导致的经济危机或缓慢发展，整个资本主义世界贫富差距持续扩大，失业率居高不下，社会动荡此起彼伏，金钱政治丑闻不断，非法军事入侵不停，生态环境恶化。而中国模式却焕发勃然生机，美国马丁·哈特等人在《解读中国模式》一文中评价说："中国将成为后发国家进行现代化建设的模范，因为中国快速的经济发展表明，在现存的资本主义世界体制内，中国提供了另外一种可行性的发展路向。"

事实上，中国模式的实质是马克思主义中国化的当代模式，即发展中大国的中国特色社会主义的模式；既不是新自由主义中国化的模式，也不是什么民主社会主义模式；既不是儒家社会主义模式，也不是专制或权贵资本主义模式。坚持公有制为主体的基本经济制度，是当代中国在市场经济条件下正确行使政府职能的基础性支撑，这是社会主义现代市场经济体现更高效率和能力的前提，也是中国模式的鲜明特色所在。在越来越多的国外进步人士和友善舆论频繁使用中国模式话语，以及国内外学术界越来越多地运用中国模式与世界其他模式进行优势比较的国内外氛围中，我们应明智地加大传播中国道路和中国模式力度，以提升中国核心价值观和软实力的影响力和话语权。

三　完善中国道路和中国模式的关键在于落实"四个全面"

2014 年 12 月 13 日，习近平总书记在江苏调研时首次提出要协调推进"四个全面"。之后，他在不同场合的讲话中，多次强调要协调推进"四个全面"。"四个全面"是在坚定发展中国道路、优化中国模式、总结中国经验的进程中提出来的，充分体现了党中央对共产党执政规律、社会主义建设规律和人类社会发展规律的深刻总结和科学把握。同时，"四个全面"主攻方向更加明确、内在逻辑更加严密，为新时期完善中国道路和中国模式提供了清晰的战略路线图。

1. "四个全面"是新时期完善中国道路和中国模式的战略指引。世界上没有放之四海而皆准的发展道路和发展模式，也没有一成不变的发展道路和发展模式。中国道路和中国模式的独特理念和话语，是我国几代人艰辛探索社会主义现代化建设规律，并体验到坚持改革开放不动摇的必要性和重要性而逐渐提出的，且获得日益增多的国际友好人士的赞誉。回溯中国道路和中国模式形成演化的历史，适合中国国情的发展道路、成功的发展模式，是在实践中探索出来的，而不是人为想象出来的。

当然，对于某一个特定的历史阶段，需要根据时代发展的新命题，准确把握战略布局，站在时代和全局的高度上形成治国理政的总方略，不断推动改革开放和社会主义现代化建设迈上新台阶，从而在各个历史阶段的延续中形成具有持久生命力和世界影响力的中国道路和中国模式。

　　"四个全面"是对十八大以来党中央治国理政创新实践的理论升华，是党中央在新的历史起点上作出的重大战略部署，揭示了当代中国发展进步的根本方向，反映了时代发展趋势和中国特色社会主义发展规律。而协调推进"四个全面"就是针对如何满足人民诉求这一根本宗旨，逐步加强中国特色社会主义建设顶层设计的总方略，从而为新时期不断完善中国道路和中国模式提供战略指引。这一战略布局充满辩证思维、整体意识，极具战略眼光，把一切重要工作都放到治国理政的大框架下统筹安排、系统推动，这样会使系统合力下的战略举措和工作部署释放集成与倍增的威力，从而使完善中国道路和中国模式具备更加坚实的基础。

　　2. 完善中国道路和中国模式的关键在于落实"四个全面"。尽管我国已取得了社会主义建设的伟大成就，在进入"新常态"的背景下，仍面临发展方式粗放、发展结构失衡和发展水平不高等突出问题。当前改革已进入攻坚期和深水区，既要敢于啃硬骨头，又要敢于涉险滩，面临的阻力和挑战前所未有。面对发展的新征程，我国在坚定走中国特色社会主义道路的同时，也应在战略上和发展布局上及时作出新的调整，但是向什么方向调整，如何调整，这就需要落实"四个全面"。

　　首先，全面建成小康社会是现阶段完善中国道路和中国模式的奋斗目标。在不同历史发展时期，提出富有感召力的奋斗目标，是我们党领导人民从胜利不断走向胜利的成功经验。在新的发展阶段，完善中国道路和中国模式，实现十几亿人民的中国梦，同样需要有反映人民期盼和诉求的奋斗目标。党的十八大通过认真总结已取得的巨大成就，充分考虑广大人民群众的新期待，深刻分析国内外形势的新变化，与时俱进地首次提出"2020年全面建成惠及十几亿人口的更高水平的小康社会而奋斗"。这一奋斗目标符合中国特色社会主义全面发展的内在要求，通过增加社会物质财富、扩大人民民主、改善人民生活、增强文化软实力、促进公平正义和社会和谐，更好顺应人民的新诉求，让发展改革成果真正惠及人民，为现阶段完善中国道路和中国模式明确了前进方向和目标。

　　其次，全面深化改革是完善中国道路和中国模式的强大动力。从发展的眼光看，当前的发展道路和发展模式还存在一些亟须完善的地方。为了不断完善中国道路和中国模式，这就需要全面深化改革，形成总体效应和系统推进，在"五位一体"的总布局中开创社会主义事业新局面。因此，要破解我国发展中面临的各种困难，要化解来自各方面的风险挑战，要始终确保党和国家的长治久安，必须牢牢掌握和运用好全面深化改革这一重要法宝，把全面深化改革贯彻到治国理政的各个方面，从而为完善中国道路和中国模式提供强大动力。

再次，全面依法治国是完善中国道路和中国模式的基本方略。法治是安邦固本的基石，是国家治理体系和治理能力的重要依托，更是完善中国道路和中国模式的基本手段。全面推进依法治国，在法治轨道上积极稳妥地深化各种体制改革，为全面建成小康社会、实现中华民族伟大复兴中国梦提供制度化和法治化的引领，是我国治国理政的基本方略，也是完善中国道路和中国模式的基本方略。为此，为了实现十八届四中全会提出的"建设中国特色社会主义法治体系，建设社会主义法治国家"的总目标，只有推进科学立法、严格执法、公正司法、全民守法，坚持法律面前人人平等，推进全面依法治国，才能真正成为完善和发展中国道路和中国模式的基本方略。

最后，全面从严治党是完善中国道路和中国模式的根本保证。治国必先治党，治党务必从严。坚持党的领导是中国特色社会主义最本质的特征，也是不断完善中国道路和中国模式的根本前提。如果离开了党的领导，就偏离了社会主义初级阶段的历史性方向，就失去了党对社会主义建设蓝图描绘的历史意义，也失去了中国特色社会主义的本质意义。但党在社会主义建设中的领导地位不是自封的，也不是一劳永逸的，它来源于党永葆马克思主义政党固有的先进性和纯洁性。为了经受住各种考验，推进党风廉政建设和反腐败工作是一场输不起的斗争，需要全面从严治党，从思想、制度、组织、作风、纪律等方面加强自身建设（不仅应当开展群众路线教育活动，而且应当适时开展中国特色社会主义教育活动，对仍不赞成共产主义和马克思主义的个别党员，须劝其退党或除名，以保持党的纯洁性和先进性），使得党在中国特色社会主义事业中始终居于核心地位，推动中国特色社会主义伟大事业顺利完成，为完善中国道路和中国模式提供根本保证。

总之，"四个全面"展现了党中央对加快发展中国特色社会主义整体布局和建设重点的新思路。各项战略举措之间是不可分割的有机整体，从根本上决定了它们之间的协同性、配套性和耦合性，并统一于完善中国道路和中国模式的全过程：全面建成小康社会是完善中国道路和中国模式的奋斗目标，并与全面深化改革、全面依法治国、全面从严治党三者密切相关，呈现为"一个目标三个帮"的战略格局；全面深化改革和依法治国为全面建成小康社会保驾护航，共同推动全面建成小康社会奋斗目标的顺利实现；全面从严治党确保党始终成为中国特色社会主义事业的坚强领导核心，为全面建成小康社会提供根本保证。因此，协调推进"四个全面"事关我国经济社会发展全局，事关进一步完善中国道路和中国模式的发展方向和基本战略。从这个角度来说，完善中国道路和中国模式的关键在于认真贯彻"四个全面"。

参考文献：

[1]《邓小平文选》第 3 卷，人民出版社 1993 年版。

[2]《十八大以来重要文献选编》（上），中央文献出版社 2014 年版。

[3] 习近平：《在布鲁日欧洲学院的演讲》，《人民日报》2014 年 4 月 2 日第 2 版。

[4]［美］马丁·哈特等：《解读中国模式》，《经济社会体制比较》2005 年第 7 期。

[5] 马艳、邬璟璟、王祉淇：《中国特色社会主义市场经济的本质特征分析》，《海派经济学》2012 年第 2 期。

（原载《思想理论教育导刊》2015 年 4 月，第一作者为张福军）

第四节　"四个全面"是治国理政的战略思想

"四个全面"是以习近平同志为核心的党中央立足坚持和发展中国特色社会主义全局提出的重大战略思想和总方针，是马克思主义与中国实际相结合的新飞跃，是统领中国发展、争创中国优势的总纲。作为新一届中央集体治国理政方略的总体框架，"四个全面"战略方针思路清晰、逻辑缜密、体大思精，涵盖了新形势下党和国家各项工作的关键环节、重点领域，为中国新一轮改革发展指明了方向。

一　"四个全面"战略思想形成条件

马克思指出："理论在一个国家实现的程度，总是决定于理论满足这个国家的需要的程度。"党的十八大以来，"四个全面"战略思想和总方针是从我国发展现实需要中产生的，是从人民群众的热切期盼中形成的，是为推动解决我们面临的突出矛盾和问题而提出来的，这一思想的形成是时代主题的正确应对，实践经验的理论升华，时代精神的哲学精华，现实问题的科学回答。

1. 国际形势出现新局面

马克思指出："问题是时代的格言，是表现时代自己内心状态的最实际的呼声。"时代主题取决于一定历史阶段下的世界基本形势发展。当前国际金融危机对世界政治影响进一步显现，全球性问题越加凸现，局部政治动荡与各种冲突问题继续存在，传统领域和非传统领域安全挑战依然影响巨大。

世界政治局势错综复杂。当今世界正处于大变革大调整之中，世界经济增长不稳定不确定因素增多，全球发展不平衡加剧，新帝国主义、霸权主义、强权政治和新干涉主义有所上升，恐怖主义、分裂主义、极端主义活动猖獗，粮食安全、能源资源安全、网络安全等问题更加突出，安全威胁的综合性、复杂性、多变性日前明显。

世界经济复苏明显放缓。当前，资本主义基本矛盾和新自由主义的泛滥导致主要经济体增长乏力，全球总需求陷入疲软，国际金融市场持续动荡，国际贸易增速明显回落，通胀形势不容乐观，世界经济下行压力较大。发达国家经济长期处于低速发展时期，复苏乏力，发展模式与制度弊端凸显，发展呈高失业、高财赤、高债务、低增长、低收益、低消费趋势。

科技竞争日益激烈。当前，新一轮科技革命和产业变革正在孕育兴起，全球科技创新呈现出新的发展态势和特征，新技术替代旧技术、智能型技术替代劳动密集型技术趋势明显。随着知识经济的到来，经济社会发展将日益取决于科技进步和创新。面对经济全球化进程的日益加快，经济与科技融合程度的不断加深，体现在经济、政治、科技、军事等全方位的国际竞争日益激烈。世界主要国家比以往任何时候都更加深刻地认识到科技对促进经济增长的重要性，认识到科技竞争是国际竞争的核心要素之一，从而纷纷调整其科技创新发展战略，制定科技创新促进发展的政策，力争在21世纪拥有科技、产业和经济的国际竞争优势并占据关键科技领域的制高点。而我国全社会科技投入不足，科技风险投资、银行贷款和社会融资等科技投入体系还亟待完善，多渠道科技投入机制有待于进一步建立。高层次人才队伍薄弱，创新型高层次人才严重匮乏。对国有大企业科技创新的主体地位认识模糊，而试图主要依靠有益于就业的小微企业。高新技术产业化水平及效益不高，基层科技服务能力薄弱，设备缺乏，工作机制、创新手段缺失难以调动科技人员积极性。因此，必须增强紧迫感，全面增强自主创新能力，掌握新一轮全球科技竞争的战略主动权。

2. 社会主义现代化建设遇到新问题

马克思、恩格斯有一句名言："一切划时代的体系的真正的内容，都是由于产生这些体系的那个时期的需要而形成起来的。""四个全面"战略思想和总方针是从我国发展现实需要中得出来的，也是为推动解决我们面临的突出矛盾和问题提出来的。

小康目标面临新挑战。十八大提出全面建成小康社会，但是现实中小康社会建设尚有不少短板和瓶颈。发展中不平衡、不协调、不可持续问题依然突出，产业结构不尽合理，科技创新能力不强，资源环境约束加剧，生态环境保护任务繁重；城乡、区域发展差距较大，收入差距扩大趋势尚未扭转；社会矛盾依然存在；部分领域存在道德失范、诚信缺失现象，社会主义核心价值观建设任务艰巨等。当前，全面建成小康社会进入到了决定性阶段。中国已经积累了巨大的人力资本、科技、经济和金融潜能。这些存量将有助于中国建立一个低碳、资源利用率高且环境可持续的新型经济体系，为中国人民带来长久的繁荣和发展。但这需要我国政府以坚强决心和有力举措来克服变革阻力。中央高层的决心和行动对全面建成小康社会起着至关重要的作用。

经济发展步入新常态。改革开放30多年来，特别是21世纪以来的十多年，我国经济始终保持了高速增长，经济社会发展取得巨大成就。然而，当前我国经济下行压力不断增大，经济增长进入中高速增长的新常态。究其原因，主要在于长期形成的结构性矛盾和粗放型增长方式尚未根本改变。这突出表现在，高度依赖国际市场，对外贸易顺差过大；高度依赖投资拉动，消费率偏低；高度依赖第二产业拉动，产业结构不合理；高度依赖物质投入和资源消耗，自主创新能力不强。同时，西方金融危机爆发以来，世界经济进入新一轮调整期，全球经济在大调整大变革中出现一些新趋势，对我国经济转型升级形成了巨大压力。国内外形势的新变化，迫切需要推动我国经济从速度型发展向质量型发展升级，实现发展动力的转换、发展模式的创新、发展路径的转变、发展质量的提高。

社会矛盾遭遇多发期。伴随着非公经济的大规模发展和改革进入攻坚期，我国也进入了社会矛盾易发多发时期，社会难点问题日益凸显，群体性利益矛盾不断增多，社会矛盾纠纷的对抗性也有所增强，给社会稳定和谐造成了较大影响，给国家长治久安带来了较大变动，给群众生活安定产生了较大破坏。解决这些问题，既要注重在坚持公有制为主体条件下的全面深化改革，破除一切妨碍科学发展的思想观念和体制机制弊端，加快形成科学有效的社会管理体制，解放和增强社会活力，提高社会管理能力；又要注重全面推进依法治国，建立更加成熟更加定型的法治体系，增强全社会学法尊法守法用法意识，以法治保障社会公平正义。习近平总书记指出："要学习和掌握社会基本矛盾分析法，深入理解全面深化改革的重要性和紧迫性。"以改革的方式、法治的手段解决好社会矛盾，是当前社会发展的迫切需要。

依法治国任重道远。法治兴则国家兴，法治衰则国家乱。当今中国问题的最大症结便是法治权威不足。群体性事件、信访不信法、"塔西佗陷阱"等无不是由于法律权威不足所致。依法治国是党的基本方略，但就法治建设情况看，同党和国家事业发展要求、人民群众期待、推进国家治理体系和治理能力现代化目标相比，法治建设还存在许多不适应、不符合的问题，主要表现在：有的法律法规未能全面反映客观规律和人民意愿，针对性、可操作性不强，立法工作中部门化倾向、争权委责现象较为突出；有法不依、执法不严、违法不究现象比较严重，执法体制权责脱节、多头执法、选择性执法现象仍然存在，执法司法不规范、不严格、不透明、不文明现象较为突出，群众对执法司法不公和腐败问题反映强烈；部分社会成员尊法信法守法用法、依法维权意识不强，一些国家工作人员特别是领导干部依法办事观念不强、能力不足，知法犯法、以言代法、以权压法、徇私枉法现象依然存在。这些问题，违背社会主义法治原则，损害人民群众利益，妨碍党和国家事业发展，全面依法治国任重道远。

3. 党的建设面临新情况

习近平指出，"要营造一个良好从政环境"，"要有一个好的政治生态"。营造良好政治生态的关键在于从严治党。中国要出问题主要出在中共党内，苏联亡党就是严重教训。

意识形态建设面临挑战。当今，党的意识形态建设面临诸多挑战。一是西方敌对势力的思想文化渗透威胁我国意识形态安全。西方势力利用现代传媒手段进行长期思想渗透，互联网成为意识形态斗争的重要阵地；以文化商品为载体向社会大众渗透西方的各种价值观；以教育和学术交流为掩饰，向中高级学者和干部等社会精英进行价值观渗透。通过他们的辐射作用传播西方的文化价值观，影响社会大众。二是各种社会思潮影响我国主流意识形态的权威认同。改革开放以来，国际国内形势复杂多变，各种社会思潮竞相登场，既有主张私有化、外资化和唯市场化的新自由主义，也有主张资产阶级改良、民主、自由的社会民主主义，更有借歪曲、诋毁党的历史和领袖人物而虚化中国共产党历史的历史虚无主义。种种反马克思主义、非马克思主义的社会思潮因其系统性、理论性，容易让人们陷入某种理论误区，对马克思主义产生怀疑、动摇甚至背弃。

"四风"问题亟待破解。党风关系着人心向背，关系着党的生死存亡。"四风"问题主要是指在当前部分党员干部中存在的敷衍了事的形式主义、高高在上的官僚主义、升官发财的享乐主义和贪污腐化的奢靡之风等歪风邪气。这些问题的核心，是党员干部自身的思想问题，是党员干部思想建设不到位的问题。"四风"最大的危害是破坏了党群和干群关系，在我国的道德社会实践和精神文化建设中产生了极大的负面作用和影响，一定程度上也导致了当前我国社会的道德滑坡和诚信缺失等精神文化建设滞后的现象，影响了党在群众中的形象和威望，造成了部分党员干部脱离群众。长此以往，必将使党失去密切联系群众的最大优势，也将带来被群众抛弃的最大危险。

腐败现象有待清除。党的十八大以来，党中央高度重视党风廉政建设和反腐败斗争，在全党开展党的群众路线教育实践活动，不断扎紧制度的笼子，坚持无禁区、全覆盖、零容忍，坚决查处一系列严重违纪违法案件，党的建设取得重要进展。然而，这些成绩还是初步的，基础并不稳固。作风有所好转，"四风"有所收敛，但树倒根存，有些是在高压态势下取得的，仅停留在"不敢"上，"不想"的自觉尚未完全形成，一些深层次问题还没有从根本上破解。反腐败斗争形势依然严峻复杂，在实现不敢腐、不能腐、不想腐上还没取得压倒性胜利，腐败活动减少了但没有绝迹，反腐败体制机制建立了但不够完善，思想教育加强了但思想防线还没有筑牢，减少腐败存量、遏制腐败增量、重构政治生态的工作艰巨繁重。能否从严治党治吏，关系到能否如期全面建成小康社会，关系到能否实现全面深化改革的总目标，关系到能否使依法治国落到实处。

二　"四个全面"战略思想的科学体系

"四个全面"战略思想和总方针不仅涉及改革发展稳定、治党治国治军、内政外交国防等各个领域，而且涵盖新一届中央领导集体治国理政的战略目标、历史任务、核心本质、发展支撑、发展战略和根本保证等各个方面，形成了相对独立的科学体系。它集中了全党全国人民智慧，深刻回答了新的历史条件下党和国家事业发展中的一系列重大理论和现实问题，进一步升华了中国共产党对中国特色社会主义发展规律和马克思主义执政党建设规律的认识。

1. 全面建设小康社会思想

全面建设小康社会作为建设中国特色社会主义的最新阶段，必然与中国特色社会主义建设的总体布局全面对接。党的十八大既提出全面建成小康社会，又提出了中国特色社会主义的总布局是五位一体，即社会主义的经济、政治、文化、社会、生态五大建设整体推进。习近平总书记有关全面建成小康社会重要论述的战略目标，就是要把中国特色社会主义"五位一体"建设推向新的阶段。

2. 全面深化改革思想

全面建成小康社会、加快推进社会主义现代化、实现中华民族伟大复兴，必须全面深化改革。全面深化改革的总目标是完善和发展中国特色社会主义制度，推进国家治理体系和治理能力现代化。国家治理体系是在党领导下管理国家的制度体系，包括经济、政治、文化、社会、生态文明和党的建设等各领域体制机制、法律法规安排。

3. 全面依法治国思想

依法治国是坚持和发展中国特色社会主义的本质要求和重要保障。全面推进依法治国，是解决党和国家事业发展面临的一系列重大问题，解放和增强社会活力、促进社会公平正义、维护社会和谐稳定、确保党和国家长治久安的根本要求，是全面建成小康社会和全面深化改革开放的重要基础，是实现国家治理体系和治理能力现代化的必然要求。

坚持依法治国首先要坚持依宪治国，坚持依法执政首先要坚持依宪执政。坚持公有制主体地位是坚持依宪治国的重要内容。在党的十八届三中全会召开前后，学术界出现了一股否定社会主义国有经济的思潮，有人声称，"社会主义与否跟国有不国有没什么关系"。我国宪法明确规定，"国有经济，即社会主义全民所有制经济，是国民经济中的主导力量"。我们必须从马克思主义科学体系出发，坚持依宪治国，批驳那种否定社会主义国有经济的错误观点，维护国有经济的主导地位。

党的领导是社会主义法治最根本的保证。中国特色社会主义制度是中国特色社会主义法治体系的根本制度基础，是全面推进依法治国的根本制度保障。中国特色社会主义法治理论是中国特色社会主义法治体系的理论指导和学理支撑，是全面推进依法治国的行动指南。中国特色社会主义法治道路，是社会主义法治建设成就和经验的集中体现，是建设社会主义法治国家的唯一正确道路。坚持党的领导，具体体现在党领导立法、保证执法、支持司法、带头守法上。坚持人民主体地位，必须坚持法治为了人民、依靠人民、造福人民、保护人民。要保证人民在党的领导下，依照法律规定，通过各种途径和形式管理国家事务，管理经济和文化事业，管理社会事务。全面推进依法治国，必须从我国实际出发，同推进国家治理体系和治理能力现代化相适应。必须加快形成完备的法律规范体系、高效的法治实施体系、严密的法治监督体系、有力的法治保障体系，形成完善的党内法规体系。

4. 全面从严治党思想

坚持党要管党、从严治党，切实解决自身存在的突出问题，切实改进工作作风，密切联系群众，使我们党始终成为中国特色社会主义事业的坚强领导核心。坚持党要管党、从严治党，是我们党应对国际国内风险考验、完成党的执政使命的客观需要。坚持党要管党、从严治党，是保持党的先进性纯洁性、巩固党的执政地位的必然要求。

"四个全面"战略思想和总方针具有相对明晰的思路。全面建成小康社会是处于引领地位的战略目标。全面深化改革既是驱动力，也是凝聚力；既是方法路径，也是精神内核。全面推进依法治国法治是框架和轨道，也是理念和方法。全面从严治党协调推进"四个全面"，最根本的是坚持党的科学领导不动摇。"四个全面"战略思想和总方针，内涵丰富、思想深邃、博大精深，贯穿着坚定的信仰追求、强烈的历史担当意识、真挚的为民情怀、务实的思想作风、科学的思想方法，闪耀着马克思主义真理的光辉，是新一届中央领导集体执政理念、工作思路和信念意志的集中反映，为我们在新的历史起点上实现新的奋斗目标提供了科学指南和基本遵循。

三　"四个全面"战略思想的历史地位

"四个全面"战略思想和总方针是对马克思主义中国化理论成果的进一步创新和发展。它的产生和形成，是思想逻辑和历史逻辑的辩证统一，是科学社会主义学说在中国共产党理论创新中的具体体现，是对马克思主义哲学根本方法和马克思主义执政党建设规律的深刻诠释。它是全国各族人民紧密团结在一起的强大思想基础，是我们战胜一切风险挑战的主心骨。这一重大思想及其指导下的新的伟大实践，体现了中国特色社会主义的发展规律，展现了凝聚中华民族团结奋进的强大精神力量。

1. 中国特色社会主义理论的重要内容

"四个全面"战略思想坚持马克思主义与时俱进的理论品质，体现了马克思主义理论创新的巨大勇气，既生动而具体地坚持了马列主义及其中国化理论，又赋予其新的鲜活成分。中国特色社会主义，承载着几代中国共产党人的理想和探索，寄托着无数仁人志士的夙愿和期盼，凝聚着亿万人民的奋斗和牺牲，是近代以来中国社会发展的必然选择，是发展中国、稳定中国的必由之路。中国共产党在长期的实践探索中，坚持独立自主走自己的路，不断把马列主义基本原理同中国具体实际相结合，产生了马克思主义中国化两大理论成果。第一个理论成果是毛泽东思想，在这一理论成果的指引下，取得了新民主主义革命的伟大胜利，结束了中华民族任人欺凌的中国近代史，开创了社会主义建设和强国富民的道路。第二个理论成果是中国特色社会主义理论，它建立了中国特色社会主义的经济、政治、文化、社会、生态文明的制度体系，进一步提升了强国富民水平和国际地位。这两大理论成果从根本上改变了中国人民和中华民族的前途和命运。事实胜于雄辩，不断发展和调整创新的中国特色社会主义理论是我们党团结带领全国各族人民，与时俱进、继往开来，沿着中国特色社会主义道路实现民族伟大复兴唯一正确的理论体系。党的十八大以来，习近平总书记在不同场合反复强调，要在坚持和发展中国特色社会主义的总体框架内推进理论创新和实践创新，其治国理政也主要是围绕坚持和发展中国特色社会主义进行，改革开放以来形成的中国特色社会主义理论体系，就成为中国共产党必须长期坚持的指导思想。中国特色社会主义理论体系，是包括邓小平理论、"三个代表"重要思想、科学发展观在内的科学理论体系，是对马克思列宁主义、毛泽东思想的坚持和发展，是几代中央领导集体经过对适合中国国情的社会主义道路的反复探索，在不断试错和积累中形成的。这一体系从实践中不断凝练，逐渐探索和回答了建设什么样的社会主义、怎样建设社会主义，建设什么样的党、怎样建设党，实现什么样的发展、怎样实现发展这三大基本问题，是中国特色社会主义的行动指南，也是当前中国理论自信的资本。这一理论体系是中国化的马克思主义，也是时代和实践的产物，包含着时代和实践的主题，展现着特定的时代精神与具体的实践品质。"四个全面"战略思想坚持马克思主义与时俱进的理论品质，创新和发展了中国特色社会主义的科学内涵，深刻揭示了当代中国的发展走向，为中国共产党从更高层次认识社会主义，开辟一条发展更好、人民享受成果更多、能够充分体现中国特色社会主义优越性的发展道路指明了方向。它是马克思主义基本原理在毛泽东思想和中国特色社会主义理论体系历史发展脉络上的延续，是中国特色社会主义理论体系的新发展。

3. 社会主义现代化建设的科学指南

"四个全面"战略思想紧紧抓住社会主义现代化建设中具体模式与生产力的发展要求不相适应的主要矛盾，推动改革开放新的革命，形成了社会主义现代化建设的新理论。新形势下，怎样攻坚克难、爬坡过坎，这就要聚力奋进，首先实现全面小康的近期目标，用这一战略目标牵引种种战略举措；就要啃硬骨头，攻克体制机制痼疾，突破利益固化藩篱，为"两个一百年"目标铺路架桥；就要革故鼎新，推动法治成为治国理政的基本方式，构建国家治理现代化的制度基础；就要从严治党，坚定不移转变作风、惩治腐败，重塑政治生态，锻造社会主义现代化建设的中坚力量。"四个全面"战略思想深刻揭示社会主义现代化建设的内在规律，提供的既是战略布局，又是战略思想；既是理论指导，又是实践指南，显示了我们党善于理论创新的勇气胆略。社会主义现代化建设覆盖经济、政治、文化、社会、生态文明建设领域；全面深化改革，指向经济体制、政治体制、文化体制、社会体制、生态文明制度、国防和军队、党的建设制度改革；全面依法治国，法治国家、法治政府、法治社会、法治军队一体建设，依法治国与以德治国紧密结合，推动国家治理领域广泛深刻革命；全面从严治党，思想、制度、组织、管理、纪律、作风、责任、监督等一律从严，治党带动治国治军，党风辐射社会风气。"四个全面"战略思想构成了新形势下社会主义现代化建设的总方略大系统，党和国家各项工作都要在这个战略布局之中整体筹划，依据这个战略布局要求一体发展。要紧紧围绕社会主义现代化建设推进精神文明建设，为实现中国梦提供坚强的思想保证、强大的精神力量、丰润的道德滋养。要按照社会主义现代化建设加快推进国防和军队建设，用新的视野、新的机制、新的标准推动强军兴军，为实现战略目标、贯彻战略举措提供坚强安全保证。要教育引导各级领导干部自觉用"四个全面"战略思想统一思想，正确把握大局，积极服从大局，共同把社会主义现代化建设这篇大文章做好。党的十八大以来，我们之所以能够从容应对关系我国主权和安全的国际突发事件，战胜来自政治、经济、社会领域和自然界的各种困难和挑战，赢得世界的赞誉和尊重，从根本上说，就是因为我们有党中央的坚强领导，有社会主义的制度优势，有"四个全面"战略思想给予的信念力量和指导作用。事实深刻表明，"四个全面"战略思想是能够把全国各族人民紧密团结在一起的共同思想基础，是我们战胜一切风险和挑战的主心骨。"四个全面"战略思想把社会主义发展的伟大实践与民族复兴的历史任务紧密联系在一起，把实现社会主义现代化与人民共同富裕紧密联系在一起，把国家兴盛与个人幸福紧密联系在一起，是引领、激励全国各族人民的强大精神力量。在未来前进道路上，无论遇到什么样的艰难险阻，我们都要坚持"四个全面"战略思想不动摇。

4. 中华民族复兴的根本指针

实现中华民族伟大复兴，这是中华民族近代以来最伟大的梦想。"四个全面"战略思想是以习近平同志为核心的党中央立足中国实际、总结中国经验、针对中国难题，为了实现中国梦而提出的宏大战略布局，为坚持和发展中国特色社会主义、实现"两个一百年"奋斗目标、实现中华民族伟大复兴的中国梦提供了行动指南。"四个全面"战略思想为实现第一个一百年奋斗目标提供直接指导。到建党一百周年时全面建成小康社会，是我们党确立的第一个一百年奋斗目标，是社会主义现代化建设"三步走"战略中具有决定性意义的发展阶段。这一重大战略目标反映了社会全面进步的要求，反映了人民群众日益增长的物质文化生活需要，反映了把中国建成富强民主文明和谐的社会主义现代化国家的时代潮流。实现这一战略目标，改革是动力，法治是保障，党的建设是关键，三大战略举措服从和服务于全面建成小康社会这一重大战略目标。"四个全面"战略思想相互联系、相互贯通，相辅相成、同步同向，使当前和今后一个时期党和国家工作的目标任务、重点领域、关键环节更加清晰，内在逻辑更加严密，构成了一个有机统一的整体，为全面建成小康社会、如期实现第一个一百年奋斗目标提供了直接的理论指导。"四个全面"战略思想对实现第二个一百年奋斗目标具有重要指导意义。"四个全面"战略思想的指导意义不仅限于建党一百周年。全面建成小康社会是实现中华民族伟大复兴的关键一步，这一目标的实现必将为第二个一百年奋斗目标的实现打下坚实基础。况且，共富共享的内涵是丰富的，是随时代发展而不断发展的。到建党一百周年全面建成小康社会之后，人民群众日益增长的物质文化和生态环境的需要同相对不足的社会生产之间的矛盾仍将是我国社会的主要矛盾。我们党还会顺应人民对美好生活的向往，沿着中国特色社会主义道路，推动我国社会进入更高水平、更高标准的发展阶段。无论这一社会发展阶段叫什么具体名称（如"丰裕社会"或"富裕社会"等），小康社会的合理内核和根本宗旨不会改变，建设富强民主文明和谐的社会主义现代化国家的大方向不会改变。至于全面深化改革、全面依法治国、全面从严治党，则是建设中国特色社会主义必须长期坚持的治国治党方略，对于实现第二个一百年奋斗目标具有十分重要的意义。"四个全面"战略思想必将形成实现第二个一百年奋斗目标、实现中华民族伟大复兴中国梦的强大合力，对于从建党一百周年到新中国成立一百周年那28年的奋斗，对于党和人民继续沿着中国特色社会主义道路前进，都具有长远的指导意义。实现中国梦的创新实践是进行式的、展开式的、不断深化的，"四个全面"战略思想作为党的理论创新成果是开放的、发展的，不断丰富完善并有力指导实践。"四个全面"战略思想的科学内涵，根植于实现民族复兴的伟大实践，汲取了进行伟大斗争的深刻经验，反映着坚持中国道路的最新进展，凝结着广大人民群众的愿望心声。

参考文献

［1］《马克思恩格斯全集》第 1 卷，人民出版社 1995 年版。

［2］《马克思恩格斯全集》第 3 卷，人民出版社 1960 年版。

［3］习近平：《推动全党学习和掌握历史唯物主义》，《人民日报》2013 年 12 月 5 日第 1 版。

［4］慎海雄：《必须营造一个良好从政环境》，《瞭望》2014 年第 27 期。

［5］黄振奇：《依宪治国，维护国有经济的主导地位》，《管理学刊》2015 年第

4 期。

（原载《社会科学家》2016 年第 12 期，第二作者为张国献）

第五节　在深化改革开放中激发发展进步之活力

在中国社会发展进步的时代进程中，在中国社会主义革命和社会主义建设的伟大探索中，改革开放是一座重要的历史丰碑。改革开放开启了一个新时代，它不仅将 1840 年以来无数仁人志士的梦想照进中国的现实，更标志着我国建设社会主义道路有了新的历史开端。如果说，社会主义革命的胜利和建设的曲折探索奠定了中国现代化强国道路之基，那么，改革开放则成为当代中国发展进步的活力源泉。

一　在我国发展进步时空坐标中，把握"活力之源"本质

改革开放之所以能迸发出巨大的活力，与我国社会主义制度的建立与不断完善是分不开的。一方面，我国改革开放是社会主义制度基础上的改革开放。在确立了社会主义物质基础和制度体系之后，根据国情和发展条件进一步发挥社会主义制度优势，可以为我国社会主义社会的全面建设和跨越式发展提供重要的保障。另一方面，改革开放挣脱了某些传统理论枷锁的束缚，提出"贫穷不是社会主义"的变革性口号，突破了我国以往形成的僵化观念和体制机制。这就极大地释放了已经当家作主的广大劳动者的主动性和创造性，为改革开放以来的发展提供了不竭的动力。

从空间视角看，改革开放确立了在一个生产力相对落后的社会主义大国快速发展与和平发展的新道路。在世界范围内比较，我国的改革开放具有特殊性，主要体现在其具有人民性、包容性和创新性。这种改革开放的发展模式，旨在坚持社会主义基本制度与市场经济的结合、经济快速增长与社会全面发展的协调、政府宏观调控与市场微观运行的一致以及效率与公正的统一。这与西方新自由主义和"华盛顿共识"下的改革开放，在发展方向、模式目标、方式方法和效果结局等方面均有重要差异，因而更能够根植于中国大地，反映中国人民意愿，适应中国和时代发展进步的要求。

相比于资本主义制度下的其他发展中大国，当代中国的社会发展进步

没有外部扩张性的不良发展，又避免了"依附性"发展陷阱。在改革开放的旗帜下，我国既坚持走中国特色社会主义现代化道路，又积极借鉴西方发达资本主义国家的先进技术和管理经验，在追赶中缩小了某些经济社会差距。尽管我国总体科学技术水平与发达国家差距仍然很大，但随着自主地融入全球经济进程的加快，我国将在适当控制对外经济依存度的同时，积极扩大和提升开放水平，进一步加快自己的全面协调和可持续发展。

二 在践行群众路线基础上，激发改革开放的新活力

深化改革开放和推进科学发展，就是要进一步激发全社会活力，为中国梦的早日实现奠定现实基础。实现这一目标，关键是要联系群众，尊重和激发人民群众的首创精神，积极化解妨碍深化改革开放的局部制约和不利因素。这就必须坚持马克思主义的"人民历史观"。习近平同志指出，一个政党，一个政权，其前途和命运最终取决于人心向背，如果我们脱离群众、失去人民拥护和支持，最终也会走向失败。我国的改革开放是社会主义性质和方向的改革开放，因此，需要在党的领导下系统地推进，以最广大人民的整体利益和根本利益为归宿，切实保障群众的首创精神和参与性，取得人民群众的支持，使广大群众在改革开放中真正得到实惠，民生水平普遍得到改善。改革是人民群众自己的事业，改革开放中的许多新做法和新经验，都来自于群众。同改革初期相比，当下深化改革开放面临的问题更复杂，利益矛盾更突出。但是，群众并不是改革开放的"看客"，改革开放也不是少数领导和专家的专利。在重大改革决策的制定过程中，不仅要在各级领导中间发扬民主，听取外国专家的意见，而且要倾听真正了解国情的中国专家和群众的各种不同意见，通过参与式民主程序和各种方式，使改革方案具有更广泛的民意基础。

当前，我国财富和收入分配分化现象较为突出、生产与消费有所失衡、经济发展与环境保护矛盾凸显、消极腐败现象在蔓延、诚信道德问题严重、各类社会矛盾日益增多，这些"发展起来以后的问题"已经成为我国经济社会持续发展难以回避的不利因素。面对这些问题，怎么办？只有按照习近平同志所说的，要逐步克服和消除精神懈怠危险、能力不足危险、脱离群众危险和消极腐败危险，逐步克服和消除形式主义、官僚主义、享乐主义和奢靡之风这"四风"，才能真正从广大人民群众的立场和

利益出发，积极推进，在促进就业、公平分配、扩大消费、平稳物价、改善生活等方面为人民群众谋实惠、干实事，才能在全社会凝聚深化改革开放的思想共识，从根本上激发城乡居民的主动性、创造性，为新一轮改革开放的成功奠定可靠的舆论和政策基础。对于某些群众暂时不理解的改革开放措施，应采取说服和引导的方法，团结一切力量，调动一切积极因素，使各个阶层的人民群众都成为深化改革开放新舞台的"主角"。

三　从处理好五大关系出发，激发改革开放新活力

方法的正确和方向的正确同样重要，深化改革开放需要有正确的方法论作指导。习近平同志强调，必须从纷繁复杂的事物表象中把准改革脉搏，把握全面深化改革的内在规律，特别是要把握全面深化改革的重大关系。需要处理好解放思想和实事求是的关系、整体推进和重点突破的关系、顶层设计和摸着石头过河的关系、胆子要大和步子要稳的关系、改革发展稳定的关系。

深化改革开放需要解放思想，而思想的解放又必须符合现实的要求。思想是不是解放，并不是单纯看思想能否"新颖"，而是要看能否解决实际问题。深化改革开放面对的是新国情，需要的是新理念、新做法。如果以"发展是硬道理"为名搞非科学发展的"唯 GDP 论"，以"效率优先"为名损害社会公平正义，以"唯市场化"为名消解必要的政府宏观调控和微观规制，等等，都与实事求是的思想解放无关，而只与陈旧观念和狭隘的本位利益有关。因此，进一步深化改革开放，既不能以"解放思想"为口号，提出一些不切实际的发展目标和要求，沉溺于"形象工程"和"政绩工程"，也不能因片面强调局部因素和自身困难，使改革方案过多地考虑个别部门或群体利益，进而侵蚀公众利益或全局利益。

深化改革开放需要整体推进，也要重视突破关键性领域的关键问题。目前，我国正处于经济社会发展转型的关键时期，现实中的问题千头万绪，各种深层矛盾错综复杂。过去的单项突破或局部突进式的改革方式，已经不再适应新形势的要求。因此，要做到改革不停顿、开放不止步，首先就必须增强改革的系统性、整体性和协同性。在深化改革中要做到没有"自留地"，只有"责任田"。要注意防止出现两种倾向：一是因强调整体推进而错失对关键性领域改革的良机；二是以时机不成熟、条件不具备等为理由，使深化改革开放的政策和措施延误，不予真抓实干的贯彻落实。

深化改革开放需要注重顶层设计，同时也要注重摸着石头过河，通过"先行先试"，探索经验逐步推广。坚持体制机制顶层设计的目的，是要确立深化改革开放的正确方向和科学路径，这可以有效防止出现全局性错误，或造成范围较大的不良后果，给深化改革开放带来不必要的损失。顶层设计需要通过系统的总体规划来体现，以保证其具备更强的现实针对性和可操作性。因此，在深化改革开放总体规划上需要有明确的路线图和时间表，避免在实施过程中相互扯皮和拖延不决。顶层设计与基础的具体探索在根本上是一致的。顶层设计科学合理，可以更好地为具体领域的改革明确方向和指明捷径；同样，基层的"石头"摸得好，也可以加快顶层设计目标的实现。当然，继续鼓励各地各领域的先行试验和大胆突破，并不是主张各搞一套，这些均应在深化改革开放总体格局下，增强系统性、整体性和协同性。

深化改革开放要鼓励"敢闯敢干"的精神，同时也要权衡得失、稳妥推进，即要处理好胆子要大和步子要稳的关系。应当看到，邓小平同志当初强调"胆子要大一些"，"有错误就赶快改，小错误不要变成大错误"，主要针对社会上对改革的质疑来说的。对于我们经过摸索、得出经验和已经确定的改革方针和措施，看准了以后可以胆子大些，减少不必要的争论。而对那些没有看准或者还在试验的改革措施，则要稳步进行，综合考虑各方面的成本和人民群众的承受力。一些城市和地区在片面追求速度、搞"形象工程"上胆子很大，但从长期看发展的步子未必很快，反而可能导致产能过剩、社会矛盾丛生。另外，慑于矛盾、讳言改革，在深化改革上谨小慎微、缩手缩脚，同样不利于经济社会的又好又快发展。

深化改革开放要正确处理好改革发展稳定的关系。改革是为了更好更快地发展，面对国内外复杂多变的形势，加快改革和扩大开放，就能抢占先机，掌控制高点和主动权。发展问题解决了，可以增强社会对改革开放的信心，有利于保持社会稳定。不过，改革中问题处理得不好，会影响到发展，甚至会影响社会的稳定。应当说，改革发展稳定的关系是一个长期存在的大问题。特别是近年来，我国财富和收入分配有所失衡，基尼系数连年居高不下，对社会稳定和可持续发展构成了挑战，需要花大力气从所有制以及国民收入初次分配和再分配等多种渠道予以逐步解决。

四　在深入调查研究和科学决策基础上，激发改革开放新活力

实现"两个一百年"奋斗目标和"中国梦"的伟大设想，对当前我国全面深化改革提出了更加迫切的要求。面对改革进入攻坚期的深层次和繁重问题，"空谈"、"作秀"式的改革必须让位于求真务实和真抓实干的改革。只有进行全面深入的调查研究，才能掌握第一手资料，思考和确定全面深化改革的思路和重大举措。

坚持调查研究是我们党在长期革命和建设实践中能够战胜困难、走向胜利的一条宝贵经验。调查研究就是从现实问题出发，找出解决问题的办法。毛泽东说："为什么要作调查研究呢？是为了解决问题而调查，不是为调查而调查。"他还指出，调查研究是"十月怀胎"，解决问题是"一朝分娩"。陈云提出，领导者要用百分之九十的时间去调查研究，百分之十的时间来处理问题。习近平同志强调，要下大功夫总结和运用我国改革开放的成功经验，下大功夫把握党和国家事业发展对改革开放的客观要求，下大功夫了解党内外对改革开放的各种意见和建议，下大功夫了解地方、基层和群众在改革方面做的有益探索。这就要求我们的一切工作，要围绕正在做的事情为中心，重视对实际问题的理论思考，着眼于新的实践和新的发展。在出台改革措施时，增强问题意识，善于运用"底线思维"的方法，牢牢把握改革主动权。这样，才能使各项政策措施符合实际，从而提高改革开放重大决策的科学性、全面性和系统性。

诚然，全面深化改革需要深入调查研究的问题很多，但其中一些重大问题难以回避，迫切需要给出科学解答。其一，要加强对市场体系和竞争发展环境的调查，探讨更好发挥市场在资源配置中的基础性作用，从而加快形成统一开放、竞争有序的市场体系。同时，摸清现有资源价格体系的具体情况，分析政府宏观调控的效果，探讨在新条件下优化资源配置和提高资源使用效率的方法，为转变对内对外经济发展方式打下基础。其二，要加强对各类经济主体市场经营情况的调查，认真查找影响经济发展活力的微观因素。要超越"国进民退"和"国退民进"争论，研究促进"国民共进"的具体措施，要坚持和完善基本经济制度，增强公有制经济特别是国有经济发展活力，鼓励、支持、引导非公有制经济发展。既要客观地掌握当前国有企业的定位、职能和作用，也要全面搜集非公有制经济等微观经济主体面临的问题与发展受到的内外制约，科学评估财税体系、市

场环境等对不同所有制经济的影响，提高微观经济主体的活力。其三，要检视近年来我国宏观调控政策工具运用的效果，探讨提高政府效率和效能的有效途径，研究加快转变政府职能、正确处理好政府和市场关系的改革方案，更好地发挥市场调节的基础性作用，更好地发挥国家调节的导向性作用。其四，要客观分析影响社会和谐稳定的因素，掌握当前人民群众发挥首创精神、开展创业创新的具体情况，研究充分释放全社会创造能量的可行路径，加快各项社会管理体制机制的创新。其五，要广泛开展与城乡居民生活息息相关的养老、住房、医疗、教育、就业、劳动保障等各项制度实施情况的调查工作，分析不同社会群体享有的权利和履行的义务，为完善制度安排、进一步实现社会公平正义创造条件。其六，围绕进一步提高党的领导水平和执政能力，充分发挥党总揽全局、协调各方的作用开展调查研究。党情最重要、最关键。掌握全党特别是领导干部的理想信念情况、完善党内制度体系特别是民主集中制的执行情况、惩治和预防腐败体系建设情况及民意反映等，为从严治党、建设改革开放奠定坚实基础。简言之，只有在问题导向的充分调查研究和科学决策的基础上，方能进一步激发全社会改革开放的新活力。

（原载《紫光阁》2013 年第 11 期）

第六节　习近平反腐防变论述的理论基础与宗旨

2014 年 12 月，由中共中央纪律检查委员会、中共中央文献研究室编辑的《习近平关于党风廉政建设和反腐败斗争论述摘编》一书，由中央文献出版社、中国方正出版社出版发行。反腐防变论述是习近平同志治国理政的重要内容，我们必须认真学习和贯彻。以马克思、列宁、毛泽东和邓小平对反腐防变问题的有关论述为理论基础，习近平同志对党风廉政建设和反腐防变论述作了大量新的阐发，其中包括对反腐防变三大宗旨的系统论证，这是对马克思主义国家学说和党建理论的进一步丰富和发展。

一　习近平同志反腐防变论述的理论基础

习近平同志反腐防变论述内涵丰富、思想深刻、指导性强，是对马列主义及其中国化理论相关思想的继承和发展。

（一）马克思关于防止无产阶级政权和社会公仆蜕化变质的思想

马克思主义经典作家认为，凌驾于社会之上的私有制国家政权，是"一切龌龊事物的温床"。马克思在总结巴黎公社经验教训时指出，由于无产阶级政权"在经济、道德和精神方面都还带着它脱胎出来的那个旧社会的痕迹"，为了防止无产阶级国家和国家机关由社会的公仆变成社会的主人，国家公务人员必须"无条件地掌握无产阶级世界观"，有效地克服"资产阶级的和小资产阶级的观念"与"偏见"；必须做到一切公务人员"由选举产生，对选民负责"，并且必须对"社会的公仆"实行监督，与蜕化变质分子作斗争。马克思强调，必须坚持无产阶级的国家、政府和政权是人民自己的国家、政府和政权，即无产阶级的国家"它是由人民自己当自己的家"的国家政权机关，巴黎"公社的真正秘密"在于它是人民自己的政府，人民有权"宣布它自己所有的代表和官吏毫不例外地可以撤换，来保证自己有可能防范他们"。尽管马克思、恩格斯没有亲身经历过无产阶级专政的国家政权，因而也无法对无产阶级政党执政条件下如何反腐防变进行具体阐述，但是，马克思、恩格斯关于弱化国家管理者的权力，强化人民和社会监督，防止无产阶级政权和国家公务员凌驾于社会或人民之上的思想，为习近平同志关于始终坚守人民的利益高于一切的反腐防变论述奠定了理论基础。

（二）列宁关于自觉维护马克思主义政党性质的思想

十月革命胜利以后，随着社会地位发生根本变化，俄共（布）始终面临着如何反腐以加强执政党自身建设的问题，为此，列宁采取了一系列有效措施以维护布尔什维克的马克思主义政党性质。一是严格党员准入制度。制定更加严格的党员标准，从源头上减少投机分子混进党内。二是加强对党员干部的党性教育。由于俄国小资产阶级的思想、观念、作风会对党员产生巨大的腐蚀作用，从而对党员进行马克思主义理论教育就成为布尔什维克加强自身建设的重要任务。三是强化中央监察委员会的监督职能。赋予中央监察委员会具有相对独立性和高度权威性，它只对党代会负责，有权对中央委员会实行监督。四是"由党外群众来检查党员的工作"。通过"使所有的人暂时都变成'官僚'，因而使任何人都不能成为'官僚'"的办法，和"对共产党员应比对非党人员三倍严厉的惩办"等措施，防止党员领导干部和苏维埃政权蜕化变质。五是开展大规模的清党行动。"把欺骗分子、官僚化分子、不忠诚分子和不坚定的共产党员以及虽然'改头换面'但内心依然故我的孟什维克从党内清除出去"，以保持党的纯洁性。列宁关于肃清各种非无产阶级思想的影响、加强党的组织建设、强化党员的公仆意识和组织纪律、强化对党的组织和领导干部的权力监督、坚决把投机分子和蜕化变质分子清除出党等自觉维护马克思主义政党性质的思想，为习近平同志关于始终保持共产党人的政治本色的反腐防变论述提供了理论依据。

（三）毛泽东关于反腐防变是无产阶级与资产阶级激烈斗争的思想

新中国成立以后，毛泽东作为我党第一代领导核心，对如何进行反腐防变以巩固人民民主专政，确保人民当家作主权利的实现，提出过许多重要思想。一是对反腐败的高度重视。针对我党执政初期，党和政府机关出现严重的贪污浪费和官僚主义行为，毛泽东严正指出，全党"必须严重地注意干部被资产阶级腐蚀发生严重贪污行为这一事实"，只有把"反贪污、反浪费、反官僚主义的斗争看作如同镇压反革命斗争一样的重要"，"才能停止很多党员被资产阶级所腐蚀的极大危险现"，毛泽东把党内腐败看成是无产阶级同资产阶级的激烈斗争，是党面临的最具威胁的执政风险。二是对防止人民政权变质的高度警惕。我国社会主义制度建立以后，特别是苏共二十大赫鲁晓夫全盘否定斯大林，以及随后相继发生的"波匈事件"，均对我国造成了负面影响。加上当时部分党员领导干部存在官僚主义作风，导致党群干群关系遭到严重破坏，使党又一次面临"不整风党就会毁了"的执政风险，中央决定在全党进行一次普遍的反对官僚主义、宗派主义和主观主义的整风运动。1959 年，毛泽东在读苏联《政治经济学》教科书的谈话中进一步指出，在社会主义发展阶段，"官僚主义者阶级"是"革命对象、斗争对象"，认为如果搞不好，政权垮台"这个危险是存在的"。诚然，毛泽东反腐防变思想的基本思路，主要是靠发动群众运动以促进党风廉政建设，以清廉的党风政风凝聚抵御执政风险的强大力量。尽管采用这种"大民主"的反腐防变方式，在实践中容易出现偏差，但是毛泽东对反腐防变问题的高度重视，以及关于反腐防变是无产阶级与资产阶级激烈斗争的思想，为习近平同志关于始终坚持和发展中国特色社会主义的反腐防变论述提供了理论来源。

（四）邓小平关于一手抓改革开放一手抓反腐防变的思想

早在 1980 年，邓小平在《党和国家领导制度的改革》讲话中就明确指出，党和国家领导制度、干部制度的主要弊端就是官僚主义现象、权力过分集中现象、家长制现象、干部领导职务终身制现象和形形色色的特权现象，从而提出了如何防止党和国家变质这一重大理论与现实问题。邓小平强调，一是要把反腐败提到关系党和国家会不会"改变面貌"的战略高度。改革开放以来，我国经济建设取得了巨大成就，但是经济领域的腐败现象也让人触目惊心。1982 年，邓小平就警告全党，改革开放"不过一两年时间，就有相当多的干部被腐蚀"，贪污腐败"这股风来得很猛"，"如果我们党不严重注意，不坚决刹住这股风，那末，我们的党和国家确实要发生会不会'改变面貌'的问题，这绝不是危言耸听"。1992 年，邓小平到南方视察时再次强调，"在整个改革开放过程中都要反对腐败"。二是要一手抓改革开放，一手抓反腐防变。虽然改革开放符合党心民心，顺应时代潮流，方向和道路是完全正确的，成效和功绩不容否定，停顿和倒退没有出现，但是改革开放与干部腐化的矛盾也十分突出。对此，邓小平明确指出，"一个是更大胆的改革开放，另一个是抓紧惩治腐败"，因为"不坚持社会主义，不改革开放，不发展经济，不改善人民生活，只能是死路一条"，但是，"对我们来说，要整好我们的党，实现我们的战略目标，不惩治腐败，特别是党内的高层的腐败现象，确实有失败的危险"。

改革开放是实现我国可持续发展的活水源头，而防止领导干部腐化变质又是保持共产党人政治本色的必然要求。邓小平提出坚持改革开放与坚决惩治腐败两手都要硬，把我们党建设成为有战斗力的马克思主义政党，成为领导全国人民进行社会主义物质文明和精神文明建设的坚强核心的科学论断，为习近平同志反腐防变论述的形成奠定了理论基石。

二　习近平同志关于反腐防变论述的宗旨

马克思主义经典作家对反腐防变问题有过许多重要论述，习近平同志在继承前人光辉思想的基础上，对反腐防变论述进行大量新的阐发，从而进一步丰富和发展了马克思主义国家学说和党建理论。这里特别要提到的是习近平同志关于反腐防变的概念，它不仅是一般意义上惩处党员领导干部的渎职侵权行为以维护党和人民的根本利益，而且是从政治学角度进行反腐防变的战略思考。即讲反腐，不仅是指惩治政治上变节、经济上贪腐、思想上堕落、道德上败坏等一切公职人员腐化变质行为，也涵盖坚决反对国外一切旨在丑化中国共产党的领导、破坏中国特色社会主义的言行；讲防变，不仅仅是指防止一切公职人员在政治、经济、思想、道德等方面的蜕化变质，也包括防止中国共产党、中国国家政权、中国特色社会主义等性质的改变。下面就习近平同志反腐防变论述的宗旨进行阐述。

（一）反腐防变是为了始终坚持和发展中国特色社会主义

习近平同志指出："道路决定成败。我们既不走封闭僵化的老路，也不走改旗易帜的邪路，坚定不移地走中国特色社会主义道路。"要牢固树立底线思维，坚决守住中国特色社会主义这条底线，该改的坚决改，不能改的坚决守住。然而，在全球经济一体化、利益格局复杂化、意识形态多元化的当下，我国主要面临着与"改旗易帜的邪路"的较量，即仍然存在着是坚持和发展中国特色社会主义，还是坚持和发展西方资本主义的斗争。前车之鉴，不可重蹈。针对苏联和东欧社会主义国家被资产阶级颠覆的沉痛教训，习近平同志告诫全党，中国是一个大国，决不能在根本性问题上出现颠覆性错误，一旦出现就无法挽回、无法弥补，是十分正确的。

首先，西方社会不少流行思潮对坚持和发展中国特色社会主义具有负面影响。2014 年 9 月底，中国社会科学院院长王伟光同志在《红旗文稿》刊发《坚持人民民主专政，并不输理》一文，引来右翼利益集团对王伟光同志的公开讨伐、人格污蔑甚至人身威胁。在坚持人民民主专政的社会主义国家，一个主管国家意识形态的领导在官方媒体撰文要坚持、巩固、强大人民民主专政，到底触犯了谁的利益？多年来，随着企图改变我国政治制度的西方"宪政"民主、企图改变我国思想理论基础的"普世价值"、企图瓦解我党执政基础的社会民主主义、企图改变我国基本经济制度的新自由主义、企图否定中国共产党历史和新中国历史的历史虚无主义等西方社会思潮在我国蔓延，已经造成了部分党政领导干部在意识形态领域的思想混乱，对坚持和发展中国特色社会主义构成严重威胁。近年来，在一些外资控股网站和地方小报，毛泽东被黑成"十恶不赦"的"罪人"，而蒋介石被捧为历史少见的"善人"，企图通过丑化中国共产党的领袖，来抹黑中国共产党历史和新中国历史。这其中，以新自由主义的危害性最为严重。随着党中央反腐败斗争的深入开展，国内新自由主义代表人物纷纷粉墨登场，抛出"反腐败选择论"、"反腐败分界论"、"反腐败小事论"、"反腐败改革论"、"反腐败赦免论"、"反腐败适度论"等错误观点，企图为蜕化变质分子和腐败分子开脱罪责，将中国特色社会主义和平演变为中国特色资本主义。由新自由主义代表人物操纵，以世界银行和国务院发展研究中心联合课题组名义撰写的对中国未来 20 年（自 2011 年起）改革和发展前景的战略性研究报告《2030 年的中国：建设现代、和谐、有创造力的社会》，其指导思想完全背离中共中央关于"坚决走中国特色社会主义道路，始终确保改革正确方向"的基本精神，整个改革方案和顶层设计采用西方经济学理论，主张对我国实行私有化和非政府干预，其实质就是瓦解中国特色社会主义的经济基础。针对西方敌对势力通过在我国培植代理人，以及假借西方社会思潮，把我国引到"改旗易帜的邪路"上去，必须始终保持高度警惕。当然，对西方知识界有益于坚持和发展中国特色社会主义的合理部分，我们需要大胆借鉴为我所用，但是对破坏中国特色社会主义的错误思想必须进行科学批判，更不能让西方社会思潮改变中国特色社会主义的前进方向。

其次，近年来西方敌对势力加大了对坚持和发展中国特色社会主义的渗透和颠覆。随着美国全球战略重点从中东移至亚太，如何在这个最富有活力的地区继续维持霸权主义地位，势必要对迅速崛起的中国进行封堵、遏制和打压。随着苏联和东欧共产党政权的垮台，中国作为世界社会主义的主要旗帜，必然成为西方发达资本主义国家进行和平演变的首要目标。一是西方敌对势力通过经济合作、贸易往来、人员培训、文化交流等渠道，对我国意识形态进行全面渗透，企图把西方资本主义的政治制度、社会制度、价值标准、生活方式强加给中国人民，摧毁中国特色社会主义的思想基础，颠覆中国特色社会主义的基本制度。二是西方敌对势力在进行全球资本扩张的同时，利用我国发展过程中出现的矛盾和问题，经常在其权威媒体上报道关于中国的负面新闻，或者故意散布不实言论，或者故意夸大负面信息，污蔑中国共产党的领导，丑化人民民主专政，激化我国社会矛盾、颠覆破坏中国特色社会主义的险恶用心。有数据显示，"对《纽约时报》《华盛顿邮报》以及美联社、CNN 等美国主流媒体的调查统计，在关于中国的报道中，负面报道占一半，中性报道占 25%，稍有积极意义的报道占 25%"。三是西方敌对势力不遗余力地支持我国民族分裂分子进行颠覆破坏活动。"世界维吾尔代表大会"（简称"世维会"）总部设在德国的慕尼黑，此外，还在澳大利亚等十几个国家分设下属机构。每当"世维会"召开会议时，欧洲议会常常给他们提供开会场所，并派代表与会以示对他们活动的支持。美国则通过一些基金会给"世维会"拨款，鼓励他们从事分裂中国的活动，并在各种国际场合为"世维会"诽谤中国提供机会。2015 年 2 月，美国总统奥巴马又不顾中国的坚决反对，接见了达赖喇嘛。

中国特色社会主义，是科学社会主义理论与中国社会发展实践相结合的产物，是党领导人民经过长期实践成功探索的结果。它根植于中国大地，反映中国人民群众的意愿，适应中国和时代发展进步的要求，是全面建成小康社会、实现"两个一百年"奋斗目标和实现中华民族伟大复兴的必由之路。一个国家实行什么样的主义，关键要看这个主义能否解决这个国家面临的历史性课题。历史和现实都告诉我们，只有社会主义才能救中国，只有中国特色社会主义才能发展中国，这是历史的结论、人民的选择。事实胜于雄辩。新中国仅用了60年时间就成为全球第二大经济体，第一大贸易国，第一大外汇储备国、航天大国和核军事大国；我国在政治、经济、军事、文化等方面全面崛起的同时，在经济上迅速超英、赶法、跃德、跨日，只有当年美国的崛起才勉强可和今日中国相媲美。实践证明，中国特色社会主义开创了中华民族伟大复兴的新纪年，也是当代中国再创辉煌的政治前提、理论基础和制度保障。当前，全党和全国人民深入开展反腐败斗争，就是要扫清坚持和发展中国特色社会主义前进道路上的各种障碍，牢固树立坚持中国特色社会主义的道路自信、理论自信和制度自信。

（二）反腐防变是为了始终坚守人民的利益高于一切

习近平同志强调："一个政党，一个政权，其前途和命运最终取决于人心向背。如果我们脱离群众、失去人民拥护和支持，最终也会走向失败。"然而，一些党员领导干部不仅忘记了这一切，甚至以权谋私、贪赃枉法，把个人利益凌驾于党和人民利益之上，这是中国共产党无法容忍的，也是广大人民群众无法答应的。

始终坚守人民的利益高于一切是党的政治立场。中国共产党党章明确规定，坚持全心全意为人民服务。党除了工人阶级和最广大人民群众的利益，没有自己的特殊利益。党在任何时候都把群众利益放在第一位，同群众同甘共苦，保持最密切的联系，坚持权为民所用、情为民所系、利为民所谋，不允许任何党员脱离群众，凌驾于群众之上。是始终坚守人民的利益高于一切，还是始终坚持个人或小集团的利益高于一切，这是检验马克思主义政党与非马克思主义政党的分水岭。用马克思主义科学理论武装起来的中国共产党，自从建党那天起，就公开亮明自己的身份，它代表广大劳苦大众的利益，它把民族解放和人民幸福作为自己的奋斗目标。新中国成立以后，特别是最近几十年，人民群众在政治、经济、文化等方面的权益有了根本保障，人民群众对中国共产党所付出的艰辛与努力，是看在眼里，记在心上。"2010 年，在美国颇有影响力的皮尤研究中心的民意测验表明，87% 的中国人对自己国家现状表示满意，在调查的国家中排名第一；2011 年 1 月 26 日，世界五大公关公司之一的爱德曼国际公关公司发布的 2011 年度全球信任度调查报告显示，中国共产党领导的中国政府以 88% 的信任度排名全球第一。"

党的奋斗历程清楚地表明，尽最大努力让人民群众过上幸福生活，是中国共产党始终不变的宗旨。

当前，始终坚守人民的利益高于一切的执政现状受到挑战。首先，损害党和人民利益的消极腐败现象还比较突出。组织纪律、财经纪律过去都是不敢碰的高压线，现在这两条纪律在一些地方和部门成了最松弛的低压线。据 2012 年 4 月国家预防腐败局公开的数据，自 1982 年至 2011 年，因违反党纪政纪而受到处分的党政人员达 420 余万人，其中省部级官员 465 人；党的十八大以来，又有 68 位中管干部受到查处，其中某些"大老虎"的倒下更是引来世人瞩目。其次，社会转型期利益深刻调整使部分群众的权益受到损害。据《社会蓝皮书：2013 年中国社会形势分析与预测》显示，近年来，我国劳动者报酬占 GDP 的比重偏低且呈现下降趋势，由 2004 年的 50.7% 下降到 2011 年的 44.9%，而西方发达国家这一比例一般都在 60% 以上。改革开放 30 多年所积累的社会发展不平衡、城乡发展不平衡、地区发展不平衡、社会阶级阶层发展不平衡所造成的深层矛盾和利益冲突，使诸如瓮安、什邡等群体性事件不断发生，导致社会不安定因素在急剧增加和明显扩散。少数群众闹大维权，这是人民内部矛盾，但是如果当地干部无视群众的合法利益，极有可能由个别利益纠纷演变成群体性事件，造成党和政府与人民群众的严重对立，给人民群众的生命财产造成严重损失，给来之不易的和谐社会构成严重威胁。再次，一些机制体制问题使得始终坚守人民的利益高于一切的执政努力受到制约。习近平同志多次强调，组织观念薄弱和组织涣散是一个需要严肃对待的问题。不能把党组织等同于领导干部个人，对党尽忠不是对领导干部个人尽忠，党内不能搞人身依附关系。干部都是党的干部，不是哪个人的家臣。但是，由于改革开放以来治党不严，导致一些领导干部信奉拉帮结派的"圈子文化"，而对权为民所赋的应有认识却十分模糊。据有关部门对任现职的领导干部问卷调查：有 64% 的人认为，权力的获得取决于领导的赏识；有 30% 的人认为，领导的赏识和个人的努力各占一半；有 5% 的人认为，靠个人努力；只有 1% 的人认为，取决于群众的认可。

从理论上说，领导干部都是"社会的负责任的勤务员"，让人民有权监督政府，让人民有权罢免不合格干部，是实现人民当家作主的根本保障。倘若只需对上级领导负责而无需对人民负责的流行规则主导，则无法确保党的宗旨不会被扭曲，无法确保领导干部权为民所用、情为民所系、利为民所谋。

反腐防变是为了始终坚守人民的利益高于一切。习近平同志指出，检验我们一切工作的成效，最终都要看人民是否真正得到了实惠，人民生活是否真正得到了改善。首先，坚持权为民所用而反腐防变是习近平同志的一贯作风。在浙江主政时，针对个别县以财政紧张为由，无视困难群众帮扶工作时，习近平同志进行了严厉批评。在政策上是否倾斜民生工程，是衡量各级领导干部对人民群众是否有真情实感的重要指标。其次，坚持利为民所谋而反腐防变是习近平同志的坚定立场。习近平同志强调，要求各级领导干部，要认真贯彻落实中央各项惠民政策，把好事办好，实事办实，让群众时刻感受到党和政府的关怀。对涉及群众切身利益的重大决策，要认真进行社会稳定风险评估，充分听取群众意见和建议，充分考虑群众的承受能力，把可能影响群众利益和社会稳定的问题和矛盾解决在决策之前。对群众反映强烈的突出问题，都要通过强化责任，健全制度落实到人，推动有关方面形成合力，妥善加以解决。对损害群众权益的失职渎职和违纪违法行为，要坚决查处，决不姑息。

（三）反腐防变是为了始终保持共产党人的政治本色

习近平同志指出："我们党成立 90 多年来的历史证明，党的坚强有力和事业发展取决于多种因素，而党的纯洁性对党的创造力、凝聚力、战斗力有着根本性影响。"针对一些党员领导干部因消极腐败行为玷污了党的纯洁性，丧失了共产党人的政治本色，习近平同志强调，反腐倡廉必须常抓不懈，拒腐防变必须警钟长鸣。

先进性是马克思主义政党的政治本色和本质要求。马克思主义经典作家认为，无产阶级政党坚守为绝大多数人谋利益的崇高理想，肩负推翻剥削阶级和消灭私有制的神圣使命，从而内在地决定了马克思主义政党的先进性。习近平同志强调，保持共产党人的先进性，关键在于领导干部要牢固树立心中有党、心中有民、心中有责、心中有戒的思想，以正确的世界观立身、以正确的权力观用权、以正确的事业观做事，算好"利益账"坚持正确的利益原则，算好"法纪账"坚持法纪原则，算好"良心账"坚持良知原则。这是新时期共产党人对保持马克思主义政党先进性作出的回答。

保持马克思主义政党的先进性永远在路上。习近平同志说，对腐败问题要坚持零容忍的态度不变、猛药去疴的决心不减、刮骨疗毒的勇气不泄、严厉惩处的尺度不松，发现一起查处一起，发现多少查处多少，把反腐利剑举起来，形成强大震慑。然而从最近两年查处的案件和巡视发现的问题看，反腐败斗争形势依然严峻复杂，主要是在实现不敢腐、不能腐、不想腐上还没有取得压倒性胜利，腐败活动减少了但并没有绝迹，反腐败体制机制建立了但还不够完善，思想教育加强了但思想防线还没有筑牢，减少腐败遏制腐败增量、重构政治生态的工作艰巨繁重。面对反腐防变严峻形势，与"人的恶劣的情欲、贪欲和权势"进行顽强斗争，是马克思主义政党保持先进性的永恒课题。据有关媒体报道，多年来，公众最关注的十大问题中，腐败问题始终排位很靠前。社会对腐败问题高度关注，实际上反映了广大人民群众对部分领导干部所谓全心全意为人民服务的普遍质疑。事实上，一些自以为是的领导干部，压根就没有想过常去贫困地区走一走，常到贫困户家坐一坐，常同困难群众聊一聊，多了解困难群众的期盼，多解决困难群众的问题，满怀热情为困难群众办事，而是一事当前总是先替自己打算，眼睛总是盯着个人实际利益和职务升迁。如果说当官做老爷的封建余毒和资产阶级的利己主义，是部分党员领导干部在干群关系上出现错位的主要原因，那么缺失共产党人精神上的"钙"，是导致一些党员领导干部政治上变质、经济上贪婪、道德上堕落、生活上腐化的总根源。道德的基础是人类精神的自律。党员领导干部蜕化变质，往往是从思想上蜕化变质开始的。习近平同志一针见血地指出，有些领导干部所以走向违纪违法、腐化堕落的深渊，从根本上讲是世界观、人生观这个"总开关"出了问题，丧失了拒腐防变的能力。事实一再表明，理想信念动摇是最危险的动摇，理想信念滑坡是最危险的滑坡。坚定理想信念，坚守共产党人精神追求，始终是共产党人安身立命的根本。对马克思主义的信仰，对社会主义和共产主义的信念，是共产党人的政治灵魂，是共产党人经受住任何考验的精神支柱。习近平同志强调，有了坚定的理想信念，站位就高了，眼界就宽了，心胸就开阔了，就能坚持正确的政治方向，在胜利和顺境时不骄傲不急躁，在困难和逆境时不消沉不动摇，经受住各种风险和困难考验，自觉抵御各种腐朽思想的侵蚀，永葆共产党人政治本色。

反腐防变是为了始终保持共产党人的政治本色。党员是党的肌体细胞，党的先进性和纯洁性要靠千千万万党员的先进性和纯洁性来体现，只有始终保持共产党人在思想上、组织上、作风上的纯洁性，才能维护党的先进性和纯洁性，也才能永葆共产党人的政治本色。首先，确保思想上的纯洁性是始终保持共产党人的政治本色的基本前提。习近平同志指出，保持党在思想上的纯洁性，是保证党的正确政治方向和党的团结统一的思想基础。保持党的纯洁性体现在思想上，就是各级党组织和广大党员、党的领导干部必须始终把马克思主义及其中国化的理论成果作为指导思想，坚持马克思主义实事求是的思想路线，坚决抵制各种反马克思主义思想的侵蚀，同各种违背马克思主义的错误思想作斗争。保持党的纯洁性最重要的是保持对共产主义的坚定信仰、对中国特色社会主义的坚定信念。如果理想信念不坚定，不相信马克思主义，不相信中国特色社会主义，政治上不合格，经不起风浪，这样的干部能耐再大也不是我们党需要的好干部。习近平同志认为，作为党员和党的干部，都要经常思考和解决好入党为了什么、当干部干些什么、身后留下什么的问题，决不可为个人或少数人谋私利，而应该始终坚守共产党人全心全意为人民服务的精神家园。其次，确保组织上的纯洁性是始终保持共产党人的政治本色的基本要求。习近平同志指出，保持党在组织上的纯洁性，是保持全党步调一致和增强党的创造力、凝聚力、战斗力的组织保证。习近平同志分析说，我们党现在是一个拥有 8000 多万党员、380 多万个基层组织的大党，现在有的人入党、当干部，不是因为信仰马克思主义，不是要矢志为中国特色社会主义、共产主义事业奋斗终身，而是认为入党、当干部能给自己带来好处，把入党、当干部作为个人或家庭、亲属获取利益的政治资本。对于党员和党的干部中那些屡经教育仍不悔悟和改正的人，要按照党章和其他党内法规的规定予以严肃处理，对那些无可救药的蜕化变质分子、腐败分子要坚决从党的队伍中清除出去。再次，确保作风上的纯洁性是始终保持共产党人的政治本色的基本遵循。习近平同志指出，保持党在作风上的纯洁性，是保持党同人民群众血肉联系和不断从人民群众实践中吸取经验、智慧和力量的固本之道。保持党的作风纯洁，核心是密切联系群众，始终与人民群众同呼吸、共命运，始终代表人民群众的意志和利益，始终依靠人民群众来推动历史前进，把实现好、维护好、发展好最广大人民根本利益作为检验作风纯洁性的试金石。

综上所述，始终坚持和发展中国特色社会主义，始终坚守人民的利益高于一切，始终保持共产党人的政治本色，这就是习近平同志反腐防变论述的三大宗旨。

参考文献：

［1］《马克思恩格斯选集》第 2—4 卷，人民出版社 1995 年版。

［2］《马克思恩格斯全集》第 17 卷，人民出版社 1995 年版。

［3］《马克思恩格斯全集》第 22 卷，人民出版社 1995 年版。

［4］《列宁全集》第 42 卷，人民出版社 1987 年版。

［5］《列宁选集》第 3—4 卷，人民出版社 1995 年版。

［6］《毛泽东文集》第 6 卷，人民出版社 1999 年版。

［7］《邓小平文选》第 2 卷，人民出版社 1994 年版。

［8］《邓小平文选》第 3 卷，人民出版社 1993 年版。

［9］习近平：《扎实做好保持党的纯洁性各项工作》，《求是》2012 年第 6 期。

［10］薄一波：《若干重大决策与事件的回顾》（下），中共中央党校出版社 1993 年版。

［11］徐敦楷、龚先庆等：《党的利益问题研究》，湖北人民出版社 2014 年版。

［12］《十七大以来重要文献选编》，中央文献出版社 2009 年版。

［13］中国社会科学院中国特色社会主义理论体系研究中心：《习近平同志的执政思想初探》，《湖南社会科学》2014 年第 4 期。

［14］古丽阿扎提·吐尔逊：《"东突"恐怖活动的国际因素及预防措施》，《阿拉伯世界研究》2014 年第 4 期。

［15］和军：《马克思恩格斯的反腐败思想及其现实意义》，《云南行政学院学报》2012 年第 2 期。

［16］习近平：《在十八届中共中央政治局第一次集体学习时的讲话》，中华人民共和国中央人民政府网，2012 年 11 月 19 日（http：//www.gov.cn/ldhd/2012 - 11/19/con - tent_ 2269332. htm）。

［17］谢春涛：《历史的轨迹——中国共产党为什么能（修订版）》，新世纪出版社 2012 年版。

［18］葛海彦：《中国共产党执政方式研究》，中央编译出版社 2012 年版。

[19] 中共中央宣传部：《习近平总书记系列重要讲话读本》，学习出版社、人民出版社 2014 年版。

（原载《中共杭州市委党校学报》2015 年第 9 期，第一作者为张祖钧）

第七节　论习近平关于和平发展的外交思想与实践

党的十八大以来，以习近平同志为核心的党中央在坚持新中国外交 60 多年形成的大政方针和优良传统的基础上，努力探索走出一条有中国特色的大国外交之路。习近平关于外交工作的一系列重要讲话，不断提出新理念、阐释新思想、展示新气象，具有全球视野、进取意识和开拓精神。具有鲜明中国特色、中国风格、中国气派的社会主义大国外交战略已经初步成型，并持续践行。

一　和平发展道路的内涵

走和平发展道路，是我们党立足时代发展潮流和我国根本利益作出的战略抉择。习近平指出："中国早就向全世界郑重宣示：中国坚定不移走和平发展道路，既通过维护世界和平发展自己，又通过自身发展维护世界和平。走和平发展道路，是中国对国际社会关注中国发展走向的回应，更是中国人民对实现自身发展目标的自信和自觉。"习近平的这一段话，是中国坚持走和平发展道路的政治宣言，回应了国内外对中国发展走向的质疑，指明了在新的历史条件下中国走和平发展道路的战略目标，表明了我们党领导集体坚持走和平发展道路的信心和决心。

和平发展道路的科学内涵归结起来就是：要坚持开放的发展、合作的发展、共赢的发展，既通过争取和平的国际环境发展自己，又以自身的发展和壮大来促进和维护世界的和平。寻求和扩大各方共同利益的交汇点和结合点，各国应该共同推动建立以合作共赢为核心的国际关系，各国人民应该一起来维护世界和平、促进共同发展。习近平的战略思维和战略定力强调，我们要坚持合作共赢，推动建立以合作共赢为核心的新型国际关系，坚持互利共赢的开放战略，把合作共赢理念体现到政治、经济、安全、文化等对外合作的方方面面。

在政治上，就是要努力构建各种层次的战略伙伴关系。构建伙伴关系，不搞结盟或对抗，在结盟和对抗之间走出一条"对话而不对抗、结伴而不结盟"的新路子。此外需要强调的是，我国应参与和倡导世界不结盟运动，反对军事结盟和海外长期驻军，使我国站在道义的制高点上。

在经济上，就是要树立经济共同体意识，促进世界经济的持久发展和共同繁荣。"世界繁荣稳定是中国的机遇，中国发展也是世界的机遇。和平发展道路能不能走得通，很大程度上要看我们能不能把世界的机遇转变为中国的机遇，把中国的机遇转变为世界的机遇，在中国与世界各国良性互动、互利共赢中开拓前进。"

在安全上，就是要营造各国共享安全的局面。"各国要同心协力，妥善应对各种问题和挑战。越是面临全球性挑战，越要合作应对，共同变压力为动力、化危机为生机。面对错综复杂的国际安全威胁，单打独斗不行，迷信武力更不行，合作安全、集体安全、共同安全才是解决问题的正确选择。"坚持通过对话协商和平解决国家之间的争端，反对动辄使用武力和以武力相威胁，走出一条各国共建、共享、共赢的安全之路。

在文化上，要形成不同文明包容互鉴的新气象。海纳百川，有容乃大。在人类历史发展的长河中，各个民族所创造的文明璀璨夺目、相映生辉，构成了一个绚丽多彩的世界。当然，由于各国的历史背景、文化传统、价值观念、社会制度和发展模式存在很大差异，形成了世界文明的多样性和差异性，但是，这不能成为不同文明相互冲突的理由。文化多样性既是人类社会的显著特征，也是人类文明进步的重要动力。不同文明相互借鉴、取长补短，才能在求同存异中共同进步。

简言之，中国走和平发展道路，针对西方政治军事结盟的不良现象，我们坚持实行不结盟政策，并希望结盟国家进一步摒弃一切形式的冷战思维，着眼时代发展潮流，真正树立起利益共同体意识，在共同发展中寻求各方利益的最大公约数，构建更富有包容性和建设性的民主型国际关系。

二　中国走和平发展道路的自信和自觉

2014 年 3 月 28 日，习近平在德国科尔伯基金会的演讲中指出："中国走和平发展道路，不是权宜之计，更不是外交辞令，而是从历史、现实、未来的客观判断中得出的结论，是思想自信和实践自觉的有机统一。"只有坚持走和平发展道路，只有同世界各国一道维护世界和平，中国才能实现自己的目标，才能为世界作出更大的贡献。

1. 走和平发展道路，来源于社会主义的本质要求

我们实行的科学社会主义的一种新模式称为中国特色社会主义。习近平说："只有社会主义才能救中国，只有中国特色社会主义才能发展中国。只有高举中国特色社会主义伟大旗帜，我们才能团结带领全党全国各族人民，在中国共产党成立 100 年时全面建成小康社会，在新中国成立100 年时建成富强民主文明和谐的社会主义现代化国家，赢得中国人民和中华民族更加幸福美好的未来。"坚持和发展中国特色社会主义，不仅是对内工作的主题和主线，而且也是对外工作的主题和主线。中国特色社会主义道路、制度、理论在内政外交上是统一的，要求我们对内追求公有共富、民主政治、精神文明、社会和谐、环境良好，在外交上要主持公道、捍卫公理、伸张正义。坚持中国特色社会主义道路和理念，要求中国外交摒弃任何丛林法则，坚持国家不论大小一律平等，坚决反对任何形式的霸权主义和新帝国主义，反对以大欺小、以强凌弱、以富压贫，反对干涉别国内政，坚持推进国际关系的民主化。在国际和地区热点问题上，始终坚持通过对话谈判解决问题，反对以武力相威胁，或者是搞政权更迭和"颜色革命"，自觉维护国际道义和国际关系的基本准则。要求中国外交必须坚定有力地为广大发展中国家仗义执言，以自己的实际行动，维护和拓展发展中国家的整体权益。

2. 走和平发展道路，来源于中华文明的深厚渊源

中华民族是爱好和平的民族。习近平说："一个民族最深沉的精神追求，一定要在其薪火相传的民族精神中来进行基因测序。有着 5000 多年历史的中华文明，始终崇尚和平，和平、和睦、和谐的追求深深植根于中华民族的精神世界之中，深深熔化在中国人民的血脉之中。中国自古就提出了'国虽大，好战必亡'的箴言。"习近平的这一段话，从根本上阐述了中国今天坚持走和平发展道路的历史基因。

翻开中国几千年的历史画卷，我们可以看到，自秦始皇统一中国以后，直到 16、17 世纪，中国都是世界上最强大的国家之一，但都积极发展同世界其他民族的友好往来和合作关系，成为举世闻名的礼仪之邦。汉武帝派遣使者出使西域，唐太宗发展西域交通，明代郑和七次下西洋，著名的"丝绸之路"的开辟，等等，都是中华民族和平发展的历史见证。今天，我们正在建设和发展的"丝绸之路经济带"和"海上丝绸

之路"，不是想当然拍脑袋提出来的，而是可以在历史上找到它的发展轨迹的。

　　爱好和平，就要反对战争、相互包容。在中华民族五千年的历史长河中，"'以和为贵'、'和而不同'、'化干戈为玉帛'、'国泰民安'、'睦邻友好'、'天下太平'、'天下大同'等理念世代相传"，使和平发展的理念和追求深深扎根于中华民族的精神世界之中，深深溶化在中国人民的血脉之中。我国是一个统一的多民族国家，即"多元一体"的中华民族大家庭，各族人民在中华民族的形成和发展过程中，为祖国的繁荣和进步作出了自己的贡献。在我国历史上数次大规模的民族大融合时期，各少数民族通过学习中原汉民族的先进封建文化，加速了本民族的封建化进程，中原汉民族也积极吸收周边少数民族的优秀文化，共同创造了中华民族悠久而灿烂的历史。我国历史上不仅有汉族建立的全国性政权，也有少数民族建立的全国性政权。各个民族之间的大融合形成了今天的中华民族。在中华民族的历史上，各个民族之间也曾经出现过战争，但和平是中华民族的主流，战争是支流。和平符合各族人民的愿望，是中华民族发展的主流和主线。

　　新中国成立以来，尤其是在改革开放的新时期，中国政府和中国人民继承和发展了中华民族爱好和平、反对战争的优良传统，坚持和平、发展、合作、共赢，坚持独立自主的和平外交政策，积极推动国际政治经济秩序向公正、合理的民主化方向发展，以实际行动推动与周边地区在睦邻互信基础上的交往与合作，不断加强与各种文明之间的交流和对话，成为维护世界和平的坚定力量。

　　正是基于这样的历史基础和现实依据，习近平在中共中央政治局第三次集体学习时底气十足地说："中华民族是爱好和平的民族。消除战争，实现和平，是近代以后中国人民最迫切、最深厚的愿望。走和平发展道路，是中华民族优秀文化传统的传承和发展，也是中国人民从近代以后苦难遭遇中得出的必然结论。中国人民对战争带来的苦难有着刻骨铭心的记忆，对和平有着孜孜不倦的追求，十分珍惜和平安定的生活。中国人民怕的就是动荡，求的就是稳定，盼的就是天下太平。"这不仅是对中华民族历史上爱好和平愿望的精辟概括，同时也是对当代中国人民爱好和平强烈愿望的准确阐述，还是对中国共产党和中国人民走和平发展道路坚定意志的公开宣告。

3. 走和平发展道路，来源于我们党和我国政府的一贯主张

我们党始终高举和平的旗帜。新中国成立不久，中国人民政治协商会议第一届全体会议通过的起到临时宪法作用的《共同纲领》对新中国的外交政策作出了如下宣示："中华人民共和国外交政策的原则，为保障本国独立、自由和领土主权的完整，拥护国际的持久和平和各国人民间的友好合作，反对帝国主义侵略政策和战争政策。"根据《共同纲领》的规定，新中国以崭新的姿态登上了国际舞台。

新中国成立不久，中国领导人和中国政府就提出了和平共处五项原则。和平共处五项原则作为我国一项完整的对外政策，是在1953年底中国和印度政府代表团商谈两国历史遗留问题时，由周恩来总理首次提出的，即相互尊重领土主权、互不侵犯、互不干涉内政、平等互惠、和平共处，得到了印度方面的赞同。1954年6月，周恩来总理应邀先后访问印度和缅甸，分别与两国总理发表联合声明，一致同意以和平共处五项原则作为处理相互关系的基本准则，在世界上产生了广泛和深远的影响。和平共处五项原则，作为我国指导国与国之间关系的一贯主张和我国外交政策的一项重要原则，被列入我国历年来发表的一系列外交工作的重要文件，我国同各国发表的建交公报、联合声明以及签订的各种相关条约和协定，很多也把和平共处五项原则作为双方一致同意的原则正式载入。可以这样说，和平共处五项原则是中国人民智慧的结晶，是新中国外交工作的创新，也是中国共产党和中国政府对世界和平事业作出的贡献。在和平共处五项原则的指引下，中国同亚非拉发展中国家的关系蓬勃发展，中国的朋友遍天下。

进入改革开放新的历史时期以来，我们党正确分析了国际局势和发展趋势，提出了和平与发展是当今世界两大主题的科学判断，把维护世界和平和促进共同发展作为与进行现代化建设、实现祖国统一相并列的三大任务之一。确立了独立自主的和平外交政策，始终坚持和平、发展、合作的外交方针，积极推动国际经济政治秩序向公正合理的方向发展，促进国际关系的民主化。

正是基于对上述历史经验的科学总结，习近平在中共中央政治局第六次集体学习时强调指出："我们的和平发展道路来之不易，是新中国成立以来特别是改革开放以来，我们党经过艰辛探索和不断实践逐步形成的。我们党始终高举和平的旗帜，从来没有动摇过。在长期实践中，我们提出

和坚持了和平共处五项原则，确立和奉行了独立自主的和平外交政策，向世界作出了永远不称霸、永远不搞扩张的庄严承诺，强调中国始终是维护世界和平的坚定力量。这些我们必须始终不渝坚持下去，永远不能动摇。"

4. 走和平发展道路，来源于对实现中国发展目标的条件的认知

中国已经确定了实现中华民族伟大复兴中国梦的发展目标，就是到2020年中国共产党成立一百年时实现国内生产总值和城乡居民人均收入比2010年翻一番，全面建成小康社会；到21世纪中叶新中国成立一百年时把我国建成富强民主文明和谐的社会主义现代化强国。现在，中国已经成为世界第二大经济体，经济总量已经很大，但是人均收入水平仍然落后，中国仍然是世界上最大的发展中国家，发展不平衡、不协调、不可持续的现象十分突出。习近平十分形象地说："同样一桌饭，即使再丰盛，8个人吃和80个人吃、800个人吃是完全不一样的。我们深知，在相当长时期内，中国仍然是世界上最大的发展中国家，提高13多亿人的生活水平和质量需要我们付出艰苦的努力。中国要聚精会神搞建设，需要两个基本条件，一个是和谐稳定的国内环境，一个是和平安宁的国际环境。"为了给本国的现代化建设创造和平安宁的外部环境，中国高举和平、合作、共赢的旗帜。中国积极倡导"亲、诚、惠、容"的外交理念，努力推动构建互利共赢的新型大国关系，全面建立中欧战略伙伴关系，努力构建"真、实、亲、诚"的新型中非关系，全方位推动世界的和平与稳定。在习近平看来，"历史是最好的老师，它忠实记录下每一个国家走过的足迹，也给每一个国家未来的发展提供启示。从1840年鸦片战争到1949年新中国成立的100多年间，中国社会战火频频、兵燹不断，内部战乱和外敌入侵循环发生，给中国人民带来了不堪回首的苦难。仅日本军国主义发动的侵华战争，就造成了中国军民伤亡3500多万人的人间惨剧。这段悲惨的历史，给中国人留下了刻骨铭心的记忆。中国人历来讲求'己所不欲，勿施于人'。中国需要和平，就像人需要空气一样，就像万物生长需要阳光一样。只有坚持走和平发展道路，只有同世界各国一道维护世界和平，中国才能实现自己的目标，才能为世界作出更大的贡献"。

5. 走和平发展道路，来源于对世界局势的深刻把握

世界进步潮流浩浩荡荡，顺之则昌，逆之则亡。当今世界，一是世界多极化使各个国家之间的交流与合作日益紧密。随着新老殖民体系的土崩

瓦解和一大批新兴市场国家与发展中国家的快速崛起，多个发展中心正在逐步形成，任何国家或国家集团都再也无法单独主宰世界事务，国家与国家之间的沟通与合作变得更加重要。要和平、不要战争，要合作、不要对抗，已经成为绝大多数人的共识和时代潮流。二是经济全球化使国家之间的利益依存度空前加深。随着商品、信息、货币、人才等生产要素在全球的加速流动，国家之间的依存度不断增强，形成了你中有我、我中有你的人类命运共同体。三是人类面临的共同安全问题日益突出。霸权主义、强权政治、新干涉主义有所上升，恐怖主义和极端组织不断蔓延，粮食安全、能源资源安全、网络安全、环境和气候安全、公共卫生安全、金融安全等全球性难题不断涌现，单打独斗已经无法解决这些全球性问题，只有各国携手合作，才能共同应对。党的十八大报告指出："人类只有一个地球，各国共处一个世界。历史昭示我们，弱肉强食不是人类共存之道，穷兵黩武无法带来美好世界。要和平不要战争，要发展不要贫穷，要合作不要对抗，推动建设持久和平、共同繁荣的和谐世界，是各国人民共同愿望。"在这一世界潮流面前，那种你兴我衰、你得我失的零和博弈观念已经不合时宜，和平、发展、合作、共赢已经成为大势所趋、人心所向的历史潮流。中国走和平发展道路，正是对这一时代潮流的深刻理解和正确把握。习近平说得好："当今世界，殖民主义、霸权主义的老路还能走得通吗？答案是否定的。不仅走不通，而且一定会碰得头破血流。只有和平发展道路可以走得通。所以，中国将坚定不移走和平发展道路。"

三　中国要在和平发展的道路上取得更大的成就

1. 更好统筹国内国际两个大局

中国反复公开向全世界宣示要走和平发展道路，但是在错综复杂的国际形势下，中国怎样走和平发展道路？中国的和平发展道路是否能够走得通？对此，习近平认为，只要我们以邓小平理论、"三个代表"重要思想、科学发展观为指导，加强战略思维、增强战略定力，更好统筹国内国际两个大局，坚持开放的发展、合作的发展、共赢的发展，通过争取和平的国际环境来发展自己，又以自身的发展维护和促进世界和平，不断提高我国综合国力，不断让广大人民群众享受到和平发展带来的利益，我们就可以不断夯实和平发展的物质基础和社会基础。世界多极化、经济全球化、文化多元化不仅为世界各国的繁荣提供了重要的机遇，而且也深化了中国人民的利益与世界各国人民的利益之间的内在联系。要和平不要战争，要合作不要对抗，要发展不要倒退，已经成为不可抗拒的时代潮流。中国的和平发展也是世界的机遇。一个坚持走和平发展道路、不断发展壮大的中国是维护世界和平的坚定力量，随着中国现代化建设的顺利推进和中国梦的实现，中国将成为维护世界和平的中流砥柱。世界的稳定是中国的机遇，中国的发展是世界的机遇。习近平以深邃的战略眼光阐述了中国发展与世界和平之间的内在联系："和平发展道路能不能走得通，很大程度上要看我们能不能把世界的机遇转变为中国的机遇，把中国的机遇转变为世界的机遇，在中国与世界各国良性互动、互利共赢中开拓前进。我们要坚持从我国实际出发，坚定不移走自己的路，同时我们要树立世界眼光，更好把国内发展与对外开放统一起来，把中国发展与世界发展联系起来，把中国人民利益同各国人民共同利益结合起来，不断扩大同各国的互利合作，以更加积极的姿态参与国际事务，共同应对全球性挑战，努力为全球发展作出贡献。"习近平的这一段话，深刻地阐述了统筹国内国际两个大局与中国和世界和平发展的内在联系，为中国坚持走和平发展道路指明了方向。中国强大了，世界的和平发展就有了保障；世界和平了，中国就可以更好地实现自己的发展。因此，中国做好自己的事情，就是促进世界和平事业的发展；世界实现了持久的和平，中国就可以更好地实现自身的发展。只有统筹好国内国际两个大局，我们才能够不仅走好自己的和平发展道路，而且还可以更好地反对霸权主义，促进世界的和平发展。

2. 正确把握中国自身利益和世界各国共同利益的交汇点

近年来，习近平多次向中国人民和世界人民诠释中国梦与非洲梦、亚洲梦、亚太梦、拉美梦的相同点和结合点，努力把中国人民的利益和世界各国人民的利益结合起来，找到中国自身利益和世界各国利益的交汇点。在多个层面与有关各方深化合作，打造政治互信、经济融合、文化包容的利益共同体、命运共同体和责任共同体。在 2014 年的新年贺词中，习近平向世界各国人民传递出中国人民对世界人民的美好祝愿，他说："70 多亿人共同生活在我们这个星球上，应该守望相助、同舟共济、共同发展。中国人民追寻实现中华民族伟大复兴的中国梦，也祝愿各国人民能够实现自己的梦想。我真诚希望，世界各国人民在实现各自梦想的过程中互相理解、互相帮助，努力把我们赖以生存的地球建设成为共同的美好家园。"在与美国总统奥巴马进行庄园会晤时，习近平指出："中国梦要实现国家富强、民族复兴、人民幸福，是和平、发展、合作、共赢的梦，与包括美国梦在内的世界各国人民的美好梦想相通。"在出访非洲时，习近平指出："13 亿多中国人民正致力于实现中华民族伟大复兴的中国梦，10 亿多非洲人民正致力于实现联合自强、发展振兴的非洲梦。中非人民要加强团结合作、加强相互支持和帮助，努力实现我们各自的梦想。我们还要同国际社会一道，推动实现持久和平、共同繁荣的世界梦，为人类和平与发展的崇高事业作出新的更大的贡献！"在访问拉丁美洲时，习近平说："我们应该登高望远、与时俱进，巩固传统友谊，加强全方位交往，提高合作水平，推动中拉平等互利、共同发展的全面合作伙伴关系实现新的更大发展。"

习近平将中国梦推向世界，将中国梦与世界梦联系起来，在世界范围内寻求理解和认同的最大公约数，大大增进了国际社会对中国发展道路和内外政策的理解和认同，让世界人民更加深刻地领会中国走和平发展道路的信心和决心，更加深刻地理解中国和世界之间相互关系的历史逻辑和现实逻辑。

中国仅仅用了几十年时间就走完了一些发达国家上百年才能走完的发展历程。现在，我们前所未有地靠近世界舞台中心，前所未有地接近实现中华民族伟大复兴的目标，前所未有地具有实现这个目标的能力和信心。这三个"前所未有"，勾画出了中国目前所处的历史方位。现在我们面临的任务，就是在这个基础上实现"关键的一跃"，全面建成小康社会，全面深化改革，全面依法治国，全面从严治党，为实现现代化和民族复兴的中国梦打下坚实的基础。今天的中国，已经站在世界的聚光灯下，吸引着全世界的目光。这些目光，既有欣赏、赞扬，也有疑虑、批评、攻击，当然更多的是期待。世界各国人民期待中国在自身发展的过程中，为维护世界和平、促进共同发展作出更大的贡献。因此，我们要把握自身国情和世情的结合点，找到自身利益和各方利益的交汇点，以更加积极主动的外交实践，回应国际社会对中国的期望。中国走和平发展道路，不追求一枝独秀或一家独大，而是致力于同世界各国共同发展，实现全人类的共同利益，共享人类文明进步的成果。中国越发展，对世界的和平与发展就越有利。一个日益繁荣和强大的中国出现在全世界面前，不仅有利于维护中国人民的利益，而且必将为增进世界人民的共同福祉发挥更大的作用，作出更大的贡献。这样的中国，将成为维护世界和平的中流砥柱。

新中国 60 多年的外交史，实际上是一部根据不同的时代特点和国际环境，探索如何有效地维护自己的国家利益和维护世界和平的历史。这一历史对我们今天的启示是：当前和今后一段时间，我国外交工作的原则应该是在推进人类和平进步的事业中坚定而有效地维护、发展我国的国家利益。不能离开自己的国家利益空谈全球利益，当然也不能只讲自己的国家利益而损害他国的利益。要把爱国主义和国际主义统一起来，在追求中华民族整体利益和中国人民福祉的同时，促进人类和平与发展的进步事业。基于以上原则，我们对当前和今后一段时间中国自身利益和世界各国共同利益的交汇点以及我国外交工作的阶段性目标作如下表述。

第一，理直气壮地高举世界和平的旗帜，坚决反对任何帝国主义、霸权主义以任何理由发动任何侵略战争，成为维护世界和平的坚定力量。捍卫世界和平，就是经营、维护和延长我国和平发展的战略机遇期，能够为我国国内的改革发展创造有利的外部环境。这不仅有利于中国人民，而且有利于世界人民。

第二，在和平共处五项原则的基础上发展同所有国家的友好合作关系。尊重各自选择的社会制度和发展道路，通过对话合作处理矛盾和分歧，求同存异、包容互鉴，在追求自身发展时促进共同发展，在寻求自身利益时考虑对方利益。以自身的发展推动世发展，以世界的发展促进自身的发展。不搞冲突和对抗，实现世界各国的互利和共赢。

第三，积极参与和推进国际经济政治秩序的改革和重建，争取获得更大的制度性权力，使国际经济和政治制度真正成为全人类的"公共产品"，为我国的改革开放和发展稳定提供有利的国际制度保障，为在全世界建立公平合理的国际秩序作出新的贡献。

3. 走出一条和衷共济、合作共赢的新路子

习近平在会见联合国秘书长潘基文时指出："联合国要抓住和平与发展的主题，高举公平正义的旗帜，讲公道话，办公道事。零和思维已经过时，我们必须走出一条和衷共济、合作共赢的新路子。"对于这一"新路子"的具体内涵，习近平也进行了阐述。

一是坚持政治解决冲突的正确方向。"中国谋求的发展，是和平的发展、开放的发展、合作的发展、共赢的发展。"中国人民从遭受战乱和贫穷的惨痛经历中深深感受到和平的珍贵、发展的迫切。中国人民对战争带

来的苦难有刻骨铭心的记忆，对和平有着孜孜不倦的追求。历史向我们昭示，弱肉强食不是人类共存之道，穷兵黩武无法带来美好世界。化解世界上的各种冲突，只有通过和平谈判的政治解决方法，才是正确的方向。习近平强调："纵观世界历史，依靠武力对外侵略扩张最终都是要失败的。这就是历史规律。"现在世界上的热点问题不少，按下葫芦起了瓢。解决这些问题既要得理，又要得法，一味示强施压不行，外部武力干预更是要不得，政治解决是唯一正确的出路和方向。

二是坚持实现共同发展的目标。2013 年 3 月 23 日，习近平在莫斯科国际关系学院演讲时强调，面对国际形势的深刻变化和世界各国同舟共济的客观要求，各国应该共同推动建立以合作共赢为核心的新型国际关系，各国人民应该一起来维护世界和平、促进共同发展。要实现维护世界和平、促进共同发展的目标，首先要坚持国家不分大小、强弱、贫富一律平等，尊重各国自主选择发展道路的权利，反对干涉别国内政。因为一个国家的发展道路是不是符合这个国家的实际情况，只有这个国家的人民才最有发言权。只有这样才可以实现每个国家在谋求自身发展的同时，积极促进其他各国的共同发展。"世界长期发展不可能建立在一批国家越来越富裕而另一批国家却长期贫穷落后的基础之上。只有各国共同发展了，世界才能更好发展。那种以邻为壑、转嫁危机、损人利己的做法既不道德，也难以持久。"

三是坚持理性、协调、并进的核安全观。原子的发现和核能的开发给人类社会的发展带来了新的动力，极大地增强了人类认识世界和改造世界的能力。同时，核能的发展也伴随着核安全的风险和挑战。习近平认为，应该坚持理性、协调、并进的核安全观，把核安全进程纳入健康持续发展的轨道。坚持发展和安全并重，以确保安全为前提发展核能事业；坚持权利和义务并重，以尊重各国权利为基础推进国际核安全进程；坚持自主和协作并重，以互利共赢为途径寻求普遍核安全；坚持治标和治本并重，以消除根源为目标全面推进核安全努力。

习近平提出的核安全观，有力地并且有针对性地回答了世界核领域全球治理的根本性问题，科学地指明了全球核安全治理的方法、途径和原则，亮出了中国在核安全领域的鲜明立场。核安全观倡导共同安全、综合安全、合作安全、可持续安全，具有宏大的全局性、深远的战略性和鲜明的中国特色，成为指导世界核安全进程走向的重要原则，是我们党在国际安全和全球治理领域的重要理论和实践创新，具有重要的理论意义和实践意义。

四 走和平发展道路决不能牺牲国家核心利益

中国走和平发展道路是始终不渝和坚定不移的。但是，中国走和平发展道路是有前提、有原则和有底线的，这个底线就是坚决维护国家主权、安全和发展利益。习近平强调："我们要坚持走和平发展道路，但决不能放弃我们的正当权益，决不能牺牲国家核心利益。任何外国不要指望我们会拿自己的核心利益做交易，不要指望我们会吞下损害我国主权、安全、发展利益的苦果。中国走和平发展道路，其他国家也都要走和平发展道路，只有各国都走和平发展道路，各国才能共同发展，国与国才能和平相处。"这些话落地有声、字字千钧，从根本上讲清了坚持和平发展与维护国家利益之间的辩证关系。

1. 坚持走和平发展道路和坚决维护国家核心利益是辩证统一的

中国走和平发展道路的信心和决心一以贯之、坚定不移，但和平发展不等于放弃我们的正当权益，不等于牺牲国家的核心利益。中国捍卫自己核心利益的信念坚如磐石，不可动摇。习近平在主持中共中央政治局第三次集体学习时的讲话中强调："我们要坚持走和平发展道路，但决不能放弃我们的正当权益，决不能牺牲国家核心利益。任何外国不要指望我们会拿自己的核心利益做交易，不要指望我们会吞下损害我国主权、安全、发展利益的苦果。中国走和平发展道路，其他国家也都要走和平发展道路，只有各国都走和平发展道路，各国才能共同发展，国与国才能和平相处。"这不仅反映了中国维护自己国家核心利益的坚定决心，而且对国家核心利益的概念进行了明确的界定。国家核心利益包括国家主权、国家安全和国家发展利益。中国坚定走和平发展道路，但是绝不会以损害自己的主权、安全和发展利益为代价，其他国家在这个问题上要有清醒的认识，不要心存侥幸，产生误判。

近些年来，有的国家看到中国坚持走和平发展道路，对此产生了片面理解，以为中国为了获得和平发展的国际环境，会拿自己的核心领域进行交换，于是不断在各个方面挑起事端，挑战中国的主权、安全和发展利益。中国坚持走和平发展道路，不是绝对的和无条件的。当我们的正当权益和核心利益受到威胁时，中国人民会义无反顾地运用各种力量同各种敌对势力进行坚决的斗争。为了维护核心利益而使用武力，不仅与走和平发展道路不矛盾，而且是相辅相成、内在统一的。只有具备了打赢反侵略战争的水平和能力，才能实现和平发展的战略目标。新中国刚成立时，我们在一穷二白的情况下都不怕鬼、不信邪，敢于捍卫国家主权、维护国家利益，敢于向世界强权"亮剑"，那么，今天的中国发展了、强大了，更不会屈服于任何外来压力。我们不仅要向全世界宣告中国将坚定不移地走和平发展道路，同时也要清晰明确地划出中国和平发展的"底线"和"红线"，这就是决不允许侵犯和损害中国的核心利益。我们决不允许任何人和任何国家突破这一"底线"和"红线"。

2. 中国走和平发展道路，其他国家也都要走和平发展道路

中国早就向全世界宣示，中国坚定不移地走和平发展道路，既通过维护世界和平发展自己，又通过自身发展维护世界和平。但是，有些人总是戴着有色眼镜看待中国，认为中国的发展必然会带来威胁。尽管这种舆论就是无端臆断，但是一些人却乐此不疲。如果这种观念不消除，国家与国家之间的对抗乃至冲突就在所难免。这就是习近平之所以强调各国都要走和平发展道路，各国才能共同发展、和平相处的原因。要消除一些国家对中国发展的猜疑，引导国际社会正确认识和对待中国的发展，主要取决于美日欧等国家对中国和平发展的态度。也就是说，这些国家"要跟上时代前进步伐，就不能身体已进入21世纪，而脑袋还停留在过去，停留在殖民扩张的旧时代里，停留在冷战思维、零和博弈老框框内"。如果是这样，这个世界就没有安宁可言，中国走和平发展道路的战略目标就无法实现。

随着经济全球化的深入发展，国际社会日益成为一个你中有我、我中有你的命运共同体。面对日益复杂的世界经济形势和日益增多的全球性问题，任何国家都不能独善其身、一枝独秀。客观上来讲，各国必须同舟共济、共同发展。因此，和平发展是世界潮流与各国的共同责任，而非中国一家的义务。走和平发展道路，是中国人民从自身经历中对实现自身目标形成的自信和自觉，但世界上只有中国走和平发展道路是不行的，需要其他国家和中国相向而行，而不是背道而驰。只有更多的国家走和平发展道路，和平发展道路才能走得通、走得稳和走得远。

3. 和平发展道路是需要通过斗争才能实现的

中国坚持走和平发展道路，但和平不是自发地、自然而然就能够实现

的，而是需要争取、维护和斗争才能实现的。习近平说得好："历史告诉我们，和平是需要争取的，和平是需要维护的。只有人人都珍惜和平、维护和平，只有人人都记取战争的惨痛教训，和平才是有希望的。"如果大家都只想享受和平，而不愿意维护和平，那么，和平将不复存在。国家无论大小、强弱、贫富，都应该做和平的维护者和促进者，不能这边搭台、那边拆台，而应该相互补台，好戏连台。

和平需要通过斗争才能实现。以有理有利有节的斗争求和平，则和平存；以一味退让妥协求和平，则和平亡。中国不闹事，但也不怕事。中国将坚定维护亚洲和世界的和平与稳定，继续妥善处理同有关国家的分歧和摩擦，在坚定捍卫国家主权、安全、领土完整的基础上，努力维护同周边国家的关系和地区和平稳定的大局。中国将在国际和地区热点问题上继续发挥建设性作用，坚持劝和促谈，为通过对话谈判妥善处理有关问题作出不懈努力。正如习近平对国际社会作出的庄严昭告："今天的中国是世界和平的坚决倡导者和有力捍卫者，中国人民将坚定不移维护人类和平与发展的崇高事业，愿同各国人民真诚团结起来，为建设一个持久和平、共同繁荣的世界而携手努力。"

参考文献：

［1］《习近平谈治国理政》，外文出版社 2014 年版。

［2］《中央外事工作会议在京举行》，《人民日报》2014 年 11 月 30 日第 1 版。

［3］当代中国研究所：《中华人民共和国史稿》第 1 卷，人民出版社、当代中国出版社 2012 年版。

［4］韩念龙：《当代中国外交》，中国社会科学出版社 1988 年版。

［5］中共中央文献研究室：《十八大以来重要文献选编》（上），中央文献出版社 2014 年版。

［6］习近平：《2014 年新年贺词》，《人民日报》2014 年 1 月 1 日第 1 版。

［7］习近平：《携手合作，共同维护世界和平与安全》，《人民日报》2012 年 7 月 8 日第 2 版。

［8］《习近平在莫斯科国际关系学院发表重要演讲时强调建立以合作共赢为核心的新型国际关系》，《人民日报》2013 年 3 月 24 日第 1 版。

［9］《习近平出席第三届核安全峰会并发表重要讲话首次阐述中国核安全观推动实现持久核安全》，《人民日报》2014 年 3 月 25 日第 1 版。

［10］《习近平在中共中央政治局第三次集体学习时强调更好统筹国内国际两个

大局夯实和平发展道路的基础》,《人民日报》2013 年 1 月 30 日第 1 版。

[11] 习近平:《在南京大屠杀死难者国家公祭仪式上的讲话》,《人民日报》2014 年 12 月 14 日第 2 版。

(原载《高校马克思主义理论研究》2016 年第 9 期,第二作者为朱炳元)

第四章 经济改革研究

第一节 深化改革开放必须坚持以马克思主义及其中国化的创新理论为指导

习近平总书记在庆祝改革开放 40 周年大会上的讲话中指出："前进道路上，我们必须坚持以马克思列宁主义、毛泽东思想、邓小平理论、'三个代表'重要思想、科学发展观、新时代中国特色社会主义思想为指导，坚持解放思想和实事求是有机统一。发展 21 世纪马克思主义、当代中国马克思主义。"① 这就是说，我们的改革开放事业一直是以马克思主义和当代中国的马克思主义为指导思想。然而，现实理论界却不断地有人宣扬各种错误思想。为此，我们必须廓清国内外一些错误舆论，为坚持和发展社会主义性质和方向的改革开放进行"伟大斗争"，而不能当"开明绅士"。

第一，深化改革开放的内容和时机的把握问题。在庆祝改革开放 40 周年大会上，习近平指出："前进道路上，我们必须坚持以新时代中国特色社会主义思想和党的十九大精神为指导，增强'四个自信'，牢牢把握改革开放的前进方向。改什么、怎么改必须以是否符合完善和发展中国特色社会主义制度、推进国家治理体系和治理能力现代化的总目标为根本尺度，该改的、能改的我们坚决改，不该改的、不能改的坚决不改。我们要坚持党的基本路线，把以经济建设为中心同坚持四项基本原则、坚持改革开放这两个基本点统一于新时代中国特色社会主义伟大实践，长期坚持，决不动摇。"② 可见，坚持党在社会主义初级阶段的基本路线，特别是坚

---

① 习近平：《在庆祝改革开放 40 周年大会上的讲话》，人民出版社 2009 年版，第 26 页。
② 同上书，第 28 页。

持四项基本原则，是我们制定改革开放政策和策略的底线。对于具体的改革开放的内容，首先，要搞清社会主义改革开放中哪些是该改的，哪些是不该改的问题。如作为中国特色社会主义政治制度本质的党的领导、作为根本政治制度的人民代表大会制度，作为公有制为主体、国有经济为主导、多种所有制经济共同发展的基本经济制度，作为按劳分配为主体多种分配方式并存的基本分配制度，作为以人民为中心而非以资本为中心的发展宗旨，作为党和国家指导思想的马克思主义及其中国化理论的主旋律意识形态，等等，就属于不仅不该改变，而且要坚持、巩固和进一步加强的。那种主张多党轮流执政、人大和政协改为各个狭隘利益集团的博弈制度、修改宪法关于公有制和私有制的分类、取消马克思主义在意识形态和国民教育中主导地位等改革观，是错误的。其次，对于那些该改的，我们还要考虑现在能不能改的问题，或者说我们还要考虑改革的时机和条件是否成熟的问题。比如实行民营企业的职工股权和利益共享、严厉惩罚拖欠工资和非法延长劳动时间、中美企业互相控股的对等开放、干部财产公布等问题，原则上都应该改革和建立健全，但有一个时机和条件能不能允许的问题，既不能操之过急，也不能错失良机，必须具体情况具体分析。

第二，改革开放取得巨大成就是马克思主义理论的胜利。有这样一种观点认为，中国改革开放取得巨大成就，应该归功于新自由主义和凯恩斯主义的指导。这不仅是错误的，而且违背客观事实。我们知道，马克思主义及其中国化经济理论，是以马克思主义的世界观和方法论为根本指导、同时吸收借鉴西方经济学某些理论和政策的合理成分，是在对中国特色社会主义经济进行理论创新过程中形成的。因此，我们不否认中国改革开放取得的巨大成就中，有一部分应该归功于我们的马克思主义经济学者吸收借鉴西方经济学科学有益成分的积极因素。但是，我们不能由此说中国改革开放取得的巨大成就，源自西方经济学及其新自由主义等的理论指导。一部分西化派经济学家，别有用心地将中国改革开放的巨大成就说成是西方经济学和新自由主义的胜利。事实恰恰相反。我们可以说，改革开放以来利国利民的重要成就，均是坚持马克思主义及其中国化经济理论的结果，而过去和现在存在的不少问题，一定意义上均是西方经济学错误理论和政策影响的结果。例如，西方经济学的"库兹涅茨倒 U 型曲线"理论，妨碍了我国财富和收入分配的合理化改革，导致分配差距越来越大，我国的基尼系数已超过国际公认的警戒线。不仅如此，所谓的"环境库兹涅茨曲线"还妨碍了我国生态环境的可持续发展。因为那时的流行理论和政策是走西方"先污染、后治理"的老路，即遵循生态环境的"库兹涅茨倒 U 型曲线"。有些人用被其曲解的"发展是硬道理"来为这种主张辩护，进而把"发展"等同于"增长"，主张"唯 GDP 论"。其实，西方经济学指导西方资本主义经济都经常失效或失灵，导致经济危机、金融危机、财政危机、私人垄断资本控制、贫富阶级严重对立、发动战争获利，等等，又怎么可能指导社会主义市场经济的中国取得超过资本主义市场经济的发展成就？进一步分析，由于受西方思潮影响，甚至有论著混淆社会主义市场经济与资本主义市场经济的本质界限，不敢使用"社会主义性质和类型的市场经济"一词，以为这样一说，就把本身是中性的市场经济一词，又套上姓资姓社的性质了。因此，笔者赞成社会主义市场化取向的改革和公有制主体基础上的有限民营化，即在一定程度和一定范围内发展私营经济，但不赞成"唯市场化""泛市场化"，更不赞成生产资料主体的私有化或民营化。

第三，关于所有制结构的改革成就与未来走向。最近习近平同志在民营经济座谈会上的讲话中指出："民营经济是我国经济制度的内在要素，民营企业和民营企业家是我们自己人。民营经济是社会主义市场经济发展的重要成果，是推动社会主义市场经济发展的重要力量，是推进供给侧结构性改革、推动高质量发展、建设现代化经济体系的重要主体，也是我们党长期执政、团结带领全国人民实现'两个一百年'奋斗目标和中华民族伟大复兴中国梦的重要力量。"① 有人据此炒作说，我们已经放弃了公有制经济的主体地位，中国特色社会主义经济要以私有制经济为主体了。但在庆祝改革开放 40 周大会的讲话中，习近平同志再次强调："我们必须毫不动摇巩固和发展公有制经济，毫不动摇鼓励、支持、引导非公有制经济发展，充分发挥市场在资源配置中的决定性作用，更好发挥政府作用，激发各类市场主体活力。"② 因此，两个毫不动摇，必须要在社会主义基本经济制度的框架内来理解，不可将两个毫不动摇变成任何一个毫不动摇。有舆论把改革的成就主要归功于非公经济占比越来越高，认为未来

---

① 习近平：《在民营企业座谈会上的讲话》，新华网（http://www.xinhuanet.com/politics/2018/11/01/－1123649488.htm）。

② 习近平：《在庆祝改革开放 40 周年大会上的讲话》，人民出版社 2009 年版，第 29 页。

改革就是让其占比继续提高，越高越好；甚至有人提出，应该逐步淡化并取消国企、民企、外企的所有制分类，今后应该淡化所有权，强化产权，如果总是在所有制问题上争来争去，就很难突破公有制、私有制这样一些思想束缚；也有人宣扬"所有制中立论"，主张改革方向就是取消宪法关于公有制、私有制的分类，取消公有制的主体地位和国有企业的主导作用；甚至还有人提出"私人投资与国家投资一样，也是社会主义公有制"的奇谈怪论。事实上，与西方资本主义经济不景气相比较，我国经济持续较快发展的主要原因是公有制的发展及其对非公经济的大力支援，否则，西方非公经济占比超过我国，为何发展不佳呢？在我国宪法条款中，公有制与私有制在国民经济中的地位和作用都是不一样的。既然公有制是主体，那么私有制只能是作为重要组成部分的辅体，而不可能都是主体。因此，主张"民营经济占主体"的观点，是违宪的言论。此外，也有观点试图割裂国有资本与国有企业的密切关系，逐步让中外非公企业控股原来的国有企业，而推行实际上只剩下国有资本参股这一改革措施，这并不符合宪法规定和习近平同志多次强调的"做强做优做大国有企业"的重要讲话精神。

第四，关于中国特色社会主义经济的调节方式和调节手段。国内外大多数学者都认为，我国改革开放的成就与同时很好地发挥市场调节功能和政府调节功能密不可分，即实行市场与政府功能结合的双重调节体制机制，展示出"强市场、强政府"的双强优势。这是因为，市场调节的五大功能优势，主要是直接调节企业和个人的市场机制的短期配置功能、微观均衡功能、信号传递功能、技术创新功能和利益驱动功能，其功能劣势在于市场调节目标偏差、程度有限、速度缓慢、成本昂贵；政府（国家）调节的五大功能优势，主要是调节宏观经济的国家机制的宏观制衡功能、结构协调功能、竞争保护功能、效益优化功能和收入重分功能，其功能劣势在于国家调节偏好主观、转换迟钝、政策内耗、动力匮乏。两者的各自功能优势决定了各自的基础性和主导性作用，而各自的功能劣势决定了需要利用两者所存在的对立统一的辩证关系。市场调节是整个社会经济活动的普遍联系形式，从微观引向宏观，而广义的政府调节（特指狭义政府和人大两大主体，党的意志也应通过政府和人大来贯彻落实）是规范整个社会经济活动的目标导向和政策体系，从宏观引向微观，两者可以建立起高效和灵活的调控机制。未来改革发展应充分认识两者的功能互补性、效应协同性、机制背反性，坚持市场与国家"功能性双重调节论"的观点，克服市场与政府的作用是此消彼长的"对立关系论"思维；充分发挥市场（实质是企业）在一般经济资源配置和生产经营中的决定性作用，并与更好地发挥国家在微观中观宏观经济中的调节作用相结合。进而形成事先事中事后的全过程监管和调节，巩固和完善强企业、强市场和强政府的"三强"格局。

总之，改革开放不犯颠覆性错误，关键要以马克思主义的科学社会主义理论为指导，反对形形色色的资产阶级和小资产阶级错误思潮。

（原载《当代经济研究》2019 年第 1 期）

第二节　改革的五大思维和工作方法

党的十八大及三中全会文件和习近平总书记的一系列重要讲话，吹响了全面深化改革的号角。当前，在认真贯彻落实党中央新精神的过程中，必须以马列主义及其中国化理论的方法论为指引，高度重视改革的方法论。

一　总体与局部相结合的系统方法

深化改革和科学发展需要正确处理全局与局部、整体与部分的重要关系。习近平强调，应对当前我国发展面临的一系列矛盾和挑战，关键在于全面深化改革，要处理好解放思想和实事求是的关系、整体推进和重点突破的关系、顶层设计和摸着石头过河的关系、胆子要大和步子要稳的关系、改革发展稳定的关系。这是科学的发展和改革辩证法的体现。

党的十八届三中全会关于深化改革的总体规划包含了明确的路线图和时间表，这样有利于避免在实施过程中相互扯皮、拖延不决。顶层设计与基层具体探索在根本上是一致的。只有注重顶层设计或目标模式，才能确立深化改革开放的正确方向和科学路径，有效防止出现全局性错误或"颠覆性错误"，或造成范围较大的不良后果。凡是经过认真听取不同意见的民主程序后（操作的关键不在于多开研讨会和征求意见会，而是多开各界各派不同意见代表参加的论证会和听证会，两类会议的性质和程序有重要区别，后者更多具有实质民主而非形式民主的特性），科学的顶层设计便能为具体领域的改革开放明确方向和指明路径。科学的"摸着石头过河"是积累经验和探索具体办法，能够加快顶层设计目标的实现。在此过程中，中央鼓励各地各领域先行试验和大胆突破，但并不是主张乱闯红灯和狭隘的本位主义。整体推进和突破重点领域相结合，是增强改革和发展系统性、整体性、协同性的方法论体现。

要坚持一切从实际出发，严格通过党内、人大和政府一系列民主程序决策，一张蓝图绘到底，抓好打基础、利长远的工作。鼓励地方、部门和基层大胆探索，绝不是换一位主要领导，就另搞一张蓝图，这类貌似创新的唯长官意志论做法，干部群众一向颇有意见。尤其是在目前不少省市党政一把手新上任不到一届便调离的情况下，更应民主决策。

二 准确与依法相结合的科学方法

习近平强调："要正确推进改革，坚持改革是社会主义制度自我完善和发展。要准确推进改革，认真执行中央要求，不要事情还没弄明白就盲目推进。要有序推进改革，该中央统一部署的不要抢跑，该尽早推进的不要拖宕，该试点的不要仓促推开，该深入研究后再推进的不要急于求成，该得到法律授权的不要超前推进。"改革以来之所以出现一些人民群众极不满意的现象，就是因为某些改革措施不正确、不准确，或盲目推进、超前推进，或片面试点、仓促推广。

在这方面，过去有过程度不同的教训，如价格双轨制和公有企业改制形成一批暴发户，不正确地允许军队经商，稀土和煤炭等重要资源开发和交易完全交给市场，城市居民住房过分强调市场化，国企改革中不适当地被外商并购而"斩首"后控制该领域，等等。

我国理论、体制和政策的创新和变革最终要依据国情而定，但还须对"世情"有全面系统的深刻了解。无论是改革开放，还是涉及发展的重要举措，应该是先了解世情和国情，再作一定规范，然后去试点或推行。如果把这个顺序颠倒过来，比如先进行不甚了解和心中无数的试点，或者根据长官已有意志进行肯定性的所谓试点，那么很有可能处于无法、无规章的境况，推广起来往往会留下一大堆让人头疼的后遗症和弊端。群众路线教育必须与反对官僚主义相结合，才会产生更大的操作效果。

目前，文化体制改革操作中应注意处理好意识形态属性与产业属性、社会效益与经济效益的关系，防止影视业片面追求收视率和票房价值而忽视主旋律、出版业片面追求发行量和利润而忽视先进文化积累；国有经济改革中应注意提升其活力、影响力和控制力，而非行政性地一味压低其在国民经济中的主导作用；分配体制改革中应注意重点从所有制结构和国民收入初次分配领域缩小财富和收入的贫富分化，而非"精准发力"和有误的逆向措施导致与共同富裕目标渐行渐远。

三　幸福与富强相结合的统筹方法

习近平用"国家富强、民族振兴和人民幸福"三个关键词表达了中国梦的深刻内涵。其中，幸福与富强是既有联系又有区别的，需要坚持二者相结合、共同发展的思想方法和工作方法。

中外研究文献早就表明，国家富强、经济增长、收入提高并不完全能同人们生活质量改善和幸福状况画等号。因此，现在不少人幸福感在下降，出现国家富强度不断提高与某些居民幸福感下降的"幸福悖论"现象。

对应"幸福指数"的研究层次，我们构建了微观和宏观两个层面的指标体系。其中，微观层面的指标体系称为"个人或家庭'幸福指数'指标体系"，宏观层面的指标体系称为"社会或国民'幸福指数'指标体系"。

个人或家庭"幸福指数"指标体系，可分为13个主要领域来考察：健康、寿命、教育、资产、收入、住房、环境、安全、家和、人和、闲暇、文娱、自我实现。其中，健康、寿命、教育反映个体的素质；资产、收入反映主体的经济状况；住房、环境、安全反映主体生活区域范围内的自然环境和公共安全环境；家和、人和反映主体家庭关系和社会关系的和谐程度；闲暇、文娱、自我实现主要反映主体广义文化精神需要的满足状况。

社会或国民"幸福指数"指标体系，从国民寿命、国民教育、国民资产、国民产值、可支收入、分配结构、国民住房、国民就业、生态环境、公共安全、社会保障、性别平等、社会和谐、国民闲暇、文娱消费等领域选取了24项指标，对社会或国民幸福进行考察。其中，既包括了平均指标，反映国民幸福某一方面的平均水平，又包括了相对指标，反映国民幸福某一方面的社会差别。

现在，有些地方已经制定了本地的幸福指数指标体系，说明越来越多的干部已认识到地区富强与居民幸福需要统筹协调发展，这是值得肯定和推广操作的改革发展方法和措施。

四　市场与政府相结合的双重方法

习近平在 2013 年全国两会的讲话中强调 "两个更"：更加尊重市场规律，更好发挥政府作用。在十八届三中全会上，他提出使市场在资源配置中起决定性作用和更好发挥政府作用。为了实现两个百年目标，我国的经济发展既要着眼于进一步激发改革活力，增强人民群众对于改革的参与性；也要着眼于进一步提高宏观调控水平，提高政府效率和效能。

确立双重调节方法并进行有效操作的意义在于，今后需要将市场决定性作用和更好发挥政府作用看作一个有机的整体。既要用市场调节的优良功能去抑制 "国家调节失灵"，又要用国家调节的优良功能来纠正 "市场调节失灵"，从而形成高效市场即 "强市场" 和高效政府即 "强政府" 的 "双高" 或 "双强" 格局。这样，既有利于发挥社会主义国家的良性调节功能，同时也能在顶层设计层面避免踏入新自由主义陷阱和经济危机风险。这根本不是某些中外新自由主义市场决定作用论者所说的中国仍在搞 "半统制经济"，也不是宣扬不要国家调控的竞争性市场机制的所谓 "现代市场经济体制"，更不是搞各种凯恩斯主义者猛烈抨击的市场原教旨主义的 "唯市场化" 改革、规避必要的政府宏观调控和微观规制。在这个问题上，如同中国特色社会主义与新自由主义的 "效率优先论" 存在重要区别一样，中国特色社会主义与中外新自由主义的 "市场决定作用论" 也有着重要的区别，必须科学分析。

五　自主与开放相结合的互促方法

2013 年 1 月，习近平总书记在中央政治局第三次集体学习时强调，我们要坚持从我国实际出发，坚定不移走自己的路，同时我们要树立世界眼光，更好把国内发展与对外开放统一起来，把中国发展与世界发展联系起来，把中国人民利益同各国人民共同利益结合起来，我们要坚持走和平发展道路，但决不能放弃我们的正当权益，决不能牺牲国家核心利益。他强调，必须把科技创新摆在国家发展全局的核心位置，坚持走中国特色自主创新道路，敢于走别人没有走过的路，不断在攻坚克难中追求卓越，加快向创新驱动发展转变。中国航天事业始终坚持自力更生、自主创新，因而取得了持久的突出成就和综合效益。这与改革开放以来航空制造业的非自主性发展状况形成鲜明的对照。确立开放的自主性，关系到我国的正当利益，也决定着我国参与国际竞争的前途和命运。

目前，我国经济开放的目标及在实际操作中，主要不是如何让更多的西方跨国公司研发机构到我国来廉价利用资源和高价转卖非核心技术，而是要着力增强自主创新能力和参与中高端国际竞争，构建自主知识产权优势基础上的世界工厂和经济强国地位。只有大力发展"控技术（尤其是核心技术和技术标准）、控品牌（尤其是世界名牌）、控股份"的三控型民族企业集团或民族跨国公司及其产业链（如中海油、海尔和华为等），才能使我国掌握技术竞争的主动权，科技创新成果带来的 GDP 和利润，才是国人可以分配的实惠。

在教育、金融、文化、政治等领域，也必须妥善处理自主发展与双向开放的辩证关系。譬如，用发表在西方文科检索名单上的主流期刊的文章数量来衡量我国文科的研究水平，并主要据此来晋升职称、提拔院校干部和选聘学术带头人，那就不需要用马列主义及其中国化理论来指导我国哲学社会科学的教学和研究了，这就丧失了中国文科发展的自主性、先进性和科学性，容易复归解放前中国"学术被殖民化"（杨小凯语）的境况。在教育体制改革发展中，尤其要纠正这一流行的所谓创新思维方法和做法。又如，明意识或潜意识地以为美国的政治制度和行政管理是最好的，因而在干部教育中强调接受美国哈佛大学等比较政治学和行政管理学的教育，而没有真正搞清中国特色社会主义的民主政治和行政管理总体上比美国要高效和优越，是真正体现人民民主性而非垄断寡头性，从而失去"三自信"、自主意识和自主性，这对于政治体制改革和干部教育均无益。习近平强调的"坚持底线思维"的方法，在这类问题上值得重视。邓小平强调"错了，马上改"的试错方法，值得积极贯彻。

（原载《人民论坛》2014 年第 12 期）

第三节 论中国模式改革的若干基本问题
——兼议若干疑惑

"中国模式"是中外学界持续争论的热点议题。作者对"中国模式"

的含义、基本内涵等进行深入探讨的同时，对各种误解和歪曲进行了辨析和澄清，指出"中国模式"有着经济、政治、文化和社会诸方面的丰富内涵：在经济建设方面，表现为形成了"四主型经济制度"；在政治建设上，形成了"三者统一、四层制度"的架构；在文化建设上，形成了"一个体系、五个主体"的制度格局；在社会建设方面，形成了"三个互动、五层制度"的总体格局。"中国模式"是一个已经相对成熟，对相关民族和国家的发展具有重要借鉴价值的发展模式，在其发展过程中，也面临着严峻的挑战。

随着中国经济的快速发展，世界对中国的关注越来越强烈，关于北京共识、中国模式的话题为国际主流学术界所高度关注。相应的理论争论就不断出现：有没有中国模式？它包含什么内容？其前景是什么？等等。

一　模式与中国模式的基本含义

首先看一看模式的含义。模式在现代汉语词典中的解释是：某种事物的标准形式或使人可以照着做的标准样式。恩格斯在 1876—1878 年写的《反杜林论》中批判了杜林的"世界模式论"，指出杜林所谓对世界"一般有效模式的透彻分析"和其根底深厚的基本模式的根子原来是来源于黑格尔《逻辑学》第一部分存在论的范畴，这是一种从别人那里剽窃来的存在模式论。[①] 杜林这里使用的模式是一种哲学含义，它意味着世界是按照范畴塑造出来的世界，因此恩格斯讥笑杜林"是在黑格尔范畴模式论的笼子里谈哲学"。根据马克思主义的世界观和方法论，我们对模式下的定义就是：模式是事物内在机理的展开，它以各种不同的方式系统地体现着事物的本质属性。模式的基本特点就是：内在性，模式是一个事物内在本质的展现；外在性，模式有其外在的表现方式；可借鉴性，模式可以为人们所借鉴和学习。

其次看一下中国模式的含义。不同的学者对于中国模式有不同的定义。有的学者讲，中国模式是指新中国成立以来，特别是改革开放以来建设中国特色社会主义的理念、战略、政策、实践的过程和结果的总称，也包括出现的问题。[②] 有的学者讲，中国模式对发展中国家来说更多的是发

---

① 参见《马克思恩格斯选集》第 3 卷，人民出版社 1995 年版，第 384—385 页。

② 赵启正、奈斯比特：《对话中国模式》，新世界出版社 2010 年版，第 11 页。

展经验问题，对西方国家尤其是美国来说，则更多的是一种价值问题。[①]
还有的学者讲，中国模式，应该就是对中国改革开放和现代化建设实践经验的集中概括和总结，有着鲜明而独特的内在规定性，其实质乃是在全球化背景下，中华民族在中国共产党领导下把科学社会主义原则与当代中国国情和时代特征相结合，走出的一条后发国家的现代化之路。[②] 这些定义都有其合理性，但不全面。我们认为，把握中国模式应该侧重这样几个层面：它是马克思主义中国化的模式，既不是新自由主义中国化的模式，也不是儒家社会主义模式；它是社会主义的模式，既不是什么权贵资本主义模式，也不是什么民主社会主义模式；是发展中大国的模式，既不是西方发达国家的发展模式，也不是不发达的小国的发展模式，中国的发展一定不能脱离发展中国家的利益。

最后，要弄清楚中国模式、中国经验以及中国案例之间的关系。有的学者认为，中国有经验无模式，有的学者则认为连经验都谈不上，只有中国案例。我们认为，中国有很多成功的案例，包括经济发展的案例、政治发展的案例，也有文化与社会发展的案例。这些案例以其共同的特性，形成了中国经验。中国经验不仅仅是一些理念性的东西，它还包括成功的发展道路和制度安排。因此，中国经验又进一步发展成为中国模式。

有很多的西方学者之所以喜欢使用"中国模式"而很少使用中国道路，关键就是试图把中国特色社会主义从中国模式中清除掉，使这一概念变得更加中性化或者去意识形态化。因此，我们在使用"中国模式"这一概念时一定要鲜明地把它与社会主义密切联系起来，把它与中国特色社会主义道路紧密联系起来，把它与我们远大的奋斗目标联系起来。美国著名学者奈斯比特在与赵启正共同撰写的《对话中国模式》（2010 年 4 月新世界出版社出版）一书中就表达了这样几个意思：（1）"中国现在实行的是一种全新的模式，你们治国理政的方式，你们行事的方式，都是全新的，所以不能简单地使用'社会主义'来描述了"；（2）"在欧洲，很多人一说到中国特色就想到共产主义，会产生意识形态方面的一些联想，而这种联想往往是负面的，实际上对中国也是不利的"；（3）"中国不要把自己裹在共产主义这个老茧子当中，你已经化蝶了，你就应该展翅高飞，

---

① 郑永年：《中国模式——经验与困局》，浙江出版联合集团 2010 年版，第 2 页。
② 张西立：《中国模式的特质》，《学习时报》2009 年 4 月 15 日。

而不是躲在过去的旧的观念当中"。这些观点的本质就是不能理解中国道路的本质：无论是化蝶也好，还是展翅高飞也好，其动力就来自于中国特色社会主义道路。所以研究中国模式一定要把中国特色社会主义道路的本质和内涵研究清楚。

二　中国模式的基本内涵

党的十六大以来，以胡锦涛同志为总书记的党中央，坚持以邓小平理论和"三个代表"重要思想为指导，深入贯彻落实科学发展观，提出构建社会主义和谐社会的战略思想和重大任务，从而使中国特色社会主义事业总体布局由经济建设、政治建设、文化建设三位一体，扩展为经济建设、政治建设、文化建设、社会建设四位一体。这体现了我们党对共产党执政规律、社会主义建设规律、人类社会发展规律认识的深化。全面把握中国特色社会主义事业总体布局，按照这个总体布局全面推进社会主义市场经济、社会主义民主政治、社会主义先进文化、社会主义和谐社会建设，是坚持中国特色社会主义道路的内在要求，也是我们正确理解中国模式的基本出发点。

第一，中国模式在经济建设上形成了"四主型经济制度"。其一，公有主体型的多种类产权制度，即在公有制为主体的前提下（包含资产在质上和量上的优势），发展中外私有制经济。它表现在资本结构、就业结构、GDP 结构、税收结构、外贸结构等多方面。我国应当在多种所有制共存的动态发展中保持这一"主体—辅体"的宏观所有制结构。其二，劳动主体型的多要素分配制度，即按劳分配为主体，多要素所有者可凭产权参与分配，经济公平与经济效率呈现交互同向和并重关系。应采取产权和分配上的双重措施，真正做到"提低、扩中和控高"的分配和谐。其三，国家主导型的多结构市场制度，即多结构地发展市场体系，发挥市场的基础性配置资源的作用，同时，在廉洁、廉价、民主和高效的基础上发挥国家调节的主导型作用。其四，自立主导型的多方位开放制度，即处理好引进国外技术和资本同自力更生地发展自主知识产权和高效利用本国资本的关系，实行内需为主并与外需相结合的国内外经济交往关系，促进追求引进数量的粗放型开放模式向追求引进效益的质量型开发模式转变，从而尽快完成从贸易大国向贸易强国和经济大国向经济强国的转型。

第二，中国模式在政治建设上形成了"三者统一、四层制度"的架构。中国特色的政治发展之路就是：坚持党的领导、人民当家作主、依法治国有机统一，坚持和完善人民代表大会制度、中国共产党领导的多党合作和政治协商制度、民族区域自治和"一国两制"制度以及基层群众自治制度，不断推进社会主义政治制度和法律体系的自我完善和发展。坚持党的领导、人民当家作主、依法治国有机统一是中国模式在政治上的本质要求。党的领导在"三统一"中起着核心作用，党的领导提供了人民当家作主最基础的条件和最广阔的空间，它体现为"四个确保"：党的领导确保中国特色社会主义政治发展的正确方向，确保中国特色社会主义政治发展的科学架构，确保中国特色社会主义政治发展的高效运行，确保中国特色社会主义政治发展的有序参与。人民当家作主作为中国特色社会主义民主政治的根本目的意味着人民群众有权管理国家的重大事务，一切权力来源于人民；人民当家作主意味着人民群众有权选举包括国家领导人在内的一切政府官员，一切权力要服从于人民；人民当家作主意味着人民群众有权监督所选举出来的一切国家工作人员，一切权力都要接受人民的监督。这三个意味着就体现了人民当家作主的本质要求。依法治国是党领导人民治理国家的基本方略。依法治国不是离开党的领导的依法治国，也不是离开人民当家作主的依法治国。离开党的领导和人民当家作主，依法治国就会变成少数人的统治。依法治国体现了党在宪法和法律的范围内活动的基本思想，体现了人民当家作主的有序性。党的领导、人民当家作主、依法治国是有机统一的：党的领导最根本的目的就是依法领导人民实现当家作主，人民当家作主是在党的领导下和法律基础上的当家作主，依法治国是党领导下和人民群众监督下的依法治国。

第三，中国模式在文化建设上形成了"一个体系、五个主体"的制度格局。党的十六大以来，我们明确了文化建设是中国特色社会主义事业总体布局的重要组成部分，文化越来越成为民族凝聚力和创造力的重要源泉，越来越成为综合国力竞争的重要因素，越来越成为人民群众丰富精神生活的重要诉求。社会主义先进文化体现在构建和弘扬一个社会主义核心价值体系，即马克思主义的指导思想、中国特色社会主义的共同理想、以爱国主义为核心的民族精神、以改革创新为核心的时代精神、以"八荣八耻"为主要内容的公民道德。文化发展始终坚持改革创新和科技进步，大力破除制约发展的体制性障碍，不断解放和发展文化生产力。在具体举措上形成了六个一手：一手抓公益性文化事业，一手抓经营性文化产业，一手努力构建覆盖城乡、惠及全民的公共文化服务体系，一手壮大文化产业、繁荣社会主义文化市场，一手抓繁荣，一手抓管理，推动文化全面协调发展。在这一基础上，文化建设形成了"五个主体"的制度格局。建设以社会主义核心价值体系为主体、包容多样性的文化传播制度；建设以公有制为主体、多种所有制共同发展的文化产权制度；建设以文化产业为主体、发展公益性文化事业的文化企事业制度；建设以民族文化为主体、吸收外来有益文化的文化开放制度；建设以党政责任为主体、发挥市场积极作用的文化调控制度。①

第四，中国模式在社会建设上形成了"三个互动、五层制度"的总体格局。党的十六届六中全会从中国特色社会主义事业总体布局和全面建设小康社会全局出发，作出了构建社会主义和谐社会的重大战略部署。通过近些年的努力，构建社会主义和谐社会取得一定进展。首先，要创新社会管理体制，"在党的领导下，积极推动建立政府调控机制同社会协调机制互联、政府行政功能同社会自治功能互补、政府管理力量同社会调节力量互动的社会管理网络，形成科学有效的利益协调机制、诉求表达机制、矛盾调处机制、权益保障机制"②。其次，要构建和完善"健全党委领导、政府负责、社会协同、公众参与"的社会管理制度③；均等化和城乡统筹的基本公共服务制度；广覆盖、多层次和可持续的社会保障制度；国家主导和统筹协调的群众权益维护制度；政府主导、预防与应急并重的公共安全管理制度的基本原则。

三　中国模式若干问题辨析

在中国模式问题上存在着诸多需要进行科学辨析的内容。

（一）中国模式是否是外国人提出来的？

很多研究者都把中国模式问题的提出归之于雷默的"北京共识"。如一种观点讲："2004 年 5 月 11 日，美国高盛公司高级顾问、清华大学兼

---

① 李长春同志在2008 年 1 月的全国宣传思想工作会议上指出："在文化发展格局上，明确要形成以公有制为主体、多种所有制共同发展的文化产业格局，以民族文化为主体、吸收外来有益文化的文化市场格局。"《十七大以来重要文献选编》（上），中央文献出版社 2009 年版，第 181 页。

② 《十六大以来重要文献选编》（下），中央文献出版社 2008 年版，第 904 页。

③ 同上书，第 668 页。

职教授乔舒亚·库珀·雷默在题为《北京共识》的报告中对中国 20 多年的经济改革成就作了全面的理性的分析，指出中国摸索出了一个适合本国国情的发展模式，即所谓的'中国模式'。"① 其实，中国模式的提出不是西方人的发明。

早在 20 世纪 80 年代，邓小平就多次提到中国模式。1980 年 5 月，邓小平在谈到处理兄弟党关系的一条重要原则时，谈到"中国革命就没有按照俄国十月革命的模式去进行"，"既然中国革命胜利靠的是马列主义普遍原理同本国具体实践相结合，我们就不应该要求其他发展中国家都按照中国的模式去进行革命，更不应该要求发达的资本主义国家也采取中国的模式"。② 1988 年 5 月 18 日在会见莫桑比克总统希萨诺时，邓小平指出："世界上的问题不可能都用一个模式解决。中国有中国自己的模式，莫桑比克也应该有莫桑比克自己的模式。"③ 邓小平谈到的中国的模式以及后来江泽民、胡锦涛等同志多次论及的中国特色社会主义道路有深厚的含义：在当代中国无论革命、建设还是改革，都要独立自主地走自己的路，照抄照搬别国经验、别国模式从来不能成功；要敢于和善于把马克思主义基本原理同新的实际和时代条件结合起来，坚决走充满生机活力的新路，决不走实践证明是封闭僵化的老路，也决不走那种改旗易帜、放弃共产党领导、放弃社会主义的邪路。

（二）中国模式是否已经成熟？

有的学者认为，"中国模式"还不成熟。其理由有二：发达国家的成熟模式，都是国家发展到较高的水平，并且经历过长期的和各种环境的检验；"中国模式"虽然起步已经有 20 多年，但还不够长，虽然经济有很大的发展，但水平还是太低。今天的中国仍然处在变化之中，一切都还远未定型，而且也不会很快定型。这两个理由其实都是站不住脚的。首先，发达国家模式不一定都是经济发展到较高阶段才基本成熟，如德国模式、日本模式都是如此。恰恰相反，它们都是利用相对成熟的发展模式推动经济社会的发展，使经济不断成长。从历史角度看，中国作为一个后发的从计划经济体制转型的市场经济国家，其特殊性不容忽略；而中国作为国际

---

① 徐建龙：《"中国模式"与"中国特色社会主义"的比较研究》，《科学社会主义》2007年第 2 期。

② 《邓小平文选》第 2 卷，人民出版社 1994 年版，第 318 页。

③ 《邓小平文选》第 3 卷，人民出版社 1993 年版，第 261 页。

大家庭的一员，作为一个开放的国家，其经济政策选择与国际社会共同的一面同样不容被忽略。① 我们认为，中国模式已经基本成熟。基本的根据就是前面已经谈到的，中国无论是在经济建设，还是政治建设；无论是在文化建设，还是在社会建设等方面，都已经形成了比较系统完整的格局及模式。这体现在我们党一直强调制度定型化。2000 年 10 月 11 日在中共十五届五中全会上发表讲话时，江泽民同志讲："我们进行改革的根本目的，就是要使生产关系适应生产力的发展，使上层建筑适应经济基础的发展，使我国社会主义社会的各方面都形成比较成熟、比较定型的制度。"② 党的十六大以来，新的中央领导集体也反复强调制度定型的问题。2003 年 12 月 20 日中央领导在全国人才工作会议结束时发表讲话指出："十六届三中全会对深化改革、完善社会主义市场经济体制作出了全面部署，应当看到，完善社会主义市场经济体制，从根本上说，就是要实现中国特色社会主义在经济制度上的定型化。邓小平同志一九九二年在视察南方谈话中曾经说过：'恐怕再有三十年的时间，我们才会在各方面形成一整套更加成熟、更加定型的制度。在这个制度下的方针、政策，也将更加定型化。'这里所说的各方面制度，当然包括党的领导制度、组织制度和干部人事制度。"③

（三）中国模式是否具有可借鉴性？

中国模式直接影响了一些国家经济社会发展模式的选择。印度总理辛格 2008 年 1 月 15 日在中国社会科学院发表演说称，中国的改革推动了印度的发展。他说："在过去的几十年里，对外经济开放使中国深深受益，也使印度深深受益，印度正在发生着变化。我承认，中国的成功是促进变化的一种动力，这一进程始于上世纪 80 年代，于 1991 年深入发展。"④ 在中东，中国模式开始成为一些国家的榜样。2007 年 10 月，约旦国王阿卜杜拉二世在访问中国时指出："中国的发展模式已成为许多中东国家学习的榜样，作为一个在国际上拥有重要地位的国家，中国的声音在这里备

---

① 陈维达：《中国模式：利益结构调整与宏观经济调控》，《海派经济学》2010 年第 32 期。
② 《江泽民文选》第 3 卷，人民出版社 2006 年版，第 120 页。
③ 《十六大以来重要文献选编》（上），中央文献出版社 2005 年版，第 612 页。
④ 辛格：《全球经济中的中国和印度》，2008 年 1 月 15 日［2012－01－12］，新华网（http：//news. xinhuanet. com/world/2008—01—15/contents_ 7424749. htm）。

受关注。"① 中国模式还受到伊朗领导人的欢迎。正如国内学者指出的那样，从现代化道路的中外比较来看，中国模式具有重要的人类思想史意义，主要体现在其"内生崛起"和"和平崛起"两个特点上。② 美国哈佛大学商学院的里金钠·艾布拉米也总结了"中国模式"的实践意义和理论意义：从实践意义看，"中国模式"也许不完全适用于其他发展中国家，但毕竟为它们提供了一条新的发展道路，值得它们思考；从理论意义看，"中国模式"颠覆了公有制企业没有效率的传统观点、新兴的大国必是好战和富有侵略性国家的论点以及经济发展必将导致西方式民主的定论。③

（四）中国模式面临什么挑战？

十七大报告讲：发达国家在经济科技上占优势的压力长期存在，可以预见和难以预见的风险增多。十七届四中全会的决定讲：发达国家在经济、科技等方面仍占优势，综合国力竞争和各种力量较量更趋激烈，不稳定不确定因素增多。究竟有什么样的不确定性风险？其一，如何避免社会问题愈演愈烈？近几年来，社会群体事件频发。据统计，1993 年全国发生群体性事件 8700 起，1994 年发生 10000 起，1995 年发生 11000 起，1996 年发生 12000 起，1997 年发生 17000 起，1998 年发生 25000 起，1999 年发生 32000 起，2000 年就突破了 40000 起。2005 年达到 7.4 万起，2007 年以来基本保持在 9 万起；参与人数从每年 73 万人次快速上升到 576 万人次。其二，中国会不会与别的国家迎头相撞？当中国开始发展起来，成为世界大国的时候，发现周边到处都是别人的利益范围和领地，中国的发展在与别人合作共赢的同时也会产生竞争关系：（1）中国搞大飞机，可能会影响到美国波音和欧洲空客在中国市场的利益。2005 年美国政府对波音公司处以 4700 万美元的罚款，理由是从 2000 年到 2003 年，波音卖给中国的 9 架民用飞机上装有违反美国出口管制条例的陀螺仪芯片技术。（2）中国搞动车，日本、法国和德国企业认为影响到了它们的利益。近年来，中国企业通过与外国公司开展项目的开发合作，不断学习、

① 苏小坡、朱磊：《约旦国王：中国成中东学习榜样，备受尊重》，《参考消息》2007 年 11 月 1 日。
② 赵凌云：《论"中国模式"的人类思想史意义》，《海派经济学》2010 年第 32 期。
③ 《"中国模式"挑战传统理论——外国专家评价"中国模式"之一》，人民网－国际频道，2009 年 5 月 7 日。

消化和吸收，成功搭建了具有世界先进水平的多种机车组的设计、制造技术平台，形成了持续研发和制造的完整体系。其中长大编组卧车动车组的研制成功就是我国高速动车组领域实施自主创新和铁路技术装备现代化取得的又一重大成果。这引起西方一些跨国公司的不满，2009 年 1 月 2 日，法国阿尔斯通（Alstom）交通运输公司鼓动西方国家不要采购中国生产的机车，指控中国市场逐步排挤外商、不让外商参与其国内市场竞标等。公司首席执行官菲利普·梅利耶在接受《金融时报》采访时呼吁西方国家不要购买中国生产的机车。应对这些风险，要有科学的理念：（1）改革本身是充满风险的事业。邓小平在 1988 年 6 月 3 日谈道：改革没有万无一失的方案，问题是要搞得比较稳妥一些，选择的方式和时机要恰当。"不犯错误不可能，要争取犯得小一点，遇到问题就及时调整。这是有风险的事情，但我看可以实现，可以完成。这个乐观的预言，不是没有根据的。同时，我们要把工作的基点放在出现较大的风险上，准备好对策。这样，即使出现了大的风险，天也不会塌下来。"他还强调，不冒点风险，办什么事情都有百分之百的把握，万无一失，谁敢说这样的话？（2）要有忧患意识。"生于忧患，死于安乐"，这是江泽民同志反复强调的一句话。对国际敌对势力的渗透、破坏活动，对敌对分子颠覆中国共产党和社会主义制度的政治图谋，对民族分裂主义势力的分裂活动，对暴力恐怖活动等要有高度的警觉，要有风险意识。在这个问题上，切不可书生气十足；在这个方面，千万不可天真。（3）要掌握辩证唯物主义的认识论，努力解决人类认识过程中有限和无限、已知和未知的矛盾，加强对客观世界特别是对支配人们日常生活的外部力量的认识。

（五）中国模式是否是实用主义？

德国杜伊斯堡—埃森大学政治学研究所东亚学研究所所长托马斯·海贝勒曾经在 2005 年发表题为《关于中国模式若干问题的研究》的文章。他认为政治实用主义是中国发展模式和政治文化的显著特色。他说："这种实用主义的特征如下：经济上，从计划经济到市场经济的转型，或者说政治的经济化。政治上，共产党已经从一个阶级的政党发展成为一个人民的政党。意识形态上，政府的目标不再是一个遥不可及的'共产主义'，而是一个不太遥远的'和谐社会'。政权的合法性不再基于意识形态之上，而是基于对现代化、增强国力、维护安定、建立社会主义民主等的承诺。许多事例都表明了这种政治实用主义，例如，经济改革从计划经济到市场经济的转变，在发展过程中允许私人成分的加入、允许外资的流入、认可社会的急剧变化等等。我们甚至可以从中国共产党党章的变化来解读中国的政治实用主义。"①

这是一种片面的观点。中国模式坚持以马克思主义世界观为指导，不是什么实用主义。这一模式强调实事求是，强调求真务实，但这不是什么实用主义。我们党在强调为社会主义初级阶段现代化目标奋斗的同时，始终强调共产主义的远大理想。我们党强调以人为本，始终把实现好、维护好、发展好最广泛人民的根本利益作为党和国家一切工作的出发点和落脚点，尊重人民主体地位，发挥人民首创精神，保障人民各项权益，走共同富裕道路促进人的全面发展，做到发展为了人民、发展依靠人民、发展成果由人民共享。这种以人民的根本利益为工作出发点和落脚点的观点是完全不同于以个人利益追求和目标实现为衡量标准的实用主义的。看待中国模式，一定要运用马克思主义的立场、观点与方法。中国模式是中国人民在中国共产党领导下不懈探索的结果，是具有开创性的模式；世界上没有放之四海而皆准的发展道路和发展模式，也没有一成不变的发展道路和发展模式；我们既不能把书本上的个别论断当作束缚自己思想和手脚的教条，也不能把实践中已见成效的东西看成完美无缺的模式；我们要适应国内外形势新变化、顺应人民新期待，坚定信心，砥砺勇气，不断完善适合我国国情的发展道路和发展模式。

（原载《贵州师范大学学报》2012 年第 3 期，第二作者为辛向阳）

第四节　如何看待中国经济发展模式

中国经济社会发展的巨大成就世所瞩目。中国经济发展总量 GDP 已经跃居世界第三位，仅次于美国和日本之后。进出口总额跃居世界第三位，仅次于美国和德国之后。外汇储备跃居世界第一位。特别是，中国改革开放后连续 30 年的经济长期持续高速增长，年均 GDP 增长率达到 9.6%，就经济增长的时间之久和速度之快来说在世界范围内是首屈一指

---

① 托马斯·海贝勒：《关于中国模式若干问题的研究》，《当代世界与社会主义》2005 年第 5 期。

的。2008 年中国人均国民总收入已经达到 3292 美元，步入了世界中等收入国家之列。尤其在 2007 年伊始的金融、经济危机席卷全球，发达国家和众多发展中国家纷纷受到冲击和陷入衰退时，中国经济依然强劲增长，2009 年全年 GDP 增长率预计将超过 8%。而此时又恰逢新中国成立 60 周年，于是中外学者纷纷热议和关注经济社会发展的"中国模式"，以便总结和提炼中国经济社会发展的道路、经验和规律，以资世界借鉴参考和中国承前启后。

一　关于经济发展"模式"说

关于经济发展的"模式"说早已有之，一旦一国或一地区经济发展取得显著成就或者具有突出特点，就会有相应的模式提出。比如，以德国、瑞士、挪威、瑞典等为代表，强调政府作用和福利社会的"莱茵模式"，或者称为"民主社会主义模式"；以美国、英国为代表，强调自由竞争市场经济的"盎格鲁—撒克逊模式"，或者称为"自由资本主义模式"；以韩国、新加坡、中国香港和中国台湾等为代表，强调政府主导市场经济的"东亚模式"，或者称为"新兴市场经济模式"；以墨西哥、阿根廷等为代表，强调践行经济"私有化、非调控化、自由化"为特征的"华盛顿共识"的"拉美模式"，因其是失败的，又被称为"拉美陷阱"；以俄罗斯等为代表，强调经济迅速"私有化、非调控化、自由化"而失败的"激进转轨模式"，或者称为"休克疗法"；以苏联为代表，强调集中计划经济而取得巨大成就的"苏联模式"，因其弊端是明显的和主要是在斯大林执政时期实践的，因而又被称为"斯大林模式"；以越南为代表，强调利用市场经济的"社会主义走向的市场经济模式"，又称为"越南模式"，等等。不同的发展模式虽然各有特点，但是也有共性。比如，"民主社会主义模式"和"自由资本主义模式"都是以资本私有制为基础的发达资本主义国家的发展模式。而"拉美模式"和俄罗斯"激进转轨模式"则是以"自由资本主义模式"为样板的发展中资本主义国家的发展模式，因而也统称为"新自由主义模式"。"东亚模式"更多是以"民主社会主义模式"为样板的发展中资本主义国家的发展模式。"苏联模式"、"越南模式"、"中国模式"、"古巴模式"等，都是以资本公有制为基础的社会主义国家的发展模式。只不过"苏联模式"和"古巴模式"突出的是计划手段的作用，而"越南模式"和"中国模式"突出的是利用市场手段的作用。

二 中国经济发展不是遵循"新自由主义模式"

通常人们更注重的是不同发展模式的特点，这些特点区分开了不同发展模式。不过，即使是同一个发展模式，中外学者站在不同立场和观察角度，得出的结论也不尽相同；即使是中国学者对中国经济发展模式的看法也不尽相同。比如一些学者认为，中国经济发展是遵循了"新自由主义模式"。这些学者认为，30 年改革开放取得的成就是遵循西方资产阶级主流经济学及其衍生经济政策的结果，改革就是向新自由主义经济学核心理念——"华盛顿共识"靠拢的过程。30 年改革开放之所以取得巨大成就，就在于中国走了一条以市场化、私有化、非调控化为导向的改革道路。市场是配置资源的最佳手段，其配置资源的效率远胜于国家计划和政府干预，政府干预反而降低了资源配置效率。因此，政府干预越少越好，市场作用越大越好。企业家和个人是理性的"经济人"，企业家对利润的追求与个人对私人财产的追求，可以实现社会资源的最优配置。地方分权引起的地方竞争和对外开放引入的制度竞争是中国发展的推动力。30 年改革开放的过程，就是市场自由化过程，也是整个经济的非公有化的过程。非公经济比例不断上升、公有经济比例不断下降，说明外资企业和私营企业等私有经济比国有企业和集体企业等公有经济具有更高的经济效率。这些学者还认为，中国目前的改革开放仍然存在一些问题，原因主要是市场化程度不够，政府干预过多，私有化还不彻底，并提出要进一步推动市场自由化改革，减少政府干预。这些学者仅仅看到，中国在从传统高度集中的社会主义计划经济体制向社会主义市场经济体制转变的过程中，确实是借鉴了西方资产阶级经济学关于市场经济一般规律的理论论述，并在实践中从过去过分强调集体利益转向适当强调个体利益，从几乎单纯的公有制经济到适度降低公有制经济中的比重和开创公有制的多种实现形式，鼓励、支持和引导个体、私营和外资等私有经济发展。于是，这些学者就误以为中国改革开放是遵循了西方资产阶级主流经济学及其政策主张的逻辑。事实上，如果遵循西方资产阶级主流经济学及其政策主张的逻辑，中国就不可能坚持和完善以公有制为主体和按劳分配为主体的基本经济制度。如果遵循了新自由主义经济学的逻辑，实行市场原教旨主义的市场经济，同样就不可能坚持和完善社会主义宏观调控和提高宏观调控水平，也不可能倡

导独立自主的以自力更生为立足点的对外开放。显然，中国经济发展的
"新自由主义模式"论没有抓住中国经济发展的主要特征。中国经济发展
的新自由主义模式论提出中国经济改革和发展是以西方理论为指导的说法
是不符合实际的，同时，也会误导中国经济改革和发展的方向。

同时应当看到，中国 30 年改革开放取得的巨大成就，不仅不是遵循
西方资产阶级主流经济学及其衍生经济政策的结果，而且现阶段出现的收
入和财富占有的差距、资源的破坏性开采和浪费性使用、环境污染、公有
资产流失等问题，恰恰是受到以新自由主义经济学为代表的西方资产阶级
主流经济学宣传和影响的结果。西方资产阶级主流经济学倡导企业片面追
求利润最大化，导致企业不注重资源节约，恣意排放生产污染物，最大程
度地压低工资和降低工作条件，甚至生产和兜售假冒伪劣商品，严重损害
人民生命健康。个人只寻求财产最大化，引发个人损公肥私、行贿受贿、
道德沦丧，甚至严重暴力犯罪。

公有制企业，尤其是国有企业的布局、结构和行业的调整，甚至一些
国有企业破产倒闭，是为了更好地发展壮大公有制经济，不能就此笼统地
说公有制经济效率低。正如，一些私有制企业破产倒闭，不能证明私有制
企业效率低一样。中国改革开放 30 年取得的巨大成就是以公有制为主体
的多种经济成分共同发展的结果，充分体现了公有制经济的宏观和微观高
效益，而中国改革开放 30 年经济的健康快速发展和未来的持续发展，更
是归功于公有制经济的主体地位和国有经济的主导作用。因为只有保证公
有制经济的主体地位才能保证按劳分配的主体地位和生产与消费的良性循
环，从而保证经济的长期持续发展。反观之，以资本主义私有制为基础的
市场经济，是按资分配为主体和收入分配的两极分化，必然出现有效消费
不足和生产相对过剩，进而导致经济不断地被经济危机打断，不可能长期
持续高速发展。中国经济发展假若是遵循新自由主义模式，同样逃脱不了
拉美模式失败的命运。相反，中国经济长期持续快速发展，恰恰说明中国
并没有遵循经济发展的新自由主义模式。

三 中国经济发展不是遵循"民主社会主义模式"

还有一些学者认为，中国经济发展是遵循和应该遵循"民主社会主
义模式"。这些学者认为，民主社会主义模式既演变了资本主义，也演变
了社会主义。以瑞典为代表的社会民主党人就成功地创造了在发达资本主

义国家的民主框架内和平过渡到社会主义的道路，即民主社会主义道路。民主社会主义模式是由民主宪政、混合私有制、社会市场经济、福利保障制度构成，中国所实行的改革开放政策，如"实行包产到户，废止近乎单一的公有制，实行多种所有制共同发展，允许一部分人先富起来"，是把代表先进生产力的资本家请回来，是要发展混合私有制经济，这些政策都是对社会主义的演变或者说修正，只是"为了避免'修正主义'之嫌，我们称之为中国特色的社会主义道路"，中国所要建设的社会主义市场经济，是迈向民主社会主义道路的关键性一步。

民主社会主义模式论者只看到中国私有制经济的发展，看不到公有制经济的主体地位和国有经济的主导作用；只看到中国允许一部分人先富起来，看不到中国按劳分配为主体，而且最终要消灭私有制及其剥削，消除两极分化，最终实现共同富裕；只看到社会主义市场经济与资本主义市场经济所具有的共性，看不到二者性质上的本质差别，即社会主义市场经济是建立在公有制为主体的市场经济基础之上，而资本主义市场经济是建立在私有制为主体的市场经济基础之上；只看到福利保障制度对于资本主义社会缓和资本与劳动的矛盾，改善工人阶级的生活状况具有积极意义，看不到福利资本主义是资产阶级的改良思想和主张，私有资本条件下的利润是为资产阶级所有，资本主义的福利保障制度所提供的合格的雇佣劳动力是为资产阶级剥削服务的，劳动阶级的地位没有根本改变。"民主社会主义模式"论者片面看待中国经济发展及其模式，误以为中国经济发展是遵循"民主社会主义模式"，而实际并非如此。

需要注意的是，中国的经济发展过程始终是在坚持马克思主义经济理论的指导下和坚持社会主义制度的前提下，改革社会主义生产关系中不适应社会生产力发展状况的一些环节和方面，借鉴国外合理的管理经验和先进技术为我所用。改革既不是改变社会主义制度的性质，发展也不是照抄、照搬国外的发展模式。中国要建立和完善的社会主义市场经济，是要把社会主义基本制度和市场经济结合起来，充分发挥社会主义制度和市场经济二者的优势。这正是中国取得巨大成就的重要原因。中国通过改革，突破了西方资产阶级经济学认为只有资本主义私有制才能与市场经济相结合的理念。'实行社会主义基本制度与市场经济相结合的社会主义市场经济体制，是科学社会主义发展史上的伟大创举"，是马克思主义政治经济学的重大理论创新。如果把中国经济发展的模式说成"中国模式"，那这种模式无疑是社会主义的发展模式。因其具有中国特色，可以称为中国特色社会主义的经济发展模式（与政治发展、文化发展和社会发展相对应，还有中国特色社会主义的政治发展模式、文化发展模式和社会发展模式，统称为中国特色社会主义发展模式）。考虑到这种模式的显著特征即公有资本与市场经济相结合，经济发展的中国模式又可以称为中国特色社会主义市场经济模式。

四　经济发展的中国模式的特征

经济发展的中国模式或者说中国特色社会主义市场经济模式区别于其他模式的显著特征，是经济发展的"四主型"制度，即公有主体型的多种类产权制度、劳动主体型的多要素分配制度、国家主导型的多结构市场制度、自力主导型的多方位开放制度。

第一，公有主体型的多种类产权制度。所谓公有主体型的多种类产权制度是指在公有制为主体的前提下（包含资产在质上和量上的优势），发展私有经济。中国在多种所有制的动态发展中，注重保持公有制与私有经济之间作为"主体—辅体"的所有制结构。当然，这种所有制结构的保持并非简单地控制私有经济的上升，而是在私有经济发展壮大的同时，巩固、发展和壮大公有制经济，始终保持公有经济的基础和主体地位与国有经济的主导和控制地位。

第二，劳动主体型的多要素分配制度。所谓劳动主体型的多要素分配制度是指按劳分配为主体，多要素所有者可凭产权参与分配，经济公平与经济效率呈现交互同向和并重关系。公有制为主体的产权制度为按劳分配为主体的分配制度提供了可行性的前提条件。在多要素参与分配的条件下，中国注重提高劳动报酬在初次分配中的比重，着力提高低收入者收入，逐步提高最低工资标准，不断完善企业职工工资正常增长机制和支付保障机制。

第三，国家主导型的多结构市场制度。所谓国家主导型的多结构市场制度是指多结构地发展市场体系，发挥市场的基础性资源配置的作用。同时，在廉洁、廉价、民主和高效的基础上发挥国家调节的主导型作用。中国经济在保持发挥市场调节资源配置的基础作用的同时，注重发挥国家的计划手段和财政、货币政策的调节作用，既用市场调节的优良功能去抑止"国家调节失灵"，又用国家调节的优良功能来纠正"市场调节失灵"，实现"基础—主导"的双重调节机制。

第四，自力主导型的多方位开放制度。所谓自力主导型的多方位开放制度是指要处理好引进国外技术和资本同自力更生地发展自主知识产权、高效利用本国资本的关系，实行内需为主并与外需相结合的国内外经济交往关系，促进从追求引进数量的粗放型开放模式向追求引进效益的质量型开放模式转变。中国注重在结合比较优势与竞争优势的基础上，大力发展控股、控技（尤其是核心技术）和控牌（尤其是名牌）的"三控型"民族企业集团和民族跨国公司，突出培育和发挥知识产权优势，目的是打造出中国的"世界工厂"而非"世界加工厂"，实现从贸易大国向贸易强国、经济大国向经济强国的转型。

当然，经济发展的中国模式不仅仅是一种社会主义的发展模式。中国作为发展中国家，经济发展的中国模式还是一种发展中国家的发展模式；中国作为从社会主义计划经济向社会主义市场经济转轨的国家，经济发展的中国模式还是一种转轨模式。比如，在形成中国特色社会主义市场经济模式的过程中，转轨的速度是渐进的，转轨的步骤是试错的和由点到面的，转轨的顺序是以先立后破为主的，转轨的方式是强制和诱导并用的，等等。因此，经济发展的中国模式可以为社会主义国家、发展中国家和转轨国家借鉴是理所当然的。但是作为一种成功的经济发展模式，中国模式也具有一定程度的普遍意义，正如一些专家学者指出的，它同样可以为发达国家所借鉴。

（原载《前线》2009 年第 10 期，第二作者为王中保）

第五节 深化经济改革的首要任务绝不是国有企业私有化

在平衡国企与民企、政府与市场的作用上，我们必须基于数百年来市场经济的历史观和正反两方面的经验教训，保持清醒的头脑。正是由于我国实行以公有制为主体、多种所有制共同发展的社会主义初级阶段基本经济制度，在维护和巩固国有经济的主导地位的同时发展民营企业，并采取某些合法的措施有效利用外国垄断资本，我国才能在改革开放时期总体上既坚持了经济上的独立自主，又有效地利用了资本主义制度所取得的

"一切肯定成果"。目前，我国在轻工、化工、医药、机械、电子等 21 个国民经济最重要的行业中，跨国公司的子公司已占据国内三分之一以上的市场份额，部分行业接近半壁江山，在产业中拥有绝对控制权。显而易见，无论是国企还是民企，它们所面对的最大既得利益者和最大垄断者是外资企业。新一轮改革的首要任务就是要改变这种局面，而绝不是国有企业的私有股份化。在已有的外企、国企和民企的格局下，许多"自然垄断"行业的进入性投资巨大，"国退"以后，能真正大量进入和逐步起支配作用的往往是外国跨国公司，而难的是民营企业。国企与民企之间确实存在某些竞争和利益问题，但如果把国企的做强做优视为阻碍民企的发展，甚至主张民企与外企联合起来共同进一步缩减和遏制国企的发展，主张"国退民进"、"国退洋进"等，那便没有认清社会主义初级阶段基本经济制度的极端重要性。国企与民企应合作共进，夺回弱势产业阵地。

（原载《光明日报》2012 年 6 月 10 日，第二作者为方兴起）

第六节　在科学发展和改革中巩固和加强社会主义的经济基础

——《江泽民文选》研读有感

巩固和加强社会主义经济基础，必须做到以下几点：其一，要从确保社会主义红色江山永不变色，又能把我国经济更快更好地搞上去这双重角度，来检视作为社会主义经济基础的国有经济改革和发展。其二，要认清国有经济在不同性质的社会中具有不同的功能和运行方式。其三，要在改革中掌控一批影响国计民生的重要国有大中型企业。其四，要通过深化改革来增强国有企业的活力。

在建立和完善社会主义市场经济体制过程中，如何巩固和加强社会主义经济基础，怎样看待社会主义经济基础与国有经济为核心的公有制经济的关系，如何分析社会主义性质的国有经济及改革方向，一直存在不同的认识。有些论著宣称，无论是中国还是外国，国有企业的效率都低于私有企业，因此，国企改革的根本出路是"非国有化"或"民营化"。《江泽民文选》第 3 卷中的《巩固和加强社会主义的经济基础》一文对这个重大问题作了深刻精辟的论述，值得高度重视，并结合科学发展观和构建社会主义和谐社会去认真落实。

第一，要从既确保社会主义红色江山永不变色，又能把我国经济更快更好地搞上去这双重角度，来检视作为社会主义经济基础的国有经济改革和发展。

中国的改革开放连同从 20 世纪 50 年代末开始的社会主义国家改革运动，是世界社会主义发展史和国际共产主义运动史上影响深远的历史性变革。这场改革运动，其初始的目的是想校正在社会主义发展阶段上判断的失误，革除社会主义各种体制上出现的弊端，从而达到完善和巩固社会主义基本制度，使社会主义的各种体制机制更加符合现实条件，使社会主义更好地发挥其优越性和活力。但到 20 世纪 80 年代末，这场改革运动发生了令人震惊的剧变，改革的方向上出现分道扬镳，一些国家的共产党瞬间解体垮台，社会制度以私有化为主内容的"休克疗法"方式急速向资本主义性质和类型的市场经济转变。

国际社会主义改革运动的这种复杂、深刻和令人震惊的情况，不能不使正处在改革过程中的中国人民及其领导人深思。江泽民同志作为新中国第三代党和国家的领导核心，以高度的历史责任感，从党和国家命运的高度，深入思考着这场复杂历史事变提出的严峻问题。他说："我一直在思考一个问题，就是如何既能使得我们党永葆生机和活力，确保我们几千万烈士用生命和鲜血换来的红色江山永不变色，又能把我国经济更快更好地搞上去。"① 江泽民同志这一思考是有深刻道理的。新中国成立以来不断发展壮大的国有经济，是我们社会主义国家政权的重要基础。我国国有经济的发展，不仅对保证国民经济稳定发展、增强综合国力、实现最广大人民的根本利益具有重大意义，而且对巩固和发展社会主义制度、加强全国各族人民的大团结、保证党和国家长治久安具有重大意义。没有以国有经济为核心的公有制经济，就没有社会主义的经济基础，也就没有我们共产党执政的强大的物质手段以及整个社会主义上层建筑。

江泽民同志提出巩固和加强社会主义的经济基础这个重大问题，是在改革的新形势下对历史唯物主义基本原理的阐发。他明确指出任何国家政权都是建立在一定的经济基础之上的，任何一个政权都必须掌握一定的经济和物质力量，进行政治统治和社会治理，都需要有与之相适应的经济基础来提供这种经济和物质力量，否则便不能存在和发生作用。这一与时俱

---

① 《江泽民文选》第 3 卷，人民出版社 2006 年版，第 72 页。

进的马克思主义观点同那些轻视甚至否定有社会主义上层建筑的特有经济基础的"民营或民本社会主义"、"公正社会主义"观点是截然不同的。

简言之，坚持以公有制为主体、多种所有制经济共同发展的基本经济制度，是为了巩固初级阶段社会主义社会的经济基础，而作为共产党执政的整个社会主义性质的上层建筑的经济基础，只能是社会主义公有制经济。社会主义社会的经济基础同社会主义性质的经济基础具有宽窄不一的内涵（经济成分、经济制度、上层建筑等概念也同理）。这就是说，公有制为主体是具有决定意义的，因为它从根本上决定着整个社会制度的性质，决定着对非公有制经济的引导，决定着社会发展的方向。

第二，要认清国有经济在不同性质的社会中具有不同的功能和运行方式。

江泽民同志指出："我们这么重视搞好国有企业，就是要保证国有经济控制国民经济命脉、对经济发展起主导作用，就是要不断巩固和加强我们党执政和我们社会主义国家政权的经济基础。"[①] 社会主义公有制经济特别是其中的国有经济，是适应社会化大生产要求的生产资料占有方式，是从根本上解决经济的不断社会化与生产资料私人占有这一基本矛盾的产物。它代表着先进生产力的发展要求和方向。50多年来，特别是改革开放以来，国有经济始终是带动国民经济快速增长的主力军，始终是我国国民经济的支柱。在社会主义市场经济的发展中，它在税收、资产、就业、人才等多方面支援了非国有经济和国家财政，甚至为改革和发展作出了某种让利或牺牲。即使受到不少冲击和不公正待遇（如高税收等），还有相当多的国有大中型企业至今仍是经济实力最强、技术装备先进、管理水平高、人才济济，效益递增的优质经济实体和能动经济主体。

确认我国公有制经济的产生是符合社会化大生产要求的，是符合社会发展规律的，肯定传统计划经济条件下国有经济曾经有过的巨大成效和历史作用，与要进行的经济体制改革并不矛盾。经济体制改革的历史性启动，正是基于对传统计划经济体制及公有制经济状况的发展同我国生产力发展和管理水平的某种程度的不适应有了新认识的结果。党的十五届四中全会专门就国有企业改革和发展作出了决定，表明了我们党搞好国有经济的坚定信念，指出了国有企业改革的正确方向。

---

① 《江泽民文选》第3卷，人民出版社2006年版，第71页。

社会主义国有经济与资本主义国有经济在发展战略、经营方式、运行管理机制等方面有某些共同点，可以借鉴其某些成功经验为我所用，同时，坚持国有企业的社会主义市场经济改革方向，要注意区分社会主义国家的国有经济与资本主义国家的国有经济在性质、作用和运行机制上的区别。

其一，占主体的所有制性质和国家的性质根本不同，因而国家所有体现的生产关系也根本不同。社会主义国家是工人阶级领导的、工农联盟为基础的人民民主政权，社会主义国有经济是社会主义生产关系的现实载体，而资本主义国家的本质是为占主体的私有制经济和资产阶级服务的，因而是"总资本家"，其国有经济虽然具有相当部分的社会功能，但国有资本所有权和国有经济在本质上是属于资产阶级整体的。

其二，国有经济在国民经济中的地位和作用也不同。在资本主义国家，国有经济只在市场经济中起某些私有经济起不到的补充作用，在国民经济中处于辅体地位。在我国，国有经济是社会主义制度的主要经济基础，在国民经济中处于主导地位，发挥支柱作用和国民凝聚力的效应。国有经济作为社会主义市场经济的竞争性主体之一，作为社会主义生产关系的现实载体，其主导地位是应该牢固确立的。正如我国宪法第七条所规定的那样，"国有经济即社会主义全民所有制经济，是国民经济中的主导力量。国家保障国有经济的巩固与发展"。

其三，国有经济管理体制和机制也有些不同。在国家立法机构和行政机构与国有企业的关系方面，以及在国有资产管理组织及其内部的关系方面，在国有控股公司的内部结构和外部关系方面，在国有企业决策机制和管理层的激励与约束机制方面，在职工的权益保护等诸多方面，资本主义国家是多模式的，但与中国特色社会主义的国有资产管理体制和机制也是有同有异的，有些区别还涉及社会性质。

第三，要在改革中掌控一批影响国计民生的重要国有大中型企业。

针对国有经济进行战略重组、调整优化产业结构的新情况，江泽民同志在文章中十分明确地说："影响国计民生的重要大中型企业，必须掌握在国家手中。影响当地经济社会发展的大中型企业，省区市也必须掌握一批。"[①] 国有经济的战略布局调整必须有一个限度，正如他所强调的："所

---

① 《江泽民文选》第 3 卷，人民出版社 2006 年版，第 72 页。

谓比重减少一些，也应该有个限度、有个前提，就是不能影响公有制的主体地位和国有经济的主导作用。"① 这就要从社会主义制度的经济基础的意义上来认识国有经济的地位、功能和规模问题，而不能简单按照西方市场经济国家国有经济的比重来确定我国国有经济的比重。

社会主义国家的中央和省市区必须在改革中掌控一批国有大中型企业。国有经济需要保持控制地位的行业和领域，除了涉及国家安全的行业、自然垄断的行业、提供重要公共产品和服务的行业、支柱产业和高新技术产业中的重要骨干企业外，一般竞争性产业也不应该全面退出。国有企业可以适当收缩，主要应该在市场竞争中优胜劣汰地选择，而非行政性强令退出和人为扼杀，实行蛮横的"后娘主义"措施。在竞争性行业中，许多国有企业搞得很好或比较好，有的企业已经打入国际市场，其产品成为国际名牌，没有理由用行政手段强制它们退出竞争领域，让位于私营和外资企业。特别是一些高度竞争性的产业，如装备工业是工业的核心和基础，是综合国力的根基，一国装备工业的发达程度，是国家工业和科技水平的标志。如果我国工业的核心和关键部分被外资控制，国家将失去对工业发展和技术进步的主导权，我国经济独立和政治独立的基础将被侵蚀殆尽，中央关于增强自主创新能力、振兴装备制造业的方针将失去前提。

但是，在有的论著中，不但把我国的国有经济与资本主义国家的国有经济等量齐观，而且亦步亦趋地照抄照搬它们的做法，主张继续大幅度降低我国国有经济在国民经济总量中的比重，提出我国国有经济比重还应该从目前大体上占30%降低到20%或更低。且不说有些发达资本主义国家国有经济的比重明显超过10%，就说它们是10%，为什么我们只能是20%？没有根据我国国情进行认真的论证，没有看到有说服力的经济学理由，只是简单地把资本主义国家作为样板进行类比，完全没有看到我国的国有经济与资本主义国家的国有经济在性质和功能上的差别。其理由是，西方资本主义国家是发达的市场经济国家，我们是刚刚要发展市场经济的国家，我们国有经济的比重怎么能超过发达市场经济国家呢？这就完全混淆了社会主义国家的国有经济与资本主义国家的国有经济的根本区别，只看到都是市场经济的共同的一面，完全否定了基本生产关系和基本社会制度不同的一面。

---

① 《江泽民文选》第3卷，人民出版社2006年版，第72页。

第四，要通过深化改革来增强国有企业的活力。

江泽民同志指出："关键是要坚持建立现代企业制度的方向，深化改革，转换机制，增强国有企业的活力。"① 我国国有企业的特定社会属性，决定了它也应该成为市场经济微观活动主体的主力军和领航舰。这样，如何把国有企业塑造成真正的市场经济活动主体，就成为改革中的一项重要任务。目前我国体制改革处于关键阶段，党的十六届三中全会明确提出，要使股份制成为公有制的主要实现形式。如何通过股份制实现公有制经济的市场化转型就成为一个重大而紧迫的理论和实践课题。在国有企业体制改革方面坚持社会主义市场经济的改革方向，就是在坚持公有制的性质和主导作用的前提下，进行国有企业的组织形式、体制机制和资本运营的变革。计划经济条件下的国有企业不适应市场经济的要求，并不意味着国有企业天然和永远不能适应市场经济运行的条件和要求。可以通过国有企业体制改革来探索国有企业适应市场经济要求的实现形式和运行机制。国有企业进行适应市场经济要求的体制改革，不应是否定国有经济和否定公有制的主体地位，而是要切实塑造好符合市场经济要求的新的实现形式。必须明确，所谓"国有企业改制"，改的是体制和机制，包括产权结构的调整和重构，而不是改变所有制的根本性质，去行政性推行私有化或民营化。

坚持社会主义市场经济的改革方向，就是要在承认股份制是一种资本构造和企业组织形式的基础上，努力实现公有制经济与股份制的高效结合。不应把建立现代企业制度变成照搬照抄西方资本主义股份制企业的私有资本结构。如果混淆公有股份经济与私有股份经济的区别，或者提出股份制都是公有制，而且都是所谓"新公有制"，便会混淆现代企业制度的不同生产关系基础，变相取消把公有制与股份制结合起来的重大理论创新与实践探索的任务，放弃创建社会主义新型公有股份制经济的努力，甚至把苏东国家通过私有股份化的整套"改向"做法美化为社会主义性质的市场化改革，这是以江泽民同志为核心的第三代中央领导集体所一贯反对的。2000 年 8 月 12 日，江泽民同志在为准备十五届四中全会而召开的东北和华北地区国有企业改革和发展座谈会上强调：我们要积极开拓，勇于进取，但决不搞私有化。这是一条大原则，决不能有丝毫动摇。党的十六

---

① 《江泽民文选》第 3 卷，人民出版社 2006 年版，第 72 页。

大又明确地提出了"两个毫不动摇"。

综上所述，江泽民同志从巩固社会主义的经济基础，实现最广大人民的根本利益，以及巩固工人阶级和广大人民群众的政权，也就是巩固共产党的执政地位这个极其重要的原则的高度，一直强调要把国有企业和国有经济搞好，强调社会主义公有制的主体地位决不能动摇，否则我们党的执政地位和我们社会主义的国家政权就很难巩固和加强。这不仅是一个重大的经济问题，而且是一个重大的政治问题。当前，我们必须在科学发展观的统领下，充分认识国有企业改革的必要性、艰巨性和复杂性，敢于攻坚，锐意进取，同时注重提高改革的科学性，增强改革措施的协调性，坚持社会主义市场经济改革方向，继续推进国有企业改革，发展和壮大国有经济，扭转国有经济控制力相对下降的局面，促进整个国民经济又快又好地向前发展，推动改革的成果由人民共享的和谐发展目标的实现。

（原载《学习论坛》2007 年第 1 期）

第七节　经济改革与和谐社会的经济体制基础
——在美国哈佛大学和麻省理工学院等的讲演

本文首先阐明了马克思主义经典作家的三种科学社会主义观，接着分析中国经济体制改革的目标是"四主型经济体制"，指出这一新经济体制正是奠定社会主义和谐社会的经济体制基础，然后驳斥对新中国的经济变迁所采取的历史虚无主义态度，最后指出创新的马克思主义经济学家是改革的首创者。

一　邓小平初级社会主义经济观的独创性

在近、现代政治经济学和科学社会主义发展史上，邓小平关于初级社会主义的经济观具有独创性和新颖性。其初级社会主义经济观及其制度公式＝公有制主体＋按劳分配主体＋调控型市场经济。具体说来，就是在所有制结构层面，实行市场化的多种公有制，并使之成为主体，保持在质上和量上的优势，同时发展各类非公有制经济，使之成为所有制结构中的辅体。在分配结构层面，实行市场型的多种按劳分配，并使之成为主体，同时发展各类按资分配，使之成为分配结构中的辅体。在资源配置或调节机制层面，实行以市场调节为基础的市场经济制度，同时保持较强的国家调节。

邓小平关于初级社会主义的经济制度观具有重要的理论和实践意义，打破了西方学界和政界至今仍占主流的近、现代经济学和政治学的陈腐教条，把作为主体的公有制度与市场经济制度相结合。若操作得法，社会主义或公有制可以比资本主义或私有制更适合市场经济制度，产生更高的整体绩效和社会公平。

难解的问题在于：邓小平的这一独创性理论同以前的马克思主义经典理论是什么关系呢？马克思、恩格斯和列宁的社会主义经济制度观及其公式＝完全社会所有制＋完全社会按劳分配＋完全计划经济。那种认为列宁主张社会主义有商品生产和商品交换的看法是不精确的，因为他与马克思和恩格斯一样，强调从资本主义社会向社会主义社会过渡的时期，才存在商品货币关系。而斯大林和毛泽东降低了社会主义的经济制度标准，其社会主义经济制度观及其公式＝两种公有制＋货币型按劳分配＋商品型计划经济。

我研究后的独特看法是：上述马克思主义经典作家关于进入社会主义起点标志的不同观点，属于三种科学社会主义及其经济制度观；由于划分标准的独特性，因而狭义的三种科学社会主义观都是可以成立的，各个社会主义国家可以自由选择（越南实行"定向社会主义的市场经济"，就选择了马克思、恩格斯、列宁这种社会主义观），并不妨碍广义社会主义的建设和改革；不过，我们没有必要用其中的一种理论去有意贬低或否定另外两种理论，因为他们属于划分标准的分歧，而非社会发展本质和最终方向的区别；邓小平初级社会主义经济观的真正贡献，在于共产党执政后不是急于消灭市场经济和私有制，而是有效地利用它们去为社会主义服务。

应当指出，邓小平关于初级社会主义经济制度和社会主义本质的理论，同当代社会党国际的民主社会主义或社会民主主义理论有着本质上的区别。后者认为，社会主义的制度特征和本质是"自由、公正、互助"。自由是指每个人都可以发展自己的个性，参与政治、经济和文化活动；公正是指每个人都享有各种机会均等，其中包括社会保障、财产和收入以及权利的平等分配；互助是指个人之间相互乐于彼此承担责任，使别人获得与自己同等的平等和自由权利。中国个别经济学家与此相似的新表述为：社会主义＝社会公正＋市场经济。实际上，此类貌似新颖的表述背离了邓小平的社会主义经济观，抛弃了公有制和按劳分配占主体，其结果，是不可能较充分地实现"自由、公正、互助"，也不可能建设好社会主义类型和性质的市场经济。

二　经济改革的目标层面与和谐社会的体制基础

近年，中国政府除了提出"科学发展观"、"提高自主创新能力"等正确方针外，又明确提出"构建社会主义和谐社会"概念，其意义重大。和谐社会应是民主法治、公平正义、诚信友爱、充满活力、安定有序、人与自然和谐相处的社会，即和谐社会是一种可以具体体现在政治、法律、文化、体制、社会和生态六个方面的文明状态。当前不仅要看到社会不和谐的种种现象，而且要找到其深层根源，更要寻求缓解它的机制和制度。中国经济体制改革的目标或经济改革的体制层面，可以说是"四主型经济体制"，而这一新经济体制正是奠定社会主义和谐社会的经济体制基础。

（一）公有主体型的多种类产权制度

这种制度在公有制为主体的前提下，发展中外私有制经济。它应当表现在资本结构、就业结构、GDP 结构、税收结构、外贸结构等多方面。中国是在多种所有制共同的动态发展中保持这一"主体—辅体"的宏观所有制结构，而非简单地控制私有制的上升。但如果私有经济占的比例过高，必然引起贫富严重分化和高失业等一连串社会现象和由此派生的社会不和谐。据国家发展改革委员会和国务院研究室的研究报告估算，现在个体私营所有制经济占整个国民经济的三分之一左右，如果再加上占国民经济 13% 强的外资经济，那么，私有制经济在国民经济中的比重将达到 46% 强，已经逼近 50% 的临界点了。

因此，我国在调整和完善所有制结构过程中，必须坚持社会主义初级阶段的基本经济制度，巩固和壮大社会主义公有制经济基础，克服新自由主义的思想和政策障碍。具体主要从以下几个方面采取措施：

首先，构建社会主义和谐社会必须坚持公有制为主体的底线。中国《宪法》规定："中华人民共和国的社会主义经济制度的基础是生产资料的社会主义公有制，即全民所有制和劳动群众集体所有制。"如果动摇了社会主义基本经济制度，听任"国退民进"、"公退私进"，必然使较多的工人、农民被弱势化，就难以实现人民当家作主与社会和谐。当前，要求真务实地推进国有企业的实质性市场转型改革，就必须建立国有资产管理部门严格的行政问责制和经营奖惩制度。

其次，必须重塑国有经济的质量和数量优势。公有经营性资本的数量与质量及整体发展同科学发展密切相关。国有经济是全民共同所有的，是实现产业升级、技术进步和培育有国际竞争力产业和企业的主力，是影响社会主义市场经济发展方向的经济成分，也是历次国家宏观调控迅速产生理想效果的所有制基础。国有经济是工人阶级以所有者与劳动者双重身份从事工作的立身之所，直接涉及广大职工群众的就业、福利和生活质量。

再次，壮大城乡集体经济和合作经济，推进邓小平一贯强调的关于"农村改革和发展的第二个飞跃"。中国《宪法》规定："国家保护城乡集体经济组织的合法权利和利益，鼓励、指导和帮助集体经济的发展。"发展集体经济具体可从以下几个方面采取措施：一是大力发展统分结合的集体层经营；二是壮大农村集体所有制经济，实现联产承包制到集体化的第二次飞跃；三是提倡有条件的地方发展集体经济联合体；四是在集体经济联合体的基础上进一步发展合作农场；五是强化合作经济包括农户之间的合作（横向一体化），以及在此基础上的农村合作组织加公司这样的合作（纵向一体化）。诺贝尔经济学奖获得者、新凯恩斯主义代表人物斯蒂格利茨十多年来一直公开批评私有产权迷信和市场迷信。西欧国家私有化二十多年，国家资本仍然没有卖光，竞争性领域仍然有国有企业。德国银行中的"公有成分占40%"。在20世纪90年代末期，自由市场指数方面高居第三位的芬兰，目前在竞争性领域仍然存在一批国有企业，它们"是高效和有创新的"。而成功度过了亚洲金融危机的中国台湾地区的银行中"公有成分"竟达到57%。在竞争性领域中有一批国有企业是能够盈利的，盈利后的国有企业不仅可以反哺于民，还有利于保持社会公平和公正，防止收入差距进一步扩大。这也是国有企业、国有资本的一种功能和"控制力、影响力、带动作用"的体现。

20世纪90年代以来，一些国家的实践证明，大搞私有化或民营化等新自由主义是造成"苏东是倒退的十年，拉美是失去的十年，日本是爬行的十年，美欧是缓升的十年"这一结果的最主要原因之一。被联合国认定的49个最不发达的国家（亦称第四世界），也没有通过私有化的途径富强起来，有的反而更加贫穷。这不仅是美欧和日本的马克思主义经济学家一致的实证分析结论，而且斯蒂格利茨也认为，正是"私有产权神话"等新自由主义理论和政策，导致了苏东国家和拉美等发达和不发达国家的经济不和谐和各种危机。包括中国在内的全球经济，迫切需要在反思和超越新自由主义的保守经济理念中振兴或健康发展。

（二）劳动主体型的多要素分配制度

这种分配制度以按劳分配为主体，多要素所有者可凭产权参与分配，经济公平与经济效率呈现交互同向和并重关系。目前我国收入的基尼系数和五等份所表示的差距已经较大，甚至比一些资本主义国家还要大，但更令人担忧的应是社会财产占有上的贫富分化趋向。近年为何财富和收入的贫富差距在一片反对和控制声中反而扩大了，那是因为很多人不懂得包括许多公有资产采取的廉价送卖等所有制措施必然决定分配走势。现在中央政府强调"注重社会公平和正义"，是极有针对性的，应采取产权和分配上的双重措施，才能真正做到"提低、扩中和控高"的分配和谐。

应当承认，非公有制经济在其发挥促进社会生产力发展这一积极作用的同时，也产生了一些问题，劳资矛盾就是其中最突出的问题。1993—2002 年，我国劳动争议案件年均增长 36.3%，涉及人员年均增长 41.3%，其中非公有制企业尤为严重。非公有制企业的劳资矛盾主要表现为：

一是私营企业雇工工资有不升反降的趋势。根据国家工商局调查的数据显示，2003 年国有企业在岗职工工资超过了私营企业雇工工资的 1.8 倍，私营企业雇工工资低于集体企业在岗职工工资。有些企业劳动强度大、劳动时间长、劳动报酬低，有的企业还拖欠、克扣职工工资。

二是非公有制企业安全生产问题严重。有些企业劳动条件差，忽视劳动保护、安全设施建设，安全生产事故频发。2005 年 5 月 31 日全国总工会劳动保护部公布了《关于非公有制企业职工劳动保护问题的调研报告》。报告指出，在天津、浙江、江苏等省市非公有制经济发展较快的地区，安全生产和职工劳动保护方面存在不少问题。据统计，2003 年，天津市非公有制企业因工死亡 58 人，占全市工亡总数的 68%；江苏省非公有制企业事故起数与死亡人数均占全省的 67%；浙江省是非公有制企业大省，也是安全事故的重省，生产安全事故总数位居全国第三。其中，非公有制企业发生工业伤亡事故 736 起，死亡 756 人，分别占全省事故总数和死亡人数的 82.4% 和 89%。

三是劳动合同的签订情况并不理想，参加社会保险的比例很低。在私营企业中签订了劳动合同的员工仅为 64%，有些企业根本不签订劳动合同，这就使员工的劳动权利得不到法律保护，一旦发生工伤事故或出现有关劳动报酬、劳动条件、劳动时间的争议，员工将陷于极为不利的境地。有些私营企业不按照国家有关规定缴纳失业保险金、退休养老金、医疗保险金。根据第六次私营企业抽样调查数据显示，私营企业参加医疗保险的为被调查企业的 33.4%，参加养老保险的仅为 38.7%，参加失业保险的仅为 16.6%，而且这些参加保险的企业也只是为很少一部分雇工投保。

完善社会主义市场经济条件下的分配制度和分配关系，就要高度重视劳动关系，尤其是劳资关系，积极化解各类矛盾。要根据国家的有关规定，确定和实行不同地区、不同产业的最低工资标准，为职工提供医疗、养老、失业等保险，解除职工的后顾之忧；要建立健全劳动保护制度，完善劳动合同制度，保护职工的身体健康，保护劳资双方的合法权益。在处理劳动关系和劳资矛盾的过程中，要建立政府、企业、劳动者个人三方协调机制，在企业层面处理好各方的利益关系。

（三）国家主导型的多结构市场制度

这一制度即多结构地发展市场体系，发挥市场的基础性配置资源的作用，同时，在廉洁、廉价、民主和高效的基础上发挥国家调节的主导型作用。科学倡导"市场取向的改革"与随意滥用"市场化改革"是不同的。现在中国讲究改革的科学性和协调性，就是既要用市场调节的优良功能去抑止"国家调节失灵"，又要用国家调节的优良功能来纠正"市场调节失灵"，实现一种"基础—主导"功能性双重调节机制，这样，容易达到社会经济和谐。为何上访、闹事、犯罪和社会失衡的现象较为普遍，就是因为国家调节存在不到位或不得当的情况。只要看看近年来，所谓管理层收购等活动中出现的严重问题，并引发各阶层公众的不满和不和谐，就可得知某些政府部门的调控有多滞后和不明智。没有人否定市场化产权改革，但不可背离市场规律乱来。

（四）自立主导型的多方位开放制度

这一制度即处理好引进国外技术和资本同自力更生地发展自主知识产权和高效利用本国资本的关系，实行内需为主并与外需相结合的国内外经济交往关系，促进追求引进数量的粗放型开放模式向追求引进效益的质量型开发模式转变。应在结合比较优势与竞争优势的基础上，大力发展控股、控技（尤其是核心技术）和控牌（尤其是名牌）的"三控型"民族企业集团和民族跨国公司，突出培育和发挥知识产权优势，早日真正打造出中国的世界工厂而非世界加工厂，从而尽快完成从贸易大国向贸易强国和经济大国向经济强国的转型。尤其要加速在船舶、汽车、电子、生物、宇航、海洋等重要领域发展"四跨"（跨地区、跨部门、跨产权和跨国家）、"三控型"国有跨国公司，这是趋利避害地参与经济全球化的关键。那种只强调保护国内外知识产权，不强调创造自主知识产权的做法；那种主要寄希望于不断引进外资、外技和外牌的依赖式策略；那种看不到跨国公司在华研发机构的正负双面效应而片面迎合强国推行"殖民地科技"的开放式爬行主义思维，都是不高明的科技发展"线路图"和开放理念，也不利于整个开放素质的提升和国内外经济的统筹与协调发展。在以往的对外开放中，在土地、资源、生态、税收等一些问题上均存在程度不同的无序性和不协调，值得进一步改善。一国的经济和谐与经济全球化分不开。

三　对新中国的经济变迁能采取历史虚无主义态度吗?

目前，对新中国的经济变迁采取历史虚无主义态度的观点很流行，但流行不等于事实，不等于真理。有的论著全盘否定新中国的历史功绩，声称共产制度在中国也推行了几十年，行不通也是事实；说什么共产制度带来的一穷二白，竟然沦落到今天不堪的地步，是人类历史的悲剧，希望中国不要以"文化大革命"后的经济增长，证明共产政制的优越性，等等。

我们可以用众多的统计资料批驳这一历史虚无主义的歪曲。事实上，新旧中国纵向比较和中外横向经济比较的结论是：自 1840 年到 1949 年的 109 年间，包括国民党统治的 20 多年在内，造就了中国近代史上一穷二白的社会格局，与世界主要国家的经济差距是在拉大的，而新中国成立后的 30—40 年间，许多经济差距在不断缩小；旧中国腐朽落后的私产制生产关系严重阻碍了生产力的提高，比印度发展还慢；西方主要资本主义国家限于私产制的障碍，没有充分释放科技进步和产业革命所蕴藏的经济潜能，不少重要经济指标的增长比有较大弊端的"计划社会主义"大国要慢；新中国最初 30 年在较僵化的计划产品经济体制中运行，其发展得益于公有制内生机制的优势，一些重要经济指标赶上并超过了多数私产制国家，与某些较发达国家的若干重要经济差距缩小了。所以，中国选择社会主义没有错，现代化建设也是有相当成效的（改革前 30 年的 GNP 增长速度年均为 6.1%，改革后大约为 9.5%）。致使我国没有全面超过一切私产制国家的原因，主要在于人口增长太快，以及传统体制部分抑制了公有制和生产力的巨大潜力。现有的改革，正在逐步纠正传统公有制社会的体制弊病，并已日益展示出比西方制度更具活力的制度新貌。

四　中国会走向资本主义的道路吗？

对于中国近代史，有些论著的错误观点可以浓缩为如下"三部曲"：

首先，在历史上否定旧中国是正式的私产制度，以消除人们对资本主义的厌恶。他们说：在近代历史上，中国没有正式地推行过明确的私产制度，邓小平及其他中国的主要执政者从来没有经历过以健全私产制度为基础的资本主义经验，他们怎么可以反对他们不知道是什么的制度呢？

其次，在操作上以苏东国家为样板，希望由中国共产党通过推行私产制来瓦解社会主义。他们说：由共产党推行私产制，听起来有点语言矛盾，但权利所在，说不通却也是可行之道。苏联及东欧的经验，应该证明多年来的先见之明。

最后，在理论上高颂所谓科斯定律，指出中国一定会走向资本主义的私产制度。他们说：基于中国坚持门户开放、增加生产及维持政局安定的三种情况下，用科斯所演变出来的结果，就是中国一定会走向近乎私产的道路。在我看来，上述"三部曲"的论断均经不起科学的推敲。其一，只要一个社会在法律制度上和现实生活中主要体现的是财产及其剩余索取权的私人性，那么，该社会便归属私有制一类。旧中国显然属于半封建、半资本主义的私产制社会。其二，真正精通历史辩证法的先进群体，不会主张走资本主义道路。把目前中国从公有制单一型计划产品经济体制，向公有制主体型市场经济体制转变，视为走资本主义私产制老路，这缺乏经济学的依据。其三，稍有经济学知识的人都很难赞成下列逻辑：只要中国坚持门户开放、增加生产及维持政局安定，就必然实行私产化。难怪私产权学派的同行反应颇为热烈，但同意上述"三部曲"论断的人甚少。美国经济学家舒尔兹说得对：经济学不能在这种事上作推测。

五　创新的马克思主义经济学家是改革的首创者

社会上流传一种论调，说什么马克思主义经济学家一贯思想僵化，反对社会主义改革。近年来，中外真正的马克思主义经济学家联合新老凯恩斯主义者和左翼经济学家等，都在重点批评新自由主义经济学，但这易被扣上"极左"、"走回头路"、"反对改革"的帽子。

我想说明一个事实，即创新的马克思主义经济学家是我国改革的最早倡导者！由于马克思主义经济学家一贯比较谦虚，反对市场炒作和学术泡沫，而自由市场本身就极易导致学术市场的"假冒伪劣理论商品"的泛滥，因而很容易出现一批被中外媒体吹捧成所谓"主流经济学家"、"著名经济学家"等等理论或人物。其中有些"改革家"只是社会主义市场取向改革的"同路人"，实质属于资本主义市场取向改革的"改革家"或"改向家"（类似匈牙利的经济学家科尔奈、苏联的经济学家波波夫）。最近，西方媒体再次发动"西强我弱"的攻势，又选择了"华尔街版的中国十大经济学家"，试图影响我国正在激烈进行的"现代马克思主义经济学与现代西方经济学关系"的争论。值得欣慰的是，广大网民正在猛烈抨击某些所谓"主流经济学家"、"媒体经济学家"，这本质上是广大人民群众自觉地反对错误经济思潮的一种正义行动。可以列举许多事例证明：现在仍然坚定的马克思主义经济学家是我国改革的最早倡导者。不过，他们往往不是市场塑造的"媒体经济学家"或"主流经济学家"，而是学界认同的"杰出经济学家"，如于祖尧、刘国光、杨圣明、苏星、卫兴华、张薰华和已故的许涤新等。

例一，于祖尧是我国社会主义市场经济的最早倡导者和杰出贡献者。1979 年 4 月，在江苏省无锡市举行的全国价值规律理论讨论会上，中国社会科学院经济研究所于祖尧研究员（曾任所党委书记兼副所长）提交《试论社会主义市场经济》一文，是国内最早正式提出"社会主义市场经济"概念和理论的。他指出："社会主义既然实行商品制度，那么，社会主义经济在本质上就不能不是一种特殊的市场经济，只不过它的性质和特征同资本主义市场经济有原则的区别。为了加快实现四个现代化，搞好经济改革，应当怎样正确地对待市场经济，这是我们经济学界需要认真研究的重大课题。"[①] 可见，现在仍坚定的马克思主义经济学家于祖尧，才真正是我国社会主义市场经济理论的最早倡导者和杰出贡献者。

例二，刘国光是主张缩小指令性计划和市场改革取向的最早倡导者和

① 《经济研究资料》第 50 期（1979 年 3 月 28 日），被收入会议文集《社会主义经济中计划与市场的关系》，中国社会科学出版社 1980 年版。

杰出贡献者。中国社会科学院刘国光研究员（曾任副院长，现为特邀顾问）是力主社会主义市场改革取向的，他在 1979 年 7 月一次关于经济体制改革取向问题的座谈会中明确提出，高度集权的苏联模式仅是社会主义经济体制模式之一，东欧国家偏重分权、偏于分散的市场体制和用经济办法管理经济的模式，也是社会主义经济体制的重要模式之一，我国经济体制改革在选择模式时，"要解放思想，按照实践是检验真理的唯一标准来决定我们的取舍只要有利于经济的发展和人民生活水平的提高，都是可以采取的，没有什么政治帽子问题，只有适不适合一个国家各个时期的具体历史条件和经济发展条件的问题，也就是适不适合一国国情的问题"，市场机制是实行分权管理体制的重要手段。①

随后，刘国光在与人合著的《论社会主义经济中计划与市场的关系》一文中，从生产与需求脱节、计划价格脱离实际、供给制资金分配体制的缺陷、企业结构上自给自足倾向的原因等方面，翔实论证了社会主义经济中计划与市场相结合的必然性，并对计划经济条件下如何利用市场的问题和利用市场机制条件下如何加强经济发展的计划性问题，提出了完整、系统的改革举措与政策建议。这一报告受到当时国内经济学界特别是政府决策部门和中央领导的高度重视，对我国社会主义市场改革取向的抉择产生了重要影响。中国经济体制改革初期的不同意见争论是激烈的，在 20 世纪 80 年代初期，刘国光教授因他在改革取向抉择关键时期的这一重要观点而受到批评，但他没有退却。

例三，苏星是我国社会主义股份制的最早倡导者和杰出贡献者。1983 年 7 月，中共中央党校苏星教授（曾任副校长，现为国家马克思主义理论研究和建设工程咨询委员）在《红旗》第 14 期上发表的《试论工业公司》一文中明确指出："社会主义社会的物质技术基础也是社会化的大生产。在消灭生产资料的资本主义私有制，建立生产资料公有制以后，依然需要利用股份公司和托拉斯一类的社会化大生产组织形式，利用它们的管理经验，使之为社会主义经济服务。股份公司一类经济组织，作为社会化生产的组织形式，按理应当更适合于生产资料公有制的性质。因为在生产资料公有制的条件下，企业之间的根本利益是一致的，它们在国家政策的

①　座谈会中刘国光教授的发言题目为《对经济体制改革中几个重要问题的看法》，载《经济管理》1979 年第 11 期。

引导下，可以遵循自愿互利的原则，广泛组织公司和其他各种形式的联合体，不存在私有制的限制。当然，社会主义的公司和资本主义的公司在性质上是根本不同的。我们向资本主义的公司和托拉斯学习，主要是学习它们组织社会化大生产，特别是专业化和联合的经验，而不能照抄照搬。"

例四，张薰华是土地管理体制改革的最早倡导者和杰出贡献者。1984年在港澳经济研究会成立大会上，杰出的《资本论》研究专家、复旦大学张薰华教授（曾任经济学系主任，现任全国《资本论》研究会顾问、中国社会科学院马克思主义研究院学术顾问）提交了论文《论社会主义经济中地租的必然性》，从理论到实践阐述这一思路。论文载于《中国房地产》杂志1984年第8期。1985年初，由于中央对土地管理体制改革的重视，上海市委研究室注意到这篇文章，嘱再写一篇《再论社会主义商品经济中地租的必然性——兼论上海土地使用问题》，载于该室《内部资料》第6期（1985年1月21日印发）。文中再一次指出："土地的有偿使用关系到土地的合理使用和土地的公有权问题。级差地租应该为国家的财源之一，港澳的租地办法可以采用。"接着，《再论社会主义商品经济中地租的必然性》这篇文章又受到中共中央书记处研究室注意，嘱再补充，标题改为《论社会主义商品经济中地租的必然性》，1985年4月10日载于该室内刊《调查与研究》第5期，发至全国各省市领导机关。这就为中国土地批租制度的建立提供了理论依据。根据以上机理，土地国有化不仅排除了土地私有制，而且排除了土地集体所有制。因为集体单位使用土地带来级差超额利润，也是社会转移来的价值，不是他们劳动创造的价值。同理，国有企业也不应无偿使用土地。无偿划拨土地实质上是将国有土地变为企业土地。1987年，在深圳参加"城市土地管理体制改革"讨论会上，张薰华教授就此提交论文《论土地国有化与地租的归属问题》。后来，深圳市政府将该市农村土地全部收归国有。

此外，中国社会科学院经济研究所原所长、已故著名经济学家许涤新研究员是我国第一个提出要重视环境和构建生态经济学的杰出马克思主义经济学家。早在1983年上半年，他就发表了相关论文。

从上述新马克思主义经济学家理论联系实践的原创中可以表明：伴随着经济改革进程的中国政治经济学的转型，不是从传统政治经济学转向现代西方经济学，而是在科学扬弃和超越苏联经济学和现代西方经济学的基础上转向现代马克思主义政治经济学，包括现代社会主义市场经济和现代资本主义市场经济的基本理论。就理论经济学来说，世界主流经济学是西方经济学，而马克思主义经济学则是非主流经济学；改革后社会主义中国的主流经济学是现代马克思主义经济学，而现代西方经济学则是非主流经济学。社会主义中国是不可能将西方发达国家执政党奉为主流的经济学作为本国主流经济学，并作为经济体制改革指导思想。同现代西方经济学一样，现代马克思主义政治经济学既是学术体系，又是一种理论信仰和意识形态，应当在学术和意识形态两个相关领域都发挥指导作用。如果只赞成马克思主义经济学作为经济意识形态的指导地位，而不赞成它在经济学教学和研究中的学术指导地位，则会架空现代马克思主义经济学。

（原载《毛泽东邓小平理论研究》2006 年第 10 期）

第八节　国企与民企要同舟共进

对中国经济来说，2012 年将是改革开放以来国内外经济环境较为严峻的一年。如果欧盟的单一财政紧缩政策不能化解其成员国的主权债务危机，美国的扩张性经济政策不能使其经济回归正轨并妥善处理其隐性的主权债务危机；如果我国不能控制住当前资产与商品复合型的通货膨胀并保持一定的经济增长速度，则 2012 年将成为我国经济发展的转折点或拐点。转折的各种现实可能性皆取决于我们当下的行动，特别是取决于国企与民企、政府与市场、开放与自主之间的互动状态和不同政策思路。

一　国企与民企应合作共进，夺回弱势产业阵地

早在 19 世纪末，马克思就为农业国提出了一条开放型的社会主义发展道路：以公有制为社会主义发展的起点，保持与资本主义生产统治的世界市场的联系，从而利用资本主义制度所取得的"一切肯定成果"。改革开放时期的社会主义实践，实际上是循着马克思的农业国社会主义发展道路进行的，只是所处的历史环境不同。基于中国目前所处的发展阶段，面对美国的经济霸权和发达国家的垄断资本，要完善和提升社会主义市场经济体制功效，首先必须借助于国家整体经济力量和政府的科学调控来回应美国的经济霸权和国际垄断资本。只要我们逐步放弃国家和国有经济的必要作用，完全基于自由市场原则竞争，则无论是国有企业，还是民营企

业，都不是西方垄断企业的对手。20世纪末叶拉美国家实行新自由主义改革时期，就出现过这一恶性状态。这也类似于当英国企业称霸世界时，美国的企业不是其竞争对手，因而美国政府推行保护主义措施近百年。而在美国的企业处于强势时期，其政府则推行各种贸易自由主义政策，并为本国企业清除进入他国市场的障碍。

正是我国实行以公有制为主体、多种所有制共同发展的社会主义初级阶段基本经济制度，在维护和巩固国有经济的主导地位的同时发展民营企业，并采取某些合法的措施有效利用外国垄断资本，我国才能在改革开放时期总体上既坚持了经济上的独立自主，又有效地利用了资本主义制度所取得的"一切肯定成果"。因此，在平衡国企与民企、政府与市场的作用上，我们必须基于数百年来市场经济的历史观和正反两方面的经验教训，保持清醒的头脑。

还应该看到，在市场经济条件下一国的经济实力归根到底取决于企业。拥有自己的核心技术、品牌和全球生产和销售网络的企业群，是一国强大经济实力的唯一源泉，是一个不受制于人的"有为政府"的微观基础，是市场基础性作用的重要体现。但迄今为止，我国还很缺少这样的企业群，而且在轻工、化工、医药、机械、电子等21个国民经济最重要的行业中，跨国公司的子公司已占据国内三分之一以上的市场份额，部分行业接近半壁江山，在产业中拥有绝对控制权。显而易见，无论是国企还是民企，它们所面对的最大既得利益者和最大垄断者是外资企业。新一轮改革的首要任务就是要改变这种局面，而绝不是国有企业的私有股份化。这是因为，在目前的外企、国企和民企的格局下，许多"自然垄断"行业的进入性投资巨大，"国退"以后，能真正大量进入和逐步起支配作用的往往是外国跨国公司，而难以是民营企业。这样说并不意味着我们会像美国那样鼓吹"买本国货"或以安全为名将外资企业拒之于国门之外，而是强调外资企业不应继续享受客观上歧视中资企业的"超国民待遇"，强调社会主义市场取向的改革目的是要在中国造就一个拥有自己的核心技术、品牌和全球生产和销售网络的企业群，而决不应是仅为外资企业进入中国重要经济领域随意开启方便之门。

国企与民企之间确实存在某些竞争和利益问题，但解决两者间的问题一定要有赖于从根本上扭转上述格局。如果把国企的做强做优视为阻碍民企的发展，甚至主张民企与外企联合起来共同进一步缩减和遏制国企的发展，主张"国退民进"、"国退洋进"等，那便没有认清当前经济的总体格局，没有认清社会主义初级阶段基本经济制度的极端重要性。

二　国企与民企应分工分层次参与高端产业竞争

在当前发达国家主导国际产业的格局下，我国仅靠企业层面的创新是难以进入国内外高端竞争领域的。因为在西方跨国企业垄断了现有产业的技术标准、核心技术、品牌以及全球生产与销售网络的情况下，企业层面的创新难以撼动西方跨国公司控制下的全球产业链。主要的出路还应是从产业创新的层面寻找突破口，才能实现国民经济的跨越式科学发展，推进经济发展方式的转变和产业结构的合理化与高级化。

历史地看，中国在以人力和畜力为能源的基础上，将传统的农业发展到世界领先的水平，在大约公元500—1400年左右，成为当时世界上经济实力最强的国家。英国在以化石燃料（煤）为能源的基础上，实现了产业创新或产业革命，形成了现代工业，从而继中国之后成为世界上经济实力最强的国家，并称霸全球。随后，美国也在以化石燃料（石油）为能源的基础上，实现了产业创新，形成了汽车等新兴的制造业，成为世界上经济实力最强的国家，取代了大英帝国的世界霸主地位。这些足以表明，强弱国家之间经济实力的消长，主要源于产业层面的创新。一般来说，产业层面的创新往往会导致新兴产业中的所有企业实现普遍的和全面的企业层面的创新。并且，产业创新会形成"溢出效应"，即带动传统产业的创新，如现代工业带动了传统农业的现代化。因此，产业创新往往是后发国家借鉴和超越先发国家的有效途径。

必须强调的是，不能片面否定外商直接投资在我国经济发展中的历史作用，现在和未来还会需要外商直接投资于我国的某些经济领域。但应清醒地认识到，历经30多年发展，我国的现代制造业如果仍依赖于外商直接投资，那么，外商直接投资就会成为我国制造业的精神"鸦片"——只要能引进外商直接投资，就无须承担核心技术、品牌和销售网络创新的风险，而成为世界的制造中心。这必将消解我国的自主创新精神，从而影响国企和民企共同需要的自主发展。国企和民企要提高参与国际分工的层次和国内外高端竞争，肯定绕不过产业创新。

一些舆论会认为产业创新离我们太远，远水难救近火。其实不然，中国高铁的"合作发展模式"就是在产业创新层面上实现了突破。世界上掌握成熟的高铁设计和制造技术的企业是德国西门子、法国阿尔斯通、日本川崎重工和加拿大庞巴迪。这几家企业都希望利用在华合资公司分食中国高铁蛋糕。但中国高铁产业既没有继续走外资主导型的出口导向的发展道路，也没有回到过去的被动型的进口替代的发展道路，而是以国内企业为主体，基于"三必须"原则（外方关键技术必须转让；价格必须优惠；必须使用中国的品牌），引进国外企业联合制造。通过技术引进、吸收和创新，中国高铁产业在短短的6年时间里，形成了高于国外原创的自主核心技术并成为相应标准的制定者。然后凭自己的竞争优势不仅主导了国内市场，而且有能力组织国内有关企业开拓境外铁路工程承包和装备出口市场，使得包括美国在内的一些国家都愿意购买中国的高铁产品，而不是将其拒之门外。2010年底，美国通用电气与中国南车集团合资在美国生产高速动车组达成协议。

中国高铁走的是一条实实在在的自主型进口替代与出口导向相互协调的发展道路。尽管国内对高铁模式仍有某些争议，在发展高铁的过程中确也存在一些值得改进的问题，但必须从转变对外对内经济发展方式的战略高度，从我国核心利益和长远利益的国计民生高度，来实事求是地评价和解决高铁产业在发展过程中出现的问题。一个不争的事实是：与中国汽车产业的"合资发展模式"导致外资对我国汽车工业的控制度高达95%以上相比，中国作为国有经济高铁的"合作发展模式"的成功之处，就在于拥有自己的核心技术、品牌和国内外生产与销售网络。

国企在高铁领域的产业创新，为民企的发展提供了发展的空间。通过政府协调，国企与民企在该领域基于市场原则的分工与合作，是完全能够实现"国进民进，协调发展"的。同理，如果民企在新能源汽车领域实现了产业创新，则为国企的发展提供了发展的空间。国企与民企在该领域的分工与合作，是完全可以改变外资控制中国汽车工业的局面的。

马克思在《共产党宣言》中曾明确指出："共产党人可以用一句话把自己的理论概括起来：消灭私有制。"但马克思非常强调在实践其理论的过程中，"一切取决于具体的历史环境"。近百年的世界社会主义实践的经验教训使我们认识到，私有制的消灭并不取决于人们的意愿，而是取决于社会生产力的发展水平。社会生产力要达到实现全社会成员的公有制，需要经历一个漫长的历史过程，因而私有制的消灭也就需要经历一个漫长的历史过程。由此，决定了我们在社会主义初级阶段发展公有制经济为主体的同时，还必须发展私有制经济，这就是历史的辩证法。其实，在资本主义社会，即使是为了少数富人的利益，也会在发展私有制经济的同时发展国有制经济。不过，两种社会形态的区别在于，社会主义及其混合经济体制要以公有制经济为主体，发展私有制经济是为公有制经济服务的；资本主义及其混合经济体制则以私有制经济为主体，发展国有经济是为私有经济服务的。

总而言之，面对目前严峻的国内外经济形势和实现现代化的重任，国企与民企更要同舟共济、共存共荣。

（原载《商》2012 年第 6 期，第二作者为方兴起）

第九节　做强做优做大国有企业与共产党执政

2014 年 8 月 18 日，习近平主持召开中央全面深化改革领导小组第四次会议并发表重要讲话时强调，国有企业特别是中央管理企业，在关系国家安全和国民经济命脉的主要行业和关键领域占据支配地位，是国民经济的重要支柱，在我们党执政和我国社会主义国家政权的经济基础中也是起支柱作用的，必须搞好。2015 年 8 月 24 日，中共中央、国务院在《关于深化国有企业改革的指导意见》中明确指出："国有企业属于全民所有，是推进国家现代化、保障人民共同利益的重要力量，是我们党和国家事业发展的重要物质基础和政治基础"；进一步强调深化国有企业改革的最终目的，是要"坚定不移做强做优做大国有企业，不断增强国有经济活力、控制力、影响力、抗风险能力，主动适应和引领经济发展新常态，为促进经济社会持续健康发展、实现中华民族伟大复兴中国梦作出积极贡献"；要求"各级党委和政府要统一思想，以高度的政治责任感和历史使命感，切实履行对深化国有企业改革的领导责任"。要言之，习近平和党中央文件始终强调，一定要在改革中充分发挥国有企业在共产党执政中的重要作用，巩固共产党和社会主义国家政权的支柱性经济基础。

然而，近年来社会各界一直流行着严重的错误观点，认为"国有企业与共产党的执政地位是没有关系的"，认为私营经济搞好了，共产党的执政地位就巩固了;① 并进一步认为，对国有企业的混合所有制改革就是对社会主义全民所有制企业进行资本主义股份化改造。这种将中国共产党执政地位的巩固和国有企业的改革发展相分割并歪曲党中央关于国企改革宗旨的言行，在社会上引起了比较大的思想混乱。对此，需要做深刻的评析。

一　做强做优做大国有企业，是共产党执政的基本纲领

毋庸讳言，从长期的历史规律来看，在社会经济基础中有什么样的利益格局，就会有什么样的政党执政。共产党的执政同样不会偏离这一规律。1880 年，马克思在《法国工人党纲领导言》中曾指出，生产资料属于生产者阶级，不是采取个体形式就是采取集体形式，而后者"只有通过组成为独立政党的生产者阶级或无产阶级的革命活动才能实现"②。由于共产党代表的是劳动大众的利益，其指导思想、成员构成和来源、方针政策等必然要立足于和服从于劳动阶级的需要，而不可能服务于剥削阶级的需要。

政党领导是现代国家政治过程的基本特征，在现代国家的政治过程中，政党是最活跃、最有影响力的政治主体。③ 所谓政党执政，就是一个政党对国家权力的掌握、控制和行使，就是一个政党通过进入国家的政权机构并以该政党为主体、以国家权力的名义从事对整个国家公共事务和社会事务的管理活动。政党作为现代政治的产物，其基本目的是通过实施对国家和社会的领导，控制政治过程，实现自己的纲领，体现一定阶级、集团或阶层的利益。

中国共产党通过 28 年艰苦卓绝的奋斗，建立了中华人民共和国并取得执政地位。中国共产党的执政就是共产党通过掌握、控制和行使中华人民共和国国家政权，把共产党的治国主张贯彻到对国家公共事务和社会事务的管理活动中，并体现共产党的宗旨。以社会主义公有制经济为支柱和主体、以人民利益为立身之本的中国共产党，自然不能脱离执政基础和目

---

① 在《财经》杂志"预测与战略——后危机时代的变局"2010 年会上，有学者提出了这个观点。2011 年 4 月，天则经济研究所在《国有企业的性质、表现与改革》中也提出了类似观点。

② 《马克思恩格斯文集》第 3 卷，人民出版社 2009 年版，第 568 页。

③ 王沪宁：《比较政治分析》，上海人民出版社 1987 年版，第 111 页。

标单纯地致力于维护执政地位。

首先，从理论逻辑上看，国有企业的发展和中国共产党执政地位具有内在的逻辑一致性，这主要体现在共产党执政和国有企业发展的目标和理念上。中国共产党是工人阶级先锋队，代表着广大人民群众的根本利益。通过发展壮大国有经济和集体经济，逐步消灭剥削现象，是社会主义的本质要求和共产党对全国人民的庄严承诺，是共产党扩大自己阶级队伍的前提。因此，以国有企业为主体的公有制是国家引导、推动经济和社会发展的基本力量，是实现广大人民群众根本益和共同富裕的重要保证。在国有经济为主体的经济制度下，任何一个代表私有制经济利益的政党都不可能得到广大人民群众的认同。可见，共产党执政和发展国有经济两者间在内在理论逻辑上具有高度一致性。国外有关学者提出：在社会主义国家的建立过程中，需要具备一些基本的要素，其中既包括国家独立、一定的物质资源和技术水平，也包括社会主义的领导力量、强大的国家机器和明确的政治意志等。[1] 其中，作为社会主义建设的领导力量，中国共产党明确的政治意志就是代表广大人民群众的根本利益，确保人民当家作主。后者显然只有通过发展壮大国有经济才能最终实现。

其次，从历史发展的角度看，中国共产党执政地位和国有企业的建立和发展密切相关，国有企业从建立之初就是中国共产党坚实的执政基础，是维护和巩固中国共产党执政地位的坚强力量。新中国成立之初，通过社会主义的"一化三改造"，我国建立了以国有经济为主体的强大的公有制经济。从此以后，国有经济在社会资源占有、产业分布、吸收就业、提供财政收入等多个方面占据了基础性、主导性、战略性的地位，当然地成为维护中国共产党执政地位的坚实基础和强力保障。

再次，国有企业的存在和发展，为中国共产党执政提供了强大的阶级基础、群众基础和社会基础。随着我国国有企业"有进有退"和"有所为有所不为"的改革，国有企业的数量不断减少，但还保留了相当数量的工人阶级队伍，这是中国共产党执政的最直接的阶级基础。广大的工人阶级在维护社会主义生产稳定和社会稳定方面发挥了重要的骨干作用。国有企业通过上交各项税收和收益金壮大了国家财政，为国家运用财政支出

---

① 让－克罗德·迪劳内、童珊：《社会主义没有模式但仍需具备的基本要求》，《海派经济学》（季刊）2014 年第 1 期。

改善广大人民群众的养老、医疗、教育和社会保障提供了财力条件，推进了社会进步，夯实了中国共产党执政的群众基础和社会基础。

2. 做强做优做大国有企业，是检验共产党执政能力的重要标准之一

国有企业的存在和发展壮大，决定着中国共产党执政的物质基础坚实与否。国有企业越壮大，执政的物质基础越坚实，就越能得到人民群众的拥护和支持，也越能提高执政的有效性。如果我国国有企业经济规模、从业人员等主要指标都能保持持续增长，那么这就是保持了我国经济社会发展稳定的重要条件，也是中国共产党执政能力的体现。

不过，要清醒地看到，当前对共产党执政能力最大的潜在威胁来自私有化（民营化）。马克思主义认为，经济基础决定上层建筑，一个以私有制为基础的市场经济不会需要共产党掌权，更不可能允许共产党长期执政。资产阶级掌权的资本主义国家不可能以公有制为主体，共产党掌权的国家同样不可能建立在私有制主体之上。难以设想，如果执政的共产党自身不通过国家来掌握生产资料，在经济生活中依靠中外私有企业的纳税来维持，其执政地位的命运最终会滑向何方？

只有在公有制基础上掌握社会生产资料并快速发展社会生产力，不断提高人民群众的物质文化生活水平，共产党才能争取更广大的人民群众的拥护和支持。江泽民同志指出："没有国有经济为核心的公有制经济，就没有社会主义的经济基础，也就没有我们共产党执政以及整个社会主义上层建筑的经济基础和强大物质手段。这一点，各级领导干部特别是高级干部必须有清醒的深刻的认识。"① 显然，如果任由中外私人企业占主导地位乃至控制我国的经济命脉，社会主义的共同理想就会落空，党对经济建设和社会生活的领导权也会丧失。在一个私有制经济占主导地位的社会里，共产党的政治主张自然不会受到在经济生活中居支配地位的阶级力量的支持，更遑论执政地位的稳固了！

对于当下争议不断的混合所有制发展，各级党政部门必须严格遵照习近平提出的三个"有利于"方针，即"推进国有企业改革，要有利于国有资本保值增值，有利于提高国有经济竞争力，有利于放大国有资本功能"②（习近平总书记 2015 年 7 月在吉林长春考察调研国企谈到"国有企

---

① 《江泽民文选》第 3 卷，人民出版社 2006 年版，第 71 页。

② 转引自周人杰《国企改革，为全民福祉而战》，《人民日报》2015 年 7 月 22 日。

业是国之重器"时所说）。混合所有制改革应是国有企业、国有资本与非
国有企业、非国有资本的双向混合，而非仅与中外私有企业和私有资本的
单向混合和控股；应主要重点发展国有资本和公有资本控股的混合所有制
或联合所有制企业，以便夺回被外资支配的我国不少产业阵地的控制权，
积极参与国内外中高端竞争，塑造"控股份、控技术、控品牌"的三控
型跨国公司，成为经济新常态的"中国名片"！

3. 做强做优做大国有企业，关系到共产党执政目标的实现

从社会主义市场经济条件下国有企业的基本功能看，国有企业也是中
国共产党执政的基础和体现。我国国有企业的主要功能包括基础服务功
能、支柱构筑功能、流通调节功能、技术示范功能、社会创利功能、产权
导向功能等。[1] 这些功能在市场经济条件下如果能充分发挥，就能为整个
国民经济的良性发展和社会体系的稳定运行提供必要的保障，从根本上体
现共产党执政的基本目的。

从巩固执政党地位的角度考虑，我国国有企业的存在显然有利于中国
共产党执政的成本补偿和效率提高，进而有利于执政地位的巩固和维护。
共产党作为组织，在执政过程中必然需要相应的执政成本，即在运用国家
政权进行国家和社会事务的管理上耗费的人力、物力和财力资源等，目前
这一成本主要是由国有经济来负担的。执政效率是政党在特定时期内执政
成本耗费所取得的执政效果，在国有经济为主体的经济制度框架下，较少
的执政成本显然会取得较大的执政效果。随着近年来国际国内经济社会形
势的发展变化，中国共产党的执政成本也在不断增加，财政经常性支出规
模不断扩大。尤其是近年来由于贫富差距拉大和阶级阶层分化加剧，社会
矛盾不断尖锐，共产党的执政成本急剧上升，这客观上对党的执政资源提
出了更多更高的要求。

发展和壮大国有企业，可以加快提高我国整体经济实力和人民生活
水平，这有利于巩固中国共产党的执政地位，提高其执政能力。共产党
作为无产阶级政党，决定了它在社会内部问题处理上不会单纯地依靠国
家权力工具来实现自己的意志，而是靠团结最广大的劳动大众来巩固和
维护现存的社会制度。这就需要通过社会占有公共生产资料的方式消除

---

[1]　程恩富、毛立言：《坚定不移地科学推进国有经济调整和改革》，《江西社会科学》2007
年第 10 期。

私有制社会执政党的弊端，同时也防止和铲除党内私有制思想的根源。尽管有些学者在分析苏联共产党下台时将之归于集权体制："斯大林模式的寿终正寝与其说是强力摧毁的结果，不如说是它耗尽了内在的潜力。"[①] 但这些指责并没有触及事物的本质。因为这种观点没有看到执政党中的部分人物基于自身利益会选择主动放弃旧体制的可能性，而放弃旧体制的根本标志就是要放弃公有制这个经济基础。大卫·科兹则正确地指出了这一点："在 80 年代末辩论苏联发展的方向时，由 10 万人组成的'精英集团'开始做出选择性的思考：如果改革达到民主化，就会减少特权和权力；如果回到改革前的社会主义，虽有相对的特权和地位，但特权又受到原有的社会主义机制的限制，也不能积累过多的财富，更不能把特权和财富付给自己的子孙后代。因此精英们认为，资本主义能够为他们提供最大的机会，不但管理，而且拥有财富、传给子孙。"[②] 所以，如果不重视巩固和发展国有经济，就会削弱共产党对广大人民群众的领导力和凝聚力，给各类资产阶级色彩的社会思潮的泛滥成灾大开方便之门。近年来我国社会矛盾加剧、社会管理问题突出，与我国私营经济和外资经济的发展同劳动者快速流动的格局是相对应的，后者显然会加大执政党管理社会的难度。从长远看，如果没有国有经济的发展壮大，经济新常态就可能有可靠的基础，就无法凝聚社会共识并防范外来袭扰导致的社会危机，甚至于连普通的自然灾害都无法调动足够力量来应对，更谈不上最终实现社会主义的共同富裕了。

4. 从国际经验看，巩固和发展国有经济关系到社会主义制度的命运

历史经验表明，化解改革时期利益多元化的矛盾，是考验执政党执政能力的重要方面。因为利益多元化容易诱发各类非社会主义思潮，进而削弱马克思主义的指导地位。随着社会主义市场经济改革的深化发展，我国经济的所有制结构不断多元化，个体私营和外资经济不断壮大，国有企业数量、就业人数等不断下降。这时各界反对中国特色社会主义的人出于维护自身利益需要，将矛头对准国有企业，致力于弱化甚至否认国有企业在社会主义市场经济中的重要地位，自然是不足为怪的，而这恰恰是我国全

---

① 马尔科维奇、塔克等著，李宗禹主编：《国外学者论斯大林模式》（下），中央编译出版社 1995 年版，第 791 页。

② ［美］大卫·科兹等：《来自上层的革命》，中国人民大学出版社 2002 年版，第 15 页。

面深化改革中值得警惕和需要加以防范的。皮之不存，毛将焉附？很难设想，我国致力于完善社会主义的改革会以削弱国有企业为目标导向。在目前我国产业竞争力整体上弱于国际垄断资本的境况下，国有经济的削弱只能导致我国的国民经济被国际垄断资本所打垮。一个显而易见的历史事实是，国际垄断资本是不可能期望共产党长期执政的。正如国家发改委夏小林研究员所指出的那样："如果进一步'尽可能降低国有股权比例'，让很多国企的国有资本、国有股权都缩小到20%以下和政府持'黄金股'（甚至这种股权也可以放弃）的极端水平，并在地方出售大批中小型国企，促使财富、收入分配结构进一步向中外私人资本集团大倾斜，就可能产生颠覆性的错误。"①

江泽民同志指出："搞好国有企业特别是国有大中型企业，既是关系到整个国民经济发展的重大经济问题，也是关系到社会主义制度命运的重大政治问题。"② 共产党执政和社会主义制度是内在统一的，也必然是和国有经济的命运联结在一起的。在国际社会的意识形态斗争日趋复杂的背景下，社会主义中国还将长期面临着来自资本主义世界的挑战。而西方敌对势力图谋和平演变我国社会主义制度的首要选择，就是搞垮我国的国有经济这一基础。苏联和东欧国家的改革最后走入死胡同，一个重要原因就是没有坚持国有经济的主体地位，放松了对私有化思潮应有的警惕。他们主观地认为，只要有共产党政权的存在，保持党对军队、国家机器和社会的控制，就可以高枕无忧了，私有化带来的政治危险是无须防范的。苏联在戈尔巴乔夫的私有化改革计划下，尽管口中高喊要建设"民主的、人道的社会主义"，结果却导致人心丧尽，组织分崩离析，仅仅在几年中就丢掉了俄共的执政地位，同时使国家重新沦落为资本家和资产阶级政客的掌中之物。可见，共产党执政地位的丧失必然会重建私有制主导的社会，而任何丧失政权经济基础的政党，也都不可能长久维持自己的执政。

（原载《政治经济学评论》2015 年第 6 期，第二作者为侯为民）

---

① 夏小林：《2014 年：国企与改革（下）——兼评被污名化的"国资一股独大"》，《管理学刊》2014 年第 5 期。

② 《江泽民文选》第 1 卷，人民出版社 2006 年版，第 441 页。

第十节   要切实发展统分结合的集体层经营

邓小平说："中国农村社会主义农业的改革与发展，从长远的观点看，有两个飞跃。第一个飞跃，是废除人民公社，实行家庭联产承包为主的责任制。这是一个很大的前进，要长期坚持不变。第二个飞跃，是适应科学种田和生产社会化的需要，发展适度规模经营，发展集体经济。这是又一个很大的前进，当然这是很长的过程。"

当前，遵循邓小平关于"社会主义农业改革和发展的两个飞跃"的思想和科学发展观的精神，在建设社会主义新农村的进程中，应在以家庭联产承包为基础的双层经营体制下，增强集体层经营的实力，切实做到农村各类集体企业同市场经济的充分衔接和融合，从产权制度上促进"三农"难题的解决。

一   双层经营体制中存在的问题

经过二十多年的实践，以家庭联产承包为基础的统分结合的双层经营体制涌现出了多种模式，为数较多的是以分为主的统分结合或有分无统的类型，其共同点是集体积累较少，力量薄弱，因而在实践中农村双层经营体制一直存在着矛盾。一方面，家庭承包经营在大多数地区往往成了以户为单位的个体经济，这与农业生产社会化、专业化、商品化趋势不相适应。具体表现为：农户经营规模过小，经营方式过于分散，生产经营信息不灵通，土地难以合理集中，农业适度规模经营不易推行，农业集约化程度非常低；另一方面，集体统一经营和家庭分散经营两个层次发展失衡，存在只"分"无"统"的不良倾向，"统"层的功能弱化甚至缺失。多数地方的集体层次经营有名无实，明显落后于家庭分散层次。主要表现在：一是集体财产权归属不清，缺乏规范；二是集体统一经营抓不起来，流于口号和形式，农村集体经济组织的组织制度不科学，缺乏科学的管理约束机制；三是集体经济没有实力，集体资产流失，自有资金拮据，无力组织农村基础设施建设，无力为农户提供产前、产中、产后等各种形式的配套服务，处于"空壳"状态，这也是造成各地随意向农民乱摊派、乱收费和农民负担重的重要原因。

出现这些问题的原因，既包括农村经济制度（土地所有制度和流转制度、农村组织制度和户籍管理制度以及承包制度）上的缺陷，更重要的是对统分结合的双层经营体制存在实施上的错位。在很多地区建立家庭联产承包之初，就取消了必要的公共积累，把集体资产全部作价按人口分给了农民，使得集体经济发展失去了物质基础。例如，目前很多农村的农用机械都是私人拥有，凡是使用这些机械工具的农户都要支付租金给所有者；过去建造的水渠等农业灌溉设施也很少维修和新建。由于人民公社时期的错误，人们对集体经济缺乏信心，只重视家庭经营而忽视发展集体经营，导致了执行中的偏离，其结果是只有家庭单一经营，而没有双层经营，农村集体经济组织失去了应有的经济功能。

二 发展统分结合的集体层经营的适时性

十六大报告强调，要"长期稳定并不断完善以家庭承包经营为基础、统分结合的双层经营体制"。目前我国大部分农民没有其他社会保障，土地仍是其重要的生产和生活保障，加上我国人多地少的国情，决定了这种双层经营体制是适应现阶段我国农村生产力的发展现状的。在建设社会主义新农村的进程中，切实发展统分结合的集体层经营的适时性和优越性已充分显示。

可以改善农业发展缺乏集体服务和某些萎缩状况。农业集自然生产与经济再生产为一体，一方面自然条件的影响，生产条件复杂多变，需要生产经营者灵活应变，及时作出决策；另一方面农业的再生产要求生产中一系列带共性的重要项目和内容，如农业基础设施，农田灌溉设施，抗御灾害，农业生产技术服务、农业市场化服务等，都需要集体经济组织来解决。但是目前，我国农村中集体层经营上的缺失，使农业经济再生产在某些地区处于停顿状态，集体服务和支持流于形式，农业生产和收益受到影响。例如，1994年我国粮食总产量为4445亿公斤，比1984年仅增加了350多亿公斤，年均增长率为0.9%，远低于1984年前的增长速度。进入21世纪以来，我国的粮食产量持续下降，2003年的粮食总产量只有4.31亿吨，仅为历史最高年份1998年粮食产量5.12亿吨的84%，也没有达到历史最高水平。因此，切实发展统分结合的集体层经营，可以改进农民对农业生产的长期投入降低，甚至在许多地区出现不同程度的"撂荒"现象，以便逐步消除农业用地的浪费和农业生产的某些萎缩，也有利于提高农民收入，克服消费需求的不足。

可以改善农民的市场交易地位和状况。市场经济体制下的小生产模式与千变万化的社会大市场存在矛盾，农民作为市场主体同高度组织化的企业主体是不平等的，农民在交易中处于被动和弱势地位。由于家庭分散经营的农产品专业化水平低，难以提高产品附加值，"个体农民"在市场竞争中也处于劣势地位。目前改变农民的弱势地位的重要方面之一，是必须加强农村集体经济的市场交易力量，提高作为经济整体的"集体农民"的地位。

可以改善农村精神文明建设状况。社会主义制度的优越性在一定程度上需要通过集体经济的优越性体现出来。由于一些地方集体经济相当薄弱，过去已经消失的封建迷信活动、赌博等活动又开始盛行，社会治安混乱，儿童失学辍学问题严重。而集体经济力量雄厚的乡村则恰恰相反，农民群众的物质和精神文明程度都提高较快，体现了社会主义新农村的面貌。

三　发展集体层经营的思路和措施

一是集体层经营的具体形式可以多样，不要一刀切。集体层的经济实力关系到农民负担的轻重和实现共同富裕的进程，但大力发展集体层经营要因地制宜，充分发挥科学发展"统"的优势，尤其是在推动农业适度规模经营、产业化等方面发挥主导作用。可以实行集体独资模式，可以搞股份合作制，也可以引进外国资本和技术来发展集体产业。

二是要以增强集体层的经济实力为目标。既要加强农村现有集体资产的管理，清产核资，确保集体资产保值增值，又需要在财力和物力上增强集体经济自我积累的功能，同时要杜绝各种乱收费、乱摊派现象，精简干部，减少开支。

三是集体层经营需要从组织和产业两个方面进行重新定位。统一经营不应当再仅限于村、乡等过去的行政区域，而是应该逐步扩展到各种层次的合作经济组织和服务联合体。目前，农业经营打破了过去单一的粮食、畜禽生产模式，各种养殖业、非农产业蓬勃发展，因此，统一经营的产业范围也需要进行相应的扩展。

四是各级政府及其政策要积极引导。应在银行贷款、政府税收、技术支持、产业项目、人员培训、干部考核等多个方面，鼓励集体层经营。对于通过集体层经营而共同致富的先进基层单位要大力宣传表扬，以不断营造良好的舆论和制度环境。

（原载《中国老区建设》2007年第2期）

第五章 经济发展研究

第一节 稳妥把握建设现代化经济体系的
七个重要关系

改革开放 40 多年来，我国经济实现了高速度增长，为国家实力的提升和人民生活的改善奠定了坚实的物质基础。在取得巨大成就的同时，我们也遇到了不少新情况和新问题，要突破这些影响经济可持续发展的障碍，必然要求整个国民经济加快转变发展方式、优化经济结构、转换增长动力。建设现代化经济体系正是我们跨越重要关口、实现高质量发展的迫切要求。

现代化经济体系，是由社会经济活动各个环节、各个层面、各个领域的相互关系和内在联系构成的一个有机整体。更好建设现代化经济体系、推动高质量发展，需根据经济体系的内在结构性特点，正确认识和稳妥把握其核心子系统中的一系列重要关系。

一 完善经济调节体系要把握好政府与市场的关系

市场主要依靠价值规律的自发作用来调节资源在社会生产各个环节和国民经济各领域的配置，实现市场主体的短期利益和局部利益。因此，就一般资源的短期配置和局部配置，市场能够有效发挥良性配置作用。可是，由于市场调节具有调节目标偏差、调节速度缓慢、调节成本昂贵、调节程度有限等功能上的"短板"，在一些重要和特殊资源的长期配置与全局配置上，市场的良性作用往往失灵。但在这些领域，政府可以通过对重要经济资源的主动规划配置来实现长远利益和整体利益，从而在事先、事中或事后能及时矫正市场失灵带来的负面影响。

把握好这一关系，就要使市场在资源配置中起决定性作用，更好发挥政府作用，形成功能良性互补、效应协同的经济调节体系。对一般资源的短期调节和局部调节，要充分发挥市场在资源配置中的决定性作用，政府则通过简政放权等激发各类市场主体的活力。在市场调节失灵的领域，需更好发挥政府作用，参与配置公共产品等特殊资源，并主动规划和引导资源的长期配置。比如，教育资源、卫生资源、文化资源、城镇住房资源等非一般物质资源的配置，以及财富和收入的再分配等。

二　完善产业体系要把握好自主创新与技术引进、实体经济与金融的关系

持续突破经济发展的动力瓶颈，需把握好自主创新与技术引进的关系。一个产业自主创新的程度越高，其引进外来技术的质量和能力就越高。但也要看到，如果发展中国家在新兴产业发展的最初阶段，过度依赖技术引进，那么这些产业就有可能失去通过提升自主创新能力获得发展的机会。对此，要坚持以自主创新为主导、技术引进为补充的产业发展道路，系统提升各产业关键核心技术的自主创新能力。其中，农业要在现代种业培育、农业生产装备应用、农业技术服务和农民科技素质提升等方面发力，系统提高农业的生产能力与生产质量；工业要紧紧围绕重大科技创新，努力突破和掌握核心技术，从创新平台建设、创新人才培养、创新激励强化、创新成果转化等方面，系统推进工业生产的绿色化、高端化、信息化和服务化；服务业要重视对最新科技的应用，不断改进服务质量、提升服务能力。

持续突破经济发展的结构瓶颈，需把握好实体经济与金融的关系。金融发展与实体经济发展相适应时，金融能为实体经济提供数量充足、结构合理和安全高效的资金支持，实体经济发展也能为金融更好发展提供资金源泉和防范风险等基础性支撑。处理好这一关系，就要坚持金融服务实体经济，推动实体经济与金融的良性互动。金融要不断提高服务实体经济的科学性、精准性和系统性，为实体经济现代化提供强有力的资金支持，同时也要以防范化解各种金融失序和金融风险为底线，进一步推进金融监管体系的现代化。

三　完善市场体系要把握好竞争与垄断的关系

在现代市场竞争中，有效竞争集中体现在竞争规则的公平性上。一方

面，全球化的现代竞争导致企业的生产集中与资本集中比以往速度更快、涉及领域更广、集中程度更高，容易形成更大规模的垄断。另一方面，由于现代市场竞争的主导力量是具有规模垄断性质的企业，市场竞争的激烈程度也比以往更大，更加需要推动竞争规则公平条件下的有效竞争。同时也要注意，部分形成规模垄断的企业为攫取垄断利润而滥用垄断地位的行为时有发生，会损害和削弱市场的有效竞争。

把握好这一关系，需坚持和维护市场竞争规则的公平性，全面推动统一开放、竞争有序的市场体系建设。要完善市场监管体制，实现各类市场主体在市场准入负面清单以外的领域实现公平有序竞争，维护包括具有规模垄断性质企业在内的各类竞争主体的合法权益。同时积极推进反不正当竞争与反垄断的立法和司法实践，对妨碍有效竞争、攫取垄断利润的各类垄断行为进行科学、精准、高效的禁止和限制。

四　完善收入分配体系要把握好按劳分配原则和多种分配方式的关系

按劳分配原则，将劳动者在生产经营中的劳动量作为分配的基本依据。一方面能够较充分地反映劳动者在生产经营中的劳动差别，实现分配促进劳动者积极性的短期效率；另一方面能够保持劳动者报酬在初次分配中的较大份额，实现分配的长期效率。与此同时，我们也要将技术、信息和知识等要素同样作为收益分配的基本依据。

把握好这一关系，要坚持和完善按劳分配为主体、多种分配方式并存的分配制度，实现分配中公平与效率的和谐统一。要坚持按劳分配原则、完善按生产要素分配的体制机制，同时发挥政府作用，着力完善为经济发展托底的社会公平保障体系，通过税收等制度调节过高的收入和财富，完善社会保障制度和转移支付制度，提高低收入群体的收入。紧紧围绕体现效率、促进公平的分配体系建设，推进财富与收入的合理分配，为全体人民迈向共同富裕奠定坚实基础。

五　完善城乡区域发展体系要把握好协同发展与各自发展的关系

城乡区域的各自发展与整体协同发展具有内在一致性。协同发展能够发挥城乡区域的整体优势与协同效应，使各区域也获得较好的发展；各区域实现自身更好发展，城乡区域的整体优势与协同效应才能达到较高水平。但若各区域片面追求自身发展，则会导致生态环境破坏、资源过度开发、经济空间布局不合理等一系列问题，使城乡区域的整体优势与协同效应难以发挥。

把握好这一关系，就要在科学的顶层设计与系统的统筹规划下，积极推进城乡区域各子系统的良性互动与融合发展。在区域层面，可从全局角度统筹协调各区域的经济发展战略，在区域间基础设施网络体系的构建、经济管理制度的衔接、生态环境的协同保护以及区域对外开放战略的统筹等方面发力；在城乡层面，要以更好实施乡村振兴战略来推进城乡融合发展，推动城乡现代基础设施网络体系的互联互通与一体化，消除城乡义务教育、医疗、养老等基本公共服务的较大差别，不断健全城乡融合发展的体制机制和政策体系。

六　完善绿色发展体系要把握好经济发展中的人与自然的关系

在一定生产力条件下，人类的经济活动受到自然界的限制。人类经济活动所能获得的自然资源、自然界对人类经济活动的生态承载力，在一定时期、一定地理区域内都较为有限，若在较短时期内对自然资源过度开发，或是片面追求微观主体的经济利益，超过了自然界的生态承载力，必然会损害生态环境的恢复力与稳定性，经济发展也难以持续。

把握好这一关系，就要坚持绿色发展理念，在经济发展中始终遵循自然规律、人口规律和经济规律，系统推进人与自然的和谐共生，实现人口、资源和环境的良性循环和永续发展。要在全社会范围内牢固树立和践行"绿水青山就是金山银山"理念；要系统促进绿色科技创新，并将最新成果应用于绿色生产、绿色消费、生态治理、生态监测等各个环节，构建绿色技术创新体系；要建立健全绿色发展制度体系，不断完善推动绿色发展的法律法规、政府绩效考核制度等。

七　完善全面开放体系要把握好扩大开放与经济安全、人民福利之间的关系

一个经济体扩大开放要符合自身经济安全保障和人民福利提升的客观要求。符合发展实际的开放，能够提高自身经济体系的创新力和竞争力，增强保障经济安全的能力，提升人民福利；经济安全保障和人民福利提升，也能够提高开放的质量与可持续性。若开放不符合发展实际的客观要求，则开放的程度越大、范围越广，经济体自身的经济风险就越高。

把握好这一关系，就要在扩大开放的同时注重提升自身经济安全系数，积极提高人民福利。实体经济要全面实施创新驱动发展战略，以加强自主创新能力推动开放合作；金融要在保障金融安全的前提下提高金融体系的控制力和国际竞争力。在国际经济治理方面，也需坚持共商共建共享的全球治理观，积极参与修订和制定公正公平、包容有序的国际经济规则。

（原载《经济日报》2019 年 5 月 29 日，第二作者为高建昆）

第二节　论马克思主义与可持续发展

胡锦涛同志在党的十七大报告中倡导科学发展观，而科学发展集中体现之一是可持续发展，因为不以最广大人民利益为本的发展、不全面的发展、非协调的发展，以及非和谐的发展，都将导致发展的延缓或者停滞，是不可持续的。

同时，我们看到，可持续发展涉及的人口、资源和环境问题，伴随当今世界的经济日益全球化，已经成为了全球性的共同问题。当今世界的财富占有和收入分配的两极分化更加严重，除中国之外的世界赤贫人口还在继续增加，全球失业人口居高不下，劳动人口的人均工作时间减少徘徊不前甚至变相增加。全球以追逐利润为目标的现代工业的生产方式，还不断地开拓新的投资领域和扩大生产规模，以更快的速度耗尽可再生和不可再生的资源，并不断地向自然界排放大量有害物质。以追求享乐和功利为时尚的现代人类的生活和消费方式，还在不断地挖掘人的消费潜能和刺激人的消费欲望，并不断向自然界遗弃更大规模的生活垃圾。现代工业和人类对资源的消耗和对环境的污染已经超过自然本身的吸收能力、补偿能力、再生能力和恢复能力，这不仅导致全球的生态环境危机，而且人类自身的生存也处于危险之中，人类正面临可持续发展的危机。

因此，人类不得不思考人口、资源、环境与发展的关系，不得不反思以牺牲生态谋求经济增长、以牺牲劳工谋求资本增值、以牺牲他人谋求自身福利、以牺牲整体谋求局部发展、以牺牲长远谋求眼前利益、以牺牲精神谋求物质占有、以牺牲后代人谋求当代人享受的不可持续的发展方式，不得不挖掘当代人类社会经济走向不可持续发展道路的深层根源，不得不探求人类可持续发展的道路、方式和前景。作为全人类的精神财富，马克思主义为人类社会和自然界的可持续发展提供了科学的世界观和方法论，马克思主义本身就蕴涵着可持续发展的核心理念，并在发展目标上与可持续发展达到了完美的统一。

一　马克思主义提供了可持续发展的科学方法论

马克思主义的辩证唯物论把自然置于人赖以生存和发展的前提和基础的地位，表明可持续发展的客观物质基础是良好的生态环境和足够的自然资源。马克思指出："自然界，就它自身不是人的身体而言，是人的无机的身体。人靠自然界生活。这就是说，自然界是人为了不致死亡而必须与之处于持续不断的交互作用过程的、人的身体。所谓人的肉体生活和精神生活同自然界相联系，不外是说自然界同自身相联系，因为人是自然界的一部分。"① 自然不仅给人类生产和发展提供生产资料、劳动对象和活动场所，甚至直接提供生活资料，而且自然环境的差异是社会分工的自然基础，制约着社会生产的布局、结构和规模。因此，可持续发展必须做到"保护生态环境"、"进行生态修复"和"污染防治"，"发展清洁能源和可再生能源"，"建设资源节约型、环境友好型社会"②，否则，生态恶化和环境污染，人类就不能够也无法在地球上生存，当然谈不上"可持续发展"。另外，马克思主义的辩证唯物论表明，自在的自然世界自身具有不以人的意志为转移的客观规律。这就要求可持续发展必须尊重自然规律，否则必然遭到自然的惩罚，导致发展的非可持续性。恩格斯告诫人类，"我们统治自然界，决不像征服者统治异族人那样，决不是像站在自然界之外的人似的，——相反地，我们连同我们的肉、血和头脑都是属于自然界和存在于自然之中的；我们对自然界的全部统治力量，就在于我们比其他一切生物强，能够认识和正确运用自然规律"③。恩格斯当时就看到人类因不尊重自然规律而遭受到的惩罚和导致的发展的不可持续性，"美索不达米亚、希腊、小亚细亚以及其他各地的居民，为了得到耕地，毁灭了森林，但是他们做梦也想不到，这些地方今天竟因此而成为不毛之

---

① 《马克思恩格斯全集》第 3 卷，人民出版社 2002 年版，第 272 页。
② 胡锦涛：《高举中国特色社会主义伟大旗帜为夺取全面建设小康社会新胜利而奋斗》，人民出版社 2007 年版。
③ 《马克思恩格斯选集》第 4 卷，人民出版社 1995 年版，第 383—384 页。

地，因为他们使这些地方失去了森林，也就失去了水分的积聚中心和贮藏库。阿尔卑斯山的意大利人，当他们在山南坡把在山北坡得到精心保护的那同一种枞树林砍光用尽时，没有预料到，这样一来，他们就把本地区的高山畜牧业的根基毁掉了；他们更没有预料到，他们这样做，竟使山泉在一年中的大部分时间内枯竭了，同时在雨季又使更加凶猛的洪水倾泻到平原上。"① 同时，马克思主义的辩证唯物论指明，作为自为的、主体的人，能够在认识和正确运用自然规律的前提下，充分发挥人的能动性和自觉性，去利用自然和改造自然，保持发展的持续性。既不主张忽视和不尊重自然规律的"控制"自然和"征服"自然的"人类中心主义"，又不主张人是自然奴役和无条件地顺从自然的"生态中心主义"或"自然中心主义"，主张人与自然和谐相处，在符合"生态原则"或"自然原则"的前提下达到经济丰裕和社会自由的充分实现。

马克思主义辩证地看待经济发展与环境问题、资源限制的关系。缺乏环保意识、忽视生态自然规律的、粗放式的经济发展会造成环境的破坏，导致发展的非可持续性；而注重环境保护、尊重生态自然规律的集约式的经济发展又会有助于环境的改善，达到发展的可持续性。可持续发展的基础是发展，不能因为保护环境就"限制增长"或者要求"零增长"或"负增长"。若不解决人口的贫困问题，也不可能实现保护生态环境。因为贫困人口会为短期生存需要而破坏环境和掠夺性使用自然资源。因此，停止经济发展，甚至负经济增长并不一定能解决环境问题。同样，既不能因为经济发展受到现有资源的约束而放弃经济发展，又不能因为人类开发新资源的潜力巨大，而在经济发展中不注重资源节约和提高资源的利用效率。停止经济发展或者采取负增长只能是延缓现有资源的使用时间，并没有解决现有的资源的有限性问题。而经济发展却给人类提供了更多时间和空间，不断地开发新资源和替代资源。人类发展史也正如此，以能源为例，19世纪中期以前，人类能源以柴草为主，在1860年全世界的能源结构中，木柴占75%，煤以及少量的石油、天然气仅占25%。1900年，进入煤炭时代，煤在能耗中占到57.6%，柴草下降到40%以下。20世纪60年代中叶，进入石油时代，石油和天然气在总能耗中的比率超过了煤炭。虽然以现有已探明的储量和开采趋势等数据进行乐观的估计，煤和原油也

---

① 《马克思恩格斯选集》第4卷，人民出版社1995年版，第383页。

将会在未来 200—300 年的时间内开采完和消耗尽。[①] 但是，人类一定会凭借自身的智慧和科技能力在煤和石油枯竭之前开发出更经济的替代能源。然而即便如此，人类依然需要节约和集约地使用这些能源资源，因为这些能源资源在使用的过程中，释放的过量温室气体和大量有毒气体如果没有处理，会对环境造成破坏。因此，为保持发展的可持续性，对可再生资源的利用率必须控制在可再生率之下，对不可再生资源的利用率不能超过替代能源的开发利用率。但是，通过提高再生资源的再生率、不可再生资源的开发利用率，仍然可以提高再生资源和不可再生资源的利用量，满足人类可持续扩大再生产的需要。另外，马克思主义辩证地看待科技对自然的影响。科技的进步，一方面表明人类对自然规律的认识和利用的深化，提高了现有资源的利用效率和开发替代资源的能力，以及解决环境问题的能力；另一方面却可能导致以更大规模和更快速率耗竭现有资源，而且人类因对科技产品的消费而产生的大量工业废弃物和生活垃圾，超过了自然的同化和吸收能力，造成了对自然的破坏。但是，这正说明科技本身是中性的，环境问题的产生，不是在于科技的进步，而是在于科技的如何使用。如果科技仅仅是不顾生态环境破坏的财富和利润追逐的工具，那么科技的应用必然带来生态灾难。正如恩格斯指出的，蒸汽技术"只有它的资本主义的应用才使它主要地集中于城市，并把工厂乡村转变为工厂城市。但是，这样一来它就同时破坏了它自己运行的条件。蒸汽机的第一需要和大工业中差不多一切生产部门的主要需要，就是比较纯洁的水。但是工厂城市把一切水都变成臭气冲天的污水。……要消灭这种新的恶性循环，要消灭这个不断重新产生的现代工业的矛盾，又只有消灭现代工业的资本主义性质才有可能。只有按照一个统一的大的计划协调地配置自己的生产力的社会，才能使工业在全国分布得最适合于它自身的发展和其他生产要素的保持或发展"[②]。因此，解决环境问题，实现可持续发展，并不是停止科技进步，而是改变技术的使用方式。

马克思主义的历史唯物论表明，人与自然的关系是发展变化的，与人与人关系的发展史伴随的是人与自然关系的发展史。在人类社会的初期，

[①] 世界经济年鉴编辑委员会：《世界经济年鉴》（2001 年卷），经济科学出版社 2001 年版，第 384 页。

[②] 《马克思恩格斯选集》第 3 卷，人民出版社 1995 年版，第 646 页。

人类从属、顺从和敬畏自然，自然居于人与自然关系的主导和显赫的地位。马克思和恩格斯指出："自然界起初是作为一种完全异己的、有无限威力的和不可制服的力量与人们对立的，人们同自然界的关系完全像动物同自然界的关系一样，人们就像牲畜一样慑服于自然界，因而，这是对自然界的一种纯粹动物式的意识（自然宗教）。"① 随着生产力的发展和生产关系的变化，人类走向了支配、控制和征服自然，人上升到人与自然关系的主导和显赫的位置，于是生态自然问题开始显现并日益严重，导致人类发展的非可持续性。恩格斯当时就看到资本主义"关于这种惊人的经济变化必然带来的一些现象……所有已经或者正在经历这种过程的国家，或多或少都有这样的情况。地力耗损——如在美国；森林消失——如在英国和法国，目前在德国和美国也是如此；气候改变、江河淤浅在俄国大概比其他任何地方都厉害"②。随着生产力的进一步发展，人类对自然规律认识逐渐深入，但是，"仅仅有认识还是不够的。为此需要对我们的直到目前为止的生产方式，以及同这种生产方式一起对我们的现今的整个社会制度实行完全的变革"③，从而达到人与自然的关系的和谐，实现可持续发展。马克思主义的历史唯物论还从历史的角度揭示，发达国家与发展中国家在解决环境问题上应承担共同而有差别的责任。当今面临的全球环境问题主要是发达国家长期发展和工业化过程中积累的结果，发达国家今天积累的大量财富是建立在其前代人大量耗竭自然资源和排放废弃物基础上的，因此，其当代人在享受财富的同时需要在治理环境问题上承担更多责任。同时，发达国家今天较高的生活水平需要比发展中国家消耗更多的人均资源，而且必然排放更多的人均废弃物，这也需要相应承担更大的治理环境问题的责任。还必须看到，当今发达国家环境的改善，一部分是由于发达国家对外污染输出的结果。发达国家不仅直接向发展中国家输出在本国禁止使用的有毒工业产品、工业废弃物以及生活垃圾，而且把"肮脏产业"、"耗能产业"转移到发展中国家。因此，发达国家不仅需要减少本国的污染排放，而且有责任把环保和治污技术向发展中国家进行廉价转移。当然，发展中国家在加速发展的同时，不仅需要承担与其能力相适应

---

① 《马克思恩格斯选集》第 1 卷，人民出版社 1995 年版，第 81—82 页。
② 《马克思恩格斯全集》第 38 卷，人民出版社 1972 年版，第 373 页。
③ 《马克思恩格斯选集》第 4 卷，人民出版社 1995 年版，第 385 页。

的治理环境问题的责任，而且需要节约资源、提高资源的利用率以及尽可能减少污染的排放，以不损害后代人满足其需要的能力。在实现前代人、当代人和后代人之间代际公平和当代人代内公平的基础上，保障发展的可持续性。

二　马克思主义蕴涵着可持续发展的核心理念

马克思主义不仅给可持续发展提供了科学的方法论，而且正是在科学方法论的支撑下，马克思主义经典作家已经对可持续发展的核心理念作了大量阐述，如循环和节约经济思想、适度人口思想、全面协调发展思想、适度和绿色消费思想。

关于循环和节约经济思想，马克思主义经典作家不仅论述了循环经济的"减量化"、"再利用"、"再循环"（3Rs）原则和可行性条件，而且对不同的节约方式进行了阐述。马克思指出："把生产排泄物减少到最低限度和把一切进入生产中去的原料和辅助材料的直接利用提到最高限度。"① 这正是循环经济中所要求的在生产的输入端贯彻的"减量化"（reduce）原则，而至于从源头能减少多少资源的使用和废弃物的排放，不仅"取决于所使用的机器和工具的质量"，而且"还取决于原料本身的质量"②。这就要求从提高工艺技术、改进生产流程、革新产品设计和开发新型材料等方面提高资源的利用率，实现"减量化"的目标。马克思积极评价科技进步对生产和消费废弃物"再利用"（reuse）的积极价值，"化学工业提供了废物利用的最显著的例子。它不仅找到新的方法来利用本工业的废料，而且还利用其他各种各样工业的废料，例如，把以前几乎毫无用处的煤焦油转化为苯胺染料，茜红染料（茜素），近来甚至把它转化为药品"③。马克思高度赞扬通过资源的"再循环"（recycle）而实现的节约。"关于生产条件节约的另一个大类，情况也是如此。我们指的是生产排泄物，即所谓的生产废料再转化为同一个产业部门或另一个产业部门的新的生产要素；这是这样一个过程，通过这个过程，这种所谓的排泄物就再回到生产从而消费（生产消费或个人消费）的循环中。"④ 马克思看到人们

---

① 《马克思恩格斯全集》第 46 卷，人民出版社 2003 年版，第 117 页。
② 同上。
③ 同上。
④ 同上书，第 94 页。

对农产品消费的排泄物不能回到土地而造成的巨大浪费和污染，"消费排泄物对农业来说最为重要。在利用这种排泄物方面，资本主义经济浪费很大；例如，在伦敦，450 万人的粪便，就没有什么好的处理方法，只好花很多钱用来污染泰晤士河"①。而且，马克思严格区分了因废弃物"再利用"和"再循环"而实现的节约与提高资源利用率而进行"减量化"节约的不同。"应该把这种通过生产排泄物的再利用而造成的节约和由于废料的减少而造成的节约区别开来"②，这就要求在工艺技术、生产流程、产品设计和原料采用等方面，还要优先考虑产品生产和消费产生的废弃物可以"再利用"和"再循环"的方案。马克思还充分阐述了循环经济的技术和经济上的可行性。科技的进步不仅发现了废弃物的有用性质，而且通过科技的进步带来机器的应用和改良，提高了资源的利用率，"由于机器的改良，废料减少了"③，而且，"机器的改良，使那些在原有形式上本来不能利用的物质，获得一种在新的生产中可以利用的形态"④。由于原材料价格的上涨、大规模生产和不变资本的节约，循环经济也具有经济上的可行性。"原料的日益昂贵，自然成为废物利用的刺激。"⑤ "由于大规模社会劳动所产生的废料数量很大，这些废料本身才重新成为贸易的对象，从而成为新的生产要素。这种废料，只有作为共同生产的废料，因而只有作为大规模生产的废料，才对生产过程有这样重要的意义，才仍然是交换价值的承担者。这种废料——撇开它作为新的生产要素所起的作用——会按照它可以重新出售的程度降低原料的费用，因为正常范围内的废料，即原料加工时平均必然损失的数量，总是要算在原料的费用中。在可变资本的量已定，剩余价值率已定时，不变资本这一部分的费用的减少，会相应地提高利润率。"⑥ 这就提示人们需要从技术上和经济上两方面，实现从"资源—产品—废物"的不可持续的传统经济发展方式向"资源—产品—再生资源"的可持续的循环经济发展方式转变。

关于适度人口思想，马克思主义经典作家不仅提出人自身的生产的可

---

① 《马克思恩格斯全集》第 46 卷，人民出版社 2003 年版，第 115 页。
② 同上书，第 117 页。
③ 同上书，第 95 页。
④ 同上书，第 115 页。
⑤ 同上。
⑥ 同上书，第 94 页。

持续问题，而且提出人自身生产要与物质生产和自然相适应，才能保持发展的可持续性。恩格斯指出："根据唯物主义观点，历史中的决定性因素，归根结蒂是直接生活的生产和再生产。但是，生产本身又有两种。一方面是生活资料即食物、衣服、住房以及为此所必需的工具的生产；另一方面是人自身的生产，即种的蕃衍。"① 人口生产同样涉及人与自然的关系和人与人之间的关系，"生命的生产，无论是通过劳动而达到的自己生命的生产，或是通过生育而达到的他人生命的生产，就立即表现为双重关系：一方面是自然关系，另一方面是社会关系"②。因为即使保持人均生活水平不下降，随着人口规模急剧扩大，对物质总需求也会迅速增加，这就要求扩大再生产，从而加大对资源需求和环境的压力。而如果人口的增长率超过了生产的增长率，必然导致人均生活水平的下降。因此，保持适度的人口出生率和适度的人口总量是必要的。同时，适度人口还意味着人口中的劳动力结构和数量的供给，与简单再生产或扩大再生产对劳动力的需求相符合。马克思指出："生产资料的数量，必须足以吸收劳动量，足以通过这个劳动量转化为产品。如果没有充分的生产资料……劳动就不能得到利用……就没有用处。如果现有生产资料多于可供支配的劳动，生产资料就不能被劳动充分利用，不能转化为产品。"③ 如果人和物的比例关系不能满足社会扩大再生产，甚至简单再生产的需要，发展的可持续就会遭到破坏。当然，人类社会的可持续发展不是建立在人口数量的不断增加上，而是依靠人口质量和素质的提升带来的劳动生产率的提高上。马克思强调人口素质提高的重要性，"真正的财富就是所有个人的发达的生产力"④。马克思当时就看到，随着资本有机构成的提高和技术水平的提升，同样的生产规模对劳动力的数量需求下降，而对劳动力的素质要求却提高了。同样，人口的数量和质量也会反过来影响生产的方式。低素质的人口必然采取外延式、粗放型的生产方式，这种生产方式对自然资源的投入大而产出低，对生态环境损害大，而经济效益和社会效益低，是不可持续的。"个人的充分发展又作为最大的生产力反作用于劳动生产力"⑤，而控

---

① 《马克思恩格斯选集》第 4 卷，人民出版社 1995 年版，第 2 页。
② 《马克思恩格斯选集》第 1 卷，人民出版社 1995 年版，第 80 页。
③ 《马克思恩格斯全集》第 45 卷，人民出版社 2003 年版，第 34 页。
④ 《马克思恩格斯全集》第 31 卷，人民出版社 1998 年版，第 104 页。
⑤ 同上书，第 108 页。

制人口数量和提高人口质量，也需要像物质生产一样转变生产观念和实施生产计划。恩格斯指出："必须立刻进行这种（社会主义）改革，原因是只有这种改革，只有通过这种改革来教育群众，才能够从道德上限制生殖的本能。""如果说共产主义社会在将来某个时候不得不像已经对物的生产进行调节那样，同时也对人的生产进行调节，那么正是这个社会，而且只有这个社会才能无困难地做到这点。"①

关于全面协调发展思想，马克思主义经典作家不仅论述了经济内部不同部门要协调发展，而且论述了城市与乡村的区域间、工业与农业的产业间的统筹发展。马克思在论述简单再生产和扩大再生产时，详细阐述了生产资料生产部类和消费资料生产部类之间应按一定比例协调发展，才能保证整个简单再生产和扩大再生产的持续进行。马克思还指出："城市和乡村的对立的消灭不仅是可能的。它已经成为工业生产本身的直接必需，同样它也已经成为农业生产和公共卫生事业的必需。只有通过城市和乡村的融合，现在的空气、水和土地的污染才能排除，只有通过这种融合，才能使目前城市中病弱的大众把粪便用于促进植物的生长，而不是任其引起疾病。"② 而且通过一定的组织形式可以发挥城乡的优点而避免二者的缺陷，"公民公社将从事工业生产和农业生产，将把城市和农村生活方式的优点结合起来，避免二者的片面性和缺点"③。并且通过工业与农业的协调发展来消除城乡的差别，"把农业和工业结合起来，促使城乡对立逐步消灭"④。另外，马克思主义经典作家还强调了精神文化生产与物质资料生产的协调发展，认为物质资料生产的发展虽然决定了精神文化生产的发展，但是精神文化生产的发展也对物质资料生产的发展起到反作用。"要研究精神生产和物质生产之间的联系，首先必须把这种物质生产本身不是当作一般范畴来考察，而是从一定的历史的形式来考察。……如果物质生产本身不从它的特殊的历史的形式来看，那就不可能理解与它相适应的精神生产的特征以及这两种生产的相互作用。"⑤ 而且，精神文化生产发展的成果要与物质资料生产的成果一样为人民所共享，"……使每个人都有

---

① 《马克思恩格斯选集》第 4 卷，人民出版社 1995 年版，第 642、641 页。
② 《马克思恩格斯选集》第 3 卷，人民出版社 1995 年版，第 646—647 页。
③ 《马克思恩格斯选集》第 1 卷，人民出版社 1995 年版，第 240 页。
④ 同上书，第 294 页。
⑤ 《马克思恩格斯全集》第 26 卷第 1 册，人民出版社 1972 年版，第 296 页。

充分的闲暇时间去获得历史上遗留下来的文化——科学、艺术、社交方式等等——中一切真正有价值的东西；并且不仅是去获得，而且还要把这一切从统治阶级的独占品变成全社会的共同财富并加以进一步发展"①。此外，马克思主义经典作家把全面协调发展的目的指向了人，强调实现人的全面而自由的发展。"一切民族，不管它们所处的历史环境如何，都注定要走这条道路，——以便最后都达到在保证社会劳动生产力极高度发展的同时又保证每个生产者个人最全面的发展的这样一种经济形态。"② "……人类全部力量的全面发展成为目的本身。在这里，人不是在某一种规定性上再生产自己，而是生产出他的全面性。"③ 人的全面、充分和自由的发展是建立在生产力的高度发展的基础上的，"而只有这样的条件，才能为一个更高级的、以每一个个人的全面而自由的发展为基本原则的社会形式建立现实基础"④。而人的全面、充分和自由的发展又进一步推动生产力的进一步发展，"节约劳动时间等于增加自由时间，即增加使个人得到充分发展的时间，而个人的充分发展又作为最大的生产力反作用于劳动生产力"⑤。

关于适度消费和绿色消费思想，马克思主义经典作家不仅强调了消费对环境的压力，不能超过自然生态环境的吸收能力、补偿能力、再生能力和恢复能力，而且论述了消费要与经济发展水平和生产能力相适应，同时避免过度奢侈消费和消费不足。在马克思看来，"奢侈是自然必要性的对立面。必要的需要就是本身归结为自然主体的那种个人的需要"⑥。恩格斯指出："在一种与人类相称的状态下……社会应当考虑，靠它所支配的资料能够生产些什么，并根据生产力和广大消费者之间的这种关系来确定，应该把生产提高多少或缩减多少，应该允许生产或限制生产多少奢侈品。"⑦ 还看到奢侈浪费在资本主义私有制的条件下的必然性，"但资本主义生产的进步不仅创立了一个享乐世界；随着投机和信用事业的发展，它还开辟了千百个突然致富的源泉。在一定的发展阶段上，已经习以为常的

---

① 《马克思恩格斯选集》第 3 卷，人民出版社 1995 年版，第 150 页。
② 《马克思恩格斯全集》第 25 卷，人民出版社 2001 年版，第 145 页。
③ 《马克思恩格斯全集》第 30 卷，人民出版社 1995 年版，第 480 页。
④ 《马克思恩格斯全集》第 44 卷，人民出版社 2001 年版，第 683 页。
⑤ 《马克思恩格斯全集》第 31 卷，人民出版社 1998 年版，第 107—108 页。
⑥ 《马克思恩格斯全集》第 30 卷，人民出版社 1995 年版，第 525 页。
⑦ 《马克思恩格斯全集》第 3 卷，人民出版社 2002 年版，第 462 页。

挥霍，作为炫耀富有从而取得信贷的手段，甚至成了'不幸的'资本家营业上的一种必要。奢侈被列入资本的交际费用。但是资本家的挥霍仍然和积累一同增加，一方决不会妨害另一方"①。马克思主义经典作家不仅强调对可循环和再利用的产品的绿色消费理念，而且强调人类要不断增加对发展资料和精神产品的消费，从而把绿色消费的理念提高到前所未有的高度。人类对物质产品的适度消费，绝不仅仅意味着人类的自我克制，而是有更多时间进行教育培训和精神文化的消费，从而在实质意义上实现人类的解放和全面发展，同时通过这种"绿色"的全面消费而实现的人类素质的提高反过来又促进生产力的发展。在马克思经济学的视阈内，"真正的经济节约是劳动时间的节约。而这种节约就等于发展生产力。可见，决不是禁欲，而是发展生产力，发展生产的能力，因而既是发展消费的能力，又是发展消费的资料。消费的能力是消费的条件，因而是消费的首要手段，而这种能力是一种个人才能的发展，生产力的发展"②。马克思认为，"工人必须有时间满足精神需要和社会需要"③，"不仅可能保证一切社会成员有富足的和一天比一天充裕的物质生活，而且还可能保证他们的体力和智力获得充分的自由的发展和运用"④。

三　马克思主义与可持续发展目标相同

马克思主义经典作家深刻地揭示了资本主义社会经济发展的不可持续性，指出资本主义私有制和私有资本积累规律必然引发人的不平等、非均衡和片面发展，带来人的异化和人与自然关系的灾难。马克思指出资本主义私有制社会同以往社会相比具有巨大的历史进步性，赞扬资产阶级在它不到一百年的统治中所创造的财富，比过去一切世代所创造的财富还要多还要大，但是，又同时指出建立在资本主义私有制基础上的资本积累和生产，受到资本主义财富占有和收入分配两极分化以及劳动阶级有效消费不足的限制，资本主义的社会经济发展必然不断地被周期性的经济危机所打断。私有资本运动的规律强迫资本家，以牺牲劳工的身体、健康和闲暇，降低劳工的工作条件，压低劳工的生存条件以及损害环境等手段，实现可

---

① 《马克思恩格斯全集》第44卷，人民出版社2001年版，第685页。
② 《马克思恩格斯全集》第31卷，人民出版社1998年版，第107页。
③ 《马克思恩格斯全集》第44卷，人民出版社2001年版，第269页。
④ 《马克思恩格斯选集》第3卷，人民出版社1995年版，第757页。

变资本和不变资本的节约和利润最大化。"资本主义生产方式按照它的矛盾的、对立的性质，还把浪费工人的生命和健康，压低工人的生存条件本身，看作不变资本使用上的节约，从而看作提高利润率的手段。……使工人挤在一个狭窄的有害健康的场所，用资本家的话来说，这叫作节约建筑物；把危险的机器塞进同一些场所而不安装安全设备；对于那些按其性质来说有害健康的生产过程，或对于像采矿业中那样有危险的生产过程，不采取任何预防措施，等等。"① "在各个资本家都是为了直接的利润而从事生产和交换的地方，他们首先考虑的只能是最近的最直接的结果。而不再关心商品和买主以后将是怎样的。西班牙的种植场主曾在古巴焚烧山坡上的森林，以为木灰作为肥料足够最能盈利的咖啡树施用一个世代之久，至于后来热带的倾盆大雨竟冲毁毫无掩护的沃土而只留下赤裸裸的岩石，这同他们又有什么相干呢？"② 私人资本对利润的追逐是过去一段时期和当今世界社会危机和生态危机的根源。

马克思指明，只有积极扬弃资本主义私有制，实行自然和生产资料共同所有、经济计划统筹、社会民主治理，才能达到人道主义和自然主义的统一、人的解放与自然解放的统一，才能真正解决人与自然、人与人之间的对立矛盾，实现人与自然、人与人、人与社会、社会与自然的和谐和人类的可持续发展。"共产主义是私有财产即人的自我异化的积极的扬弃，因而是通过人并且为了人而对人的本质的真正占有；因此，它是人向自身、向社会的即合乎人性的人的复归，这种复归是完全的，自觉的和在以往发展的全部财富的范围内生成的。这种共产主义，作为完成了的自然主义＝人道主义，而作为完成了的人道主义＝自然主义，它是人和自然界之间、人和人之间的矛盾的真正解决，是存在和本质、对象化和自我确证、自由和必然、个体和类之间的斗争的真正解决。"③ 从而实现"人类与自然的和解以及人类本身的和解"④，并且"社会化的人，联合起来的生产者，将合理地调节他们和自然之间的物质变换，把它置于他们的共同控制之下，而不让它作为一种盲目的力量来统治自己；靠消耗最小的力量，在

---

① 《马克思恩格斯全集》第 46 卷，人民出版社 2003 年版，第 101 页。
② 《马克思恩格斯选集》第 4 卷，人民出版社 1995 年版，第 386 页。
③ 《马克思恩格斯全集》第 3 卷，人民出版社 2002 年版，第 297 页。
④ 同上书，第 449 页。

最无愧于和最适合于他们的人类本性的条件下来进行这种物质变换"①。可持续发展是社会主义和共产主义社会的重要特征，因而国外生态马克思主义或生态社会主义强调人类要不断追求和践行可持续发展。事实上，也只有马克思主义的生态环境价值观，在实现对世界的胜利的社会主义改造的基础上，才是应当和最终必然普世的"普世价值观"之一。

可持续发展应是满足当代人需求又不损害子孙后代满足其需求能力的，满足一个群体、地区或国家需求又未损害别的群体、地区或国家人群满足其需求能力的，人与自然、人与人、人与社会、社会与自然和谐的发展。解决可持续发展问题，必须与解决人口贫困问题结合起来，保护和满足社会所有人民的基本需要，普遍提供可持续生存的基本条件，如食物、卫生和教育，以保证人们不会为了短期生存需要而被迫耗尽自然资源；人口发展要与变化着的生态系统提供的生产潜力相协调；对可再生资源的利用率必须控制在可再生率之下；对不可再生资源的利用率不能超过替代能源的开发利用率；对环境污染和生态的破坏不能超过环境和生态的净化能力。提倡通过转变价值观念和改变生活方式来实现可持续发展。诚然，只有逐步改造非社会主义的市场体系和生产关系，建立一个不被利润和国内生产总值的追逐所支配，而以最大限度地满足人们物质、精神和生态环境需要为目的的社会，才能建立和完善资源节约型和环境友好型的"两型社会"，向真正实现人的全面、自由和协调发展的方向挺进。

（原载《马克思主义研究》2008 年第 12 期，第二作者为王中保）

第三节　中国正处于世界经济体系的"准中心"地位

——确立"中心—准中心—半外围—外围"新理论

一　引言

在经济全球化不断深入的背景下，中国逐渐走向富强，在世界经济舞台上扮演的角色越来越重要，从而引发中外学术界关于中国发展地位和未来发展趋势的广泛关注和探讨。其讨论的问题大概有这几个方面：如何界

---

① 《马克思恩格斯全集》第 46 卷，人民出版社 2003 年版，第 928—929 页。

定和衡量当前中国在世界经济发展中的角色或地位？如何评估中国角色所产生的影响和作用？中国发展在全球经济体系中所面临的挑战有哪些？中国未来如何通过"一带一路"等框架与其他国家进行共赢式合作？在国际激进政治经济学文献中，"中心—外围"理论阐述资本主义世界经济体系，并详细解释包括中国在内的不同国家的发展地位和发展关系，有着较为广泛和重要的理论影响。但是，一个由劳尔·普雷维什（Raúl Prebisch）创立于 20 世纪四五十年代，经弗兰克（Frank）、巴兰（Baran）、阿明（Amin）、沃勒斯坦（Wallerstein）等于 20 世纪后半叶不断完善的理论，其解释力是否完全适用于研判现在中国的发展地位，是存在疑问的。究其原因，如果按照"中心—外围"理论的原意，在资本向全球扩张的体系里，中心和外围的关系是固化的等级关系①，而中国作为一个"外围国家"，而且还是一个社会主义国家，其在资本主义世界体系里的异军突起，显然出乎"意料之外"。即使是沃勒斯坦将该理论发展为"中心—半边缘—边缘"的分析模式，也没能预料到中国如今的发展地位。此外，他虽然承认处于半边缘地带的国家有可能上升为中心，也可能会沉沦为边缘，可是他声称从半边缘上升为中心的"追赶式"发展不应该被提倡，外围国家应该做的是发展经济进而反对世界体系。② 这一说法显得不够完美。既然同中心国家存在较大经济差距，需要通过经济发展为博弈和反抗积蓄力量和资本，那么外围国家就无法避免"追赶式"发展，而且通过这种发展，一些国家比以前要富裕，人均收入正在不断提高。③ 因此，本文主张外围国家要大力发展经济，实现国民经济的高度工业化和现代化，逐步改变经济发展依附于中心国家的态势，实现独立自主与国际合作有效结合的科学发展，并积极促进世界体系的公正化和合理化治理。

首先，本文将对"中心—外围"理论内涵进行梳理和评价，进而提出这一分析工具对于中国现阶段发展状况的解释力需要完善，通过实证研究说明中国目前的发展阶段可定义为"准中心"国家，而不再是外围国

---

① I. Wallerstein, "The Inter-State Structure of the Modern World System", in S. Smith, K. Booth and M. Zalewicki and eds., *International Theory-Positivism and Beyond*, Cambridge : Cambridge University Press, 1996, p.98.

② I. Wallerstein, "From the Modern World System", in J. Vasqueg eds., *Classics of International Relations*, Engelwood Cliffs: Prentice Hall, 1986, p.264.

③ ［美］詹姆斯·多尔蒂、小罗伯特·普法尔茨格拉夫：《争论中的国际关系理论》，阎学通、陈寒溪译，世界知识出版社 2013 年第五版（中译本第二版），第485页。

家，但也未成为中心国家。其次，在贡德·弗兰克（Gunde Frank）在《白银资本——重视经济全球化中的东方》一书提到的指标基础上，重新确立若干重要衡量指标，对中国的发展状况与发达国家的七国集团（G7）进行重点比较，力图说明需要用"准中心"的新概念来定义现阶段中国在世界经济体系中的地位和影响力。最后，在结语中提出中国完成从"准中心"到中心国家过渡的时间节点和战略要点。

二　"中心—外围"的理论内涵及其述评

"中心—外围"理论由劳尔·普雷维什在 20 世纪 40 年代末提出，论证的是资本主义作为一个全球经济体系是如何分工和运作的。他指出，资本主义体系中的全球分工是按照经济结构来划分的，也就是说一部分国家由于拥有明显的资金和技术优势，在经济结构上具有同质性和多样性，从而成为经济和工业的中心，而其他一些国家依赖于外部投资，技术落后，在经济结构上具有异质性和单一性，客观上成为世界经济的外围。外围国家由于仅仅依靠出口初级产品和自然资源，制成品严重依赖出口，处处受到中心国家的剥削和占有。[1]"中心—外围"理论对不同国家的二元划分，其分析工具在于"比较优势"，目的是指出中心国家和外围国家之间存在的极大不平等和不平衡，中心国家对外围国家存在剥削和占有的普遍情况。

20 世纪六七十年代，拉美学者巴兰、阿明、弗兰克和多斯·桑托斯（Dos Santos）根据"中心—外围"理论来批判资本的全球扩张，指出资本的全球扩张导致现存国际经济秩序的不合理和不平衡。他们的主要观点是：外围国家没有重要技术、资金，只能依靠自己的原材料和能源等和中心国家进行贸易交换。由于始终依附于中心国家，必然受到处于中心位置的发达国家的剥削和占有。譬如，阿明认为，外围国家的经济特征是其资本主义部门一开始就是被从外部引入，而且以依附于国外市场的形式发展，在经济方面从属于中心部门的再生产，外围资本积累具有对中心的依赖性。[2] 弗兰克则指出，资本积累过程几千年来一直在世界体系中发挥着主要作用，认为外围的发展是正处于目前的经济、政治和社会结构以内

---

① ［阿根廷］劳尔·普雷维什：《外围资本主义——危机与改造》，苏振兴、袁兴昌译，商务印书馆 1990 年版，第 203 页。

② ［埃及］萨米尔·阿明：《不平等的发展——论外围资本主义的社会形态》，高铦译，商务印书馆 1990 年版，第 11 页。

的，也注定是不发达状况的有限发展。[①]

　　20 世纪七八十年代，沃勒斯坦根据世界体系理论提出"中心—半边缘—边缘"的发展格局，认为世界经济分为中心国家和边缘地区，两者之间是半边缘地区，这些地区过去曾经是中心或者边缘地区，是世界经济结构不可缺少的区域。他指出，资本在世界范围内的转移使得中心国家获得资本和劳动的关系，获得剩余价值，实现对边缘地区工人劳动的剥削和占有。为了改变这一局势，外围国家所面临的出路要么是推翻这个体系，要么就是在这个体系内谋求地位的上升，即从边缘上升为中心。[②] 这一观点的提出，是对"中心—外围"理论的补充和发展，换言之，是对其固化的二元结构进行了细化分析，因为不是所有的国家从始至终都处于中心或外围地位。但是，沃勒斯坦还是没能跳脱出资本主义体系，强调世界上只有一个体系，忽视了社会主义国家的诞生和崛起的趋势。阿明（2011）也指出，"中心—外围"结构的运作机制强调的是，资本主义是第一个统一了全球的体系，"中心—外围"的二元制结构严重扭曲了现实，忽视了发展道路多样性的选择，其宣传的是一种欧洲中心的意识形态。正是由于这些变量的存在，多极化应该被提倡。[③] 他还认为沃勒斯坦关于三个等级的划分其实还不如"中心—外围"的两极分析结构，因为三级结构无非是掩盖了和转移了中心国家对于边缘国家的直接剥削和掠夺。[④] 不过，布兹加林认为，"半外围"概念还是可以使用的。[⑤]

　　冈萨雷斯－维森特（Gonzalez-Vicente，2011）进一步提出用"制造业中心"的概念来定义中国当前的发展。他指出，由于中国仍缺乏明显的技术优势，并非常依赖劳动密集型产品的出口，因而可以把中国定义为"制造业中心国家"，但他也指出，外围国家的分类已不足以定位中国在世界经

　　① ［德］贡德·弗兰克：《不发达的发展》，见［美］查尔斯·K. 威尔伯主编《发达与不发达问题的政治经济学》，中国社会科学出版社 1984 年版，第 146 页。

　　② I. Wallerstein，"The Inter-state Structure of the Modern World System"，in S. Smith，K. Booth and M. Zalewicki and eds. ，*International Theory—Positivism and Beyond*，Cambridge：Cambridge University Press，1996，pp. 102 – 103.

　　③ Samir Amin，*Global History：A View from the South*，Oxford：Pambazuka Press，2011，p. 12.

　　④ ［埃及］萨米尔·阿明：《世界一体化的挑战》，社会科学文献出版社 2003 年版，第 74 页。

　　⑤ 俄罗斯的布兹加林曾与笔者之一程恩富说，现阶段俄罗斯是"半外围"或"半依附"国家。

济中所扮演的角色。① 其原因是，中国近年来在科研技术方面的投入也促进了中国经济的飞速增长，而中国的对外投资与合作更是提升了中国的经济地位。例如，中国在南美洲、非洲的基础设施建设方面发挥了西方无法媲美的作用。② 加拉赫（Gallagher）（2016）对中国这方面的影响力进行了详细的数据分析，他指出，从 2003 年到 2013 年中国在拉美地区的投资崛起促进了拉美经济 GDP 增长了 3.6%，人均 GDP 增长了 2.4%，而在之前华盛顿共识主导下的 20 年里，这两项数据的增长分别为 2.4% 和 0.5%。③

国际货币基金组织（IMF）在《世界经济展望》中将不同国家划分为发达经济体、新兴市场和发展中经济体。虽然 IMF 根据这一分类，指出中国是新兴市场，④ 但是在分析新兴市场和发展中经济体的增长时，它又将分析数据分为三个类别：大宗商品出口国、不包括中国在内的非大宗商品出口型新兴市场和发展中经济体、中国。⑤ 将中国的数据进行单独统计，原因无非是中国的数据与其他国家相比过于突出。将中国简单定义为新兴市场，从某种意义上讲，轻视了中国这一庞大经济体的影响力。事实上，正如普里（Puri, 2010）在世界银行的报告中强调的那样，中国现在是全球经济发展的引擎。⑥ 德夫林（Devlin, 2008）则更加鲜明地指出，中国现在是世界经济的主宰。因此，不管是从客观现实还是从以上理论观点来看，都印证了卡多索（Cardoso, 1982）早先的评论，即"中心—外围"理论的缺陷在于二元制结构无法解释当代的结构偏离和变量。⑦ 而德赛（Desai, 2013）则进一步指出，"资本主义经济体系是高度等级化的，资本主义全球化所统一的世界市场是一个需要霸权和主导力量的市场"，

---

① Ruben Gonzalez-Vicente, "China's Engagement in South America and Africa's Extractive Sectors: New Perspectives for Resource Curse Theories", *The Pacific Review*, 2011, 24: 1, p. 68.

② Ibid., p. 71.

③ Kevin P. Gallagher, *The China Triangle Latin America's China Boom and the Fate of the Washington Consensus*, Oxford: Oxford University Press, 2016, p. 19.

④ 国际货币基金组织：《世界经济展望》2016 年 4 月，第 150 页，见国际货币基金组织中文主页（http://www.imf.org/zh/Publications/WEO）。

⑤ 国际货币基金组织：《世界经济展望》2017 年 4 月，第 12 页，见国际货币基金组织中文主页（http://www.imf.org/zh/Publications/WEO）。

⑥ Puri, H. S. (2010) "Rise of the Global South and Its Impact on South-South Cooperation", The World Bank Institute; accessed at http://siteresources.worldbank.org/WBI/Resources/213798 – 1286217829056/puri.pdf, 20 October 2017.

⑦ Cardoso, F. H., "Dependency and Development in Latin America", in H. Alavi and T. Shanin and eds., *Introduction to the Sociology of Developing Societies*, London: Macmillan, 1982, pp. 112 – 127.

"新兴的多极力量是建立新的世界秩序的决定性力量"。[1]

国内学者对中国在世界经济体系中所扮演的角色也做了研究，但缺乏对其发展阶段和水平的准确定位。张宇燕、田丰（2010）指出，作为11个新兴经济体之一，中国在世界经济格局中扮演着重要角色，[2] 这是完全正确的，但这一角色究竟如何与其他新兴国家进行区分并在世界体系中予以定位，还没有给出非常明确的答案。王跃生、马相东（2014）曾经就世界经济体系提出了双循环结构，即发达国家和新兴经济体之间的第一层循环，以全球产业价值链为基础，通过垂直型国际直接投资、产业内贸易和产品内贸易，形成一个紧密的经济循环圈。第二层循环是像中国这样的崛起国家引领其他发展中国家，进行国际投资和产业转移。[3] 这一观点的问题在于，第二层循环不免给人以中国复制第一层循环，即原来的"中心—外围"模式之嫌，目的是在获得优势地位后，对拉美、非洲等国家进行不平等的交换和占有。事实显然不是这样，中国的发展和对外贸易遵循的是平等互利的原则。诚然，中国需要其他发展中国家的自然资源来为本国经济发展创造条件，但不像原来占据世界经济中心位置的西方国家那样，廉价或超低价攫取其他国家的资源和初级产品；相反，是中国对于原材料等的迫切大量需求，导致了价格的上涨，使得这些国家获益大大增加；[4] 况且，中国的对外投资从不附加政治条件，也不存在通过借贷转移金融危机的情况，[5] 所以这一层发展合作关系不能归结为"第二层循环"。此外，如果按照双循环模式发展的观点，似乎西方中心国家和那些拉美、非洲外围国家原来的联系就不复存在了，两层循环之间出现了断层和割裂，但是现实的情况仍然需要进一步的分析。

综上所述，尽管"中心—外围"、"中心—半外围—外围"这两种理论在相当程度上揭示出近代资本主义以来世界体系的发展特征，也有利于

① Desai Radhika，*Geopolitical Economy：After US Hegemony，Globalization and Empire*，London：Pluto Press，2013，p. 33.

② 张宇燕、田丰：《新兴经济体的界定及其在世界经济格局中的地位》，《国际经济评论》2010 年第 4 期。

③ 王跃生、马相东：《全球经济双循环与新"南南合作"》，《国际经济评论》2014 年第 2 期。

④ Kevin P. Gallagher，*The China Triangle Latin America's China Boom and the Fate of the Washington Consensus*，Oxford：Oxford University Press，2016，p. 19.

⑤ Ibid.，p. 18.

不发达国家摆脱外围或依附或边缘的地位，不过，固化的二层或三层等级描述难以全面动态地定义和解读中国等正在崛起的国家所扮演的重要角色。虽然在经济全球化不断发展的今天，传统的历史的资本主义世界体系还没有终结，但中心国家的全面优势不断相对缩小，中国等新兴国家不断崛起，这使以往"中心—外围"、"中心—半外围—外围"的世界经济格局和层次发生了百年未有之变化。既然已有的中外理论研究还不足以准确界定新时代的中国在世界体系中的地位和作用，那么就迫切需要创造一个新概念来加以精准定位，而"准中心"概念也许可以达到这一研究目的。

三　中国处于世界经济体系"准中心"地位的标志和影响力

贡德·弗兰克在《白银资本——重视经济全球化中的东方》一书中指出，欧洲从来没有处于世界的中心，反而是中国、印度这样的亚洲国家在世界经济的发展中曾经处于中心位置。他通过以下几项指标对比了欧洲和亚洲当时在世界经济中的地位和角色。一是数量指标，即人口、生产力、贸易；二是质量指标，即科学与技术（此外还有一个机制问题）。[①] 下面我们在此书提到的指标基础上重新确立若干重要衡量指标，对中国的发展状况与发达国家的七国集团（G7）进行重点比较，试图说明需要用"准中心"的新概念来定义现阶段中国在世界经济体系中的地位和影响力。

（一）中国国民经济总量在世界体系中的影响

一个国家的国民经济总量是生产力水平的重要表现，它对世界经济的影响力主要体现在三个方面：一是经济增长速度；二是 GDP 总量占世界GDP 总量的比重；三是对全球经济增长的贡献。根据 2018 年世界货币基金组织发布的《世界经济展望》对全球经济增长速度的最新预测，相较于 G7 国家，中国的预期经济增长速度，以平均 6.6% 的速度，显著高于美国以及其他中心国家（见表 1）；根据世界银行以当前市场汇率计算的GDP，中国在 2017 年的 GDP 总量又远远超过了除美国之外的其他 G7 国家（见表 2），成为世界经济增长的重要贡献力量（见图 1）；而基于购买力平价计算的 GDP，2018 年中国更是超过了美国，成为世界第一大经济增长极（见表 3）。

---

① ［德］贡德·弗兰克：《白银资本——重视经济全球化中的东方》，刘北成译，中央编译出版社 2008 年版，第 157 页。

表1　　　　　　　世界货币基金组织最新经济增长预测　　　（百分比变化）

国家	2017 年	2018 年	2019 年
美国	2.3	2.9	2.7
德国	2.5	2.5	2.0
法国	1.8	2.1	2.0
意大利	1.5	1.5	1.1
日本	1.7	1.2	0.9
英国	1.8	1.6	1.5
加拿大	3.0	2.1	2.0
中国	6.9	6.6	6.4

资料来源：国际货币基金组织：《世界经济展望》，2018 年 4 月，见国际货币基金组织中文主页（http：//www.imf.org/zh/Publications/WEO/Issues/2018/03/20/world-economic-outlook-april-2018）。

表2　　　世界银行统计数据：GDP（以当前美元汇率计算）及人口统计

国家/地区	1960 年		2017 年	
	GDP（单位：十亿）	人口（单位：千）	GDP（单位：十亿）	人口（单位：千）
中国	59716.47	667070.00	12237700.48	1386395.00
美国	543300.00	180671.00	19390604.00	325719.18
日本	44307.34	92500.57	4872136.95	126785.80
德国			3677439.13	
英国	72328.05		2622433.96	
法国	62651.47		2582501.31	
意大利	40385.29		1934797.94	
加拿大	41093.45		1653042.80	
全世界	1366594.75	3032160.40	80683787.44	7530360.15
欧盟	359029.38	409498.46	17277697.66	512461.29
拉丁美洲及加勒比地区	81167.71	220434.66	5954671.13	644137.67

资料来源：World Bank：GDP（Current US $），https：//data.worldbank.org/indicator/NY.GDP.MKTP.CD？locations = CN；World Bank：Population, total, https：//data.worldbank.org/indicator/SP.POP.TOTL.

表3   世界银行统计数据：2018 年 GDP 排名（基于购买力平价计算）

国家	GDP（单位：国际元）	世界排名
中国	25361744	1
美国	20494100	2
日本	5414680	4
德国	4456149	5
法国	3037362	9
英国	3024525	10
意大利	2515781	11
加拿大	1782786	17

资料来源：World Bank：GDP Ranking, PPP Based, https：//datacatalog. worldbank. org/dataset/ gdp-ranking-ppp-based.

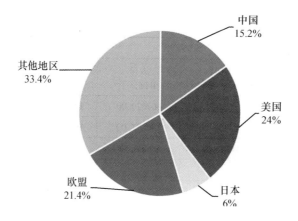

图1   主要经济体占世界 GDP 比例

（根据世界银行 2017 年以当前美元汇率计算的数据得出）

资料来源：World Bank：GDP（Current US ＄），https：//data. worldbank. org/indicator/ NY. GDP. MKTP. CD？ locations = CN.

中国经济在世界体系中的地位和作用不应通过人均 GDP 来确定，正如国际货币基金组织亚太部史蒂夫·巴内特（Steve Barnett，2014）指出的那样，中国的经济规模很重要，其对全球需求和需求的贡献将会大于从前。对于出口国来说，这意味着中国不断扩大的市场将继续是未来的重要客户来源。而且，中国对全球经济增长的平均贡献实际上仍将略有增加，从 1.0 个百分点（2003—2007 年）上升到 1.1 个百分点（2015—2019年）。[①]

除了经济规模，人口总量也是衡量一个国家经济水平的重要指标。值得一提的是，人口总量和经济规模之间的正向关联。弗兰克在《白银资本——重视经济全球化中的东方》一书中支持了这种关系，认为"亚洲之所以有如此高的人口增长，只有一种可能性，即它的生产也增长得比较快，因此才能支持这种人口增长"[②]。"占世界 2/3 的亚洲人口生产出世界 4/5 的产值，而占世界 1/5 的欧洲人口仅生产出其余 1/5 产值中的一部分，另外的部分是非洲人和美洲人的贡献。因此在 1750 年，亚洲的平均生产力大大高于欧洲人！"[③] 同样，当代中国和世界的人口与增长的情况也印证了弗兰克的观点。依据世界银行 1960 年到 2017 年间 GDP 和人口总量（见表 2）的数据，中国人口增长了约 1.08 倍，但是 GDP 则增长了 203.9 倍；美国人口增长了 0.8 倍，GDP 增长了约 34.69 倍；欧盟地区这一时期的人口增长了 0.25 倍，GDP 增长了 47.12 倍；拉美洲及加勒比地区人口增长了 1.89 倍，GDP 增长了 72.36 倍。可见，中国的人口总量虽然远远大于其他国家和地区（印度除外），但是从 GDP 的高速增长可以看出，增长的人口所创造出来的生产力，也远远高于其他国家增长的人口所创造出来的生产力。

同时也可以看到，中国的 GDP 增长不仅有效支撑了人口的增长，同样地，新增的人口也保证了中国 GDP 的高速增长。按 1960 年的中国人口约为世界人口的 20.19%，创造的 GDP 仅为世界 GDP 总值的 4.4%，而 2017 年，中国以世界人口的 18.4%，创造了世界 GDP 总量的 15.2%，这无疑说明中国的人均生产力也得到了巨大的提升。况且，中国经济的快速增长，带动了其他国家经济的发展。特别是在 2008 年西方金融危机后，美国自身经济疲软，还拖累了许多国家相应的经济发展，而中国则顶住了压力，不仅取得了自身的经济进步，更是以自身的发展带动了许多国家的发展（如"一带一路"沿线国家等）。

简言之，中国在世界经济增长中的巨大作用，说明中国的生产力进步

---

① Steve Barnett：《中国：规模很重要》，2014 年 3 月 25 日，见国际货币基金组织中文主页（http：//www.imf.org/external/chinese/np/blog/2014/032614c.pdf）。

② ［德］贡德·弗兰克：《白银资本——重视经济全球化中的东方》，刘北成译，中央编译出版社 2008 年版，第 160 页。

③ 同上书，第 162 页。

对世界经济发展的重要影响，这一影响不亚于中心国家所发挥的作用。

（二）中国对外投资和援助在世界体系中的影响

中国的对外直接投资数额不断增大，为世界经济的发展注入了积极的正能量。根据商务部、国家统计局、国家外汇管理局联合发布的"年度中国对外直接投资统计公报"显示，2018 年中国对外直接投资 1430.4 亿美元，在 2013 年首次突破千亿美元大关，成为全球第三大对外投资国的基础上，跃升为第二大对外投资国。此外，2018 年年末，中国对外直接投资存量达 1.98 万亿美元，在全球分国家地区的对外直接投资存量排名由 2002 年的第 25 位升至第 3 位，仅次于美国和荷兰。中国在全球外国直接投资中的影响力不断扩大，流量占全球比重连续 3 年超过一成。① 中国的对外投资持续为投资的地区和国家以及全球经济的增长提供强劲稳定的动力源。世界银行在分析 2018 年国际债务数据时指出，2016 年金砖五国承诺向低收入国家提供的双边借款额翻了一倍，达到 840 亿美元，其中最令人瞩目的是中国在"一带一路"倡议举措下，建设的环绕多个地区 60 多个国家的国际经济一体化走廊。② 在拉丁美洲经济低迷时期，美国从拉美地区回笼投资，而中国对拉美地区的投资总额则在不断增长，到 2016 年非金额类直接投资达 298 亿美元。在成为拉美地区第三大投资来源国的同时，中国的投资质量也在不断提升，由传统的能源类转向金融、制造业、信息产业、电子商务、服务业等，③ 极大地促进了当地的经济发展。

中国的对外投资涵盖欠发达的外围国家和发达的中心国家。中国对非洲的投资格外引人瞩目，"非洲大陆上共有 60 个国家，截至 2017 年末，中国一共投资了除加那利群岛、塞卜泰、留尼汪、索马里、梅利利亚、斯威士兰、马约特、西撒哈拉之外的 52 个国家，投资覆盖率达到 86.7%。

---

① 商务部等部门联合发布《2018 年度中国对外直接投资统计公报》，中国政府网（http：//www. gov. cn/xinwen/2019－09/13/content_ 5429649. htm）；商务部：《中国对外投资合作发展报告 2017》（http：//fec. mofcom. gov. cn/article/tzhzcj/tzhz/upload/zgdwtzhzfzbg2017. pdf）；商务部公共商务信息指南：《2016 年度中国对外直接投资统计公报》（http：//www. fdi. gov. cn/1800000121_ 33_ 9229_ 0_ 7. html）；商务部公共商务信息指南：《2013 年度中国对外直接投资统计公报》（http：//www. fdi. gov. cn/1800000121_ 33_ 4266_ 0_ 7. html）。

② World Bank：International Debt Statistics 2018 shows BRICs doubled bilateral lending commitments to low-income countries in 2016 to ＄84 billion，10/24/2017，https：//blogs. worldbank. org/opendata/2018-edition-international-debt-statistics-out。

③ 人民网—国际，财经观察：《中国对拉美投资提质升级》，2017 年 2 月 22 日，人民网（http：//world. people. com. cn/n1/2017/0222/c1002－29100574. html）。

对非投资领域的不断拓宽促进了非洲国家经济的全面均衡发展"①。根据贝克·麦坚时国际律师事务所发布的投资报告显示，2016年中国对北美和欧洲发达经济体直接投资总额增长两倍多，创下940亿美元的历史新高。其中，对北美的投资金额达480亿美元，比上年增长189%，对欧洲投资460亿美元，增长90%。报告称，民营企业引领中国对欧美投资，交易完成量超过总量的70%。投资主要流入了房地产和酒店服务、交通运输、公用事业和基础设施、消费品和服务以及娱乐行业。② 同时，国有企业的投资重点由纯金融投资转向实体经济。以中国对欧洲投资为例，将近70%的投资流向了信息和通信技术、交通运输、公用事业和基础设施以及工业机械制造行业。③ 毫无疑问，中国的对外投资促进了各国共同发展，为全球经济发展带来了更多机遇，其影响是深远的。

　　与此同时，中国的对外援助为受援国的发展提供了蓬勃发展的机遇。首先，从对外援助的原则来看，与美国官方发展援助（Official Development ment Assistance，简称ODA）的最大区别是，中国的对外援助坚持不附带任何政治条件，不干涉受援国内政，充分尊重受援国自主选择发展道路和模式的权利。以拉丁美洲为例，在债务危机爆发后，美国和各国际金融机构向拉美提供援助时，所附加的条件是各国必须进行新自由主义性质的调整和改革；④ 在非人道主义援助方面，美国政府也对受援国提出了广泛的西方人权和民主式的改革要求。而中国则坚持采取无偿援助、无息贷款和优惠贷款三种方式开展对外援助。两国不同做法的影响是直接且显著的，就是受援国能否获得真正的独立自主发展。其次，从对外援助的领域来看，中国2010—2012年对外援助中占比最大的是经济基础设施，约占44.8%，然后是社会和公共基础设施，约占27.6%。⑤ 而根据OECD国际

---

　　① 丁晓钦、柴巧艳：《利益共同体视阈下的中非经贸合作：成就、挑战与前景》，《海派经济学》2019年第3期。

　　② 福布斯中文网—投资—宏观，Ellen Sheng：《中国2016年对美五大投资》，2017年1月3日，福布斯中文网（http：//admin. forbeschina. com/review/201701/0064462. shtml）。

　　③ Chinese Investment Tripled in US in 2016, Doubled in Europe, 06 February, 2017Baker McKenzie：https：//www. bakermckenzie. com/en/newsroom/2017/02/chinafdi.

　　④ 黄乐平：《试析自"门罗宣言"出台以来美国对拉美经济影响力的变迁》，《拉丁美洲研究》2011年12月第33卷第6期。

　　⑤ 政府白皮书：《中国的对外援助（2014）》白皮书（全文），国务院新闻办公室网站（http：//www. scio. gov. cn/zfbps/ndhf/2014/Document/1375013/1375013. htm）。

发展数据显示，2010 年，美国 48.2% 的 ODA 用于社会和公共管理设施，经济基础设施仅占 10.3%。[1] 显然，中美两国对外援助的不同侧重对受援国经济发展的影响是不言而喻的。中国对于这些国家和地区的经济发展所作出的贡献，不仅包括推动当地民生改善，促进经济社会发展，还包括为这些国家谋求自主发展创造了可能。因此，从对外直接投资和援助来看，中国在全球范围的影响力是比肩，甚至可以说超过美国这个"中心国家"的作用的。

（三）中国外贸在世界体系中的影响

根据中国统计年鉴的数据报告（见表 4），中国的出口货物总金额逐年上升，其中工业制成品、机械及运输设备出口的金额不断攀升，而初级产品的出口金额，经历从 1980 年到 2011 年的逐年递增后，趋于稳定。这不仅说明中国正在改变出口货物类别、结构，更体现了出口货物中工业制成品等产品的世界竞争力的增强。

表4　　　　　　　2011—2017 年我国出口货物分类金额　　　（单位：亿美元）

年份	出口	初级产品	工业制成品	机械及运输设备
2011	18983.81	1005.45	17978.36	9017.74
2012	20487.14	1005.58	19481.56	9643.61
2013	22090.04	1072.68	21017.36	10385.34
2014	23422.93	1126.92	22296.01	10705.04
2015	22734.68	1039.27	21695.41	10591.18
2016	20976.3	1051.9	19924.4	9842.12
2017	22633.71	1177.33	21456.38	10823.29

资料来源：国家统计局网（http://www.stats.gov.cn/tjsj/ndsj/2018/indexch.htm）。

从全球贸易的角度来看，中国的经济影响力与日俱增。中国不仅是自身所处的东亚地区的大多数国家（如日本、韩国）的最大贸易伙伴，还是许多区域组织的重要贸易伙伴：中国是东盟的最大贸易伙伴，欧盟是中

---

[1]　黄荣斌：《中美在东南亚的经济软实力比较与中国的政策选择》，《新兴经济体发展与广东对外经贸合作新机遇——中国新兴经济体研究会 2013 年会暨新兴经济体合作与发展论坛会议文集》，2013 年 11 月 10 日，第 190 页。

国的最大贸易伙伴，中国是欧盟的第二大贸易伙伴（第一大贸易伙伴是美国）。另外，值得注意的是，澳大利亚作为美国的重要盟国，最大的贸易伙伴也是中国。根据中华人民共和国商务部 2017 年的贸易国别报告数据来看，一是从进出口贸易规模来看，中国同韩国、东盟、澳大利亚的进口和出口贸易规模都大于美国与这些国家和地区的进出口贸易规模（见表5、表6）。二是从出口的角度来看，日本（16.7%）、韩国（14.2%）、澳大利亚（25.6%）对中国的出口额同比增长，都明显高于这些国家和地区与美国出口额的同比增长，其同比数据分别为 3.6%、3.2%、0.8%。三是从进口的角度来看，日本（24.5%）、韩国（20.5%）、澳大

表5　　　　　　　　　2017 年中美主要贸易伙伴出口额对比　　　　（单位：亿美元）

国别/区域组织	出口中国	出口美国
日本	1328.6	1347.9
韩国	1421.2	686.1
东盟	2356.9	1698.6
欧盟	2448.7	4349.33
澳大利亚	764.5	89.87

资料来源：商务部综合司：《国别贸易报告》（日本、韩国、澳大利亚、美国），2018 年第 1 期，商务部国别报告网（https://countryreport.mofcom.gov.cn/default.asp）；中华人民共和国商务部—中国对外经济贸易统计学会：《2017 年 1—12 月进出口简要统计》，2018 年 1 月 19 日，商务部网站（http://tjxh.mofcom.gov.cn/article/tongjiziliao/feihuiyuan/201801/20180102701206.shtml）。

表6　　　　　　　　　2017 年中美主要贸易伙伴进口额对比　　　　（单位：亿美元）

国别/区域组织	从中国进口	从美国进口
日本	1644.2	720.3
韩国	978.6	507.4
东盟	2790.7	776.7
欧盟	3720.5	2835.2
澳大利亚	491.5	228.9

资料来源：商务部综合司：《国别贸易报告》（日本、韩国、澳大利亚、美国），2018 年第 1 期，商务部国别报告网（https://countryreport.mofcom.gov.cn/default.asp）；中华人民共和国商务部—中国对外经济贸易统计学会：《2017 年 1—12 月进出口简要统计》，2018 年 1 月 19 日，商务部网站（http://tjxh.mofcom.gov.cn/article/tongjiziliao/feihuiyuan/201801/20180102701206.shtml）。

利亚（22.2%）对中国进口额的占比也明显高于这三个国家与美国进口额的占比，数据分别为10.7%、10.6%和10.3%。以上贸易数据表明，这些国家和地区对中国贸易的依存度正在逐渐超过美国，中国在全球的贸易竞争力不断提升。

另外，根据国际货币基金组织的分析表明，中国已成为电子商务等前沿行业的全球数字领域领先者。[①] 麦肯锡全球研究院最新发布的研究报告《中国数字经济如何引领全球新趋势》显示，中国的电子商务市场全球最大，其交易额占全球总额的40%以上，超过英、美、日、法、德五国的总和。移动支付交易额是美国的11倍，且拥有全球1/3的独角兽企业（估值超过10亿美元的非上市初创公司）。[②] 可见，中国在贸易领域的数字经济腾飞迅速。

（四）中国金融在世界体系中的影响

近年来，中国倡导的金砖国家新开发银行和亚洲投资银行为代表的国际性金融合作组织，以及通过"一带一路"等经济发展合作框架，吸引和影响了越来越多的国家和地区，引领世界金融、贸易、投资和援助的新制度构建，成为世界体系中"准中心"国家的重要经济标志。

在金融层面，中国发起和倡议的国际金融组织，不仅在区域经济发展中发挥重要作用，也为世界金融体系的改革提供了范本。近年来，中国倡议并发挥积极作用的金融组织主要有：

1. 金砖国家新开发银行（简称金砖银行）

2015年7月，中国、俄罗斯、印度、巴西、南非五个金砖国家宣告成立新开发银行，规模为1000亿美元，五国各占20%的份额。加上2014年五国签署的《关于建立金砖国家应急储备安排的条约》，共同体现了金砖国家试图加强合作，发挥凝聚力和自身金融资源，来弥补IMF、世界银行等世界金融机构等功能缺失的努力。[③] 此外，金砖国家内部不断提升本币结算的比例和货币互换协议规模。金砖国家货币国际化也是挑战美元霸

---

① 国际货币基金组织：《透过六张图看中国的经济前景》，2018年7月26日（http://www.imf.org/zh/News/Articles/2018/07/25/na072618-chinas-economic-outlook-in-six-charts）。

② 麦肯锡大中华区：《中国数字经济如何引领全球新趋势》，2017年9月6日，麦肯锡中国官网（http://www.mckinsey.com.cn/中国数字经济如何引领全球新趋势/）。

③ 吕薇洲、邢文增等：《调整与变革：危机中的当代资本主义》，中国社会科学出版社2017年版，第48页。

权的基石，为今后建立新的国际金融体系和世界主要的多边发展银行打下基础。

2. 亚洲基础设施投资银行（简称亚投行）

2013 年 10 月 2 日，习近平对印度尼西亚访问时提出筹建亚洲基础设施投资银行的倡议，以缓解亚洲长期投资，特别是基础设施建设方面投资面临的难题。这是缘于由西方中心国家主导的世界银行和日本主导的亚洲开放银行等金融机构，无法和无意于满足亚洲国家发展基础设施等实体经济的紧迫需求。这一倡议得到了许多国家的响应，于 2015 年 12 月 25 日亚洲基础设施投资银行正式成立。截止到 2019 年 9 月 24 日，亚投行的区域性成员国有 44 个、非区域性成员国有 30 个、潜在的区域性及非区域性成员国有 26 个。[①] 亚投行的成员国遍布亚洲、欧洲、大洋洲、南美洲和非洲，其中联合国安理会五大常任理事国占四席：中国、英国、法国和俄罗斯；G20 国家占 15 席：中国、英国、法国、印度、印度尼西亚、沙特阿拉伯、德国、意大利、澳大利亚、土耳其、韩国、巴西、南非、俄罗斯、加拿大；七国集团占五席：英国、法国、德国、意大利、加拿大；金砖国家全部加入：中国、俄罗斯、印度、巴西、南非。中国在亚投行成立与发展中的号召力和影响力之大，是任何一个处于世界经济边缘的外围国家和大多数中心国家所无法企及的，其发挥着与美国主导的世界银行和日本主导的亚洲开发银行有所不同的重要作用。已通过的 13 个国家的 39 个贷款或投资项目，总额达到 75 亿多美元，[②] 也是中国金融在世界经济体系中影响力的重要体现。

此外，人民币于 2016 年 10 月 1 日正式加入特别提款权，成为继美元、欧元、英镑、日元之后的第五大篮子货币。这不仅标志着人民币国际化取得重大进展，对推动国际结算使用人民币具有重要作用，坚挺的人民币进行货币互换，也有助于打破美元的垄断和金融制裁，提升人民币话语权，促进国际货币金融体系改革。

（五）中国综合竞争力在世界体系中的影响

目前，中国以科技和制造业为核心的综合竞争力在全球的影响力提升

---

① 亚洲投资银行：《管理—成员国及潜在成员国》，亚洲投资银行官网（https://www.aiib.org/en/about-aiib/governance/members-of-bank/index. html）。

② 赵觉理：《成立 3 年，亚投行交出怎样成绩单》，2019 年 1 月 12 日，环球网（https://world. huanqiu. com/article/9CaKrnKgVXc）。

较快。

第一，中国科技优势日趋明显。中国的量子通信超级计算机、北斗导航系统、5G 通信、人工智能、可燃冰开采、电子商务、移动支付等技术均领先世界。有的技术已处于"领跑"世界科技界。比如，世界首个体细胞克隆猴在我国诞生，这一技术不仅使得我国在非人灵长类研究领域实现了世界"领跑"，更是为解决人类面临的重大脑疾病研究带来了光明前景。①

第二，中国制造业优势日趋明显。根据世界银行数据，2010 年我国制造业增加值超过美国，成为制造业第一大国。2018 年，我国制造业增加值占全世界的份额达到 28% 以上，成为驱动全球工业增长的重要引擎。在世界 500 多种主要工业产品当中，中国有 220 多种工业产品的产量居全球第一。目前，我国已拥有 41 个工业大类、207 个工业中类、666 个工业小类，形成了独立完整的现代工业体系，是全世界唯一拥有联合国产业分类中全部工业门类的国家。② 高铁就是中国高端制造业的代表之一。2009—2017 年先后出口新加坡、美国、土耳其、印度、沙特阿拉伯、巴西、阿根廷、菲律宾、埃塞俄比亚等国，出口覆盖全球六大洲，其形成的经济影响力无疑是巨大的——成为刺激全球经济增长的一大动力。③ 中国高铁运行 5 年，客流量就超过 34 岁的法国高铁，时速 350 公里/小时快于日本和德国，而中国高铁的建设成本仅是德国和日本的 1/3—1/2。④

第三，中国知识产权优势日趋明显。正如澳大利亚"对话"网站刊登的题为《为何说中国是知识产权领域的领先者》一样，中国一直致力于在科学、高科技等领域加大知识产权保护。⑤ 世界知识产权组织总干事弗朗西斯·高锐在接受新华社记者专访时曾指出，中国是知识产权的生产国，并在知识产权保护方面已经取得巨大成绩。作为第二大国际专利申请

① 王莹：《赞！上半年这些科学新成果或改变你我生活》，2018 年 7 月 3 日，新华网（http：//m. xinhuanet. com/he/2018–07/03/c_ 1123071868. htm）。

② 王政：《工业和信息化部——我国已成为唯一拥有全部工业门类的国家》，《人民日报》2019 年 9 月 20 日。

③ 易亭：《中国地铁出口全球六大洲》，2017 年 5 月 31 日，紫荆网（http：//hk. zijing. org/2017/0531/735732. shtml）。

④ 人民日报客户端：《中国浪潮来了》，2017 年 9 月 28 日，光明时政（http：//politics. gmw. cn/2017–09/28/content_ 26374305. htm）。

⑤ 汤立斌：《澳媒：中国向知识产权强国迈进 将成这些领域领先者》，2018 年 3 月 27 日，参考消息（http：//column. cankaoxiaoxi. com/g/2018/0327/2259849. shtml）。

来源，中国在全球品牌和文化内容方面正在崛起。① 根据联合国世界知识产权组织发布的年度报告显示，2016 年中国专利申请量 130 万件，中国专利申请增量占全球总增量的 98%。2016 年中国受理的专利申请超过了美国、日本、韩国以及欧洲专利局的总和。② 2017 年全国规模以上工业有效发明专利数达到了 93.4 万件，比 2004 年增长了 29.8 倍。一些技术已经从过去的"跟跑"到"并跑"甚至向"领跑"迈进，发电设备、输变电设备、轨道交通设备、通信设备等产业已经处于国际领先地位。③

第四，中国综合竞争优势日趋明显。《2017—2018 年全球竞争力报告》显示 12 项衡量竞争力的指标中，我国有 9 项有所提升，表现最突出的指标分别为：市场规模排名第一，宏观经济环境排名第十七位，创新排名第二十八位；同时，"国内经济"和"就业"两项分指数更是排名全球首位。④

（六）中国倡导"一带一路"在世界体系中的影响

2013 年 9 月和 10 月，由习近平分别提出建设"新丝绸之路经济带"和"21 世纪海上丝绸之路"的合作倡议。2015 年 3 月 28 日，国家发展改革委、外交部、商务部联合发布了《推动共建丝绸之路经济带和 21 世纪海上丝绸之路的愿景与行动》。中国所倡导的"一带一路"倡议得到了中亚、南亚、西亚、欧洲以及非洲国家的积极支持和响应。这一新合作制度框架，既起到增强中国经济影响力和向心力的作用，也起到引导沿线国家开展更深层次、更高水平的多方位合作，进而推动全球经济体系改革的支点。其国际合作框架已经成为众多国家和地区开展平等互利的经济合作典范，具有重塑世界经济体系的作用。

目前，"一带一路"发展迅速。仅在 2018 年 1 月，中国企业对"一带一路"沿线的 46 个国家非金融类直接投资合计就达到 12.3 亿美元，同

---

① 刘曲：《专访：自上而下的国家战略推动中国创新发展——访世界知识产权组织总干事弗朗西斯·高锐》，新华社日内瓦 2018 年 7 月 10 日电，新华网（http://www.xinhuanet.com/2018 – 07/11/c_ 1123110273. htm），2018 年 7 月 11 日。

② 刘曲：《联合国报告：中国专利申请领先全球》，新华社日内瓦 2017 年 12 月 6 日电，新华网（http://www.xinhuanet.com/2017 – 12/06/c_ 1122069802. htm），2017 年 12 月 6 日。

③ 王政：《工业和信息化部——我国已成为唯一拥有全部工业门类的国家》，《人民日报》2019 年 9 月 20 日第 4 版。

④ 中国政府网：《中国"竞争力"跃升：两份国际权威榜单看排名》，2017 年 10 月 18 日，中国政府网（http://www.gov.cn/xinwen/2017 – 10/18/content_ 5232802. htm）。

比增长50%，占同期总额的11.4%。① 国家信息中心发布的《"一带一路"贸易合作大数据报告（2018）》，从国别合作度、省市参与度、智库影响力、媒体关注度、外贸竞争力等八大指数方面评估了"一带一路"的辐射力，指出"一带一路"国家对外贸易额占全球比重近三成，对于中国以及沿线各国经济发展都作出了重要贡献，形成了巨大的带动效应。②"一带一路"国际合作包含对外投资和援助。比如，中国通过"互联互通"的方式，利用丝路基金、亚投行等组织合理安排无偿援助、无息贷款资金，加强与巴基斯坦、孟加拉国、缅甸、老挝、柬埔寨、蒙古国、塔吉克斯坦等邻国的铁路、公路项目合作③；亚投行近期正在通过筹备对东盟国家的贷款额到10.9亿美元贷款的6个基建项目④，以基础建设投资带动沿线国家贸易和投资发展。

可见，中国倡议和引导的"一带一路"制度框架所创造的是一种世界经济共赢效应，并以中国自身的经济实力、影响力和向心力带动了沿线国家参与世界经贸合作，分享中国和世界经济发展的红利，这是一个世界体系中的"准中心"或中心国家才能引领实施的国际合作制度新模式。

综上所述，通过分析现阶段中国在世界经济体系中发挥的重要作用，以及与发达经济体的若干比较，可得出结论：中国虽然与主要中心国家尚存差距，但其取得的长足进步，明显区别于外围或外围国家，须用"准中心"这一新概念来客观描述和界定2012年以来的新时代中国在世界经济体系中的地位和作用。"准中心"概念是对"中心—外围"二元理论的补充和创新，形成"中心—准中心—外围"或"中心—准中心—半外围—外围"三层结构或四层结构新理论。

四　结语

最后扼要地指出，我国在70年持续走向繁荣富强的基础上应继续谦

---

① 商务部：《2018年1月中国对"一带一路"沿线国家投资合作情况》，2018年2月22日，中国一带一路网（https：//www.yidaiyilu.gov.cn/xwzx/gnxw/48443.htm）。

② 国家信息中心：《"一带一路"大数据中心：〈"一带一路"贸易合作大数据报告（2018）〉》，中国一带一路网（https：//www.yidaiyilu.gov.cn/mydsjbg.htm）。

③ 白云真：《"一带一路"倡议与中国对外援助转型》，《世界经济与政治》2015年第11期。

④ 金立群：《亚投行正筹备对东盟6个基建项目贷款》，2019年9月22日，中国新闻网（http：//www.chinanews.com/cj/shipin/cns/2019/09－22/news832286.shtml）。

虚谨慎，稳中有进地巩固和扩大在世界经济体系中的影响力，争取在2035 年左右进入中心国家行列；然后到 21 世纪中叶，争取把我国建成社会主义现代化强国，成为世界经济体系中的顶级中心国家，以便有力促进被国际组织广泛认同的"构建人类命运共同体"的步伐。

为此，我国应确立切实可行的科学理论和战略举措，其要点是：确立知识产权优势理论和战略，加快提升创新型国家建设的科技体系；确立金融"脱虚向实"的理论和战略，加快提升人民币国际化的金融体系；确立公有制为主体的科学理论和战略，加快提升多种所有制协同发展的产权体系；确立高质量发展的理论和战略，加快提升全面对等开放和国内外经济高度协调的产业体系；确立引导公正经济全球化的理论和战略，加快提升国际经济新秩序和共同经济安全的制度体系。

（原载《上海经济研究》2019 年第 1 期，第一作者为翟婵）

第四节　社会主义市场经济中的垄断与反垄断新析

列宁在 1916 年写作的小册子《帝国主义是资本主义的最高阶段（通俗的论述）》中，深刻地剖析了由自由竞争阶段过渡到垄断阶段的资本主义经济，并从私有制基础上的生产和资本的集中、金融寡头、资本输出、资本家国际垄断同盟、最大资本主义大国对世界上领土的瓜分等五个角度全面揭示了帝国主义的本质。[1] 这本小册子发表 100 年以来，垄断在新兴的社会主义市场经济中也得到发展和壮大。与此同时，为了克服垄断行为对经济社会发展的不利影响，社会主义市场经济从立法与司法两方面对垄断行为加以限制与约束。这种新发展，需要结合实践从理论上作出新的概括与阐释。

本文结合社会主义市场经济的实践，试对社会主义市场经济中的垄断发展与反垄断实践进行理论解析与讨论。[2]

---

[1]　《列宁选集》第 2 卷，人民出版社 2012 年版，第 651 页。

[2]　关于现代资本主义市场经济中的垄断与反垄断，笔者已另文论述。参见高建昆、程恩富《现代资本主义市场经济中的垄断与反垄断新析》，《经济纵横》2015 年第 11 期。

一　社会主义市场经济中的垄断

(一) 生产经营与资本的集中

从生产经营与资本的集中程度看，我国社会主义市场经济也是以垄断组织为主要竞争主体的竞争经济，产业组织形式同样以垄断竞争型和寡头垄断型为主体，但生产与资本在每个行业的集中程度总体上要低于美国。在 2015 年世界 500 强企业榜单中[①]，我国共有 106 家企业上榜。从大企业的行业分布看，上榜企业数在 10 家及以上的行业就有 3 个，分别为 15 家企业上榜的采矿或原油生产、11 家企业上榜的银行（商业储蓄）和 10 家企业上榜的金属产品；上榜企业数在 6—9 家之间的行业有 2 个；上榜企业数在 3—5 家之间的行业有 8 个；上榜企业数为 2 家的行业达 5 个；上榜企业数为 1 家的行业有 12 个。而在 2015 年中国 500 强企业榜单中，上榜企业数在 20 家以上的行业就有 8 个（美国只有 2 个），其中上榜企业数排在前两名的行业分别是金属业（共 55 家）和房地产业（共 38 家）；上榜企业数在 10—20 家之间的行业有 8 个（美国有 13 个）；上榜企业数在 4—9 家之间的行业有 14 个（美国有 38 个）；上榜企业数为 3 家的行业有 2 个（美国有 10 个）；上榜企业数为 2 家的行业有 3 个（美国有 8 个）；上榜企业数为 1 家的行业只有 0 个（美国有 2 个）。

从在国民经济中的地位看，我国社会主义市场经济中的大企业是国民经济的支柱，但总体实力弱于美国。以吸纳就业的能力为例，在 2015 年中国 500 强企业中，雇员数量在 5000—10000 人的有 108 家（美国有 10 家），在 10000—30000 人的有 175 家（美国有 174 家），在 30000—50000 人的有 47 家（美国有 70 家），在 50000—100000 人的有 41 家（美国有 174 家），大于 100000 人的有 28 家（美国有 67 家）。

从企业性质看，生产经营与资本的集中达到一定规模的垄断大企业，不仅有国有企业，而且有私有企业和外资企业。在 2015 年中国 500 强企业榜单中，网络、通信设备行业共有 2 家企业上榜，中国电子信息产业集团有限公司为国有企业，而华为投资控股有限公司为私有制企业；车辆与

[①] 本文引用的关于世界 500 强以及各国 500 强的数据，如无特别说明，均根据财富中文网（http://www.Fortunechina.com/fortune500/c/2015 - 07/22/content_ 244435. htm）的数据整理而得。

零部件行业共有 6 家企业上榜，既有上海汽车集团股份有限公司、中国第一汽车集团公司、东风汽车集团、北京汽车集团和广州汽车工业集团等国有企业，也有私有制企业浙江吉利控股集团。在 2015 年中国 500 强企业榜单中，批发零售业的 29 家企业中，既有五矿发展股份有限公司、上海物资贸易股份有限公司等国有企业，也有京东商城电子商务有限公司、苏宁云商集团股份有限公司等私有制企业；互联网服务行业的 4 家企业均为私有制企业，分别为腾讯控股有限公司、百度股份有限公司、网易公司和搜狐网络有限责任公司。此外，外国跨国公司在我国的投资也在一些行业形成了生产与资本的集中。2014 年和 2015 年中国的外商直接投资分别达到 1290 亿美元和 1360 亿美元，成为全球主要的外商直接投资目的地。[①]在工业方面，2012 年我国规模以上工业企业中，国家资本金为 29227.93亿元，而外商资本金已达 20925.05 亿元。2013 年我国限额以上在一些行业的规模以上工业企业中，外商资本金已超过国家资本金。其中，在计算机、通信和其他电子设备制造业，国家资本金为 1291.95 亿元，而外商资本金已达 3845.12 亿元；在化学原料和化学制品制造业，国家资本金为1313.70 亿元，而外商资本金已达 2226.16 亿元；在汽车制造业，国家资本金为 928.43 亿元，而外商资本金已达 1905.23 亿元；在电气机械和器材制造业，国家资本金为 368.62 亿元，而外商资本金已达 1427.02 亿元。在零售业方面，2013 年我国限额以上零售业企业中，国有零售业企业资产总计为 932.02 亿元，而外商投资零售业企业资产总计高达 3099.44亿元。[②]

由此可见，在我国社会主义市场经济中，实体经济领域垄断的存在与发展仍然具有客观必然性。从绝对指标看，垄断表现为较大的企业规模；从相对指标看，垄断表现为较大的市场份额。列宁指出："自由竞争产生生产集中，而生产集中发展到一定阶段就导致垄断。"[③] 社会主义市场经济中的垄断既适应了社会化大生产的客观要求，又是社会主义市场经济条件下公平竞争的必然结果。马克思指出："竞争产生着垄断"，"垄断者彼

---

① 数据引自联合国贸易与发展会议"世界投资报告 2015（概述）"和"世界投资报告 2016（概述）"，联合国贸易与发展会议网站（http：//unctad. org/en/Pages/DIAE/World% 20Investment% 20Report/World_ Investment_ Report. aspx）。

② 数据引自国家统计局网站（http：//data. stats. gov. cn）。

③ 《列宁选集》第 2 卷，人民出版社 2012 年版，第 588 页。

此竞争着，竞争者变成了垄断者"。① 以垄断竞争型和寡头垄断型为主体的产业组织形式，不仅没有消除社会主义市场经济中的市场竞争，而且由于生产与资本的较高集中程度而形成的垄断型竞争主体，使市场竞争在较大规模上更加充分地展开。而市场竞争又进一步加强了垄断型竞争主体的竞争实力，从而提高了各行业生产与集中的程度。较强的经济实力奠定了这些大企业在国民经济中的支柱地位。从我国国民经济总体上看，以达到一定规模的国有企业为代表的公有制经济占主体地位，从而从经济基础上确保了我国市场经济的社会主义性质。但需要特别指出的是，在一些重要的具体产业领域，尤其是代表现代科技发展方向的新兴产业领域，私有垄断企业（特别是外资私有垄断企业）占据主体地位。

（二）金融资本的垄断

列宁指出，在帝国主义制度中，"金融资本就是和工业家垄断同盟的资本融合起来的少数垄断性的最大银行的银行资本"②。在我国社会主义市场经济中，金融资本也具有一定的垄断性质。

从规模看，我国金融领域的大企业自有资本规模较为庞大，从而具有一定的垄断优势。在进入 2015 年世界 500 强的 106 家我国企业中，金融领域的上榜企业多达 18 家。其中，银行（商业储蓄）领域有 11 家；人寿与健康保险（股份）领域有 5 家；多元化金融领域有 1 家；财产与意外保险（股份）领域有 1 家。6 家金融企业的资产在 1 万亿元以上。中国工商银行是全球资产规模最大的银行，其资产达 3.322 万亿美元。

从在国民经济中的地位看，金融资本在国民经济中具有支配性影响。在信贷资金运用方面，近年来我国金融机构人民币信贷资金运用的总规模远超过 GDP 的规模。2010—2014 年，我国每年的 GDP 分别为 40.71 万亿、47.96 万亿、53.29 万亿、58.32 万亿和 63.40 万亿元，而同期我国每年金融机构人民币信贷资金运用分别为 80.59 万亿、91.32 万亿、102.41 万亿、117.47 万亿和 132.35 万亿元。其中，各项贷款分别为 47.92 万亿、54.80 万亿、63.00 万亿、71.90 万亿和 81.68 万亿元有价证券及投资分别为 9.85 万亿、9.65 万亿、11.17 万亿、12.54 万亿和 14.50 万亿元；2011—2014 年股权及其他投资分别为 1.29 万亿、2.16 万亿、

① 《马克思恩格斯选集》第 1 卷，人民出版社 2012 年版，第 256 页。
② 《列宁选集》第 2 卷，人民出版社 2012 年版，第 650 页。

4. 17 万亿和 6. 55 万亿元；① 黄金占款一直稳定在 669. 84 亿元左右；外汇占款分别为 22. 58 万亿、25. 36 万亿、25. 85 万亿、28. 63 万亿和 29. 41 万亿元；在国际金融机构资产分别为 1692. 50 亿、1718. 67 亿、1640. 60 亿、1579. 90 亿和 1516. 37 亿元。②

从企业性质看，我国金融领域的垄断大企业，不仅有国有企业，而且有私有企业和外资企业。在进入 2015 年世界 500 强的我国金融企业中，既有中国工商银行、中国建设银行、中国农业银行、中国银行、国家开发银行、交通银行等国有金融企业，也有招商银行等法人股份制金融企业，中国民生银行等民营股份制金融企业，以及友邦保险等外资金融企业。此外，外资银行在我国的金融业务已初具规模。2013 年外资银行总资产达 25805 亿元。其中，对政府债权为 1535 亿元；对中央银行债权为 127 亿元；对其他存款性公司债权为 6313 亿元；对其他金融性公司债权为 1400 亿元；对非金融性公司债权为 10581 亿元；对其他居民部门债权为 790 亿元。

由此可见，在我国的社会主义市场经济中，资本垄断的存在与发展具有客观必然性。首先，金融垄断资本发挥着服务于实体经济的核心职能。在我国社会主义市场经济中，金融领域的大企业不仅自有资本规模较为庞大，而且通过信贷资金的运用对实体经济的发展乃至国民经济的运行形成支配性影响。但是，只有金融发展的速度和水平与实体经济相适应，金融资本才能正常发挥服务实体经济的职能。③ 当前，由于我国刚在实践中开展金融机构以适当方式依法持有企业股权的试点，金融机构与实体经济中的企业还没有全面进行直接融合。④ 在此条件下，确保金融发展的速度和水平与实体经济发展相适应，需要做好两方面工作：一是充分运用资本项目管制手段，并紧密结合我国资本市场的抗风险能力以及金融监管部门的监管能力来科学控制资本项目对外开放的程度与速度；二是从法律制度和日常监管角度全面加强对金融市场的监管。其次，金融垄断资本发挥着富国强民的重要职能。列宁指出，在帝国主义制度中，"金融资本对其他一

---

① 2010 年我国金融机构的资金运用股权及其他投资的统计数据空白。
② 数据引自国家统计局网站（http: //data. stats. gov. cn）。
③ 高建昆、程恩富：《引领经济新常态的九大举措》，《经济纵横》2015 年第 10 期。
④ 新华社：《中共中央国务院关于深化投融资体制改革的意见》，《人民日报》2016 年 7 月 19 日。

切形式的资本的优势，意味着食利者和金融寡头占统治地位，意味着少数拥有金融'实力'的国家处于和其余一切国家不同的特殊地位"①。而在社会主义市场经济中，金融资本垄断以国有金融机构为代表的公有制金融资本为主，从而为金融垄断资本充分发挥富国强民功能奠定了基础。这是社会主义市场经济中的金融资本垄断与帝国主义金融垄断的本质区别。但是，需要特别指出的是，在金融领域对外开放的进程中，我国要防止外国金融资本在我国通过参股、联合控股、建立分支机构等形式构成金融垄断。这就要求我国从法律制度层面严格限定外国资本在商业金融机构的参股比例和参股条件以及在华设立分支机构的条件。

总之，社会主义市场经济中的垄断，既有与帝国主义垄断一样适应社会化大生产的共同特点，又通过公有制垄断资本在经济基础上具主体地位，与帝国主义垄断有本质区别。

二 社会主义市场经济中的反垄断

（一）反垄断的法律制度

在我国社会主义市场经济中，垄断仍然既具有适应社会化大生产要求，从而促进生产力发展的积极作用，又可能具有滥用垄断地位而损害社会利益的负面可能性，因此，反垄断法是消除垄断对经济发展负面效应的重要法律保障。

随着经济的发展和反垄断实践的推进，我国反垄断的法律制度不断得到完善。1993 年颁布实施的《中华人民共和国公司法》和《反不正当竞争法》，以及 1999 年颁布实施的《中华人民共和国合同法》，都涉及了维护竞争、反对垄断的内容，但缺乏完整性和系统性。因此，我国于 2008 年 8 月正式颁布实施了《中华人民共和国反垄断法》（下文简称《反垄断法》）。

根据我国的《反垄断法》，垄断协议、滥用市场支配地位、经营者集中以及滥用行政权力排除、限制竞争等行为都属于需要加以限制的垄断行为。而垄断协议和滥用市场支配地位是《反垄断法》预防和制止的重点。

在我国的《反垄断法》中，垄断协议形式的垄断行为是指"排除、

---

① 《列宁选集》第 2 卷，人民出版社 2012 年版，第 624 页。

限制竞争的协议、决定或者其他协同行为"①。垄断协议包括横向垄断协议和纵向垄断协议两种情况。横向垄断协议指具有竞争关系的经营者之间达成的垄断协议。以横向垄断协议形式表现的垄断行为主要有：固定或变更商品价格；限制商品的生产数量或销售数量；分割销售市场或原材料采购市场；限制购买新技术、新产品或限制开发新技术、新产品；联合抵制交易，等等。纵向垄断协议指经营者与交易相对人之间达成的垄断协议。以纵向垄断协议形式表现的垄断行为主要有：固定向第三人转售商品价格；限定向第三人转售商品最低价格，等等。

在我国《反垄断法》中，滥用市场支配地位形式的垄断行为是指，经营者在相关市场内具有能够控制商品价格、数量或其他交易条件，或者能够阻碍、影响其他经营者进入相关市场能力的市场地位。② 以滥用市场支配地位形式表现的典型垄断行为主要有：以不公平的高价销售商品或以不公平的低价购买商品；没有正当理由，以低于成本的价格销售商品；没有正当理由，拒绝与交易相对人进行交易；没有正当理由，限定交易相对人只能与其进行交易或只能与其指定的经营者进行交易；没有正当理由搭售商品，或在交易时附加其他不合理的交易条件；没有正当理由，对条件相同的交易相对人在交易价格等交易条件上实行差别待遇，等等。

由于经营者集中的积极作用，《反垄断法》并不限制国内企业的依法集中。虽然《反垄断法》没有明确界定经营者集中，但是列举了经营者集中的三种情形。这三种情形包括：经营者合并；经营者通过取得股权或资产的方式取得对其他经营者的控制权；经营者通过合同等方式取得其他经营者的控制权或能够对其他经营者施加决定性影响。③ 经营者集中对经济发展具有两面性：一方面，经营者集中是实现规模经济、重大科技和核心科技的创新，从而提高企业竞争力的重要方式；另一方面，经营者的过度集中容易形成经营者的市场支配地位，而市场支配地位的可能滥用会妨碍市场的竞争。因此，结合现阶段我国经济产业集中度不高、尚未达到规模经济、重要领域核心技术的自主创新亟待加强等情况，《反垄断法》对经营者集中的原则性规定是：经营者可以通过公平竞争自愿结合，实施集

---

① 国务院反垄断委员会：《〈中华人民共和国反垄断法〉知识读本》，人民出版社 2012 年版，第 48 页。

② 同上书，第 99 页。

③ 同上书，第 137、144 页。

中；经营者集中应依据包括《反垄断法》在内的相关法律法规。①

《反垄断法》明确禁止行政机关和法律、法规授权的具有管理公共事务功能的组织滥用行政权力排除、限制竞争的行为。② 滥用行政权力排除、限制竞争的主要表现形式有：限定或变相限定交易；妨碍商品在地区之间自由流通；排斥或限制外地经营者参加本地的招标投标活动；排斥或限制外地经营者在本地投资或设立分支机构、强制经营者从事垄断行为、制定含有排除、限制竞争内容的规定，等等。

此外，具有特殊地位的重要行业既依法受到保护，又要接受监管和调控。这些具有特殊地位的重要行业主要有两类。一是国有经济占控制地位的关系国民经济命脉和国家安全的行业。我国市场经济的社会主义本质，必然要求做强做优做大国有企业，从而不断增强国有经济的活力、控制力、影响力和抗风险能力。二是烟草等依法实行专营专卖的行业。《反垄断法》规定，在这些行业，"国家对其经营者的合法经营活动给予保护，并对经营者的经营行为及其商品和服务的价格依法实施监管和调控"③。

总之，我国《反垄断法》并不是简单地禁止和反对由生产与资本的集中形成的垄断，而是反对以攫取垄断利润为根本目的、以垄断协议、滥用市场支配地位、经营者过度集中以及滥用行政权力排除、限制竞争为主要手段的垄断行为。这与现阶段发达国家反垄断法律的特点是相似的。

（二）反垄断的实践

2008 年《反垄断法》实施以来，我国的反垄断实践越来越富有成效。2011 年监管部门开出了首张反垄断罚单。截至 2014 年 8 月底，国家发改委查处企业及行业协会组织共计 335 家。截至 2014 年 11 月，商务部受理的垄断案件数量最多，已审结 900 余件。④ 而 2014 年监管部门就开出 18 亿元罚单。⑤

在我国反垄断的实践中，各类企业、行业协会和相关政府机构依法受到平等监管。在接受调查的企业中，既有国有企业和民营企业，也有

① 国务院反垄断委员会：《〈中华人民共和国反垄断法〉知识读本》，人民出版社 2012 年版，第 24、25 页。
② 同上书，第 202—210 页。
③ 同上书，第 33—35 页。
④ 白丁：《反垄断执法无例外》，《人民日报》2014 年 11 月 3 日。
⑤ 罗兰：《反垄断一年 18 亿罚单开给了谁》，《人民日报》（海外版）2015 年 1 月 3 日。

外资跨国企业。① 例如，2011 年中国联通和中国电信因涉嫌宽带接入领域垄断而受到国家发改委的调查；2013 年 8 月 7 日，广州合生元、美赞臣等 6 家乳企生产企业因价格垄断行为被罚款共计近 6.7 亿元。截至2014 年 8 月底，国家发改委查处外资企业 33 家，约占其查处企业总数的10%。②

在我国反垄断的实践中，《反垄断法》规定的各类垄断行为均被纳入监管范围。其中，垄断协议案件最为普遍，典型的案件有：2014 年 9月 2 日，浙江保险行业协会和23 家省级保险企业因开会协商约定新车折扣系数以及根据市场份额商定统一的商业车险代理手续费而被处罚 1.1亿元③；2014 年 8 月 20 日，12 家日本企业因实施汽车零部件和轴承价格垄断被罚款 12.35 亿元④；2014 年 9 月 9 日，三家水泥企业因实施价格协议垄断而被依法罚款共计 1.1439 亿元⑤，等等。滥用市场支配地位的典型案件是：2015 年 2 月 10 日，美国高通公司因收取不公平的高价专利许可费、没有正当理由搭售非无线通信标准必要专利许可和在基带芯片销售中附加不合理条件等三类滥用市场支配地位实施排除、限制竞争的垄断行为被罚款 60.88 亿元。⑥ 滥用行政权力排除、限制竞争的典型案件是：2015 年 6 月 3 日，由于滥用行政权力组织电信运营商达成价格垄断协议、排除和限制相关市场竞争，云南省通信管理局被督促整改并停止相关做法，而参与垄断协议的四家电信运营商被罚款共约 1318万元。⑦

由此可见，我国社会主义市场经济中的反垄断实践严格以相关法律制度为依据。首先，我国的反垄断实践充分贯彻《反垄断法》的公平性原则。各类企业、行业协会和相关政府机构等市场相关主体一律依法受到平等监管。其次，我国的反垄断实践对《反垄断法》的执行力度不依经济形势和经济政策而改变。这与现代发达资本主义国家的反垄断实践截然不同。在现代主要发达资本主义国家，反垄断法的条款及其解释，以及反垄

①　成慧：《我国反垄断调查不存在选择性执法》，《人民日报》2014 年 9 月 12 日。
②　白丁：《反垄断执法无例外》，《人民日报》2014 年 11 月 3 日。
③　黄深钢、朱亦楚：《浙江保险协会接受反垄断处罚》，《人民日报》2014 年 9 月 4 日。
④　朱剑红：《12 家汽配日企被罚 12.35 亿》，《人民日报》2014 年 8 月 21 日。
⑤　朱剑红：《三家水泥企业价格垄断被罚 1.14 亿元》，《人民日报》2014 年 9 月 10 日。
⑥　白天亮：《高通为何被罚 60 亿》，《人民日报》2015 年 2 月 11 日。
⑦　朱剑红：《滥用权力组织电信垄断，不行！》，《人民日报》2015 年 6 月 4 日。

断法的司法执行力度，都会随经济形势和经济政策而进行针对性调整。①

总之，在我国社会主义市场经济中，反垄断的立法与反垄断的司法能够实现良性互动。反垄断的司法实践需要推动了反垄断立法的不断完善。而不断发展与完善的反垄断立法对反垄断的司法实践具有科学的指导作用，从而使我国的反垄断实践越来越富有成效。

三 社会主义市场经济中垄断与反垄断的理论解析与讨论

列宁在《帝国主义是资本主义的最高阶段（通俗的论述）》中科学分析了帝国主义垄断，并指出："垄断是从资本主义到更高级的制度的过渡。"② 这本小册子发表 100 年以来，垄断在新兴的社会主义市场经济中得到发展和壮大。本文结合社会主义市场经济的实践，对社会主义市场经济中的垄断发展与反垄断实践进行理论解析与讨论。这些解析与讨论主要包括以下要点：

第一，社会主义市场经济中的垄断与帝国主义垄断的本质区别在于，社会主义市场经济中的垄断以国有企业为代表的公有制为主体，而帝国主义垄断以私人垄断资本为主体。这一本质区别决定了，社会主义市场经济中的垄断服务于国家的整体利益与人民的共同富裕，而帝国主义垄断服务于私人垄断利润的攫取。因此，中外马列主义并不是简单地否定以国有企业为代表的公有资本的规模垄断，而是批判与反对以攫取私人垄断利润为目的的国内外私有垄断资本，以及为私人垄断资本服务的帝国主义国家垄断。而在实践层面，中共中央的文件和近年我国颁布的《反垄断法》，从未把社会主义全民所有制性质的国有大企业当作该反对的垄断组织。有的观点把社会主义市场经济中的反垄断简单理解为解体和反对国有大企业的规模垄断。③ 以这种观点为指导的政策，必将削弱社会主义的经济基础，从而从根本上将社会主义市场经济的发展引向邪路，是极其错误和有害的。在当前深化改革中，各级党政部门应当自觉落实习近平总书记和《中共中央、国务院关于深化国有企业改革的指导意见》关于"坚定不移做强做优做大国有企业，不断增强国有经济活力、控制力、影响力、抗风

---

① 高建昆、程恩富：《现代资本主义市场经济中的垄断与反垄断新析》，《经济纵横》2015年第 11 期。

② 《列宁选集》第 2 卷，人民出版社 2012 年版，第 650 页。

③ 缪文卿：《深化国企改革的制度逻辑》，《海派经济学》2015 年第 1 期。

险能力"的方针，而不是反向操作，搞变相的私有化、外资化和化大为小。

第二，社会主义市场经济中的规模垄断适应了现代生产力发展的客观要求，但以攫取垄断利润为目的而破坏市场竞争秩序的垄断行为必须依法受到处罚与限制。社会主义市场经济中的规模垄断，既适应了社会化大生产的客观要求，又是社会主义市场经济条件下公平竞争的必然结果。这种必要的规模垄断能够促进规模经济，推动技术进步，并降低各类成本。以攫取垄断利润为目的而破坏市场竞争秩序的垄断行为，不仅不利于市场的有效竞争，而且会导致严重的贫富两极分化。因此，在社会主义市场经济中，反垄断的立法实践与司法实践并不是反对由于生产与资本的集中而形成的一般规模垄断，而是反对以攫取垄断利润为目的并破坏市场竞争秩序的垄断经营行为。只有这样，社会主义市场经济才能既充分发挥适度规模垄断对生产力发展的促进作用，又能有效维护市场的正常竞争秩序，并防止严重的贫富两极分化。

第三，在社会主义市场经济的反垄断实践中，市场相关主体的地位一律平等。依据我国《反垄断法》，各类企业（无论是国有企业，还是国内外私有企业）、各种行业协会以及各级政府相关机构都要受到平等监管。这充分体现了社会主义市场经济在法律规则上对市场公平竞争的保障与维护。竞争规则的平等是市场经济中竞争公平性的集中体现。而竞争实力的平等并不是竞争公平性的体现。从静态看，由于市场竞争起点的不同，市场主体的竞争实力必然存在较大差异。从动态看，市场竞争又进一步加强了在竞争中胜出的竞争主体的竞争实力。从本质上看，为片面追求竞争实力平等而削弱与瓦解国有企业的观点与做法恰恰违背了市场经济中竞争的公平性。那种以为社会主义市场经济为了实现公平竞争而应该是已经完全消灭或绝对禁止垄断的自由市场经济，以及以为不需要中方"控股份、控技术、控品牌"的三控型国有跨国公司的观点[1]，都是幼稚的。

（原载《贵州社会科学》2016 年第 12 期，第一作者为高建昆）

---

① 夏小林：《2014 年：国企与改革（上）——兼评被污名化的"国资一股独大"》，《管理学刊》2014 年第 3 期。

第五节　京津冀协同发展：演进、现状与对策

自 2014 年 2 月 26 日习近平总书记就推进京津冀协同发展提出 "7 点要求"① 以来，京津冀区域这一领跑中国经济的 "第三极" 又一次成为热议的话题。正所谓一石激起千层浪：三地加快了推动协同发展的步伐，学界尤其是经济学界也掀起了又一轮区域发展讨论的热潮。

昨天，是什么让我们对京津冀区域屡次点燃希望之火？今天，又是什么促使我们对京津冀协同发展的认识上升到 "国家战略" 的层面？明天，京津冀协同发展的步伐是否能遂了国人的心愿，在国家改革开放和现代化进程中发挥其本该有的领跑作用？这一切，需要我们认真总结思考，以便为京津冀协同发展作出符合区域地位和时代发展要求的理性选择。

一　概念的演进

京津冀区域位于华北平原北部，包括北京、天津两个直辖市以及河北省全境，面积 21.6 万平方公里。2013 年年末，区域内总人口 10861 万，占全国总人口的 7.98%，生产总值 62172.16 亿元，占全国国内生产总值的 10.93%。② 京津冀区域因河北环抱京津两地的独特区位结构而使区域内部各地市在地理空间上毗邻，具有地域的完整性和较强的经济上和人文上的亲缘性，长期的经济活动和社会交往使其客观上形成了一个不可分割的经济统一体，成为中国北方对外开放的前沿。

如果从 1986 年算起，京津冀区域经济概念的提出已有近 30 年的历史。30 年来，无论关于京津冀区域发展的概念怎样演变，京津冀协同发展的梦想都包含在每一个概念中。尽管人们对 "协同发展" 内涵的理解因所处的时代和地域的限制而有所不同，但不论是 "区域经济" "经济集团"，还是 "经济一体化" "经济圈" "都市圈" 等，都反映出国人对区域经济共同发展和抱团前进的殷殷期盼，可谓 "三十年磨一剑"。

早在 1985 年，时任中国科学院地理所副所长的李文彦首次提出了大

① 《习近平在听取京津冀协同发展专题汇报时强调：优势互补互利共赢扎实推进努力实现京津冀一体化发展》，《光明日报》2014 年 2 月 28 日第 1 版。
② 根据北京市、天津市、河北省统计局网站数据计算而来。

渤海地区概念，1986 年"环渤海经济圈"的概念应运而生。进入 20 世纪 90 年代，环渤海地区以发展成为具有现代化水平的能源原材料重要基地和外向型经济复合基地为总体定位，"八五"期间，环渤海经济圈作为全国最大的工业密集区被广泛看好。但由于合作机制等方面的原因，人们并未对环渤海经济圈绘出精彩的蓝图。

2001 年，两院院士、清华大学吴良镛教授主持的"京津冀北城乡空间发展规划研究"提出了"京津冀一体化"发展的构想，将京津冀区域一体化看作推动环渤海区域一体化发展的重要内容。随后，"京津冀经济一体化""京津冀经济圈""京津冀都市圈""首都经济圈"等概念和相关课题的研究迅速成为学界热点。

2004 年 2 月，国家发展和改革委员会召集京津冀发改委部门负责人在河北省廊坊市召开京津冀区域经济发展战略研讨会，经充分协商，达成旨在推进京津冀地区实质性合作发展的《廊坊共识》，正式确定了"京津冀经济一体化"发展思路。同年 11 月，国家发展和改革委员会决定正式启动京津冀都市圈区域规划的编制工作。

2010 年 11 月，北京市、河北省分别披露了加速建设"首都圈"的具体规划，"环首都经济圈"（又称"首都圈"）正式从概念设想阶段进入规划实施阶段，之后又把"环首都经济圈"概念修正为"环首都绿色经济圈"概念。

2012 年 3 月，首部京津冀蓝皮书《京津冀区域一体化发展报告（2012）》发布。蓝皮书探讨了京津冀三地区域一体化发展的热点事件，展望了 2012 年京津冀三地空间结构、人口、资源等发展趋势，并指出京津冀区域一体化已迈入实质性操作阶段。

2012 年 7 月，有学者在《中国社会科学报》发表文章，提出"大北京经济圈"构想。认为北京行政区划的腹地较小，优势资源及产业转移和辐射受到行政壁垒的束缚，提出构建"立足京津冀，携手陕晋蒙，辐射鲁豫辽"的横跨 9 省区的大北京经济圈理念，以使北京成为惠及全国、面向世界的"大北京"。

综上所述，京津冀区域经济合作发展作为加快地区和国家改革开放步伐的重大步骤，几度提及又几度沉寂，区域协调发展和区域规划经历了一个"启动—徘徊—沉寂—重提—蹒跚—倒逼而催生复兴"的复杂演进过程。国际上诸如巴黎、伦敦、东京等都市圈区域发展的经验表明，谋求和注重区域内部行政区划之间的一体化协调发展，成为决定区域竞争力的关键。不可否认，多年来京津冀一体化累积了较多的思想和理论准备，区域经济合作实践不断深入，区域竞争力也是不断提高的。但也不可讳言，由于种种制约因素的存在，京津冀区域内部在经济合作、空间整合、区域治理等方面的体制性和结构性障碍还比较明显，许多规划和设想在这种体制性和结构性障碍面前作"转圈"状，区域经济一体化进程和协调发展的进程十分缓慢，甚至依旧停留在理念层面，发展步履蹒跚，京津冀这一环渤海的核心地区，自己难以隆起，更谈不上对环渤海乃至整个北方的带动力和影响力。京津冀区域经济协同发展的梦想，这个被人们怀揣和描绘了近30年的蓝图，目前表现出的依然是诸多与自身地位和作用极不相称的尴尬。

二　比较视域下的京津冀区域发展现状

（一）发展难题

提及京津冀区域发展，我们很自然地想到在改革开放中逐渐形成的长三角、珠三角等经济圈。[①] 尽管京津冀区域与长三角、珠三角两个经济圈并称为我国三大人口和社会经济活动的密集区域和最重要的经济增长极，但从多年发展的历程来看，无论是在经济总量、市场化程度、经济外向度方面，还是在区域共同富裕水平方面，作为第一极的长三角和作为第二极的珠三角所取得的令人瞩目的成绩，都是京津冀区域所不可比拟的。尤其是在区域协调发展方面，京津冀区域整体协调发展更是明显地逊色于长三角、珠三角两个经济圈，存在着诸多亟须破解的难题。

1. 京津"双核"的龙头和辐射作用未能真正发挥，"大树底下不长草"与"虹吸"现象并存

京津作为京津冀经济圈的双核心城市，两者之间的关系定位比较模糊，没有形成紧密的分工协作关系，对区域经济的辐射带动作用尚未明显地、实质性地表现出来，没有真正成为像长三角的上海和珠三角的广州、深圳（甚至也包括香港）那样的具有强大辐射作用的"龙头"——经济中心。上海交通大学城市科学研究院和社会科学文献出版社联合发布的城

---

① 或称"都市圈"，但从京津冀区域发育和发展现状来看，称"京津冀经济圈"或"京津冀都市圈"，均显得勉强。

市群蓝皮书《中国城市群发展指数报告（2013）》认为，在三大城市群（或经济圈）综合指数排名中，珠三角位列第一，长三角居次席，京津冀垫底。① 也就是说，目前的京津冀经济圈已是当下中国经济落差最大的一个"圈"，正所谓"先进的城市、落后的地区"：一方面，京津两市现代化都市发展成就斐然；另一方面，圈内各城市之间经济差距较大，中小城市的发展严重滞后，城镇建设、基础设施和基础产业等发展所需的资金严重短缺，并进一步地加剧着发展的不平衡。由亚洲开发银行公布的《河北省经济发展战略研究》指出："环京津地区目前存在大规模的贫困带。"这个贫困带甚至与西部地区最贫困的"三西地区"（定西、陇西、西海固）处于同一发展水平，有些指标甚至比"三西"地区还要低。改革开放之初，环京津地区与京津二市的远郊县基本处于同等的发展水平，但30多年后的今天，二者之间形成了巨大的经济落差。2001 年，环京津贫困带 24 县的农民人均纯收入、人均 GDP、县均地方财政收入仅分别为京津远郊区县的 1/3、1/4 和 1/10。这也正是京津辐射和带动作用不强的表现。2012 年 3 月，由首都经济贸易大学文魁、祝尔娟主编的首部京津冀蓝皮书——《京津冀区域一体化发展报告（2012）》指出，"环首都贫困带"不仅未能缩小与北京周边郊县的贫富差距，反而愈加落后。京津"双核"不但起不到辐射和带动作用，反倒凭借其优越的资源配置地位，至今还在"虹吸"周边地区的资源与产业。资料显示，2005 年至 2010年，河北省来京人员逐年增加，2010 年达到 155.9 万人，占北京常住外来人口的 22.1%。众所周知，珠三角的发展一定与广州、深圳和香港有关，而长三角的发展也一定和上海密切关联，但京津冀周边的发展却并非如此，甚至有学者认为，至少在完成工业化的进程中，京津冀周边的发展与北京的关系不是很大。反倒是江浙两省与上海接壤的区县，以及江浙区域的经济社会发展水平几乎与上海市区比肩，甚至远高于上海郊县。

2. 行政区划的级差效应，对京津冀城镇化的进程产生迟滞作用

政治上的因素要大于和重于经济上的因素，这是京津冀经济圈与长三角、珠三角两个经济圈最突出的区别。京津是直辖市，河北省属省级行政

---

① 应该指出，这一结论中，"珠三角位列第一，长三角居次席"与学界多年来的认识（长三角为第一增长极，珠三角为第二增长极）相左，但大家对京津冀"垫底"地位的认识，却是一致的。

区域，从表面上看，京、津、冀是等级行政区域，而实质上则是"三块四方"——第四方即三块之上的中央政府，这样客观上便造成了作为直辖市的北京这一块的超级或至上权威。这种各块之间客观上"身份"的不平等，显然模糊了京津冀三块之间的界限。比如北京在区域规划方面的主导地位和决策者的身份，就是天津和河北所必须尊重的，"优先考虑北京"对于天津和河北来说，成为一种义务和责任。而在优先考虑北京和天津方面，河北多年来作出了巨大牺牲，成为最"弱势"的行政区划也就"理所当然"，因为这是"国家全局"问题。有官员和学者调侃的一句话，道出了京津冀区域的这一特点：心脏的位置是北京，出海口是天津，河北便只能是"没心没肺"了。显然，这与上海只是经济中心而在行政职能上与长三角诸多城市间的平等互惠关系有巨大区别。从 20 世纪 90 年代开始，长三角经济圈各行政区划之间的合作是由"市场"这只手自发和自然催生的，多年来长三角秉承的是互惠联合的"游戏规则"，江苏和浙江两省诸多城市从浦东开发开放伊始就可以说是主动融入其间的。目前来看，京津冀区域这种因行政区划的级差和固有利益格局的限制，已经在不同程度上对京津冀城镇化的进程产生了明显的迟滞效应。习近平总书记"打破'一亩三分地'实现京津冀协同发展"的号召，盖因之而提出。可见，京津冀经济圈内三个独立而又平等的省级行政区划与北京作为首都的特殊地位和特殊作用之间存在着一个明显的反差：一方面是三地之间在经济社会发展目标上的差异及目标之间的冲突和局限，及其与圈内一体化步伐的掣肘；另一方面又是国家利益至上所必需。显然，这只能用习近平总书记所强调的"着力加强顶层设计，抓紧编制首都经济圈一体化发展的相关规划"来破题。

3. 区域内缺乏科学、权威而又有效的协同发展管理机制

在区域协同发展的进程中，诸多层面将不可避免地会遇到需要跨越行政区进行统一规划和管理的问题，如区域内环境污染的治理、水资源的利用与污染防治，区域内产业的错位发展和整合，跨区域基本公共设施如城际地铁和公交线路的建设等。但京津冀目前"三块四方"的区域行政管理体制，导致各地政府（尤其是京津地方政府）总是以自身利益的最大化而非以区域整体可持续协同发展为出发点来进行决策，区域内没有一个能够科学、权威而又有效地进行统一协调的公共管理组织。多年来，人们并非没有意识到建立这方面协调组织的重要性，实践中也有一些协调发展

的会议和决议，但这些认识和实践多因行政区划的分割而虎头蛇尾，不了了之。目前我们看到的是，京津冀区域内公共资源的管理总是难以开展，区域内某一城市的自身利益总是难以与区域整体利益实现协调和统一，"诸侯经济"的分割和掣肘，大大限制了区域协同发展的步伐。从上述亟须破解的几个难题也可以明显看出，不论是解决"大树底下不长草"、京津的极化、虹吸和难以辐射的问题，还是解决行政区划的级差效应如城镇化进程的迟滞问题、大气和环境污染问题、城际交通等基本服务设施均等化问题，哪一个能离开区域协同发展管理机制而独"善"其身呢？

4. 环境污染问题因非协同的"诸侯"意识而产生，同时又严重制约着协同发展，区域内交通基础设施建设滞后，与之异"曲"同"理"

先说环境污染。"去年以来，全国排名前十的污染城市，七个在河北。除了承德、张家口、秦皇岛等地，河北的大多数城市均面临着极为严重的大气污染。"只要看看媒体上这则"很火"的报道，便知京津冀大气和环境污染的严重程度。从总体上看，京津冀的经济指数在快速增长，但整体生态环境质量指数却在下降，以城市为核心区的环境呈逐步恶化的趋势，大气污染尤为严重，地表水污染普遍，流经城市的河段大多有机物污染严重，湖泊的富营养化问题突出，地下水受到点状或面状污染，水位持续下降，水资源供需矛盾异常尖锐。京津冀区域生态的破坏程度呈上升和加剧趋势。

首先，京津冀环境问题的严峻和难以治理，多因不能够协同发展的意识而产生。比如，在京津冀地区的产业结构和产业布局上，往往仅看重规模经济带来的生产成本的降低，而缺乏对外部性治理的意识，以致一些工业聚集区域的环境污染事件频发，地区结构型的环境污染十分严重。可见，低端的产业结构和不合理的产业布局，是京津冀城市雾霾最直接的来源。而这种"低端"和"不合理"的长期存续，正是经济发展上的"诸侯"意识所致。尽管环境污染有地区生态环境脆弱的客观原因，但环境污染在更大程度上却是主观因素如决策机制掣肘所致。由于京津冀三地在生态系统引导控制方面缺乏有效与主动的合作，采取的一些措施仅有行政命令的一时之效，难以真正调动起各级政府、企业及广大群众保护生态环境的积极性等。如在对环京津的潮白河流域、拒马河流域、滦河流域、永定河流域以及坝上内陆河流域的治理上，目前的环京津地区隶属于河北省的承德、张家口两个地级市和 24 个县（区），加之众多的生态工程实行省、市、县分散管理的方式，再考虑到国家投入与国家行动，如此众多的治理层次和方式，使流域性整体生态建设和整治的统一决策和统一行动难以协调，效果也可想而知。又如京津"双核"基础设施完善，市场规模大，就业机会多，对要素资源和人力资本均具有"虹吸"效应，从而导致京津城市人口爆棚，生活排污和交通尾气排放随之加剧。河北省唐山、石家庄等区域二线城市亦是如此。这种发展上的不平衡，同样是协同发展意识缺失的表现。另外，在城市化进程中由于缺乏土地城市化与人口城市化的协同发展意识和机制，"城镇化就是房地产化"的怪圈在京津乃至现在的保定频频上演，建筑工地的扬尘污染增多，严重恶化了空气质量。在这方面，已有学者提出了京津冀协同发展要防止房地产先行的警告。综上可知，区域内顽固的"诸侯"意识及其协同运作的缺位，包括反哺和拉动机制的匮乏，是导致京津冀区域整体环境污染严重且难以治理的主要原因。

其次，大气和环境污染问题又进一步制约着协同发展。没有良好的生态环境，就谈不上京津冀三地的深度融合和协同发展。对于京津"双核"而言，不论是北京转移一些非首都功能的产业，还是二者疏解一部分行政事业的职能，都必须充分利用其对于环境的更高标准，大力帮助和带动承接地去积极主动地治理环境，改善生态，并从自身做起坚决淘汰而非"转嫁"污染严重的产业。据报道，河北省廊坊市市长冯韶慧受访时说出了"北京不要的低端污染产业，廊坊也不能要"的话①，这种既坚定地做到"不能输入"，同时也具有"不能输出"的环保理念，应该成为京津冀协同发展所恪守的底线。而河北省则应该利用三地协同发展的历史机遇，认真检视以往粗放的发展方式，正视当地多年以来积重难返的污染现状，切实推进产业的转型升级。只有以"壮士断腕"的决心下大气力改善自身环境，才能顺利地承接京津两市功能的疏解。这样看来，京津冀三地居民的生产和生活，因雾霾而比以往更加"紧密"地连在了一起。

再说交通基础设施建设滞后的问题。尽管有京津之间半小时的城市轨

---

① 《京津冀协同发展环境治理要先行》（2014－03－28）［2014－10－28］（http：//news.xinhuanet.com/comments/2014－03/28/c_119987257.htm）。

道交通，且一小时城市圈①也已基本建成，但就区域整体交通设施现状来看，尤其是从极化的北京与河北全省、广袤的环渤海经济带的联系来看，京津冀交通基础设施都是相当落后，欠账太多且极不平衡，更难以与长三角和珠三角"轨道上的城市群"同日而语。既然是"抱团"协同发展，岂能以京津两地的城轨尤其是以北京城内的城铁来遮百丑？京津冀大多重要城市之间以及重要交通枢纽之间的联系至今十分不便，尤其是京津到冀南、冀东、冀东南地区的交通设施建设仍远远滞后于其经济关联度。比如北京至石家庄、邢台、邯郸，北京至唐山、秦皇岛，北京至沧州、衡水等地的城际高速铁路项目至今仍未落实，影响了京津（尤其是北京）的专业技术人才向河北的流动，这也是制约京津等发达地区对落后地区的辐射带动作用发挥的关节点。其他如区域整体内产业同质竞争难以改观的局面，也是因为交通的制约。可见，交通基础设施建设的滞后，直接制约着京津冀区域一体化的进程和协调发展的步伐。

况且，京津冀区域目前的铁路与公路网络均以核心城市为中心向外放射，以致关内外的交流（如东北、内蒙古与黄河、长江流域以及东南沿海的客货交流）必经北京或天津的枢纽，这样大量穿过"双核"的过境运输，严重影响了京津城市交通的流畅。可见，"要想富先修路"的理念，至今好像还没有影响到环抱京津的河北广大地区。在港口建设方面，京津冀区域也出现了一些不合理的现象，如过度竞争等。

（二）发展前瞻

京津冀区域因是首都北京的所在地而被国人视为政治、经济、文化与科技的多位中心，也是我国北方最大的都市经济区和建设创新型国家的重要支撑区域，是我国参与全球竞争和率先实现现代化的国际城市群建设区域。这些"帽子"可谓光鲜硕大，但要真正戴正戴稳并真正发挥其作为首都所在地本该具有的引领作用，尚需我们在区域协同发展方面抓住难得的机遇，迈出坚实的步伐。在经济全球化和区域经济一体化加速推进的时代背景下，经济的竞争绝不再是区域范围内各地区之间内部的竞争（即所谓的"诸侯"混战），而愈发彰显出作为一个更为广大的区域经济实体，在更为广阔的开放空间范围内参与的全球竞争。尤其是北京，在全面深化改革的大背景下，其作为首都的诸多优势尚在"极化"之中，不但

---

① 有人认为，这是京津"双核"的城市圈，而非京津冀区域整体的城市圈。

未能发挥好其"辐射"作用和"外溢"效应，而且其进一步的发展和首都功能的提升，越发受制于不断加剧的交通拥堵（即所谓的首"堵"），飞涨的房价地价，日趋严峻的水资源、土地资源和能源供应状况，以及城市环境污染等"大城市病"的困扰。由此可见，长期以来我们的城市单中心摊大饼的发展模式以及首都职能在单中心空间里过度集中，亟待疏导、扩展和再配置。因此，依托一个具有明显地域优势和强劲发展活力的"腹地"作为北京提升首都职能、更好地发挥其"辐射"作用和"外溢"效应的空间基础，并谋求和筹划区域整体的协同发展，已是刻不容缓的国家课题。

正是在这样的"发展前瞻"考量之下，新一届中央领导集体审时度势，为首都北京、为京津冀区域发展提出了宏阔思路。2013 年 5 月，习近平总书记在天津调研时提出，要谱写新时期社会主义现代化的京津"双城记"；8 月习近平总书记在北戴河主持研究河北发展问题时，继而提出要推动京津冀协同发展，此后还多次就京津冀协同发展作出重要指示，强调解决好北京发展问题，必须把北京纳入京津冀和环渤海经济区的战略空间加以考量，以打通发展的大动脉，更有力地彰显北京优势，更广泛地激活北京的要素资源。2014 年 2 月 26 日，习近平总书记在北京主持召开座谈会，专题听取京津冀协同发展工作汇报，强调实现京津冀协同发展，是面向未来打造新的首都经济圈、推进区域发展体制机制创新的需要，是探索完善城市群布局和形态、为优化开发区域发展提供示范和样板的需要，是探索生态文明建设有效路径、促进人口经济资源环境相协调的需要，是实现京津冀优势互补、促进环渤海经济区发展、带动北方腹地发展的需要，是一个重大国家战略，要坚持优势互补、互利共赢、扎实推进，加快走出一条科学持续的协同发展路子来。习近平总书记还就推进京津冀协同发展提出了"7 个着力"的要求。

所谓协同，百度百科解释为：协调两个或者两个以上的不同资源或者个体，和谐一致地完成某一目标的过程。《现代汉语词典》解释为：各方相互配合或甲方协助乙方做某件事。习近平总书记所说的"协同发展"相对于我们平时所说的"协调发展"，一个"同"字的改变，便抓住了京津冀区域发展的肯綮，并凸显了时代内涵。综合各界研究成果，审视时代发展要求，我们认为，"协同发展"这一概念应该包括如下内涵：人口、资源与环境的和谐；居民生活水平的差距趋向缩小，公共产品共享水平较高，如均等化的基本公共服务；地区发展水平相当，区际分工协作的发育水平较高；主体功能定位清晰和各区块之间经济社会良性互动，协调共进。显然"协同发展"突出了在协调发展基础之上的一个"同"字，即更加注重了同步、共同、均等等内涵。

三　京津冀协同发展的理性思考和对策建议

（一）以解放思想转变观念为先导，打破"一亩三分地"的思维定式，奠定京津冀协同发展的思想基础

为什么要打破"一亩三分地"的思维定式？习近平总书记关于要着力加大对协同发展的推动，自觉打破自家"一亩三分地"的思维定式，抱成团朝着顶层设计的目标一起做，充分发挥环渤海地区经济合作发展协调机制的作用等讲话精神，说得再明白不过了，这就是：唯有打破"一亩三分地"的观念和做派，才能实现京津冀协同发展。这正是抓住了京津冀协同发展的关键。多年来，北京作为首都，是全国的政治中心，天津作为直辖市，政治色彩浓厚，又曾是河北的省会，两市的发展可以说是一路高歌，而环抱京津"双核"的河北省，在为"双核"的发展作出巨大贡献的同时，自己在体制性和结构性的窠臼里却裹足不前，或者说两市在"虹吸"河北省诸多资源之后，却没有给予多少反哺措施。眼下北京发展的极化现象凸显，目前到了其进一步的发展必须也只能依托河北而消除极化现象的地步了，换句话说，是到了没有河北的快速发展、没有河北的现代化就没有北京的进一步发展这一节点上了。即只有首先解决了"大树底下不长草"的问题，让"大树底下的草"长得茂盛起来，才能解决首都人口资源环境等方面不堪重负的大城市病问题，从而也才能实现北京"世界城市"的发展理念，才能实现京津冀区域打造世界级城市群的发展理念，才能最终谈得上京津冀三地协同发展，并把京津冀协同发展作为更大的国家试验田，创造全国区域发展的可复制、可推广的经验。因此，要打破"一亩三分地"的思维惯性，就必然要求京津跳出京津发展京津，以发展河北推动发展京津，以优先提升河北的发展能力和发展水平为抓手，继而实现自身的可持续发展。正如习近平总书记所指出的："强调解决好北京发展问题，必须纳入京津冀和环渤海经济区的战略空间加以考量，以打通发展的大动脉，更有力地彰显北京优势，更广泛地激活北京要素资源，同时天津、河

北要实现更好发展也需要连同北京发展一起来考虑。"①

　　而问题的关节点在于怎样才能打破"一亩三分地"的思维定式。笔者认为，习近平总书记的"双重调节作用的经济发展战略思想"② 同样是谋求观念转变、探求京津冀协同发展路向的思想基础。即必须反对那种在打破"一亩三分地"实现协同发展路径选择上的"纯市场化倾向"，实行政府和市场双重调节的发展。尽管我们同意京津冀地域市场化程度低于长三角和珠三角区域的看法，我们也赞同京津冀要仿效长三角和珠三角坚定不移地走以经济合作为共同内容、以相互开放市场为共同基础的开放、整合和互利的市场经济发展③之路，因为这是京津冀区域经济积极融入世界经济一体化发展道路的必然，是区域经济乃至中国经济参与全球竞争的必然，但这里必须强调的是，那种在京津冀协同发展的路径设计上从一开始就一切以市场为抓手的理念④，是值得商榷的。道理十分简单明了：多年来京津的"双核"地位同时伴随着河北"不长草"的这种尴尬局面的形成，并非是纯"市场"的手段所致，而要改变目前区域内发展极不平衡的局面，自然也不能用纯"市场"的手段。长期以来，河北对京津"双核"只能是服务和服从，"被动和从属"的紧箍把河北牢牢地拴在"后花园、菜篮子、米袋子、肉案子"之上，可服务换来的关照、依托换来的施舍、服从换来的恩赐不但不是用市场的规则"换来"（我们承认这多是从国家利益角度的考量）的，而且从质和量上来看，也是微乎其微的。这是多年来京津冀区域发展的一个缩影。那么，在河北不能快速和长足发展而京津就难以继续发展的境况下，难道还要坐视河北按照市场规则与京津竞争，坐视河北以一己之"弱势"而赶超京津"双核"？倘若如此，显然有些过河拆桥、唯我独尊、撒手不管的意味。从以前的非市场化做法，就反推出在继续发展的道路上必须实行唯市场化的做法，是没有道理的，甚至是不讲道理的。对京津冀"弱市场强政府"的概括或许是正确的，但据此推出"强市场弱政府"甚或完全市场化的协调发展观念，则是形

　　① 《习近平在听取京津冀协同发展专题汇报时强调：优势互补互利共赢扎实推进努力实现京津冀一体化发展》，《光明日报》2014 年 2 月 28 日第 1 版。
　　② 程恩富：《习近平的十大经济战略思想》，《人民论坛》2013 年第 34 期。
　　③ 程恩富：《构建"环中国经济圈"的战略》，《探索与争鸣》1994 年第 4 期。
　　④ 朱迅：《让市场决定京津冀经济圈副中心》，《中国高新技术产业导报》2014 年 6 月 3 日第 3 版。

而上学的。至于机械套用长三角和珠三角市场化发展的做法，硬是采用把京津冀国有经济的发展优势予以"销蚀"的种种所谓对策，也是不顾客观现实和自身特色的一味效仿，甚或效尤。一言以蔽之，在河北的发展和赶超上，京津"双核"负有极其重大的"反哺"责任，不仅是义不容辞，而且要争先恐后。只有首先用特别的思路来实现特别的大树底下"快长草"和"草茂盛"的问题，或者说只有在这同时，才能谈得上市场路向的问题。这个"特别"，说白了就是以极其倾斜的政策和极其巨大的力度，让环首都的河北地区尽快地享受到基本公共服务的均等化，让河北地区尽快地发展和富裕起来。唯有如此，才能谈得上京津冀的协同发展。可见，这里所说的"政府主导作用和市场决定作用相结合"的双重调节作用的发挥，"先反哺后市场""反哺与市场并重"的理念，与习近平总书记"7点要求"中的第7点，即"着力加快推进市场一体化进程，下决心破除限制资本、技术、产权、人才、劳动力等生产要素自由流动和优化配置的各种体制机制障碍，推动各种要素按照市场规律在区域内自由流动和优化配置"的要求，不但不是矛盾的，而且是相互支撑的。质言之，在京津冀区域协同发展的观念转变上，在打破"一亩三分地"的路径选择上，京津"双核"有责任有义务对赖以生活其间的广大的河北贫困带——这也是京津冀城市群的空间基础——采用类似在"虹吸"和"极化"过程中的"政府行为"，既大力度地授之以鱼，又不间断地授之以渔。在某种意义上可以说，这不是河北省发展之必需，而首先是京津"双核"发展所必需。京津冀协同发展，已不能再忘却邓小平提出的让一部分人、一部分地区先富起来之后要先富带后富的那个"带"字，甚或历史已不再留给我们忘却那个"带"字的时间和空间了。

（二）以积极扩展京津冀协同发展的体制和机制创新路向为统领，建立强有力的区域协调管理机构

习近平总书记指出，一定要增强推进京津冀协同发展的自觉性、主动性、创造性，增强通过全面深化改革形成新的体制机制的勇气。习近平总书记提出的推进京津冀协同发展的"7点要求"，大多也是关于通过全面深化改革以促进形成新的体制机制的要求。客观地说，在探索京津冀协同发展的体制机制创新路向上，尤其是要注意以下几点。

1. 建立富有权威的强有力的京津冀协同发展区域协调管理机构

建立京津冀协同发展的区域协调管理机构，是由京津冀"三块四方"

的行政区划特点所决定的。长三角区域是"一主（沪）两副（杭宁）"的行政区划和空间结构，三大城市圈融合发展；珠三角尽管也有广深"双核"，但却在广东省统一协调之下，与京津"双核"且三个省级并列区域的性质迥异，较少有体制管理方面的难题。可见京津冀协同发展，加快推进区域一体化进程，必须打破行政区划的制约，真正实现区域一体化的协作。

建立京津冀协同发展的区域协调管理机构，既有多年来区域协调发展经验教训的启示，更有习近平总书记在听取京津冀协同发展专题汇报时的重要讲话精神的推动。基于多年来经验教训的启示，学界和相关政府机构大多提出了在国务院或国家发展和改革委员会等层面设立高层协调领导小组①，以协调三方政府共同行动，并以其牵头组建京津冀区域合作研究院，站在宏观和第三方角度研究和探索区域协同发展的体制机制及其运行规律。习近平总书记"京津冀协同发展意义重大，对这个问题的认识要上升到国家战略层面"的指示，预示着作为"国家战略"的京津冀协同发展再也不会出现前述几度提及又几度沉寂的尴尬境遇，将开启实质性地推进京津冀乃至国家区域协同发展的崭新局面，而作为统领和指挥京津冀区域协调发展的协调管理机构，已是呼之欲出。

2. 明确协调管理机构的主要作用和功能

要"打破一亩三分地"的思维定式，以京津冀整个区域的协同发展为根本价值取向确定协调管理机构的主要作用和功能。这一协调管理机构的作用和功能主要包括：统一制定和实施前述我们所强调的放眼京津冀整个区域消除北京极化现象的措施和步骤（包括区域整体基本公共服务一体化、亟须反哺环北京贫困带的时间表和路线图等问题）；组织规划和实施跨行政区域的重大基础设施建设、重大战略资源的开发、生态环境的保护和建设、生产要素的流动；统一制定符合区域可持续发展的经济社会发展规划，制定统一的市场竞争规则和方针政策，如京津冀生态环境的补偿机制的建立、京津冀区域利益分享机制的创新、京津冀人口服务对接机制的创新、交通基础设施一体化的投入和管理机制的建立、首都功能的辐射和疏离分担机制等；指导和协调行政区的局部性规划与区域整体规划的有

---

① 最好由一位副总理级别的人作为协调领导小组的组长。

效衔接；负责与上述诸方面规划相应的法律制度的制定和监督执行；等等。

3. 把制定和监督执行区域协同发展的法律法规作为协调管理机构的经常性工作，做到有法必依，换届不换法

这既是基于多年来规划频出而屡难执行的经验教训，又是现代市场经济作为法治经济的必然要求。规划作为谋划区域发展的必要步骤的理念已广为国人所接受，但是由于没有相应法律体系的保障，多年来"规"出多门，"划"出多层，有"规"不依，有"划"不从。目前我国有关城市规划的法律只有 1989 年颁布的《中华人民共和国城市规划法》，而关于区域规划的相关法律法规尚未出台。随着城市群、都市圈经济的发展，制定相应的区域规划法律法规制度，通过法律法规来保障区域规划的严肃性和权威性，已成为区域经济社会持续健康发展的客观要求。有学者建议，可出台类似《区域协作政策程序条例》和《经济圈（或城市群）区域整备法》等相关法律制度。① 如京津冀区域整备法的立法计划及主要内容一般应包含：明确制定该法律的目的是合理利用京津冀区域各项自然空间与人文经济资源，有序进行区域可持续协同发展，促进区域整体发展水平提升，实现区域协同发展带来的"三地四方"主体利益和社会（包括国际）形象的提升；逐步将区域发展中需要协同合作的事项及其运行机制通过纳入法制化轨道，如由人大立法以确保跨行政区划执行与跨任期执行。就像英国伦敦旁边的米尔顿·凯恩斯新城，从 20 世纪 40 年代开始兴建，至今尚在建设完善之中，70 多年间尽管换了很多届市长，但都是按照开始的规划和法规来建设。而我国现行的换届政策，官员轮换频繁，很容易导致规划执行上的改弦易辙。另外，协同发展法律法规中的一个极其重要的内涵，就是要给予协调管理机构明确而权威的行政地位，如隶属于国务院或以国务院副总理兼任机构首长等，并给予区域协调管理机构一定的财政转移支付权和对区域协同发展基金的支配权等。

（三）以京津冀城市群建设为核心，奠定区域协同发展的空间和主体基础

习近平总书记指出，城市群建设是区域协同发展的载体。规划，首先

---

① 王德利：《首都经济圈发展战略研究》，中国经济出版社 2013 年版，第 341 页。

是城市群的规划，其实质就是区域协同发展的"顶层设计"。习近平总书记"7点要求"中的第1点，就是"要着力加强顶层设计，抓紧编制首都经济圈一体化发展的相关规划"。从本文第一部分对概念的演进的叙述中可以清晰地看到，京津冀区域经济概念在提出后近30年间几度提及又几度沉寂，始终没有一个科学可行的首都经济圈一体化发展的城市群规划。这正是目前京津冀区域出现诸多反协同发展现象的一个主要原因。在这方面，巴黎都市圈①以区域规划促城市群建设的做法，值得我们借鉴。20世纪巴黎地区的历次区域规划，从世纪初控制郊区蔓延，到50年代末谋求区域均衡发展，到60年代中期以发展为主题的区域规划，再到90年代致力于建设"所有人的城市""欧洲中心""世界城市"等，都是面向解决巴黎城市发展问题的实际需求，通过区域城市化来缓解单一中心过度城市化造成的区域不平衡发展，城市群建设不断得到优化。这样，区域发展的视域从最初的城市聚集区逐步扩大到巴黎地区和巴黎盆地，扩大了城市发展的空间储备，扩展了解决城市问题的途径，确保了区域城市发展的灵活性和持久性。

我国"十二五"规划纲要明确提出打造"首都经济圈"，推动京津冀一体化发展。北京已经确立了"世界城市"的发展目标，然而北京也正面临着严峻的人口、资源、环境、城市功能错位和疏解等方面的压力。巴黎等城市群的建设经验表明，世界城市是在与周边城市相互协调、分工合作、良性互动中发展起来的，是一个"群建设"的过程。伦敦、巴黎、东京等都市圈，不但是各自国家的政治或经济中心，也是国际经济、金融、商务、文化及信息交流的中心。北京要建设世界城市，同样是一个"群建设"的过程，需要一个城市群的整体支撑。从目前北京的辐射带动情况及天津、河北各市的发展状况看，它们正处于城市发展理念中的成型期向成熟期过渡，即由单向辐射向多向辐射转型阶段，亦即进入城市群建设阶段。比如京津"双核"各自的辐射范围已难以厘清，唐山、保定等区域二、三级城市的辐射范围已被京津涵盖，于是"京津唐"便"见风使舵"或"与时俱进"地突然间改称为"京津冀"。长三角、珠三角打造世界级城市群的步伐，也在"催促"着京津冀"一省两市"区域城市群加快建设步伐，完全可以说，中国即将迎来一个"群"时代（城市群时

---

① 王德利：《首都经济圈发展战略研究》，中国经济出版社2013年版，第41—47页。

代）。京津冀城市群的规划和建设，将是北京（乃至天津）成为世界城市赖以其上的空间基础，也将为区域协同发展奠定良好的空间基础以及坚实而有力的主体基础。

（四）以治理环境污染和加快交通基础设施建设为突破口，打开京津冀区域协同发展新局面

习近平总书记"7点要求"中的第5点和第6点，就是对京津冀协同发展中生态环境保护合作和交通一体化建设所作出的方向性指导意见。一个"已经启动大气污染防治协作机制"，一个"把交通一体化作为先行领域"并"着力构建"和"加快构建"，凸显了治理环境污染和加快交通基础设施建设在打开京津冀区域协同发展新局面中的先行和突破地位，正所谓"杀出一条血路"。

如前所述，京津冀环境污染问题多因不能够协同发展的"诸侯"意识而产生，同时环境污染问题又进一步地制约着协同发展。既然如此，以环境污染的治理为抓手来打开京津冀区域协同发展的新局面，便是顺理成章的了。逻辑上顺理成章，事实上也更为紧迫。严重的雾霾天气给人们上了一堂刻骨铭心的课，从"坚决向污染宣战"催生出"京津冀等六省区欲打破行政区划共同治理雾霾"①等报道来看，京津冀协同发展所最先呈现出的一个愈加清晰的线路图，就是首先向雾霾宣战，即京津冀三地都必须毫不动摇地将治理环境，特别是治霾当作协同发展的首要一步和重中之重。"抱团"发展，现在已经体现在抱团治霾上了。再也不能让"新一轮"的京津冀一体化重走以往"污染—转移—扩散—再治理"的老路，否则协同发展从一开始就会落入一个低起点的窠臼之中。

以交通基础设施建设为先导和突破口打开协同发展新局面，是现实发展催生的理念。我们清晰地看到，长三角都市圈和珠三角都市圈的半小时或一小时生活圈的建成，轨道上矗立的城市群形象，为劳动力要素的频繁流动，为产业的转移和资本要素的流动，为地区之间人才和技术等要素的交流与合作，为信息资源的通畅流动和共享奠定了物质基础。人们惊呼，同城化时代到来了，人们也有理由预见区域经济大格局的到

---

① 《六省区欲打破行政区划共同治理雾霾》，2014年3月11日（http：//news. xinhuanet. com/poli-tics/2014－03/11/c_ 119711705. htm）。

来、区域一体化的到来。与长三角都市圈和珠三角都市圈的半小时或一小时生活圈相比，目前京津冀仅有京津"双核"之间的半小时高速铁路线，北京至环抱北京的河北各县市半小时或一小时生活圈的建设还有很长的路要走。

以交通基础设施建设为突破口打开协同发展新局面，也是国际都市圈建设经验的启示。20 世纪 60 年代，刚成立的巴黎地区政府就认识到，主要交通线路的布局决定了城市化地区的形态发展，规划者们将这种认识自觉地运用到地区规划实践中，通过先行建设区域交通基础设施引导区域城市协同发展，通过构筑区域交通网络来调控区域内城市、人口、产业、社会生活等空间布局。在之后的数十年间，交通设施建设始终是巴黎地区城市政策的重点，从高速铁路、高速公路、城市地铁，直至步行道路和各种交通转换枢纽一应俱全，使巴黎地区形成了四通八达的交通网络，极大地提高了人口、物资的可流动性，巴黎地区也在欧洲中心和世界城市的激烈竞争中占得优势，同时也成为巴黎地区推进城市化进程和促进区域整体协同发展的坚实基础。[1] 比照巴黎地区的交通网络建设，京津冀交通基础设施建设应在以下几个方面实现突破：第一，整合城际公路交通和城市、城际轨道交通，大力推进大运量的城际快速轨道交通线路建设，这样便为"极化"的北京等核心城市的疏导辐射或新的集中创造了前提条件；第二，以加强沿海经济带交通联系为目标，加紧建设和形成纵贯南北的综合交通体系，扩大与全国其他地区的联系；第三，加强区域内完善的航空港、港口交通体系建设等。

（原载《管理学刊》2015 年第 1 期，第二作者为王新建）

第六节　中原经济区共享发展的现实困境与化解路径

中原经济区是在我国经济增长转型转换这一特殊时期上升为国家发展战略的。新时代的中原经济区要以全面深化改革创新为突破口，坚持人民至上原则，秉持共享发展理念，增进民生福祉，使中原人民在共建共治共

---

[1]　王德利：《首都经济圈发展战略研究》，中国经济出版社 2013 年版，第 41—47 页。

享中有更多获得感。深入研究中原经济区共享发展的现实困境与共享路径，具有重要的理论与现实意义。

一 中原经济区共享发展的现实困境

（一）经济发展与社会建设的失衡

中原地区目前仍处于工业化中期，人口多、底子薄、发展不均衡的区情没有根本性改变。地区中心城市规模偏小，辐射带动力不强；城市发展快于农村发展，城乡差别和工农收入差别显著；城市的道路、通信、水电以及教育、文化、卫生等明显优于农村。当前，中原经济区社会建设矛盾日益尖锐，社会阶层分化加剧，社会关系日益复杂，群体利益纠纷事件日益增多，社会秩序时有失控，导致社会建设方面长期欠账。这些潜在的变相因素，无法预料的内外情势，不断加大的调控难度，使得中原经济区现行体制下的社会治理模式积弊重重，无法适应目前快速发展的经济模式和社会变革。同时，伴随城镇化进程的不断加快，大量农村剩余劳动力转移入城，很多农村地区也出现了"空心村""空巢户"，这些领域在社会治理中几乎处于"真空"地带。城市化的突飞猛进与所造成的都市村庄的管理问题，经济发展所造成的新生代农民工问题和大学生"蚁族"现象，信息经济的发展所带来的虚拟社会的管理问题，社会组织发展的不健全等，这些问题严重阻碍了中原经济区的社会发展。

（二）教育发展与人力资本的错位

人力资本是边际生产力的重要体现，高人力资本意味着高的边际生产力、高的劳动报酬。中原经济区的勃兴，关键在人才，根本在教育。中原经济区区域内，现有"各类各级学校5.78万所，教育人口2918万，是名副其实的教育人口大区"。首先，劳动力技能水平偏低。在技能人才中，中原经济区现有的初级工和中级工占80%左右，高级工占比在15%以下。其次，高层次人才总量不足，高端人才与领军人物更是凤毛麟角。在专业技术人才中，研究生以上学历所占的比例为1%，高级职称人员所占的比例为6.17%，均处于全国较落后水平。再次，人力资本结构性浪费严重。中原经济区第一产业就业人数过多，第二产业就业比重不足，第三产业比重滞后。最后，农村人力资本欠缺。高质量农村人力资本的匮乏使得中原经济区农业发展的潜力远没有挖掘出来。在综合考虑职业、教育、收入等客观因素下，我国16—64岁有职业人口的社会结构呈现为

"倒丁字形"，社会底层的比例非常大。"倒丁字形"的社会结构使社会群体间的关系处于对立、矛盾或冲突下，存在很强的张力，容易激发社会矛盾。

（三）经济增长与利益共享的落差

利益共享是社会主义的内在要求，它要求参与社会发展的不同利益主体共享社会发展成果。近年来，随着中原经济区经济社会的长足发展，城镇居民收入不断提高，但与东部发达地区和全国平均水平相比，仍处于较低水平。2016 年，中原经济区城镇居民人均可支配收入分别只是广东、浙江、江苏及全国平均水平的 66.66%、58.23%、69.43%、83.36%，居全国各省市的第 19 位。中原经济区农村居民人均纯收入只是广东、浙江、江苏及全国平均水平的 70%、48.87%、60.58%、93.3%，居全国各省市的第 17 位。① 国家统计局发布的数据显示，当前中原经济区城乡居民收入差距基本稳定在 3 倍左右的高位。2016 年，中原经济区行业的最高工资与最低工资的差距已扩大到 42346 元，年均增长率高达 17.2%，职工平均工资的最高行业与最低行业的差距从 2.56∶1 扩大到 4.46∶1。2016 年《河南统计年鉴》的数据显示，年平均工资排在前五位的多是"三高"行业和资源性行业。而传统的劳动密集型和市场竞争性的行业收入一直处于较低水平，国家予以的补贴也较少。由于灰色收入的分配调控力度不够，事实上，各行业差距要比用行业工资水平反映出的收入差距更大。

（四）区位发展与生态保护的张力

生态文明是社会主义现代化建设的重要目标，中原经济区建设要高度重视生态文明建设，在生态农业试点、发展循环经济、强化节能减排、加强污染治理等方面进行了许多有益探索，但由于生态文明建设在理论和实践层面都处于探索阶段，加上传统工业文明发展惯性的影响，中原经济区生态文明建设和物质文明建设还存在相当大的张力，建设任务相当艰巨。中原经济区县域经济格局呈现以京广线为分界线，西部发达、东部落后的特征，西北部经济发达的县（市）工业发展活跃，而东南部大部分县（市）工业增长平稳。当前，中原经济区经济正处于现代化加速发展阶

---

① 朱杰堂：《经济新常态下中原经济区建设的路径选择》，《河南社会科学》2015 年第 9 期。

段，工业能力正在逐步释放，大量的公路、铁路、桥梁等基础设施正在建设当中；中原城市群、县域经济的发展壮大都内在地包含对大量原材料的需求，由此必然会给生态文明带来沉重压力；中原经济区工业结构层次较低，以初级加工工业为主，资源、原材料工业的拉动作用非常突出，高技术、耗能低的企业则明显偏少，从而加大了中原经济区节能减排的压力和难度。中原经济区资源破坏比较严重，生态环境比较脆弱，水土流失、环境污染等现象比较严重。

二　中原经济区共享发展的践行机制

习近平指出，共享是我们国家社会主义的本质要求，也是我国社会发展的必然要求。推动中原经济区共享发展，就要把共同富裕愿景作为经济发展动力、把坚守公平正义作为政治防线、把维护和谐稳定作为社会基石。

（一）创新供给侧改革和公有制壮大的物质增长机制

推进中原经济区共享发展，必须更进一步深化中原经济区供给侧结构性改革，解放和发展中原经济区的生产力，为中原经济区共享发展提供坚实的物质基础。以共享发展理念引领供给侧结构性改革，有利于促进合理的收入分配，提高消费的积极性，缓解供过于求的矛盾。在经济新常态下，中原经济区要从供给和需求两个方面发力，共同推进中原经济区经济持续健康发展，要从供给侧进行改革，调整中原经济区经济结构，更好地满足中原经济区人民的需要，为推进中原经济区经济持续发展提供支撑。[①] 公有制是实现中原经济区共享发展的制度基础。在公有制企业的生产经营过程中，由于生产资料、生产技术和生产信息的充分互利共享，企业之间可以利用知识易传播性、规模报酬递增及边际成本递减等特性，打破资本主义私有和垄断人为制造的知识传播壁垒，最大限度地释放创新带来的增长红利，将经济蛋糕总量做得更大，为全民共同富裕奠定物质基础。[②] 必须壮大中原经济区公有制企业，创新中原经济区公有制企业的经营管理制度，完善公有制企业的市场参与机制、国

---

① 张峰：《新发展理念与供给侧改革内在契合的政治经济学分析》，《现代经济探讨》2017年第7期。

② 丁晓钦、程恩富：《共享发展：中国特色社会主义政治经济学的新话语》，《光明日报》2016年7月6日。

有资产的管理体制，加强管理、提高效率，提升中原经济区公有制企业的盈利能力、竞争能力、保值增值能力和可持续发展能力。要创新中原经济区公有制企业的收益分配制度，健全中原经济区国有资本收益分享制度和公共资源收益全民共享机制，使中原经济区公有资本真正能够惠及全区，实现共有共享。

（二）完善城乡一体区域协调的发展机制

共享发展蕴含发展成果城乡区域公平正义的分享，尤其是坚持发展成果共享机会的平等。[1] 解决中原经济区发展不平衡问题，必须采用包容性的发展模式，实现中原经济区城乡、区域之间共享发展的目的，不仅仅是让农民实现角色转变或者达到区域共同发展，而最主要的目的是践行共同富裕的社会主义价值目标。积极实施乡村振兴战略，统筹规划中原经济区城乡基础设施网络，健全中原经济区农村基础设施投入长效机制，推动中原经济区城镇公共服务向农村延伸，逐步实现中原经济区城乡基本公共服务制度并轨，营造以城带乡、以工促农、工农互惠、城乡一体的新型工农城乡关系。增加对农村基础教育，尤其是老少边地区基础教育的投入，不断提升中原经济区农民的受教育水平和就业创业的能力，使他们有能力跟上市场化、工业化和城市化发展的步伐。要对落后地区的发展给予政策上的倾斜，对农村地区进行合理有效的产业布局和产业转移。中原经济区的发达地区也要贯彻邓小平提出的"两个大局"政策，对落后地区给予支持和帮助。

（三）厚植人力资本就业充分的权益保护机制

人力资源的开发和劳动者素质能力的提升不仅增加了人民参与发展、共享发展成果的机会，也是中原经济区经济社会发展的内在要求。厚植人力资本，就要实施人才优先发展战略，把人才作为支撑中原经济区发展的第一资源，加快推进中原经济区人才发展体制和政策创新，构建有国际竞争力的人才制度优势，提高中原经济区人才质量，优化中原经济区人才结构，加快建设人才强区。通过第一产业支持第二产业，第二产业反哺第一产业，第一、第二产业带动第三产业，第三产业支撑服务第一、第二产业，实现充分就业。中原经济区各政府要强化责任，实施更积极的促进就业政策，打造覆盖面广的城乡公共就业服务体系。中原经济区应建立更加

---

① 王丹、熊晓琳：《论共享发展的实现理路》，《马克思主义研究》2017年第3期。

广泛的就业与再就业服务系统，以逐步消除劳动力市场上的就业排斥与信息壁垒。各级政府要把就业问题置于经济社会发展更加突出的位置，将中原经济区的具体区情和市场经济机制有机结合，大力发展能够发挥中原经济区劳动力数量优势的劳动密集型产业，鼓励和支持中原经济区多种所有制的中小企业吸纳劳动力。要加大对中原经济区社会弱势群体的教育投入，保障城乡教育机会公平和教育质量均等，提升中原经济区人力资源能力，做好社会保障，强化中原经济区弱势群体自我造血功能；健全中原经济区促进就业的社会公共服务体系，做好对中原经济区低收入人群的就业援助，提供及时实用的就业信息，建设由政府扶持的职业技能培训机构。中原经济区必须提高工资收入来维护广大劳动者最根本的利益，以劳动权的充分实现推动人的全面发展，初次分配加大劳动报酬比重，让劳动收入体现劳动者的真正价值，提高劳动收入在国民收入中的比重，实现劳动者收入增长与经济发展同步。

（四）建构和谐享有体面生活的社会保障机制

建立共享发展的"善治"机制，确保均衡性分享财富机会，让弱势群体和低收入群体受益且多收益，是中原经济区共享发展的核心要义，也是实现中原经济区共同富裕的起点。要坚决打赢脱贫攻坚战。党员干部要有消除贫困的自信心和可行的发展思路，既要精准识别扶贫对象，提升扶贫的科学性，更要激发发展内生力，调动困难群众脱贫积极性。为实现经济平稳发展，保障中原人民共享发展成果，应秉持兜底线、织密网、建机制的要求，全面建成覆盖全民、城乡统筹、权责清晰、保障适度、可持续的多层次社会保障体系。建立中原经济区社会保障体系要以"重视医疗、关注住房、保障最低生活标准、改善教育"为逻辑路径，以社会保险、社会救助、社会福利为根基支撑，以基本养老、基本医疗、最低生活保障制度为实践指向，以慈善事业、商业保险为重要内容。① 中原经济区社会保障体系要立足河南省情，加大资金投入，广布社会网点，方便群众生活，程序设计要人性化、政策保障要法制化、资金筹措要社会化；调动社会力量参与的积极性，推动社会资本关注社会保障事业，支持保障事业、参与保障事业，破除体制障碍，为建立中原经济区社会保障基金融资机制

---

① 张国献、李玉华、张淑梅：《论民生视域下包容性增长的实践取向》，《当代经济科学》2011 年第 4 期。

保驾护航。

（五）健全注重民生人民至上的干部考核机制

中原经济区建设必须强化共享发展的价值导向，树立科学的政绩观，将中原经济区经济发展、社会稳定、共同富裕、人民幸福、生态文明纳入干部考核评价体系中，把共享发展作为中原经济区干部考核激励机制的基石，既注重考核发展速度，又注重考核发展方式与质量，既注重考核经济建设情况，又注重考核社会协调发展、人与自然和谐发展。实现共享发展，必须注重社会财富分配的均等化，淡化 GDP 的衡量指标，保证各项工作的确切落实，构建长效保障机制。应将共享发展、民生问题、社会和谐、幸福指数作为中原经济区干部政绩考核的主要指标，同时增加中原经济区社会事业的考核比重，并有针对性地设置评价指标，注重评价标准的客观性，体现评价方法的科学性，完善中原经济区干部评价程序的规范性。改变中原经济区政绩观，要让中原经济区人民群众作为评判主体，只有这样，才能有效构建中原经济区干部考核激励机制。中原经济区增长包容不包容、民生保障不保障、社会和谐不和谐，人民群众感受的最深刻、最具体、最真切、最有发言权。要将人民监督与组织考察有机结合起来，赋予广大群众评判各级领导干部政绩的权力，使其把对上级负责与对人民负责统一起来，倡导"人民至上"的价值观，这样才能推动社会经济更健康、更有质量和更富内涵的增长。要积极扩大中原经济区基层群众政治参与，拓宽基层群众利益诉求渠道，促进中原经济区协商民主发展，扩大基层群众平等参与的机会。

共享发展的机制是中原经济区共享发展实践中各个要素和环节的内在本质联系，是融于共享发展实践全过程和各个方面的相互协调、相互贯通、相互促进的各种因素有机构成的运行体系。共享需要共建共治，共建共治为了共享。实现共享发展，就要激发中原人民的建设热情和创造活力，使中原人民在"共建共治"中各尽所能，在"共享"中各得其所，让中原人民在共建全面小康社会中实现共享发展。

（原载《领导科学》2018 年第 11 期，第一作者为张国选）

第七节　不同农业经营体系的构建与
分散型村庄的未来

我国农村实行的是土地集体所有制，各地农业最主要的区别是经营方式不同。基于不同的农业经营方式，出现了不同的农业经营主体和不同的农业经营体系，出现了两种不同类型的村庄发展模式：一类是建立在农业家庭承包经营基础上，发展个体经济、私营经济为主的分散型村庄；另一类是坚持农业集体经营，或者在家庭经营基础上充分发挥集体层面统一经营的主导作用，发展集体经济与合作经济，形成集体经济占主体地位的集体化村庄。那么，实践中存在的农业经营方式和经营主体主要有哪些？各自有何优缺点？未来的发展趋势如何？它们的发展对未来的村庄发展和城乡关系将产生什么样的影响？未来构筑一体化的新型城乡关系，应该选择和构建什么样的农业经营体系，才能与之相匹配、相适应？这些问题始终是事关国家和社会主义事业前途命运的重大现实问题。

一　当前我国农业的主要经营方式及其演化趋势

随着改革的深入，我国农业在家庭联产承包责任制的基础上出现了以家庭经营为基础，家庭经营、雇工经营、企业经营、合作经营、集体经营等多种农业经营方式并存发展的态势。在不同农业经营方式的基础上又形成了不同类型的农业经营实体，总起来看，主要分为三大类：以家庭个体劳动为基础的家庭承包农户、专业大户、家庭农场等；以资本雇佣劳动为基础的部分家庭农场、资本农场或者农业企业等；以集体劳动或合作经营为基础的集体农场、集体企业、合作企业和各类合作社等。在可预见的时间内，我国农业仍将呈现出多种经营方式和多种类型的经营实体并存发展的态势。

改革开放以来，中国农业的家庭经营在市场化大潮的冲击下，依然顽强生存发展，与农业本身的特性和家庭经营的独特优势有关，与中国独有的土地制度和人多地少的国情有关。农业，特别是种植业由于农作物的生物特性，农业生产经营的复杂性等，难以对农业雇佣劳动力进行有效监督。同时，由于生命性、季节性以及对土地的依赖等，耕作努力程度与耕作回报的关系具有不确定性，农业生产在空间上和时间上进行逻辑化组合和集中的难度极大。家庭经营使得农业劳动者与劳动对象建立了紧密的经济利益关系，顺应农业生产的自身发展规律，监督成本低，效率高，自由度大，具有自己独特的优势。这也是农业家庭经营方式绵延两千多年，并没有被资本主义雇工农场和社会主义集体农场所取代的内在因素。

农业家庭经营方式有存在和发展的合理性，但缺陷也很突出，从长远来看，需要改造和转化。家庭联产承包责任制中的家庭经营，作为双层经营体系中的基础层次，其新意在于，不仅有家庭经营，更有建立在土地集体所有制基础上集体层面的统一经营。失去了集体层面统一经营，家庭经营就失去了新意；失去了土地集体所有制，就失去了与传统小农经济和西方家庭经营的本质区别。然而，长期以来，大多数农村在实践中过多地强调了家庭承包经营，忽略了集体统一经营，形成了"只分不统"的个体小农生产和小农村庄，集体层面统一经营日益削弱，集体经济组织日益虚化，村庄集体资源日益减少。

家庭经营方式具有封闭性、散漫性、狭隘性、保守性等局限性，个体农民缺乏资金、技术、信息等，在市场中力量和信息不对称，谈判地位低，无法适应社会化大生产和市场经济发展的要求，难以获取农业产业链延伸的效益，无法参与分享工业化、城市化发展成果，小农个体经营与社会化大生产的矛盾、小农户与大市场的矛盾，构成了我国当前农村的两对基本矛盾，进而产生了个体小农与工业化、城市化、农业现代化和乡村公共建设的矛盾，这些矛盾的存在最终导致了中国陷入"三农"困局，导致了农民陷入"温饱而不富裕"的陷阱。

伴随着我国工业化、城市化的发展，农业生产资料价格上涨，加上农业劳动的复杂性、艰苦性和比较效益低的现实，使得一部分人不愿从事农业劳动，越来越多的人外出务工经商，从事非农产业，农村劳动力逐步向城市和非农产业转移。自20世纪80年代末以来，伴随着进城务工经商人数的增加，农户之间自发进行的土地流转一直存在，特别是90年代中后期，随着农业税费负担的不断加重和农业生产资料价格的持续上涨，农户之间自发的土地流转持续增加。部分农民不愿意，或无力再继续耕种承包土地，就把土地流转给愿意种地的邻里亲友和其他农户。也有一部分种田能手、承包农户等主动流转他人的承包土地，从而形成专业大户、家庭农场。

当前，普通家庭承包农户、专业大户、家庭农场等是我国农业生产的最大主体，形成了中国特有的"老人农业"① 和"新中农农业"② 模式。我国农村普通承包农户基本以代际分工为基础的"半工半耕"模式维持家庭生活，老人留守农村经营承包土地，年轻人外出打工补贴家用，保障在小块耕地基础上过体面生活。留守农村从事农业生产的大部分农民处于50—65 岁之间，这部分农民进城打工没有优势，但是完全可以胜任今天承包土地的经营耕种，而且，精耕细作比规模经营更有效率。同时，在农村还有一部分年富力强的劳动力，由于父母太老或子女太小，或者在农村从事副业，或者在本地务工经商等，他们不想背井离乡地外出务工，有比较强的农业经营能力，逐渐流转其他承包农户的土地，形成了经营规模大约 30 亩地以上的家庭农场和专业大户，从农副业中获得不低于外出务工的收入。他们依靠家庭成员为主要劳动力，经营规模适度，经济收入主要来源于农副业生产，在乡村熟人社会中有着自己的社会关系和完整的家庭生活，是农村中相对稳定地从事农业生产的中坚力量，形成了农村的"新中农"阶层。

相对于普通家庭承包农户，专业大户、家庭农场等经营规模大，有较高的技术水平，有利于采用先进的农业机械、农业技术等。家庭农场规模适度的标准，由于各个地区的实际情况、生产条件、农作物品种等不同，很难有一个统一的衡量指标。但是，它们都主要依靠家庭成员劳动为主，具有监督管理成本低，有较大的经营自主权等优势，是建立在农村富余劳动力转移和双方自愿信任流转基础上的土地集中，是在工业化、城市化进程中出现的，扩大了规模的家庭承包农户，通过使用农业机械等科技手段，从事较大规模的农业生产，在发挥农业家庭经营优势的同时，也可获得一定的规模收益，推进农业的机械化、现代化。

随着家庭农场规模的扩大，单纯依靠家庭成员进行劳动不能够胜任和完成任务，逐渐雇佣其他劳动力，进而形成了以雇工劳动为主的家庭雇工农场。家庭农场与家庭雇工农场最主要的区别是是否以家庭成员为主要劳动力。多数家庭农场以家庭成员为主要劳动力，家庭雇工农场则更多的是

---

①　老人农业，是指农村青壮年劳动力外出打工的情况下，我国的农业生产主要是由大部分处于 50—65 岁的老人承担和完成。

②　新中农农业，是指留守在农村没有外出务工经商，而是流转了较大面积的土地，从事农副业生产的青壮年劳动力通过扩大耕种面积，提高技术水平，从事农副业生产等获取不低于外出务工的收入。

雇佣工人劳动。相对于依靠家庭成员为劳动力的家庭农场和承包农户而言，雇工农场要支付土地流转费用、雇工工资、农场监督管理费用等，单纯从事种养业的比较效益并不高。而家庭农场劳动力的机会成本很低，可以在劳动边际收益低于市场工资的情况下仍继续投入劳动，以更多的劳动、更低的劳动报酬、更低的生活水平为代价，继续维持生存和发展。而规模较大、依靠雇工劳动的家庭雇工农场、资本农场、农业企业等雇工的劳动积极性和责任心并不高，监管难度大，成本高，且难以计量。它们的粮食单产水平一般比家庭农场和普通承包农户要低，甚至有一些农场扣除成本后处于亏损状态，依靠政府的补贴维持运转。实践证明，单纯种植业的田间管理、精耕细作，更适合家庭经营方式。但是，资金实力雄厚的资本农场、农业企业在农产品加工、运销等产业链条延伸和拓展方面更具有优势，可以获得比家庭农场和普通农户更多的利润。

分散的个体小农，在生产生活中存在着大量的一家一户"办不好、不好办和办起来不合算"的共同事务，需要农民之间的联合与合作，也需要有与之配套、为之服务的基层组织体系和社会化服务体系。农民在解决生产生活困难的过程中，出于共同的利益需要和目的，相互联合与合作，组建各类合作社和集体经济组织，进行合作经营和集体经营，在实践中呈现出多样化发展的态势。农民或者基于业缘形成纵横向联合与合作，组建专业合作社；或者将农户承包的土地折股量化，以行政村或村民小组为主体组建土地股份合作社，对入股土地实行统一规划、开发和经营，农户按股分红；或者把承包土地重新交回集体，由社区集体经济组织统一经营，组建集体农场，变家庭经营为集体规模经营。集体经营、合作经营的优点不仅在于成功实现了规模化经营，有利于推动农村工业化、城镇化和农业现代化，而且，在合作组织和集体组织内部消除了对雇佣劳动的剥削，实行真正的民主管理，有利于实现组织成员内部的平等与共同富裕，有利于在社会和谐稳定的基础上推进农村工业化、城镇化、农业现代化，推动农村经济社会全面健康协调发展。

农民与其沦为受雇佣的无产者，不如选择合作社的集体化的生产方式，通过组建集体经济组织、农民协会和各类合作组织等，依靠集体化、组织化的力量，发挥组织协同和产业协同效应，生成聚合规模经济，发展大农业，发展二、三产业，延伸农业产业链条，将产前、产中、产后的各个环节和领域加以延伸拓展，依靠农民组织化的力量分享社会平均利润，形成不同农业经营体系的构建与分散型村庄的未来产加销、农工商综合体和联合体，从而克服家庭个体经营与社会化大生产、大市场的矛盾，推进新型农村工业化、城镇化和农业现代化。各类集体组织和农民合作组织是农民自己的组织，是提升农民组织化程度，增强农村内生发展动力与能力的根本途径。

但是，现实中，集体经济组织、合作组织在分散型村庄发展滞缓，农民自发组织成本高，难度大，又缺乏政府扶持和引导，市场竞争环境日趋激烈，集体经济组织、农民合作组织进入二、三产业难度也日益加大。农民组织起来，单纯从事种养业的收益不明显，成本高。坚持走集体化发展道路，实现共同富裕的村庄比较少，多数村庄缺乏具有奉献精神的带头人，农民合作、组织起来的意识不强烈，集体经营方式推广难度大，农民合作社的发展也难尽如人意。无论是资本农场还是集体农场，相对于家庭经营而言，单纯从事种养业均难以显示出更大优势，必须发展非农产业，拓展和延伸产业链条，发展大农业，实现个体分散经营向适度规模经营转变，小农业向大农业转变。

总起来看，在可预期的时间内，农业生产的特殊性和中国的国情，决定了家庭经营作为基础农业经营方式仍将继续长期存在，专业大户、家庭农场、资本农场、农业企业等在政府的大力扶持下将纷纷涌现、持续增加，合作经营将在实践探索中多样化发展，集体经营在集体化村庄的示范带动下也将显示出顽强的生命力。

二　不同类型农业经营体系的选择及其构建

伴随着工业化、城市化进程和农业剩余劳动力的转移，在家庭承包经营的基础上，我国农业多种经营方式和经营实体的演化趋势主要有两种：一种是以资本雇佣劳动为基础的家庭雇工农场、资本农场或者农业企业等；另一种是以集体劳动或合作经营为基础的各类集体经济组织和合作组织等。从生产资料所有制的本质和生产中人与人之间的关系来看，我国农业会出现不同类型经营体系的选择和分化，进而形成两种类型的农业经营体系：亲资本化农业经营体系和亲劳动化农业经营体系。

亲资本化农业经营体系是以雇工劳动为主要形式，以资本的力量改造家庭经营方式和小农村庄状态，推动农业现代化和适度规模经营的各类经营主体、各种经营方式、经营制度等组成的农业经营体系。家庭雇工农场、资本雇工农场、农业企业等，是亲资本化农业经营体系的主要经营主体，资本雇佣劳动经营是亲资本化农业经营体系的主要经营方式，生产资料私有制是其主要的物质基础。

亲劳动化农业经营体系是以家庭经营、集体经营、合作经营为主要经营方式，依靠劳动者自身联合与合作形成的组织化的力量，克服生产生活中的困难，推进农业现代化和农业适度规模经营，并在此基础上进一步拓展和延伸产业链条，推进农村工业化、城镇化和信息化的农业经营体系。亲劳动化农业经营体系的主要经营主体有家庭农户、家庭农场、各类合作社、各类集体农场和集体企业等，主要经营方式有家庭经营、合作经营、集体经营等，是建立在土地集体所有制和生产资料公有制基础上、以劳动者为主要服务对象的农业经营体系（参见表1）。

表1　　　　亲资本化农业经营体系与亲劳动化农业经营体系比较

比较项目	亲资本化农业经营体系	亲劳动化农业经营体系
主要经营主体	家庭雇工农场、资本雇工农场、农业企业等	承包农户、专业大户、家庭农场、各类集体经济组织和农民合作社等
主要经营方式	雇工经营	家庭经营、集体经营、合作经营
经济发展模式	依靠资本的力量推进农业规模经营和农村工业化、城镇化、农业现代化	稳定和完善双层经营体制，依靠农民组织化的力量推进农村城镇化、工业化、农业现代化和城乡一体化
社会效益	资源和财富日益向少数人集中，富者越富，强者越强，加剧贫富分化，各种社会矛盾层出不穷，乡村公共事业、基础建设等滞缓	惠及大多数农民群众，推进乡村公共事业和基础建设，利于解决农民生产生活中的困难，促进共同富裕、社会和谐和新农村建设
生态效益	资本逐利的本性会危及食品安全、粮食安全等，导致对农村土地、环境等的过度掠夺和开发	农民依托集体力量，会更好地建设自己的家园，实现人与自然的可持续发展
政治影响	精英政治，富人治村	农民自治，党群互动

构建亲资本化农业经营体系，主要途径有两条：一条是扶持村庄社区内部有能力、有意愿的专业大户、家庭农场等继续扩大规模，发展成为家庭雇工农场和私营农业企业等；另一条是支持资本下乡，大面积"流转"农民承包土地，雇佣工人劳动，发展资本农场和农业企业等（参见图1）。

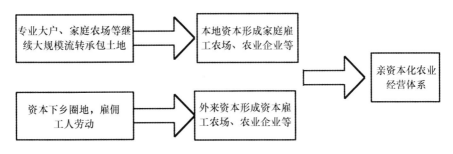

图1　构建亲资本化农业经营体系示意图

构建亲劳动化农业经营体系，主要途径有三条：第一条途径是在逐步流转农户土地的基础上，扶持以家庭成员主要劳动力、规模适度的专业大户、家庭农场，并在此基础上建立示范家庭农场和高标准农田；第二条途径是加强基层组织建设，完善集体层面统一经营，解决承包农户"办不好、办不了、办起来不划算"的事情，为广大承包农户、专业大户、家庭农场等提供优质的社会化服务，并在此基础上进一步发展农村集体企业和合作企业等；第三条途径是组建和加强农村集体经济组织和农民合作组织等，依靠农民组织化、合作化、集体化的力量发展集体经济、合作经济，并在此基础上引导发展股份合作社、农工商联合体等，提升农村内生发展动力和能力（参见图2）。

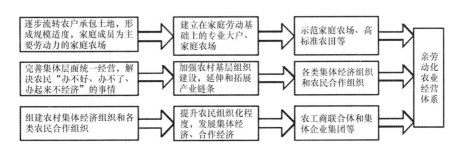

图2　构建亲劳动化农业经营体系示意图

当前，我国呈现出亲资本化农业经营体系和亲劳动化农业经营体系并存发展的态势，政府应该扶持哪种类型的农业经营体系呢？构建新型农业经营体系应该在资本雇工经营的基础上大力发展家庭雇工农场、资本雇工农场和农业企业，还是在家庭经营的基础上，完善集体层面统一经营，并在此基础上进一步发展壮大集体经济与合作经济？

当前，一方面，我国城市尚不具备充分吸纳大量农村人口进城的条件；另一方面，农民进城如果无法获得稳定的就业和收入，即使放开城市户籍限制，农民依然不愿意丢掉农村户口到城市生活。所以，阻滞农民进城的制度性障碍已经不是主要问题，主要的问题是我国非农产业的发展和城市化的水平能否容纳巨量的农村人口。

土地集体所有基础上的家庭承包经营能够实现耕者有其田，保持农业生产的安全和社会的相对稳定状态，农民家庭成员之间的分工，能够维持农村比较体面的生活，满足我国工业化、城市化的农产品供给、剩余劳动力需求，以及农业剩余资源的需求等。农民的家庭承包土地具有社会保障功能，保障农民的家庭承包权和收益权，是农民的基本生存保障和社会保险，是大多数留守农村和进城农民的"命根子"，是农村稳定的根基和底线。失掉了这些，许多农民甚至无法生存。

我国大多数农民仍然需要依托农业和农村，获得生活和生存的基本保障。家庭承包农户仍将长期存在，这是难以改变的现实。进城农民工有农村作为依托和基地，进城失败可以返乡，使他们的生活有了依靠、保障和退路，不至于成为中国现代化的反对者，从而无怨无悔地从事着城市里大多数又脏又累又苦的工作，为中国工业化、城市化和现代化贡献自己的青春和力量。如果切断了他们返乡的后路，一旦在城市干不下去，无法立足，他们该如何生活呢？留守在农村的老人、妇女则以占世界7%的耕地养活着全世界20%的人口，使中国的粮食自给率达到95%。农产品价格长期低廉，而得到的政府补贴却很少，留守在农村的农民为国家工业化和城市化提供了大量的资本积累。正是依靠承包的小块土地，农民有饭吃，有房住，进城失败后还可以返乡，他们心中不慌，成为中国现代化的支持者，农村可以容纳无法进城的大量农业剩余劳动力的基本生活和生存，因此成为中国实现现代化，顺利走出"中等收入陷阱"的大后方、稳定器和蓄水池。这也是中国这样的发展中人口大国，在快速工业化、城市化进程中，没有出现大规模城市贫民窟和无地农民的秘密所在。

然而，当前在"新增农业补贴主要向新型农业经营主体倾斜"的号召下，地方政府纷纷大力支持、扶持资本下乡圈地，并且流转土地面积越大，财政补贴越多，支持土地和资源等向少数人和企业流转集中，严重忽视了当前仍然耕种绝大多数经营承包土地的普通农民。在国家政策扶持下，家庭雇工农场将大量涌现，资本雇佣劳动的资本农场、农业企业也将不断增加。它们有着强劲的利益激励动机，只要有利润空间，就会快速发展起来。但是，工商业资本长期租赁农民承包土地，不会带动和帮助农民致富，而且，在通过种养业难以获得足够利润的情况下，它们很容易出现非农化、非粮化倾向。在家庭经营基础上，进一步通过私有化、市场化运作，使得土地等资源和财富进一步向少数人集中和流转，然后，通过适度扩大土地规模和资源配置集中度，发展资本雇佣劳动的家庭雇工农场、资本雇工农场和农业企业，能够实现土地集约经营和农业机械化、现代化，可以适应市场化、工业化需求。但是，依靠资本的力量发展资本雇佣农场，改造农村社会，这个过程是痛苦、漫长的，无法解决大量农民就业问题，难以解决粮食安全、食品安全、社区建设、环境生态等问题，而且，以社会两极分化，甚至政治动荡等为代价。亲资本化农业经营体系的快速构建，资本下乡与农民争利，会挤占农民的生存空间，必定会加剧与当地农民群众之间的矛盾，甚至会引发社会动荡，阻滞中国现代化进程，会使得农村丧失现代化稳定器和蓄水池的作用。

农业企业与农民是独立的利益主体，虽然在某些环节和领域不排除存在合作和利益联系，但是，从根本上说，资本逐利的本性会使它们与农民之间是一种竞争关系。政府如果不跟进其他措施，只是一味地扶持专业大户、家庭农场等农村社会中的强者，支持农业企业等外来资本下乡，推进亲资本化农业经营模式，就会使许多村庄出现大量失去土地、却又无法进入农场和其他地方打工的农民，农村的社会分化和各种矛盾将会不断出现。同时，资本逐利的本性将会引发对土地、资源、环境等的过度开发、榨取和掠夺，导致自然环境和生态资源的恶化。

综上所述，亲资本化农业经营体系的构建和推进，一定要充分考虑农民的承受力、城市对农村人口的吸纳能力和非农产业的发展水平。正如2014年9月29日，习近平总书记在主持召开中央全国深化改革领导小组第五次会议时的讲话中所说："发展农业规模经营要与城镇化进程和农村劳动力转移规模相适应，与农业科技进步和生产手段改进程度相适应，与农业社会化服务水平提高相适应。""现阶段深化农村土地制度改革，要更多考虑推进中国农业现代化问题，既要解决好农业问题，又要解决好农民问题，走出一条中国特色农业现代化道路。""不能忽视了经营自家承包耕地的普通农民仍占大多数的基本农情。"

政府如果不阻止资本大规模下乡圈占农民土地的话，至少不应该大力扶持资本下乡圈地，而是应该更多地从最广大农民群众的利益出发，为依靠劳动谋生和发展的承包农户、专业大户、家庭农场等提供完善的社会化服务和公共服务，完善农村基础设施，发展公共事业，加强社区基层组织建设，提升农民组织化程度，引导家庭承包农户、专业大户、家庭农场等向专业合作社、股份制合作社方向发展，大力发展集体经济与合作经济。

小规模家庭经营发展空间小，生产效率低，不具有让农民真正富裕起来的基本条件。为了进一步发展农村经济，需要把农民组织起来，创办多种形式的农民合作经济组织和集体经济组织。集体经济组织、合作经济组织是劳动者的资本联合与劳动联合，组织成员既是劳动者，又是所有者。内部成员之间不是雇佣关系，而是平等的合作关系，领导人和组织成员一起按照劳动的数量和贡献共同参与集体经济组织经营总收益的分配，少数人并不能凭借生产资料所有权无偿占有他人的劳动成果。集体企业相对于私营企业的优势，最主要的是建立在资源共有的基础上利益共享，而不是大多数利益被少数人据为己有。发展集体经济、合作经济，能够更加有利于实现社会公平和共同富裕，推动农村基础设施建设和公共事业的发展。

三　基于不同类型农业经营体系的分散型村庄的未来发展

当前，我国广大农村坚持农业集体经营为基础，走上共同富裕的集体化发展道路的村庄比较少，大多数村庄是以家庭经营为基础、集体经济缺乏的分散型村庄。改变我国广大分散型村庄资源日益流出的衰败局面，不能仅仅依靠国家扶持和城市反哺，需要增强经济社会发展的内生动力和组织化力量。

影响村庄发展的因素很多，主要有土地制度、土地经营方式、产业结构、新中农群体的数量、村庄带头人的素质和能力、区域位置、环境状况、资源特征等，其中，对农村发展影响最大的是土地制度和土地经营方式。我国农村坚持土地集体所有制不动摇，已经成为党中央的坚定决心，不同的农业经营方式对村庄未来发展态势将起着关键性作用。因此，我国农村亲资本化农业经营体系和亲劳动化农业经营体系的构建，将会对分散型村庄的未来发展产生重大影响。

在亲资本化经营体系和亲劳动化经营体系的不同选择和影响下，以家庭经营为基础的分散型村庄发展面临着三种不同选择和演化态势：一是扶持土地和资源等继续向少数人和企业流转，在资本雇佣劳动的基础上发展家庭雇工农场、资本雇工农场、农业企业等，依靠资本的力量改造乡村社会。二是在土地集体所有的基础上，维持耕者有其田的家庭经营现状，在工业化、城市化进程中，个体家庭经营发生自然分化，逐步实现农村剩余劳动力的转移和农业的适度规模经营，培育以专业大户、家庭农场等为核心力量的新中农，作为推动未来村庄发展的中坚力量。三是加强农村集体组织和合作组织建设，完善集体层面统一经营，发展合作经济、集体经济，走农民共同富裕的集体化、合作化道路，依靠农民组织化的力量推进农村工业化、城镇化和农业现代化，实现工业文明与农业文明融合共生，城乡一体化、和谐发展。

分散型村庄的第一种未来发展态势，实际上是在农村构建和推进亲资本化农业经营体系的结果，其实质是扶持少数家庭农场和资本下乡圈占农民土地，形成家庭雇工农场、资本农场和农业企业，依靠资本的力量改造乡村小农社会状态。走雇佣劳动基础上资本改造的道路，其前提是农业劳动力大规模向非农产业和城镇转移，非农产业和城镇的发展能够充分吸纳农村剩余劳动力。显然，这与中国的国情是不相符合的，是一个漫长而痛苦的过程。

我国的家庭雇工农场、资本雇工农场、农业企业等虽然是建立在土地集体所有基础上，逐步流转农户承包土地而形成，但是，却保留了雇佣剥削方式和大部分生产资料的私有制。在农村快速推进亲资本化农业经营模式，会挤占农民的生存空间，导致许多农民失掉赖以生存的土地，进城农民工失败后也无法返回农村，导致资本与当地农民群众的矛盾激化，也会导致无法返乡的农民工沦为城市流民和城市贫民窟的出现。同时，资本逐利的本性还会导致对自然环境和生态的过度掠夺和榨取，这些势必会导致各种社会乱象、自然乱象层出不穷。

农村自愿流转土地的农民主要分两部分，一部分是在城市能够获得足够收入过上体面生活的人，这部分人占农村总人口的比例不超过10%；另一部分是没有进城，但是在本地从事非农产业能够获取较多收入，无暇顾及，不愿或者是无力再种地的农民，这部分人占农村总人口的比例也不超过10%。分散型农业村庄大多数农民仍不愿意丢掉承包地，资本要在农民"自愿"的基础上流转大面积连片的承包土地，并不容易。相对于流转给外来资本获取土地的租金而言，大多数农民更注重土地流转期限灵活，更愿意把土地流转给近邻亲友，可以在需要的时候，随时要回承包地，为进城务工经商提供可靠保障，也为进城失败后返乡留条退路。

分散型村庄的第二种、第三种发展态势，实际上是在完善统分结合的双层经营体制的基础上，从广大农民群众和承包农户自身利益出发，构建亲劳动化农业经营体系的结果，是在工业化、城市化进程中对分散型村庄自我演化进行引导和规范的结果，是坚持和完善双层经营体制，在家庭承包经营的基础上完善集体层面统一经营的结果，有利于维护广大承包农户权益和利益，增强农村的内生发展动力和能力。

随着农村剩余劳动力的转移和非农产业的发展，逐步流转规模适度的土地，发展专业大户、家庭农场等，培育村庄内部的新中农阶层，使之成为农业发展和新农村建设的中坚力量。规模农户更加关注村庄基础建设和农田水利建设，在生产资料购进、农产品运销、市场信息等方面具有合作与联合的需求。在这样的基础上，加强农村集体组织和农民合作组织建设，将农民组织起来，解决生产生活中的困难，逐步完善和发挥集体层面统一经营作用，引导农民发展土地股份合作社、社区综合合作社、集体企业和合作企业等，发展合作经济、集体经济，进而增强农村发展的内生动力和能力，使得分散型村庄走上农民自治、共同富裕、社区美化、党群一体、城乡一体的新道路。当然，这条道路建立在劳动者联合与合作，提升农民组织化程度与水平的基础上，必须解决谁来组织农民，如何组织农民，组织起来给农民和农村带来什么样的利益和效益等问题，需要党中央自上而下地重视和实施，也需要基层党组织带领人民群众自下而上地探索和实践。

参考文献：

［1］冯道杰：《集体化村庄可持续发展的路径探讨》，《马克思主义研究》2014年第9期。

［2］贺雪峰：《进城农民要有返乡退路，农村是现代化稳定器和蓄水池》，澎湃新闻网，2014年11月29日。

［3］陈纪平：《为什么大工业没有割断农业生产中的家庭纽带——马克思农业资本主义理论的解读及发展》，《经济学家》2013年第2期。

［4］冯道杰：《公共财政框架下我国差异性城乡一体化研究》，《中南财经政法大学学报》2014年第9期。

［5］马克思：《资本论》第3卷，人民出版社2004年版。

[6]《程恩富选集》，中国社会科学出版社 2010 年版。

（原载《中州学刊》2015 年第 1 期，第一作者为冯道杰）

第八节　我国富人移民潮的经济影响及应对措施

大规模的富人移民给我国经济社会带来巨大的负面影响。从短期看，一方面富人人士移民潮将带走大量资本，令我国经济下行压力加大；另一方面资本外流将对我国的外汇管理体制产生持续冲击压力，这就触及我国经济安全的关键。从中期看，持续的资本外流将对我国的人均国民收入这一更重要的与国民的生活水平息息相关的衡量指标产生影响，所导致的结果就是贫富差距在国际和国内两端都被拉大。从长期看改革开放以来我国经济发展所释放的巨大红利将随着富人阶层的移出国门而离开中国。先富的带着巨大红利离开，留下来的失去先富的帮助将无益于后富起来。如果任由其自行发展下去，在此类富人移民潮的影响下，势必影响共同富裕这一中国特色社会主义伟大目标的圆满实现。

一　我国富人移民潮的本质及现状

移民问题的本质其实是一国资本和智力的流失问题。富人移民由于其相较于其他移民方式的特殊性，对一国来说最重要的还是资本的流失，智力流失问题在富人移民这个层级上表现得不是很突出。因为大部分富人在移民之后会出现这样一种情况，由于他（她）们在母国一般拥有较高的地位，且其大多数产业只有在母国这样一个熟悉的情况下才能很好地运转，对异国的市场、文化、习俗、法律等各方面的陌生感往往使其不敢轻易地将所有产业都转移至异国，尤其是在移民的最开始几年里，甚至很大一部分人只是为得到一个异国身份便利，为以后做所谓的打算，根本就没有动过要改变原有生活和事业的念头。比如像很多演艺界明星，虽然头上的国籍变化了，但是依然工作生活在母国，与原来没有两样。再比如，很多的企业主为所拥有公司上市融资的便利将自己改换国籍后，到美国或我国香港地区上市，但是公司所有的业务都还是在我国开展。这样一来，人还是原来的人，业务还是原来的业务，智力还是原来的智力，同样置身于我国，为我国的经济发展作贡献。但是，站在国际层面，从一国的角度看，资本的流失是相当严重的。

诚然，移民潮的产生与我国金融改革的背景和后果有一定的相关性。受新自由主义的影响，我国金融业为了向变革了的公有制企业输血、为了保增长而满足政府不断增长的投资需求以及在对外开放后外币大量涌入而不断恶化，这在一定程度上对移民潮产生了助推作用。然而，伴随着这次富人移民潮，是我国私人资本的全球流动。近年来我国个人境外资产增长迅速，那么到底有多少资本已经流出我国呢？以下笔者就从富人群体拥有海外资产总额、投资移民项目流出总额和海外置业三个角度估算一下资产外流的情况。

（一）我国富人海外资产总额估算

根据兴业银行与波士顿咨询公司联合发布的中国私人银行全面发展报告，2015 年中国私人财富将达到人民币 110 万亿元，数量达到 201 万户的高净值家庭拥有约 45 万亿元，占全国总私人财富的 41%，约占 2014 年度我国 GDP 的三分之二。

根据胡润研究院与汇加顾问集团联合发布的《2014 汇加顾问·胡润中国投资移民白皮书》显示，我国高净值人士实际海外资产占其总资产的比重为 16% 左右。由此可见，截至 2014 年我国高净值人士投资海外资产已经高达 7.2 万亿元。而就在 2012 年，波士顿咨询公司（BCG）和中国建设银行发布的调研报告显示，中国富裕阶层已经向海外转移约 2.8 万亿元资产。也就是说短短三年内，我国富人人士向海外转移 4.4 万亿元的资产。

根据招商银行与贝恩公司联合发布的《2015 年中国私人财富报告》，已经完成移民或已经决定移民的高净值人士占所有受访者的 44%，相比两年前有 15 个百分点的显著增长。通过这个数据我们可以假设，全国富人阶层中，完成移民或已经决定移民的人数占总人数的 44%，未移民的人数占比 56%。

如果假设移民或准备移民和未移民的高净值群体海外投资资产占其总资产的比例相同，为 16%，则现阶段高净值人士移民或准备移民所带来的实际财富的转移大约在 3.2 万亿元，而未移民高净值人士对海外的投资也高达 4 万亿元。

另外，基于以上假设可以肯定的是，在不久的将来，将近 20 万亿元的财富，即我国 2014 年 GDP 总量的三分之一，将随着这 44% 的高净值人士移民而至少名义上转变为外国人的财富。

（二）我国富人投资移民项目流出资金总额估算

我国高净值人士海外移民和资产转移目的地主要有中国香港地区以及美国、加拿大、澳大利亚，分别占比为22%、21%、16%、5%。

投资移民的过程中必然伴随着资金的向外转移和投资。通过每年我国向各国和地区投资移民的总人数和平均花费，就可以估算出每年由于投资移民而产生的资金外向转移总量的大体情况。以下我们以2004—2013年这十年为时间基数，对中国香港地区以及美国、加拿大、澳大利亚这四个我国高净值人士传统投资移民目的地区和国家进行转移和投资资金进行估算。为方便计算和公平起见，假设投资移民人均投资额为200万美元。[①]

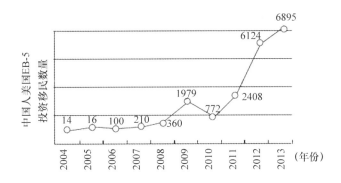

图1 中国人美国 EB-5 投资移民签证获得人数（2004—2013 年）

如图1所示，中国富人申请到美国 EB-5 投资移民签证人数从 2004 年的区区 14 人增加到 2013 年的 6895 人。十年间增长几百倍。实际上，前四年的增长还是相当缓慢的，且与之后的总量相比可以忽略不计。但是自 2008 年西方金融危机开始，每年获得美国 EB-5 投资移民签证的中国人数呈直线上升。如图2所示，具体的人数从 2008 年的 360 人上升至 2013 年的 6895 人次，这六年总共美国投资移民中国人数为 18538 人。以每人投资额为 200 万美元作估算基础，则这六年由于投资移民美国而产生的资本外流总额约为 370 亿美元。那么估计 2005—2013 年的大概总量在 400 亿美元左右。而且 2014 财年度，美国发放的投资移民签证名额为

---

① 宋全成：《理性看待中国民营企业家投资移民》，《中国党政干部论坛》2013 年第 5 期。

10692 份，来自中国的移民占 9128 份，比 2013 年度增加 2878 份，增长 46%，说明富人和资本外流速度还在增加。①

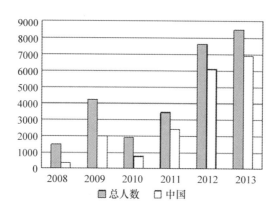

图 2 获得美国 EB‑5 投资签证世界总人数和中国人数（2008—2013 年）

如表 1 所示，我国每年对加拿大经济类移民数量都保持在 35000 名以上，其中企业家移民和投资移民的总额在 2002—2005 年之间增长迅速，4 年时间内投资移民人数就翻了一番还多。且近几年来，由于移民配额的限制，人数在高位保持一定的稳定，自 2008—2013 年常年保持在 6000 名左右。2004—2013 年的这十年间，投资移民总人数为 49776 人，企业家移民项目总人数为 2793 人，合计总人数为 52569 人。则这十年间我国由于投资移民对加拿大的资本外流总额为 1050 亿美元。

中国是澳大利亚最大投资移民来源国②、第二大技术移民来源国和旅游签证的第二大来源国。2008—2012 年五年间，共计 21562 名中国人获得澳大利亚投资移民签证，年均 4312 人，占外国人获得澳大利亚投资移民签证总数 35749 的 60.3%。也就是每 5 个获得澳大利亚投资移民签证的外国人中就有 3 个是中国人，中国成为澳大利亚投资移民的最大来源国。由于 2003 年和 2006 年澳大利亚投资移民配额数据的缺失，我们只好假设

① 蔡敬亮、赵仰远：《我国投资移民发展较快原因分析及对策建议》，《区域金融研究》2012 年第 1 期。

② 王辉耀、刘国福：《国际人才蓝皮书：中国国际移民报告（2014）》，社会科学文献出版社 2014 年版。

表1　　　　　　2002 年至 2013 年 9 月中国移民加拿大经济类移民数量①

移民类型	2002	2003	2004	2005	2006	2007
技术类别移民	31961	36439	36620	42584	33518	27642
企业家移民	305	179	406	454	586	442
自雇移民	89	77	106	72	160	67
投资移民	1964	1526	3036	5133	4262	3180
	2008	2009	2010	2011	2012	2013（1—9 月）
技术类别移民	30037	29622	30391	28503	33024	32030
企业家移民	250	261	89	113	111	81
自雇移民	43	41	46	45	35	23
投资移民	5563	6061	6289	5746	5588	4918

2004—2013 年的年均投资移民数量在 4312 人。据此，大约得出这十年来投资移民澳大利亚的中国公民数量为 43120 人，大约由于该种投资移民造成总额为 860 亿美元的资本外流。

香港政府于 2003 年效仿西方国家推出投资移民计划，其对投资巨额资金要求和其他条件相当苛刻，但是即使这样，香港仍然是内地富人的首选目的地。截至 2013 年，投资移民计划十周年时，该项目总共约为香港吸引 1673 亿港元，人均投资额为 810 万港元，为香港增加 18000 多名高净值居民，当中 87.5% 是大陆富豪。也就是说，这十年间由于香港投资移民项目，我国对港资本流出为 1464 亿港元，约为 190 亿美元。

由上可得，2004—2013 年，我国对美国、加拿大、澳大利亚和中国香港地区的基于投资移民而产生的投资额分别是 370 亿美元、1050 亿美元、860 亿美元、190 亿美元，总共 2470 亿美元。

（三）我国富人海外置业花费估算

海外置业在高净值人群海外投资项目中占最大比重，超过四成；其次是固定收益和股票。根据《2014 汇加顾问·胡润中国投资移民白皮书》，地产绝对是最为热衷的海外投资标的，占 43%。如果假设已移民或准备移民和未移民的海外置业占其海外投资比重相等，则根据 2014 年我国高

---

① 《中国每年移民加拿大人数最新官方统计》（http://www.smartvisa.ca/latest-facts-and-figures-canada-china-immigrants/）。

净值人士投资海外资产已经高达 7.2 万亿元，可得 2014 年我国高净值群体海外置业投资总量应为 3.1 万亿元，其中已移民或准备移民高净值群体海外置业投资量为 1.36 万亿元，未移民高净值群体海外置业投资量为 1.74 万亿元。

总体来说，我国富人移民潮将导致财富大规模外流。尽管目前的资本外流的数额还不是很大，但是有两个方面需要我们注意。

如果富人群体始终保持如此之高的移民意愿，即大约有占比 44% 的富人群体将要移民。乐观来看，假设这些已经移民或者准备移民的高净值人士都只是拿他国的绿卡，而没有获取他国国籍，也就是说其还拥有中国国籍。名义上转移资产，但其所有财产并没有实质性的转移至国外。此时，一方面，从税收得失角度看，一旦这些巨额财富流入西方发达国家，由于西方发达国家基本都拥有完备的所得税体系和财产税体系，这些财富势必会被征收高额税收。换而言之，也就是说，这是用我国的财富去向他国缴纳税款；另一方面，从子女后代角度看，虽然名义上这些财富并没有转移出去，但当其子女后代成为外国人时，这些财富注定有一天终将变成他国的财富，这个过程就是真正财富大规模流出的过程，且将会持续很长时间，甚至一代人以上，之后就将与我国毫无关系。长久看，这对我国经济的影响和打击是巨大的。

二　我国富人移民潮冲击外汇体制，危及经济安全

由于特殊基本国情，为平衡国际收支和维持人民币汇率的相对稳定，我国仍然对外汇的进出实行限制性措施，即外汇管理。外汇管理是指一国政府通过法令对国际结算和外汇买卖进行限制的一种限制进口的国际贸易政策。外汇管制分为数量管制和成本管制。1993 年，汇率改革以后，我国逐步建立起有管理的浮动汇率制度。目前，我国对个人结售汇有年度限额实行的是 2007 年制定的外汇管理细则，其对个人结汇和境内个人购汇实行年度总额管理，总额为每人每年 5 万美元。

近年来，投资移民、海外置业、海外投资等项目规模庞大，金额体量惊人。鉴于境内人民币资本项目尚未完全放开，巨额资金流动受到严格监控和管制。

理论上讲，我国高净值人士动辄就把上百万或上千万美元的资金迅速而又高效地投资海外，这在现在的外汇管理体系下是非常困难的。但为什

么他们能把这些巨额资金轻松转移至海外而逃脱我国外管局正常的外汇监呢？

总结起来，除去通过正常渠道离开中国的资金，很大一部分是通过非正常渠道转移资金的，甚至包括非法渠道。[①]

（一）我国富人利用外汇管理制度漏洞转移资产非正常渠道其实是钻空子。利用目前外汇管理制度的漏洞来达到超额资金转移的目的，主要方法如下。

1. 个人分拆购汇。即蚂蚁搬家，指利用家人及亲属的外汇额度，将资产一点一点地转移至海外账户。但是由于 2015 年 9 月外汇局下发"加强蚂蚁搬家式购汇管理"的文件后该种形式的资金转移受到一定遏制。

2. 信用卡套现。这个方法是利用境外商家退货方便这个漏洞。在境外使用信用卡或借记卡"购买"昂贵商品，前提是这家商家允许退货。那么退货时，就可以以要求商家将所购商品的资金以现金返还的方式从境外套出外汇。

3. 过境香港。通过香港自由金融港的优势曲线转移资产。主要指通过理财公司在香港设立离岸账户，先将资金转移至香港，再另行打算。其中在港购买保险是一个愈加流行且值得我国监管部门注意的途径。近年来随着有关外汇管理部门加强对资产转移的监管，使本来比较宽松的资产转移渠道变得越来越少，但是赴港购买保单却变得热门起来，巨额保单在港频繁上演，愈演愈烈。这种情况的发生主要基于我国的两条法律。一条是根据《中华人民共和国继承法》第 33 条的规定，规定如下："继承遗产应当清偿被继承人依法应当缴纳的税款和债务，缴纳税款和清偿债务以他的遗产实际价值为限。超过遗产实际价值部分，继承人自愿偿还的不在此限。继承人放弃继承的，对被继承人依法应当缴纳的税款和债务可以不负偿还责任。"另一条是根据《中华人民共和国保险法》第 23 条的规定，规定如下："任何单位和个人不得非法干预保险人履行赔偿或者给付保险金的义务，也不得限制被保险人或者受益人取得保险金的权利。"根据上述两条法律规定，赴港购买保险既能绕过外汇管制又能避债避税。

4. 国内抵押，海外贷款。大体有两种方式，一种是购买内地银行理

---

① 王辉耀、刘国福：《国际人才蓝皮书：中国国际移民报告（2014）》，社会科学文献出版社 2014 年版。

财产品抵押，银行再通过海外分行贷款给当事人。一种是通过在内地银行进行实体或实业抵押，再通过银行海外分行贷款。这种方式需要银行的合作，而银行业对这种方式的资产运作也没有过多限制，甚至还迎合这样的需求，中国建设银行就曾经推出过一款产品，私人银行客户可以通过使用人民币计价的储蓄和其他资产作为抵押物，从而在香港贷出巨额港币或美元资产。这样一来，我国高净值人士在海外置业投资就更方便。

（二）我国富人非法渠道转移资产逃避外汇管制除非正常渠道外，还有很多非法渠道帮助富人转移资产，而且这些渠道对我国的资金转移监管体系来说是一个空白。通过这些渠道不但能达到巨额资金顺利转移的目的，而且还能够洗白这部分资金，主要方式如下。

1. 地下钱庄。内地和香港都存在大量的地下钱庄，他们互相串通，以达到非法转移资金的目的。香港有超过 1200 家的货币兑换商，这些货币兑换商除正常兑换业务之外，还和内地钱庄串通，以内地存香港取的方式帮助富人转移资产，且手续费低廉。

2. 地下影子银行。富人还可携带来自地下银行开具的支票出境。该种支票是以美元形式从一个香港银行开设的。当客人过境后，他就可以支取这张支票。这种地下银行是我国影子银行的一部分。客人只需将等值的人民币从其国内的账户转到这家银行以此来获得支票。

3. 携带巨额现金出境。当然，铤而走险携带巨额现金出境也大有人在。比如通过香港免检私家车携带大量现金。①

这样，通过以上一系列所谓非常规甚至非法手段与途径，大量的资本都游离于我国的外汇监管体系之外，使之形同虚设，这对我国的经济安全、金融战略乃至于对整个国家发展战略都会产生不可预测的消极影响。

三 我国富人移民潮转移国民财富，拉大贫富差距

（一）国民收入增长与国内生产总值增长不匹配

近年来，由于我国的经济增长率要快于其他西方发达国家，虽然最近几年增速有所放缓，但这已经足够使我国的总产出追上并超过英、德、

---

① 蔡敬亮、赵仰远：《我国投资移民发展较快原因分析及对策建议》，《区域金融研究》2012 年第 1 期。

日，且我们与美国的差距也越来越小。然而与经济产出增长相比，一个更重要的与国民的生活水平息息相关的衡量标准更应该引起我们的注意，这就是国民收入。

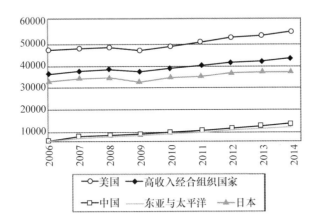

图3　中美日按购买力平价（PPP）衡量的人均国民总收入（GNI）
（现价国际元）（2006—2014 年）①

为使衡量更为准确，本文将采用按购买力平价计算的人均国民收入来分析富人移民潮转移国民财富的行为。2011 年，著名经济学家米拉诺维奇在其著作《富与贫》中这样写道："如果美国的国内生产总值增长1%，印度将需要增长17%，这一增长率几乎是不可能实现的。中国需要增长8.6% 才能防止绝对收入差距加大。因此，虽然中国和印度取得引人注目的成功，但富国与穷国之间的绝对收入差距扩大，这点不足为奇。"之后几年的实际情况也确实如其所说，如表 2 所示，基于人均 GNI 的绝对值的比较，我们与美国的差距在 GDP 差距缩小的同时反而扩大。我国的人均 GNP 由 2006 年的5830 元增加到 2014 年的 13170 元，增加了 7340 元；而美国的人均 GNP 增加值为 8470 元。图表更能直观地反映出这种差距的

———————

①　数据来源：世界银行，国际比较项目数据库。基于购买力平价（PPP）的人均国民总收入（GNI）PPPGNI 是指用购买力平价汇率转换为按国际元计算的国民总收入（GNI）。对于 GNI 而言，国际元的购买力与美元在美国的购买力相当。国民总收入（GNI）是指所有居民生产者创造的增加值的总和，加上未统计在估计产值中的任何产品税（减去补贴），再加上境外原始收入的净收益（雇员薪酬和财产收入）。数据以现价国际元计。

趋势。如图 3 所示，在我国这么多年的高速发展的人均产出（GDP）的情况下，我国按购买力平价（PPP）衡量的人均国民总收入（GNI）与美国相比并没有显著增加，反而看上去追赶是遥遥无期。

表 2　中美日按购买力平价（PPP）衡量的人均国民总收入（GNI）
（现价国际元）（2006—2014 年）

人均 GNI（PPP）	2006	2007	2008	2009	2010	2011	2012	2013	2014
中国	5830	6820	7620	8280	9200	10180	11190	12100	13170
美国	47390	48420	48640	47250	48880	50700	52830	54000	55860
日本	32700	34440	34620	32740	34650	35380	36730	37550	37920

（二）我国国民收入增长放缓原因与资产转移规模测算方式

下面笔者从产出的去向来看人均国民收入放缓的原因。

1. 人均国民收入计算

人均国民收入 = 国民收入/总人数

国民收入 = 国内生产总值 - 生产所用的资本折旧 + 国外净收入

国外净收入 = 国内对国外投资收入 - 国外对国内投资收入

通过公式我们知道，产出的去向大体可以看作两个地方，一个是生产所用资本的折旧，另一个是国外对国内投资收入。如果一国公司或者其他资本资产由外国人所有，那么也许国内产出会很高，但是一旦从总产出中去掉流向境外的利润和租金，则其真实的国内总收入就会相对要低一些。

我们的主要目的不是要去深究中美两国人均国民收入差距的原因，更不是试图去分析导致国际间收入不平等的各种潜在的经济谜团，而是想通过比较和分析我国现阶段如此大规模的富人移民和财富的国家属性的转移所带来的我国国民总收入和人均国民收入的变化，进而从中获得如此移民潮对我国在国际间收入分配地位的影响及影响程度。

2. 基本假设与指标估计

当富人移民时，其所持资本的国家属性发生变化，但其对产出影响不大。通过上面的公式我们知道，整件事情在短期来看，对公式里的"国外对国内投资收入"影响颇大。因为随着资本的所属国家发生转变，其所产生的收益，如租金、利息、利润等将由原来的我国所属转变为外国所属，也就是转变为国外对国内的投资收入。这样就会对我国的国外净收入产生影响，从而影响到我国国民总收入和人均国民总收入。

接下来我们假定国外对我国所投入资本的收益不变，唯有富人移民将会对此产生影响，必须作出如此假设，这样我们才能集中精力对富人移民所引起资本的国家属性变化而引起的变动资本的收入的变化进行估算。否则，假如还有其他因素导致国外对我国所投入资本收益的变化，富人移民对其所带来的变化程度将无法厘清。

另外假定资本和财富的含义是相同的。这个假定也是说得通的。之所以有的人认为其是不准确的，是因为他们认为只有财富中直接用于生产过程的那部分才能称作资本。但是，所有形式的资本都具有双重角色，既有储存价值，又有生产价值。比如黄金，其理所当然被看成财富，但是其也是生产过程中的一种原料，所以说黄金是资本也无可厚非。

下面考虑几个估计值。据统计和测算，在我国的高净值人士中，44%已经完成移民或已经决定移民；17%的高净值人群表示"自己不考虑移民，但子女正在考虑或已经完成移民"①。如果我们需要从短期和长期来探讨国民收入的问题的话，一种合适的假设就是将"已经移民或已经决定移民"的富人看成是对短期有影响的研究对象，而将"自己不考虑移民，但子女正在考虑或已经完成移民"当成长期来看对我国有影响。当然，在这里我们不能忽视对实际移民及移民倾向所占整个富人阶层的比例的认真探究。但很不幸的是，这个数值是每年都在变化的，而且根据以往的数据，这个占比是越来越高。为给出一个大概完整的分析轮廓，我们暂且将其假设为不变，也就是这个占比就是现在的数值，即44%和17%。

（三）我国富人资产转移规模分析

综合上文多份报告可得，2015年我国私人财富将达到110万亿元人民币，数量达到201万户的高净值家庭拥有约45万亿元人民币，占全国总私人财富的41%②。所以短期来看，将有19.8万亿人民币（45万亿元×44%）的财富由内资变成外资。长期来看，将有27.45万亿元人民币［45万亿元×（44%+17%）］财富的国别属性发生转移。

要想得到富人移民所导致的国外对我国投资收入的变化，现在只需要

---

① 根据招商银行与贝恩公司联合发布的《2015年中国私人财富报告》。
② 根据兴业银行与波士顿咨询公司联合发布的《中国私人银行报告2015》。

解决一个核心问题，即资本收益率。为简化问题，我们就引用白重恩所测算出来的改革开放以来我国的资本回报率。[①] 由图4、图5可知，我国的资本回报率，不管是税前还是税后，长期看其趋势都是一样的，即缓慢下降。但是近年来下降的幅度更大一些。

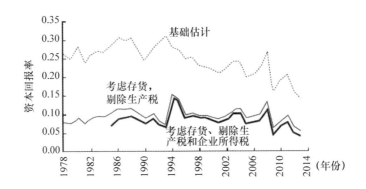

图4　1978—2014年中国税前资本回报率（考虑存货）

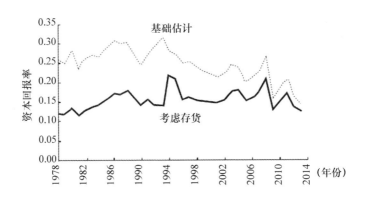

图5　1978—2014年中国税后资本回报率（考虑存货）

我们取2010—2013年的资本回报率均值来估算现阶段我国资本收益率。由表3得出的结果是：税前资本回报率（考虑存货）为14.73%，税后资本回报率（考虑存货）为6.14%。通过比较笔者决定选择最悲观的数据，也就是考虑存货，即6.14%。再根据上面提到的财富国别转移的

---

① 白重恩、张琼：《中国的资本回报率及其影响因素分析》，《世界经济》2014年第10期。

总量，我们即可得出以下结果：短期来看，将有 19.8 万亿元人民币的财富由内资变成外资，我国的国民收入将减少 1.22 万亿元人民币（19.8 万亿元×6.14%）；长期来看，将有 27.45 万亿元人民币财富的国别属性发生转移，我国的国民收入将减少 1.69 万亿元人民币（27.45 万亿元×6.14%）。而且特别需要注意的是我们的国民收入的减少不是一次性的，而是每年都会减少这么多，虽然财富的国别属性转移是一次性的。

表 3　　　　　　　　　2010—2013 年中国资本回报率（%）

	不考虑存货		考虑存货	
	税前资本回报率	税后资本回报率	税前资本回报率	税后资本回报率
2010	18.93	8.17	15.40	6.65
2011	21.06	10.07	17.32	8.28
2012	16.64	6.54	13.84	5.44
2013	14.70	4.96	12.36	4.17
预测	17.83	7.44	14.73	6.14

由于我国的富人阶层本身占我国总人数的比例就很低，只占约 0.5%，其实际移民的数量对我国总人口的影响并不大，所以我们在计算时就将其视为不变。根据公式：人均国民收入＝国民收入/总人数，按购买力平价（PPP）衡量的人均国民总收入（GNI）（现价国际元兑人民币汇率约为 1:4），得出结果：短期看，我国人均国民收入每年将因此减少 234.6 个国际元；长期看，我国人均国民收入每年将减少 325 个国际元。如果以 2014 年的人均 GNI 为基础，减少的比例短期为 1.8%，长期为 2.5%。

不要小看这大约 2% 的减少，其意义是巨大的。第一，现阶段来说，尽管我国 GDP 增速比欧美发达国家，尤其比美国要快，但是在人均 GNI 方面，我国在相对速度上比美国快不了多少，在绝对速度上反而还不如美国。这 2% 的减少将会使我国的人均 GNI 与美国的差距继续拉大。第二，以上假设我们都基于美国的人均 GNI 不会受到中国富人移民潮的影响而变化，实际情况是，我国移民的富人中很大一部分去美国，也就是说我国富人的资本很大一部分转变为美国的资本，所以其对美国的人均 GNI 是有增加的作用。这样，在中国人均 GNI 由于富人移民的原因而减少时，美国人均 GNI 反而增加，差距从一开始就被拉开。第三，从国内贫富差距角度看，人均 GNI 的稍微减少对生活在底层的老百姓影响是很大的，因为其本来的基数就小，收入的稍微变化就会影响到其很高的百分比，反而对富人群体影响不大，因为其基数巨大。这无疑会拉大本就非常明显的贫富差距。第四，从国际贫富差距的角度看，作为世界上最大的发展中国家和经济增长最快的国家，我国的人均收入与发达国家不是缩小，而是拉大，这不利于国际间贫富差距问题的解决。第五，从实现共同富裕这个伟大目标看，共同富裕的实现一个很重要的路径就是要做大蛋糕。然而，富人移民潮正削减这块蛋糕，这对我国实现共同富裕起到很大的消极作用。

四　我国富人移民潮阻碍全民共同富裕

（一）社会主义奋斗目标及其衡量标准

共同富裕是社会主义的本质规定和奋斗目标，经济发展带来的财富增长属于社会财富，应当由全社会共享。共享是广大人民群众共同享有，是要消除贫富悬殊、避免两极分化，其方向和目标是共同富裕。我们党作为马克思主义执政党，执政是为实现好、维护好、发展好最广大人民的根本利益，而不是为一部分人、少数人的利益。党领导的社会主义事业，是要在解放生产力、发展生产力的基础上使全体人民最终实现共同富裕。贫穷不是社会主义，两极分化也不是社会主义，让人民群众共享改革发展成果、进而实现共同富裕才是社会主义的本质要求。习近平同志强调："面对人民过上更好生活的新期待，我们不能有丝毫自满和懈怠，必须再接再厉，使发展成果更多更公平惠及全体人民，朝着共同富裕方向稳步前进。"[1] 共享发展的目标是实现共同富裕，但也应认识到，从共享走向共同富裕是一个长期过程，任重而道远，不可能一蹴而就。今天，我们促进共享发展，既要明确方向和目标，也要把握好阶段性特征，脚踏实地、一步一个脚印走向共同富裕。

共同富裕主要的衡量指标有两个，富裕指标和共同指标。其中，富裕指标顾名思义就是指一国的国民收入水平是否达到一定的相对富余的高度，也就是我们常说的"做大蛋糕"。富裕指标又可分为总量富裕和平均

---

① 习近平：《在纪念毛泽东同志诞辰 120 周年座谈会上的讲话》（http：//news. xinhuanet. com/politics/2013－12/26/c_ 118723453_ 3. htm）。

富裕。一国的国民收入水平不能仅仅注重其总体水平，还要测试其平均水平。总量富裕包含人口数量和平均富裕水平，如果一国的总量富裕仅仅是因为人口数量所做的贡献较大的话，则并不能将之评定为富裕指标良好。共同指标实际上就是分配指标，主要指收入分配指标，也就是我们常说的"分蛋糕"。收入分配指标指收入的初次分配和再分配差距的测试，是否在合适范围，是否有逐年扩大或缩小的趋势，是否有扭转的迹象等。总体来说，富裕指标和共同指标能大体检测出一国离共同富裕还有多远。

（二）当前富人移民潮阻碍全民共同富裕目标的实现

从富裕指标的角度看，先富群体出走异国他乡，一方面带走相当体量的资产。由上文可得，资本外流现象在最近几年的移民潮中愈发严重。据估算，不久的将来，约 20 万亿元人民币的财富，即我国 2014 年 GDP 总量的三分之一，将随着这 44% 的高净值人士国籍的改变而至少名义上转变为外国人的财富。仅仅是投资移民所需资金转移，以每人 200 万美元的投资移民花销为基准，自 2004—2013 年，我国仅仅对美国、加拿大、澳大利亚和中国香港地区的基于投资移民而产生的投资额共 2470 亿美元。这个数据还不包括除这四个国家和地区之外的其他国家和地区。另一方面，我国发展负债较多，无力偿还。多年的经济快速发展带来富裕的同时也带来发展的负债。利用充足的廉价劳动力资源，承接发达国家制造业的转移，大肆开采本就贫瘠的自然资源，以及在此过程中对环境所造成的不可逆性破坏，再加上政府对公共品的力度空前的投入，迅速使整个中国变成世界工厂，向世界提供大量廉价的商品与服务，为国内外资本创造大量财富。中国富人阶层人士的收入水平与生活质量也随之快速提高。负债必然要求发展所积累下的财富来补偿，这就要求在短暂而珍惜的发展期内进行必要的解决负债期的经济储备，积蓄力量，为即将到来的负债偿还期打好基础。也就是说，在快速发展期，人们必须考虑未来，谋划未来，如果随意任由发展所积累的财富流向他国，当我们需要解决发展负债问题时，整个社会将会陷入无能为力的尴尬境地。

从共同指标的角度看，先富群体出走异国他乡，一方面会使我国贫富差距进一步拉大。由上文分析可知，以 2014 年的人均 GNI 为基础，短期看，我国人均国民收入每年将减少 1.8%，长期看，将减少 2.5%。这 2% 左右的减少不仅对我国国内的贫富差距产生消极影响，而且在国与国之间，其对国际间的贫富差距起到拖累的作用。另一方面侵蚀政府再分配的物质基础。常识可知，富人移民，其所缴纳的税负就会相应减少，而政府转移支付等再分配能顺利实施的有力保障就是税负。

总的说来，社会富人人士带着巨大财富纷纷移民他国，无论从哪个指标看，将对我国实现共同富裕这一伟大目标产生较大的负面影响，使全民共同富裕的这一伟大目标的实现变得遥遥无期。

五　应对富人移民潮不利影响的政策措施

大规模的携带着大量财富的富人移民潮，且发展颇有愈演愈烈的态势，给我们的经济无论从短期、中期还是长期来看都造成很大的负面影响。先富的带着巨大红利离开，留下来的失去先富的帮助将很难后富起来。如果任由其发展下去，在此类富人移民潮的影响下，共同富裕这一中国特色社会主义伟大目标在我国都将很难实现。怎样延缓或控制我国现阶段的富人移民潮，进而从根本上解决富豪移民潮问题，使其对我国的政治、经济、社会、法治等的影响降到最小，就成为当今政府一个亟待解决的问题。尤其短期内必须找到有效措施缓解富豪移民潮，以为后来制定政策提供足够空间缓冲和时间保障。具体来看，可以采取如下措施：

（一）加强对资产转移的监管。与主要海外资产转移目的地政府、监管机构（如中国香港、美国、加拿大、澳大利亚等）以及国际主要金融机构建立通畅的沟通和信息透明机制，从而有效了解中国富人海外资产情况并核查其合法性、完税程度。这需要相关政府、机构大力配合。配合的程度与中国综合国力、经济发展程度等有密切的联系。目前我国在国际沟通和落实方面的话语权还有待增强，短期内采取激进措施的条件还不成熟。

（二）完善对私有财产的保护。紧紧围绕"依法治国"这一战略目标，积极推进宪法中对公民合法的私有财产不受侵犯相关内容的落实。与此同时，需要通过舆论宣传，向社会传递国家相关法律法规的稳定性和连续性，尽快消除当前人们尤其是富人阶层对资产安全性的担忧，防止出现非理性的私人资产大规模海外转移的现象。

（三）完善多层次金融市场，积极推动金融市场建设和完善。一方面，尽快完善多层次资本市场的建设，解决企业上市困难的问题；另一方面努力推动资产管理机构的多元化发展，如证券、基金、保险和综合性的私人银行业务等，拓宽我国境内的资产保值、增值的投资渠道，尽可能满足富裕阶层资产保值、增值需求。

（四）完善社会保障领域的建设与发展。一方面，加强国家统筹的全覆盖社会保障和医疗保障制度建设的同时，也要大力鼓励商业保险和民间资本进入具有国际水准的中高端养老和医疗服务；另一方面推进教育体制改革，尤其是高等教育体制。通过努力，切实减缓甚至消除高净值人士在养老、医疗和子女教育等方面的疑虑，从而有效应对为寻求更好生活环境而移民海外的高净值人士的诉求。

（五）推进税制改革。实现共同富裕的路径主要有两个，一是坚持和发展公有制为主体和按劳分配为主体的基本制度；二是确立以民生建设为导向的发展模式。二者相辅相成、缺一不可。很显然，在目前来看，"先富"的任务已经完成，甚至可以说超额完成，但"带动后富"呢？持续多年的富裕人士移民潮显示先富起来的一群人不愿意带动其他人后富起来。为实现共同富裕这一伟大目标，我们不光要在第一个路径上下功夫，还要在民生建设上下功夫，而推进和完善国民收入再分配体系的建立，改革和完善我国税收体系尤其是所得税和财产税体系的完善恰恰是民生建设的关键所在。[①]

（六）设立和开征退出税。基于自由迁徙是公民的一项基本权利，延缓或控制富人移民潮，不是遏制和限制人口的流动，短期内试图通过行政命令来解决这一问题也是不现实且不可能成功的。我们要做的是使其发展处于可控范围内，使其对我国的影响控制于可接受范围内，不但如此，最好能够积极引导这股富人移民潮，使其为我国共同富裕目标的实现贡献力量。

在我国内地开征退出税的方法可以缓解富人移民潮对我国产生的消极影响。本质上退出税属于所得税的一种，是对个人因提前结束该国纳税身份产生应税对象转移而导致该国应税所得流失的一种预征收。通过设立和征收退出税不但可以控制由富人移民潮所引起的资本外流速度，防止现阶段处于转型时期的中国经济过快下行，而且可以实现对享受我国改革开放以来的发展红利所创造出来的财产因其拥有人结束我国纳税人身份时没有处置而可能造成我国税收损失的提前征收。通过退出税的形式留下部分发

---

① 程恩富、刘伟：《社会主义共同富裕的理论解读与实践剖析》，《马克思主义研究》2012年第6期。

展红利来用于弥补发展所遗留下来的债务和经济再发展，这样才有可能尽早使全国人民实现共同富裕。

参考文献：

[1] 李影：《中国投资移民动机与现状》，《山东省农业管理干部学院学报》2013年第3期。

（原载《河北经贸大学学报》2017年第3期，第一作者为丁晓钦，第二作者为钱玉波）

第六章　经济开放研究

第一节　经济和贸易关系上的相互依存可以缓冲中美冲突

一　特朗普政府发动的中美贸易战不利于两国关系的正常发展

近 40 多年来，中美双方的经济贸易关系总体上是互补互利的。良好的经贸关系是美国利益集团首要考虑的战略目标，因而以前多次中美经贸关系中的摩擦与争端都没有造成重大影响。但是，2017 年特朗普担任美国总统后重新定位对中国的战略方针，导致中美关系开始发生重大变化。可将这些变化按照经贸关系的发展划分为五个阶段：

（一）特朗普政府提出"美国利益优先"方针，重新定位中美经贸关系

特朗普在竞选时期就已经提出"美国利益优先"的政策观点，在中美关系史上第一次将中美经贸关系由互补性关系调整为竞争性关系。他强调要保护美国本土产业增加就业，降低贸易逆差，并认为中国是汇率操纵国，提出对中国商品征收惩罚性关税，为中美经贸关系制造紧张气氛，使众多国际投资资本处于观望状态。

2017 年 4 月 20 日和 27 日，美商务部对进口钢铁产品和铝产品启动"232 调查"；2017 年 5 月 2 日与 6 月 5 日美国分别启动对光伏产品和大型洗衣机进行保障措施调查（即"201"调查）；2017 年 8 月 18 日对华发起了"301 调查"。这些多批次的贸易调查还可以看作是一般贸易摩擦，历史上也发生过诸如此类的案例。

（二）特朗普政府扩大"中国威胁论"，定性中国为首位战略竞争者

2017 年 12 月 18 日特朗普政府发布了《国家安全战略报告》，其中指出中国为美国的首位"战略竞争对手"，挑战美国的"影响力、

价值观和财富"。这是自里根政府于 1987 年首次发布《国家安全战略报告》以来的最严厉措辞。为此，特朗普政府制定计划遏制"有损"美国利益的中国。目前这种遏制体现在经济领域，就是通过各种警告、调查、起诉和惩罚性关税等措施对付中国，对两国经贸关系有重大影响。

2018 年初，在美国政府的干预下，蚂蚁金服收购速汇金失败、华为与美国电话电报公司合作破裂，同时特朗普宣布对进口光伏产品和大型洗衣机分别采取为期 4 年和 3 年的全球保障措施，中方对此表示强烈不满。然而美国官方表示，这些仅仅是开始。

（三）特朗普政府发起"贸易战"严重恶化中美关系

随之而来的是 2018 年 3 月 22 日，美国总统特朗普签署备忘录，对中国征收大规模进口关税，涉税商品总值可达 500 亿美元。这种单边的贸易保护行为，严重损害了中美经贸关系。中国被迫应对，于 2018 年 4 月 2 日宣布对美国部分进口商品加征总额达 30 亿美元关税，两天后宣布加征总额达 500 亿美元关税。而 2018 年 4 月 16 日美国宣布禁止美国企业向中兴通讯出售零件，使得中美贸易战达到高峰。

值得注意的是，美国对中国征收关税的产品包括航空航天、信息和通信技术、机器人和机械等行业，完全是针对《中国制造 2025》工业计划中的行业。因此，美国发起贸易战的主要目的很明显，就是遏制中国产业升级计划对美国国际分工地位带来挑战。但是《中国制造 2025》工业发展计划，是中国基于本国产业结构缺陷，提出的优化本国产业结构和提高本国与世界人民福利的合理计划，却被美国认为"中国 2025 计划基本就是中国肆无忌惮地宣布他们将主导未来所有新兴产业"（白宫贸易顾问纳瓦罗语）。然而，德国也有《德国工业 4.0》计划，而且《德国工业 4.0》计划比《中国制造 2025》更具有革命性，对美国产业更具挑战性。难道美国要干涉每个国家的发展计划吗？

从经济层面上来看，特朗普政府发起的贸易战，破坏全球生产网络，降低全球生产效率，给全世界人民福利带来巨大损失；从制度层面上来看，特朗普政府不惜牺牲本国国民利益来遏制他国正常发展，不符合国际惯例和国际规则，恶化国际经贸环境，使得已趋于疲软的世界经济雪上加霜；从双边关系来看，特朗普政府的行为严重破坏了持续 40 多年正常的中美经贸关系。

（四）中美发布经贸磋商联合声明，暂缓中美两国紧张局势

2018 年 5 月 19 日中美两国就双边经贸磋商发布联合声明。由于中国主动提出扩大进口以缓解美国贸易失衡，双方达成一些共识，均表示暂停贸易战。该联合声明表明，中美两国为避免贸易战的发生都作了一定的让步，其中中国作了较大的让步。这些让步有利于营造良好的国际环境，实现全球经济与贸易的平稳发展，有利于解决美国贸易逆差、制造业空心化等长期存在的经济问题，但对中国来讲是有利有弊的。

有利之处在于缓解了美国咄咄逼人的针对《中国制造 2025》工业计划的制裁措施；存弊之处在于对中国的"三农"（农民、农业、农村）将产生重要影响。据美国财政部长姆努钦预计，2018 年美国农产品对中国的销量将增长 35%—40%。本来我国农产品滞销情况已客观存在，如果再大量进口国外农产品，将加剧国内农产品滞销，导致农村地区的经营性收入下滑，也不利于提高中国的粮食自给率和粮食安全。况且，从美国大量进口的转基因大豆等，对当代人和后代健康的影响，在国际上一直存在较大的争论。

（五）中美具体磋商经贸关系，预计在中国确定大规模进口农产品和允许持股中国金融企业等问题上可达成协议

6 月 2 日至 4 日，美国商务部长罗斯将率团访华，继续就中美经贸问题进行磋商。预计中国依然不会量化承诺削减对美国贸易顺差，但中美双方将在农产品、能源、医疗、高科技产品、金融、相互投资、知识产权保护等领域达成某些协议。据中国海关统计，2017 年中美农产品贸易额达318 亿美元；其中，中国从美国进口 241 亿美元，对美国出口 77 亿美元，中方逆差 164 亿美元。2017 年出口中国的美国农产品占美国农产品出口额的 15%。中国是美国大豆第一大、棉花第二大出口目的地。美国出口的 62% 大豆（9552.6 万吨）、14% 棉花均销往中国。预计本次磋商中国会作出进一步扩大进口美国农产品和允许美国持股中国金融企业的具体承诺。当然，双方磋商声明中不一定会公开某些口头协议的内容，以缓解中国等国内可能出现的质疑舆论。

二　中美经济和贸易关系上的相互依存有利于缓冲中美冲突

我认为，中美经济和贸易关系上的相互依存可能缓冲中美冲突，而夸大和发动经贸关系的争端则会加剧中美冲突。对此，可作如下几点解析。

第一，中美两国均应负责任地维护世界贸易组织（WTO）规则。在美国战略转变的背景下，特朗普政府宣称中国是通过采取不公平或不正当手段（即盗窃知识产权、强制转让技术等）获得产业升级，因而其不顾世界贸易组织（WTO）规则，提出"特朗普公平观"（即中国的关税水平和开放程度应当与美国一致），而世界贸易组织（WTO）规定的公平贸易是指在充分考虑发达国家和发展中国家发展差异等基础上的公平。事实上，中国是发展中国家，而美国是最发达国家，如果用美国的绝对标准来要求中国，反而是不公平的，是真正的不讲规则。

第二，不应把中美贸易差额问题上升为"产业战"和"知识产权战"。以前中美经济关系主要是互补性摩擦，现在变成了竞争性冲突。一直以来，中美贸易都是互利的，即使美国存在巨额贸易逆差，但在美国乱印美元的特殊地位下，美国在这种逆差中也是主要受益方。事实上，如果中国一直维持这种国际产业分工局面，继续制造劳动密集型产品，不突破其处于的低端产业价值链地位，就不会影响美国高端制造业，美国就不会对中国采取如此强硬的措施。因此，从经济方面来看，此次特朗普贸易战的实质，是无理无法地遏制中国产业转型升级，以便确保美国处于高端国际分工和高端知识产权的垄断地位。这种产业遏制是美国全面遏制中国和平崛起战略计划的核心部分，特朗普政府相信只要能锁定中国的分工地位，就能遏制中国的全面实质性崛起。而《中美经贸磋商的联合声明》并未提及美国遏制的《中国制造2025》高新技术产业发展，以及中国要求的放宽对华高科技出口等事关两国未来战略的实质性问题。这就意味着还有众多未达成一致的分歧，这些分歧预示未来中美关系还有较多的波折。

第三，中国经济将在中美关系的不断摩擦中继续成长。特朗普政府一边通过大规模减税、美元贬值、美联储加息等方式，制造有利于外国投资的国内经济环境，一边再通过贸易战、经济制裁等方式搅乱世界经济环境，以这些方式吸引外国资本流入美国以及本国在外资本回归美国，缓解产业空心化困局，实现制造业复苏以及就业岗位的增加。因此，贸易战是实现美国再工业化战略目标的手段或者说劣质手段之一。

既然中国作为美国最大的逆差国，又被美国认为是首位"战略竞争对手"，而中美贸易战既可以遏制中国产业升级，又有利于实现美国再工业化战略目标，那么，贸易战、金融战、知识产权战等将成为美国遏制中国的重要手段。只要美国政府没有实现其战略目标，中美之间的经济贸易摩擦将长期存在，成为未来中美关系博弈的主题之一。

但是只要中国在不放弃《中国制造2025》发展目标而进行适当妥协，再加上国际社会对美国政府这种"美国利益优先"行为的抵制，中国经济也可以成长起来，当然这个成长过程必然是坎坷的。守住底线、有理有利有节的反制和适当妥协，尽量避免两败俱伤的冲突，争取未来发展的时间和机会，是未来中国应对美国各种主动挑战，继续维持好中美关系的惯例和方针。

第四，中国减少引进和维护那些具有"挤出中资"或简单加工用于出口换汇的美国等外国资本和外国企业，便可大幅度减少对美国等的贸易顺差。数据显示，美国对中国贸易逆差2015年高达3340亿美元，但美国企业对中国的销售额2015年已达到3730亿美元，其中2230亿美元是由美国企业在华子公司直接生产销售，1500亿美元是美国对中国出口。同样口径估算，中国企业对美国的销售总额是4030亿美元，中美企业在对方国家的销售总额只差300亿美元，而2016—2017年美国企业对华销售可能已经超过中国企业对美销售。因此，依据对外开放的经济安全原则与国民福利原则，一方面，是某些外资通过低成本过度消耗国内土地、煤炭、水源等自然资源和生态环境的方式牟利，损害居民生存生活环境，降低我国国民福利，有悖对外开放的国民福利原则；另一方面，在当前我国追求高质量发展的新时代，这些大量低质量外资无法给我国经济转型升级带来促进效应，反而带来不必要的高额顺差（从而美国巨额逆差），以及对国内投资的挤出效应等国内外的负面影响。

第五，中美经贸等关系直接影响世界经济和国际共同安全，因而国际社会应为中美关系缓和而出力。就美国国际收支逆差产生的根源，IMF总裁克里斯蒂娜·拉加德（Christine Lagarde）点出了原因，指出"失衡状况出现的原因是一国的支出超过了其收入"。英国伦敦前经济与商业政策署署长罗思义指出："美国支出大于收入是由于其试图维持到目前为止世界上最庞大的军事支出，美国无法同时负担枪炮（高昂的军事支出）和黄油（较高的生活水平）。在这种情况下，最大的地缘政治风险是美国政府为转移民众注意力而隐瞒美国国际收支逆差扩大是由于美国经济政策的原因，转而指责中国等其他国家，并对其他国家发动经济攻击，甚或军事攻击，可见危险在于美国经济失败会使其变得更具侵略性。"

诺贝尔经济学奖得主哥伦比亚大学经济系教授埃德蒙·费尔普斯 (Edmund S. Phelps) 说："中美贸易摩擦，我看到许多代价，但看不到任何好处。主要的代价是（市场）对两国经济关系的信心和信任的丧失，这将导致两国经济增长放缓。众所周知，特朗普是不踏实不靠谱的，而且他周围的人也不够资格为他出谋划策。"

2018 年 5—6 月号的美国《国家利益》杂志的封面文章是《美国对阵中俄：欢迎加入第二次冷战》，该文从政治、军事、经济等角度分析了当今世界面临"第二次冷战"的现状与原因，比较了两次冷战的异同之处，认为美国在第二次冷战将注定失败，因而主张美国应实行"冷和平"而非冷战。5 月 29 日在北京金融街论坛上，在美国获得经济学博士学位的清华大学教授李稻葵谈及中兴通讯时表示，在这件事中美国总统特朗普创造了一个纪录，"我称之为经济恐怖主义行动的纪录。因为这次不光是罚款，而是不许买东西，这是恐怖主义行为，等于要把一个跨国公司掐死，不许做生意了"。当前，国际舆论和共同反制美国损害国际规则是十分必要的。欧盟、日本、印度等越来越多的国家均准备采取维护国家规则的反制美国措施，这对维护中美关系的合作互利格局也是有益的。这是因为，由于中美产业已拓展到全球各个领域，深入到全球价值链的各个环节，特朗普发动的贸易战破坏的不仅是中美经贸关系，而且将导致更多的国家和地区利益受损，美国的国际声誉将进一步受到质疑。

第二节　有效应对美国提高对中国商品进口关税的措施

当前，美国以侵犯知识产权为由提出要增加对中国商品进口关税，被认为是挑起"贸易战"。其目的，一方面是美国设置的谈判策略，为其未来国际谈判添加筹码，以顺利实现其谈判目标；另一方面是打击中国高端制造业，遏制中国高科技产业迅速发展的势头，维护本国产业国际地位。

无论"贸易战"的最终目的是什么，都会对我国经济产生一定影响；无论"贸易战"是否能打响，它都是美国全面针对中国的起点，不排除以后的金融战、资源战乃至全面经济战的发生。

本次"贸易战"是全球政治经济格局转变的直接表现，其本质是美国霸权的衰落和中国国际地位的上升。当前，一方面不少西方人士认为中国是唯一可能挑战美国霸权地位和西方主导的国际经济政治秩序的国家，为此《美国国家安全战略报告》已经将中国定性为首位"战略竞争对手"；另一方面，中国产业转型成绩斐然，而美国经济金融化、空心化严重，特朗普亟须推进美国再工业化战略，以阻止美国经济进一步衰退。

因此，本次"贸易战"根本目的是减少美国对产品进口构建美国新工业体系，属于政治上与台湾当局加强官方交往和军事上在南海挑衅总体战略的经济部分，而不是表面的贸易逆差严重与知识产权冲突等问题。

由于我国已具有较完善的产业体系，是当前全世界唯一拥有联合国产业分类中全部工业门类的国家，美国"贸易战"不会产生大的实质性的影响。但是，"贸易战"将在短期内通过降低出口规模影响我国经济增长，会导致国际投资者产生对我国经济不确定性和风险增加的预期。为此，我们建议从以下几个方面着手应对。

一是谈判，即以谈判寻找双方利益平衡点。本次中美"贸易战"不是以单纯的贸易保护为目的，而是为其后续对外政策增加谈判筹码。我们可保持积极的大国姿态，从有利于世界和平发展以及大国新型关系的立场争取以谈判解决贸易争端。实际上自中国加入世贸组织以来，美国对中国出口增长了500%，远远高于同期美国对全球出口90%的增幅。可见，美国对中国出口商品有较强依赖性，其提高关税对其国民产生很大负面影响。

二是反制，即实施针对性的反制措施。一方面，谈判不是妥协，在谈判的基调下打击特朗普背后的利益集团，制定直接针对这些利益集团的反制措施。比如，可以针对特朗普胜选大本营（俄亥俄州和宾夕法尼亚州）的产业制定反制措施，针对波音等军工利益集团以及埃克森美孚等石油利益集团制定反制措施；另一方面，调控拥有市场话语权的资源。中国在稀有金属、钒钛矿藏等现代经济所急需的战略资源储备方面拥有市场话语权，可通过降低出口量、提高出口价格的方式影响美国高科技产业发展。

三是纵横，即合纵连横建立国际应对统一战线。综合运用外交手段合纵连横各国，团结多数国家建立反制统一战线，预防特朗普联合盟友应对中国。"一带一路"建设为各国提供了投资和贸易机会，可通过扩大"一带一路"的影响，发挥"一带一路"的作用，争取沿线国家的支持。与此同时加大从欧盟、亚洲、非洲等国家进口，替代美国进口，瓦解美国"豁免关税"的拉拢策略。

四是扶持，即扶持受"贸易战"影响的高端制造业。美国直接打击我国规划的《中国制造2025》中的高端制造业，说明我们的产业战略是正确且具有威慑力的。既然贸易、金融及其他经济等争端不可避免，可通过对国内高端制造业进行减税或补贴的方式，保持其国际竞争力，缓冲短期影响。

五是催发，即催发已有的石油人民币影响力和人民币国际化。在过去几十年里，石油美元制度是世界各地经济主体接受美元的原因。我国2018年3月26日推出的以人民币计价的中国原油期货，实现了交易、交割、结算、风险控制、市场监管的全面国际化，即人民币与石油的实质挂钩。因此，可在此基础上构建石油人民币国际货币体系，取代现有的石油美元国际货币体系，进而摆脱美元霸权。这样，无论美国挑起"贸易战"，还是"金融战"，对我国及其他国家影响都大大削弱。

六是快改，即快速推进农业供给侧改革。目前，我们计划对美国向我国出口的水果、猪肉等多项产品加征关税，那么美国高质量农产品的进口将会减少，除了影响食品行业，更重要的是影响我国农产品供求结构。为除后忧，应通过加强农业基础设施建设、调整农业生产布局等方式，快速推进农业供给侧改革提高本国各类农产品质量，以替代进口农产品扩大对美国农产品的限制。

七是突破，即加快突破高端产业链中的核心技术。我国行业核心技术（工业机器人技术、工程机械关键零部件技术、碳纤维技术、精密仪器技术、半导体加工技术、高精度机床技术等）的缺失，使得高端制造业受制于发达国家的封锁与限制，不得不疲于应对美国等国家的经济挑战。为此，我们要在发达国家技术封锁的情况下，通过改革教育、培育引进人才等方式，加快自主研发来突破发达国家占领的制高点，才能变被动为主动，主导国际产业链，从根本上杜绝针对我国的"贸易战"等经济威胁，促进高质量发展。

八是减少，即适当减少引进那些简单加工用于出口换汇的外国资本和外国企业。依据对外开放的经济安全原则与国民福利原则，一方面，是某些外资通过低成本过度消耗国内土地、煤炭、水源等自然资源和生态环境的方式牟利，损害居民生存生活环境，降低我国国民福利，有悖对外开放的国民福利原则。另一方面，在当前我国追求高质量发展的新时代，这些大量低质量外资无法给我国经济转型升级带来促进效应，反而带来不必要的高额顺差（从而美国巨额逆差），以及对国内投资的挤出效应等国内外的负面影响。

（原载《经济日报》经济内参 2018 年第 27 期，第二作者为鲁春义）

第三节　不断提高我国在世界经济体系中的综合竞争力

习近平总书记在庆祝改革开放 40 周年大会上的讲话中指出："我国日益走近世界舞台中央，成为国际社会公认的世界和平的建设者、全球发展的贡献者、国际秩序的维护者！"总体上看，改革开放 40 年来，我国取得了巨大的经济建设成就。在经济发展新时代，应努力从以下方面重点发力，稳中有进地不断提高我国在世界经济体系中的综合竞争力。

一　确立知识产权优势，提升技术创新能力

知识产权优势是指培育和发挥以自主核心技术和自主品牌为主要内容的自主知识产权的经济优势，是相对于比较优势、竞争优势而言的第三种优势。提倡知识产权优势，并不是单纯否定比较优势，而是更加注重经济的高效益发展。一方面，为了获得持续的知识产权优势，各个企业会普遍注重"干中学"，发展实用技术或高新技术，注重品牌和名牌的塑造，力求使企业成为能够实现持续创新的组织；另一方面，知识产权优势的形成离不开政府的积极推动，政府通过组织重大科技攻关等活动，促使在基础科技领域作出大的创新、在关键核心技术领域取得大的突破，继而通过加强产学研一体化，实现产业创新，提高市场占有率。

习近平总书记强调，"我们要坚持创新是第一动力、人才是第一资源的理念，实施创新驱动发展战略，完善国家创新体系，加快关键核心技术自主创新，为经济社会发展打造新引擎"。关键核心技术是国之重器，对推动我国经济高质量发展、保障国家安全都具有十分重要的意义。要充分发挥我国社会主义制度优势，充分发挥科学家和企业家的创新主体作用，并培养一大批能够把党和国家科技政策贯彻落实好的组织型人才，发扬光

大"两弹一星"精神，形成推动攻克关键核心技术的强大合力和攻坚体制，努力作出更多有价值的原创性成果，实现从基于资源禀赋的比较优势向基于自主创新的知识产权优势的转型。

二 推进人民币区域化和国际化，实现金融"脱虚向实"

在当今国际经济格局中，金融具有举足轻重的作用。我国要迈进世界经济的"中心"，就需要建立区域性的货币体系，逐步实现人民币国际化和金融"脱虚向实"，以保障金融和国计民生的安全。

推进人民币区域化和国际化，首先应当从根本上提高我国企业适应国内外两个市场竞争的能力，因为人民币区域化和国际化的进程也是我国实现全方位开放的过程，切实做好人民币区域化和国际化的基础性工作，前提是作为市场微观主体的企业能够适应新的国际化金融环境。其次要加强和完善以商业银行为中心的信用制度，在国外推行人民币兑换业务，主动建立和完善合理的利率市场化机制。最后要高度重视和改进开放进程中的金融监管问题。我国既要全面深化国内金融体制的改革，提升本国金融机构的竞争力，也要循序渐进地扩大金融领域的双向对等开放，并加强对国际游资的防范与管理。

三 推动实现高质量发展，促进国内产业体系与国际经济的高度协调

习近平总书记在庆祝改革开放 40 周年大会上的讲话中指出，"推动高质量发展，推动新型工业化、信息化、城镇化、农业现代化同步发展，加快建设现代化经济体系，努力实现更高质量、更有效率、更加公平、更可持续的发展。我们要坚持以供给侧结构性改革为主线，积极转变发展方式、优化经济结构、转换增长动力"。发展是硬道理，走近世界舞台的中央，前提是发展。新时代的重点是推动实现高质量发展，经济发展方式要从规模速度型粗放增长转向质量效率型集约增长；经济结构从增量扩能为主转向调整存量、做优增量并存的深度调整；经济发展动力由要素驱动、投资驱动等传统增长点转向以创新驱动为代表的新增长点。

实现高质量发展，还需促进国内产业体系与国际经济的高度协调。其中，降低本国产业对外国产业的依赖度，提升国内产业参与国际分工的层次，是加快国内产业体系与国际经济协调发展的着力点。要以提高产业竞争力和产业附加值为导向，促进产业结构的合理化。一是适当淘汰高污

染、高能耗的外向型加工企业，用先进技术改造传统产业，推动传统产业技术设备更新换代和升级改造；二是大力发展信息产业和新能源产业，以及设计、咨询、物流等现代服务业，抢占未来全球经济竞争的制高点；三是改革和完善投融资体制，引导和鼓励国内资本调整投资方向，使新增投资逐渐向现代服务业和高新技术产业转移。

四 推动国际政治经济秩序朝着更加公正合理的方向发展

习近平总书记在庆祝改革开放 40 周年大会上的讲话中指出："前进道路上，我们必须高举和平、发展、合作、共赢的旗帜，恪守维护世界和平、促进共同发展的外交政策宗旨，推动建设相互尊重、公平正义、合作共赢的新型国际关系。我们要尊重各国人民自主选择发展道路的权利，维护国际公平正义，倡导国际关系民主化，反对把自己的意志强加于人，反对干涉别国内政，反对以强凌弱。我们要发挥负责任大国作用，支持广大发展中国家发展，积极参与全球治理体系改革和建设，共同为建设持久和平、普遍安全、共同繁荣、开放包容、清洁美丽的世界而奋斗。"

世界需要合作共赢、共同发展的新秩序，需要构建人类命运共同体。中国作为负责任的大国，坚持合作共赢理念，坚持扩大对外开放，愿同各国分享中国市场的机遇和潜力，同各国一起平等发展，欢迎更多国家搭乘中国经济快车共同发展。放眼全球，我们正面临百年未有之大变局。无论国际风云如何变幻，中国维护国家主权和安全的信心和决心不会变，中国维护世界和平、促进共同发展的诚意和善意不会变。我们将积极推动共建"一带一路"，继续推动构建人类命运共同体，为建设一个更加繁荣美好的世界而不懈努力。

（原载《光明日报》2019 年 2 月 14 日，第二作者为翟婵）

第四节 "五个提升"促对外经济发展方式转变

改革开放以来，"出口导向"战略对经济增长和社会进步作出了巨大贡献，但是，较为粗放的对外开放模式已经妨碍了产业结构的提升和国民福利的增加。主要以单向引进和数量扩张为特征、以环境和资源较高损耗为手段的粗放型对外经济开放模式，已经不能适应转变经济发展方式的新要求。我们必须在科学发展观的指导下，建立主要追求开放质量效益和双向流动为特征的精益型对外开放模式，统筹国内经济发展与对外开放的关系，促进国民经济又好又快地持续发展。

温家宝总理在日前的《政府工作报告》中指出："拓展对外开放广度和深度，提高开放型经济水平。"我就如何实施这一方针，加快转变对外经济发展方式提出以下政策思路，具体应做到"五个提升"。

一　适当降低外贸依存度，提升消费拉动增长作用

改革开放以来，我国外贸依存度经历了由低到高的阶段式变化过程。根据相关数据测算，全球平均贸易依存度 2003 年接近 45%；其中，发达国家平均水平为 38.4%，发展中国家平均水平为 51%，我国 2004 年和 2006 年的外贸依存度为 68.44% 和 65.51%，高出世界平均水平较多。这表明，我国外贸依存度不仅远远高于发达国家，而且高于绝大多数发展中国家，甚至超出了发展中国家平均水平的 10% 以上。

2004 年我国消费率为 53.6%，是新中国成立以来的最低水平。2007 年开始好转，消费对经济增长的促进作用增强，全年社会消费品零售总额达 89210 亿元，增长 16.8%。消费的贡献率七年来首次超过投资，但这还不够。

我们必须适当降低外贸依存度，提升消费拉动增长的作用，努力做到消费、投资和出口相协调。

二　适当控制外资依存度，提升协调利用中外资效益

改革开放以来，利用外资对我们的经济增长和社会进步起到了不可替代的作用。中国已经成为世界上吸收外商直接投资最多的国家之一。但是，我们为此付出了巨大的成本。

例如土地成本。前些年苏北地区协议出让的土地最低每亩几百元，一般也就几千元。表面看这些资金搞活了地方经济，其实质是把土地这样一个稀缺且不可再生资源贱卖。又如税收成本。长期以来，外资企业在我国一直享受"超国民待遇"。据统计，外资企业偷漏税款金额每年至少 1000 亿元。再如环境成本。"外资利润流走，留下生态失衡"的现象较为普遍。发达国家为了保护本国环境、调整产业结构，将造纸、建材、制药、纺织、化工等污染严重的行业转移到中国等发展中国家。业界认为，跨国

企业在中国污染状况呈上升势头，原因在于他们执行双重标准，在中国缺乏环境责任感。

中国是否需要继续如饥似渴地引进外资？事实上，自 1995 年起，我国金融机构首次出现存差，近年存差已突破了 10 万亿元大关。可见，当前中方资本大量过剩。这样，外资引进势必产生"挤出效应"，影响中资有效配置和利用效益。

因此，适当控制外资依存度，提升协调利用中外资效益，是亟须统一认识和创新政策的重大问题。

三　积极降低外技依存度，提升自主创新能力

近年来我国对外贸易规模迅速扩大，但经济收益却并不随之增加。这主要是由于我们出口的大多是初级产品，附加值低，数额巨大却收益甚微。

比如，我国纺织品、服装、皮革产品的国际市场份额都是全球第一，但国际竞争力仅为第 12 位、第 30 位和第 13 位。作为世界上最大的 DVD 生产国和出口国，57 项关键技术中，我国仅有 9 项；作为电视机最大的生产国和出口国，40 项专利中，我国仅有 18 项，还是一些非核心技术。

事实证明，"三高一低"（高污染、高能耗、高依存度、低附加值）模式下获取的贸易利益，终究只能是暂时的、阶段性的和伴随巨大代价的。长此以往，只能使我们丧失技术进步的动力，过度依赖发达国家的高科技产品，导致外贸结构畸形、贸易条件恶化、社会整体福利水平下降，并最终陷入"比较优势陷阱"。

因此，我国的对外贸易战略要大胆解放思想，变"比较优势"为"知识产权优势"。只有知识产权优势才是持久高端竞争优势的必要性条件。我们要大力发展控股、控技（尤其是核心技术和技术标准）和控牌（尤其是名牌）的"三控型"民族企业集团，突出培育和发挥知识产权优势，尽快实现从贸易大国向贸易强国、经济大国向经济强国的转型。

四　适当降低"外源"依存度，提升配置资源效率

20 世纪 90 年代以来，中国的"外源"（指某些进口比例很高的外国能源和资源，如石油、铁矿石等）急剧增长。1993 年，中国成为石油净进口国以来，对外依存度逐年上升，目前达到 46.6%，已接近 50% 的

警戒线。中国能源需求的对外依存度在未来二三十年将继续呈扩大状态。

能源对外依存度过高对中国经济的影响是不言而喻的。首先是导致大量国民财富外流，近年来，能源价格暴涨使中国国民财富净溢出的总额更是高达数千亿元人民币；其次，过度依赖国外能源会威胁国家的政治安全和经济安全；再次，容易引发国际争端。

尽管能源大量依赖进口存在着极高的风险，但是进口仍然会成为中国能源供给的重要源泉之一。问题的根本在于，如何把握能源进口的依赖程度。防范措施一是在于尽快建立起自己的石油战略储备体系，形成一道基本的防火墙；二是要坚持鼓励和支持对新能源的开发和利用；三是要从政策上重奖节能，重罚浪费。

五　适当控制外汇储备规模，提升使用外汇收益

2006 年 4 月，我国外汇储备规模首次超过日本，成为世界第一储备大国。截至 2007 年 12 月末，国家外汇储备余额为 1.53 万亿美元，同比增长 43.32%。作为发展中的经济大国，拥有相当规模的外汇储备是非常必要的，但如果长时间和大幅度地超过合理数量，则必然对经济发展产生诸多不利影响。

解决外汇储备过度的问题，不仅要控制低收益的加工贸易发展规模，从根源上减少贸易顺差，降低外汇储备激增的速度，同时也要合理配置手中已有的外汇资源。

从基础设施建设到社会保障完善，从西部开发到东北振兴都需要大量的资本投入作为保证。巨额的外汇储备是我们来之不易的宝贵财富，除了合理地安排其在境外的投资结构，尽可能实现保值和增值外，还应当有计划地激活这些资源，用于国内急需和有建设性意义的社会保障、基础教育、医疗卫生和环境保护等事业。也可以搞"主权基金"，或直接进行"海外购物"，购买高技术及设备或相关物资等。总之要降低货币资本储存的机会成本，提高资本配置效率。

（原载《中国经济周刊》2008 年第 11 期）

第五节　转变对外经济发展方式的
"新开放策论"

从强调经济开放战略指导方针和主题变换的意义上说，30 多年的经济开放可分为三个阶段，第一阶段是强调"引进来"的单一战略，单纯追求对外国的资本和技术等引进；第二阶段强调"引进来和走出去"并重的战略，在继续追求"引进来"的同时，实施中国企业走出去投资的举措；第三阶段强调"自主创新"的新战略，实施自主知识产权和创新型国家的举措。

2009 年 3 月，胡锦涛总书记在"两会"期间广东代表团的讲话中首次提到要"转变对外经济发展方式"①。2010 年 2 月 3 日，在省部级主要领导干部深入贯彻落实科学发展观加快经济发展方式转变专题研讨班上，胡锦涛同志又深刻地指出："国际金融危机对我国经济的冲击表面上是对经济增长速度的冲击，实质上是对经济发展方式的冲击。综合判断国际国内经济形势，转变经济发展方式已刻不容缓。"并把"转变对外经济发展方式"作为八项重点工作之一。

目前，在要不要和如何加快转变对外经济发展方式这一重大理论和政策问题上，存在歧见，亟须探讨。本文认为，我国的经济开放应在前三个阶段的基础上及时进入第四阶段，即强调并积极实施"转变对外经济发展方式"的全新战略，适度控制对外资、外技、外产、外贸、外汇和外源的依赖程度，积极提升协调使用国内外各种广义资源的综合效益。这一新战略和新策论，在巩固和完善"自力（更生）主导型多方位开放体系"的基础上，更加注重经济开放中的自主发展、高端竞争、经济安全、国家权益和民生实惠，以促进经济大国向经济强国、全面小康社会向生活富裕社会的根本转变。

一　我国传统开放型经济面临的问题

30 多年开放型经济的发展，对中国经济增长起了推动作用。我国开

---

① 笔者之一程恩富在《加快转变对外经济发展方式须实现"五个控制和提升"》一文中率先提出"转变对外经济发展方式"问题，参见《经济学动态》2009 年第 4 期。

放型经济是在发展初级阶段和粗放型条件下生成的，基本上是以追求引进资本和技术数量为主要特征，以注重增加国内生产总值和出口创汇为发展导向。这种偏重数量而忽视质量、偏重总量增长而忽视结构调整的对外经济发展方式，使目前的中国经济面临着巨大的风险，在实践中也难以为继。其弊端和内在风险主要体现在以下几个方面。

（一）外国直接投资的过度利用及其负面影响

改革开放初期，在资本相对短缺的条件下，我国采取了积极利用外资的政策，推动了我国经济增长和社会进步。截至 2009 年底，在华投资的外资企业达 68 万家，外商投资总额逾 10000 亿美元，连续 17 年位居发展中国家之首，使我国成为世界上吸收外商直接投资最多的国家。2010 年，我国实际使用外资金额 1057.4 亿美元，同比增加 17.4%，创历史新高。然而，我国利用外资方面取得的成就，往往是以外资"超国民待遇"所隐含的巨大成本为代价的，而这种代价的付出并不总是对经济长远发展有益。由于外国直接投资本身追求资本利益最大化的资本主义目的，发展中国家期望通过引进外资实现国家利益的初衷即使不是单厢情愿，在实践中往往也不能顺利地实现。即使联合国贸发会议跨国公司与投资司在其编著的报告中也认为，引进外资对发展中国家的开放政策及其驾驭开放的能力，实质上是一种考验。该报告指出："有必要认识到跨国公司的目标与政府的目标并不一致，政府试图促进本国范围内经济的发展，而跨国公司试图增强其在国际范围内的竞争力。因此，并不是所有的 FDI 都总是、并自动地符合东道国的最佳利益。有些会对发展造成负面影响。"① 这些负面影响包括：外资对东道国企业的并购、市场的占领、民族品牌的削弱，还包括对东道国就业、产业结构和经济安全的影响等。因此，需要结合我国引进外资付出的成本，来全面认识外资的作用。

我国在利用外资方面付出的巨大成本，至少体现在以下几个方面。

1. 土地代价较大。在片面追求国内生产总值和引进外资越多越好的总体格局下，一些地方政府为了达到引资目的，不惜以低于成本价格甚至无偿出让工业用地来吸引外资，致使引资"门槛一降再降、成本一减再减、空间一让再让"。2006 年，审计部门审计调查 87 个开发区，发现其中 60 个开发区存在违规低价出让土地的行为。在苏州，其工业用地开发

---

① 《1999 年世界投资报告：外国直接投资和发展的挑战》，中国财政经济出版社 2000 年版。

成本平均为每亩 20 万元，但为了引进外资，却将地价压至每亩 15 万元。前些年苏北地区协议出让的土地最低每亩几百元，一般也就几千元。[①] 表面看这些资金搞活了地方经济，其实质是把土地这样一个稀缺且不可再生的资源贱卖。我国引进外资的土地代价，还体现在继续对部分外资企业的政策优惠上，如 2010 年 4 月 6 日颁布的《国务院关于进一步做好利用外资工作的若干意见》中提出："对用地集约的国家鼓励类外商投资项目优先供应土地，在确定土地出让底价时可按不低于所在地土地等别相对应《全国工业用地出让最低价标准》的 70% 执行。"这一优惠措施，使地方政府可以合法地对外资占用工业用地实施政策倾斜，而国内企业还没有参与市场竞争，仅在土地成本上就已处于不利地位。

2. 税收代价较大。长期以来，外资企业在我国一直享受"超国民待遇"。而外资企业通过政策优惠发展起来的产值及其市场占有率优势，在实践中并没有体现为相应的纳税贡献。据资料统计，2009 年外资企业产值已占我国工业产值的 30% 以上，出口占 56% 以上，但纳税仅占 20%，[②]外资企业的纳税额与其经济规模并不对称。造成这种现象的原因，并不是外资企业纳税能力弱。相反，外资在中国市场取得的利润量巨大，远高于其在其他国家和地区投资的收益。仅以美国在华投资为例，据《人民日报》转述中美商会发布的调查报告，2009 年 71% 的在华企业实现盈利，而 46% 的受访企业在中国市场的利润率高于其全球利润率。[③] 可见，外资企业纳税比重相对较低，与经营状况相关性并不大（国内民营企业盈利能力总体上要低于外资企业），而主要是由于我国对外资企业的税收优惠政策。

需要提及的是，外资企业除了堂而皇之地享受合法的免税、减税和低税率保护伞，还常常利用非法手段进行避税和逃税等活动。国内有学者估计，外资企业利用各种手法偷漏的税款金额每年至少有 1000 亿元。所谓的"超国民待遇"不仅使外资企业规避了社会发展的义务，使政府财政收入减少，同时也人为地制造了一个不平等的竞争环境，使国内企业很容易开始就输在起跑线上。还有学者指出，内外资企业税制统一前，外资企

---

① 丛亚平：《利用外资八思》，《瞭望新闻周刊》2006 年第 51 期。
② 龚宗杰：《跨国公司仍然具有两重性》，《经济参考报》2010 年 9 月 2 日。
③ 崔鹏：《美国在对华经贸合作中受益巨大》，《人民日报》2011 年 1 月 17 日。

业所得税水平仅为内资企业税收水平的一半左右。税收上的不公平待遇竟然使很多境内企业转而以海外注册公司的形式生存，直接导致国内财政税收进一步流失。① 在这种情况下期望扩大外资引进规模和进入领域，来体现外资企业的所谓平等地位，更是南辕北辙。②

取消外资企业税收优惠是否会导致外资大规模撤离？事实说明，这种担心是完全多余的。我国"两税合一"和《国务院关于进一步做好利用外资工作的若干意见》实施以来，国内吸引外资数量仍然在持续上升，2010 年 1 月至 11 月，全国新批设立外商投资企业 24302 家，同比增长 17.97%；实际使用外资金额 917.07 亿美元，同比增长 17.73%。③ 可见，对外资税收优惠并不是引进外资的必要条件，相反，我国如继续对外资实施优惠，只会给国内带来更大的税收、市场等利益损失。④ 此外，外资的过度引进并没有促进就业。截至 2009 年，我国外资企业直接吸纳就业近 5000 万人，仅占全国就业总数 77995 万人的 6.4%，享受税收优惠的外资企业，其就业容纳能力与其产值、市场占有率和税收贡献是不相称的。但外商直接投资对国内投资的"挤出效应"，则不仅损害了民族产业，还在某种程度上加重了民生、就业、资源等经济社会问题。

3. 环境代价较大。"外资利润流走，留下生态失衡"的现象较为普遍。发达国家从保护本国环境、调整产业结构的目的出发，通过国际经济合作、国际投资或跨国公司经营等途径，将造纸、建材、制药、纺织、化工等污染严重的行业转移到中国等发展中国家。有学者指出，污染排放水平较高的制造业是外资流入的首选行业，经验观察和大量的实证研究均表明，2000 年以后我国实际利用外资的大规模增长，与我国工业二氧化硫、

---

① 马红漫：《外资企业应习惯平等竞争》，《环球时报》2010 年 12 月 1 日。

② 尽管外资企业由于具有超国民待遇在我国获得了大量的优惠，但我国前两年却仍然存在一种观点，认为"一家外商投资企业经中国政府批准成立以后，它接受中国政府的监管，向中国政府交税，为中国创造就业机会，它就应该是百分之百的中国企业"。参见翁阳、龙永图《把外资在华企业当真正的中国企业来对待》，中国新闻网，2008 - 12 - 08 （http：//www. chi? nanews. com.）。这种片面强调外资企业税收贡献和就业贡献，而忽视外资本质上与国内企业的差别、盲目推崇开放外资进入领域的观点，显然是经不住实践和统计资料检验的。

③ 《我国利用外资连续 16 个月增长》，《北京日报》2010 年 12 月 16 日。

④ 对此，前两年日本《经济学人》就曾载文"世界进入空前的超额利润时代"指出，发达国家通过利用发展中国家廉价劳动力，实质上获得了显著的超额利润。参见李长久《在华外资企业不是中国企业——关于"在华的外资企业是中国企业"的争论和建议》，《中国经济时报》2010 年 4 月 28 日。

固体废弃物排放水平的大幅度攀升存在着一定的关系。[1]

在污染和落后产业向我国转移的过程中，跨国公司起了主导作用。我国的一些地方政府由于引资心切和管理薄弱，大大降低在国际上或本国（本地区）企业奉行的环保标准和治污成本，甚至不惜牺牲当地居民的长远利益，对那些污染严重、破坏生态平衡的项目也大开方便之门。使跨国公司得以利用这些便利，通过规避环保成本来大肆攫取利益。据NGO组织"公众与环境研究中心"统计，2006—2008年，被中国环保部门点名批评过的跨国公司的数量就从八九十家增加到近三百家。[2] 该研究中心认为，跨国企业在中国污染状况呈上升势头，原因在于他们执行双重标准，在中国缺乏环境责任感。因此，表面上看，利用外资增加了引进外资地区的经济收益，但背后付出的却是巨大的生态成本和长期的社会收益，损害了经济长期发展的基础，并且很难在短期内消除影响。

（二）"外源"依赖性的增强及其对经济发展的制约

战略性资源的供给问题关系到我国经济的长期稳定发展。虽然中国拥有总量较大的国内资源，但人均拥有量却很贫乏，这大大限制了中国的工业生产和经济发展。20世纪90年代以来，中国的"外源"（指某些进口比例很高的外国能源和资源，如石油、铁矿石等）使用急剧增长，出口导向对外经济发展方式所需的能源原材料的约束日益加大，风险也越来越大。从能源消费看，根据国家统计局公布的数据，2002年能源净进口占国内能源消费的比重仅为0.9%，而2006年即上升到6.9%，而且进口主要集中在关键性的石油和煤炭等战略性资源上。以石油为例，自1993年中国成为净进口国以来，对外依存度逐年上升。2009年原油净进口1.99亿吨，增长13.6%，中国原油对外依存度约为51.3%，已经超过50%的警戒线。[3] 在煤炭方面，海关总署的数据显示，2009年1—12月我国煤炭进口12583.4万吨，同比增长211.9%，而同期出口同比下降50.7%，全年煤炭净进口达到了历史性的10343.4万吨。[4]

---

① 陈军亚：《外商直接投资的环境效应》，《光明日报》2010年12月21日。

② 刘世昕：《环保总局通报批评三家跨国公司污染行为》，《中国青年报》2008年1月10日。

③ 华艳：《2009年原油产量下降对外依存度约为51.3%》，新浪网（http://finance.sina.com.cn）。

④ 田甜：《2009年我国煤炭净进口超亿吨》，中国产业安全指南网（http://www.acs.gov.cn）。

　　近年来，我国不仅在能源方面对外依赖性在上升，在原材料上的进口比例也较大。首先，我国部分原材料进口大幅增长。2009 年 3 月中国进口铁矿石、铜都创下历史新高，分别达到 5210 万吨和 37.49 万吨；而钢材、未锻造铝及铝材也分别进口 14.7 万吨和 127 万吨，中国成为钢材及电解铝净进口国的日期日益逼近。不仅如此，我国大豆、油菜籽等大宗农产品进口近年来也大幅增长，接近历史高位。① 其次，部分原料进口量持续超越出口量。有关统计数据显示，2010 年 1—3 月，我国大部分基本有机化工原料及主要无机原料（如硫酸、盐酸、硝酸），都呈现进口量大于出口量的格局，有的产品进口量大于出口量达数百倍（如甲苯、甲醇），甚至数千倍（如二乙醇胺），部分原料则完全依赖进口弥补国内供需缺口（如三乙醇胺）。② 最后，是我国出口产业中来料加工部分占有较大比例。根据科普曼对 2006 年中国外贸数据的测算，当年我国在对美出口 2010 亿美元中，来自世界其他地区的原材料和零配件价值为 1130 亿美元，占总额的 55%。③ 从总的发展趋势看，中国资源能源的对外依存度在未来二三十年还将继续呈扩大状态。

　　我国对"外源"需求的长期急剧增长可能造成多重不利后果。

　　1. 增加我国能源供给的不确定性。由于国际市场原料不断涨价，外贸对经济效益提高的牵引作用会明显下降，社会风险越来越高。2000 年以来，国际市场原材料价格总体呈上升趋势，金融危机后国际市场原材料（如铁矿石等）价格上升更为迅猛，对经营管理粗放特征显著的国内产业产生了很大的成本压力，威胁一些企业的正常经营和职工就业。

　　2. 使我国面临利益损失和价格风险。经济发展过程中对"外源"依赖性的上升，导致我国能源供应容易受到实体因素以及投机因素的冲击，而直接导致利益损失。首先是导致大量国民财富外流。根据国家信息中心测算，单纯由于涨价因素，2005 年一年中国就有相当于 1200 亿元人民币的国民财富转移到产油国和国外石油巨头手中，近年来能源价格暴涨使中国国民财富净溢出的总额更是达到数千亿元人民币。其次是使我国面临价格风险。2005 年以来，国际油价上涨幅度明显加快，与国际石油炒家的

---

① 《原材料进口连创新高，世界工厂变世界仓库?》，《中国证券报》2009 年 5 月 11 日。
② 《需求强劲，我国基本化工原料进口增势持续》，《医药经济报》2010 年 8 月 26 日。
③ 何伟文：《应重新计算对美贸易顺差》，《环球时报》2010 年 12 月 28 日。

大肆投机活动有很大关系，这进一步增大了中国能源（主要是石油）供应的价格风险，使我国国内经济增长受到影响。

3. 削弱我国国际市场上的话语权。过度依赖"外源"的发展模式，不仅使我国某些能源资源的消费受制于国际市场供应方的打压，也面对环境保护的指责。近年来，我国在铁矿石、石油等领域的谈判屡屡受到国际市场阻击，在国际谈判中处于被动和不利地位。尽管我国在发展中承担了更多的环境压力，但西方发达国家却罔顾我国人均能源消费量远低于发达国家的事实，鼓吹"能源消费大国责任论"，在碳排放问题上对我国提出了过分的要求。[①] 这些因素的综合作用，无形中降低了我国在国际市场上的话语权和主导能力。

（三）对外技术依存度的提高及其冲击效应

对外技术依存度是反映一个国家对技术引进依赖程度的指标。一般认为，国家对外技术依存度与技术引进经费、研发经费相关。其计算公式为：技术依存度（%）＝技术引进经费/（R&D 经费 + 技术引进经费）。一般说来，不管是发展中国家，还是发达国家，适度引进国外的先进技术，可以对国内起示范效应，增强国内企业技术创新的动力，但对外技术依存度过高，则会造成国内企业依附于国外核心技术而在竞争中惨遭淘汰。由于技术依存度与研发经费成反比，过高的技术依存度，往往反映出国内研发能力的欠缺和技术保障能力的薄弱。换言之，一个国家的对外技术依存度较高，表明该国对国外技术的依赖程度较强；反之，技术依存度较低则表明该国自主创新成分较大。注重引资数量和出口创汇导向的对外经济发展模式，使我国因重视国际贸易而片面注重引进国外先进技术，产生对外技术依存度过高的倾向。我国对外技术依存度过高及其负面影响，可以从以下方面来认识。

1. 对外技术依存度过高不利于经济自主发展。在推进开放、进军国际市场的过程中，我国对外技术依存度指标变动的总趋势是由低向高发展。在开放初期，我国还坚持以我为主，依托大量自身技术和自有品牌发展，但经历合资合作等过程，我国原有技术、品牌被摒弃的同时，导致原始创新能力不足，技术自给率低，特别是关键技术自给率急剧下降。资料表明，2005 年我国占固定资产投资 40% 左右的设备投资中，有 60% 以上

---

① 杜海涛：《"能源消费大国责任论"混淆视听》，《人民日报》2010 年 8 月 2 日。

要靠进口来满足，高科技含量的关键装备基本上依赖进口。① 2007 年，我国的高新技术产业产值只占工业产值的 8%，而发达国家占 40%；软件产业产值我国只占世界比重的 7%，而美国、欧盟则占到 30%。在不到三十年的时间里，我国从开放初期的几乎主要依靠自我研发、自我发展，发展到技术对外依存度高达约 60%，与发达国家对外依存度的差距进一步拉大。② 对外技术依存度过高，会直接影响到我国的产业控制力。例如，近几年机械行业外资股权控制度一直维持在 30% 以上，车用发动机和汽车、摩托车配件等行业，外资也达到对企业的相对控制程度，而在文体用品制造业等轻工领域外资控制度已超过国际公认的安全标准。又如，2008 年以来，外资对钢铁、石化产业的技术控制度呈快速上升趋势，外资涉入并控制我国有色金属开采活动的步伐在加快。③ 由于我国大多数出口企业在技术上不具备核心竞争力，其生产过程和产品市场逐渐被外资支配，经济自主性相应被削弱。

2. 过度依赖国外技术不利于国际竞争。中国目前虽被称为"世界工厂"，但总体上缺乏核心技术和品牌竞争力，不能从根本上保证自己的经济利益。如：中国是世界上最大的 DVD 生产国和出口国，但在 DVD 的57 项关键技术中，我国掌握的仅有 9 项；中国的纺织品、服装、皮革产品的国际市场份额都是全球第一，但国际竞争力仅为第十二位、第三十位和第十三位。又如：目前中国汽车市场已经高度繁荣，产量达到世界第一，但中国汽车企业的竞争力却没有实质提升，合资汽车企业仍倾向于从外方直接获得技术援助，而不是通过自主开发形成独立的技术创新能力。④ 根据国际经验，在来料加工的贸易方式中，生产国实际能够得到的外汇收入仅为贸易额的 20% 左右，国民所得更为有限。中国目前大量从事贴牌生产的企业，其利润额的 92% 都要被外资公司拿走，留在国内的不足 8%。令人痛心的是，在这样微薄的利润下，我国出口产品既要参与国际市场价格竞争，还要同时受到贸易伙伴国内知识产权法律的限制。例如，目前我国已经成为美国超级 301 调查最多的国家。⑤ 当中国放弃粗放

① 《九大问题挑战"创新型国家"》，人民网，2006 年 1 月 9 日。
② 《我国技术对外依存度过高亟待突破》，网易财经（http://news. 163. com）。
③ 李孟刚：《我国产业安全面临新形势》，《内部参阅》2010 年第 43 期。
④ 万军：《汽车业别沉浸于虚假繁荣》，《环球时报》2009 年 9 月 4 日。
⑤ 隆国强：《中国对外开放面临的挑战与新战略展望》，《三江论坛》2009 年第 7 期。

式的价格竞争而转向技术和品牌竞争时，西方跨国企业却凭借其在知识产权领域的先发优势打压中国产品出口。据报道，目前我国已连续 6 年位居 337 调查涉案国家（地区）的首位。[①] 可见，对外技术依存度过高，已成为加剧我国国际贸易争端、恶化国际竞争环境的一个重要因素。

3. 对外技术依存度过高加剧国内低水平竞争。由于过度依赖于外国技术，我国现有的发明和专利主要还是集中在外观和实用新型技术上，原始技术特别是核心和关键技术一直难有重大突破，而外国投资商和技术拥有者却坐收巨大的专利利益。过度依赖于外国技术，还导致国内企业短期化倾向严重。很多企业只是简单地依靠来料加工、代工贴牌来维持生产运营，赚取生产链低端的微薄利润，并不真正努力创立自主独立的知识产权和知名品牌，使产业陷入低水平重复建设和恶性竞争，从而加剧产业同一化的弊端，为产业结构进一步优化升级和转变国内经济发展方式增加了困难。

（四）外汇储备过大产生的利益损失和国际争端风险

出口创汇导向型的对外经济发展方式所带来的问题，经过长期的积累，必然使我国在外汇储备规模和结构方面的矛盾日益突出。

首先，外汇储备规模过大。从纵向角度看，在开放过程中我国外汇储备存在着过快增长的趋势。根据国家统计局公布的数据，2000 年我国外汇储备规模还仅有 1655.7 亿美元，而 2009 年末即达到 23992 亿美元，这一上升势头仍在保持。据国家外汇管理局最新公布的数据，截至 2010 年 10 月我国外汇储备已达 26483.03 亿美元，增长幅度超过了同期 GDP 增长幅度。[②] 从横向角度看，我国外汇储备的规模过大，还体现在其相对国内生产总值的比重过高，2008 年我国外汇储备占国内生产总值的比重已经接近 45%，[③] 而同期其他各主要经济大国一般保持在 25% 以下。尽管美国因其美元地位是个例外，但德国这样外贸依存度高达 73% 的国家，其外汇储备也仅仅维持在不到 11% 的低水平（见表 1）。可见，中国外汇储备的规模，已经不仅仅远远高于发达资本主义国家，也高于一般发展中国家（如巴西、印度）的水平。

---

① 孙楠：《部分跨国企业借 337 调查遏制中国企业转型升级》，《国际商报》2010 年 10 月 28 日。

② 参见国家外汇管理局网站公布的资料（http：//www.safe.gov.cn）。

③ 2009 年这一比重已经上升到 48.1%，并且目前仍在保持着快速上升势头。

表 1　　　　　2008 年外汇储备占国内生产总值比重的国际比较

国家	外汇储备 （亿美元）	国内生产总值 （亿美元）	外汇储备占国内 生产总值比重（%）
中国	19460.3	43262	44.98
美国	495.8	142043	0.35
德国	385.6	36528	10.56
日本	10036.7	49093	20.44
韩国	2004.8	9291	21.58
印度	2466	12175	20.25
巴西	1928.4	16175	11.92

数据来源：中国国家统计局、国家外汇管理局网站公布数据。

其次，我国外汇储备结构不合理。对外贸易中产生的巨额外汇储备，因对外直接投资时受西方国家限制，只能投资于美国等发达资本主义国家的政府和企业债券。我国近年来已经成为美国的"头号债主"，据美国《华盛顿日报》2010 年 12 月 16 日转述美国财政部月度国际资本的报告，截至 2010 年 10 月我国所持美国国债总额高达 9048 亿美元。[①] 由于我国外汇储备存在形式相对单一和相对集中，使外汇风险也相对增大。外汇储备相对于经济总量规模过高和结构上的不合理，在实践上会导致一系列难题。

1. 加大人民币升值压力。在美元为储备主体且美国是主要贸易对象的情况下，我国外汇储备规模过大，使人民币面临较大的升值压力。本来，将贸易问题与人民币汇率挂钩并没有依据，2005 年我国进行汇率改革以来，人民币汇率已累计上升约 25%，但外贸顺差仍然在急剧增加，汇率并不是造成贸易失衡的主要原因。但西方国家却将两者挂钩，目前我国的"外汇储备过万亿"，已经被美国等发达国家看作是人民币币值低估的最具体表现。在这一借口下，美国等国家已经开始更加强硬地要求人民币升值，并且以各种制裁措施相威胁，导致我国商品出口遭遇较多的贸易摩擦和贸易壁垒，在个别情况下还会激化贸易争端。

2. 加大国内宏观调控难度。外汇储备规模过大的一个直接影响，就

① 尚未迟：《中国增持美国债创一年新高》，《环球时报》2012 年 12 月 17 日。

是通过货币传导机制干扰国内的经济平稳运行。在现有结售汇制度下，我国的外汇储备管理制度实际上已经导致了人民币的超额发行，并容易使中央银行货币的政策独立性落空。它对国内经济生活的消极影响：一是会引起国内流动性过剩，使资产价格过度上涨，加大经济泡沫风险；二是促使国内非理性投资活动膨胀，扰乱正常的投资活动和生产经营；三是扭曲价格机制，削弱市场配置资源的功能。这些因素，在客观上都加大了我国宏观调控的难度。

3. 导致国民财富大量流失。虽然自人民币汇率改革以来，我国外汇储备已经开始转向一揽子储备方式，但其中美元储备还是大头，外汇储备结构不合理的情况仍没有根本改变，为我国国民财富流失埋下了隐患。外汇储备过高带来的国民财富损失主要通过两种方式：间接方式和直接方式。间接流失主要体现为外汇贬值带来的损失。截至 2009 年末，中国持有美国国债 8948 亿美元，比美国国债第二大买主日本持有的 7688 亿美元还多出 1260 亿美元。[①] 由于中国成为美国国债第一大买主，因此，日趋走低的美元汇率，也使中国成为外汇储备贬值损失最大的国家。而美国则从中国外汇贬值中受益：根据美国会研究局 2009 年 7 月发布的报告，如果没有中国大规模购买美国国债，美国利率将提高 0.5 个百分点，相应需要多支出国债利息约 616 亿美元。[②] 从直接损失来看，2008 年中国持有美国债券组合投资有 1.06 万亿美元，除了 51% 美国国债外，还有 42% 为政府相关企业债券，7% 企业债券，其中包括大量的资产支持证券和抵押债务证券。仅我国持有的"二房"债券，就可能高达 3760 亿美元。尽管我国海外投资损失的数据没有公开，但美国次贷危机后企业倒闭、破产和经济萧条等，直接使我国在美投资的债券，特别是资产支持证券和抵押债务证券遭受重创，使外汇储备蒙受了巨大的直接经济损失。

外汇储备结构不合理，还导致人民币面临着进一步的贬值风险。本来，金融危机爆发后，美国为应对金融危机通过了所谓的巨额救市法案，其近 8000 亿美元救市资金中的很大一部分，主要通过发行债券来筹集。而继 2009 年 3 月 18 日美联储首次实施量化宽松货币政策不久，2010 年 11 月初，美联储又推出了第二轮量化宽松政策，继续向市场大量注入货

---

① 美联社：《中国重返美最大债主地位》，《参考消息》2010 年 2 月 28 日。

② 同上。

币。这些措施已经导致中国外汇储备因贬值而损失较大。最近美联储主席伯南克又表示，不排除推出第三轮的量化宽松政策。据部分学者估计，美国为保证经济增长并避免通货紧缩，将不得不启动新的量化宽松政策。① 如果这一趋势延续下去，随着美元大幅贬值和全球大宗商品价格上扬，我国美元资产收益将进一步降低，外汇储备面临的损失和风险也将日益加大。

（五）外贸规模过大导致的经济运行风险

对外贸易依存度是指在一定时期内（通常为一年）一国或地区的进出口贸易总值占其国内生产总值或国民生产总值的比重，是衡量一国经济发展对外贸易依赖程度的重要指标。改革开放以来，我国对外贸易规模逐年扩大。进出口总额从 1978 年的 206 亿美元，发展到 2008 年的 25616 亿美元，30 年增长了 124 倍。相应地，我国的外贸依存度在 1978 年时仅为 9.74%，2004 年和 2005 年最高峰值时曾一度高达 70%，2007 年仍居于 66% 的高位。② 国际金融危机爆发以来，这一指标开始下降，2009 年我国外贸依存度降到 44.9%。③ 但 2010 年后，即使在人民币已经大幅升值的情况下，我国外贸依存度又重拾升势。根据国家商务部发布的《中国对外贸易形势报告（2010 年秋季）》，2010 年前三季度进出口总额 21486.8 亿美元，比上年同期增长 37.9%；④ 而国家统计局的数据表明，同期国内生产总值 268660 亿元。⑤ 冲击后，我国外贸依存度重新回到了 53.6% 的较高水平。

换言之，国际金融危机与外贸依存度的高低，总是与各个经济体的规模及其所处的一定经济发展阶段相联系的。一般来说，经济大国、发达国家的外贸依存度相对较低（德国是个例外），而小国、不发达国家的外贸

---

① IMF 古拉斯：《美联储可能被迫启动第三轮量化宽松》，《上海证券报》2010 年 11 月 11 日。

② 历史数据根据《中国统计年鉴》相关年份数据计算得出，2008 年数据根据国家统计局最新颁布资料计算得出。

③ 国家统计局：《中华人民共和国 2009 年国民经济和社会发展统计公报》（http://www.stats.gov.cn）。

④ 《今年前三季度，中国进出口总额 21486.8 亿美元》，中国工业信息网（http://www.587766.com）。

⑤ 《国家统计局：前三季度国内生产总值 268660 亿元》，人民网（http://finance.people.com.cn）。

依存度相对较高。① 但中国作为发展中大国，外贸依存度远远超越于一般发展中大国。仅以 2008 年的数据进行比较，我国外贸依存度不仅高于发达国家，也高于发展中国家平均水平。特别值得一提的是，与中国发展水平相近的印度和巴西，其外贸依存度要远远低于中国（见表2）。

表 2　　　　　　　　　　2008 年各主要国家外贸依存度比较

国家	国内生产总值（亿美元）	货物进出口总额（亿美元）	外贸依存度（%）
中国	43262	25608	59.19
美国	142043	34569	24.34
德国	36528	26656	72.97
日本	49093	15446	31.46
印度	12175	4709	38.68
巴西	16175	3804	23.52

数据来源：根据中国国家统计局网站公布数据并换算得到。

过度依赖对外贸易，必然会加大经济运行的风险。一是使国内经济增长受国际市场的影响。2008 年"金融海啸"所引发的一系列冲击就是鲜明的例证。受其影响，我国 2009 年 1 月的进出口总值为 1418 亿美元，比去年同期下降了近三成。其中出口下降了 17.5%，进口下降了 43.1%。这是中国十余年来创纪录的两位数跌幅，尤其出口已经连续三个月出现了负增长。② 二是导致国内生产能力大量过剩。由于国内大量产能主要用于生产出口商品，在实践中必然导致我国生产性投资超越国内真实需求，使总投资和总消费失衡，导致国民经济主要比例关系不合理。三是威胁我国经济安全。在市场经济条件下，商品在交换过程中的实现是一个惊险的跳跃，国内过剩产能生产的大量商品一旦不能在国际市场出售，很容易导致生产过程的中断和阻塞，进而使国内经济发生危机。同时，西方主要进口国家也往往会以此打压我国，威胁我国的经济安全。四是为西方国家打压我国提供了借口。据《环球时报》报道，我国在对

---

① 如根据 WTO 和 IMF 的数据测算，全球平均贸易依存度在 2003 年接近 45%。其中，发达国家平均水平为 38.4%，发展中国家平均水平为 51%，发展中国家整体水平要相对高于发达国家。

② 《海关统计》，中华人民共和国海关总署，2009 年 2 月 11 日。

外贸易中产生的顺差，其中有 65% 来自外企。中美顺差中至少有 60% 是美国企业的利润，但美在华企业赚走巨额利润的同时，人民币汇率反成替罪羔羊，美国国内竟出现了"中国偷走美国工作"的指责，借口顺差问题对我国进一步施压。①

（六）开放型经济运行中的失衡和经济循环问题

我国利用对外开放的战略机遇，取得举世瞩目的绩效。但是，由于开放型经济是建立在低起点、低层次基础上的，发展至今，它的运行仍然具有高度的粗放、低效和利益流动极不合理的特征，导致某些失衡现象的存在。例如，内需不足形成内需与外需有所失衡；又如，大量外资企业的进入有"挤出效应"和"垄断效应"，形成内外资企业发展有所失衡；再如，国内技术的提升却往往伴随着发达国家高附加值零配件和核心技术进口的增长，形成国外引进与自主创新生产技术有所失衡。

国民经济部分失衡的体系，其本身包含着国内资本、国际资本、国内外融合资本三个不同的循环体系，都在影响投资、消费、分配、外贸、知识产权和生态环境等，产生着正负经济效应。

1. 从国内资本来说，为了出口就需要大量要素投入，从而加剧价格等方面竞争，但压低产品价格和压低工资，往往又导致国内消费不足，这又势必依赖出口。这是中国低端参与国际竞争的一种经济循环。在出口创汇型发展战略下，国内的企业本身存在着出口的冲动，这有多种原因：一是存在着政策上的导向，包括存在着出口退税等优惠政策；二是由于国内技术相对落后，地方出于增长需要在低技术领域的重复投资，客观上导致企业过度竞争，而国内产能过剩造成国内市场狭小的压力，迫使企业竞相出口。但是，这种出口导向型的发展，却极大地耗费了国内大量的能源和其他资源，并在国际竞价的压力下压低了国内的工资水平，从而导致国内消费能力的下降，并使企业受制于新一轮出口竞争之中。在这个过程中，由于大量的出口，中国还形成了巨大的外汇储备。其原因也是多样的：一是因为中国企业因自身技术、管理等因素，对外直接投资的能力不足，竞争力弱，从而难以"走出去"；二是因为国际对我国的封锁和打压，等等。由于大量外汇储备的形成，中国出于保值需要购买的主要发达资本主义国家政府及企业债券，却一方面陷于贬值的风险之中，另一方面为国际

---

① 任安里：《苹果，美对华"逆差"的故事》，《环球时报》2010 年 12 月 7 日。

资本对中国再投资提供了支撑。

2. 从国际资本来说，为了利润和控制中国市场而投资，在这一过程中，它们享受政策优惠，使用低价资源和较高素质劳动力，获取了高额利润后再进行投资。这是跨国公司通过独立投资和控制中国市场等途径形成的一种良性经济循环。国际垄断资本还通过垄断我国信用评级业，来掌握我国资本市场的定价权和话语权，进而通过资本市场谋取利益。[①]目前，外资控制了越来越多的中国产业和重要经济领域的生产、流通和经营。

3. 从国际资本与国内资本融合来说，大都是外企以外国的资本、技术或品牌等资源投入，形成合资合作企业以后，利用国内生产要素生产产品和提供服务，在国内外销售获取高额利润后再投资。这是外资先投资参股、后并购，或者直接在华并购所形成的另一种经济循环。其经营形式在各地区、各领域的发展呈多样化趋势。

应当指出，在后两个经济循环中，我国有大量国有资产和国有资本被低价整合进合资企业中，其品牌、销售网络和人才，同样被以较低廉的价格为合资企业或外商独资企业所用，成为国际资本从中国获益的重要手段，而我国的流行舆论则一律称赞为"引进战略投资者"。

总之，目前我国以高度依赖性增长为特征、强调引进和数量扩张为目标、以资源高消耗为手段、以环境损坏为代价的粗放式对外经济发展模式，已经不能适应国内外经济协调发展特别是"十二五"发展的新形势和转变经济发展方式的新要求。

二 加快转变的战略抉择：六个适当控制与积极提升

加快转变对外经济发展方式，需要确立科学的开放观，从战略上谋划对外经济的长远发展。新的发展阶段，我国应当在科学发展观的指导下，统筹国内经济发展与对外开放的关系，积极调整开放战略和对外经济政

---

① 根据国际惯例，一国所有机构发行外币债券的评级均不得超过本国主权信用等级。尽管从总债务余额、财政赤字和外汇储备比重等各方面看，中国政府偿付能力均要优于美国，但2004年以前，标准普尔对我国主权信用评级却一直维持在 BBB 级 10 年不变，这一评级仅为"适宜投资"的最低级，导致我国企业和金融机构普遍成为不值得信任的 BBB 以下的"投机级"，为国际垄断资本低价攫取中国国有资产大开了方便之门。世界银行 2007 年 5 月在《中国经济季报》中曾指出，中国银行股被境外战略投资者低价购买，问题不在 IPO 环节，而是在此前引入战略投资者的定价上。

策，避免成为国际垄断资本的利益输送地、发达国家的廉价打工仔、西方投机资本的跑马场、跨国公司的专利提款机和世界的污染避难所，通过对外资、外源、外贸、外技、外汇和外产的适当控制和提升，从根本上建立起"低损耗、高效益，双向互动，自主创新"的"精益型"对外开放模式，促进国民经济又好又快地持续发展。

（一）适当控制外资依存度，积极提升中外资本协调使用的效益

随着世界经济格局的变化，在新的历史时期我国必须对利用外资作出重大调整。一方面，要看到经过多年发展，外商投资企业目前在我国经济中已占有重要地位，我国工业部门的产业结构和产品质量提升都与外商投资企业相关；另一方面，我国也不能继续沉浸在引资规模的扩张上，而是要追求引资质量的提高。

1. 必须引导和实现外资投向和要素流入结构的改善。必须从注重"引资"转为谨慎"选资"，应制定以保护环境为主的外资进入产业目录，严格限制污染性行业的外资进入，加大对"清洁"外资的引进力度，应引进弥补我国产业和产品空缺的、符合低碳经济要求的、科技含量高的企业。有的学者认为，中国经济已经步入快车道，是全球经济的强者，公用事业等领域开放不必担心外资入侵的问题，"多一些善待外资就是善待自己的前瞻性"①。这个观点混淆了公用事业领域和一般竞争性产业领域的区别，把具有稳定盈利和预防外资支配而有损于民生的公益事业，轻易地让位于外资，以为引进外资越多越好，实际上这并不利于发挥内外资的综合效益。

2. 需要确立公平的竞争环境。一是要逐步取消外资企业在税收方面的优惠，保证国内企业在同一起跑平台上参与竞争；二是要通过提高环保标准来提高投资门槛，吸引真正有实力的"清洁投资者"，使引资工作适应我国结构调整与产业升级的大方略，服务于我们转变生产方式的大目标。

3. 需要调动国内资本，促进内外资合作。合理利用和引进外资，提高引资质量，其前提条件是必须充分唤醒和启动国内已有的巨大储蓄存款资源。存差通常是指商业银行存款减去贷款的差值。从 1995 年我国金融机构首次出现存差开始，2009 年末全部金融机构本外币各项存款余额

---

① 谢茗：《别一谈外资就用"阴谋论"》，《环球时报》2009 年 8 月 25 日。

61.2 万亿元，本外币各项贷款余额 42.6 万亿元，存差早已突破了 10 万亿元，达到 18.6 万亿元。[①] 这表明我国目前储蓄增长相对过快，信贷增长相对不足，资金闲置和使用效率低。在这种新形势下，倘若继续如饥似渴地引进外资，势必产生"挤出效应"，影响中资的有效配置和利用效益。因此，适当控制外资依存度，是亟须统一认识和创新政策的重大问题。目前，关键是要推动以中资为主的中外资合作，引导和激发国内资本进入高新技术领域，适当控制外商独资企业的发展，提升中外资协调使用的经济效益。

4. 需要加强对中国境外的投资，发挥中国过剩资本的有效作用。商务部的数据显示，2010 年中国境内投资者共对 129 个国家和地区的 3125 家境外企业进行了直接投资，累计实现非金融类对外直接投资 590 亿美元，同比增长 36.3%，创历史新高。截至 2010 年底，中国累计非金融类对外直接投资 2588 亿元。[②] 鉴于中方资本在国内使用不掉等情况，必须进一步加大对发展中国家，特别是发达国家的投资，包括工业交通、商业、农业、旅游、文化、新闻媒体等多领域的多元化灵活投资。

（二）适当降低外技依存度，积极提升自主创新的能力

事实证明，在缺乏核心技术而形成的"三高一低"（高污染、高能耗、低附加值、高依存度）模式下所获取的贸易利益，只能属于初级开放阶段的状态。倘若长期照此模式继续下去，过度依赖发达国家的高科技产品，会在外贸结构、贸易条件、社会整体福利水平提高等方面改善缓慢，并逐渐陷入"比较优势陷阱"。

1. 确立自主知识产权优势战略。我国的对外贸易战略虽然要重视发挥"比较优势"，但不能以西方教科书上的比较优势战略作为主要模式，需要解放思想，突破以传统比较优势理论为基础的旧式国际分工模式的束缚，变"比较优势"为"知识产权优势"。只有具有自主知识产权的优势，企业和产业的核心竞争优势才有可能形成并长期保持。或者说，知识产权优势是维护持久、高端竞争优势的必要性条件。那种只强调保护国内外知识产权，不强调创造自主知识产权的做法，那种主要寄希望于依赖式

① 国家统计局：《中华人民共和国 2009 年国民经济和社会发展统计公报》（http：//www. stats. gov. cn）。

② 姜煜：《我国利用外资首破千亿美元》，《北京日报》2011 年 1 月 19 日。

不断引进外技、外牌和外资的策略，那种看不到跨国公司在华投资双面效应的思维，都是不科学的僵化开放理念。① 至于西方跨国公司批评中国政府鼓励自主知识产权创新是所谓用"公权力"对抗"私权力"，这完全是站不住脚的，因为西方发达国家一贯如此。

2. 强化国际科技合作，积极完善国内创新环境。降低外技依存度，需要推动以我为主的国际国内的科技合作，使科技合作与经济合作相融合。实现国际科技合作的关键在于完善国内创新环境。一是要完善科技人才成长和发展环境，加大创新人才的培养力度，建设一支适应时代和社会发展需要的民族创新人才队伍；二是要加大自主创新的研发经费投入，完善创新载体和创新平台，为自主创新提供必要的物质基础；三是要充分发挥政府的主导作用，利用社会主义集中力量办大事的优势，组织好若干重大科研项目的攻关，努力在若干技术前沿领域和重要产业领域，掌握一批自主核心技术和技术标准，积极提高中方专利和品牌的档次和质量。

3. 强化国内企业科技创新的主体地位。积极提升自主创新能力，重点要积极发展控技（尤其是核心技术和技术标准）、控牌（尤其是名牌）和控股的"三控型"民族企业集团和跨国公司，突出培育和发挥自主知识产权优势，以打造"中国的世界工厂"来取代"世界在中国的加工厂"，尽快完成从技术大国向技术强国、专利大国向专利强国、品牌大国向品牌强国的转型。

（三）适当降低"外源"依存度，积极提升配置资源的效率

能源等一些资源过度依赖进口，既使我国未来的经济发展背上沉重的成本负担，也威胁到国家的经济政治安全，并且容易引发更多的国际争端。适当降低对国际市场能源和资源的依赖程度，是我国转变对外经济发展方式的重要内容。

尽管能源大量依赖进口存在着较高的风险，但由于国内能源供给数量有限，进口仍然会成为中国能源供给的重要方式之一。问题的根本在于，如何把握能源进口的依赖程度。一些舆论认为，中国目前的能源对外依赖程度并不足以引起高度警戒，也没有必要加以防范。其理由一是从国外进口开采成本低，符合经济规律；二是中国到目前为止并未遭遇过政治上的禁运。事实上，国际原油价格一度突破百元大关，日日高企的原油价格令

---

① 程恩富：《比较优势、竞争优势与知识产权》，《文汇报》2005 年 6 月 12 日。

低成本说不攻自破，而至今没有遭遇禁运，也绝不能推论出未来就没有遭遇禁运的可能。因此，中国某些能源和资源的进口高依存度"无风险"论并不能成立，需要及时建立风险防范措施。

1. 需要尽快建立起自己的重要能源（特别是石油）战略储备体系，形成一道基本的防火墙。在开放经济条件下，由于处于低端生产环节，我国能源原材料需求急剧增加，供需缺口加大，但国家能源等战略储备建设滞后，而且国内又存在西方大型公司的垄断化经营，导致我国一方面由于对国际市场存在刚性依赖，难以有效防范国际市场价格的异常波动带来的风险；另一方面，也对国内能源安全带来冲击，不利于增强我国在国际市场的自主性。建立能源战略储备体系，既可以防范国际市场价格风险，也可以应对不可预见的突发事件。最重要的是，能源战略储备体系可以平抑国内能源市场价格波动，引导和促进我国能源消费的合理化。

2. 需要重视国内资源能源的科学开发和高效利用。一是要科学制定国内能源和资源的可持续开发、利用和保护计划；二是要提高国内矿产资源开发的门槛限制和企业标准，提高能源开采效率；三是要适当提高资源消费价格，引导资源消费行为，提高资源的利用效率。

3. 需要坚持鼓励和支持对新能源的开发和利用，从政策上重奖节能，重罚浪费。要积极出台政策，大力支持低碳技术、节能减排技术的创新和应用，限制"三高一低"项目的发展，减轻资源环境的压力。

4. 需要加强石油、黄金、有色金属、煤炭等各种稀缺资源的战略性管理，提升资源类商品的国际市场定价权和市场控制力。据有关资料，由于不掌握定价权，我国出口稀土曾便宜到每公斤价格仅 18 元人民币，而国际市场价格竟高达 1000 美元/公斤。英国《金融时报》的文章提到，中国 2005 年时的稀土产量曾经达到全世界的 96%，出口量也达到 60% 以上，但是稀土的定价权却并不掌握在我国企业手里。[①] 这个教训值得汲取。今后，我国对重要的能源和资源都应该加强出口管制，力争战略性资源产品定价主导权。要由"价格追随者"变为"价格制定者"，尤其要注重提高黑色金属（如铁矿石）、有色金属（如铜、铝、铅、锌、锡、镍）及稀土资源的国际定价权。

---

① 陶短房：《中国稀土令西方焦躁》，《环球时报》2009 年 9 月 3 日。

（四）适当控制外汇储备规模，积极提升使用外汇的收益

充足的外汇储备有利于增强我国的对外支付和清偿能力，防范国际收支和金融风险，提高海内外对中国经济的信心。但是，如果长时间和大幅度地超过合理规模，会给经济发展带来诸多负面影响。

解决外汇储备过度的问题，不仅要控制低收益的加工贸易的发展规模，从根源上减少贸易顺差，降低外汇储备激增的速度，而且要通过扩大内需，增加国内消费，更多地进口以平衡对外贸易。历史经验证明，大部分发达国家都经历了一个先"引进来"，再"走出去"的过程。目前我国比较充裕的外汇储备，可以为我国"走出去"提供坚实的经济后盾。

巨额的外汇储备是我们来之不易的宝贵财富，除了尽可能实现保值和增值，以及合理地安排其在境外的投资结构以外，也要及时地合理配置手中已有的外汇资源。从国内来说，应当有计划地激活这些资源，用于国内急需的国计民生领域和项目，如社会保障、基础教育、医疗卫生、扶贫、住房、环境保护、基础设施、西部开发，等等。

从国际来说，针对不断贬值的美元外汇储备，必须及时提高外汇使用的效率，改善现有外汇的配置。一是可赎回被美国企业收购的中国重要国有企业资产；二是可用来支持中国企业收购海外资源和有价值的实体企业，或收购控制着中国战略性行业的跨国公司股份；三是可用来引进国外的关键技术和科研人才，实现"引智创新"；四是积极建立"主权基金"，或直接进行"海外购物"，购买高端技术和设备或相关物资；五是参股或并购海外各种媒体，客观介绍中国，反击妖魔化中国的浪潮，增强国际话语权和软实力。总之，要采取多种方式，降低货币资本储存的机会成本。同时，还要在不放弃对资本流动管制的条件下，大力促进人民币的区域化和国际化进程，使人民币逐步成为世界贸易结算、流通和储备货币之一，从根本上解决"币权"问题。

（五）适当控制外贸依存度，积极提升消费拉动增长的作用

在经济自主发展、竞争力不断提高的基础上参与国际竞争，积极开拓国际市场，是转变对外经济发展方式的内在要求。增强经济自主性，需要发挥内需拉动经济增长的作用，适当降低外贸规模；提高国际市场竞争力，需要加快提升贸易层次和调整贸易结构。作为一个发展中大国，从保持经济健康可持续发展和提高人民生活角度考虑，都不能不重视外贸依存度问题，需要将外贸依存度控制在略低于发展中国家的平均水平。适当控

制外贸依存度，重点是做好以下几个方面。

1. 尽快扭转我国进出口不平衡的趋势。技术层次低、竞争力弱和发展中短期利益倾向，容易导致对外贸易方式相对单一、贸易对象和内容单调、贸易结构不合理，是造成我国进出口不平衡的主要原因。今后，不仅需要平衡好进出口数量关系，也需要调整好进出口结构。一是优化我国的贸易方式，在积极提升加工贸易的同时，大力发展边境贸易、易货贸易、转口贸易、租赁贸易等其他贸易方式；二是促进服务贸易的进出口增长，适度开放服务贸易领域，提高服务贸易额在总贸易额中的比重；三是加快改善外贸结构，改变贸易主体长期由外资主导的局面，促进本土企业参与高端国际贸易和竞争；四是加快改善文化贸易的结构，消除"文化赤字"；五是改善扭转进出口不平衡局面，还需要适时调整对外贸易区域，改变国际贸易上对发达国家的过度依赖。

2. 积极促进内需与外需协调发展。积极扩大内需，既是转变经济发展方式的条件，也是消化国内过剩产能的重要手段。扩大内需有利于适当降低企业对国际市场的依赖程度，有利于降低外贸依存度。今后，在推动外贸平稳增长和提高档次的同时，要更加重视促进外贸企业服务于扩大内需的大局。一方面，要推动外贸出口企业调整产品结构、调整市场方向；另一方面，国家也要适时出台相关政策，引导和支持外贸出口企业的转型，引导社会消费合理化，使消费成为拉动经济增长的内在动力。

3. 大幅度提高中低阶层收入水平。社会中低阶层收入水平的提高，是增强全社会消费能力、扩大内需的前提条件。过去 30 多年，虽然我国城乡居民收入水平有所提高，但中国企业的薪酬福利平均成本不到总成本的 8%，远低于欧洲的 22% 和美国的 34%；人多地少的国情和国际农产品的冲击，也使农民增收缓慢，很多农民不得不进入外向加工型企业打工。这种建立在廉价劳动力基础上的竞争优势，其实是以牺牲民生福利水平为代价，是不可持续的。大幅度提高中低阶层收入水平，关键是要加快财富和收入分配制度改革，调整国民收入分配初次分配和再分配的结构，尽快提高劳动收入占 GDP 的比重，扭转收入和财富分配差距不断扩大的趋势。大幅度提高中低阶层收入水平，还需要尽量减轻居民生活负担，提高其消费意愿和能力。一是要考虑通过加大农业和农村的基础设施投资，促进农民持续增收等措施，持续扩大农村消费；二是要坚持提高社会医疗和社会保障水平，解除基层群众后顾之忧；三是要加大基础教育和健康卫生方面的公共投资，逐步缩小公共物品和公共服务的分配差距，有效改善人们的消费预期，提高消费倾向。

（六）适当降低"外产"依赖度，提升参与国际分工的层次

提升国内产业的国际分工水平，是转变对外经济发展方式的立足点。只有提升产业分工层次，消除"微笑曲线"不良分工现象，[①] 才能降低对外国产业的依赖度，打破西方发达国家对我国的"产业链阴谋"（郎咸平语）。当前，要扭转以"引进战略投资者"为理由，主动或被动地逐步让西方跨国公司支配或控制中国产业和重要产品的现象；要利用西方金融和经济危机过程和今后国际生产和贸易格局变革的历史机遇期，适当淘汰高污染、高能耗的外向型加工业，积极推进产业优化升级，提升参与国际分工层次。

1. 加快调整产业结构。以提高产业竞争力和产品附加值为导向，促进产业结构合理化，使产业在调整中优化和提高。调整优化产业结构涉及诸多方面，主要是做好以下几个工作：一是要用先进技术改造传统产业，推动传统产业技术装备更新换代和产业升级，力争使传统产业在全球产业链获取更高的附加值，避免陷入"比较优势陷阱"，防止我国沦为西方发达国家的"生产基地"；二是要制定中长期的国家产业创新战略，切实推进产业创新，大力发展信息产业和新能源产业，大力发展设计、咨询、物流等现代服务业和文化教育产业，抢占未来全球经济和文化教育竞争的制高点；三是要鼓励民间创业和国内企业创新，改革和完善投融资体制，引导和鼓励国内资本调整投资方向，使新增投资逐渐向现代服务业和高新技术产业转移，以便像中国高铁成为首个发展中国家向发达国家输出的战略性高新技术领域那样，逐步提升参与国际分工的层次。

2. 完善国家经济安全防范体系。加强国家经济安全，首先，要加强对外资企业并购中国企业的监管，加大对关系到国计民生和战略性产业的保护。要运用经济的、法律的手段，制止西方跨国公司越来越多地控制和垄断我国产业的行为。其次，要严格执行环保等前置性审批，完善外资投

---

① 国际分工中的"微笑曲线"是中国"外产"依赖度高的直接体现。2010 年，美国智库凯利托研究所发表报告指出：中美国际分工呈"微笑曲线"模式，即美国控制了高利润的商标、概念设计等前期生产过程及物流、销售和市场开发等后期服务，而中国仅承担低附加值的中期生产加工。从双方获利比率来看，美方才是中美经贸合作的最大受益方。据其测算，中国创造的产品附加值仅占对美出口总额的三分之一到二分之一。

资目标指引，提高外资进入门槛和标准，遏制跨国公司将技术落后和污染严重的生产基地转移到我国的现象。最后，要健全金融监管体系，稳健开放金融业等涉及国家经济安全的核心产业，确保国内产业安全和金融安全。

3. 积极参与国际货币体系改革，改善国际经济环境。降低对国际产业的依赖，需要积极创造公平合理的国际经济竞争和合作条件。一方面，我国应主动和积极地介入国际高端产业分工，广泛开展国际市场竞争；另一方面，也要积极推动国际货币金融体系改革，增强我国在国际经济规则制定中的主动权，避免西方发达国家利用非市场力量打压我国。需要清醒地看到，只有通过"走出去"来提升我国的全球要素配置能力，才能创造出参与国际分工的新优势。[①] 当前，应利用我国外汇储备急剧增长、人民币升值等有利因素，在国内资源整合和产业升级的基础上，积极开展海外投资和跨国并购，化解目前开放层次低、利益少、自主性差的发展难题。在自主、自立和自强的基础上，真正使我国开放型经济体系成为全球生产体系的重要组成部分。

（原载《当代经济研究》2011 年第 4 期、第 5 期，第二作者为侯为民）

第六节　警惕外贸招降战

最近几年来外商特别是跨国公司在中国的投资战略发生了重大的变化。其中一个非常突出的特点是外资加快兼并和收购我国的行业龙头企业，特别是国有大型企业。这方面的案例越来越多，仅我国装备制造工业中就有十多个重点企业被并购。

在被外资并购的过程中，已经出现了种种问题。这些原先发展势头很好的重点企业、龙头企业、行业排头兵企业纷纷被外资并购、控股，从而一下子失去了自主创新权，丧失了优质资产、技术力量、品牌和市场，致使多年来通过自主研发培养的技术团队和技术能力被外资控制和利用甚至

---

① 安毅、常清、付文阁：《历次国际金融危机与世界经济格局变化探析》，《经济社会体制比较》2009 年第 5 期。

消解，企业的巨额利润随之外流，企业和产品的品牌价值一下子也被外商侵吞而荡然无存，这日趋引起高层领导、经济界和社会上的高度关注。

目前正处于审批过程中的美国私人股本集团——凯雷集团（Carlyle Group）并购我国徐州工程机械集团（以下简称徐工机械）事件，便是一个十分典型的案例。

一　应加强对民族产业的保护

凯雷集团并购徐工机械案，是 2005 年底以来外资并购中国龙头企业的标杆性项目，因其审批过程中引发了民众大讨论而备受瞩目。

徐工机械无论是资产总额、年销售额，还是汽车起重机等主要产品的市场竞争力，在我国机械工业中都是名列前茅的。徐工机械不仅是我国工程机械行业的排头兵，也是我国机械工业的龙头企业和优势企业，其在机械工业中所占的位置和分量非常重要。

2006 年，徐工集团以 200 亿元的营业收入名列我国工程机械企业第一。2007 年，该企业的计划目标是：营业收入 2483 亿元，同比增长 22.5%；产品销售收入 205.2 亿元，同比增长 17%。到 2010 年末，企业将继续保持国内行业的领先地位，成为国际市场的重要参与者和著名品牌，实现营业收入 500 亿元、销售收入 300 亿元、出口创汇 10 亿美元，进入国际工程机械企业前 10 名。

2005 年双方签署的交易协议一经披露，即引起轩然大波，社会舆论的焦点在于"外资并购中国龙头企业是否会威胁国家产业安全"，以及该交易中是否存在国有资产被"贱卖"。外资并购之所以在社会上引起如此广泛而深切的关注，成为当前一大热点问题，是因为这个问题的重要性和其中暴露出的问题太多、太严重了。这说明我国大中型国有企业改革、重组、引进外资工作缺乏理论论证和法律准备而误入歧途。

尽管在目前的修改协议中美国凯雷集团已作出很大让步和妥协，由绝对控股改为股权比例对等再到成为二股东。但是，我们认为，国家有关部门仍不应该批准这一并购案。

这是由于，问题的关键在于徐工机械是我国工程机械行业的标志性企业。我们要争的，不在于凯雷集团收购资金的多少和提供技术的先进与否，而是要争我国工程机械行业发展的主导权，争我国产业安全和发展我们自己的国际著名品牌。如果外资并购徐工机械实现了，就等于开了一个危险的口子，表示同行业和其他制造业的骨干企业都可以仿效徐工机械让外资并购。我国数十年积累的全部民族工业基础将对外资不再设防，都会被外资控制。

这样下去，我国的民族企业必将彻底沦为外国资本的附庸。况且装备制造业是我国的国家战略产业，是突破国外技术封锁、建立强大军事工业的基础。徐工机械的许多产品，如推土机、装载机、塔机等，是外国品牌无法进入中国市场的。有些外国产品如砼机械已被我国企业挤出中国市场。

徐工机械并购案发生的背景，是国外资本在强攻不能进入我国工程机械市场的情况下，采用"招降"的战术，想趁中国国企改革之机通过收购来整合和控制中国的工程机械产业。为此不惜作出让步，并由美国政府高层人士来华说项，其中的政治意图不言而喻。凯雷集团并购徐工机械实际上是外资控制和摧毁中国工程机械产业的一个战略步骤，可能造成骨牌效应，摧垮中国的全部民族工程机械工业乃至整个民族工业。

近20年来我国企业与外资合资的事实表明，已经发生的外资对我国境内企业的并购案，并购者往往会解散被并购企业的研发团队，消灭其研发力量，消灭中国企业的自主品牌。最近几年来的外资并购案中，如"南孚电池"、"无锡威孚"等案例，充分说明了外资并购我国龙头企业的真实目的。

我国目前具有世界上最大的建筑工程量，而且预计未来我国肯定还会有世界上最大的建筑工程量。一旦徐工机械被外资并购，进而我国建筑工程机械工业被外资控制，到那时我们建筑工程的重型机械都得出高价向外商购买，到那时才会真正体会到这种外资并购所带来的巨大危害。

为此，我们应重视社会强烈关注的外资并购，清醒认识外资并购我国龙头企业的意图。那种认为被外资整合可以实现自身更好发展的想法是不切实际的幻想，尚且不管被外资整合的企业是否还是民族企业，事实上中国发展势头很好的企业恰恰都是实现自主主导，注重自主创新，力求整合外企的企业，而不是国内合资企业。那种认为被外资整合并没有减少财政税收收入和企业职工工资收入的想法是有局限性的，忽视了企业的巨额利润和未来现金流被外商永久获取，也放松了对企业实际控制人为获取自身眼前利益而牺牲企业长远利益的监管。

总之，没有民族企业的发展和强大，就不可能尽快实现强国富民。我们呼吁政府应立即采取措施，重视国家产业安全，切实加强对民族产业的保护，尽快建立外资并购风险防范机制。

二　建议

为此，我们认为国家应采取以下措施保护我们的民族产业安全：

其一，凯雷集团并购徐工机械案不符合国家产业政策的有关规定，损害我国产业安全，因而支持凯雷集团并购徐工机械的理由不能成立。国务院有关部门应从国家利益出发，不同意批准此项并购案。

其二，必须及时扭转把"吸收国外战略投资者"作为大型国企改制主要途径的思路，取消政府考核指标中的引资内容。应强调大型国企改革主要应用好国内资源解决资金问题；通过对外并购、自主研发和技术引进等途径实现技术进步。

其三，在此案中，凯雷集团利用地方政府急于招商引资的心态，投其所好，编造了一个庞大的无约束力的招商引资计划作为招标条件，构成出卖国企的理由。应从中吸取教训，尽快制定国企改制中国有资产产权交易程序和细则，完善交易监管体系。

其四，尽快建立国家战略利益管理机制，包括：制定国家必须控制的产业和企业名录，并将这些企业改制的权力上收；建立外资并购我国内资企业的案例监测预警机制，如进行广泛的专家听证，完善政府机构的严格审查制度，推行制度化的民意测验和舆论监督。

其五，加紧完善和制定《反不正当竞争法》《反垄断法》等法律，用法律保护中国产业安全。

（原载《上海国资》2007 年第 4 期，第二作者为李炳炎）

第七节　从技术标准看技术性贸易壁垒中的知识产权问题

自改革开放以来，伴随国际经贸交流的不断加深，涉外知识产权纠纷和技术标准纠纷日益增多。特别是加入 WTO 以来，不管是国内实业界，还是国内各级政府和学术界，对此都给予了极大关注，提出了各种应对之策，包括法律上的、政策上的和行动上的。如 2001 年 7 月 1 日中国第三部《专利法》的实施、2002 年 7 月 SJ/T11271 – 2002《数字域名规范》行业标准的颁布和2003 年 7 月 17 日"闪联"标准的制定等。尽管知识产权和技术标准各自方面的研究已相当多，但如何从彼此互动的角度加以审视还不多见，特别在技术性贸易壁垒日益频繁出现之际，则更为重要。笔者现从技术标准角度对知识产权保护和创造问题略作探讨，以供参考。

一　研究技术性贸易壁垒中知识产权保护的意义

（一）提高知识产权保护意识的需要

知识产权这一范畴能够折射出不同层面的利益，无论是消费者层面、企业层面和地区层面，还是国家层面、区域层面和国际层面。如果不能给予充分的认识和处理，那么将有可能遭受不应有的经济损失，进而会影响到一国之经济安全和技术安全，特别在知识经济时代和经济全球化时代。因此，当由知识产权和技术标准所构成的技术性贸易壁垒日渐提高之时，学会从技术标准角度对其中知识产权保护问题加以探讨，就很有必要，也是新时期提高知识产权保护意识的应有之义。

（二）提升我国企业核心竞争力的需要

在知识经济时代，加大自主知识产权的构建和保护是提升我国企业核心竞争力的重要途径之一。虽然借助技术标准可以在空间广度上加以展开，但较好的经济利益的取得必须依靠具有私权特性的知识产权去进行，而且也只有如此，才能构筑强有力的市场阵地并进一步实现空间扩展。在当前技术标准之词热议之时，对技术性贸易壁垒中的知识产权保护问题重新给予审视，也许更有必要，否则将会失之偏颇。

（三）应对国际技术标准纠纷的需要

WTO 的加入，关税壁垒的逐步取消，作为非关税壁垒主要组成部分的技术性贸易壁垒必然会凸显出来，大多数西方国家会继续以其独有的优势去谋取实质的经济利益和政治利益，出现一些涉外技术标准纠纷就在意料之中。作为国内企业，要想在激烈的国际技术标准竞争中取胜，也只有从构建自身的核心自主知识产权入手并借助技术标准这个平台，而不管是单独拥有还是集体拥有，不管是法定标准还是事实标准。近年来，在国际标准的竞争中，日本对欧美国家是败多胜少，如前不久在手机国际标准的竞争中又败给欧洲，使日本潜心研究的技术专利付之东流。

二 技术标准与知识产权之间的内在关系

（一）知识产权与技术标准具有共同的利益基础

虽然知识产权和技术标准设立的初衷是有所不同的，一个是为创新技术的出现而设计，一个是为社会公众利益的维护而产生；一个偏重于私利，一个偏重于公利，且不能混淆。但其目的都是为了实现一国或一个地区的经济利益和政治利益，无论是在两者相互分离时期，还是在彼此相互融合时期；无论是在企业内部转移时期，还是在企业外部空间延伸时期，改变的也仅仅是形式而已。即使涌现了各种事实标准，也不过是对原有法定标准采用的方法和程序赶不上技术变化的事实所做的简单回应罢了，而两者之共同基础则仍然未变。

（二）知识产权需要借助技术标准加以强化保护

企业资本的逐利本性决定着它不仅要得到一定数量的垄断利益，而且还要突破空间的限制去获取更大的规模效应。如果说知识产权的存在是为其创新技术的产生提供激励制度从而去获取其部分垄断利益的话，那么技术标准的出现就为其空间扩展提供了新的契机，并根据其自身实力和外在条件状况决定其扩展程度。技术标准既可以是企业标准，也可以是行业标准和地区标准，甚至是国家标准和国际标准；既可以以单个身份出现，也可以企业联盟方式出现。至于其是选择事实标准，还是选择法定标准，则要根据自身的利益状况而定。

（三）技术标准需要知识产权来加以建立、维护和实施

一般说来，为尽可能地获取最大经济利益，基于自身支配市场能力状况，在技术标准选择问题上，企业要么采用事实标准，要么采用法定标准，要么兼而有之，但不管是采用何种标准，都必须以相对独立的知识产权为基础。因为作为事实标准和法定标准组成部分的各种技术——公知技术与非公知技术、成熟技术与非成熟技术、兼容技术与非兼容技术，等等，都必须以知识产权的存在为既定前提，否则在该技术还没有达到一定程度时竞争对手就会以复制和仿冒等手段去使用，以分割其利益，结果其标准也就无从确立，更别提其实施和维护了。在技术标准的实施和维护阶段，无论是在其载体采用、程序设计和过程管理及部分或整体技术体系调整过程中，还是在其政策运用和战略实施过程中，都必须依托知识产权去加以体现。

（四）某项知识产权上升为技术标准需要特定条件

尽管技术标准都必须以知识产权为基础，但反过来则不能成立。某项知识产权上升为技术标准需要一定的条件。无论是事实标准，还是法定标准，如果没有适合技术标准建立、实施和维护的技巧，如果没有技术上的充分实力、一定规模的市场支持和经济上的投入，则某项知识产权很难上升为技术标准。即使能够借助外在力量进行干预，如政府的强有力推动，最终也将得不到市场的充分认可，只要这种外力一撤除，原来构筑的技术标准也许就会土崩瓦解。

三 目前我国技术性知识产权保护所存在的问题

考虑到知识产权具有内在不足和外在缺乏两方面问题，为尽可能地趋利避害，以较好地维护企业、产业和国家等主体的经济利益和政治利益，近几年国家从不同方面加大了知识产权特别是技术性知识产权的保护力度，取得了良好成绩，但也出现了不少问题。

（一）对技术性贸易壁垒的正确评判和应对存在部分知识产权相关法律的缺失。

一方面，由于知识产权和技术标准之间的融合加速，原先没有引起重视的一些知识产权形态和领域已成重点，所以我国现有知识产权法就可能没有合适条款加以应对，致使其无法可依，进而，在反垄断法和反不正当竞争法等法律方面其相应部分也就无法可依。例如，在中医药知识产权方面就缺乏切合实际的、有效的保护方案。另一方面，由于现有技术法规体系不完善、不统一和不规范，导致现有市场准入制度和市场监督体系不完善，致使一些连带的知识产权法律条款得不到有效实施，结果对技术性贸易壁垒就不能给予正确的评判和应对。

（二）促进技术性知识产权保护机制形成的制度环境存在缺陷

伴随着社会主义市场经济体制的逐步建立，原有的促进技术性知识产权保护机制形成的制度环境暴露出了不少问题，不仅体现在重量轻质的科技成果评价机制方面，以及没有对国家科技计划的专利产出作出明确要求、国家科技计划承担主体和市场经济竞争主体的设置错位等方面，而且还体现在技术创新意识不强、科研基础薄弱、缺乏良好的技术创新机制、追求逐利性和大部分技术创新组织分散经营等方面，整体态势仍需改善。

（三）相对健全的技术性贸易壁垒体系还有待加强

由于缺乏自主核心知识产权，使我国在转化国际标准和国外先进标准为国内标准方面，在参与并主导国际标准制定方面，与发达国家相比都存在明显差距。特别是在高新技术标准化领域，不仅其比例偏低，而且影响力也很小。另外，由于某些技术标准制定与科研、生产相互脱节，以致其不能尽快适应市场及技术快速变化和发展的需求，再加上其制定主体选择错位或不适当，即使已经建起了如"闪联"、EVD、TD-SCDMA 和 WAPI等标准，在市场面前也不得不处于相对尴尬的境地。

四　解决现存问题的基本对策

（一）借鉴国外知识产权法律保护成功经验，积极完善其相关法律制度

为防止国外企业和企业团体滥用知识产权法，国内立法部门可以借鉴美国、日本和欧盟等发达国家知识产权法律保护的成功经验。如：建立相对健全的反托拉斯法和在其国外跨国公司内部开设知识产权部门的制度建设，积极推动反垄断法的制定，尤其是知识产权许可中反垄断审查的立法工作，以限制国外企业在国内滥用技术标准、滥用专利的行为，重点应放在垄断行为方面。另外，要按照科学的方法改革和完善我国技术法规体系和运行机制。通过加强有关技术立法工作，构建既符合国际惯例，又充分反映我国实际状况和发展需要的技术法律法规体系。其中包括：一是对我国现行有关技术法律法规体系进行整理修订，去除其中违背国际惯例、不符合社会主义市场经济原则要求的部分；二是加大法规标准的制定力度，将技术规范纳入法规。要根据我国的安全要求，在涉及安全、卫生、健康、环保等诸方面制定强制性标准，制定和实施对国外相关技术产品有一定针对性、抑制性和限制性的有关法律、技术标准和检验制度，把未达到技术标准的产品拒于国门之外；三是必须根据我国实际需要，借鉴国际经验，针对现存技术法律法规体系的缺陷，进行填补空白、充实完备立法工作，促进技术法规、标准、认证认可、检验工作的协调统一。

（二）尽快转变技术性知识产权形成机制，加快弥补其制度环境现存缺陷

根据社会主义市场经济发展的内在要求，不仅企业需要提高知识产权特别是技术性知识产权保护意识，加大技术投入和了解国家宏观调控政策

以及该技术领域的国内和国际发展走向，而且各级政府也要切实执行《保护知识产权行动纲要（2006—2007年）》精神。既要打击盗版行为，打击商品交易市场的商标侵权行为，加大对侵犯专利权重点问题的整治力度和加强进出口环节知识产权保护等，使短期工作重点及主要措施体现出来；也要完善法律法规体系，建立高效的执法协调机制，提高企业知识产权保护能力和水平，充分发挥行业协会和知识产权中介组织的作用和加强宣传与培训等，使构建长效机制的努力体现出来；同时还要在借鉴美国、日本和韩国等国家的强保护或弱保护知识产权战略基础上，加快构建适合我国的知识产权战略，从而尽快弥补其制度环境中的现存缺陷。

（三）参考国际通常做法，结合当前具体国情，合理构建我国技术性贸易壁垒体系

从近几年的情况看，国外技术性贸易壁垒有不断扩大和提高的趋势，应对国外技术性贸易壁垒是一项长期的、艰巨的、专业性很强的工作，其中包括积极向WTO和有关发达国家成员申请技术援助、延长有关技术性贸易措施实施的适应期或过渡期等。考虑到美国、日本和欧盟等西方发达国家在技术性贸易壁垒体系构建方面已经积累了比较丰富的经验，既有手段多样、范围广泛、种类齐全和水平较高等特点，也有在立足实际、面向市场和动态调整等方面的灵活机动，高度重视技术标准和知识产权建立自主性。这决定着我们不仅要认真总结经验，还要仔细地分析我国现有做法中一些不当的和空白的地方，有选择地集中力量构建一批技术水平高、国家利益大、涉及面广和非常急需的企业技术标准、行业技术标准、地区技术标准和国家技术标准。同时，要改革标准化工作管理体制以建立以企业为主体制定技术标准的新模式，组建企业技术联盟以突破外国知识产权和技术标准的壁垒，积极推动国内企业在国外申请专利以开拓世界市场，主动参与国际标准化活动以培养国际标准化人才，提高自主知识产权技术的实施率以积极扶持专利技术产业化，积极推动企业自主知识产权的形成和发展，以为国家技术性贸易壁垒构建奠定较为坚实的微观基础。只要能够采用且负面影响不大的国际标准和国际先进标准都尽量采用，不过要根据具体国情，或完全采用，或部分调整，或完全调整，或兼而有之，以适合企业要求、行业要求、地区要求和国家要求。

（四）突出电信等重点行业，官产学联合实施"国际标准综合战略"

我国手机年产量已达3.03亿部，占全球手机产量的一半左右，但

90% 以上的手机中安装的汉字输入法是国外进口的，为此每年要支付数亿美元的专利费，每部手机的专利费达 0.3 美元。况且，国外公司开发的汉字输入法所采用的汉字标准多为我国 1980 年发布的标准，没有执行 2000 年的强制性汉字标准。纵观中外商界，"三流企业卖苦力、二流企业卖产品、一流企业卖专利、超一流企业卖标准"。可见，要想真正做强做大企业，就必须将国际标准纳入经营战略。不应沾沾自喜于"中国制造"，而应注重"中国创造"、"中国标准"。2006 年 10 月 14 日是第 37 届世界标准日，国际标准化组织、国际电工委员会和国际电信联盟联合发出世界标准日祝词，主题是"标准：为小企业创造大效益"。目前，国际标准的平均标龄为 3.5 年，而我国现有的 2.1 万个国家标准平均标龄为 10.2 年，而且有 9500 个老龄的国家标准已不能用了。近几年，我国有 60% 的出口产品直接和潜在经济损失约 500 亿美元，其中原因之一在于老化的标准无法与国际新标准接轨。如洗衣机噪音的国家标准与国际同类标准有较大差距，导致我国出口的部分洗衣机被迫退市。一些令人欣慰的最新信息是 2006 年 10 月国家广播电影电视总局颁布了自主研发的包括手机电视在内的移动多媒体广播行业标准，尽管不是国际标准，但其中涵盖的 21 项核心专利大多是世界领先水平；同时，国家标准委员会也表示用 3 年时间解决我国标准老化问题，争取到 2015 年达到国际先进水平；我国"闪联"标准刚刚被国际标准组织高票接纳为候选方案，可能成为全球第一个 3C（消费电子、通信设备、计算机）国际标准。今后，官产学要共同展开竞争国际标准的活动，以大中小企业的技术专利为基础，并积极加强国际认知度和交涉能力，使我国成为国际标准的大国和强国。

参考文献：

[1] 本刊编辑部：《高度重视技术标准和知识产权 建立自己的知识产权战略——来自"第一届中国信息产业知识产权与技术标准峰会"的报道》，《信息技术与标准化》2004 年第 6 期。

[2] 程宏：《论标准与自主知识产权》，《大众标准化》2005 年第 5 期。

[3] 高志前：《技术壁垒：各国技术创新能力的较量》，《WTO 经济导刊》2004 年第 4 期。

[4] 韩可卫：《欧盟技术性贸易壁垒的主要措施及借鉴》，《现代经济探讨》2006 年第 1 期。

[5] 韩灵丽：《高新技术产业竞争法则研究》，《财经论丛》2003 年第 2 期。

［6］洪莹莹：《浅析技术标准及其与知识产权的结合》，《四川教育学院学报》2006 年第 5 期。

［7］黄璐：《企业技术标准战略的基本框架》，《经济管理》2003 年第 24 期。

［8］黄蓉、艾静：《中国正在着力打造技术标准体系》，《中国创业投资与高科技》2005 年第 7 期。

［9］吕铁：《论技术标准化与产业标准战略》，《中国工业经济》2005 年第 7 期。

［10］王黎萤、陈劲、杨幽红：《技术标准战略、知识产权战略与技术创新协同发展关系研究》，《科学学与科学技术管理》2005 年第 1 期。

（原载《经济问题》2007 年第 3 期，第二作者为谢士强）

第八节　民族产业被外资并购整合并非宿命

近日，龙永图先生在 "2006 中国企业创新高峰会" 上提出 "中国企业应该争取被国际整合" 的观点。他认为，进入 21 世纪以来，全球产业转移明显加速，这次大转移不是整个产业的转移，而是产业的某些环节的转移，这就形成了连接世界各国的跨国生产链和跨国的供应链，中国企业在这样的战略机遇期里，整合资源的能力比自身拥有的资源要重要得多。他强调，关于资源整合的效力，美国波音飞机值得一提，波音飞机的零部件是在全球 70 多个国家生产后于美国组装，其在全世界的产业链条上串起了一支多国部队。

基于波音飞机的案例，龙先生分析说，我国企业要想成为多国部队的首脑，要争取先成为其成员。他认为，中国的企业要想拥有这样的整合能力，首先要经历被整合的阶段。在这个阶段大部分企业是被动整合的，然后通过拥有尖端专利技术、国际资本品牌以及相当大的市场份额，逐渐争取成为国际产业链和供应链当中的龙头。他还强调，我国目前还是发展中国家，在这个阶段被动整合是有国情基础的。

龙永图先生的观点一经提出，便遭到各方质疑。其实他此次提出 "中国企业应该争取被国际整合" 的观点，是去年观点的进一步延伸。在 2005 年 8 月 22 日举行的花都汽车论坛上，龙先生曾和汽车行业老领导何光远副部长就汽车行业是否应该搞自主品牌、到底该如何搞自主品牌展开过一场论战。龙永图先生当时表示，中国不必刻意追求自主的汽车品牌，我们不能够为自主品牌而搞什么自主品牌。经济全球化的时代里面，汽车产业注定就是一个国际化的产业。因此，对自主发展要有全球化的视角，不管叫"翠花"还是"Lisa"，如果其中许多核心零部件和核心的技术都是在中国开发在中国使用的，那么它叫什么名字就已经不重要了，关键是在高起点的基础上参与全球化的合作和竞争。

通过以上两次讲演可以看出，龙先生对于全球化和跨国公司的发展道路的认识有片面性。他经常谈到美国波音公司的全球产业链，认为波音公司正是整合了全球的资源，在全球 70 多个国家生产其零部件，才拥有了客机制造业龙头老大的位置，以此论证中国的企业不需要搞自主品牌，而只需用在跨国生产链中找准自己的位置，争取被跨国公司整合，就可以在未来的国际市场上赢得自己的利益。果真如此吗？

一　国际案例印证了什么观点

龙永图先生是我们尊重的有影响的退职官员，但他关于波音公司的发展案例并不能印证其"中国企业只有先被整合，才能整合别人"的观点，因为并没有证据表明波音公司是先被别的公司整合，而后才发展到现在拥有自己独立的知识产权和全球产业链的客机制造业的垄断地位的。不仅波音公司不是，而且世界上几乎所有拥有垄断地位的跨国公司都不可能是被别的公司整合后，才取得现在整合别人的能力的。

因为如果当初它们被别的公司整合成为跨国生产经营链上一个"打工仔"，那么，要继续维持一个加工厂的地位还需费尽心血，哪有时间和能力去研发占领行业制高点的尖端技术。没有拥有自主知识产权的核心技术和品牌效应，又凭什么去整合别人呢？

可以继续印证我们观点的案例随手可得。

1962 年诞生于美国阿肯色州一个小镇的沃尔玛公司，最初只是一个原始总投入仅有 25000 美元的小零售店。从一个小零售店发展到拥有近万家连锁店，年总销售额 2500 多亿美元的全球跨国巨型企业，沃尔玛神速发展的奇迹，不能不引起我们的深思。在沃尔玛的发展中，我们看不到以被并购与合资手段来达到企业扩张目标的影子。在美国本土，沃尔玛走"农村包围城市"的发展道路，通过自主研发，成为第一个发射卫星定位物流配送系统的零售企业。如果仅靠零售，沃尔玛并不能取得今天的骄人业绩，它的成功，得益于它拥有一套以控制终端消费为战略的物流供应链系统。这个系统使沃尔玛能够以最快的速度在世界各地配送商品，从中获取巨大商业利润。这个拥有自主知识产权的卫星定位物流配送系统是沃尔玛在零售业竞争取胜的法宝。

再比如，众所周知以计算机为核心的信息技术产品，其核心部件芯片的材料取自于用之不尽的矿砂（硅）。小小的沙子附之于创新性的知识劳动，就卖出高于其成本几十倍、几百倍的价值。计算机软件是一个完全的知识产权创新产品，微软公司在短短的时间里发展到雄踞世界500强企业的霸主地位，我们同样看不到通过被并购和整合而大发展的路径和轨迹。

以上例证说明，世界上一流的企业，一定是拥有自主知识产权和无可复制的核心技术的企业，而期望通过被跨国公司并购而取得企业长远发展的观点，必定是经不起实践检验的幻象。

二 从"招商引资"到"招商选资"

龙永图先生提出的中国企业应争取被外资整合的观点并不是一种孤立的声音，事实上他代表了很长一段时间以来我们在利用外资这一问题上的一个认识误区。改革开放初期，我国曾经历过一段物品短缺、资金匮乏的时期，在发展经济资金不足的条件下，吸引外商投资一直被看成是解决国内建设资金不足的重要途径，有关部门和地方各级政府不惜通过实施众多的优惠政策，包括低价或免费供地、减免税收等方式来达到招商引资的目的。外资的大量进入填补了过去国内存在的巨大资金缺口，推动中国经济增长，提供了就业机会，加快了发展市场经济和国际化的进程，并在一定程度上促进了产业升级和技术创新。不过，近年来洋商投资已经不再满足于合资与参股，而凸现独资化、大型化和垄断化等新动向，且越来越多地采用"斩首式"并购方式，其谋求企业和行业控制权的欲望逐步显露。据国家统计局分析，2000年以来，跨国公司直接并购中国企业，尤其是行业龙头企业的案例逐步增多。跨国公司在中国并购的目的，从过去单纯通过参股分享中国经济发展的成果，逐渐向实现公司全球战略布局的意图演变。

因此，相当多的外资并购并非仅仅追求财务上的收益，更多的则是追求产业整合，技术独占、品牌通吃、资源控制、垄断地位、消灭现存和潜在竞争对手等。也正因为如此，与改革开放初期相比，现在的外资并购在对象的选择上往往倾向于具有技术垄断（如机械行业）、区域市场垄断（如水泥行业）、资源垄断（如能源行业）、政策垄断（如银行业）等企业。

并购动机的变化形成了外资收购战略的变化。当今，跨国公司对中国企业的收购战略在不断调整新手法，"联合并购行动"、"整体蚕食行动"、"重点斩首行动"、"全面打压行动"等，已经形成对国有企业及民族品牌企业恶意并购。2005 年以来，中央领导高度重视机械行业的外资并购问题。国家统计局原局长李德水也强调，要谨慎对待垄断性跨国并购，如果听任跨国公司的恶意并购自由发展，中国民族工业的自主品牌和创新能力将逐步消失，甚至作为建设创新型国家的主体——中国企业特别是一大批骨干企业也将不复存在。

如果听任国家多年培育的骨干企业被跨国公司吞并，我国产业的核心和关键部分被外资控制，国家将失去对工业和整个产业发展及技术进步的主导权，我国经济独立和政治独立的基础将被逐渐弱化，中央大力倡导的统筹国内发展与对外开放、增强自主创新能力、振兴装备制造业等方针政策将失去前提。还有一个后果是，如果大多数"中国企业被国际整合"，将影响到我国产业结构的调整和国家"十一五"规划的实施，国家经济调控效果和经济安全均会受到牵制。

时至今日，我们应该清醒地认识到，引进外资的目的是为了学习国外的先进技术和管理经验，是为了加快我国社会主义现代化的进程，不是要使中国大多数企业成为跨国公司的加工厂，更不是为了放弃我国民族企业自主研发、自力更生的发展能力。如果引进外资不仅没有帮助我国企业实现"师夷长技"，加速自主和自生发展的目标，反而使其失去了市场、资源、品牌和技术等对于民族工业而言弥足珍贵的东西，那么，引进外资、外技和外牌的战略和策略就发生了偏差。

在经济全球化背景下，深受新自由主义影响的流行观点认为，"民族产业"的概念已经过时，不应再强调发展本国的民族产业，而应使中国的企业纳入发达国家跨国公司的国际生产经营流程中去，依靠外国大公司提供的技术，专门从事跨国公司产品生产过程中的某些劳动密集和资源密集的部分，从而使中国经济逐步变为发达国家跨国公司经营流程的某一部分。

正是在这种认为民族工业已经过时的流行观点的误导下，有些地区和部门"招商引资"而不"招商选资"，大搞国内的无序竞争，利用跨国公司消灭本国民族企业竞争对手，甚至放任外资对我国战略产业的恶意并购。这种只知道赚钱，不知道自主发展，只注重眼前利益，不知道长远利益的短视行为，已逐渐显示出过度依赖外资的依附性危害。

三　发展"四控型"企业

与改革前期相比，今天中国的经济面临的问题已不是资金相对匮乏，而是资金相对过剩。据报道自 20 世纪 90 年代以来，我国的国际收支状况发生了根本性扭转。从经常项目逆差、资本项目顺差组合演变成经常性项目和资本项目双顺差态势，从 2002 年开始，净误差与遗漏项也呈现贷方顺差，三顺差导致中国的外汇储备大幅度增长。以上种种迹象都说明，目前中国的资金过剩，根本没有必要不惜一切引进外资。

19 世纪下半期的德国、20 世纪下半期的日本和韩国等跨越式发展的经验都表明，一个落后国家的民族工业要想获得长远发展，必须在国家的科学保护下获得自主研发核心技术和发展民族产业的机会，而自主研发是需要花费时间和大量资金的。正是由于自主知识产权的研发过程和预期收益间存在一个不短的时间差，我国一些急功近利的专家才提出中国不需要搞自主研发，只需要在跨国公司的生产链上谋得一个打工的位置，中国应该发挥劳动力密集的比较优势专心发展加工业。至于大飞机等高科技产品，我们只要多生产裤子，拿钱换就可以了。这是一种非科学发展的理论和政策。

综上所述，民族工业的发展对于一个国家而言有着举足轻重的作用，建立自己的民族工业不能主要靠引进外资和国际并购，不能在发展战略上满足于做跨国公司的加工厂，只参与国际分工的底层活动。我国必须大力倡导自主研发和自主发展的科学道路，应在结合比较优势与竞争优势的基础上，大力发展控股、控技（尤其是核心技术）、控牌（尤其是名牌）和控标（技术标准）的"四控型"民族企业集团和民族跨国公司，突出培育和发挥知识产权优势，早日真正打造出中国的世界工厂而非世界加工厂，从而尽快完成从贸易大国向贸易强国和经济大国向经济强国的转型。

（原载《上海国资》2006 年第 10 期，第二作者为张飞岸）

第七章　民生研究

第一节　新一轮改革仍需突出民生导向

党的十八届三中全会即将召开，不同群体有不同盼望。少数群体盼望实行"国有企业私有化、土地私有化、金融自由化"的新自由主义，或盼望改变所谓"半统制经济，实行不要国家调控的竞争性市场机制"的"现代市场经济体制"，或盼望不要沿着"法国大革命、巴黎公社、十月革命的道路走下去"的中国特色社会主义道路，或盼望实行美国基于私人垄断利益基础上畸形的宪政民主，或盼望实行瑞典社会民主主义的资本主义改良模式。而大多数群体是企盼：为真正贯彻落实习近平总书记一系列重要讲话和党的十八大关于加快完善社会主义市场经济体制和根本转变对内对外经济发展方式精神而进行具体的顶层设计，包括经济体制模式、经济发展模式和民生改善模式。其中，前两种模式都是为民生改善及其模式服务的。

以改善民生而改革开放，即民生导向的改革开放，这是广大人民群众利益和实惠所在，也是改革开放的出发点和归宿点。

第一，科技体制改革和经济开放的目标，主要不是如何让更多的西方跨国公司研发机构到我国来廉价利用资源和高价转卖非核心技术，而是"着力增强自主创新能力"和参与中高端国际竞争。只有大力发展"控技术（尤其是核心技术）、控品牌（尤其是世界名牌）、控股份"的"三控"型民族企业集团和跨国公司及其产业链，其创造的 GDP 和利润才是国人可以分配的实惠。

第二，党的十八大和习近平总书记的讲话一贯强调市场和政府的双重调节体制机制，而从未只强调市场调节，因而我国经济在继续发挥市场调节资源配置基础作用的同时，改进国家的计划手段和财政、货币政策的调节作用，维护宏观经济的稳定性、平衡性和持续性，以期全局利益的统一性和最大化。在廉洁、廉价、民主和高效的前提下，确立"小而强的政府"的主脑或主导地位。在既用市场调节的优良功能去抑制"国家调节失灵"，又要用国家调节的优良功能来纠正"市场调节失灵"，实现一种功能上的"基础—主导"双重调节机制，形成高效市场即强市场和高效政府即强政府的"双高"或"双强"格局，表现出国家的良性调节职能和作用强于或大于资本主义国家。行政审批减少等改革将有利于这一新格局。这是体制改革避免新自由主义陷阱和金融经济危机风险的顶层设计，不仅直接关系到促发展、转方式、调结构、稳速度、增效益，也直接关系到完全的竞争性市场机制能否真正解决高房价、高药价、乱涨价、低福利、贫富分化、就业困难、食药品安全、行贿受贿严重、劳资冲突频发、教育和城镇化的质量不高等民生迫切问题。国内外改革发展的经验教训已充分表明这一点。

第三，国内多数经济学家均不赞成继续增持西方发达国家债券，因为只要保留能应对金融等风险的一定量外汇储备即可，而非越多越好，尤其是在不断贬值的情况下更是如此。完全可以直接或间接地灵活运用大量外汇储备来改善民生，或并购国外企业和媒体，或转购战略物资，或在国外建立基金会等。金融和外汇管理体制改革开放应实行这一新思路。

（原载《理论学习》2013 年第 11 期）

第二节　坚持公有制经济为主体与促进共同富裕

当前，迫切需要深刻分析不断变化的国内外经济形势，科学总结党的十一届三中全会以来改革开放和现代化建设的基本实践和发展规律，以马列主义及其中国化理论为指导，针对改革开放出现的严峻问题来"调整、充实和完善"社会主义市场经济体制和政策，以便在党的十八大以后进一步推进中国特色社会主义的理论、制度和道路。其中，在经济领域坚持公有制经济为主体与促进共同富裕最为紧迫和重要。

一　邓小平关于实现共同富裕的构想

回顾和对照二十年前邓小平的南方谈话，我们可以看到，南方谈话所提出的某些重大问题还没有得到解决，特别是财富和收入分配的贫富分化趋势仍然存在，继续偏离共同富裕的目标。邓小平讲，社会主义的本质是解放生产力，发展生产力，消灭剥削，消除两极分化，最终达到共同富裕。走社会主义道路，就是要逐步实现共同富裕。邓小平提出实现共同富裕的途径，就是通过一部分地区有条件先发展起来，先发展起来的地区带动后发展的地区，最终达到共同富裕。他认为避免两极分化的办法之一，就是先富起来的地区多交点利税，支持贫困地区的发展。关于解决两极分化的时机，邓小平认为，太早这样办也不行，太早了会削弱发达地区的活力，还会鼓励吃"大锅饭"。他设想，在 20 世纪末达到小康水平的时候，就要突出地提出和解决这个问题。到那个时候，发达地区要继续发展，并通过多交利税和技术转让等方式大力支持不发达地区。他坚信，中国一定能够逐步顺利解决沿海同内地贫富差距的问题。不发达地区又大都是拥有丰富资源的地区，发展潜力是很大的。

邓小平的"实现共同富裕"的思想，在中国特色社会主义理论体系中具有重要地位。他把"消除两极分化，最终达到共同富裕"看成社会主义的本质属性，把是否实现这一目标当成判断改革开放成败的标准。他讲："社会主义的目的就是要全国人民共同富裕，不是两极分化。如果我们的政策导致两极分化，我们就失败了；如果产生了什么新的资产阶级，那我们就真是走了邪路了。我们提倡一部分地区先富裕起来，是为了激励和带动其他地区也富裕起来。……提倡人民中有一部分人先富裕起来，也是同样的道理。"① 邓小平鼓励一部分人、一些地区先富起来，是为了让他们帮忙、带动、激励其他人、其他地区也富起来，最终实现共同富裕。改革开放，就是要把社会主义经济这块"蛋糕"做大，但提高经济效率，做大"蛋糕"只是手段而绝不是目的，把做大后的"蛋糕"分配好才是我们最终的目的。分配"蛋糕"与做大"蛋糕"之间有着紧密的联系，分配的方式、分配的根据和分配的结果都会影响"蛋糕"的进一步做大。过去，我们主要强调按照生产要素在生产中贡献的大小来分配"蛋糕"，认为这样有利于做大"蛋糕"，这在某种意义上说是对的。当"蛋糕"不足以满足大多数人的需要时，这确实激励了人们做"蛋糕"的热情，提高了做大"蛋糕"的效率。但当"蛋糕"做得已比较大的时候，分配

---

① 《邓小平文选》第 3 卷，人民出版社 1993 年版，第 110—111 页。

"蛋糕"的结果对做大"蛋糕"的影响就会大大显现出来。这是因为，此时分配的方式和结果不当，就会造成贫富分化类型的分配不公，影响做下一个"蛋糕"的绩效。进入 21 世纪以来，我们已经到了要强调分配方式和结果对做大"蛋糕"影响的阶段了，应当强调在分好"蛋糕"的同时继续做大"蛋糕"。

一个时期以来，我国劳动所得占 GDP 的比重持续下降，甚至低于发达资本主义国家，这导致我国消费对拉动经济增长的作用不断下滑。在消费、投资和净出口这三个拉动经济增长的动力中，对于一个经济大国来讲，消费是最主要、最稳定的动力。如果直接关系到民生的消费性内需难以启动，中国经济要想实现长期、快速增长是难以持续的。所以，目前我国已经到了邓小平所说的要"突出和提出"解决贫富分化和共同富裕这个中心问题的时候了。

二 我国所有制结构的变化是导致贫富分化的主因

现阶段我国的经济实力和国际影响力都大大增强了。2010 年国民经济规模达到近 40 万亿元，已超过日本，成为世界第二。但是，人均 GDP 不到日本的十分之一，按国际货币基金组织统计，2010 年列世界第 95 位，与发达国家的差距还是非常大的。与此同时，我国收入分配中的贫富分化现象严重，有的指标甚至超过西方资本主义发达国家。我国人民生活水平总体上比过去有很大提高，部分人群、一些地区已经富裕。反映贫富差距之一的基尼系数，改革开放前为 0.25，1992 年突破了 0.4 的国际警戒线；世界银行估计，2010 年已达 0.48，如果加上灰色收入、隐性收入、漏计的高收入，估计现在已大大超过 0.5，远远超出资本主义发达国家和许多发展中国家。[①] 基尼系数为 0.5 是一个什么概念呢？这意味着最穷的 50% 的人只占有总收入的 12.5%，最穷的 57.7% 的人收入在平均水平以下，最富的 10% 的人占有总收入的 27.1%。收入分配的不公，必然导致财富占有上的更大不公。收入上的累积效应加上财富的累积效应，使得中国当前的财富占有上出现极大不公平，世界银行报告显示，美国是 5% 的

---

① 刘国光：《是"国富优先"转向"民富优先"还是"一部分人先富起来"转向"共同富裕"？》，《探索》2011 年第 4 期。

人口掌握了 60% 的财富，而中国则是 1% 的家庭掌握了全国 41.4% 的财富。[①] 倘若这些统计资料是准确的话，那么，表明中国的财富集中度已远远超过了美国，成为全球两极分化严重的国家。

造成财富和收入分配中贫富分化趋势越来越严重的原因很多。这些原因包括城乡差距扩大、地区发展不平衡加剧、公共产品供应不均、再分配调节不力、腐败泛滥、地下经济涌现等。这些因素都加剧了财富和收入分配的分化，我们必须采取措施综合应对。但这些原因并不是最主要的。造成财富和收入分配不公的最根本原因，是所有制结构发生了根本性变化。著名经济学家刘国光教授讲得对：收入分配不公主要源于初次分配。初次分配中影响最大的核心问题是劳动与资本的关系。按照马克思主义观点，所有制决定了分配制；财产关系决定分配关系。财产占有上的差别，才是收入差别最大的影响因素。改革开放以来，我国贫富差距的扩大，除了前述原因外，所有制结构上和财产关系中的"公"降"私"升和化公为私，财富积累日益集中于少数私人，才是最根本的。[②]

三十多年来，我国所有制结构发生了重大变化，大致可分为三个阶段。第一阶段（1978—1991 年）：由单一公有制的计划经济向以公有制为主体，多种所有制经济共同发展的社会主义市场经济转化，公有制经济（特别是国有经济）比重逐渐下降，非公有制经济比重不断上升，迅速发展。1978 年，我国的所有制结构是单一公有制，几乎是公有制一统天下的局面。这一阶段，公有制经济仍然占据绝对主导地位，国有企业和集体企业的工业产值合计占工业总产值的 89.16%。第二阶段（1992—2000年）：非公有制经济迅猛发展，公有制经济比重大幅下降，主要集中到关系国计民生的重要经济领域。1992 年春，邓小平在视察南方后，包括三资企业在内的私有制经济已掀起了一个新的发展高潮。经过近十年的发展，非公有制经济比重超过了公有制经济，国有经济丧失了绝对主导地位。2000 年 85673.66 亿元的工业总产值中，国有经济和集体经济分别只占 23.53%、13.90%，二者加起来占比为 37.43%。而与此同时，非公有制经济的占比达到了 62.57%。第三阶段（2001—2010 年）：随着国有企

① 夏业良：《中国财富集中度超过美国》，《商周刊》2010 年第 13 期。
② 刘国光：《谈谈国富与民富、先富与共富的一些问题》，《中国社会科学报》2011 年 10 月 25 日。

业改制和国有经济战略布局的调整，国有经济在整个国民经济中所占的比重大幅下滑，这一比重已经和西方发达国家中的国有经济的比重相近。2009 年，全国规模以上工业企业中，公有制企业（包括国有企业和集体企业）的工业总产值为 5.52 万亿元，占到规模以上工业企业总产值的 10.07%。城镇就业人员中，公有制企业就业人员为 7038 万人（国有企业中 6420 万人、集体企业中 618 万人），占城镇就业人员的 22.62%。[①]

以上这样一种所有制结构和就业结构必然决定财富和收入分配中劳动所得份额越来越少，而资本所得份额越来越多。工资收入对于绝大多数劳动者来说是最主要的收入，财产性收入对于他们来说微乎其微（在股市、楼市不景气的情况下，甚至是负的）。2009 年底共有 3197.4 万个体户和 740.2 万户私营企业，也就是说，有大约 3937.6 万户家庭除了劳动所得外，还有很大一部分的非劳动所得，这样的家庭只占到全国约 3.88 亿家庭中的 10.1%。个体户主要以家庭为单位，通过使用自有生产资料从事生产经营活动，他们的所得中劳动所得实际所占比重较大，与社会平均收入水平差距不是太大。而私营企业主的总收入中，资本所得所占比重较大，这样的家庭只占到全国总家庭数中的 1.9%，这些家庭的总收入水平是大大高于社会平均水平的。除此之外，还有其他一些类型的非公企业的大股东以及高管人员的总收入，也大大高出社会平均水平很多。我国 90% 以上的家庭收入的主要来源是劳动收入，这样一种格局今后也不可能有大的改变。

劳动所得不断下降，资本所得不断上升是导致收入分配两极分化的主要原因。从 1997 年到 2007 年，中国劳动者报酬占 GDP 的比重从 53.4% 下降到 39.74%，企业盈余占 GDP 比重从 21.23% 上升到 31.29%，而在发达国家，由于劳动人民的不断斗争，劳动者报酬占 GDP 的比重大多在 50% 以上。[②] 我国劳动收入份额的持续下降，是我国内需难以启动的最主要的原因，继续发展下去会严重制约我国经济增长。

三 完善社会主义基本经济制度才能促进共同富裕

既然我国贫富差距的扩大和两极分化趋势的形成，主因是所有制结构

① 根据 2010 年《中国统计年鉴》计算所得。
② 程恩富：《面对各种挑战，继续坚持和完善社会主义经济体制和机制》，《国外理论动态》2011 年第 12 期。

发生了质的变化，那么，要改变当前的现状，必须重视公有制经济的地位和作用，不断壮大国有经济，振兴集体经济，实行公私经济共进，改变"劳穷资富"，才能从根本上加以遏制。同时，必须运用社会主义市场经济制度中的财政政策、税收政策、货币政策、财富和收入分配政策等手段，以及教育、医疗、养老、保险等制度安排，对财富和收入分配进行国家综合调节，才能逐步推进全体人民的共同富裕。

1. 国有经济在促进共同富裕中承担重要职能

早在 1993 年 9 月，邓小平在关于分配问题见于记载的最后一次谈话中，就非常坦诚而语重心长地指出："十二亿人口怎样实现富裕，富裕起来以后财富怎样分配，这都是大问题。题目已经出来了，解决这个问题比解决发展起来的问题还困难。分配的问题大得很。我们讲要防止两极分化，实际上两极分化自然出现。"如何防止两极分化呢？邓小平同志强调："只要我国经济中公有制占主体地位，就可以避免两极分化。"[①] 公有制经济在防止两极分化中承担重要职能，只要我们保持公有制和按劳分配为主体，贫富差距就不会恶性发展到两极分化太严重的程度，可以控制在合理的限度以内，最终向共同富裕的目标前进。否则，两极分化、社会分裂是不可避免的。

为什么以公有制经济为主体就能够防止两极分化呢？我们认为有这样几个理由：第一，由于公有制企业中，生产资料不是对劳动者进行剥削的手段。劳动者主要根据在生产过程中劳动贡献的大小来参与分配，他们所得到的报酬的差距就比较小。同时和非公有制企业相比，没有了生产资料所有权的经济剥削，他们可以得到比私有制企业中的劳动者更高的收入。统计数据显示，国有企业中员工的工资普遍高于其他类型企业员工的工资水平。第二，公有制企业中的利润不是被个人所占有，而是为集体或国家所公有，这样有利于集体或全体社会成员来分享经济发展的成果。对于国有企业来说，除了用于扩大再生产之外，上交的利润使得国家有更大的能力提供更多的公共产品和服务，有更大的能力进行转移支付来帮助低收入群体，有更大的能力调控经济。对集体企业来说，它们的利润为集体所共有，除了用于扩大再生产之外，可以直接改善本集体成员的住房、交通、医疗、教育等物质和文化生活，提高集体中全体成员的生活质量。第三，

①《邓小平文选》第 3 卷，人民出版社 1993 年版，第 149 页。

以公有制经济为主体的产权结构决定了以按劳分配为主体的分配结构。按劳分配的性质和方式比按资分配的性质和方式，更有利于维护财富和收入分配上的公平正义。这是由于，虽然劳动的能力、质量和绩效会有一定的差距，但这种差距是在一定的范围之内的，劳动者所得差距一般在几倍范围之内，而对资本的占有所造成的差距却可能成百十倍，从非公企业的内部和国民收入的初次分配中便形成了贫富两极分化。第四，公有制经济的存在对私有经济起到了一定的限制和制约作用，防止了财富和收入的过度集中。在国家调节有序的条件下，公有制企业使得市场竞争比较理性，市场价格比较平稳，避免暴利行业的长期存在。公有制企业的高工资也具有一定的示范效应，进而增加非公有制企业员工在工资谈判中的能力。

为了实现共同富裕，我们必须坚持党的十五大报告明确提出的"坚持公有制为主体，多种所有制共同发展"的社会主义初级阶段基本经济制度，必须毫不动摇地发展和壮大国有经济。国有经济要控制国民经济命脉，在能源、交通、通信、金融、军工等关系经济命脉和高盈利的重要关键行业领域中，国有经济应该有"绝对的控制力"、"较强的控制力"，要不断增强国有经济的控制力、影响力和竞争力，这样才能发挥社会主义经济制度的优越性，促进全社会的共同富裕。

2. 集体经济在农村促进共同富裕中起着决定性作用

集体经济是公有制经济的重要组成部分，对实现共同富裕具有重要作用，特别是在农村地区起到了决定性作用。集体经济能促进共同富裕实现的机制，前面已有论述，这里不再赘述。下面主要就一些实际事例，来谈一下集体经济和合作经济在发展农村经济，实现农村居民生活水平提高中的作用。在今天的中国，有几个村庄很引人注目，它们是江苏的华西村、河南的南街村和刘庄、北京的韩河村等，这些村都很富，但令人深思的是，这里富裕的不是少数人，不是几个能人和村干部，而是全体村民，所有家庭。这些村庄何以能快速发展起来？何以能实现家家富裕、人人幸福的现代新型和谐农村社会呢？答案就是，这些村庄所具有的共性——一个好的带头人，一个坚强的基层党政班子，一个不断壮大的集体合作经济。

农村共同富裕的实现程度与村里的集体经济的壮大息息相关。笔者在山西等地的调研发现，凡是村里有集体企业的，村庄的整体面貌就比较好，居民的生活水平普遍较高，村里的健身、医疗、学校、文化等设施比较健全，人们的精神状态也非常饱满；凡是没有集体企业的，村里的生活差距比较大，少数人生活得很富裕，而大多数家庭生活却提高很慢，还有少数家庭生活极度困难。有个例子对比鲜明，在山西长治县有两个相邻的村庄，两个村都有小煤矿，一个村在 20 年前就把煤矿承包给了一个江苏的老板；另一个村并没有把煤矿承包给个人，而一直由村里集体来经营。20 年后，把煤矿承包给江苏老板的村庄变化不大，而那个由集体经营煤矿的村庄却发生了天翻地覆的变化。村里硬件设施全部更新，道路硬了，路灯安了，建了新的学校、新的公园、新的文化健身设施，还为每个家庭盖了两层小楼。该村还建立了各项福利制度，孩子上中小学的钱全免、上大学的学费村里负责出，60 岁以上的老人每月 100 元养老金，每年定期给全体村民进行体检，每年的五一节、中秋节、元旦、春节都按人头发放米、面、油、肉等食品。这个村的居民幸福感很高，对村干部很满意，对党的政策很拥护，真正过上了全面小康的生活。因此，要落实邓小平关于农村和农业的社会主义改革和发展"两次飞跃论"的方针，积极发展农村集体经济和集约经济，加强农村集体层的经营和管理，组织农民走共同富裕的新路子。[①]

3. 注重提高劳动收入份额是促进共同富裕的重要举措

劳动收入是 90% 以上家庭最主要的收入来源，这在西方资本主义市场经济下也是如此，在社会主义市场经济下更是如此。因此，要提高居民的收入，特别是中下层居民的收入，就必须从提高居民的劳动收入入手。目前，我国的劳动收入只占到 GDP 的 40% 左右，大大低于西方发达资本主义国家，这表明我国劳动收入份额还有很大的提升空间。过低的劳动收入份额也意味着需求不足、生产过剩，所以，提高劳动收入份额具有非常大的迫切性。那种认为提高工资会降低中国产品出口竞争力，因而反对提高工资的观点是错误的。只要我国的工资增长率不高于劳动生产率的增长率，便不会对成本产生大的影响，不会影响我国的产品出口竞争力。实际上，长期以来，我国普通职工尤其是私有企业职工的工资增长率是明显低于劳动生产率的增长率和国民生产总值增长率的。社会主义国家的出口竞争力主要应依赖自主创新和自主知识产权，而不应主要依赖劳动者收入长期不正常提高来实现低工资类型的低成本竞争。

---

① 徐惠平：《社会主义新农村集体经济和合作经济模式》，《海派经济学》（季刊）2006 年第 2 期。

要提高我国劳动收入份额，必须发挥政府和工会的作用，严格实施最低工资制度和八小时工作制，建立合理的工资增长机制。政府要积极维护劳动者的权益，通过立法、建立维权机构，直至对侵犯职工利益的行为起诉等手段来保障劳动者的权益。要加强工会在劳资谈判中的作用，建立工资形成的劳资共决机制。要立法让职工工资增长实现指数化，实行"四挂钩"机制，即职工收入增长同当地物价、企业劳动生产率、利润率和高层管理人员收入增长同步挂钩。

实现劳动收入份额的提高，长期来看，必须提高经济效率。要提高我国的经济效率，必须转变经济增长方式。传统的经济增长方式是高积累、高投资，这必然导致新增价值分配中资本收入份额较高，而劳动收入份额较低。因此，我国应逐渐转向高附加值的产品和产业，促进产业结构升级，从而实现劳动收入份额的提高。今后，我国要把提高劳动收入份额上升到一个经济发展战略和构建和谐社会的高度来认识，以确保我国经济持续健康发展，不断推动共同富裕的实现程度。

4. 发挥好国家在收入分配中的调节作用

社会主义基本经济制度决定社会主义国家调节包括分配在内的调节体系要比西方国家重要。解决收入分配的两极分化问题，是一个系统工程，需要国家采取多种手段，运用多种政策，建立多种制度，持续进行有利于劳动者收入提升的调整和改革。

近几年来，我国开始强调民生，强调发展成果要与人民共享，这就是解决贫富分化问题的一个好开端。国家发挥收入分配的调节作用可以从两个方面来做，一是增加劳动者的收入，二是减少劳动者的支出。要增加劳动者收入，我们可以从以下几个方面着手。第一，要改革收入分配制度，规范收入分配秩序，增加劳动所得，控制资本所得，不但强调二次分配的公平，更要强调一次分配的公平。第二，加大转移支出的力度，特别是对低收入者、困难群体要给予更多支持；同时也要加大东部地区向中西部地区的扶持力度，要加强对边疆地区、民族地区、革命老区的转移支付；加强城市对农村的支持、工业对农业的反哺。第三，加强立法和执法，保护农民工等体力劳动者的利益，确保最低工资法和加班加薪等保护劳动者利益的法律得到落实。第四，制定就业优先的政策，积极发展微小企业，鼓励企业多雇用员工。就业是民生之本、收入之源，增加就业就是增加收入，就是为社会作贡献。减少劳动者的支出，主要就是要构建更加完善的社会保障体系，增大社会保障范围和力度，增加对医疗、养老、教育、住房等民生方面的补助。简言之，国家要运用财政政策、税收政策、货币政策、分配政策等手段，对财富和收入分配进行综合调节。

（原载《求是学刊》2013年第1期，第二作者为张建刚）

第三节　论我国劳动收入份额提升的可能性、迫切性与途径

劳动收入份额的变动，不但关系着居民消费水平的增长和收入差距的变化，也关系着社会总产品的价值实现和经济的正常循环。如果劳动收入份额能随着经济的增长而增长，将会形成劳动者收入不断提高和产业结构升级的良性循环。因此，劳动收入份额增长也就具有全局意义。

一　我国劳动收入份额提升的可能性

（一）20世纪90年代以来我国劳动收入份额下降的趋势

我国劳动收入占国民收入的份额变化情况近年来引起了学术界的广泛关注，很多学者都进行了深入研究。李稻葵等人（2009）的研究表明，我国初次分配中劳动份额从1992年开始到1996年略有上升，然后逐步下降。1999年我国劳动收入份额比重约为54%，但到2006年时已经下降到了50%以下。李稻葵认为，西方国家GDP中的劳动份额变动普遍经历了一个U形曲线过程，即劳动收入份额先下降后上升。我国劳动收入份额已经经历了十多年的下降阶段了，何时能转入上升阶段却面临很大不确定性。中国社会科学院《社会蓝皮书》（2008）披露的数据表明，2003年以前我国的劳动者报酬一直在50%以上，2006年降低至40.6%。企业利润占国民收入的比重，则由以前的20%左右上升到30.6%。白重恩、钱震杰（2009）的研究表明，1978年我国劳动收入份额约为50%，此后十年略有上升，但自1990年以来缓慢下降，2004年以来下降趋势尤为明显，2006年这一数值已降至47.31%。这些研究数据都表明，我国劳动收入份额已经下降到了历史最低水平。

赵俊康（2006）的研究表明，从1996年到2003年，我国城乡就业人员增加了5482万人，劳动者报酬却从54.3%下降到了49.62%。除内蒙

古、辽宁、浙江和山东外，27 个省市的劳动者报酬都有不同程度的下降。徐现祥、王海港（2008）的研究表明，1978—2002 年我国初次分配中的收入分布不断向右平移，资本所得普遍增长，劳动收入不断下降。李实（2005）的研究表明，1995—2002 年，不论是从城镇居民、农村居民，还是从全国居民数据来看，我国洛伦兹曲线都显著外移，说明我国收入差距都在不断拉大。造成收入差距拉大的主要原因又在于资本收入份额的提高和劳动收入份额的下降。世界银行研究人员柯吉（Kouji, 2005）的研究也表明，我国经济中利润占 GDP 的比重过高。柯吉建议国有企业应该向国家分红以减弱投资过多、资本收入增长过快的趋势。罗长远、张军（2009）的研究发现，1995—2004 年我国劳动者报酬从 51.4% 下降到了41.6%。卓永良（2007）的研究表明，改革开放初期我国的劳动收入份额在不断上升，从 1978 年的 42.1% 上升到 1983 年的 56.5%。但自 1984年以来，我国劳动收入开始不断下滑。到 2005 年劳动收入份额已经下滑至 38.2%。另外，龚刚（2010）和李扬、殷剑峰（2007）的研究也同样发现，20 世纪 90 年代以来我国劳动收入份额正经历一个下降趋势。

　　虽然众多学者对我国劳动者报酬占 GDP 的绝对份额度量存在很大差异，但近年来我国劳动收入份额下降到历史最低水平却是个不争的事实。综合学者们对我国劳动收入份额的估计可以得知，2002—2006 年，我国劳动收入份额的乐观估计大概是 50%，悲观估计是在 40% 左右。

　　我国职工工资占 GDP 的比重变化同样也支持近年来劳动收入份额下降的事实。自 20 世纪 50 年代以来，我国工人的工资总额占 GDP 的比重经历了一个先上升后下降的过程。20 世纪 70 年代初到 80 年代末，我国职工工资占 GDP 的比重一直维持在 15%，90 年代开始下降，2000 年以来，这一份额已经下降到了 10%。

　　1. 我国劳动收入份额与资本主义国家劳动收入份额的差距

　　二战以后，西方资本主义国家劳动收入份额普遍经历了一个上升过程。1952 年，美国的劳动收入份额只有 61%，20 世纪 70 年代末上升到了 68%，之后虽有所下降，但一直都维持在 65% 左右。1955 年日本的劳动收入份额只有 40%，此后不断上升，从 20 世纪 70 年代中期到 90 年代末期一直维持在 55%。只是从 2003 年以来才下降到 50% 以下，这和日本经济近年来的衰退关系密切。

　　如果考察更长历史范围的劳动收入份额变动，则可以发现，资本主义

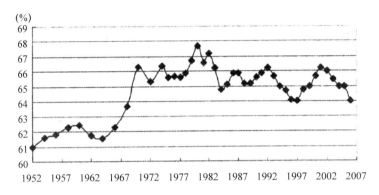

图 1　二战后美国雇员报酬占国民收入比重的变化

数据来源：麦克南：《当代劳动经济学》，人民邮电出版社 2008 年版。

图 2　二战后日本工人报酬占 GDP 的比重

数据来源：日本统计局。

国家一百多年来劳动收入份额一直在不断提高，而不是经历了所谓的 U 形曲线。例如，英国在 1860—1869 年间的劳动收入份额只有 48.5%，一战以后该份额超过了 50%，20 世纪 30 年代超过了 60%，二战以后则超过了 70%。此后保持稳定。美国一百年来劳动收入份额也是从 50% 以下逐步上升到 65% 左右。学者们对美国 1929 年之前的劳动收入份额测算结果存在差异，一些学者测算结果为 50%，另一些人则认为更低。福格尔的研究表明，1870 年美国的劳动收入份额只有 1970 年的一半，也就是说略低于 40%。

表 1　　　　　　英国 1860—1968 年间国民总收入与 GNP 的分配

	工资和薪水（%）	租金（%）	利润、利息和混合收入（%）
1860—1869	48.5	13.7	38.9
1870—1879	48.7	13.1	38.2
1880—1889	48.2	14.0	37.9
1890—1899	49.8	12.0	38.2
1900—1909	48.4	11.4	40.2
1910—1914	—	—	—
1920—1929	59.7	6.6	33.7
1930—1939	62.0	8.7	29.2
1940—1949	68.8	4.9	26.3
1950—1959	72.4	4.9	22.7
1960—1968	74.1	5.4	20.5

数据来源：M. M. 波斯坦、D. C. 科尔曼、彼得·马赛厄斯：《剑桥经济史》第七卷，经济科学出版社 2004 年版，第 204 页。

　　和美国、日本、英国等资本主义国家相比，我国劳动收入份额上升还有很大空间。如果中国的劳动份额能从目前的 40% 左右上升到 60%，劳动者收入将会有很大的提高，这对中国未来的经济增长将有很大的带动作用。

　　2. 20 世纪 90 年代以来我国劳动收入份额下降的原因分析

　　20 世纪 90 年代以来我国劳动收入份额的降低，主要是我国所有制结构调整所致。劳动收入份额反映了劳动者在收入分配中的经济社会地位。该份额越低，说明劳动者的经济社会地位越低。统计资料显示，在我国不同类型的所有制经济中，非公经济中劳动收入份额一般较低，并且工人的平均工资也低。在相同情况下，公有经济的劳动收入份额高，并且工人平均工资也高。在私有经济中，雇主为了追逐利润最大化，必然极力压低工资，使得劳动生产率提高的好处尽量为雇主和资本所得，从而随着劳动生产率的提高，劳动者报酬占比必然越来越低。当前，中国在经济结构转型中强调更多地发展私有经济和对外招商引资，现存的国有和集体企业也大量被股份私有化，这会导致劳动者报酬占比的下降。

　　从目前披露的数据和收入与所有制的经济学规律来看，劳动者报酬占比下降，是公有制的比重在中国经济中的比重下降、政府和工会未能在市场经济中充分发挥作用的客观结果。在其他条件不变的情况下，非公有制经济成分（含内资和外资）越大，劳动者报酬占比往往越低。而在某些资本主义国家中，由于左翼力量和工会运动的程度和效果不同，不同国家的劳动收入份额与其经济发达程度并不具有直接的相关性。苏联解体后，随着工会运动受到打击，西方发达国家的劳动收入份额也普遍下降了。

我国的所有制变革也带来了工资形成机制的变革。在公有制经济内，工人通过职代会、工会等机构可以维护自己的权利，并且公有制经济的工资决定直接受政府管理，工人的社会保障和福利待遇比较完善。而在私营经济中，工资决定完全由资方决定。工人的发言权丧失，相应地社会保障待遇和福利待遇也被大大削减，而且私营经济部门没有合理的工资增长机制。这是我国劳动收入份额降低的主要原因。

二　提高我国劳动收入份额的迫切性

目前我国劳动收入份额过低，已经严重威胁到我国经济发展的可持续性。威胁主要来自两个方面：

第一，过低的劳动收入份额导致收入差距拉大。

劳动收入份额和收入差距存在密切的关系。资本收入增长过快，劳动收入增长缓慢是造成国民收入差距的主要原因。我国改革开放进程中劳动收入份额的下降和收入差距的扩大主要来自两个方面，一是农民工收入增长缓慢，二是城镇企业内部职工的收入增长滞后于管理人员的工资增长。

王祖祥（2009）利用《中国统计年鉴》（1995—2005）的收入分配数据进行估算，发现目前我国城镇与农村两部门内部的基尼系数都不大，都没有超过 0.34，但从 2003 年开始，我国的加总基尼系数已经超过了 0.44，远远越过了警戒水平 0.4。王祖祥认为城乡收入差距是我国不平等程度扩大的主要原因。农民工工资增长缓慢固然是城乡收入差距拉大的原因，但城乡收入差距拉大的最主要原因是城市居民资本收入（财产收入）增长迅速。改革开放以来，中国农民工数量越来越庞大，工资收入在农村居民家庭中的比重逐年提高。1984—1996 年，我国农民工工资收入占农村居民家庭纯收入的比重从 17.17% 提高到 23.59%。[1] 到 2008 年，这一

---

[1]　万广华：《经济发展与收入不均等：方法和证据》，上海三联书店 2006 年版，第 209 页。

比重又进一步上升到37.42%。上海市的这一比例最高，高达70%，东部沿海地区普遍都在40%以上。

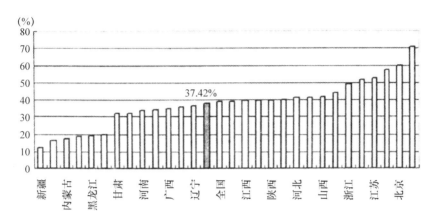

图3　2008年我国农民工工资收入占农村居民家庭收入的比重

数据来源：刘军胜：《中国农民工工资变动的趋势及对策分析》，2010年浙江大学最低工资研讨会会议论文。

表2　　　　　　　　　1985—2006年中国城乡收入差距比

1985	1986	1987	1988	1989	1990	1991	1992	1993	1994	1995
1.79	2.1	2.11	2.11	2.35	2.27	2.34	2.49	2.74	2.83	2.73

1996	1997	1998	1999	2000	2001	2002	2003	2004	2005	2006
2.49	2.45	2.5	2.64	2.76	2.9	3.13	3.25	3.26	3.24	3.28

数据来源：吴要武：《非正规就业者的未来》，《经济研究》2009年第7期。

虽然外出打工收入占农民家庭纯收入的比重越来越高，但由于没有最低工资政策的保护，农民工的工资增长缓慢。用人单位对农民工实行歧视政策，农民工工资增长幅度往往低于城市职工平均工资增长幅度，农民工的工资增长只是略高于农村居民家庭的经营性收入增长。刘军胜的研究表明，2002—2008年，农民工工资平均增长幅度为14.10%，而同期农村居民家庭人均经营性收入平均增长幅度为8.58%。两者之间的差距只有5.25个百分点。农民工外出打工机会成本上升，收益减少，这是导致沿海地区出现民工荒的一个重要原因。由于农民工是中国民营经济新工人群体的重要组成部分，农民工工资收入增长缓慢成为国民收入中劳动收入份额不断降低的主要原因之一。农民工工资增长缓慢，导致城乡收入差距不断拉大。如表2所示，城乡收入差距已经从1985年的1.79倍扩大到2006年的3.28倍。

农民工工资增长缓慢的一个重要原因就是各地最低工资定得非常低，没有发挥出提高农民工收入的作用。以浙江省为例，2002年，浙江省非国有经济已经占到全省GDP的76.7%，但非国有经济中农民工的收入却非常低。据浙江省统计局农调队调查显示，浙江宁波、湖州、金华、台州四市外来农民工的平均工资为761元，月收入在1000元以下的农民工占被调查总数的70%—80%。[①] 目前浙江很多民营企业以政府公布的最低工资标准制定本企业职工的平均工资。国际上一般最低工资相当于平均工资的40%—60%，而我国的最低工资明显低于国际标准。杭州市2004年的月平均工资为1997元，最低工资只有月平均工资的31%。

表3　　　　2008年我国最低工资及其在职工平均工资中的比重

省份	最低工资（元）	平均工资（元）	最低工资/平均工资（%）	省份	最低工资（元）	平均工资（元）	最低工资/平均工资（%）
全国	697	2442	28.5	内蒙古	680	2176	31.3
安徽	560	2197	25.5	黑龙江	680	1921	35.4
宁夏	560	2560	21.9	重庆	680	2249	30.2
湖北	580	1895	30.6	云南	680	2003	33.9
广西	580	2138	27.1	辽宁	700	2311	30.3
江西	580	1750	33.1	山西	720	2152	33.5
陕西	600	2162	27.8	西藏	730	3940	18.5
青海	600	2582	23.2	河北	750	2063	36.4
甘肃	620	2001	31.0	福建	750	2142	35.0
海南	630	1822	34.6	山东	760	2200	34.5
湖南	635	2073	30.6	北京	800	4694	17.0
吉林	650	1957	33.2	天津	820	3479	23.6
四川	650	2087	31.1	江苏	850	2639	32.2
贵州	650	2050	31.7	广东	860	2759	31.2

[①] 万广华：《经济发展与收入不均等：方法和证据》，上海三联书店2006年版，第209页。

续表

省份	最低工资（元）	平均工资（元）	最低工资/平均工资（％）	省份	最低工资（元）	平均工资（元）	最低工资/平均工资（％）
河南	650	2068	31.4	上海	960	4714	20.4
新疆	670	2057	32.6	浙江	960	2846	33.7

注：每个省份的最低工资都有好几档，本表只取最高档。全国数据为简单平均数。

数据来源：王弟海：《最低工资限制经济效益的再认识：收入分配和经济发展的视角》，2010年浙江大学最低工资研讨会论文。

再以北京为例，北京市 2005 年最低工资标准为每小时不低于 3.477元、每月不低于 580 元。非全日制从业人员每小时最低工资不低于 7.3元。2004 年北京职工平均工资为 28348 元，折合月工资 2362 元，全日制工人最低工资只有平均工资的 24.6%。[①] 近几年来虽然最低工资有所提高，个别省份最低工资已经到了 1000 元水平。例如浙江在 2010 年 4 月 1日起，最低工资提高至 1100 元（含社会保险费用）。但大多数省份最低工资依然很低。不但从绝对水平看很低，从相对水平看也很低。假如按照国际通行标准，把最低工资制定在社会平均工资的 40%—60%，2008 年底，中国没有一个省份能达到这一标准。

在企业内部，相比于企业管理人员，普通职工的劳动收入不断下降，企业内部工资差距不断拉大。根据全国总工会的调查，2002—2004 年我国企业职工工资低于当地社会平均工资的职工占 81.8%，低于社会平均工资一半的占 34.2%，低于当地最低工资标准的占 12.7%。相比于1998—2001 年，低于当地社会平均工资一半的职工增加了 14.6 个百分点，这表明我国低收入劳动者比重扩大了。

第二，劳动收入份额过低，导致外贸依存度过高，内需相对不足。

中国劳动收入份额低，和我国出口导向型的外贸战略有重要关系。在改革开放过程中，沿海地区的招商引资过于偏重对外加工产业。由于我国有大量的农村剩余劳动力，国外企业纷纷把附加值低的加工业转入中国。这些产业对劳动技能要求也低。中国企业利用我国廉价的劳动力，进行对

[①]　郭克利：《2005 年北京市劳动力市场工资指导价位与企业人工成本状况》，中国民航出版社 2005 年版。

外加工，创业风险小，获利容易，因此外向型加工企业迅速发展。在改革开放初期，发展低技术、低工资的加工业并没有错。但很多企业在发展过程中没有长远眼光，不重视技术更新，不重视人才培养，不重视品牌创新，迷恋于低技术、低成本带来的利润。这种发展模式导致中国加工企业在国际产业链中只占据了非常低的附加值份额。

这种低附加值产业的发展造成我国劳动收入份额过低，进而导致国内消费需求对经济增长贡献率低。程恩富（2008）的研究表明，2004年我国消费率为53.6%，降到了1950年以来的最低水平。由于国内市场对经济增长贡献有限，我国企业不得不依赖对外贸易，这大大提高了我国的外贸依存度，增加了我国经济发展的国际风险。2003年，全球平均外贸依存度为0.45，发达国家均值为0.38，发展中国家均值为0.51，而我国2004年的外贸依存度为0.68，远远高出世界平均水平。中国必须适当降低外贸依存度，扩大内需拉动经济增长。

中国之所以会陷入低附加值产业发展模式而无法跳出，一个重要原因是我国的最低工资政策没有得到严格执行，落后产能不能淘汰，企业没有技术升级的动力。目前最低工资制度在执行中存在以下问题。（1）最低工资标准保障范围过小，农民工、学徒工、保姆等低收入群体还不在这一标准的保护范围之内。（2）如果按小时工资计算，很多工人的小时工资都达不到最低工资要求。最低工资的计算一般都是按照每天工作8小时，每周40小时的正常工作时间计算的。很多民营企业工人每周工作时间远超过40小时。很多工人每月拿到手的工资有1000元，实际上他的加班时间长，加班工资大约就占500元，如果按照40小时的正常工作时间计算，该工人的小时工资就低于政府规定的最低工资。此外，企业还把各项津贴违规列入最低工资，或压低计件工资，实施提成工资，或对试用期员工支付低于最低工资标准的工资。如果我国最低工资制度能够得到严格执行，工人能在正常工作时间内拿到最低工资，加班能得到法律所规定的加班工资，他们的收入也会有可观的增长。

三　提高我国劳动收入份额的途径

鉴于近几年我国劳动收入份额逐渐下滑所带来的弊端，适时提高劳动收入份额有重要的意义。一是深入落实科学发展观，发展成果要合理分享的需要；二是刺激国内消费和拉动经济增长的需要；三是促进产业结构和外贸结构升级的需要。马克思曾经指出，由于工资太低，使用机器反而会使生产变贵，因而英国发明的机器曾经只能在北美使用。工资偏低同样是目前我国产品结构、技术结构、产业结构和外贸结构调整与提升不快的原因之一。李嘉图的比较优势学说理论也不支持低工资优势竞争论。李嘉图的比较优势学说主要与劳动效率有关。只要两个国家的两个不同产业具有不同的生产效率，这两个国家就都具有各自的比较优势。低劳动力成本有时也没有比较优势。随着中国劳动者报酬的提高，企业将升级产品结构、技术结构和产业结构，而在新的产业结构中，即使中国提高工资，相对于国际市场，仍然可能具有较低的所谓比较优势。我国涨工资的空间还很大，逐步提高劳动者报酬同保持经济发展和出口比较优势并不存在尖锐的矛盾。

要适时提高我国劳动收入份额，必须发挥政府与工会两大经济主体的作用力，采用严格实施最低工资制度，建立合理的工资增长机制，实现经济增长方式的转变。

（一）发挥政府和工会两大经济主体的作用力

1. 构建国家主导型劳动者维权机制

构建国家主导型劳动者维权机制，是提高劳动收入份额的首要条件，也是获得广大劳动人民支持的重要保证。目前我国70%以上的劳动者在非公企业就业，加不加工资主要由老板说了算，政府干预的空间很小。西方政府是站在雇主阶级的立场上主要靠事后调节来协调劳资关系。作为人民政府而非"中性政府"的社会主义政府记取西方的教训，应当站在雇员阶级的立场上主要在事前，通过主动、积极措施协调劳动关系或劳资关系。过去在联邦德国企业董事会中的雇员比例制和收入共决机制下，工会依据企业劳动生产率提高来谈判雇员收入的合理增长；在日本，企业依据职工工龄的增加而提高收入等措施，都可以为我国借鉴利用。如果政府严格检查落实法定劳动时间和劳动合同法，劳动者利益完全可以得到保障。我国政府应当像当年英国政府一样向企业派出工厂视察员，对于侵犯职工利益的行为直接进行起诉，而不能仅仅要求每个单位的工会一对一地进行集体谈判。

2. 加强工会力量，实现劳资共决

要提高劳动收入份额必须加强工会在工资决定中的谈判作用。通过劳资谈判，可以建立工资形成的共决制度。工资共决可以抑制雇主对于工资的过分压低，可以在一定条件下改善劳动者报酬在初次分配中的比重。近年来，我国工会在维权中发挥了重要的作用。姚先国（2008）的研究表明，中国工会并非如有些人所说的那样形同虚设，而是确实有助于改善劳动关系。从工资回报到各项福利，浙江省工会都在一定程度上提高了劳动者的利益。实证研究也表明，很多雇主也乐意设立工会以及给工会拨付经费，因为工会有助于改善劳动关系，增强企业凝聚力，从而提高生产效率。浙江义乌工会的社会维权实践也说明，在中国，工会可以大有作为。

但是，就像马克思所坚持的，夸大工会在集体谈判中的成就也是错误的，只要雇主能够获得利润，资本的积累就会越来越多，资本所得的占比就会越来越大。没有政府通过立法来调节，工会在改变劳资收入分配中的作用就会非常有限。

（二）严格实施最低工资制度，建立合理的工资增长机制

1. 严格实施最低工资制度

劳资冲突的核心是利益分配冲突，市场经济条件下要有效缓解劳资冲突，必须建立劳、资、政三方协调机制。西方国家经过一百多年的发展，已经建立起有效的劳、资、政三方协调机制，而这一机制在我国还处于建设、探索过程中。20 世纪 30 年代以前，资本主义国家实行自由放任劳资关系模式，企业靠压低劳动成本进行竞争，劳动收入份额处于较低水平。20 世纪上半叶，西方国家纷纷通过最低工资制度、劳动立法、集体谈判等措施，增强了劳工谈判能力，自由主义劳资关系模式被废弃，政府、企业和工会三方协调劳资关系模式被采纳，从而实现了劳动收入份额的不断提高。在三方合作劳资关系模式中，最低工资制度在提高劳动收入份额中发挥着重要的作用。在中国目前的情况下，只有通过严格实施最低工资制度，才能改善劳资分配，缓解劳资矛盾。最低工资制度能从两个方面提高劳动收入份额。

（1）最低工资制度有利于企业发展模式的强制变强。改革开放以来，中国企业尤其是民营企业，一直走的是低工资、低技术发展模式。这种发展模式的后果是雇主受益，工人、社会受损。低技术、低成本发展模式下，工人无法分享社会发展的成果，社会要承担环境污染等成本。这种低成本发展模式对正常的市场竞争起着破坏作用。一些依赖低技术、低成本生存的企业，会采取各种办法延长工人的劳动时间，提高工人的劳动强度，降低工作场所的安全卫生标准。相比之下，那些守法经营的企业却要

向工人支付相对高的工资，支付更高的工作安全成本。这就使得两类企业不能公平竞争。由于竞争规则不统一，中国的企业发展还处在丛林时代，效率高的企业虽然能在竞争中胜出，但劣质企业也并不淘汰，优劣并存、良莠不齐。

政府通过强制实施最低工资制度，可以淘汰劣质企业、促进公平竞争。政府强制实施的最低工资制度有利于在社会范围内形成合理的劳动力成本形成机制。市场并不会自发形成合理的劳动力成本决定机制。如果交由劳动力市场自发作用，劳动力成本往往会趋向生存工资。合理的劳动力成本形成机制是合理的产品价格形成机制的一部分。社会统一的企业会计核算准则、最低产品质量标准和最低劳工标准，是合理的价格形成机制的必要组成部分。合理的产品价格形成机制和合理的劳动力成本形成机制，对保护社会公众利益和保护劳动者利益都十分必要。要建立合理的劳动力成本形成机制，必须实行统一的周工作时间标准、工作场所最低安全健康标准。目前中国民营企业普遍存在加班过长而且不付加班工资的情况。如果不控制工人的周工作时间，最低工资标准形同虚设。价值规律要求企业降低成本，但企业降低成本的竞争，只有在不降低产品质量，不造成环境污染，不损害工人健康时才对社会有利。成本竞争必须以合理成本为底线，否则，降低成本只会导致企业拼人力成本、拼环境污染成本，破坏合理的价格形成机制。不断曝光的职业病、环境污染事件都是合理的价格形成机制被破坏的恶果。

（2）最低工资制度有利于实施第三方劳工监督，提高劳动收入份额。第三方劳工监督是通过企业、政府以外的独立机构，参照通行的劳工标准，对企业的劳工状况进行评估。目前，第三方劳工监督都以国际劳工标准为参照依据。国际劳工标准，指国际劳工组织（ILO）通过的处理全球范围劳工事务的各种原则、规范、准则，它们形成了以国际劳工公约（Conventions，185 项）和建议书（Recommendations，195 项）为核心的一整套国际劳工制度。SA8000 是受认可程度最广泛的国际劳工标准之一，该标准是一种基于国际劳工组织宪章、联合国儿童权利公约、世界人权宣言而制定的，以保护劳动环境和条件、劳工权利等为主要内容的社会责任标准认证体系。2001 年 12 月 12 日，美国社会责任国际（Social Accountability International，简称 SAI）发表了第一个企业社会责任标准 SA8000：2001。这是第一个可用于第三方认证的社会责任国际标准。主要内容包括童工、强迫劳动、安全卫生、结社自由和集体谈判权、歧视、惩罚性措施、工作时间、工资报酬及管理体系等九方面内容。目前，在全球范围内，越来越多的消费者开始关注其所购买的产品是否符合 SA8000 的标准，否则即使产品价格便宜也予以抵制，而且这种消费倾向在发达国家表现得尤为明显。

中国作为 ILO 的成员国，已经批准了 24 项国际劳工公约，面临着如何执行已批准的国际劳工公约及如何将国际劳工标准与国内劳工标准协调的问题。尽管 SA8000 的宗旨是好的，但关税和一般非关税壁垒不断被削减的今天，SA8000 非常容易被贸易保护者利用，成为限制发展中国家劳动密集型产品出口的有力工具。中国目前和欧美等国家的贸易摩擦，在很大程度上是因劳工标准引起的。这里面既存在着国外社会对我国的误解，也存在着我们自身的问题。一方面，中国确实有部分企业肆意践踏劳工标准，不遵守最低工资，成为"血汗工厂"的事实，但这种情况并不代表中国企业界的普遍情形。另一方面，我国政府没有运用合理的渠道和国外社会沟通，导致国外社会对我国劳工情况片面了解，产生了不信任情绪。国外企业利用本国公众对中国的猜疑，掀起反倾销，抵制中国产品，造成我国遵守国际劳工标准的企业也受到牵连。由于我国政府对 SA8000 的认识不足，国外认证机构不能在中国合法营业，而我国出口企业又属于国际大企业供应商，为了业务需要不得不接受国际劳工标准评估，中国企业不得不付出高昂的评估费，评估通过后又不宜在国内公开宣传，从而造成了很大浪费。有鉴于此，我国政府应采取开放心态，积极引进国际劳工评估。

第三方评估认证不但可以大大降低我国受评估企业负担的评估费用，还可以推进第三方认证产业的发展。为保持评估认证的公正、透明，评估必须由中国境内评估企业进行。第三方劳工标准评估，可以和我国各地地方政府颁布的最低工资标准结合起来，由于第三方评估是企业基于自愿原则实施的，让优秀企业被公众知晓，让遵守劳动法规成为企业的品牌，就能强化最低工资制度和相关劳动法规在我国的执行。此外，在我国很多产业面临产能过剩的情况下，可以逐步提高最低工资标准，逐步加强执行力度，以便淘汰落后企业，实现优胜劣汰。

2. 建立合理的工资增长机制

我国自改革开放以来，逐步建立了工资决定的市场机制。但政府对工资的调节机制并没有相应跟进。在当前劳动收入份额不断下滑的情况下，可以通过政府的工资调节机制矫正市场工资决定机制，使政府力量和市场力量相结合，形成合理的工资增长机制。合理的工资增长机制包括两方面内容：

（1）职工工资增长的指数化。从劳动者报酬的绝对量来看，劳动者报酬应当使劳动者及其家庭维持一个不断进步的社会最低生活水平以上的收入量。要使劳动者报酬增长与GDP增长大体同步，必须采用指数化工资，即每年参照GDP的增长率制定工资的增长率。

（2）高层管理人员薪酬增长和职工工资增长等指标挂钩。近年来我国劳动收入份额出现降低，但企业高层管理人员薪酬增长却很快。企业高层管理人员薪酬的快速增长，拉大了国民收入差距。政府应当严格限制高层管理人员的薪酬增长。政府可以出台法规，规定企业高管层薪酬（含变相收入即福利）和职工工资增长、企业劳动生产率、利润增长保持一定比例。

（三）转变经济增长方式，提高劳动收入份额

借助政府和工会的力量在短期可以实现劳动收入份额的提高，但在长期，必须提高经济效率。要提高我国的经济效率，必须转变经济增长方式。我国的经济增长一直以来都是靠高积累、高投资推动。在计划经济年代，高积累、高投资的主体是国家；而在向社会主义市场经济转轨的过程中，高积累、高投资的主体既有国有、集体企业，也有民营企业。在市场经济条件下，高积累、高投资表现为新增价值分配中，资本收入份额较高，而劳动收入份额较低，这必然会降低劳动收入份额，压缩国内消费，不能发挥出国内居民消费对经济的贡献。

正因为我国长期实行高积累、高投资的发展战略，劳动收入份额在国民收入中的比重增长缓慢甚至下降，居民消费对经济增长的拉动作用有限。在我国的高积累、高投资的增长模式下，投资回报率很低，经济增长对人民群众的生活水平提高作用有限。如果我国现在严格实施最低工资制度，劳动收入份额就会逐步提高，高投资、低回报率的增长模式就会得到一定程度的转变。企业提高资本使用效率，逐渐转向高附加价值的产品和产业，可以实现劳动收入份额提高和产业结构升级相互促进、良性循环。这也是我国产业发展走出粗放型发展，进入集约化经营的重要条件。实现产业发展的这一转变有两方面的好处，一方面会提高内需对经济增长的带动作用，另一方面可以在很大程度上降低我国外贸依存度。当然，在这一

过程中，政府必须推动教育的普及和劳动力质量的提高，为产业结构升级提供条件。

综上所述，只有充分发挥政府和工会两大经济主体的作用，通过严格实施最低工资制度，建立合理的工资增长机制，实现经济增长方式的转变，才能不断提高劳动者收入份额。这也是降低我国收入差距，扩大内需，降低外贸依存度，实现产业结构升级的必然要求。

参考文献:

白重恩、钱震杰:《谁在挤占居民的收入——中国国民收入分配格局分析》,《中国社会科学》2009 年第 5 期。

（原载《经济学动态》2010 年第 11 期，第二作者为胡靖春）

第四节　论政府在功能收入分配和规模收入分配中的作用

一　功能收入分配和规模收入分配的基本概念

（一）功能收入分配与规模收入分配的区别

功能收入分配和规模收入分配是研究国民收入分配的两种基本方法。功能收入分配也被称为要素收入分配，它探讨各种生产要素与其收入所得的关系，是从收入来源的角度研究收入分配，关注的是资本和劳动的相对收入份额。规模收入分配也被称为个人收入分配或家户收入分配，它探讨不同个人和家庭的收入总额，关注的是不同阶层的人口或家庭得到的相对收入份额。功能收入分配主要关注国民收入的初次分配，而规模收入分配主要关注国民收入的最终分配。

历史上最早研究功能性收入分配的经济学家是亚当·斯密。斯密把全部收入划分为工资、利润和地租。工资收入的性质是劳动收入，利润和地租收入的性质是资本收入。继斯密之后，李嘉图、马克思等经济学家都坚持从功能收入角度研究收入分配。衡量功能收入分配的常用指标是劳动收入份额与资本收入份额。由于经济中存在很多复合收入——例如，农民的收入、城镇小业主的收入等都属于复合收入——如何把复合收入分解为劳动收入和资本收入，在很大程度上会影响劳动收入份额和资本收入份额的计算。由于功能收入分配对收入性质的划分要涉及规范分析，因此强调实证分析的当代西方经济学把研究的重点从功能收入分配转向了规模收入分配。

帕累托是最早研究规模收入分配的经济学家。规模收入分配不区分收入的来源和性质，这种方法以家庭（或个人）为分析单位，按家庭收入总量，将所有家庭由低到高进行排序，分析不同家庭所占的比例。这种分析方法可以探讨某一阶层的人口或家庭的比重与其所得的收入份额之间的关系如何，以及什么因素决定个人或家庭的收入分配结构。衡量规模收入分配的常用指标有 80—20 分位法、5 分位法、基尼系数法和泰勒系数法等。过去经济学家多用基尼系数法衡量规模收入分配，现在泰勒系数法也越来越流行。在基尼系数法中，离散行数据的基尼系数计算公式 $g = \sum_{i=1}^{n} \frac{2i - n - 1}{n^2} \frac{x_i}{u}$，基尼系数可以简单地看作是所有个体相对收入 $\frac{x_i}{u}$ 的加权加总，其中排在第 i 个位置的权重为 $\frac{2i - n - 1}{n^2}$。而泰勒系数法（TheilIndex）通过计算人们的收入份额与人口份额之比，来考察现实收入分配离完全平等的偏离程度。其计算公式为 $T = \sum_{i=1}^{N} \frac{y_i}{Y} \log(\frac{y_i}{Y/N})$，其中 y_i 是第 i 个人的收入，Y 是总收入，N 是总人口。

（二）功能收入分配与规模收入分配的联系

功能收入分配和规模收入分配存在密切的联系。一般而言，功能收入分配差别越大，规模收入分配差别也越大。反之亦然。任何强化功能收入分配差距的措施都会影响规模收入分配格局。收入的功能分配决定着收入的规模分配。[①] 功能收入分配从收入来源角度研究收入分配，其分析原则是经济效率原则；而规模收入分配研究人口规模或家庭规模与收入规模的关系，其结果可以用来说明社会阶层流动状况，也可以说明不同的社会经济群体之间收入分配的形成和变化趋势。功能收入分配决定和影响规模分配，因为某一经济群体的人口所获得的收入份额在很大程度上取决于他们所占有的生产要素的多寡。

---

① 参见陈宗胜《经济发展中的收入分配》，上海三联书店 1994 年版，第 14—16 页。

　　经济制度会影响功能收入分配和规模收入分配间的联系。按照新古典经济学的边际生产力理论，在一个完全竞争的市场环境中，功能收入分配会导致每种要素的所有者收入趋向均等化。但这并不符合现实。例如，在现实中，由于雇主与工会之间的集体讨价还价，垄断者和富有的地主从其个人利益出发对资本、土地和产品价格的操纵，都会使功能收入分配的理论产生很大的局限性。

　　无论是功能收入分配，还是规模收入分配，都非常关注收入不平等的成因。收入不平等一般由两种原因所致：一种是财产性收入不平等，另一种是工资不平等。工资水平的降低会导致财产性收入上升，而财产性收入上升会加剧收入不平等；工资不平等上升也会导致收入不平等。在发展中国家，人们的收入差距往往是财产性收入不平等造成的；但在发达国家，工资不平等是收入不平等上升的主要原因。例如，在中国，劳动收入占国民收入的比重只有四成，收入不平等主要来源于资本收入的不平等。而在美国，劳动收入占国民收入的三分之二，劳动收入不平等对美国收入不平等的贡献率就会大大超过中国。弗里德曼（Friedman）认为，从总体而言，占美国收入三分之二的劳动性收入不平等的扩大是驱动美国收入不平等扩大的主要原因。[①] 在美国，工资不平等上升的主要原因是工人群体中受过高等教育，掌握了先进技术的工人工资增长较快。但上述观点忽略了如下事实：在美国，劳动收入高的群体同时也是财产性收入的获得者。这说明劳动收入不平等和资本收入不平等会相互促进。工资不平等和财产不平等的共同作用，使得美国的国民收入差距不断拉大。

　　（三）功能收入分配、规模收入分配与产出最终使用的图示关系

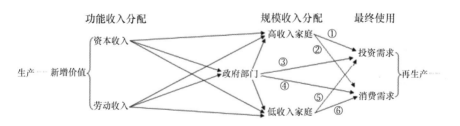

图1　政府在功能收入分配和规模收入分配中的作用

　　① Benjaming M. Friedman, "Widening Inequality: Implication for Americans' Attitudes and American Society", NBER Working Paper, 2008 (3).

功能收入分配和规模收入分配是研究国民收入分配的两种基本方法。近年来，越来越多的学者认识到，研究国民收入分配还应该有第三种视角，即国民产出最终使用。

$$国民产出的最终使用 = 投资需求 + 消费需求 \qquad (1)$$

$$其中，投资需求 = 政府投资 + 企业投资 = ① + ③ + ⑤ \qquad (2)$$

$$消费需求 = 政府消费 + 居民消费 = ② + ④ + ⑥ \qquad (3)$$

在（2）式中，企业投资的来源是居民家庭，其中高收入家庭是企业投资的主体，因为企业的所有权往往掌握在少数高收入家庭手中。低收入家庭的投资需求存在，但非常有限。

在图 1 的关系中，功能收入分配和规模收入分配都将政府剔除在外。从功能收入分配角度讲，政府是生产中处于劳资之外的第三方，功能收入分配只考虑生产中资本和劳动力两大生产要素所有者的收益分割，政府不是生产要素的投资者，因而被排除在外。而规模收入分配以家户为分析单位，政府收入中的相当部分会以转移收入的形式分解到各个家庭。因而规模收入分配也把政府排除在外。从最终使用角度研究国民收入分配的优势在于，该方法能将政府在功能收入分配与规模收入分配之间的关系显现出来。

如图 1 所示，国民产出最终使用涉及三大经济主体：政府、企业、家庭。方福前利用我国统计年鉴中公布的"投入产出基本流量表"对我国国民产出最终使用中政府、企业和居民三大经济主体的比重进行了估计。[①] 在现实经济中，按家庭收入从高到低排序是一个连续谱系。但在图 1 中，我们把居民家庭简化为高收入家庭和低收入家庭两类，假设高收入家庭是企业的主要所有者。把政府引入功能收入分配和规模收入分配，这两种收入分配将会通过政府的作用被联系在一起。

二　政府对功能收入分配和规模收入分配的影响

（一）政府对功能收入分配的影响

按照马克思的基本理论，单个商品价值为：

$$z = c + (v + m) \qquad (4)$$

对国民经济而言，所有商品价值的总和可以写为：

---

① 方福前：《政府消费与私人消费关系研究进展》，《经济学动态》2009 年第 12 期。

$$\sum z_i = \sum c_i + (\sum v_i + \sum m_i) \tag{5}$$

但公式（5）要成立，必须有严格的条件，即所有产品都是最终产品，这样才会避免中间产品的重复计算。

公式（5）中存在两个部分，$\sum ci$ 是不变资本部分，是存量；$\sum v_i + \sum m_i$ 是新增价值部分，是流量。在现行的国民经济统计中，国内生产总值 GDP 是一个流量概念，它只包括商品价值总和中的第二部分，即 $\sum v_i + \sum m_i$。因此有：

$$GDP = \sum v_i + \sum m_i \tag{6}$$

由该公式也可知，GDP 可以划分为两个部分：劳动收入 $\sum v_i$ 和资本收入 $\sum m_i$。

现实中的国民收入分割远比上述理论分割要复杂。上述国民收入分割假定政府不存在。但在当代资本主义国家，政府支配的收入会占到 GDP 的 20%—40%。因此必须对政府收入进行分解。政府对功能收入分配的影响通过两条渠道实现。第一，政府可以通过劳动立法，调节劳资双方的谈判力量，进而调节附加价值在资本收入和劳动收入之间的分割。第二，政府可以通过对资本收入和劳动收入征税的税负分配，调节资本收入和劳动收入。对资本收入征税主要通过企业所得税实现，对劳动收入征税主要通过工资、薪金所得税实现。

假定政府收入全部来自税收，即政府没有资本收入，政府的税收按不同标准可以划分为两种类型：按征税对象，可以划分为对劳动收入征税和对资本收入征税；按征税方式，可以划分为直接税和间接税。在不同的征税方式下，国民收入的分割也不同。在现实经济中，政府的税收来源主要分为直接税和间接税，它们对资本收入有利还是对劳动收入有利必须依情况而定。在现实当中，每个家庭的收入都是复合收入——既有劳动收入，又有资本收入。一般而言，高收入家庭的收入以资本收入为主，低收入家庭的收入以劳动收入为主。在直接税条件下，如果个人收入所得税起征点高，累进所得税的边际税率高，则对高收入家庭不利，这相当于加重了资本收入的税负；如果个人所得税起征点低，累进所得税的边际税率低，则对低收入家庭不利，这相当于加重了劳动收入的税负。在间接税条件下，间接税对资本收入有利还是对劳动收入有利则更难以分析。在间接税中，针对奢侈品的消费税对高收入家庭不利，这相当于对资本收入征税；而增值税的税负分配是中性的。由于增值税的税收扭曲效应低，增值税成为越来越重要的间接税种。在增值税条件下，国民收入被分割为三部分，在不考虑政府收入到底来源于资本收入还是来源于劳动收入，就可以从微观商品价值角度出发，把商品价值公式修改为

$$z = c + (v + m) = c + (v_t + m_t + t) \qquad (7)$$

其中 v_t 是税后劳动者报酬，m_t 是税后剩余价值，t 为政府税收收入。国民经济中，所有商品的价值可以写为：

$$\sum z_i = \sum c_i + (\sum vt_i + \sum mt_i + \sum t_i) \qquad (8)$$

国民生产总值可以写为：

$$GDP = \sum vt_i + \sum mt_i + \sum t_i \qquad (9)$$

（9）式中的三部分相对应的是：劳动收入、资本收入和政府收入。在一些文献中，劳动收入也被称为居民收入，而资本收入也被称为企业收入。

（二）政府对规模收入分配的影响

政府对最终收入分配的影响主要通过对支出活动的调节实现。政府支出规模和支出结构的变动都会影响到最终收入分配。

1. 政府支出规模对规模收入分配的影响。政府支出规模的变动会在一定程度上对居民支出和企业支出产生"挤出效应"。政府的消费需求会对居民部门的消费产生挤出效应；政府的投资需求会对企业部门的投资产生挤出效应。挤出效应是否是有害的？这取决于政府支出的效率。在消费支出方面，如果政府支出购买公共产品，能够弥补居民部门公共品供给不足的缺陷，则政府的消费效率就高于居民部门的消费效率。在投资方面，如果政府投资能够弥补私人企业对大型、长期投资项目的不足，政府的投资效率就高于企业部门的投资效率。

这也意味着，政府和居民、企业部门之间的关系必须是互补关系，而不是竞争关系。如果政府和居民、企业部门之间的关系是竞争关系，则政府支出的效率就会是低下的。政府支出可能在消费领域产生"强迫消费"、"过度消费"。例如，政府可能通过行政摊派造成强制消费；政府部门的公款吃喝、公款旅游、公款养车的"三公消费"可能会造成过度消费。强制消费和过度消费会降低政府支出的效率。在投资领域，政府投资可能会通过垄断限制私人资本进入，从而赚取垄断利润。这也会导致政府投资效率低下。

2. 政府支出结构对规模收入分配的影响。政府支出可以分为投资性

支出、消费性支出和保障性支出三种。政府为了经济建设的目的而投资于基础设施、区域开发、生态保护、高科技研发等的支出，是投资性支出；政府为了维护公共管理机构正常运转而产生的国防、公共安全、政府公共机构管理支出，则是消费性支出。消费性支出也被称为政府购买公共产品和公共服务支出；政府对落后地区的转移支付、支农支出、教育支出、医疗支出和社会保障支出，是保障性支付。保障性支出在政府支出中的比重越高，低收入者获得的转移支付越多，社会财富的分配也就越公平。政府消费性支出增长过快时，可能会对居民消费（来自工资基金的消费）产生挤出效应。

三 我国财政收入与财政支出中政府对功能收入分配与规模收入分配的作用机制

（一）我国国民收入统计中的功能收入与规模收入

我国的国民收入统计经历了从 MPS 体系到 SNA 体系的转变。我国在1985 年实行 MPS 核算体系，1993 年开始正式实行 SNA 核算体系，中间是过渡阶段。MPS 体系比较关注功能收入分配，其计算公式为：

国民收入 =（工资 + 职工福利基金）+（利润 + 利息）+ 税金 + 其他 　　　　　　　　　　　　　　　　　　　　　　　　　　　　（10）

SNA 体系比较关注国民产出的最终用途，其计算公式为：

国民收入 = 总消费 + 总投资 + 货物和服务净出口 =（居民消费 + 社会消费）+（固定资产形成 + 存货增加）+（货物和服务出口 - 货物和服务进口） 　　　　　　　　　　　　　　　　　　　　　　（11）

无论是 MPS 体系，还是 SNA 体系，都无法直接获得规模收入分配的信息。规模收入分配只涉及家庭，不涉及企业和政府。规模收入分配假定企业和政府的收入最终都要归结为家庭收入。规模收入分配的计算往往通过基尼系数等衡量。以下对我国功能收入分配、规模收入分配和国民产出最终使用三方面的现状进行分析。

1. 我国的功能收入分配。我国目前的国民收入统计采用收入法，将增加值分解为劳动者报酬、生产税净额、固定资产折旧和营业盈余。从这种统计方法并不能直接看出劳动收入份额和资本收入份额。周明海、肖文、姚先国认为，在这种国民统计核算中，生产税净额既不属于劳动者收入，也不属于资本收入，税收份额的增加将低估劳动收入份额。要计算我国的劳动收入份额，还存在着个体经济劳动收入份额分解的困难。2004年，我国统计中把个体劳动者收入全部视为劳动者报酬，此后将个体经济业主的劳动报酬和经营利润视为营业利润。[①]

上述计量困难会影响到我国劳动收入份额的绝对度量，但对劳动收入份额的相对度量影响并不显著。白重恩和钱震杰，卓勇良，周明海、肖文、姚先国等人的研究结果都表明，1978—1984年我国劳动收入份额处于上升阶段，相对而言资本收入份额处于下降阶段；1984—2007年劳动收入份额处于下降阶段，资本收入份额处于上升阶段。[②]

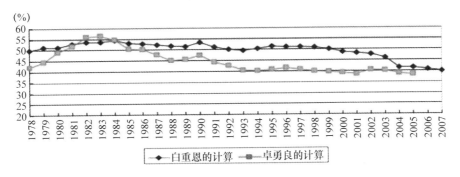

图2　1978—2007年我国劳动收入份额的变动

注：在白重恩的计算结果中，2007年数据由刘社建等整理。

1984年以来，我国劳动收入份额的下降从企业利润率的变化也能够得到证实。张杰等利用国家统计局1999—2007年的工业企业统计数据库建立多元回归模型，sperman相关系数矩阵结果显示，企业利润率和人均工资之间呈现出一种显著且稳定的负相关关系，这表明，在我国越是利润高的企业支付给员工的工资水平越低。这意味着企业利润是靠挤占员工工资来实现的，这似乎为中国企业微观层次"利润挤占工资"提供了检验

---

　　① 周明海、肖文、姚先国：《中国经济非均衡增长和国民收入分配失衡》，《中国工业经济》2010年第6期。

　　② 白重恩、钱震杰：《国民收入的要素分配：统计数据背后的故事》，《经济研究》2009年第3期；白重恩、钱震杰：《谁在挤占居民的收入——中国国民收入分配格局分析》，《中国社会科学》2009年第5期；卓勇良：《关于劳动所得比重下降和资本所得比重上升的研究》，《浙江社会科学》2007年第3期；周明海、肖文、姚先国：《中国经济非均衡增长和国民收入分配失衡》，《中国工业经济》2010年第6期。

事实。①

2. 我国的规模收入分配。王祖祥（2009）利用《中国统计年鉴》（1995—2005）的收入分配数据进行估算，发现目前我国城镇与农村两部门内部的基尼系数都不大，都没有超过 0.34，但从 2003 年开始，我国的加总基尼系数已经超过了 0.44，远远越过了警戒水平 0.4。王祖祥认为城乡收入差距是我国不平等程度扩大的主要原因。农民工工资增长缓慢固然是城乡收入差距拉大的原因，但城乡收入差距拉大的最主要原因是城市居民资本收入（财产收入）增长迅速。改革开放以来，中国农民工数量越来越庞大，工资收入在农村居民家庭中的比重逐年提高。1984—1996 年，我国农民工工资收入占农村居民家庭纯收入的比重从 17.17% 提高到23.59%。② 到 2008 年，这一比重又进一步上升到 37.42%。上海市的这一比例最高，高达 70%，东部沿海地区普遍都在 40% 以上。

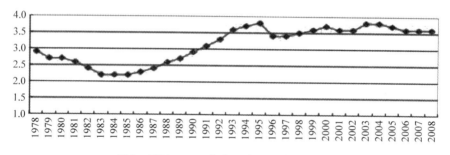

图 3　1978—2008 年我国城乡消费水平对比
数据来源：《中国统计年鉴 2009》。

图 3 反映了我国城乡居民消费水平对比的变化趋势。从图中可以看出，1984—1995 年，我国城乡居民消费水平差距急剧增大。自 20 世纪 90年代中期以来，城市居民对农村居民的消费水平倍数一致维持在 3.5 倍以上。城乡收入差距的扩大，一是因为城市居民的劳动收入高于农村居民；二是因为城市居民的财产性收入也高于农村居民的财产性收入。

---

① 张杰、黄泰岩：《中国企业的工资变化趋势与决定机制研究》，《中国工业经济》2010 年第 3 期。
② 数据引自万广华：《经济发展与收入不均等：方法和证据》，上海三联书店 2006 年版，第 209 页。

3. 我国的国民产出的最终使用。我国现行的国民收入统计，按总值收入法，可以将国民收入划分为劳动者报酬、生产税净额、固定资产折旧和营业盈余；按支出法可以将国内生产总值划分为最终消费支出、资本形成总额、货物和服务净出口。这样就在功能收入分配和产出最终用途之间建立了联系。这种划分法可以计算出资本形成率（投资率）和最终消费率；其中最终消费支出可以分解为居民消费支出（农村、城市）和政府消费支出。图4是我国现行国民收入统计中的收入法和支出法的统计项目区别。

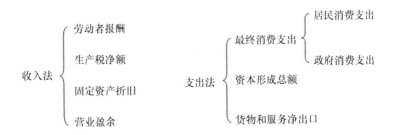

图4　我国统计年鉴中按支出法和收入法划分的国内生产总值构成

表1是用支出法衡量的我国国内生产总值构成。支出法衡量的优势是便于衡量最终需求的去向。最终消费、投资与净出口是国民收入的三大最终流向。

表1　　　　　　　1978—2008 年我国国内生产总值构成（支出法）

年份	最终消费支出比重（%）	资本形成总额比重（%）	货物和服务净出口比重（%）	年份	最终消费支出比重（%）	资本形成总额比重（%）	货物和服务净出口比重（%）
1978	62.1	38.2	−0.3	1994	58.2	40.5	1.3
1979	64.4	36.1	−0.5	1995	58.1	40.3	1.6
1980	65.5	34.8	−0.3	1996	59.2	38.8	2.0
1981	67.1	32.5	0.3	1997	59.0	36.7	4.3
1982	66.5	31.9	1.6	1998	59.6	36.2	4.2
1983	66.4	32.8	0.8	1999	61.1	36.2	2.8
1984	65.8	34.2	0.0	2000	62.3	35.3	2.4
1985	66.0	38.1	−4.0	2001	61.4	36.5	2.1

年份	最终消费支出比重（％）	资本形成总额比重（％）	货物和服务净出口比重（％）	年份	最终消费支出比重（％）	资本形成总额比重（％）	货物和服务净出口比重（％）
1986	64.9	37.5	-2.4	2002	59.6	37.9	2.6
1987	63.6	36.3	0.1	2003	56.8	41.0	2.2
1988	63.9	37.0	-1.0	2004	54.3	43.2	2.5
1989	64.5	36.6	-1.1	2005	51.8	42.7	5.4
1990	62.5	34.9	2.6	2006	49.9	42.6	7.5
1991	62.4	34.8	2.7	2007	49.0	42.2	8.9
1992	62.4	36.6	1.0	2008	48.6	43.5	7.9
1993	59.3	42.6	-1.8				

数据来源：《中国统计年鉴》2009 年。

　　在国民收入的最终流向中，投资和消费是两大最重要的项目。从图5可以发现，1978—2008 年，我国投资率不断上升，而最终消费率却在不断下降。

　　以上分析说明，功能收入分配、规模收入分配与国民产出的最终使用密切相关，政府收支活动是联结三者的重要枢纽（如图 1 所示）。以下将对政府在其中的作用作进一步分析。

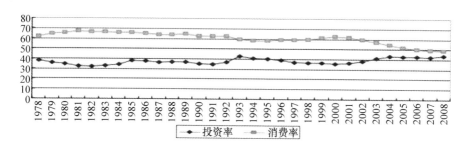

图 5　1978—2008 年我国的投资率和消费率

数据来源：《中国统计年鉴》2009 年。

　　（二）我国政府财政收支在功能收入分配、规模收入分配与国民产出最终使用中存在的问题及政策建议

　　1. 我国功能收入分配中存在的问题及对策。我国功能收入分配中面

临的主要问题是劳动收入份额过低。在美国，20世纪70年代以来，劳动收入占GDP的比重一直维持在65%—68%。[①] 为了经济的健康、平稳发展，今后我国政府必须在功能收入分配中提高劳动收入份额的比重。劳动收入份额的提高会对经济增长通过以下途径发挥影响：第一，劳动收入份额提高会提高社会消费需求，避免经济危机。第二，劳动收入份额提高会提高低收入家庭的规模收入，降低最终分配的收入差距。因为低收入家庭的主要收入来源是劳动收入。第三，劳动收入份额提高也有利于提高投资效率。传统理论认为，高收入家庭是资本投资的主体，但在现代金融体制下，由于发达的信用体系便利了直接投资和间接投资，投资行为已经社会化了，不再是单个资本的行为。劳动收入也会转化为资本。低收入家庭也会有资本收入。劳动收入份额的提高，会使很多雇佣劳动者家庭也成为投资者。这有利于在社会上形成中产阶层。

在我国，提高劳动收入份额的主要措施，从劳动立法角度，应该通过政府力量，矫正劳资谈判力量；从税收角度，应该降低劳动收入的税负。程恩富在另一文中认为，我国企业职工仅仅获得维护甚至低于简单劳动力再生产的工资水平，劳动力缺乏向上发展和提高素质的能力和机会，因而陷入了所谓低廉的劳动力价值具有比较优势的"比较优势陷阱"。我国通过降低和压低职工权益的保护水平来维持我国劳动密集型产业的竞争力是不可持续的。低端的劳动密集型产业市场是一个近乎完全竞争的市场，只有通过提高技术水平，掌握核心知识产权，打造核心竞争力，实现产业层次的升级，才能实现经济发展的可持续性。我国是社会主义国家，作为代表劳动人民根本利益的国家理应自觉站在劳动大众的立场上，主动承担起保护和提高职工权益的重任，通过制定和有效实施职工权益保护的法律法规并严格执法，同时依靠工会和职工的积极参与，并要求企业高管以及有关工商联和雇主协会等一起自觉做好配合工作，从而切实保护和改善职工的权益，打造和谐的社会主义劳动关系和劳资关系，为构建社会主义和谐社会打下牢固的经济社会基础。[②]

2. 我国规模收入分配中存在的问题及对策。我国规模收入分配中存

---

① 胡靖春：《论马克思工资理论的当代意义》，《海派经济学》第29辑，上海财经大学出版社2010年版。

② 《程恩富选集》，中国社会科学出版社2010年版，第723—729页。

在的主要问题是居民收入差距过大，而这又和政府再分配职能弱化有关。政府在收入再分配中起着非常重要的作用。政府通过财政收入和财政支出，都可以发挥收入再分配的职能。

从财政收入角度看，一般而言，政府收入中间接税的比重越小，直接税的比重越大，财政对最终收入分配的调节作用越明显。杨文芳、方齐云对美国和中国的财政收入结构和支出结构进行了比较研究，发现美国的财政收入以直接税为主，所得税在美国政府的财政收入中所占的比例一直接近60%。其次是社会保险税，占财政收入的比例为35%左右。中国的财政收入中，间接税一直占70%以上。在财政支出方面，美国政府的财政支出以转移支付与保障性支出为主，这两项支出一直稳定在62%左右。而中国的财政支出比重则以消费性支出为主，所占比例一直高达65%以上。最后是投资性支出，稳定在23%—30%之间，而保障性支出比例最小，一直低于10%。① 以上情况说明，美国的财政支出注重财政政策的收入分配功能，而我国的财政支出结构体现了财政政策对经济的宏观调控功能。今后我国的财政支出应该更侧重于财政的收入再分配职能。

从财政支出角度看，财政支出的方向、结构会直接影响到最终收入分配。王艺明等人的研究表明，政府的行政管理费支出在全国层面上显著扩大了城乡收入差距。而基本建设支出、文教科卫支出、福利保障支出对城乡收入差距的影响存在区域性差异。在东部地区，上述支出缩小了城乡收入差距；在西部地区，上述支出却扩大了城乡收入差距。主要原因在于，西部地区农村财政投入严重不足，上述支出严重向城市倾斜，因而进一步拉大了城乡收入差距。② 程恩富在另文中认为，促进消费的关键环节在于打破束缚个人消费的瓶颈，即完善全社会医疗和社会保障体系，加大基础教育和健康卫生方面的公共投资，有效改善人们的消费预期，提高消费倾向。③ 以上研究表明，今后我国政府支出必须重视降低政府行政管理费支出，增加对农村地区的文教科卫和社会保障支出。

3. 我国国民产出最终使用中存在的问题及对策。我国国民产出中存在的主要问题是投资比重大，消费比重小，社会总需求不足。而社会总需

---

① 杨文芳、方齐云：《财政收入、财政支出与居民消费率》，《当代财经》2010年第2期。

② 王艺明、蔡翔：《财政支出结构与城乡收入差距基于东、中、西部地区省级面板数据的经验分析》，《财经科学》2010年第8期。

③ 《程恩富选集》，中国社会科学出版社2010年版，第759—766页。

求不足的原因又主要在于居民消费率长期低迷。我国居民消费率长期低迷不振是不争的事实。但对居民消费低迷的原因却有不同的解释。

第一种观点认为，收入差距拉大是我国居民消费率低迷的原因。例如，杨文芳、方齐云认为，我国居民消费率低迷的原因主要在于，一是改革开放以来，多种分配方式下，居民收入差距逐渐拉大，导致整体居民消费倾向降低；二是我国社会保障制度的发展滞后，居民面临的收入和支出不确定性加大，导致预防性储蓄动机加强，社会消费倾向降低。[①] 吴栋等人的研究表明，我国的社会保障支出变化率对城镇居民和农村居民消费率均有比较显著的正向影响。[②] 社会保障支出具有转移支付性质，能够改善收入分配结构从而提高社会消费倾向。同样，教育和卫生支出对社会消费增长率也有正向影响。这可能是因为财政人力资本投资比物质资本投资更能提高经济增长率的缘故。

第二种观点认为，政府消费对居民消费的挤出效应是我国居民消费率低迷的原因。例如，方福前认为，居民之间的收入差距扩大也是中国居民消费需求不足的原因，但不是主要原因。中国的收入分配自 1996 年开始一直向政府倾斜，自 2004 年开始又向企业倾斜。在经济蛋糕不断扩大的过程中，政府和企业获得的份额越来越大，而居民的份额却在不断缩小。自 1997 年下半年开始，中国宏观经济从供给不足转向需求不足。发达国家总需求不足的原因是投资需求不足，而我国的总需求不足是消费需求不足。主要表现在中国的最终消费率（最终消费占国内生产总值的比重）偏低，而且自 2000 年以来逐渐下降。1998—2006 年，中国的消费率一直低于 62%，而同期世界平均的消费率为 75% 左右，其中发达国家的消费率为 80%。在中国的最终消费结构中，居民消费和政府消费呈现此消彼长的关系。自 2000 年以来，我国居民消费率的增长落后于固定资产增长和 GDP 增长。[③] 这主要是中国经济的高增长靠高速增长的固定资产投资支撑的发展模式造成的。

上述两种观点看似矛盾，实则不然。我国居民消费倾向低的原因是政

---

① 杨文芳、方齐云：《财政收入、财政支出与居民消费率》，《当代财经》2010 年第 2 期。

② 吴栋、周鹏：《城乡二元结构下财政支出对居民消费率影响研究》，《当代经济研究》2010 年第 6 期。

③ 方福前：《中国居民消费需求不足原因研究——基于中国城乡分省数据》，《中国社会科学》2009 年第 2 期。

府的社会保障支出比重太低；而政府消费增长过快导致居民消费下降，说明我国政府的支出结构不合理。如果政府能够压缩行政开支，增加社会保障支出，提高财政支出的效率，上述两方面的问题都可以被克服。

4. 我国政府支出中存在的问题和对策。政府支付的规模和结构会对城镇居民和农村居民的消费倾向产生影响，进而影响到社会总需求。我国功能收入分配、规模收入分配和产出最终使用中存在的很多问题，都要求控制财政支出增长速度，优化财政支出结构。

首先，控制财政支出增长速度，使财政支出和经济增长相适应。根据世界银行的统计，人均 GDP 国民收入小于 3000 美元的国家财政占 GDP 的比重一般为 20%—30%；人均 GDP 为 3000—10000 美元的国家一般为 30%—40%；人均国民收入大于 20000 美元的国家，该比重一般为 40%—60%。[①] 根据我国的人均 GDP 水平，我国的财政占 GDP 的比重应该在 20%—30% 之间。

根据郭彦卿等人的研究，1978—1992 年，我国财政收入规模占 GDP 的比重为 30%—50% 之间，均值为 37%；1993—1999 年这一比重下降为 20% 以下，均值为 17%；2000 年以来这一比重稳定在 20% 以上，均值为 23%。[②] 从这一比重来看，我国的财政收入占 GDP 的比重似乎保持在一个合理的区间。但有些学者认为，我国的财政收入统计存在漏出量，导致实际财政比例可能更高。这些未被统计的财政收入包括：预算外收入、没有纳入预算外管理的制度外收入以及地方政府和事业单位自行决定征收的各种收入，如各种费用收入、价外加价、基金、集资、摊派等。有鉴于此，一些经济学家基于新自由主义经济主张，认为我国应该限制政府支出规模。

新自由主义经济学家们主张限制政府、减少政府对市场的干预。这是一个过于理想化的方案。其实即便在美国等西方资本主义国家，政府规模也在不断扩大，政府支出占 GDP 的比重也居高不下。按照德国经济学家瓦格纳 1882 年一条著名的瓦格纳法则的预测，未来政府的支出规模只会继续增加。该法则认为，一国政府职能的扩大与国民收入之间存在正向的

① 陈兴红：《合理调整我国财政收入占 GDP 的比重》，《江苏商论》2004 年第 4 期。
② 郭彦卿、李兰英：《我国财政收入规模的现状与最优取值分析》，《中央财经大学学报》2009 年第 12 期。

函数关系。随着经济的发展，国家的职能也会不断扩大，为保证行使国家职能，公共支出的比重也会增加。这一法则也被称为"公共支出不断增长法则"或"政府活动扩张法则"。人类社会在进入工业化、城市化以后，人与人的交往范围日益扩大，社会生活的公共领域不断扩大，公共支出比重确实也在增长，这似乎验证了瓦格纳法则。

如果瓦格纳法则是正确的，未来我国的财政收入规模不但不会降低，反而会继续上升。因而在长期内削减财政支出的政策建议可能并不符合社会发展的实际。但是，在短期内，适当限制政府支出的过快增长，有利于政府提高财政支出效率。近年来我国税收收入大幅增加，2000—2006年，我国税收收入年均增长达到30%，远高于GDP的增幅。把财政支付的增长控制在适度范围内，使财政支出和经济增长相适应，规范财政收入，降低财政预算外收入，是我国财政规模应解决的主要问题。

其次，优化财政支出结构，增强政府支出的透明度。我国财政支出的主要问题不是财政支出规模，而是财政支出结构。我国政府支出结构存在诸多不合理之处。一方面，我国财政支出中非生产性支出增长过快；另一方面，公共服务和社会保障转移支付又严重不足。

韩贵英等人的研究发现，我国财政支出中，行政管理费支出呈逐年上升的趋势。1998—2002年，我国的行政管理支出费用在财政支出中的比重年均超过了14%，明显高于其他国家。韩贵英等人认为，政府机构和人员编制急剧膨胀是行政管理支出比重急剧上升的原因。[1] 许雄奇、朱秋白认为，我国财政投资在总量增加的同时，质量却有所下降。财政支出缺乏宏观调控，投资结构失调，重复建设、盲目建设项目多，政府运转人员的薪金、行政费用消耗了财政收入增长的很大比例，因而造成财政支出效率降低。[2]

目前我国的财政支出中，教育、科技、文化、卫生、广播电视、社会保障及环保支出占财政总支出的比重依然较小。这些支出具有很强的社会效应和外部效应。这些支出的不足导致我国公共物品和公共服务供给不足，严重影响了经济和社会的发展。未来中国政府面临的一个重大挑战是

---

[1] 韩贵英、毛燕、汤莉萍：《财政支出结构的国际比较及其对我国的借鉴与启示》，《西南民族大学学报》2004年第10期。

[2] 许雄奇、朱秋白：《我国财政收入与财政支出关系的实证研究》，《财经研究》2004年第3期。

政府职能如何实现转型，如何提高政府效率，转变为服务型政府。要实现这一转变，必须增加政府收入和支出的透明度，加强财政收支的社会监督。

综上所述，政府是国民收入分配的重要经济主体。政府活动通过财政收入与支出，以及相关的法律法规，对功能收入分配和规模收入分配起着重要的引导作用。发展经济学研究早已表明，政府要么在经济发展中起着重要的促进作用，要么在经济发展中起着严重的阻碍作用。新自由主义力图在经济中去掉政府的作用，这根本不符合市场经济发展的要求。市场经济发展的要求，是要规范，而不是去除政府作用。我国未来的收入分配是否合理，经济能够健康稳步发展，关键取决于政府对市场经济的作用机制能否规范。

（原载《马克思主义研究》2011 年第 6 期，第二作者为胡靖春，第三作者为侯和宏）

第五节　关于我国低消费率与消费不足的几个问题

消费不足是近年来我国经济发展中面临的大难题。面对我国消费率长期低下、经济失衡严重的现实状况，亟须探讨扩大内需、提振消费的理论和对策。在这样的背景下，召开全国第十六届消费经济理论与实践研讨会具有重要的现实意义。

关于消费经济理论，我从 20 世纪 80 年代中期以来就关注和研究，先后撰写和出版了《消费理论古今谈》《消费者手册》（主要阐述消费行为、消费心理等问题）等论著。近年在初级、中级和高级教材《现代政治经济学》中，也给予消费问题较多的篇幅，引进了著名学者尹世杰教授强调的消费力和消费关系等理论。应当说，消费问题不仅关系到生产的实现、产业结构的升级和人民生活水平的提高，更关系到我国整个经济发展方式的对内对外转变成功与否。消费既取决于生产条件的分配和收入的分配，也决定着我国经济长期又好又快地平稳发展。当前，我国经济发展中的很多矛盾都与消费领域的问题有关，或者说都直接地反映在消费领域中。由于时间的关系，这里就简析一下消费率和我国消费不足的问题。

一　对我国消费率低下现状的判断

我们知道，过去 5 年以来，中央政府已认识到经济增长主要靠投资、外贸来拉动是不行的，因而一再强调要靠消费来拉动。但是实际效果怎样呢？我认为，落实得并不理想。我们来看消费率的变动趋势。1978 年我国的消费率是 62.1%，到 2008 年降为 48.4%，2010 年消费率下降到历史最低点 47.4%，持续地下降。尽管个别时间有所变化，但总的趋势是下降的。我们经常从报纸上看到的，是我国居民的收入在增长，社会商品零售总额也在快速增长。这样的报道固然可以部分反映我国消费总规模的扩大，但也容易使社会公众产生误解。首先，居民收入的增长并不等于消费的增长，两者是有区别的。其次，社会商品零售总额的增长也并不等于居民消费的增长。实际上，除了居民消费之外，社会商品零售总额中不仅包括消费品生产企业单位与事业单位的购买，还包括城乡居民建筑用的建筑材料，而后两个部分并不包括在居民消费之中，就是说，这两个指标同样是有区别的。

如果进行客观和科学的对比，可以说，我国消费率要低于世界水平，并且还呈下降趋势。一般来说，当今世界多数发达国家的消费率都介于 70%—86% 之间，且一直处于高位稳定或略有提高的趋势。与发达国家比，我国要低 20 多个百分点，已处在低于 50% 的危险水平。如果与印度等发展中国家比，我国消费率平均水平也低得多。印度消费率近年来虽然有所下降，但绝大多数年份一直稳定在 70% 左右。《世界发展报告》（2002—2009）公布的数据表明，世界低收入国家的最终消费率 1980 年为 72%，2007 年为 839%。而中等收入国家最终消费率 1980 年为 76%，2007 年为 759%，中间虽小有波动，但基本保持了稳定。与发展程度相当的韩国比（韩国战后也是高投资、低消费的增长模式），韩国的最终消费率在 1988 年降到低于 61.7% 之后逐渐回升，近二十年来一直维持在 65%—70% 的水平。我国的消费率变化如下：1978 年为 62.1%，1990 年为 62.5%，1995 年为 58.1%，2000 年为 62.3%，2005 年为 52.9%，2009 年为 48.2%，2010 年为 47.4%。这样来看，我们的消费率确实比较低。

值得关注的是，尽管整个社会的消费率处于下降趋势，但这种下降主要反映在居民消费的萎缩上。可以说，最终消费率过低主要是由居民消费率过低所导致，实质上反映出居民消费和政府消费的比例关系失调。在居民消费中，特别需要指出的是农村居民消费水平的持续下降。近年来，我国农村经济社会发展相对滞后，农业增产不增收的情况越来越突出。目前，我国占全国总人口近一半的农村人口，消费只占了全国总消费的三分之一。统计资料表明，2001—2008 年，我国城镇居民人均可支配收入年均增长 9.9%，而同期农村居民人均纯收入的年均增长率只有 6.4%。本来，我国城镇居民消费水平就不高，农村居民收入水平的恶化，更抑制了我国大多数人口的消费能力。

二　我国消费不足的消极影响

无论从理论上还是从现实来看，消费不足对经济长期持续和平稳增长都是不利的。我国目前消费率低下的负面后果很多，至少体现在以下两个方面：

一是消费率下降导致总需求长期失衡。众所周知，投资、消费和出口之间保持合理比例，是国民经济协调发展的内在要求。消费率下降和消费不足，必然会打破国民经济发展的内在平衡，首先就是打破国内总需求的平衡。一方面，在国内总需求中，最终消费的增长大大地滞后于资本形成的增长，实质上会导致资本形成贡献率高于最终消费贡献率，并使得固定资本形成上升为国内需求的首要因素。相应地，居民消费退居需求的第二位因素。另一方面，近年来的国内消费不足，也迫使国内生产的外向性程度增强，直接导致我国货物和服务净出口的增长快于国内总需求的增长。这意味着国内总供求已由过去的基本均衡转向失衡，使我国对外部需求的依赖性增大。关于这一点，我们可以从国内存货增加率的上升态势观察出来。而且，如果没有净出口来平衡国内供大于求的差额，这种存货增加率还会大大提高。特别是一旦国际经济不景气，外部需求严重下降，将进一步加重我国国内总供求的失衡。

二是消费不足导致国内产能大量过剩。以钢铁行业为例，根据"中钢协"的统计，2011 年末我国粗钢产能已达 9 亿吨左右，但上一年我国的粗钢产量仅为 6.83 亿吨，且国内钢铁产能还在进一步扩张，产能过剩程度是惊人的。在目前国内高储蓄、高投资的局面下，消费长期不足使国内多数行业的产能形成了过剩。产能过剩的结果，一方面是形成大量的无效投资，导致重复建设严重，从整体上降低了投资效率，使经济增长后劲乏力和难以持续，并成为阻碍产业结构升级的主要因素之一，制约了我国国际分工层次的提高；另一方面，在投资主导增长方式下的产能过剩，使我国的产业集中度低、同质化产品竞争加剧，并引发国内企业之间的恶性竞争。客观地看，西方金融和经济危机发生后，我国采取了积极的财政政策并稳定了经济增长，却使原先已经存在的产能过剩现象进一步加剧，不仅从微观层面，更从宏观层面对我国的经济长期持续发展带来了巨大的危害。从微观上说，产能过剩已经使得国内一些企业的库存增多，产销率下降，很多企业开工不足，资源闲置浪费严重。其必然后果是企业的经营成本上升，亏损增加，目前"长三角""珠三角"很多企业已经面临持续经营的困境，便是证明。从宏观上说，产能过剩会直接影响到物价总体水平的稳定，导致银行不良资产上升，从而可能成为通货紧缩和金融风险增大的诱因，增加宏观经济的不确定性。此外，产能过剩还使得企业投资预期和居民消费预期下降，影响国内就业和社会稳定。

总之，对消费不足的负面作用，我们要客观地评估并加以应对。

三　我国消费不足的主要原因

从根本上解决消费率低下的问题，一个重要的前提就是要搞清我国消费不足的原因，特别是主要原因。这样才能对症下药，真正采取有效措施达到扩大消费的目的。笔者认为，目前我国消费不足的主要原因，可以从以下几个方面来认识：

第一个原因是我国的高储蓄率。高储蓄、高投资是亚洲国家经济增长中的一个共同特征，但在我国这一现象表现得更为明显。我们并不否认在经济发展中发展中国家的储蓄率可以高一点，但我国目前实在是太高了。据有关资料，近年来我国平均每个家庭将其可支配收入的25%用于储蓄，相当于美国家庭储蓄率的6倍、日本的3倍。即使和亚洲国家GDP的加权平均值相比，也高出了15个百分点。已有的社会主义计划经济和市场经济的经济特点之一，是都容易产生"高储蓄—高投资—经济增长"这一循环，除非真正落实民生取向的科学发展观。

此外，由于我国投融资体制的缺陷和创新不足导致的产业升级步伐缓慢，也导致了银行的存贷差过大，形成资金大量闲置。值得指出的是，我国银行资金的大量过剩约从1996年就已开始，而后逐年增加，"双顺差"实际上形成了外资利用中资的局面。在片面强调招商引资的政策环境下，外资进入中国后容易产生"挤出效应"而非"溢出效应",即产生"鳘鱼效应"而非"鲶鱼效应",其排挤中资的结果是进一步压低中国的劳动力实际成本,进而降低国内的投资效率并迫使我国为维持高增长强化对投资的依赖。在相当程度上,目前我国实际上不是中资利用外资,而是外资在大幅度地利用中资。因此,在诸多维持高储蓄率因素的作用下,国内居民用于消费的支出被过度压缩,也就在情理之中了。

第二个原因是分配问题。财富和收入是消费的基础,消费不足与财富和收入水平低下是直接相关的。但这里的关键问题不是在整体上分配的蛋糕不够大的问题,因为改革开放以来我国经济增长速度很快,社会财富总量的扩大是史无前例的。核心的问题是作为社会大众的劳动者的财富和收入增长缓慢,特别是初次分配中工资部分增长缓慢。据统计,2000 年以来我国规模以上工业企业利润总额年均增长达 35.3%,但职工工资增长只有 14.1%。这里我们还可以看一个数据,2008 年,作为居民收入主要渠道的工资收入,仅占企业运营成本的不到 10%,要远低于发达国家的水平。发达国家的这一比例一般在 50%,差距是显而易见的。所以,我国现在上涨工资的空间还很大,如果不能大幅度提高劳动者对改革成果的分享,就很难从根本上扭转消费率不断下降的趋势。

在谈到分配问题时还必须特别指出,我国目前的分配失衡并不仅仅是收入分配问题,更需要考虑到资产和财富因素。西方学者喜欢把经济公平这一大问题缩小到收入的分配,并单纯和片面地用收入的基尼系数和家庭五等分法来衡量,似乎贫富差距就是收入差距的这两个指标。当前国内某些舆论讲分配不公,只针对国有垄断企业经营者和职工的收入差距,却不针对私营企业和打工仔的差距,更看不到国企资产为国有和为国民共享的主要现实,其观点应当说不值一驳。显然,将分配问题只局限于收入分配是不够的,那样容易陷入西方经济学和社会学谬论的窠臼。

因此,我的看法是,家庭资产的贫富分化,导致家庭财富和收入的贫富分化,再导致消费水平的贫富分化。而家庭资产本质上就是产权关系,家庭资产的贫富分化根源在于非公有制经济的过分发展,包括它的发展速度以及它在整个经济中所占比重的持续提高。由于这一原因,我国目前占总数 10% 的豪门家庭获取了全国 57% 的社会总收入,20% 的家庭持有全国 80% 的银行储蓄。有些学者提出,要大幅度增加居民的财产性收入来促进分配公平,这一论点显然忽视了财产占有上的社会分化,因为除了极少数人通过非公经济、金融市场和房地产市场能够较快暴富以外，大多数居民是不可能较多和较快增加财产性收入的，发达国家的劳动者也做不到。与私营企业主相比，普通劳动者能有多少渠道增加财产收入？另外，我国目前居民从资本市场上分享公司盈利的渠道并非没有问题。最新资料表明，近几年85%的股民投资是亏损的，亏损额大体占40%，这也严重地扼制了居民的消费。

马克思在《资本论》中分析指出，消费不足表面看是购买力低下，但根源在于所有制和产权安排不合理。从我国的现实看，购买力低下形成的消费不足，在现象层面与当前我国社会收入分配的失衡密切相关，但在根源上还是由全社会的所有制结构决定的。由于劳动者和资产者在生产条件的占有上的不平等，导致劳动和资本要素在收入分配上天然地处于不对称的地位。近几年，著名经济学家刘国光、卫兴华等我国许多老、中、青马克思主义经济学者，都阐明了这一关联理论。"消费取决于分配，分配取决于产权"，这是经济学的一个基本定理。凡是没有看到这一点的人，都会在这个问题的分析上限于表面现象。一个显而易见的事实就是，尽管我国近年来开始强调在初次分配领域注重公平，2010年以来各地普遍提高了一线职工工资水平，在最低工资标准和强农惠农上采取了一些举措，但并没有从根本上使分配的"天平"向普通劳动者倾斜。我国的居民部门占可支配收入的比重仍然在不断下降，企业中的资本分配所得比重不断提高，劳动收入的占比却下降。

第三个原因是居民边际消费倾向降低。严格地说，居民边际消费倾向降低是前述两个原因的现象和结果。它一方面和高储蓄现象相关，另一方面也根源于收入失衡。从前者来看，我国高储蓄的背后还有深刻的体制性因素。改革开放以来，尽管我国经济发展水平提高很快，但在急速市场化改革的同时，相应的保障制度却没有及时跟上，主要体现在住房、教育、医疗、养老、就业等方面。这些领域原来都是由政府包下来的，而唯市场化改革的结果导致其大部分由民众自己承担，需要个人来掏越来越多的钱，致使居民被迫维持高储蓄。在这种被动储蓄下，社会中下层的人只能节减开支和压缩消费，因此，任何刺激消费的政策都不可能取得理想效果。从后者来看，大量财富集中于少数富人，只能加剧其对财富增值的追求，使我国高投资走势积重难返。而且，由于财富和收入分配的分化，我国居民消费结构变动还呈现出了两个极端走势：一方面是富人对奢侈品和投资品的过度热捧，另一方面却是大量低收入群体购买力低下，一般性的生活消费品滞销。目前，我国对奢侈品的使用，在全球已是名列前茅，《光明日报》在 2011 年 6 月 24 日的国际新闻版曾经刊发《"第一奢侈品大国"桂冠很沉重》的报道对此给予揭露。而投资品方面，房地产领域的泡沫已成为经济发展中的顽疾，甚至一些农产品也成为投资者热炒的对象，从而给中低收入者的消费形成了巨大的压力，使普通居民消费倾向进一步降低。

第四个原因是政府消费比例过高。一般情况下，最终消费率高低要受到经济总量和社会总体消费水平的限制，而在社会消费结构中政府消费如果过大，居民消费就会受到抑制。不幸的是，我国不仅从总体上看消费率在降低，从社会消费结构上看在居民消费下降的同时，政府消费却是大幅上升。国内有论著分析指出，改革开放以来我国政府消费占最终消费的比例在 20 世纪 80 年代还稳定在 21%—23%，2000—2010 年则达到 26%—27%，目前已超过 28%。政府在日常行政费用、楼堂馆所建设和"三公"等方面的支出均比较大，特别是政府及其所属单位频频召开高成本的国际论坛，高薪聘请外国人来讲解常识性或隔靴抓痒式的观点。尽管最近两年中央下了决心，采取措施严控政府开支，但收效并不大。

可见，我国国民收入分配失衡的典型表现之一，是经济高速增长下的居民收入份额的相对下降。国家统计局的数据显示，2011 年我国城镇居民人均可支配收入比上年名义增长 14.1%，扣除价格因素，实际增长 8.4%，低于 GDP 增长率 0.8 个百分点。2012 年 9 月 14 日，人力资源和社会保障部劳动工资研究所发布的《2011 中国薪酬报告》显示，2011 年我国公共财政收入增长 24.8%，增幅分别是城镇居民人均可支配收入名义增幅的 1.76 倍和农村居民人均纯收入名义增幅的 1.39 倍，而同期企业收入增长幅度为 20% 左右，也远高于居民收入。

政府消费之所以增长过快，背后起支撑作用的是我国可支配的财政收入增长过快。从统计数据看，近十年来我国财政收入年增长率一般在 11%—15%，要高于 GDP 的增长速度。有人认为，我国财政收入占 GDP 的比重（2011 年为 30%）要低于发达国家平均水平（一般在 40%），在这种情况下我国的政府消费不可能高于世界平均水平。持这种观点的人简单地把政府可支配的财政收入等同于税收收入，是站不住脚的。客观地说，我国政府收入情况不同于西方国家，政府可支配的财政收入并不仅仅来自于税收收入，其他如土地出让金、罚没收入甚至包括国有企业创造的利润等政府均可支配，并游离于预算管理之外，这同样也是政府消费过快增长的财政基础。显然，我国目前的政府消费比例过高是以劳动者消费能力的相对萎缩为代价的。由于我国政府消费增长中有一部分是源于政府机构、人员的扩张和不合理支出的增加，因而不仅不能在长期中推动最终消费率的提高，反而是导致居民消费持续不足的一大原因。

总之，高储蓄和高投资、由非公经济过度发展引发的财产占有和收入分配的不公、居民边际消费倾向的较低以及政府消费比例过大，是我国当前消费率过低、消费不足的四大主要原因。如果这些问题不解决，扩大消费和内需的目的将很难实现。

（原载《消费经济》2012 年第 6 期）

第六节　迪顿对消费的理解与我国当前的消费
——兼论供给侧结构性改革

自 2007 年至 2009 年大衰退以来，国外一些经济学家就认为美国消费过多和中国储蓄过多，是造成世界经济不平衡的一个重要原因，从而主张中国经济增长应主要从投资和出口拉动转向消费拉动。国内的一些经济学家也非常赞同这一主张，并基于消费拉动视角将城镇化、农民工市民化以及二孩生育等都视为新的经济增长点。在我们看来，大衰退后的美国正在从消费社会或后工业社会转向再工业化社会，意味着消费型经济模式的失败。在这种情况下，我国还有必要转向消费型经济模式吗？ 2015 年诺贝尔经济学奖获得者安格斯·迪顿的消费理论，[①] 或许对我们正确地认识这一问题提供若干启示。

一　安格斯·迪顿的消费理论

安格斯·迪顿因在消费、贫困和福利方面的研究而获得 2015 年诺贝尔经济学奖。与米尔顿·弗里德曼的持久性收入理论和弗兰柯·莫迪里安尼的生命周期理论相比，迪顿则有着自己对消费问题的不同理解，并基于

[①]　http://www.nobelprize.org/nobel-prizes/economic-sciences/laureates/2015/press.html.

个人或家庭的消费行为将消费、贫困和福利这三个领域的分析联系在一起。因此，瑞典皇家科学院认为迪顿在增进这方面的理解上无人可及。

迪顿认为，米尔顿·弗里德曼的持久收入假说和莫迪里安尼的生命周期假说，只是分析了消费的一种特例，即代表性消费者的消费行为与持久性收入或毕生资源的关系。在迪顿看来，"在生命周期模型和持久收入模型内，一旦容许一生资源或持久收入的影响，收入和消费便不再相关。但大量实证研究反对这一结论"。如"Carroll（1992）的研究指出了，若以各年龄组的行业收入为基础来考察，预期未来收入对消费的影响，决不会超过当期收入对消费的影响"。这样，持久收入假说和生命周期假说只能"被当成一般跨时选择理论的两个被适当规定的特例"。①

迪顿在分析消费问题时，关注的"是个体或者至少家庭层次以及总体经济层次上的消费和储蓄问题"，试图基于个人欲望和理性的假设，"建立一个描述个体消费行为的条理清晰的理论"，以能够"解释各种各样经验事实，包括经济总体和个体两个层次上的事实"。②

具体来说，在个体层次上，迪顿认为莫迪里安尼等人所使用的代表性消费者"既非青年又非老年，既非男性又非女性，他们的孩子完全相同，数量也多少不变，并且永远是儿童。人的所有真实特征在经济计量研究中都被忽视了"，另外，"代表性消费者概念有两个重要缺陷：他们知道的太多，他们的生命太长。由有限生命、有限且异质信息的各个个人组成的总体，很可能不像教科书内的单个个人那样行动"。因此，迪顿放弃了具有"强烈的误导作用"的"代表性消费者概念"，而以真实消费者为对象展开分析。在他看来，真实消费者"消费多少的决策是关于现时花费的决策，与之相对的储蓄则是为了未来消费"，故"消费理论的恰当基础是研究现时消费和未来消费之间交替关系的跨时选择理论"。而跨时选择的关键在于："劳动收入在现时或将来的增加可以提高消费。现时收入变化对现时消费的影响程度取决于未来收入和现时收入的关联方式"。③ 如果两者的关联具有确定性，则现时消费主要受未来收入的影响。如果两者的关联具有不确定性，则现时消费主要受现时收入的影响。迪顿的消费理论

---

① ［美］安格斯·迪顿：《理解消费》，胡景北等译，上海财经大学出版社 2003 年版，第 283、284、278 页。

② 同上书，第 1 页。

③ 同上书，第 175、4、268、2、4 页。

强调不确定性，从而强调现时消费主要受现时收入的影响。而弗里德曼的持久性收入理论和莫迪里安尼的生命周期理论都强调确定性，故强调现时消费主要受未来收入的影响。综合其他因素，迪顿认为，现时消费除主要受现时收入影响外，还受过去收入和资产的影响。

基于不确定性，迪顿进一步分析了预防性储蓄和流动性约束对个体或家庭现时消费的影响。迪顿认为，"在经济学文献中，关于储蓄为未来各种不确定性环境提供保障的论述由来已久；但关于储蓄预防动机的正规讨论却颇为鲜见"。就预防性储蓄与当前消费的关系来说，迪顿认为："若边际消费的效用函数是递增且凸的，则在未来消费不确定的条件下，消费者将倾向于减少当前消费并增加储蓄。凸的边际效用不仅仅意味着在消费水平较低时的消费的边际效用更高，而且还表示在消费水平较低时，消费不足状态下边际效用的增长率比消费水平较高时要来得大。如果的确如此，不确定性的增加将提高未来消费的价值，因为未来可以包括更多消费价值高的可能状态，储蓄的激励也因此而增加。"①

迪顿认为，由于存在流动性约束，储蓄预防性动机将得到进一步的加强。所谓流动性约束，是指无能力获得无担保贷款以实施消费计划。"不耐心却又无法赊借的消费者只得储蓄，以备未来收入发生预见到或没有预见到的短期下降时的生活之需"。这样，"预防性储蓄和流动性约束这两个缓冲模型看上去很相似。但一般而言，它们可以产生非常不同的行为"。因此，"为了特定的研究目的，流动性约束模型与预防性储蓄模型可以归为一类"。②

迪顿之所以要在总体层次上分析消费，是因为在他看来，"不理解总消费的决定因素，就不可能理解经济波动的传导机制，也不可能理解缓和经济波动的方式"。迪顿认为，要理解总消费的决定因素，就必须采用加总的方法。具体来说，商品总量包括了在每一时期给每位消费者带来满足的所有物品和服务。消费本身通常被定义为在国民账户中的总商品或消费总量，"即对许许多多商品和服务的不变价格的支出总量"，这是一个宏观经济总量。但是，从微观经济来看，每个消费者选择的最终目的不是总

---

① ［美］安格斯·迪顿：《理解消费》，胡景北等译，上海财经大学出版社2003年版，第229页。

② 同上书，第267、275—276、276页。

产品，而是个别产品和服务。要从每个消费者的个别产品和服务的消费，过渡到总产品的消费，就有一个加总的问题。要对许许多多的商品和服务加总，就必须将商品或效用转换成货币形式，为此可以用不变价格计算出每个消费者所选择的商品和服务的支出额，然后加总所有消费者的支出额，就得出了支出总额，即总消费量。这样也就从个人消费量过渡到总消费量。如果引进时间因素，就可以从个人消费量过渡到跨期总消费量。总之，"为实用而加总商品的最令人满意的方法"是"以不变价格计算的一揽子商品和劳务的价值"。①

不过，迪顿对这种个体消费量加总的理解，绝不仅仅限于通常统计意义上的加总。在他看来，这种量上的加总，实际上汇总了千百万消费者在决策过程中的信息异质性，以及市场的不完全性和不确定性。因此，加总意味着总消费量是千百万消费者的复杂决策过程的产物，从而总消费量蕴含着决定其变动的大量个体消费者的信息。因此，迪顿特别强调的一点是："加总必须认识到个人信息的异质性。"②

基于上面的分析，迪顿对于很多关于总消费的宏观经济学文献基于代表性消费者的概念展开分析持否定态度。他认为这些文献将总消费视为虚构的代表性消费者的决策过程的产物，而现实中的千百万消费者如果被虚构成一个代表性消费者，则"不需要加总，它排除了加总起作用的可能性，而加总本身就能帮助理解"。因为"如果我们观察个人的微观行为，严肃地从个体开始思考总体的行为，我们可能更多地了解总消费"。③

综上所述，迪顿是基于市场的不完全性、不确定性和消费者的异质性，以及个体与总体的融合性来理解消费的。他理解消费的基点是：在不确定状态下，对占一国人口大多数的工薪家庭来说，当期消费主要决定于当期收入。基于这一基点向未来延伸，则流动性约束会导致当期收入的一部分被储蓄起来，从而既影响当期的消费，也影响未来的消费。基于这个基点向过去延伸，则过去的储蓄或资产会影响当前的消费。而消费信贷则

① ［美］安格斯·迪顿：《理解消费》，胡景北等译，上海财经大学出版社2003年版，第47、13、12页。

② 同上书，第48页。

③ ［美］迪顿：《逃离不平等》，崔传刚译，中信出版社2014年版，第XXIII、17、XXV、136页。

是将未来的收入贴现为当期的收入，从而以削弱未来的消费能力为代价，使当期的消费水平能够突破当期收入的限制。

值得指出的是，迪顿对收入的分析延伸到经济增长、不平等和福利等方面。限于主题，我们在此只能极其简要地提及他在这方面的论述。迪顿认为，"发明创造是经济增长的引擎"。而经济增长使得家庭收入增加，从而带来了消费水平或福利水平的提升。但是，经济增长在多种因素的作用下也造成了国与国之间以及国家内部贫富差距的进一步扩大。因此，"这个世界不是一个'大同世界'，而是在生活条件、生存机会以及福利等诸多方面存在巨大差异"。特别是"到了 2000 年，世界上最大的贫富差距却发生在国与国之间……国家之间的贫富差距到现在也没有显出一点要缩小的迹象"。①

如果我们借鉴迪顿分析消费问题的方法和视角，以及所提出的一些重要观点来研究我国的消费问题，可能有助于我们正确认识消费拉动经济的有限作用和当前经济结构的调整。

二　我国经济的主要问题在供给侧

2007 年至 2009 年大衰退以来，美国等发达国家先后陷入经济衰退，严重削弱了出口对中国经济的拉动作用，而投资的拉动作用也随之遭到削弱。在这种情况下，似乎只有通过国内消费来拉动经济增长，从而向消费型经济转型。而现实中存在一个不争的事实，即拉动美国这个世界上第一大经济体增长的引擎，是其国内的消费。既然如此，那么消费也应该成为拉动中国这个世界上第二大经济体增长的引擎。但近几年通过消费来拉动经济增长的效果并不理想。究其原因，首先是中国无法效仿美国的消费型经济。

数十年来，美国确实是靠消费拉动经济增长的。但美国大多数家庭的收入在近几十年不仅没有增长，反而有所下降。而美国少数富裕家庭的收入却一直在增长并拥有巨额资产。另外，很多的消费品已不在美国生产，而是靠大量的进口来满足美国消费者的需求。在这种情况下，按迪顿关于当期消费决定于当期收入的观点来看，美国国内的消费根本不可能成为美

---

① ［美］安格斯·迪顿：《理解消费》，胡景北等译，上海财经大学出版社 2003 年版，第 47、4 页。

国经济增长的引擎。但事实上美国的经济确实是消费型经济。根据迪顿的消费理论，美国的消费型经济只有一种合理的解释，那就是，美国的消费型经济是靠信贷支撑的。实际情况正是如此。美国大多数家庭的当期消费远远超出当期收入，其收支缺口是靠消费信贷弥补的。例如，包括达不到贷款条件的许多家庭都可以从信贷机构获得贷款购房，然后抵押购得的房屋再贷款以用于消费。而信贷机构发放这类贷款无须承当风险，它们可以将这类贷款批发给相关金融机构。而这些金融机构将次级贷款证券化后在全球出售，将风险分散到全球。另外，美国进口包括消费品在内的商品所形成的巨额贸易赤字，居然能够长期化。这是包括中国在内的各国都难以做到的事情。而美国之所以能做到，皆因美元的霸权地位。这表明，与其说是美国国内消费在拉动美国经济，还不如说是美元在拉动美国的经济。当消费不足时，增发的美元通过金融机构变为消费信贷，以支撑美国大多数家庭的当期消费能够远超出当期的收入。而美国国内需要但又不生产的商品，可以用美元在全球大量采购，且价廉物美，不仅可以满足需要，而且可以抑制通胀。这样，美元足以拉动美国的经济，但所拉动的不是制造业（美国早已去工业化）而是庞大的第三产业。这就是美国消费型经济的神话。然而神话般的美国消费型经济，终因次贷危机所引发的大衰退而崩溃了，奥巴马政府不得不承担起从消费社会向再工业化社会转型的历史重任。

与美国的产业结构不同，中国是制造业大国，许多产品的产量在全球都居第一。但中国大多数家庭的收入远不及美国大多数家庭的收入，而为了子女的教育和购房，以及养老和医疗等未来的消费，这些家庭必须将当期收入的一部分储蓄起来。这种迪顿所说的谨慎性储蓄和流动性约束必然导致当期消费小于当期收入。如果采用消费信贷来刺激消费，则必然导致资产泡沫，使经济问题变得更难以解决。另外，人民币即使成为国际储备货币，也不可能像处于霸权地位的美元那样发挥作用。而只要美元的霸权地位不发生改变，那么，在美元的潮汐效应下，包括人民币在内的其他国际储备货币，都会成为投机的对象。由此不难看出，美国主张中国应向消费型经济转型，实属误导。其目的在于将中国挤出世界市场，为美国的再工业化"腾笼换鸟"。近年来美国将中国排除在外而倡导的《跨太平洋战略经济伙伴关系协定》（TPP）和《跨大西洋贸易与投资协定》（TTIP）就充分体现了美国政府的这种战略意图。双跨协定实际上是在为美国的垄断企业量身制定国际贸易和国际投资规则，从而为美国再工业化开拓世界市场。值得一提的是，最值得关注的是《跨大西洋贸易与投资协定》而不是《跨太平洋战略经济伙伴关系协定》。因为，它将会影响贸易、制造业和国际安全，大大改变国际规则，并且影响全球的权利变更。

其实，无论从历史还是从现实来看，世界市场对一国从以土地为中心的生产和生活方式转向以市场为中心的生产与生活方式具有强大的推动力。如果郑和在1405年至1433年间7次下西洋是为明王朝开辟世界市场且获得成功，则中国不会有近代百年的屈辱历史。马克思曾一针见血地指出："一个人口几乎占人类三分之一的大帝国，不顾时势，安于现状，人为地隔绝于世并因此竭力以天朝尽善尽美的幻想自欺。这样一个帝国注定最后要在一场殊死的决斗中被打垮。"① 值得指出的是，马克思强调世界市场对西欧资本主义发展的重要作用，认为"在十六世纪，部分地说直到十七世纪，商业的突然扩大和新世界市场的形成，对旧生产方式的衰落和资本主义生产方式的勃兴，产生过非常重大的影响"②。同时，马克思也强调世界市场对农业国向社会主义发展的重要作用，认为资本主义生产所统治的世界市场为农业国向社会主义发展，提供了"现成物质条件"③。另外，无论从历史还是从现实来看，每一个大的市场经济体，都不可能主要靠本国的消费来拉动经济增长。因为现代经济的突出特点是规模经济，其产能往往超过本国的消费能力。因此，不少西方国家都基于丛林法则不择手段地争夺世界市场。如果丧失了世界市场，即便是地理意义上的大国，也会沦为经济、政治和军事上的小国。相反，如果能争夺到足够大的世界市场份额，即便是地理意义上的小国，也会成为经济、政治和军事上的大国。一部近代世界史反复证明了这一点。

显然，中国当下的经济不可能离开世界市场，而回到生产与消费合一的现代版的自给自足经济。但是，社会主义的中国也绝不会基于丛林法则不择手段地争夺世界市场，"兼施并用迦太基式的和罗马式的方法去榨取外国人民的金钱"④。中国唯一的选择是基于互利共赢的原则开拓世界市场，而正是基于这一原则才有了"一带一路"的建设。

---

① 《马克思恩格斯选集》第1卷，人民出版社1995年版，第716页。
② 《马克思恩格斯全集》第25卷，人民出版社1974年版，第372页。
③ 《马克思恩格斯全集》第19卷，人民出版社1963年版，第451页。
④ 《马克思恩格斯选集》第1卷，人民出版社1995年版，第726页。

综上所述，在当前全球经济增长乏力（近年增长只有约 2.9%），世界市场需求不足的情况下，美国政府搞双重标准，要求中国由世界市场转向消费主导的内需，自己却由内需转向世界市场的扩张。这是不能接受的。无论从哪方面看，中国当前的经济问题是不可能主要靠消费来解决的，因为中国经济下行的根本原因在于供给体系出了问题。

就总体而言，中国的供给体系处于国际产业链的低端，多年来的经济高增长，主要靠的是低成本要素的大量投入和世界市场需求的拉动，而大多数工薪家庭的收入虽然随着经济的高增长有了大幅的提升，但却远低于处于国际产业链高端国家的工薪家庭的收入。当面对大衰退以来世界市场需求不足和政府调控产业不力时，高增长时期形成的庞大产能就出现结构性的严重过剩。如果采取高强度刺激内需的政策，虽然可缓解但却不可能从根本上解决结构性的产能过剩，经济增长面临失去动力的风险。正是在这种情况下，2015 年的中央经济工作会议强调，明年及今后一个时期要在适度扩大总需求的同时，着力加强供给侧结构性改革，提高供给体系质量和效率，增强经济持续增长动力。①

具体来说，供给侧结构性改革可分为存量改革和增量改革。所谓存量改革是指对现存供给体系的改革，主要任务是化解过剩产能和防止新的产能过剩。为此，应基于跨周期决策，即必须兼顾经济下行期和经济上行期的产能需求来化解当前的产能过剩问题。为此：其一，对没有发展前景或污染环境的过剩产能必须通过破产清算的方式解决；其二，对有发展前景且具有战略性的过剩产能，应尽可能地通过扩大内需和开拓外需的方式，以及战略储备的方式加以吸收；其三，对通过技术改造、兼并和重组后能够转化为有效供给的过剩产能，政府应在财税和金融政策方面给予支持。总之，经济下行期的存量改革应具有前瞻性，即必须考虑到下一个经济上行期的投资规模，否则就会重复出现下行期去产能，上行期增产能的现象，大量浪费社会资源。

值得一提的是，近来国内媒体在报道这种存量改革时，出现"僵尸企业"一词。其实，公有和私有企业都是存在生命周期的。所谓"僵尸企业"，实际上指的是处于衰落时期的企业。我们不赞成将这类企业称为"僵尸企业"，因为在这类企业里有着许多活生生的员工以及他们背后的

---

① 《中央经济工作会议在北京举行》，《人民日报》2015 年 12 月 22 日。

亲朋好友。处于衰落期的企业也曾有过辉煌，其员工也曾为社会做过贡献，因此，尽管必须按市场原则处理这类企业，但应多点"临终关怀"，更应对这类企业的全部或绝大多数员工深怀敬意。不以成败论英雄是创新型驱动社会所需要的人文环境。

在我们看来，仅有供给侧的存量改革是不够的，因为存量改革不可能改变我国制造业处于国际产业链低端的现状，而我国制造业的传统比较优势正逐渐丧失。更为严重的是，美国主导的《跨太平洋战略经济伙伴关系协定》已得到相关国家的同意，如果再达成《跨大西洋贸易与投资协定》，那么，美国为本国企业量身打造的规则就会在事实上成为国际贸易和国际投资的规则。这对高度依赖对外贸易的中国经济来说是极其不利的。化解这种困局的唯一选择是将我国制造业从国际产业链的低端提升到中高端，从而形成新的比较优势。为此，必须进行供给侧的增量改革。所谓供给侧的增量改革，是指通过产业创新形成新的供给体系。如通过产业创新形成的高铁产业就属于新的供给体系。如果在新能源汽车和机器人等若干新兴产业领域实现创新，则可以形成一个新的供给体系，我国的制造业随之也就能够从国际产业链的低端提升到中高端。这样，我国中高速的经济增长也就具有可持续性。显然，供给侧的增量改革具有不确定性和长期性，从而需要短期见效的供给侧的存量改革来赢得时间。

回到本文研究的主题，则不难看到新的供给体系，会使我国大多数工薪家庭的收入逐步达到甚至超过西方国家工薪家庭的收入水平，这将真正启动内需的引擎而强有力地推动经济增长。从而证实当期消费决定于当期收入这一迪顿消费理论的核心观点的正确性。

必须在此澄清的是，国内外都有一些人认为中国进行的供给侧结构性改革是接受和运用了美国供给学派的理论。这不过是一种望文生义和似是而非的说法。人们都知道美国供给学派的核心观点来自萨伊定律，即供给创造需求。初看起来，萨伊定律与供给侧结构性改革如出一辙，但那仅仅是初看起来。仔细阅读萨伊的《政治经济学概论》，就不难发现两者的区别。在该书中萨伊认为，"产品换钱、钱换产品的两道交换过程中，货币只一瞬间起作用。当交易最后结束时，我们将发觉交易总是以一种货物交换另一种货物"，所以，"单单一种产品的生产，就给其他产品开辟了销路"。萨伊强调，"读者不要认为我的主张是：不可能发生一种产品比其他产品生产得过多的现象。我不过在这里主张：最有助于促进一种产品的需求的，无过于另一种产品的供给"。因此，"除非存在某些激烈手段，除非发生某些特殊事件，如政治变动或自然灾害等，或除非政府当局愚昧无知或贪婪无厌，否则一种产品供给不足而另一种产品充斥过剩的现象，决不会永久继续存在"。①

在马克思看来，萨伊的供给创造需求的观点不具有原创性，他指出詹姆斯·穆勒曾说过，"一切商品从来不会缺少买者。任何人拿出一种商品来卖，总是希望把它换回另一种商品，因此，单单由于他是卖者这个事实，他就是买者了。因此，由于一种形而上学的必然性，总起来看，一切商品的买者和卖者必然保持平衡。因此，如果一种商品的卖者多于买者，另一种商品的买者必然多于卖者"。萨伊则把穆勒的"这一套妙论攫为己有，由于不可能说出这位可笑的'科学王子'用什么新的思想丰富了政治经济学，所以他的大陆上的赞美者把他吹嘘成找到买和卖之间的形而上学的平衡这种宝藏的人"②。

马克思认为："穆勒建立平衡的办法是把流通过程变成直接的物物交换，又把从流通过程中搬来的人物买者和卖者偷偷地塞到直接的物物交换中去。用他的混乱的话来说，在一切商品都卖不出去的时候，例如，像伦敦和汉堡在1857—1858年商业危机的某些时候那样，其实是有一种商品即货币的买者多于卖者，而所有其他的货币即各种商品的卖者多于买者。买和卖之间的形而上学的平衡，不过是说每次买就是卖，每次卖就是买，这对于那些不能卖出，因而也不能买进的商品监护人，并不是什么特别的安慰。"③ 因为，商品价值从商品体跳到金体上，"是商品的惊险的跳跃。这个跳跃如果不成功，摔坏的不是商品，但一定是商品占有者"④。显然，马克思对詹姆斯·穆勒的批判，完全适用于把穆勒的"一套妙论攫为己有"的萨伊。

到这里不难看出，基于马克思主义政治经济学基本原理的供给侧结构性改革，根本不可能接受和利用基于萨伊定律的美国供给学派的理论。换句话说，我们相信产业创新所形成的新的供给体系会创造新的需求，但我

---

① ［法］萨伊：《政治经济学概论》，陈福生等译，商务印书馆1982年版，第144、146、145页。
② 转引自《马克思恩格斯全集》第31卷，人民出版社1998年版，第492页。
③ 《马克思恩格斯全集》第31卷，人民出版社1998年版，第492页。
④ 《马克思恩格斯文集》第5卷，人民出版社2009年版，第127页。

们绝不会相信市场经济是物物交换经济，以及一种产品的过剩是因为另一种产品生产过少之类的"一套妙论"，否则，2015 年的中央经济工作会议就不会提出明年抓好去产能、去库存、去杠杆、降成本、补短板的五大任务。

作为新自由主义经济学的一个流派，美国供给学派的理论完全脱离了现实，其政策主张具有强烈的劫贫济富倾向。里根政府基于供给经济学所推行的政策导致了灾难性的后果：巨额的财政赤字和贸易赤字，并使美国社会两极分化进一步加剧。试问：美国供给学派的理论在社会主义的中国能有市场吗?! 退一步说，如果中国进行的供给侧结构性改革果真接受和运用美国供给学派的理论，就不会出现美国那样的灾难性后果吗?!

三　结论

安格斯·迪顿的消费理论不同于米尔顿·弗里德曼和弗兰柯·莫迪里安尼的消费理论，国外有些媒体认为迪顿获得 2015 年诺贝尔经济学奖，是凯恩斯主义者的胜利。在我们看来，迪顿理论中的一些概念和观点确实源于凯恩斯理论，如储蓄的预防性动机、流动性约束、未来不确定性，以及消费与收入的关系，等等。另外，凯恩斯将收入、消费与贫困联系起来分析也影响了迪顿。虽然迪顿也深受理性预期学派的影响，但由于他注重事实对理论分析与实证分析的验证，因此，迪顿的消费理论更贴近现实。故其当期消费决定于当期收入这一核心观点，能够在一定程度上说明我国消费难以成为拉动经济增长的主动力的事实。当然，进一步的分析表明，市场经济的规模效应决定了我国经济增长离不开世界市场。而支撑我国经济高速增长的传统比较优势已逐渐丧失，如果不改变我国制造业处于国际产业链低端的现状，则不可能维持经济的中高速增长。这表明当前经济下行的根源在于供给侧的结构性问题，因此需要供给侧的增量改革，即通过产业创新形成新的供给体系，实现我国制造业从国际产业链的低端上升至中高端，以稳定经济增长保持在中高速水平。同时需要供给侧的存量改革，优化现存的供给体系，为增量改革赢得时间。

（原载《福建论坛·人文社会科学版》2016 年第 2 期，第二作者为方兴起）

第七节　新"房改"的未来方向

保障性住房层次越多，管理的成本就越高，制度建设就越复杂，效率就越低。我认为，总体上分为公租房、私租房、商品房三大类，并实行"以公租房为主体、以商品房和私租房为辅"的"新住房策论"。

随着我国经济体制改革的深入，住房制度也经历了变革，近年来房价一路飙升，让许多老百姓望房兴叹，住房问题成为社会关注的焦点和热点之一。基于住房既是基本生活必需品，又是投资品，市场具有不完全性、房价收入比及平均利润的相关理论，我的基本观点是建立以市场调节为基础，国家调节为主导这样一个机制，针对不同的群体提供不同的住房产品来加以解决。

一　城镇住房自有率不应过高

一个国家的住房问题解决得好不好，以及居民住房福利水平的好坏，通常用住房自有率这个概念来加以描述。所谓住房自有率是指在所有居民居住单元中，拥有居住房屋产权的居住者的百分比。其公式为：住房自有率＝（居住于自有产权的住房家庭户数/全部住房家庭户数）×100％。它是用来衡量在一定的经济水平和政策水平下，依靠居民个人力量的购房能力和居住水平满足的实现程度指标。让居民拥有自己的住房是构建社会主义和谐社会的重要条件之一。因为安居才能乐业，我国古代就有"有恒产者有恒心"，同时，支持居民拥有住房也是理顺目前收入分配关系的重要途径之一。

2007 年四季度的美国居民住房自有率为 67.79％。目前我国城镇住房自有率已达到80％左右。从长期战略来分析，为了使今后广大居民更好地支持反侵略战争和维护国家统一，住房自有率不应过高，除非国家来出资建造被战争摧毁的私人住房。因此，现阶段我国只能通过对大多数城市居民按其财富和收入的不同而提供居住面积和质量不同的各类公租房，由少数拥有较多财富和收入的人自购商品房。

二　房价收入比应控制在居民能承受的范围之内

根据自由市场国家的经验数据，普遍认为家庭住房消费占可支配收入的 30% 以内为正常；如果超过 30%，说明家庭购房压力较大，支付能力不足；如果超过 50%，说明家庭购房压力巨大，居民购房支付能力严重不足。正是基于这一经验数据，联合国人类住区（生境）中心设计了房价收入比以衡量家庭的住房购买力和承受力。房价收入比，是指住房价格与城市居民家庭年收入之比。国际上一般认为房价收入比落在 3—6 区间为正常，如果超过 6，说明居民的购房压力较大。根据 2010 年国家统计局公布的数据测算，我国城镇 2009 年的房价收入比为 10.65，住房消费占可支配收入的 53.23%，部分城市还大大超出这一水平。

参考国际标准并结合我国的实际情况，我们认为国内城镇的房价收入比应控制在 7 以内比较合适。以 2010 年国家统计局公布的数据，如果房价收入比控制为 6，那么，2009 年住宅的平均售价应是 2512.11 元。这样以一套中等面积的 90 平方米的住房来计算，房价总值为 226090 元，首付三成需要 67827 元，其余按二十年贷款 158263 元，在利率为五年期 85 折优惠的基础上，年均还 15451.4 元，占家庭平均可支配收入的 30%，首付通过五年左右时间积累完成，不会影响家庭的日常生活需要的开支。

三 行业利润不能过度超过平均利润的水平

目前我国房地产行业的利润到底有多高？虽然没有一个精确的统计，但综合第二次全国经济普查主要数据公报公布的数据、2006 年财政部会计信息质量检查所反映的情况、胡润富豪排行榜，基本可以判断房地产行业是一个暴利的行业。

中国社会科学院发布的 2010 年《国家竞争力蓝皮书——中国国家竞争力报告》指出，中国近 20 年的经济增长并非靠产业结构升级换代来获得，而是靠消耗资源和扩大投资，尤其是房地产业膨胀发展。正是房地产行业的高利润，近年来吸引不少非房地产的实体企业纷纷加入这一行业，随着更多有实力企业的进入，由于土地市场的垄断，地王便纷纷出现，这样又进一步推高房价，使住房问题社会化和政治化。另外，由于许多主业不是房地产的企业纷纷涉足房地产业，导致企业资金分散，经营注意力分散，企业创新力不够，这样严重影响了实体经济的健康发展。因此，遵循利润平均的基本原理，政府必须加强对房地产行业的宏观调控，加大保障性住房的建设力度，把房地产企业的利润控制在合理的范围之内，才能有利于国民经济的健康发展，有利于广大老百姓安居乐业和社会主义和谐社会的构建。

四　完善住房制度建设，针对不同群体采取不同的政策措施

针对不同的群体采取不同的政策措施，是实现住房公平的关键，也是引导住房市场健康发展，使房价回归合理水平的重要手段。但现有保障性住房层次划分过于复杂，以北京为例，有廉租房、经济适用房、公共租赁房和限价商品房等，保障性住房层次越多，管理的成本就越高，制度建设就越复杂，效率就越低。我们认为，总体上分为公租房、私租房、商品房三大类，并实行"以公租房为主体、以商品房和私租房为辅"的"新住房策论"。其中，依据各个城镇的政府实力和居民收入等状况，公租房建设可分为3—5个档次，分别在建筑面积和建设成本上有所不同。

建设面向高收入以上家庭的商品性住房。高收入以上的家庭占城镇家庭总数的20%左右。其住房问题自我解决的能力强，因此这部分家庭的住房问题应通过市场来完成。

高收入家庭的住房虽然主要靠市场调节，但必须有国家的宏观调控。第一，我国是人多地少的国家，保护耕地的任务非常艰巨。因此新开工建设的商品住房的单套面积必须严格按照国家规定，90平方米以内要占到70%。第二，据估计，我国城镇高收入（含一部分较高收入）家庭占总户数的20%左右，约为3000万户，他们的收入占城镇居民总收入的80%左右，银行存款有10多万亿元，具有强大的购房能力。我国近几年每年建房6亿多平方米，500多万套。如果每年有百分之十几的高收入者进入市场买一套房，就可以买去60%以上的新建住房，从而占用大量宝贵的住房资源。因此，不对这部分高收入者进行有效的宏观调节，会造成住房市场的混乱。第三，要防止国际游资冲击房地产市场。目前西方国家压迫我国人民币升值，与当年美国、联邦德国、法国、英国与日本签订的"广场协议"本质上没有什么不同。因此，不加强房地产市场的宏观调控将会给我国经济带来严重损害，不利于国民经济的健康发展。

五　对开发各类住房采取的调控措施

公共租赁住房开发的相关调控措施，其开发投资成本无法由享受主体来承担，必须由政府以财政拨款为主，鼓励有志于慈善事业的有实力企业和私人介入。政府应该成立公共租赁房建设、维护和运行机构，土地以无

偿划拨为主。

商品性住房以市场调节为主，遵循价值规律的基本要求，政府对其进行宏观调控引导，以保证房地产市场的健康有序发展。房地产开发企业的自有资金应该占总开发资金的 30% 以上。商品性住房的国有土地使用权以招标、拍卖、挂牌方式出让。国家对其调控主要是防止其囤地、捂盘惜售、哄抬房价，扰乱房地产市场方面。对于其通过招拍挂方式获得的国有土地使用权，必须严格按照《闲置土地处置办法》《中华人民共和国城市房地产管理法》《国有土地使用权出让合同》《国有土地使用权出让合同补充协议》的相关规定。

取消商品房预售制度。随着历史条件的变化，目前房地产企业的资金和住房的供应问题都已不存在。取消预售制度打击的是那些空手套白狼的皮包公司，不会对有实力的房地产企业产生资金影响。另外，目前我国有大量的商品房闲置，空置率高，不存在供不应求的问题，取消预售制度影响的是住房买卖投机者，对自住用户不会产生影响。

（原载《人民论坛》2011 年第 9 期）

第八节　公众"幸福感"的政府责任

追求幸福是人生的永恒主题，也是一切人类活动的终极目的。幸福的主观形式即幸福感，是一种超越感官快乐的、深刻而持久的心灵快乐，其客观实质是人生重大需要的满足。

幸福不仅与主体自身状况密切相关，而且在很大程度上受到社会环境的影响，主要包括经济因素、政治因素和文化因素。

一　幸福不只看收入

在传统视野中，收入的增加是提升幸福水平最有力的手段。近年来国内外学者通过实证研究对此进行了进一步的验证。

其中，国际层面的研究表明，那些生活在富裕国家中的人们总体上比生活在贫穷国家中的人们更加幸福。而从国内层面来看，在一国之内，较高收入群体普遍比较低收入群体体验到更多的幸福。尤其在欠发达国家中，居民个人收入与主观幸福感的相关性要更强一些。

就业也是影响幸福的一个重要因素，无论是对个人失业和普遍失业的研究都表明，失业会给人们的幸福感带来相当大的负面影响，因为工作不仅是收入的主要来源，而且还是自尊感、自信心以及生活意义的重要来源，所以即使是在瑞士、丹麦、瑞典这样典型的高福利国家，失业也仍然会使人们的幸福水平大大降低。

政治不仅能够通过对经济、文化的反作用间接影响人们的幸福感，其自身也是影响幸福感的重要因素。研究显示，人们的幸福水平受他们生活于其中的政治制度类型的影响，生活于宪法民主制度中的人们更为幸福，同时，广泛的政治权利和民主的政治程序对公民的幸福水平也具有直接的影响作用。公民的立法提案权、选举权、投票权等政治权利越广泛，行使权利的方式越直接、效果越直观，那么公民的幸福水平就越高。

近年来，心理学家们对主观幸福感的跨文化研究显示了主观幸福感的文化差异，证实了文化也是影响主观幸福感的重要因素。

文化对主观幸福感的影响主要通过两个途径：通过影响个体评判幸福的标准来影响主观幸福感；通过影响个体的社会心理取向来影响主观幸福感。

二　幸福从哪儿来？

近半个多世纪以来，科学技术的进步使人类社会的物质财富得到了持续高速的增长，但人们的幸福感却没有得到同步增进。

调查显示：在1946—2004年的将近60年间，美国人的平均幸福指数几乎没有大的波动；日本则更加典型，从1958年到1991年，日本的人均收入翻了两番还多，但其平均幸福水平却仍然维持在1958年的水平。

我国也存在着类似的情形，根据盖洛普公司自1994年开始在中国进行的消费者调查，在1994—2004年的十年间，中国消费者的总体满意度先升后降，与GDP的增长变化并不同步。这就是所谓的"幸福悖论"现象，它引起了人们对经济与幸福之间关系的反思。

第一，收入与幸福的关系并不是绝对的正相关，而是呈倒U形曲线。也就是说，存在一个临界收入水平，在达到临界值以前，收入增长对提高幸福水平有重要作用，而一旦达到或超过这个临界值，进一步的经济增长对于提高幸福水平或无效或效果很小，甚至有反作用。

第二，经济因素虽然是影响幸福的重要因素，但并不是唯一因素，如果过分关注经济因素，以至于忽略甚至牺牲了其他许多重要的非经济因素，比如亲情、友情、健康、环境等，是大大有损人的整体幸福感的。

第三，相对收入水平比绝对收入水平更能影响人的幸福感。因为人们在社会生活中通常有一种心理倾向，就是把自己的收入跟他人相比较，比较的结果能够反映出个人的经济地位、社会地位，这将会在很大程度上影响个人的幸福水平。

实际上，不仅仅是在经济收入方面有社会比较的存在，在社会生活的其他方面，比如政治待遇、生活环境、文化程度等方面也一样有社会比较。所以，消除社会生活各方面的不合理差距就成为保障国民幸福的一个必要措施。

因此，在社会实践中，要求人们依靠个人的勤劳和智慧，通过合法的、道德的途径，提高可支配的经济收入，为物质生活需要的满足提供良好的保障。

树立全面、整体的幸福观，综合考虑影响幸福的各种因素，并依据个人的能力和条件，制定最优的资源配置策略，使其在保障了基本物质生活需要的基础上，更多地用于满足精神文化方面的需要。

同时，在生活中既要善待他人、努力建构和谐的人际关系，又要积极发挥主观能动性，努力于"为"中求好。

三　政府应该怎么做？

首先，政府公共政策的制定要以增进人民幸福而不是增加社会财富为目标。也就是说，政府公共政策的制定要体现"幸福"这一终极价值。因为我们政策的目的不是要让人们更有钱，而是要让人们更幸福。

在公共政策的评价上，要消除狭隘的 GDP 崇拜，把更多的、能够切实反映民生幸福的指标纳入评价考核体系。

其次，政府应当重视文化建设，通过文化政策的研究创新，深化文化体制改革、加强公共文化设施建设、加大对文化事业的财政投入、积极扶持文化产业的发展，为人民群众提供更多、更好的文化产品和文化服务，满足人们多样化、多层次的精神需求，增进民众的精神幸福。

（原载《中国经济周刊》2011 年第 8 期）

第九节　关于我国企业职工权益保护状况的调研报告

一　引言

恩格斯曾经指出，资本和劳动的关系是现代全部社会体系所依以旋转的轴心。自从资本主义产生以来，资本和劳动之间的矛盾一直是社会最基本的矛盾，劳动关系一直是社会经济生活最基本的社会关系。在当代中国，劳动关系同样是整个社会最基本的经济关系。构建和谐劳动关系，对于构建和谐社会，推动经济社会健康协调可持续发展，具有十分重要的意义。自20世纪80年代以来，随着市场化和全球化的不断推进，在新型劳动关系体制建设取得长足进展的同时，我国劳动者权益保护状况却趋向恶化，劳动关系日趋紧张。官方统计表明，全国各级劳动争议仲裁委员会受理的劳动争议案件从1994年的1.9万余件上升到2006年的44.7万件，增加了20余倍，立案受理劳动争议案件涉及的劳动者人数也从7万余人上升到近68万人。劳资纠纷不断、劳动关系恶化已经成为影响我国经济社会稳定发展的重要隐患。因此，如何切实保护劳动者权益、构建和谐劳动关系已成为一个摆在我们面前的具有重大理论和现实意义的研究课题。

本项调研旨在深入了解各类企业职工权益保护状况、探析企业职工权益受损原因、寻求企业职工权益保护渠道、提出企业职工权益保护的机制和策略、推进和谐劳动关系构建。本项调研共向北京、上海、山东、山西、福建、贵州、河北、河南等地的企业职工发放调查问卷3000份，回收有效问卷2712份。其中，国有企业、集体企业、民营企业和外资企业职工所占比例分别为47.5%、10.2%、33.2%和9.1%；16岁以下、16—18岁（不包括18岁）、18—30岁、31—60岁和60岁以上职工分别占0.4%、6.9%、40.1%、51.1%和1.4%；男、女职工比例分别为55.9%和44.1%；初中及初中以下、高中或中专、大学和研究生学历职工的比例分别为18.1%、44.6%、35.4%和1.9%；在本企业工作年限为3年以下、3—6年、7—12年和12年以上职工比例分别为27.5%、23.5%、17.0%和32.0%；一般员工、基层管理者、中层管理者和高层管理者分别占70.3%、20.2%、8.4%和1.0%。同时，本调研针对职工权益保护的重点问题在上述地区进行实地访谈调研，采访了15个企业的150余人，召开群体座谈会 12 次，实地访谈对象包括企业管理层、工会干部和普通职工以及相关政府部门工作人员。

二 我国企业职工权益保护的现状分析

目前，我国企业职工权益状况在许多方面尚未达到我国《劳动法》等法律法规的要求，仍然处于较低水平。与我国经济社会发展的阶段性和经济发展的不平衡性相对应，我国企业职工权益保护也表现出层次性、差异性和复杂性。随着我国社会主义市场经济体制改革的不断深入，我国企业职工权益保护在政府积极推动、工会努力维权和职工主动参与下也在逐步得到加强和改善。

（一）企业职工享有的权益处于较低水平

1. 企业职工工资水平较低。我国企业职工收入虽然逐年上升，但始终慢于 GDP 的增长，目前仍然处于较低水平。国际劳工组织公布的数据显示，2000—2005 年，中国的人均产值增长了 64%，但工资总额占 GDP 的比重却从 12% 降至 11%，延续了 20 世纪 80 年代以来不断下降的趋势。这不仅大大低于发达国家的水平，甚至低于许多发展中国家的水平。根据本次调研的问卷统计，83.2% 的企业职工月工资额在个税起征点 1600 元以下。

2. 企业劳动用工不规范。本次调查显示，有 23.8% 的职工没有与企业签订劳动合同，只有 31.6% 的书面劳动合同签订时征求了职工的意见，许多企业未能按照《劳动法》和劳动部门提供的样本去制订合同，合同条款不全面，而且许多劳动合同条款权利、义务不对等，片面强调用人单位的权利和职工的义务，对职工的权益规定的少而空或者没有明确规定，个别企业劳动合同甚至含有违法内容。更为严重的是，许多企业并没有认真履行劳动合同，任意解除劳动合同，随意开除和辞退员工的现象大量存在。

3. 企业职工的休息休假权没有切实执行。调查显示，职工每周正常休息 2 天的仅占 50.7%，企业职工加班大多是企业的硬性要求或者企业布置的工作过多，在 8 小时内难以完成（见表 1），职工被迫加班的占 87.4%。

表1　　　　　　　　　　　　　　　　职工加班的原因

加班原因	企业的硬性要求	企业布置工作过多8小时内无法完成	为了业绩优秀被迫加班	为了多挣奖金自愿加班
比例（%）	32.3	43.7	10.3	12.6

4. 企业职工加班未得到法定补偿。根据《劳动法》的规定，职工在工作日、休息日、节假日加班，企业应分别支付不低于1.5倍、2倍和3倍的正常日工资。实地调研发现，许多企业管理者和职工都不清楚此项具体规定，只知道职工加班应当被支付加班工资。调查显示，职工在这三种时间加班得到法定补偿的比例仅仅分别为19.7%、19.0%和30.3%（参见表2）。

表2　　　　　　　　　　　　　　　　职工加班的补偿

正常工作日加班			每周休息日加班			法定节假日加班		
获得不低于正常工资150%的报酬的职工比例（%）	获得低于正常工资150%的报酬的职工比例（%）	从未获得加班报酬的职工比例（%）	获得不低于正常工资200%的报酬的职工比例（%）	获得低于正常工资200%的报酬的职工比例（%）	从未获得加班报酬的职工比例（%）	获得不低于正常工资300%的报酬的职工比例（%）	获得低于正常工资300%的报酬的职工比例（%）	从未获得加班报酬的职工比例（%）
19.7	36.0	44.3	19.0	37.0	44.0	30.3	3.9	30.7

5. 企业职工社会保险参保率较低。根据2006年《中国统计年鉴》数据，2005年我国城镇就业人员为27331万人，参加养老保险的人数为13120.4万人，仅占48.0%；参加基本医疗保险的人数为10021.7万人，仅占36.7%；参加失业保险的人数为10647.7万人，仅占39.0%；参加工伤保险的人数为8478.0万人，仅占31.0%；参加生育保险的人数为5408.0万人，占19.8%。近两年我国社会保险的覆盖面有所扩大，但是职工的社会保险参保率仍然较低。

6. 企业劳动安全设施缺位。企业的安全生产和卫生条件存在不符合国家标准的情况，职工因工伤亡和患职业病情况频繁发生，"过劳死"现象开始出现。企业为降低生产成本，减少对生产安全和卫生设施的投资，劳保用品的发放不足，导致职工伤亡和职业病频繁出现，超时用工现象普遍存在。根据此次调研的问卷调查统计，57.0%的职工遇到过因工伤亡或患职业病的情况。

7. 企业职工地位和归属感下降。调查显示，认同"老板或领导是企业的主人，职工只是雇佣劳动者"的人数占被调查者的50.8%，显著多于认同"职工是企业的主人翁"的人数（参见表3）；64.3%的职工从未参与过企业生产技术的改进、经营方针的制定、企业管理人员的任命、工资薪酬的调整、劳动保护方案的拟定和财务状况的监督等企业经营管理活动；71.1%的职工认为向企业提出建议没有作用或作用不大。企业职工的主人翁意识下降，职工的知情权、参与权和发展权没有保障。

8. 劳动争议协调机制有待健全。劳动争议逐年增多，但大多数企业的内部劳动争议协调机制尚未建立或不完善。调查显示，遇到过劳动争议的职工比例为61.9%；劳动报酬问题是产生劳动争议的首要原因，其次是工伤或职业病问题（参见表4）；仅有16.6%的企业建立了劳动争议协调委员会，且发生劳动争议时，职工更愿意找上一级领导进行解决。

表3　　　　　　　　　职工认同下列说法的比例（%）

类型	职工是企业的主人翁（占比）	老板或领导是企业的主人，职工只是雇佣劳动者（占比）	随着改革的进展，职工在企业的地位提升了（占比）	伴随改革的推移，职工在企业的地位下降了（占比）	随着时间的推移，我的生活质量在提高（占比）	随着时间的推移，我的生活质量在下降（占比）
国有企业	27.8	48.7	10.5	29.5	22.0	16.0
集体企业	50.4	34.1	10.5	14.5	16.3	12.7
民营企业	20.8	58.3	14.6	20.7	32.3	8.4
外资企业	9.7	54.0	7.3	22.6	19.9	37.9

表4　　　　　　　　　企业发生劳动争议的原因

争议原因	劳动报酬	调整劳动岗位	工伤或职业病	工作环境、工作条件或生产安全
占比（%）	46.8	21.6	22.5	12.7
争议原因	被单位开除、辞退	自愿离职、辞职	企业改制	以上问题都不是
占比（%）	20	12.6	19	25.1

（二）企业职工的权益保护状况表现出层次性、差异性和复杂性

调查显示，不同所有制、不同规模、不同经济效益、不同经营状况、

不同行业、不同区域的企业职工权益保护状况差别甚大，我国企业职工权益保护状况表现出明显的层次性、差异性和复杂性。

1. 从企业性质看，公有制企业的职工权益保护状况整体上好于非公企业。

（1）国有企业与职工签订书面劳动合同的比例高，合同签订和履行较为规范。

调查显示，国有企业、集体企业、民营企业和外资企业中，书面劳动合同的签订率分别为88.0%、68.8%、51.6%和89.5%，企业与职工签订书面劳动合同或达成口头就业协议没有出现收取招聘费用、保证金或抵押金和扣押身份证等证件等情形的比例分别为94.0%、74.3%、87.4%和89.1%，企业没有因职工在工作期间患职业病或者因工负伤并被确认丧失或者部分丧失劳动能力，在患病或者负伤但在规定的医疗期内，女职工在孕期、产期、哺乳期内，代表职工与企业协商、谈判等情况，而解除劳动合同或辞退职工的比例分别为92.7%、73.6%、82.6%和85.5%。

（2）国有企业职工薪酬权和休息休假权得到较好的保障。

调查显示，国有企业、集体企业、民营企业和外资企业职工没有因为法定节假日、婚丧假、病假和依法参加社会活动等不工作而扣减薪酬的比例分别为61.4%、61.6%、56.1%和54.4%，在治疗工伤或职业病期间工资正常发放的比例分别为55.1%、34.1%、33.7%和39.5%。平均每日工作时间不超过8小时的比例分别为70.7%、71.7%、49.4%、75.0%，每周正常休息两天的比例分别为60.5%、31.5%、24.2%、72.6%。

（3）国有企业较为重视职工安全卫生和职业技能或管理的培训。

调查显示，国有企业、集体企业、民营企业和外资企业职工接受过安全卫生知识培训的比例分别为69.5%、52.9%、53.7%和58.1%，职工参加过本企业组织的职业技术、技能或管理方面的培训的比例分别为80.8%、56.9%、58.0%、66.9%。

（4）国有企业为职工办理社会保险或基金的比例较高。

调查显示，国有企业、集体企业、民营企业和外资企业为职工办理养老保险的比例分别为88.3%、58.3%、48.7%和86.3%，办理医疗保险的比例分别为85.8%、45.3%、43.9%和88.3%，办理失业保险的比例分别为67.2%、42.8%、30.3%和64.1%，办理工伤保险的比例分别为

50.1%、52.2%、55.2% 和 55.2%，办理生育保险的比例分别为 31.8%、15.6%、17.2% 和 36.7%，办理住房公积金的比例分别为 71.4%、14.5%、18.7% 和 75.8%。

（5）男女就业平等和女职工权益在国有企业得到较好维护。

调查显示，国有企业、集体企业、民营企业和外资企业女职工没有因结婚、怀孕、产期和哺乳期而被辞退的比例分别为 95.1%、85.5%、90.1% 和 92.3%，在产假期间工资正常发放的比例分别为 59.9%、42.0%、19.7% 和 45.6%。

（6）国有企业是设立职工权益维护组织最广泛的企业类型。

调查显示，95% 的国有企业设有工会组织，55% 的职工加入了工会，76.2% 的国有企业设有职工代表大会，国有企业工会、职工代表大会、劳动争议协调委员会、劳动安全委员会和劳动监察组织的设立率均大大高于民营企业（参见表5）。

（7）国有企业职工对本企业的认同感和归属感相对较强。

调查显示，国有企业、集体企业、民营企业和外资企业职工认同"老板或领导是企业的主人，职工只是雇佣劳动者"的比例分别为 48.7%、34.1%、58.3% 和 54.0%，如果有再次择业机会还会选择在原类型企业工作的比例分别为 55.4%、28.6%、11.8% 和 46.4%。

2. 从企业规模看，规模较大企业的职工权益保护状况整体上好于规模较小企业。通过实地调研和访谈发现，规模较大企业，不管是国有企业、民营企业，还是外资企业，企业的工会、职代会、劳动安全委员会等职工权益维护组织相对较为健全，职工工资一般都以打入银行卡的方式定期发放，基本没有出现拖欠职工工资的现象。规模较大的企业注重对职工的技能培训、鼓励员工签订长期劳动合同，一般都按照国家规定为职工交纳社会保险或基金。规模较大的企业还注重培养企业文化、组织职工参与各种文体活动、关心职工的生活状况、劳保用品的发放和福利提供较好。

3. 从企业经济效益看，经济效益较好企业的职工权益保护状况好于经济效益较差企业。通过实地调研和访谈发现，经济效益较好的企业一般都会按照劳动合同的规定定期发放职工工资和交纳社会保险金或基金，而经济效益转差的企业或者经济效益一直较差的企业的现金流常常出现问题，企业工资的拖欠和克扣经常发生，职工的流动性较大，企业的安全卫生保护措施较弱，劳动争议案件大量出现。

表 5 不同类型企业维权组织建立情况（%）

类别 类型 比例	工会	职代会	劳动争议协调委员会	劳动安全委员会	劳动监察组织	以上都没有
国有企业	95.0	76.2	22.7	20.0	13.9	3.2
集体企业	79.0	50.0	5.1	15.9	3.3	9.8
民营企业	45.1	23.6	12.4	16.9	1.1	38.4
外资企业	79.4	37.5	13.3	17.3	11.3	16.1

4. 从企业经营状况看，正常运转的企业的职工权益保护状况好于改制或破产企业。企业一旦进入改制或破产状态，通常伴随职工的下岗分流，出现职工安置和补偿、工资拖欠、社会保险费欠缴等问题。通过实地调研和访谈发现，一些突发的群体性事件，如集体上访、阻断交通等，重要原因就是改制或破产企业的职工经济补偿和利益问题没有妥善处置。在面临下岗分流的压力下，一些在岗职工对一些侵犯他们权益的做法、措施也不敢声张，而企业的原有职工维权机制通常处于瘫痪状态，职工的合法权益无法得到有效维护。

5. 从企业所在行业看，采矿业和建筑业的职工权益保护状况劣于制造业和其他行业。采矿业和建筑业企业的职工的工作环境和工作条件恶劣，因此企业需要具备较高的安全卫生生产条件和标准，而要达到较高的安全卫生生产条件和标准需要企业较大的生产成本投入，一些企业为了追求更大的利润往往降低安全卫生方面的投入，而这些企业的职工以农民工和非正式工为主，职工流动性大，导致企业和职工都忽视职工合法权益的保护。通过调研和实地访谈发现，一些采矿业和建筑业企业与职工签订除足额发放工资外，生老病死和工伤都与企业无关的所谓"生死合同"。

6. 从企业职工类别看，在本企业工作年限长的、职位高的、学历高的职工的权益保护状况好于工作年限短的、职位低的和学历低的职工。根据此次调研的问卷调查统计，工作年限分别为 3 年以下、3—6 年、7—12 年和 12 年以上的企业职工书面合同签订率分别为 44.0%、72.7%、88.4% 和 92.8%，养老保险的参保率分别为 38.5%、65.8%、89.3% 和 95.5%，医疗保险的参保率分别为 33.9%、62.0%、85.8% 和 91.9%，失业保险的参保率分别为 25.5%、50.1%、67.8% 和 67.9%，住房公积金的办理率分别为 21.0%、37.1%、61.4% 和 73.6%，可见工作年限越长的职工，书面合同签订率越高，社会保险和基金的交纳率也越高。工作职位分别为一般职工、基层管理者、中层管理者和高层管理者的书面合同签订率分别为 71.1%、78.7%、83.7% 和 89.3%，养老保险的参保率分别为 68.7%、73.9%、89.0% 和 96.4%，医疗保险的参保率分别为 64.4%、71.6%、84.1% 和 92.9%，失业保险的参保率分别为 46.7%、61.1%、72.3% 和 89.3%，住房公积金的办理率分别为 45.6%、50.3%、66.5% 和 78.6%，可见工作职位越高的职工，书面合同签订率越高，社会保险和基金的交纳率也越高。学历分别为初中及以下、高中或中专、大学和研究生的企业职工书面合同签订率分别为 70.0%、66.5%、84.7% 和 88.0%，养老保险的参保率分别为 67.1%、64.0%、83.4% 和 84.0%，医疗保险的参保率分别为 58.2%、60.6%、81.2% 和 88.0%，失业保险的参保率分别为 37.0%、46.2%、66.8% 和 80.0%，住房公积金的办理率分别为 35.8%、39.3%、65.2% 和 82.0%，可见学历越高的职工，书面合同签订率越高，社会保险和基金的交纳率也越高。

7. 从企业用工形式看，正式工的权益保护状况好于合同工、临时工和派遣工。实地调研和访谈结果显示，许多企业出现了同工不同酬的现象，一些国有企业或集体企业改制后，原有工人一般为正式工，改制后进入企业的工人一般为合同工、临时工或派遣工，这些职工享有的工资水平、社会保障、技能培训等都低于原有正式工人。合同工或临时工及派遣工的工资和福利水平一般由职工与企业或者派出机构与企业谈判决定，在劳动力市场供过于求的情况下，这些职工的工资和福利水平被压低，他们的就业稳定性也差，社会保险或基金的交纳率较低。

8. 从企业职工身份看，当地户籍职工的权益保护状况优于非当地的城镇户籍职工和农民工。通过实地调研和访谈我们发现，许多企业大量雇佣非当地的城镇户籍职工和农民工，但大都没有为其交纳养老保险、医疗保险、失业保险和住房公积金等社会保险或基金，而且这些职工工资的拖欠和扣押现象严重。据全国总工会公布的资料显示，2004 年以前全国进城务工的农民工被拖欠的工资在 1000 亿元左右，全国农民工的数量有 1 亿人左右，即每名农民工平均被拖欠 1000 元左右，近 70% 的农民工有过被拖欠工资的经历。虽然近几年各级政府大力推进解决农民工工资拖欠问题，并取得显著成效，但是农民工工资拖欠问题仍然大量存在。

（三）我国企业职工权益保护在政府积极推动、工会努力维权和职工主动参与下逐步得到加强和改善

首先，面对我国职工权益保护水平较低和劳动争议数量迅速增加的现状，我国政府从科学发展观和构建社会主义和谐社会的战略高度出发，多层次、多角度努力维护职工的合法权益，以构建和谐的劳动关系。这主要表现在：相继出台了一系列保护职工权益的法律法规，仅 2007 年就出台和颁布了三部事关企业职工权益的法律：《中华人民共和国劳动合同法》《中华人民共和国就业促进法》和《中华人民共和国劳动争议调解仲裁法》，并积极开展劳动法等法律、法规的执法检查，及时纠正企业侵犯职工权益的行为。不断加强我国的社会保障体系建设，因地制宜地建立和完善职工的医疗卫生、生育养老、失业就业、住房、教育培训等社会保障、社会救济和社会优抚制度。各地政府不断采取提高最低工资水平等政策措施改善职工权益的保护。其次，我国企业工会的独立意识、自身角色意识和维护职工权益意识开始增强。企业工会的组建方式从"自上而下"向"自下而上"转变，企业工会的功能定位从维护企业利益向维护职工利益转变，从文体活动型向集体谈判型和职工维权型转变。最后，随着社会主义市场经济的不断发展，我国企业职工的权益意识开始增强，敢于主动维护自己的合法权益。

三　我国企业职工权益屡受侵害的原因

（一）全球劳工形势恶化的不利影响

20 世纪 80 年代以后，西方右翼政党的理论和政策在资本主义各国占据主导地位，西方各国推行了解除管制、私有化、削减或取消社会福利计划、变累进税为固不退税以及限制工会等一系列新自由主义政策措施，导致资本在劳资关系中的主导作用逐渐增强，工人阶级则在一定程度上产生分化，且其整体状况趋于不断恶化。

经济全球化和国际垄断资本主义的迅猛扩张，进一步强化了"强资本弱劳工"的政治格局。经济全球化步伐的不断加快，加速了国际垄断资本在世界范围内的流动，改变了世界要素资源的配置格局，尤其影响了劳动要素在各国的供求和劳资力量对比关系。由于发达国家劳动力成本一般高于发展中国家，且许多发展中国家为吸引外资和实施出口导向战略，

竞相制定优惠政策，对跨国公司采取超国民待遇，甚至采取"竞争到底线"的做法，众多的跨国公司大量地将生产转移到发展中国家，并将"非工会化"纳入公司的发展战略。结果，不但使发展中国家的劳动者及其工会组织处于十分不利地位，还导致发达国家的工人阶级及其工会组织与发展中国家的工人阶级及其工会组织产生严重的"利益分裂"和冲突，强化了国际垄断资本的主导地位。

此外，由于资本组织生产方式的变革和小规模批量生产的流行导致大规模工会的组织困难和工会谈判能力的下降，以及曾经对资本主义国家资本恶化工人状况发挥过重要抑制作用的苏联东欧社会主义国家相继发生"蜕变"，工会运动在发达资本主义国家遭受到极大挫折，工会的力量和作用逐渐减弱。国际劳工组织的资料显示，自20世纪70年代以来西方国家普遍面临着工会数量和会员人数下降的趋势。2003年与1970年相比，美国工会密度下降了11.1%，法国下降了13.5%，日本下降了15.4%，英国下降了15.6%，即使工会力量强大的德国，工会密度也下降了9.4%。

（二）我国企业所有制结构变化的负面效应

伴随国有企业和集体企业的改制，作为公有制载体的国有企业和集体企业数目锐减，而民营企业和外资企业等非公有制企业数目迅速增加。在国有企业和集体企业改制和改革前，企业工人在意识形态上不仅被视为企业的主人，而且被视为国家的主人，拥有很高的政治地位。企业的目标并不仅仅是经济利润最大化，常常兼顾社会公益目标，比如解决就业、维护社会公平等，劳动法律法规的执行和劳动保护很容易顺畅地实施，比如8小时工作制、劳动安全卫生的国家标准、劳保用品的足额发放、职业病的防治、女职工特殊保护，等等，都得到了较为切实的执行。在企业内部，作为职工参与的组织，工会和职代会大都能够较为完整地组建和发挥沟通职工的作用，职工能够积极参与企业管理和献言献策。虽然职工的工资水平较低，但是职工却享有从生到死的全程的国家福利保障，从提供住房到医疗报销，从幼儿入托到员工培训，无所不包。

但是，伴随20世纪90年代中后期的国有企业和集体企业的改制和改革，许多国有企业和集体企业转化为了民营企业。为了保护投资人的利益，"下岗分流，减员增效"成了社会"最响亮"的口号，大量职工从公有制企业转移到民营企业等非公有制企业就业。一方面，许多民营企业通过弱化职工权益保护，来达到降低生产成本提高企业利润的目的，同时随着资本集团利益的形成，资本对法律、制度框架和社会文化的影响日益显现，主流知识分子的话语体系也在相当程度上被资本的利益所左右，例如过分地强调我国廉价劳动力的所谓劳动力成本"竞争优势"，对职工的生存现状进行有意无意地忽视，抬高资本的主权和利益。另一方面，即使是没有改变公有制性质的国有企业，由于过度市场化的改制，企业作为独立的经济主体不断地向追求利润最大化的单一目标转化。企业一方面通过压低职工工资水平和降低职工福利等手段提高企业效益，另一方面把企业原先承担的住房、医疗和教育等保障剥离给社会，导致职工权益自觉或不自觉地受到忽视，并常常受到侵害。与此同时，企业管理者的权威不断地得到强化，不再强调职工是企业的主人翁，日益忽视职工的参与决策权。与工人政治地位下降相伴随的是职工经济权益维护力度的相对或绝对下滑。

（三）劳动力供求的总量矛盾和结构性矛盾的现实制约我国劳动力市场供过于求和供需结构性矛盾将会长期存在

劳动力市场供过于求和供需结构性矛盾对我国职工权益状况有一种向下的压力，不利于我国职工权益状况的改善。随着国有企业改制的不断推进，城市不仅存在大量"下岗工人"等待就业，还面临大量的农村劳动力转移人口，甚至劳动力市场上出现了较高素质的大学生"毕业即失业"的情况。在市场经济条件下，劳动力作为一种生产要素，出现了供过于求和绝对过剩，劳动力价格便会趋于下降，企业职工权益状况在庞大的产业后备军的压力下自然难以得到有效改善。

劳动力市场供过于求进一步强化了资本的权力，加剧了劳资双方力量的不均衡。在劳动力过剩的情况下，劳动者为争夺有限就业机会而展开了激烈的竞争。为得到工作机会，劳动者往往竞相降低工资和工作条件的要求，甚至要求"零工资"就业。在遭受企业不公正的待遇甚至人身伤害时，劳动者也大都只能忍气吞声，得过且过。这样，企业自然不会重视职工劳动条件的改善和劳动者福利的提高。

（四）职工及工会的维权意识和维权能力不强

调查显示，我国企业职工对劳动法律法规的了解比较欠缺。企业职工了解《劳动法》的比例最高，但也仅达到 62.4%，对其他法律法规了解的比例更低（参见表6）。企业职工法律意识的淡薄导致其维权意识和维权能力亟待提升。在中国变成一座"世界工厂"的同时，世界上最庞大的产业工人阶层也在中国形成，它由原在国有企业工作的"老工人"和农民进城务工的"新工人"组成。"老工人"长期生活在国家福利的"襁褓"中，比较缺乏独立的"劳工意识"和"劳工思想"，但是当这些"老工人"面临"下岗分流"和补偿问题时，却表现出很强的"结社能力"，即通过自己结成的组织来表达自己的诉求。但是，由于"老工人"大多缺乏稀缺的技术和社会保障的支撑，在劳动力市场供过于求的情况下，这些"老工人"与市场和企业主的讨价还价能力明显不足。相反，随着我国农业发展和国家支农惠农政策的实施，作为"新工人"的农民工，却具有很强的与市场和企业主讨价还价的能力，却缺乏"结社能力"。总体而言，我国企业职工的主动维权意识还处于起步阶段，有效维权能力还需要切实加强。

表6　　　　　　　　　　　　职工对劳动法律法规的了解情况

法律法规	劳动法	工会法	劳动合同法	集体合同规定	安全生产法	妇女权益保障法	企业劳动争议处理条例	公司法	破产法	以上都不了解
占比（%）	62.4	24	25.5	12.5	38.4	16.7	9.6	23.6	9.8	16.2

工会的维权意识和维权能力也有待提升。尽管目前我国工会组织已取得很大发展，但是工会组织的维权意识和维权能力与社会主义市场经济的要求尚存在明显差距。目前国有企业工会行政化、非公有企业工会形式化的现象十分严重，工会组织普遍缺乏独立性和自主性，相当多的民营企业工会由雇主或企业方控制或操纵。工会组织没有罢工的法律条款支持，缺乏有力的制度性手段来制衡雇主或雇主组织，相反雇主却可以通过解雇工会主席和工人、关闭工厂、迁移工厂和异地投资等手段来要挟工会和工人。这样，工会维权能力受到严重制约和限制。行业性工会、区域性工会建设滞后也严重影响了工会维权能力的提升。在一个分散化、小型化的经济结构中，在企业职工流动性越来越大的情况下，按照企业内"集体谈判"和企业内工会维权的思路来工作，必然弱化工会的维权能力。

（5）政府职能定位与社会保障体系的缺位影响

在社会主义市场经济体制构建过程中，政府由职工权益的直接保护者逐渐转变为职工权益保护的间接调控者。由于政府职能的转化，政府原有承担的职能撤去，政府职能的重新定位还不明确，导致我国职工权益状况的一定程度的恶化。首先，政府职能的转换扩大了企业与劳动者之间利益博弈的空间，带来了劳动者权益保护的失控和无序状态。由于政府缺乏独立于企业与劳动者的公共服务和公平维权意识，在劳动关系中的角色和定位不清晰，在维护职工权益和处理纷繁复杂的劳动争议中缺乏有力措施和手段，甚至出现不知所措和无所作为。其次，政府非科学的政绩观，导致企业与劳动者的利益博弈的天平向企业方倾斜。片面追求 GDP 的扭曲政绩观使得许多地方政府力争为企业提供各种优惠和保护，往往以牺牲职工的权益，如降低工作环境和工作条件标准来迎合企业的利益。再次，政府的劳动监察不力。政府劳动监察部门为了所谓改善投资环境，对劳动违法行为往往睁一只眼闭一只眼，不能及时严格查处劳动违法案件，而且劳动监察部门力量不足，工作人员严重短缺，无法有效开展劳动执法和检查活动。

政府承担的社会保障体系的构建尚处于探索之中，劳动争议等劳动法律制度建设也相对滞后，均不利于我国职工权益的保护。完善、有效的社会保障体系可以为职工提供最低的生活和权益保障，增强职工与企业主的博弈能力，从而有利于企业职工权益的保护。由于我国缺乏完整和统一的社会保险、社会救济和社会优抚构成的社会保障体系，企业职工的保险保障主要依赖企业来承担，他们往往只能容忍企业对自己合法权益的侵犯。同时，我国各项劳动法律制度尚存在许多不完善的地方，例如劳动争议制度在解决劳动争议时，职工维护自己权益的成本较高，企业的违法成本较低，这样就导致企业不会主动地维护职工的合法权益，职工合法权益受到侵害时便只能忍气吞声。而且，我国现有的各项劳动法律制度也没有切实地被执行，"有法不依、违法不究"现象严重，导致我国企业职工权益难以得到有效的维护。

（六）企业社会责任意识亟待提高

在我国市场经济建立的初始阶段，企业的社会责任意识不强，企业经营目标片面化和短期化，不愿履行职工权益保护的职责。首先，企业片面追求短期利润最大化，习惯于通过降低劳动条件和劳动标准，忽视职工的安全卫生，压低劳动的工资水平，延长工作日，以实现企业利润最大化。许多企业没有认识到低薪酬和低劳动力成本总是与低技能劳动力相对应，低技能员工必然塑造低竞争力的企业。这不仅导致企业的生存空间越来越小，而且严重影响了我国企业职工享有职工权益水平的提升。其次，企业行为短期化，企业没有认识到企业的后续发展能力来自职工素质的提高。当企业把职工的工资水平压低到劳动力自身简单再生产的水平时，职工的自身的教育和医疗匮乏导致职工只能依赖自己的"青春"来糊口，职工的文化素质和身体素质没有得到加强和改善，尤其是许多民营企业依赖不断地雇佣农村源源不断地输出的青壮年劳动力来生存，一旦农村劳动力输出中断，企业也就面临生存的危机。实地调查发现，一些企业不重视职工的技能培训和精神文化生活，通过违反和规避劳动法律法规等手段，逃避承担为劳动者购买各种社会保险的义务，企图以扣押劳动者证件和拖欠劳动者工资等手段达到约束劳动者长期为企业服务的目的。企业的社会责任意识欠缺，企业经营目标片面化和企业行为短期化，制约了我国企业职工权益保护水平的提升。

四　我国企业职工权益保护的提升策略

强化企业职工权益保护，是对我国现存生产关系的一次重大调整。我们必须以科学发展观与社会主义和谐社会理论为指导，构建适应社会主义市场经济本质要求的新型劳动关系，明确劳动者权益保护的基本原则，进一步完善我国的劳动法律体系，加强劳动执法监察，强化制度建设，构建劳动者权益保护的有效机制，充分发挥政府、工会、雇主组织的积极作用，平衡劳资双方的力量与权益。

（一）适应社会主义市场经济的本质要求，构筑新型劳动关系

理论分析和实践经验表明，劳动者权益的具体内容和实现程度首先取决于劳动关系的性质和特点，要切实有效保护企业职工权益，必须调整我国目前的劳动关系，构筑新型和谐的劳动关系。构建新型劳动关系是现阶段中国有效保护企业职工权益的基本前提。

1. 新型劳动关系本质上是不同生产要素所有者在共同利益驱动下的一种平等合作关系。现代生产过程是各种生产要素所有者通过合作而获得收益的过程。合作既有利益一致的一面，也有利益冲突的一面。一方面，资本所有者和劳动力所有者作为生产要素的提供者，无论是社会财富的创造，还是双方各自利益的实现，都以对方的存在为前提；另一方面，作为独立的利益主体，资本所有者所追求的目标是实现利润的最大化以及资产的增值保值，而劳动者所追求的目标主要是工资与福利的最大化以及良好的工作环境和人际关系。二者此消彼长的静态利益格局容易使双方在争取

利益的过程中形成冲突，甚至使合作关系难以为继。要减少劳资双方的利益冲突，增强劳资利益的一致性，关键在于确立劳动力所有者与劳动力使用者之间的平等地位，形成劳资之间平等合作的劳动关系。这就要求劳资双方彼此尊重、承认对方的权利和利益，双方拥有相对平衡的谈判地位和谈判能力。只有如此，才能有效化解劳资矛盾，这样的劳动关系才是一种和谐的劳动关系。

2. 新型劳动关系是劳资双方共同参与企业的经营管理、打破资本垄断经营权的合作型劳动关系。劳资之间的平等合作不仅要求双方共同参与生产，而且要求双方共同参与管理，特别是事关双方利益的各项活动，双方必须共同参与决策，这样才能体现劳资双方合作的平等性。在现代市场经济中，劳方参与企业经营管理不仅仅是为了保障和提升劳动者的地位和利益，更重要的是，它是现代公司治理的客观要求，是提高企业运营效率的重要手段。实践表明，在现代市场经济条件下，共同参与不仅有利于实现劳资之间的利益平衡，而且有利于提高企业的经营效率。

3. 新型劳动关系是一种收益分享型的劳动关系。劳动者分享合作收益，表明劳动者不仅仅是生产要素的提供者，也是企业经营的受益者。只有当劳动者分享合作收益的时候，劳资之间平等合作的关系才能落到实处，这样的劳动关系才能够和谐，能够稳定。所谓合作收益，是劳动和资本以及其他生产要素通过合作生产和经营而产生的，超过每一种生产要素单独生产经营所获得的收益之和的部分，是生产要素由于合作产生的额外收益。劳动者参与企业额外收益分享的标志有两个：一是劳动者的总体收入大于劳动力价值，如果劳动者收入等于劳动力价值，那就说明工人没有分享企业额外收益，仅仅是生产要素出卖者，劳动与资本等其他生产要素还不是合作关系；二是劳动者收入增长率不低于其他要素所有者收入的增长率，劳动者的收入应该随企业的发展而不断增长，如果只有企业利润的增长，没有劳动者收入的相应增长，那就表明劳动者没有分享到企业发展的果实。

（二）强化"劳工权益"意识，明确企业职工权益保护的基本原则

1. 权益确认原则。马克思认为，劳动是生产的真正灵魂，只要社会还没有围绕着劳动这个太阳旋转，它就绝不可能达到均衡。因此，劳动者权益理应得到文明社会的高度确认与保护。而且，我们所追求的改革目标是社会主义市场经济，只要我们不放弃社会主义这个前提，就必须把劳动

者的权益保障放在中心地位，因为社会主义社会就其本质而言是一个劳动者主导的社会，提高职工的生活水平和社会地位是中国现代化建设的初衷和最终目标。因此，我国劳动者的各项权益不仅应得到《劳动法》等劳动法规的确认与保护，更应得到《宪法》《公司法》等重要法规的高度认可与有效保护。强调"劳工权益"，重提"劳工神圣"，不仅是坚持社会主义和马克思主义原则的政治要求和法律要求，而且也是建立完善的市场经济体制的内在要求。

2. 广泛覆盖原则。劳动者权益保护不仅应承认和保护劳动者的劳动权、劳动报酬权等基本权益，还应承认和保护劳动者的集体行动权等各项权益。同时，劳动者权益保护不仅应保护劳动者的一切权益，更应保护一切劳动者的合法权益。改革开放以来，我国企业劳动者群体逐渐出现了明显的分层，固定工、合同工、季节工、小时工、劳务承包工、劳务派遣工等多种用工形式和职工身份并存。在劳动者分层中，处在较低层的劳动者是那些技能较低、替代性较强、竞争力较弱、流动性较大的普通劳动者，由于各种原因，他们往往处于劳动法规的覆盖范围之外，成为劳资冲突和社会不安定的根源。强化我国企业职工权益保护，必须关注各层次劳动者的权益状况，赋予所有企业劳动者以劳动法意义上的"劳动者待遇"，保护一切劳动者的合法权益。

3. 适度保护原则。根据历史唯物主义理论，劳动者各项权益的具体标准和保护程度受生产力发展水平和生产关系性质所制约，劳动者权益保护不能脱离社会经济的发展水平，必须做到与社会经济水平的同步协调发展。从我国的实际出发，我国劳动者各项权益的具体标准与保护程度不宜一厢情愿地片面拔高，而应参照国际劳工标准和各国经验结合中国国情量力而为。同时，在全面保护一切劳动者的各项合法权益的前提下，应加强劳动者基本权益的保护，即有效承认结社自由和集体谈判权利、消除所有形式的强迫劳动或强制劳动、有效废除童工以及消除就业和职业歧视，并重点保护劳动者的劳动就业权。在我国劳动力供给总体大于需求的情况下，保护劳动者的劳动就业权，不仅关系到劳动者个人的生存状态，而且直接关系到社会的安全稳定。

4. 劳资两利原则。资本和劳动是市场经济的一对孪生儿，我们既不能只站在资本的立场上以牺牲劳动者的权益为代价片面地维护资本的利益，也不能不顾及资本的利益，单方面强调劳动者权益保护，现阶段的中国保护企业职工权益必须跳出"零和博弈"的"彼之所得必为我之所失"的思维逻辑。只有尊重、承认劳资双方各自的权利和利益，实现劳资双方权益的平衡，使雇主与雇员双方的权益都得以维护，并在此基础上进行劳资合作，才能有效地提高生产效率，真正实现双方各自利益的最大化和劳资共赢，从而真正有效地保护劳动者权益。

5. 动态调整原则。劳动者各项权益的具体标准和实现程度取决于生产力水平和生产关系的性质，也必然随着社会经济的发展与进步而不断变化和调整。从世界范围来看，劳工权益作为一项法定权利，其内容随着社会进步而不断丰富和发展。随着我国社会主义市场经济的发展和社会的进步，我国劳动者各项权益的具体标准和保护程度也应不断地进行动态调整，以不断地改善劳动者的权益状况。

（三）完善法律体系，加强劳动执法监察力度

国际经验表明，健全完善的法律体系是协调劳资关系和保障劳工权益的基本保证。社会主义市场经济是法治经济，在市场经济条件下，劳动者权益保护必须纳入法制轨道。然而，尽管我国目前已经初步形成了以宪法和劳动法为核心的保护劳动者权益的多层次的法律体系，初步实现了劳动者权益保护的法制化、规范化，但是，劳动者权益屡受侵害的现状表明，我国的劳动法制状况仍有许多问题亟须解决。

首先，修改和完善《宪法》和《公司法》等重要法律的有关条款，高度认可和有效保护企业职工作为国家和社会主人应有的各项劳动者权益。劳动者权益实质上是与资本财产权相对应的生存权。在现代社会，生存权优位应是一个法制国家基本的法律原则，作为一个现代国家，不仅"私有财产保障"需要入宪，"生存权保障"更应入宪入法。其次，修改完善我国现行的劳动法规，理清模糊不清甚至相互矛盾的有关条款，减少原则性规定和选择性条款，增加操作性强的规定和强制性条款，贯彻"经济、便利、及时"的原则，完善劳动争议仲裁诉讼制度，降低劳动者的法律救济成本；尽快出台和完善关于劳动标准、劳资集体谈判、劳动争议处理以及规制不当劳动行为等方面的劳动配套法规，建立健全工资、工时、劳动定额和安全卫生等劳动标准体系，并指导各类企业通过集体协商方式，按照国家或行业劳动基准健全企业内部劳动标准。再次，应"坚持从我国国情出发，尽量与国际惯例接轨"，扩大国际劳工公约尤其是核心公约的批准范围。最后，应加强劳动执法和劳动监察，改变"重立法、

轻执法"的法制状况，建立健全有职有权、执法严明公正、运行高效的劳动监察体系和制度。

（四）加强制度建设，完善劳动者权益保护机制

我国目前已初步建立了以劳动合同管理、集体协商和集体合同、劳动争议处理为主要内容的劳动关系协调机制，在促进劳动关系和谐方面发挥了重要作用。但是，随着社会主义市场经济改革的不断推进，现行的劳动关系协调机制面临着巨大的挑战，各项劳动制度需要进一步规范和完善，以使我国的企业职工权益保护真正步入法制化、规范化、有序化的轨道。第一，建立和完善三方协商机制。要根据国家有关法律法规和国际惯例，尽快解决阻碍和制约三方协商机制建立和运行的重点问题，合理确定三方协商机制的处理内容、关系原则和具体制度安排。第二，建立企业劳动关系预警机制。为防止劳动者权益侵害现象的发生和劳资冲突的恶化，必须建立事前预警防范机制，包括劳动者参与机制、企业厂务公开机制等。第三，建立和完善集体合同制度和集体谈判机制。要积极培育工会、雇主组织等集体谈判主体，规范集体合同内容和集体谈判程序，拓展集体合同和集体谈判的适用范围。第四，借鉴 SA8000 标准，建立企业劳动标准认证机制。SA8000 标准对企业的劳动时间、劳动报酬、工作环境、禁用童工、雇员健康与安全、员工培训等方面都有明确的指标要求。适应国际潮流，我国也应借鉴 SA8000 标准，建立企业劳动标准认证机制，规范企业内部劳动标准。第五，完善劳动争议处理制度，建立健全劳动争议处理机制。企业内部应建立劳动关系协调委员会，形成经常性的争议调解机制，同时建立劳动争议民间调解机构，使企业内部调解与外部调解结合起来，并积极探索劳动争议仲裁诉讼制度的改革。第六，培育和规范民间组织，建立NGO 动员下的公众参与机制。发挥一切有利于调整劳动关系的社会力量和公众的作用，使其发展成为保护劳动者权益的有益的补充形式。

（五）充分发挥政府、工会、雇主组织的积极作用，平衡劳资权益

1. 充分发挥政府在宏观管理中的作用。市场经济条件下的政府是公平、竞争与和谐的市场秩序的维护者。政府应采用法律的、行政的、经济的手段，为构建和谐劳动关系和保护劳动者权益创造条件和发挥作用。主要有：推动各种相关的法律法规制定和完善，对企业职工的各种合法权益进行界定并通过相应的手段给予保护；监督和保证相关法律的贯彻执行，对各种侵害职工权益的行为给予处罚；作为居间协调的"第三方"，对各

种劳资纠纷进行协调处理；全面落实"积极的就业政策"，努力创造更多就业机会，改善劳动力供求总量不平衡的态势，强化就业服务和失业调控；促进国有企业发展，鼓励中小民营企业发展，国有企业的发展不仅能更好地坚持公有制的主体地位，也能为民营企业在维护职工权益方面作出表率；制定合理的收入分配政策，保障企业职工收入水平的正常增长，防止收入差距过分悬殊；完善社会保障立法，增加政府投入，建立广覆盖、有梯次的社会保障体系；构建国民教育体系，加大教育投资力度，改善教育结构，大力发展职业技术教育和培训，提高劳动者的素质。

2. 使工会真正成为工人利益的代表。增强工会维权能力，发挥工会作用，进一步加大"组织起来，切实维权"的工作力度。随着市场经济进程的深化，我国企业（雇主）一方的权利、地位和经济利益，处于相对提高的趋势之中，而职工一方则处于劣势和被动地位，在这种格局下，劳动者权益的保护和提高，仅仅依靠个人力量是远远不够的，劳动者必须依靠组织的力量来维护自己的权益，充分发挥工会组织的作用。发挥工会在协调劳动关系中职工合法权益代表者和维护者作用的基本保证是加强市场经济条件下的工会组织建设。当前加强工会组织建设工作的重点，应是抓好非公企业的工会组织建设，扩大工会组织在非公企业中的覆盖面，并按《工会法》规定的任务、职责进行卓有成效的工作，当劳资双方发生矛盾时，工会组织应及时进行沟通和协调，以化解分歧，营造和谐的劳资关系。同时，还应有力推进行业工会与区域工会的建设，充分发挥它们在集体谈判中的积极作用。此外，适应市场经济的要求，工会在自身的代表性、自主性、独立性、工作内容、活动方式、组织原则等方面都要发生相应的改变。

3. 强化企业社会责任意识，规范和引导雇主组织建设，充分发挥雇主组织的积极作用。必须健全和完善职工代表大会制度；完善职工董事、监事制度，保障职工的决策参与和监督参与；完善职工持股制度，保障职工所有参与；多渠道推进收益分享，让职工分享企业发展成果；强化企业社会责任，提升企业经营理念。同时，必须提高雇主组织与工会的合作水平。雇主组织作为一个整体，考虑和处理问题往往更加社会化，有利于消解单个企业（雇主）的非理性不合作行为，从而在协调劳资关系方面发挥积极作用。为充分发挥雇主组织在协调劳动关系和保护劳动者权益方面的积极作用，应尽快出台和完善雇主组织立法，培育、整合现有雇主组织，适度强化其代表性和自主性，提高它们与工会组织合作处理劳资冲突的水平和能力。

参考文献：

常凯：《劳动力市场与劳工保护》，《中国党政干部论坛》2004 年第 11 期。

董保华：《劳动关系调整的社会化与国际化》，上海交通大学出版社 2006 年版。

吕景春：《和谐劳动关系：制度安排与机制创新》，《经济学家》2006 年第 6 期。

全国总工会：《加快解决农民工工资拖欠问题》（http：www. actu. org），2007 年 11 月 3 日。

《2006 年度劳动和社会保障事业发展统计公报》（http：www. stats. gov. cn）。

《马克思恩格斯全集》第 16 卷，人民出版社 1964 年版。

《马克思恩格斯全集》第 18 卷，人民出版社 1964 年版。

沈源：《社会转型与工人阶级的再形成》，《社会学研究》2006 年第 2 期。

杨鹏飞：《新合作主义能否整合中国的劳动关系》，《社会科学》2006 年第 8 期。

《中国统计年鉴（2006）》，中国统计出版社 2006 年版。

（原载《经济经纬》第 2009 年第 1 期，第二作者为胡乐明，第三作者为王中保，第四作者为彭五堂）

后 记

有学者说"马克思主义是中看不中用",而本书昭示马列主义及其中国化理论是"中看更中用的",可以科学解释和解决一切重大问题,因为与时俱进的这一科学体系具有解释和改造主客观世界的高效实用性和实践力。

有学者说"马克思主义基本原理不能发展,只能应用",而本书昭示马克思主义基本原理是"可以发展和创新的",需要在检视创新原有逻辑、深化认识原有实践、提炼认识新的实践的过程中加以发展,因为与时俱进的这一科学体系具有尚未终极的开放性和探索性。

作为中国社会科学院马克思主义基本原理优势学科的成果和笔者的第八部文集,本书是在国内外发表文章的部分代表作,力图实现对马克思主义的学术研究、理论宣传和应用探讨三者的有机结合,直面中外现实问题,反映改革开放以来现代马克思主义政治经济学的重大发展和实用性,属于"新马克思经济学综合学派"的代表作,而是否真正圆满地做到,还望关心经济理论和政策的社会各界读者在阅读后提出宝贵意见。

最后,十分感谢与我合作撰写文章的各位同仁!感谢张杨副教授整理本书稿!由衷感谢中国社会科学出版社赵剑英社长和田文编审!

程恩富

2019 年 10 月